에듀윌과 함께 시작하면,
당신도 합격할 수 있습니다!

오랜 직장 생활을 마감하며 찾아온 앞날에 대한 막연한 두려움
에듀윌만 믿고 공부해 합격의 길에 올라선 50대 은퇴자

출산한지 얼마 안돼 독박 육아를 하며 시작한 도전!
새벽 2~3시까지 공부해 8개월 만에 동차 합격한 아기엄마

만년 가구기사 보조로 5년 넘게 일하다, 달리는 차 안에서도
포기하지 않고 공부해 이제는 새로운 일을 찾게 된 합격생

누구나 합격할 수 있습니다.
시작하겠다는 '다짐' 하나면 충분합니다.

마지막 페이지를 덮으면,

**에듀윌과 함께
공인중개사 합격이 시작됩니다.**

eduwill

13년간 베스트셀러 1위
에듀윌 공인중개사 교재

기초부터 확실하게 기초/기본 이론

기초입문서(2종)

기본서(6종)

출제경향 파악 기출문제집

단원별 기출문제집(3종)

다양한 출제 유형 대비 문제집

기출응용 예상문제집(6종)

<이론/기출문제>를 단기에 단권으로 단단

단단(6종)

부족한 부분을 빠르게 보강하는 요약서/실전대비 교재

1차 핵심요약집+기출팩
(1종)

임선정 그림 암기법
(공인중개사법령 및 중개실무)(1종)

오시훈 키워드 암기장
(부동산공법)(1종)

심정욱 합격패스 암기노트
(민법 및 민사특별법)(1종)

7일끝장 회차별 기출문제집
(2종)

실전모의고사 완성판
(2종)

합격을 위한 비법 대공개 합격서

이영방 합격서
부동산학개론

심정욱 합격서
민법 및 민사특별법

임선정 합격서
공인중개사법령 및 중개실무

김민석 합격서
부동산공시법

한영규 합격서
부동산세법
*개정판 출시 예정

오시훈 합격서
부동산공법

신대운 합격서
쉬운 민법체계도

합격을 결정하는 파이널 교재

이영방 필살키

심정욱 필살키

임선정 필살키

오시훈 필살키

김민석 필살키

한영규 필살키

더 많은
공인중개사 교재

공인중개사, 에듀윌을 선택해야 하는 이유

8년간 아무도 깨지 못한 기록
합격자 수 1위

합격을 위한 최강 라인업
1타 교수진

공인중개사

합격만 해도 연 최대 300만원 지급
에듀윌 앰배서더

업계 최대 규모의 전국구 네트워크
동문회

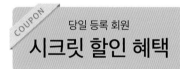

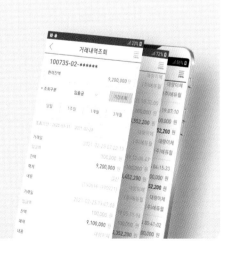

합격자 수 1위 에듀윌
6만 건이 넘는 후기

고○희 합격생

부알못, 육아맘도 딱 1년 만에 합격했어요.

저는 부동산에 관심이 전혀 없는 '부알못'이었는데, 부동산에 관심이 많은 남편의 권유로 공부를 시작했습니다. 남편 지인들이 에듀윌을 통해 많이 합격했고, '합격자 수 1위'라는 광고가 좋아 에듀윌을 선택하게 되었습니다. 교수님들이 커리큘럼대로만 하면 된다고 해서 믿고 따라갔는데 정말 반복 학습이 되더라고요. 아이 둘을 키우다 보니 낮에는 시간을 낼 수 없어서 밤에만 공부하는 게 쉽지 않아 포기하고 싶을 때도 있었지만 '에듀윌 지식인'을 통해 합격하신 선배님들과 함께 공부하는 동기들의 위로가 큰 힘이 되었습니다.

이○용 합격생

군복무 중에 에듀윌 커리큘럼만 믿고 공부해 합격

에듀윌이 합격자가 많기도 하고, 교수님이 많아 제가 원하는 강의를 고를 수 있는 점이 좋았습니다. 또, 커리큘럼이 잘 짜여 있어서 잘 따라만 가면 공부를 잘 할 수 있을 것 같아 에듀윌을 선택했습니다. 에듀윌의 커리큘럼대로 꾸준히 따라갔던 게 저만의 합격 비결인 것 같습니다.

안○원 합격생

5개월 만에 동차 합격, 낸 돈 그대로 돌려받았죠!

저는 야쿠르트 프레시매니저를 하다 60세에 도전하여 합격했습니다. 심화 과정부터 시작하다 보니 기본이 부족했는데, 교수님들이 하라는 대로 기본 과정과 책을 더 보면서 정리하며 따라갔던 게 주효했던 것 같습니다. 합격 후 100만 원 가까이 되는 큰 돈을 환급받아 남편이 주택관리사 공부를 한다고 해서 뒷받침해 줄 생각입니다. 저는 소공(소속 공인중개사)으로 활동을 하고 싶은 포부가 있어 최대 규모의 에듀윌 동문회 활동도 기대가 됩니다.

다음 합격의 주인공은 당신입니다!

더 많은
합격 비법

공인중개사법령 및 중개실무 3회독 플래너 📅

합격을 위한 나의 목표!

※ 1회독 완료: _____월 _____일까지   2회독 완료: _____월 _____일까지   3회독 완료: _____월 _____일까지

단 원			1회독	2회독	3회독
PART 1 **공인중개사법령**	CHAPTER 01 총 칙	1절 부동산중개업의 변천과정 및 제정목적	☑	☐	☐
		2절 용어의 정의	☐	☐	☐
		3절 중개대상물	☐	☐	☐
	CHAPTER 02 공인중개사제도	1절 공인중개사 자격시험	☐	☐	☐
	CHAPTER 03 중개사무소 개설등록 및 결격사유	1절 중개사무소 개설등록의 의의 및 성질	☐	☐	☐
		2절 중개사무소 개설등록절차	☐	☐	☐
		3절 등록 등의 결격사유	☐	☐	☐
	CHAPTER 04 중개업무	1절 업무의 범위	☐	☐	☐
		2절 고용인	☐	☐	☐
		3절 중개사무소	☐	☐	☐
		4절 인장등록	☐	☐	☐
		5절 휴업 및 폐업	☐	☐	☐
	CHAPTER 05 중개계약 및 부동산거래정보망	1절 중개계약	☐	☐	☐
		2절 부동산거래정보망	☐	☐	☐
	CHAPTER 06 개업공인중개사의 의무 및 책임	1절 개업공인중개사등의 금지행위	☐	☐	☐
		2절 개업공인중개사의 기본윤리	☐	☐	☐
		3절 중개대상물 확인 · 설명의무	☐	☐	☐
		4절 거래계약서의 작성	☐	☐	☐
	CHAPTER 07 손해배상책임과 반환채무이행보장	1절 손해배상책임과 업무보증설정	☐	☐	☐
		2절 계약금등의 반환채무이행의 보장	☐	☐	☐
	CHAPTER 08 중개보수	1절 중개보수 일반	☐	☐	☐
		2절 중개보수	☐	☐	☐
		3절 실 비	☐	☐	☐
	CHAPTER 09 공인중개사협회 및 교육 · 보칙 · 신고센터 등	1절 협 회	☐	☐	☐
		2절 교 육	☐	☐	☐
		3절 업무위탁	☐	☐	☐
		4절 포상금	☐	☐	☐
		5절 행정수수료 등	☐	☐	☐
		6절 부동산거래질서교란행위 신고센터의 설치 · 운영	☐	☐	☐

단 원			1회독	2회독	3회독
PART 1 공인중개사법령	CHAPTER 10 지도·감독 및 행정처분	1절 감독상 명령	☐	☐	☐
		2절 행정처분	☐	☐	☐
	CHAPTER 11 벌칙(행정벌)	1절 총 설	☐	☐	☐
		2절 행정형벌	☐	☐	☐
		3절 행정질서벌	☐	☐	☐
	CHAPTER 12 부동산 거래신고 등에 관한 법률	1절 총 칙	☐	☐	☐
		2절 부동산 거래신고	☐	☐	☐
		3절 주택 임대차계약의 신고	☐	☐	☐
		4절 외국인등의 부동산 취득 등에 관한 특례	☐	☐	☐
		5절 토지거래허가구역 등	☐	☐	☐
		6절 부동산정보관리	☐	☐	☐
		7절 벌 칙	☐	☐	☐
PART 2 중개실무	CHAPTER 01 중개실무 총설 및 중개의뢰접수	1절 중개실무 총설	☐	☐	☐
		2절 부동산중개계약 (중개의뢰의 접수)	☐	☐	☐
	CHAPTER 02 중개대상물 조사 및 확인	1절 총 설	☐	☐	☐
		2절 중개대상물 조사·확인 방법	☐	☐	☐
		3절 기본적인 사항의 조사·확인	☐	☐	☐
		4절 중개대상물 확인·설명서의 작성	☐	☐	☐
		5절 부동산 전자계약시스템	☐	☐	☐
	CHAPTER 03 개별적 중개실무	1절 부동산등기 특별조치법	☐	☐	☐
		2절 부동산 실권리자명의 등기에 관한 법률(부동산실명법)	☐	☐	☐
		3절 주택임대차보호법	☐	☐	☐
		4절 상가건물 임대차보호법	☐	☐	☐
		5절 법원경매 및 공매	☐	☐	☐
		6절 매수신청대리인 등록의 규칙 및 예규	☐	☐	☐
		7절 집합건물의 소유 및 관리에 관한 법률	☐	☐	☐

1회독 완성!　　2회독 완성!　　3회독 완성!

에듀윌이
너를
지지할게
ENERGY

세상을 움직이려면
먼저 나 자신을 움직여야 한다.

– 소크라테스(Socrates)

➕ 합격할 때까지 책임지는 개정법령 원스톱 서비스!

법령 개정이 잦은 공인중개사 시험. 일일이 찾아보지 마세요!
에듀윌에서는 필요한 개정법령만을 빠르게! 한번에! 제공해 드립니다.

| 에듀윌 도서몰 접속
(book.eduwill.net) | ▶ | 우측 정오표
아이콘 클릭 | ▶ | 카테고리 공인중개사
설정 후 교재 검색 |

개정법령
확인하기

2024

에듀윌 공인중개사

기본서 2차

공인중개사법령 및 중개실무 上

BEST 5

정년이 없어요

평생 일할 수 있어요!
갱신이 없는 자격증이거든요.

전망이 좋아요

국가전문자격시험 중 접수인원 무려 1위!*
일자리전망, 발전가능성, 고용평등성 높은 직업!**

* 한국산업인력공단, 2021
** 커리어넷, 2021

누구나 도전할 수 있어요

나이, 성별, 경력, 학력 등 아무것도 필요 없어요!
응시 자격이 없는 열린 시험이에요.

학습부담이 적어요

평균 60점 이상이면 합격하는 절대평가 시험!
경쟁자 걱정 없는 시험이에요!!

자격증 자체가 스펙이에요

부동산 관련 기업에 취업할 수도 있고 창업도 할 수 있어요. 각종 공기업 취업 시에 가산점도 있어요!
정년퇴직 후 전문직으로 제2의 인생 시작도 가능하죠.
경매, 공매 행위까지 대행가능한 넓어진 업무영역은 보너스!

이렇게 좋은 공인중개사!
에듀윌과 함께라면 1년 이내에 합격할 수 있어요.

시험정보

☑ 시험일정

시 험		2024년 제35회 제1 · 2차 시험(동시접수 · 시행)
접수기간	정 기	매년 8월 2번째 월요일부터 금요일까지
	빈자리	매년 10월 2번째 목요일부터 금요일까지
시험일정		매년 10월 마지막 주 토요일

※ 정확한 시험 일정은 큐넷 홈페이지(www.Q-Net.or.kr)에서 확인이 가능함

☑ 시험과목 및 방법

– 제1차 및 제2차 시험을 모두 객관식 5지 선택형으로 출제(매 과목당 40문항)하고, 같은 날[제1차 시험 100분, 제2차 시험 150분(100분, 50분 분리시행)]에 구분하여 시행
– 제1차 시험에 불합격한 자의 제2차 시험은 무효로 함

구 분	시험과목	문항 수	시험시간
제1차 시험 1교시 (2과목)	1. 부동산학개론(부동산감정평가론 포함) 2. 민법 및 민사특별법 중 부동산 중개에 관련되는 규정	과목당 40문항	100분 (09:30~11:10)
제2차 시험 1교시 (2과목)	1. 공인중개사의 업무 및 부동산 거래신고 등에 관한 법령 및 중개실무 2. 부동산공법 중 부동산 중개에 관련되는 규정	과목당 40문항	100분 (13:00~14:40)
제2차 시험 2교시 (1과목)	1. 부동산공시에 관한 법령(부동산등기법, 공간정보의 구축 및 관리 등에 관한 법률) 및 부동산 관련 세법	40문항	50분 (15:30~16:20)

※ 답안은 시험시행일에 시행되고 있는 법령을 기준으로 작성

☑ 합격 기준

구 분	합격결정기준
제1차 시험	매 과목 100점을 만점으로 하여 매 과목 40점 이상, 전 과목 평균 60점 이상 득점한 자
제2차 시험	매 과목 100점을 만점으로 하여 매 과목 40점 이상, 전 과목 평균 60점 이상 득점한 자

※ 1차 · 2차 시험 동시 응시 가능하나, 1차 시험에 불합격하고 2차만 합격한 경우 2차 성적은 무효로 함

공인중개사법령 및 중개실무 뿌시기

PART	CHAPTER	주요 키워드	10개년 출제비중	최신 제34회
PART 1 공인중개사법령	01 총 칙	용어의 정의, 중개대상물	4.8%	2(5%)
	02 공인중개사제도	시험시행권자, 공인중개사 정책 심의위원회	2.5%	1(2.5%)
	03 중개사무소 개설등록 및 결격사유	등록기준, 등록절차, 결격사유	6%	2(5%)
	04 중개업무	겸업범위, 분사무소, 사무소이전 인장등록, 휴업 · 폐업신고	15.5%	7(17.5%)
	05 중개계약 및 부동산거래 정보망	전속중개계약, 거래정보사업자 지정절차	5.5%	1(2.5%)
	06 개업공인중개사의 의무 및 책임	금지행위, 확인 · 설명의무, 거래계약서의 작성	6.5%	2(5%)
	07 손해배상책임과 반환채무 이행보장	업무보증설정 방법 및 내용, 예치명의자, 예치기관	3%	2(5%)
	08 중개보수	중개보수 계산방법	3.5%	1(2.5%)
	09 공인중개사협회 및 교육 · 보칙 · 신고센터 등	협회설립, 공제사업, 교육내용, 포상금	7%	2(5%)
	10 지도 · 감독 및 행정처분	행정처분의 내용 및 절차	10%	3(7.5%)
	11 벌칙(행정벌)	행정벌의 내용	3.5%	1(2.5%)
	12 부동산 거래신고 등에 관한 법률	부동산 거래신고, 주택 임대차계 약신고, 외국인등의 국내부동산 취득신고 · 허가, 토지거래허가	13%	8(20%)
	소 계		80.8%	32(80%)
PART 2 중개실무	01 중개실무 총설 및 중개 의뢰접수	중개실무의 의의 · 과정	0.2%	–
	02 중개대상물 조사 및 확인	조사 · 확인방법, 확인 · 설명서 작성	7%	3(7.5%)
	03 개별적 중개실무	명의신탁, 「주택임대차보호법」, 「상가건물 임대차보호법」, 경매 절차, 대리등록	12%	5(12.5%)
	소 계		19.2%	8(20%)
합 계			100%	40(100%)

기초이론

11월~12월

교재 기초입문서

여기에요!

핵심이론&기출문제

3월~5월

교재 단원별 기출문제집

기본이론

1월~3월

교재 기본서

기출응용&요약정리

6월~7월

교재 기출응용 예상문제집

공인중개사법령 및 중개실무는 어떻게 공부해야 할까?

☑ 공인중개사법령 및 중개실무 과목 특징!

1. 공인중개사법령은 꼼꼼히 암기해야 하는 영역이에요.
2. 「부동산 거래신고 등에 관한 법률」은 다소 깊이 있게 학습해야 해요.
3. 중개실무 영역은 「민법」과 연계하여 학습해야 해요.

☑ 최신시험 경향은?

제34회 공인중개사법령 및 중개실무 시험은 최근 10년간의 시험 중 가장 어렵게 출제되었어요. 최근 전세 사기 관련 피해가 늘어남에 따라 중개업에 관한 내용을 강화하는 방향으로 법이 개정되었고, 시험의 난도 또한 다소 높아졌어요. 특히 「민법」 판례를 중개실무 영역에 다수 출제하여 2차 시험만 보는 수험생의 체감 난도는 더 높았을 것으로 생각이 돼요. 이러한 출제경향으로 미루어 볼 때, 제35회 시험도 어렵게 출제될 것으로 예상돼요.

☑ 우리는 이렇게 대비하도록 해요

법령의 정확한 이해!

공인중개사법령, 「부동산 거래신고 등에 관한 법률」에서는 매년 30문제 이상 출제되고 있고, 특히 「부동산 거래신고 등에 관한 법률」은 매년 7~9문제 정도 출제되고 있어요. 제34회 시험에서는 공인중개사법령에서 24문제, 「부동산 거래신고 등에 관한 법률」에서 8문제가 출제되었어요. 공인중개사법령 영역에서는 중개업무, 행정처분의 출제비중이 높으므로 이 부분을 중점적으로 학습하는 것이 중요해요.

다른 과목과의 연계학습!

제34회 시험에서 중개실무 영역은 8문제가 출제되었어요. 특히 「집합건물의 소유 및 관리에 관한 법률」에서 3개년 연속 출제되어 새로운 출제 파트로 자리매김하였지요. 전통적으로 자주 출제되는 「부동산 실권리자명의 등기에 관한 법률」, 「주택임대차보호법」, 「상가건물 임대차보호법」, 경매는 매년 출제되고 있으므로 이를 유념하여 학습하는 것이 중요해요.

단원별 모의고사		동형 모의고사	★★축하합니다★★
8월		10월	**합격**
	족집게 100선		
	9월		
	교재 필살키		

자세한 내용은
QR 스캔

기본서의 구성과 특징

공부 시작 전, 학습방향 잡기!

BIG DATA 기반 학습 가이드!

PART 내 CHAPTER의 10개년 출제
비중을 보여주고, 이를 바탕으로 제35회
시험 학습전략을 제시하였습니다.

3회독 플래너로 학습도 손쉽게!

10개년 기출분석 기반, 핵심이론 파악

해당 CHAPTER가 10개년 동안 얼마나 출제되었는지,
어떤 공부를 해야할지를 설명해 줍니다.

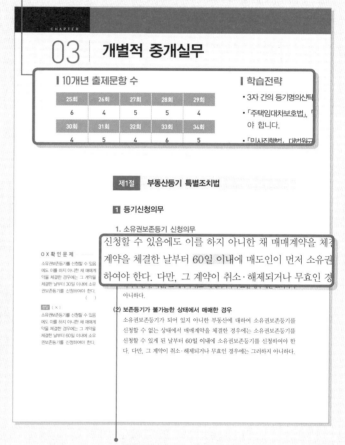

중요한 이론 또는 키워드에 형광펜 표시를 하여
핵심이론을 파악할 수 있도록 하였습니다.

문제가 출제된 적이 있는 중요한 부분에 기출표시를 하였습니다.

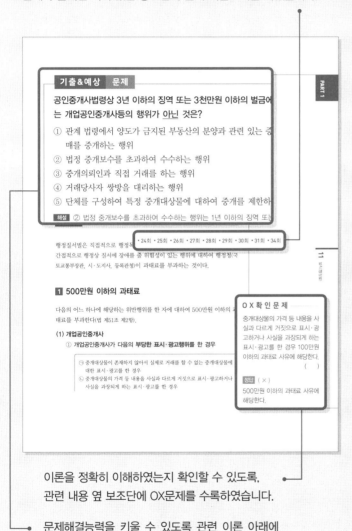

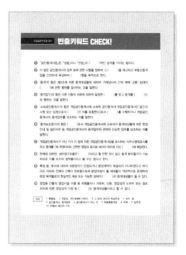

CHAPTER마다 빈칸 채우기 문제를
풀며, 빈출키워드를 점검할 수 있도록
하였습니다.

➕

제34회 최신기출로 출제경향 파악!

선별한 OX문제를 다시 풀어보며
이론 재점검! (12월 중 오픈예정)

이론을 정확히 이해하였는지 확인할 수 있도록,
관련 내용 옆 보조단에 OX문제를 수록하였습니다.

문제해결능력을 키울 수 있도록 관련 이론 아래에
기출&예상문제를 수록하였습니다.

※ PDF제공: 에듀윌 도서몰(book.eduwill.net)
▶ 부가학습자료

제34회 공인중개사법령 및 중개실무는 최근 10년간의 시험과 비교할 때, 가장 어렵게 출제되었습니다. 최근 전세 사기 이슈로 인해 중개업에 관한 내용을 강화하는 방향으로 법 개정이 이루어져 시험의 난도가 높아졌습니다. 또한 제34회 시험의 가장 큰 특징은 「민법」 판례가 중개실무 영역에 다수 출제되었다는 것입니다. 이러한 출제경향에 따라 2024년 제35회 시험도 어렵게 출제될 것으로 예상됩니다. 이를 대비하기 위해서 수험생분들은 단순한 암기와 문제풀이보다는 복합적이고 응용된 사례문제를 풀 수 있도록 깊이 있게 학습하여야 좋은 결과를 기대할 수 있을 것입니다. 따라서 이번 기본서를 집필하면서 다음의 사항들을 고려하였습니다.

첫째, 「공인중개사법」 법조문의 이해를 돕고자 좀 더 쉽게 풀어쓰기 위하여 노력하였으며, 특히 최근 개정된 법령을 모두 반영하였습니다.

둘째, 문제 적응력을 함양시키기 위하여 이론 중간에 최신 기출문제를 삽입하여 학습내용을 바로 확인할 수 있도록 하였습니다.

셋째, 복합적인 사고를 요하는 문제에 대비하기 위하여 가급적 많은 판례를 수록하였으며, 중요 부분은 강조하여 표기하였습니다.

넷째, 3개년 연속 출제되며 새로운 출제 파트로 자리매김한 「집합건물의 소유 및 관리에 관한 법률」의 내용을 추가하였습니다. 또한 경매에 대한 관심을 반영하고자 대법원규칙과 예규까지 포함하여 집필하였으며, 경매절차 및 권리분석에도 많은 신경을 써서 집필하였습니다.

끝으로, 이 책을 출간할 수 있도록 많은 도움을 주신 에듀윌 관계자 및 출판사업본부 직원분들에게 많은 감사를 드리며, 이 책이 수험생들에게 많은 도움이 되길 바랍니다.

"강단에 서있는 나를 보며 난 언제나 내가 살아있음을 느낀다."

저자 임선정

약력
- 現 에듀윌 공인중개사법령 및 중개실무 전임 교수
- 前 EBS 공인중개사법령 및 중개실무 강사
- 前 방송대학TV, 중소기업청 초빙 강사
- 前 주요 공인중개사 학원 공인중개사법령 및 중개실무 강사

저서
에듀윌 공인중개사 공인중개사법령 및 중개실무 기초입문서, 기본서, 단단, 합격서, 단원별/회차별 기출문제집, 핵심요약집, 기출응용 예상문제집, 실전모의고사, 필살키 등 집필

이런 내용을 배워요!

차례

이런 내용을 배워요!

차례

공인중개사법령

* PART 1에 해당되는 법령은 2023.11.16. 개정된 법령을 기준으로 작성되었습니다.

최근 10개년 출제비중

80.8%

제34회 출제비중

80%

CHAPTER별 10개년 출제비중 & 출제키워드

CHAPTER	10개년 출제비중	BEST 출제키워드
01 총 칙	5.9%	용어의 정의, 중개대상물
02 공인중개사제도	3.1%	시험시행권자, 공인중개사 정책심의위원회
03 중개사무소 개설등록 및 결격사유	7.4%	등록기준, 등록절차, 결격사유
04 중개업무	19.2%	겸업범위, 분사무소, 사무소이전 인장 등록, 휴업·폐업신고
05 중개계약 및 부동산거래정보망	6.8%	전속중개계약, 거래정보사업자 지정절차
06 개업공인중개사의 의무 및 책임	8.1%	금지행위, 확인·설명의무, 거래계약서의 작성
07 손해배상책임과 반환채무이행보장	3.7%	업무보증설정 방법 및 내용, 예치명의자, 예치기관
08 중개보수	4.3%	중개보수 계산방법
09 공인중개사협회 및 교육·보칙·신고센터 등	8.7%	협회설립, 공제사업, 교육내용, 포상금
10 지도·감독 및 행정처분	12.4%	행정처분의 내용 및 절차
11 벌칙(행정벌)	4.3%	행정벌의 내용
12 부동산 거래신고 등에 관한 법률	16.1%	부동산 거래신고, 주택 임대차계약신고, 외국인등의 국내부동산 취득신고·허가, 토지거래허가

* 여러 CHAPTER의 개념을 묻는 복합문제이거나, 법률이 개정 및 제정된 경우 분류 기준에 따라 수치가 달라질 수 있습니다.

제35회 시험 학습전략

PART 1 공인중개사법령에서는 다소 정확한 암기를 요합니다. 특히 제재 부분은 완벽하게 암기하여야 높은 점수를 받을 수 있을 것입니다. 특히 「부동산 거래신고 등에 관한 법률」의 내용이 「공인중개사법」보다 다소 어렵고, 내용이 많으므로 깊이 있는 학습을 해야 합니다.

01 | 총 칙

▋10개년 출제문항 수

25회	26회	27회	28회	29회
3	2	2	2	2

30회	31회	32회	33회	34회
2	1	1	2	2

↳ 총 40문제 中 평균 약 1.9문제 출제

▋학습전략

- 용어의 정의 부분은 조문 문장 그대로 출제되므로 조문을 암기하여야 합니다.
- 중개대상물은 판례가 자주 출제되므로 해당 판례를 암기하여야 합니다.

제1절 부동산중개업의 변천과정 및 제정목적

1 부동산중개업의 변천과정

1. 고려시대 – 객주(客主)의 자유업

우리나라의 부동산중개업은 고려시대의 객주(客主)에서 기원을 찾는 것이 일반적이다. 객주란 객상주인(客商主人)의 약칭으로서 물건의 매매를 주선하거나 상품을 위탁받아 판매하는 위탁상인을 일컫는 말이다. 이와 같은 객주는 위탁판매업에 부수하여 창고업·화물운송업·금융업 등 여러 영업을 겸하였다. 누구든지 객주가 될 수 있었으며, 객주는 관청의 규제를 받지 않고 자유롭게 위탁판매업 등을 영위할 수 있었다.

2. 조선시대 – 객주(客主) 및 거간(居間)의 자유업

'중개'라는 용어를 사용하기 이전에는 '거간(居間)'이라는 용어를 사용하였다. 18세기 초인 조선 중기부터 등장하는 거간(broker)은 거래의 제3자적 입장에서 거래당사자 간의 거래를 교섭하고 알선·흥정하는 역할을 담당하였다. 거간업도 관청의 규제를 받지 않는 자유업이라 할 수 있다.

거간은 객주에 고용되어 물건을 흥정하는 흥정전문가로서의 역할을 수행하였는데 이러한 거간은 취급하는 물건의 종류에 따라 우거간, 염거간, 포목거간 등 다양한 형태로 나타났으며, 이 중에서도 특히 토지나 가옥 등 부동산의 매매·임대 등의 중개를 전문으로 하는 거간을 가쾌(가거간 또는 집주름)라고 불렀다. 가쾌는 우리나라 최초의 독자적인 부동산중개에 관한 전문업으로 후기부터는 이들의 영업이 번창함에 따라 객주로부터 독립하여 별도의 영업소를 만들어 부동산중개업을 영위하였는데, 이들의 영업소를 '복덕방'이라 하였다.

3. 대한제국 – 객주(客主) 및 거간(居間)에 대한 인가제 시행으로 규제의 시작

조선후기 이후 정부는 무질서하게 늘어나는 객주 및 거간을 규제할 법규를 제정할 필요성을 느끼게 되었다. 따라서 객주와 거간의 혼잡을 막고 그들 간의 다툼을 막음으로써 상거래질서를 유지하기 위하여 1890년에 「객주거간규칙(客主居間規則)」을 제정하였고, 1893년 이후부터는 한성부에서 거간업을 하려는 사람은 신원조사를 받은 후에야 인가증을 받을 수 있었으며, 인가증을 받은 자만이 거간업을 할 수 있도록 함으로써 중개업의 규제를 본격적으로 시작하였다.

4. 일제시대 – 소개영업의 허가제 시행으로 규제의 강화

일제는 1922년부터 부동산의 소개영업을 하고자 하는 자는 경찰서장의 허가를 얻도록 하는 「소개영업취체규칙」을 제정하여 시행함으로써 소개영업에 대한 규제를 강화하였다.

5. 1961년 – 소개영업의 신고제 시행으로 규제의 완화

정부는 1961년에 「소개영업법」을 제정하여 1962년부터는 부동산에 관한 소개행위를 업으로 하고자 하는 자는 시장·구청장·읍장·면장에게 영업의 신고를 하게 하였는데, 누구든지 소개영업의 신고를 하면 특별한 제한 없이 부동산 등의 소개영업을 할 수 있도록 하였다.

6. 1983년부터 – 중개업의 허가제 시행으로 규제의 강화

급속한 경제개발로 인하여 극심한 부동산투기 및 거래사고의 빈발 등이 이어지자 정부는 부동산투기를 없애고 국민의 재산권보호를 위해서 중개영업을 규제할 필요성을 절감하여 1983년 12월 30일 중개업에 대한 시장·군수·구청장의 사전허가제 등을 골자로 한 「부동산중개업법」을 제정하여 1984년 4월 1일부터 시행하게 되었고, 1985년부터 공인중개사 시험을 시행하였으며, 1984년부터는 부동산중개업을 영위하고자 하는 자는 시장·군수·구청장의 허가를 받도록 하였다. 그러나 1989년까지는 공인중개사 자격의 유무를 불문하고 중개업의 허가를 얻어 부동산중개업을 할 수 있었으나, 법 개정으로 인하여 1990년부터는 공인중개사에 한정하여 중개업의 신규허가를 해 주었다.

7. 1999년 7월부터 – 중개업의 등록제 시행으로 규제의 완화

(1) 1999년 7월부터는 중개업을 허가제에서 등록제로 전환하였다. 중개업의 등록제는 현재까지도 계속 유지되고 있으므로, 중개업을 영위하고자 하는 자는 시장·군수·구청장에게 중개사무소의 개설등록을 하여야 한다.

(2) 또한 부동산투기 및 탈세의 원인이 되고 있는 이중계약서 작성을 금지하고 실제매매가격으로 소유권이전등기가 이루어지도록 하기 위한 제도적 장치를 마련하여 불법 개업공인중개사의 출현을 억제함은 물론, 공정하고 투명한 부동산거래질서를 확립하기 위하여 2005년에 「부동산중개업법」의 명칭을 「공인중개사의 업무 및 부동산 거래신고에 관한 법률」로 변경하여 2006년부터 2014년 7월 28일까지 시행하였다.

8. 2014년 7월 29일부터 – 「공인중개사법」의 개정

(1) 「공인중개사의 업무 및 부동산 거래신고에 관한 법률」을 「공인중개사법」으로 법명을 개정하였다. 또한 부동산 거래신고는 단행법으로 분류해 「부동산 거래신고 등에 관한 법률」로 탄생하여 전문성을 제고하였다.

(2) '중개업자'라는 용어를 '개업공인중개사'로 개정하고 '중개수수료'라는 용어도 '중개보수'로 개정하여 전문직업인으로서 품위를 유지할 수 있도록 용어를 대부분 개정하였다.

2 「공인중개사법」의 제정목적

> **법 제1조【목적】** 이 법은 공인중개사의 업무 등에 관한 사항을 정하여 그 전문성을 제고하고 부동산중개업을 건전하게 육성하여 국민경제에 이바지함을 목적으로 한다.

「공인중개사법」은 공인중개사의 업무 등에 관한 사항을 정하여 그 전문성을 제고하고 부동산중개업을 건전하게 육성하여 국민경제에 이바지함을 목적으로 한다. 「공인중개사법」의 모든 내용은 이 법 제1조의 제정목적을 달성하기 위한 수단적 규정이므로 「공인중개사법」의 제정목적은 「공인중개사법」 전체 내용의 적용과 해석의 기준이 된다.

> **◆참고 제정목적이 아닌 유사표현**
>
> 부동산업(또는 부동산거래업, 부동산중개업무, 개업공인중개사)의 건전한 지도·육성, 부동산중개업의 적절한 규율, 부동산중개업무의 적절한 규율, 부동산거래의 적절한 규율, 공정한 부동산거래질서의 확립, 투명한 부동산거래질서의 확립, 부동산중개질서의 확립, 부동산투기의 억제, 국민의 재산권 보호 등과 같은 유사표현은 「공인중개사법」의 제정목적이 아님에 유의하여야 한다.

3 공인중개사법령의 구성 및 법적 성격

1. 공인중개사법령의 구성

「공인중개사법」은 법, 영, 규칙으로 구성되어 있다. 법은 법률의 약칭으로서 국회에서 제정된 법규를 말하며, 영은 명령의 약칭으로서 법률의 위임에 따라 행정부에서 제정한 법규를 의미한다. 「공인중개사법」으로부터 위임받아 제정된 명령은 시행령(대통령령)과 시행규칙(국토교통부령) 두 가지가 있다.

(1) 「공인중개사법」(법률)

7장, 제1조 ~ 제51조의 조문과 부칙으로 구성되어 있다.

(2) 「공인중개사법 시행령」(대통령령)

7장, 제1조 ~ 제38조의 조문과 부칙으로 구성되어 있다.

O X 확 인 문 제

「공인중개사법」의 제정목적에 국민의 재산권 보호도 포함된다.
( )

정답 (×)
제정목적에 국민의 재산권 보호는 포함되지 않는다.

(3) 「공인중개사법 시행규칙」(국토교통부령)

6장, 제1조 ~ 제29조의 조문 및 부칙과 제1호부터 제28호까지 28종류의 서식으로 구성되어 있다.

2. 「공인중개사법」의 성격

(1) 부동산중개업에 관한 일반법(기본법)

「공인중개사법」은 성별·연령·학력에 관계없이 모든 개업공인중개사등에게 적용되는 일반법인 동시에 부동산중개업에 관한 기본법으로서의 지위에 있는 법률이다.

(2) 「상법」 및 「민법」에 대한 특별법

부동산중개 및 중개업에 관하여는 상사에 관한 일반법인 「상법」이나 민사에 관한 일반법인 「민법」보다 「공인중개사법」이 우선하여 적용되므로 「상법」 및 「민법」의 특별법적인 성격을 갖는다.

(3) 공법과 사법의 중간법(사회법)

「공인중개사법」은 공법적인 규정과 사법적인 규정이 혼재된 공법과 사법의 중간법적인 성격을 지닌 법이라 할 수 있다.

(4) 국내법

「공인중개사법」상 중개대상물에 관한 중개는 국내에 소재하는 것만 그 효력이 미치고 외국의 영토에 소재하는 중개대상물에는 그 효력이 미치지 않는 법률이므로 국내법의 성격을 갖는다.

제2절　용어의 정의

• 24회 • 25회 • 26회 • 27회 • 28회 • 29회 • 30회 • 33회 • 34회

> **법 제2조 【정의】** 이 법에서 사용하는 용어의 정의는 다음과 같다.
> 1. '중개'라 함은 제3조에 따른 중개대상물에 대하여 거래당사자 간의 매매·교환·임대차 그 밖의 권리의 득실변경에 관한 행위를 알선하는 것을 말한다.
> 2. '공인중개사'라 함은 이 법에 의한 공인중개사 자격을 취득한 자를 말한다.
> 3. '중개업'이라 함은 다른 사람의 의뢰에 의하여 일정한 보수를 받고 중개를 업으로 행하는 것을 말한다.
> 4. '개업공인중개사'라 함은 이 법에 의하여 중개사무소의 개설등록을 한 자를 말한다.

5. '소속공인중개사'라 함은 개업공인중개사에 소속된 공인중개사(개업공인중개사인 법인의 사원 또는 임원으로서 공인중개사인 자를 포함한다)로서 중개업무를 수행 하거나 개업공인중개사의 중개업무를 보조하는 자를 말한다.
6. '중개보조원'이라 함은 공인중개사가 아닌 자로서 개업공인중개사에 소속되어 중 개대상물에 대한 현장안내 및 일반서무 등 개업공인중개사의 중개업무와 관련된 단순한 업무를 보조하는 자를 말한다.

1 중 개

1. 중개의 정의

'중개'라 함은 법 제3조에 따른 중개대상물에 대하여 거래당사자 간의 매 매·교환·임대차 그 밖의 권리의 득실변경에 관한 행위를 알선하는 것을 말한다(법 제2조 제1호). 즉, '중개'라 함은 이 법에 규정된 부동산에 대하여 매도인과 매수인 등 거래당사자 간에 매매계약 등이 체결되도록 알선하고 흥정·교섭하는 것을 의미한다. 현행법은 개업공인중개사가 아닌 자연인의 부동산중개를 금지하고 있지 아니하므로 누구든지 사인 간의 부동산의 매 매 등을 중개할 수 있다. 그러나 중개를 '업'으로 하는 것은 개업공인중개사 만 할 수 있다.

2. 중개의 3요소

중개가 성립되기 위해서는 중개의 3요소(① 중개행위자, ② 중개의뢰인, ③ 중개대상물)가 구비되어야 한다.

3. 「공인중개사법」상 중개의 성립요건

(1) 법 제3조에 따른 중개대상물이 존재할 것

「공인중개사법」에서 규정하고 있는 중개에 해당되기 위해서는 그 대상물 건이 「공인중개사법」 제3조에서 규정하고 있는 중개대상물(토지, 건축물 그 밖의 토지의 정착물, 입목, 공장재단, 광업재단)이어야 한다. 따라서 이 법에 규정되지 아니한 물건(예 동산, 자동차, 선박, 항공기, 금전채권, 상가권리금 등)에 대하여는, 설령 권리의 득실변경에 관한 행위를 알선하는 행위라 하 더라도 이는 「공인중개사법」에 의한 '중개'라고는 할 수 없다.

O X 확 인 문 제

'중개'라 함은 법 제3조에 따른 중개대상물에 대하여 거래당사 자 간의 매매·교환·임대차 그 밖의 권리의 득실변경에 관한 행 위를 알선하는 것을 업으로 하는 것을 말한다.　　　(　　)

정답 (×)
'중개'라 함은 법 제3조에 따른 중개대상물에 대하여 거래당사 자 간의 매매·교환·임대차 그 밖의 권리의 득실변경에 관한 행 위를 알선하는 것을 말한다.

(2) 거래당사자가 존재할 것

거래당사자란 권리를 이전하고자 하는 자(매도인, 임대인 등)와 권리를 취득하고자 하는 자(매수인, 임차인 등)를 말한다. 중개가 성립되기 위해서는 거래당사자가 존재하여야 하는데, 거래당사자의 존재는 거래의 쌍방당사자로부터 중개의뢰를 받은 경우뿐만 아니라 거래의 일방당사자의 의뢰에 의하여도 존재할 수 있다.

(3) 알선행위가 있을 것

'알선'이라 함은 거래당사자 사이에 부동산에 관한 권리의 득실변경행위가 성립하도록 주선하고 조력하는 일체의 행위를 의미한다. 중개행위란 거래계약이라는 법률행위가 성립하도록 주선하고 알선하는 행위이므로, 결국 중개행위의 대상은 거래계약이라는 법률행위이다. 중개행위의 결과로서 거래계약이 체결되면 소유권, 임차권 등 권리의 득실변경이 이루어지는데, 모든 권리가 알선행위의 대상이 되는 것은 아니다. 알선(중개)행위의 대상이 되는 권리로는 소유권, 지상권·지역권·전세권 등 용익물권, 저당권·가등기담보권 등 담보물권, 임차권, 등기된 환매권의 이전, 유치권의 이전, 법정지상권의 이전 등이 있다. 그러나 동산 질권, 유치권의 성립·법정지상권의 성립·법정저당권의 성립, 분묘기지권, 무체재산권(상표권 등), 상속권 등은 중개대상인 권리에 해당되지 않는다.

O X 확인 문제

유치권의 성립, 법정지상권의 성립단계에 중개행위는 개입 가능하다.　　　　　(　　)

정답 (×)

유치권의 이전, 법정지상권의 이전단계에 중개행위가 개입 가능하다.

> **판례**
>
> - **거래당사자가 무등록중개업자에게 중개를 의뢰하거나 미등기 부동산의 전매를 중개의뢰한 경우, 그 중개의뢰행위가 「공인중개사법」상 처벌대상이 되는지 여부 및 이때 중개의뢰인의 중개의뢰행위를 개업공인중개사의 중개행위에 관한 공동정범행위로 처벌할 수 있는지 여부**
>
>   거래당사자가 무등록중개업자에게 중개를 의뢰하거나 미등기 부동산의 전매에 대하여 중개를 의뢰하였다고 하더라도, 「공인중개사법」의 처벌규정들이 중개행위를 처벌의 대상으로 삼고 있을 뿐이므로 그 중개의뢰행위 자체는 위 처벌규정들의 대상이 될 수 없으며, 또한 위와 같이 중개행위가 중개의뢰행위에 대응하여 서로 구분되어 존재하여야 하는 이상, 중개의뢰인의 중개의뢰행위를 무등록중개업자의 중개행위와 동일시하여 중개행위에 관한 공동정범행위로 처벌할 수도 없다고 해석하여야 한다(대판 2013.6.27, 2013도3246).

- **중개행위의 해당 여부 판단기준**

  중개행위에 해당하는지 여부는 개업공인중개사가 진정으로 거래당사자를 위하여 거래를 알선, 중개하려는 의사를 갖고 있었느냐고 하는 개업공인중개사의 주관적 의사에 의하여 결정할 것이 아니라 개업공인중개사의 행위를 객관적으로 보아 사회통념상 거래의 알선, 중개를 위한 행위라고 인정되는지 여부에 의하여 결정하여야 한다(대판 2005.10.7, 2005다32197).

- **일방당사자의 의뢰에 따른 중개도 이 법상의 중개에 해당하는지 여부**

  중개행위에는 개업공인중개사가 거래의 쌍방당사자로부터 중개의뢰를 받은 경우뿐만 아니라 거래의 일방당사자의 의뢰에 의하여 중개대상물의 매매·교환·임대차 그 밖의 권리의 득실변경에 관한 행위를 알선·중개하는 경우도 포함한다(대판 1995.9.29, 94다47261).

- **금전소비대차의 알선에 부수하여 이루어지는 저당권설정이 중개대상에 해당하는지 여부**

  타인의 의뢰에 의하여 일정한 중개보수를 받고 부동산에 대하여 저당권 등 담보물권의 설정에 관한 행위의 알선을 업으로 하는 것도 「공인중개사법」 소정의 중개업에 해당하며, 저당권 등 담보물권의 설정에 관한 행위의 알선이 금전소비대차의 알선에 부수하여 이루어졌다고 하여 달리 볼 것은 아니다(대판 2000.6.19, 2000도837).

- **유치권의 이전이 중개대상에 해당하는지 여부**

  유치권은 일신전속적이 아닌 재산권으로서 피담보채권과 목적물의 점유를 함께 이전할 경우 그 이전이 가능하고, 이는 부동산유치권의 경우도 마찬가지이므로 결국 부동산유치권은 부동산 중개대상 권리가 된다고 할 수 있다(서울행정법원 2001.11.14, 2001구860).

4. 중개행위의 성격

중개행위는 중개대상 물건인 부동산으로서 물리적 상태인 그 자체를 대상으로 하는 것이 아니고, 중개대상물에 성립되어 있는 권리의 득실변경을 가져오는 거래당사자 간 법률행위의 성립을 위해 조력하는 사실행위이며 독자적 자기행위이다.

O X 확 인 문 제

중개행위에 해당하는지 여부는 개업공인중개사의 주관적 의사에 의하여 결정된다. • 32회

( )

정답 (×)

객관적으로 보아 사회통념상 거래의 알선, 중개를 위한 행위라고 인정되는지 여부에 의하여 결정하여야 한다는 것이 판례의 입장이다.

O X 확 인 문 제

개업공인중개사의 중개행위는 사실행위이며, 중개행위의 대상은 법률행위이다. ( )

정답 (○)

5. 중개의 구분

(1) 지시중개와 참여중개(개업공인중개사의 관여 정도에 따른 분류)

① 지시중개(보도중개 또는 전시중개)란 중개대상물에 대한 정보를 제공하거나 일정기간 자료를 전시하고 보수를 받는 경우에 해당하는 중개로서 거래계약체결의 성립과 아무런 관련이 없다.

② 참여중개(매개중개)란 개업공인중개사의 적극적인 중개활동을 통하여 중개완성을 목적으로 하는 중개로서 중개가 완성되어야 중개보수청구권을 행사할 수 있다.

(2) 상사중개와 민사중개(중개행위의 대상행위에 따른 분류)

① 상사중개란 타인 간의 상행위를 중개하는 것으로서, 이는 거래당사자 중 일방 또는 쌍방이 상인임을 요한다.

② 민사중개란 상사중개에 대한 상대적인 개념으로서 부동산중개, 직업소개 등과 같이 상행위 이외의 사적 거래행위를 중개하는 중개를 말한다. 「공인중개사법」상의 부동산중개는 민사중개에 해당한다.

(3) 공인중개와 사중개(중개행위의 법적 근거 여부에 따른 분류)

공인중개란 법률이나 제도적 근거에 의하여 행하는 중개를 말하며, 사중개란 법률이나 제도적 근거가 아닌 자연인의 부동산활동의 일환으로 이루어지는 중개를 말한다. 현행 「공인중개사법」에는 자연인의 사중개를 금지하는 규정이 없으므로 사중개는 허용된다고 볼 수 있다. 그러나 이 법상의 개업공인중개사가 아닌 자연인의 사중개업은 중개사무소의 개설등록을 하지 아니하고 중개업을 영위하는 자에 해당하므로 금지하고 있다.

한눈에 보기 중개계약과 다른 개념과의 구분 정리

구 분	공통점		차이점
중개와 대리	거래계약체결에 기여	대 리	거래당사자로서 직접 거래를 성립시키는 법률행위이며, 본인이 특정되어 있다.
		중 개	거래의 제3자로서 거래 성립을 보조하는 사실행위이며, 불특정 다수인을 상대로 한다.
중개와 위임	선량한 관리자의 주의의무	위 임	신뢰관계를 기초로 하며, 무상이 원칙이다.
		중 개	신뢰관계를 기초로 하지 않으며, 유상이 원칙이다.

중개와 고용	노무공급과 보수지급	고 용	일의 결과와 상관 없이 노무의 제공만 있으면 보수를 지급받으며, 피용인은 사용자의 지시에 의한 노무를 제공하여야 한다.
		중 개	일의 완성이 있어야 보수를 지급받으며, 개업공인중개사는 중개의뢰인의 지시에 따를 의무가 없다.
중개와 현상광고	일의 완성이 목적이며 보수지급요건임	현상광고	광고의 방법으로 청약을 하며, 요물계약이다.
		중 개	광고의 방법으로 청약할 것을 요하지 않으며, 낙성계약이다.
중개와 도급	일의 완성이 목적이며 보수지급요건임	도 급	수급인은 일의 완성의무가 있고, 하자담보책임을 진다.
		중 개	개업공인중개사는 일의 완성의무가 없고, 하자담보책임이 없다.

2 공인중개사

1. 정 의

'공인중개사'라 함은 이 법에 의한 공인중개사 자격을 취득한 자를 말한다 (법 제2조 제2호). 즉, 시·도지사 또는 국토교통부장관이 실시하는 공인중개사 자격시험에 합격하여 자격을 취득한 자를 말한다. 따라서 외국에서 시행한 시험인 경우에는 공인중개사 자격 명칭을 불문하고 이 법상의 공인중개사로 인정하지 아니한다.

2. 공인중개사의 종류

공인중개사 자격을 취득한 후 공인중개사자격증을 사용하는 용도에 따라 공인중개사의 명칭이 다음과 같이 구분될 수 있고, 이들 모두 공인중개사라는 명칭을 사용할 수 있다.

(1) 공인중개사인 개업공인중개사

공인중개사 자격을 취득한 후 중개사무소의 개설등록을 한 자를 의미한다.

O X 확 인 문 제

'공인중개사'라 함은 공인중개사 자격을 취득하여 중개업을 영위하는 자이다. ( )

정답 (×)

'공인중개사'라 함은 이 법에 의한 공인중개사 자격을 취득한 자를 말한다.

(2) 소속공인중개사

공인중개사 자격을 취득한 후 개업공인중개사에 소속하여 그 개업공인중개사의 중개업무를 수행하거나 중개업무를 보조하는 자를 의미한다.

(3) 공인중개사

공인중개사 자격을 취득한 자를 의미한다.

3 중개업

1. 정 의

'중개업'이라 함은 다른 사람의 의뢰에 의하여 일정한 보수를 받고 중개를 업으로 행하는 것을 말한다(법 제2조 제3호).

2. 중개업의 성립요건

(1) 다른 사람의 의뢰가 있을 것

중개업이 되기 위해서는 거래당사자나 그 대리인 등 다른 사람의 중개의뢰가 있어야 한다. 다른 사람의 중개의뢰가 없다면 이는 중개계약의 부존재를 의미하므로 중개보수청구권이 발생하지 않는다. 따라서 설령 중개를 완성하였다 하더라도 중개보수를 받을 수 없다. 중개의뢰는 성문계약일 것을 요구하지 않으므로 성문계약과 구두계약을 불문한다.

(2) 일정한 보수를 받았을 것

중개업에 해당되기 위해서는 중개라는 용역에 대한 대가로 일정한 보수를 받아야 한다. 따라서 중개대상물에 대한 거래를 중개하였다 하더라도 보수를 받지 않았다면 「공인중개사법」상의 중개업에 해당되지 아니한다.

(3) 중개를 업으로 할 것

'업으로 할 것'이라 함은 불특정 다수인을 상대로 계속적·반복적으로 중개행위를 하는 것을 말한다. 불특정 다수인을 상대로 중개행위를 하여야 하므로, 특정인을 상대로 하는 것(예 어느 회사가 후생복지 차원에서 직원들만을 상대로 주택의 임대차계약을 알선하는 것)은 업이라 할 수 없다. 또한 계속적·반복적으로 영리를 목적으로 중개가 행해져야 하므로, 우연한 기회에 1회 정도의 매매계약 등을 알선하고 중개보수를 받은 것만으로는 이 법상의 중개업을 한 것이라고 볼 수 없다.

3. 중개업의 종류

(1) 등록한 중개업

중개사무소 개설등록을 한 후 중개업을 영위하는 것을 말한다. 중개업을 영위하고자 하는 자는 중개사무소의 개설등록을 하여야 한다(법 제9조 제1항).

(2) 무등록중개업

중개사무소 개설등록을 하지 아니하고 중개업을 영위하는 것을 말한다. 무등록자의 중개행위에 의한 거래계약의 효력은 부인되지 아니하지만, 무등록중개업을 한 자에 대하여는 3년 이하의 징역 또는 3천만원 이하의 벌금에 처한다(법 제48조).

> **판례**
>
> - **알선·중개를 업으로 하였는지의 판단기준**
>   '중개를 업으로 한다'라 함은 계속·반복하여 영업으로 알선·중개를 하는 것을 의미한다. 그러나 알선·중개를 업으로 하였는지의 여부는 알선·중개행위의 계속성·반복성, 영업성 등의 유무와 그 행위의 목적이나 규모, 횟수, 기간, 태양 등 여러 사정을 종합적으로 고려하여 사회통념에 따라 판단하여야 할 것이다. 따라서 <u>우연한 기회에 단 1회 건물전세계약의 중개를 하고 중개보수를 받은 사실만으로는 알선·중개를 업으로 하는 것이라고 볼 수 없다</u>(대판 1991.7.23, 91도1274).
>
> - **중개보수를 요구한 경우가 중개업에 해당하는지 여부**
>   중개사무소 개설등록을 하지 아니하고 부동산거래를 중개하면서 중개대상물의 거래당사자들로부터 중개보수를 현실적으로 받지 아니하고 단지 중개보수를 받을 것을 약속하거나 거래당사자들에게 중개보수를 요구하는 데 그친 경우에는 <u>중개업에 해당한다고 할 수 없어 처벌할 수 없다</u>(대판 2006.9.22, 2006도4842).
>
> - **사무소명칭 표시 후 1회의 중개가 중개업에 해당하는지 여부**
>   개업공인중개사가 아닌 자가 이 법에 의한 개업공인중개사임을 표시하는 <u>사무소명칭 표시를 하고 중개를 1회 하였더라도 간판은 영업의 표시로 보아야 하므로 이는 무등록중개업에 해당된다</u>(대판 1988.8.9, 88도998).
>
> - **중개사무소 개설등록을 하지 아니한 자가 부업으로 중개를 업으로 한 경우가 중개업에 해당하는지 여부**
>   중개사무소 개설등록을 하지 아니한 자가 <u>부동산 컨설팅을 주된 업으로 하면서 이에 부수하여 부동산중개를 업으로 한 경우도 부동산중개업에 해당되므로 이는 무등록중개업에 해당한다</u>(대판 2007.1.11, 2006도7594).

O X 확 인 문 제

무등록중개업자의 중개행위는 「공인중개사법」상 그 효력이 부정된다. ( )

정답 (×)
무등록중개업자의 중개행위는 「공인중개사법」상 그 효력이 부정되지 않는다.

O X 확 인 문 제

중개보수를 받을 것으로 약속하거나 거래당사자들에게 중개보수를 요구하는 데 그친 행위도 중개업에 해당한다. ( )

정답 (×)
중개보수를 받을 것으로 약속하거나 거래당사자들에게 중개보수를 요구하는 데 그친 경우에는 중개업에 해당한다고 할 수 없다.

O X 확 인 문 제

판례에 의하면, 단 1회 중개를 한 경우라도 개업공인중개사임을 표시하는 사무소명칭을 표시한 옥외광고물을 설치한 경우 중개업으로 본다. ( )

정답 (○)

공인중개사법령상 중개업에 관한 설명으로 옳은 것은? (다툼이 있으면 판례에 따름)

• 25회

① 반복, 계속성이나 영업성이 없이 우연한 기회에 타인 간의 임야매매 중개행위를 하고 보수를 받은 경우, 중개업에 해당한다.

② 중개사무소의 개설등록을 하지 않은 자가 일정한 보수를 받고 중개를 업으로 행한 경우 중개업에 해당하지 않는다.

③ 일정한 보수를 받고 부동산 중개행위를 부동산 컨설팅행위에 부수하여 업으로 하는 경우, 중개업에 해당하지 않는다.

④ 보수를 받고 오로지 토지만의 중개를 업으로 하는 경우, 중개업에 해당한다.

⑤ 타인의 의뢰에 의하여 일정한 보수를 받고 부동산에 대한 저당권설정행위의 알선을 업으로 하는 경우, 그 행위의 알선이 금전소비대차의 알선에 부수하여 이루어졌다면 중개업에 해당하지 않는다.

> **해설** ① 반복, 계속성이나 영업성이 없이 우연한 기회에 타인 간의 임야매매 중개행위를 하고 보수를 받은 경우, 중개업에 해당하지 않는다. 중개업에 해당하려면 계속적이고 반복적인 행위가 있어야 한다.
> ② 중개업의 요소에는 등록 여부와 자격증 유무는 기준이 되지 않는다. 그러므로 중개사무소의 개설등록을 하지 않은 자가 일정한 보수를 받고 중개를 업으로 행한 경우도 중개업에 해당한다.
> ③ 일정한 보수를 받고 부동산 중개행위를 부동산 컨설팅행위에 부수하여 업으로 하는 경우도 중개업에 해당한다.
> ⑤ 타인의 의뢰에 의하여 일정한 보수를 받고 부동산에 대한 저당권설정행위의 알선을 업으로 하는 경우, 그 행위의 알선이 금전소비대차의 알선에 부수하여 이루어졌다 하더라도 중개업에 해당한다.
>
> 정답 ④

4 개업공인중개사

1. 정 의

'개업공인중개사'라 함은 이 법에 의하여 중개사무소의 개설등록을 한 자를 말한다(법 제2조 제4호). 등록증의 교부 여부나 중개업무의 영위 여부와 관계없이 중개사무소의 개설등록을 한 자는 모두 이 법상의 개업공인중개사에 해당된다.

O X 확 인 문 제

개업공인중개사란 「공인중개사법」에 의하여 중개사무소의 개설등록을 한 자이다. • 27회

( )

정답 (○)

2. 개업공인중개사의 종별

(1) 「공인중개사법」상의 개업공인중개사

① **법인인 개업공인중개사** : 자본금 5천만원 이상의 「상법」상의 회사 또는 「협동조합 기본법」에 따른 협동조합(사회적 협동조합은 제외한다)을 설립하여 등기를 한 후 「공인중개사법」에 규정된 등록기준을 갖추어 등록관청에 중개사무소의 개설등록을 한 법인을 말한다.

② **공인중개사인 개업공인중개사** : 「공인중개사법」에 규정된 요건을 갖추어 중개사무소의 개설등록을 한 공인중개사를 말한다.

③ **부칙 제6조 제2항에 규정된 개업공인중개사** : 공인중개사 자격이 없는 개업공인중개사를 의미한다. 이러한 개업공인중개사는 과거 공인중개사 자격제도가 도입되기 전에 「소개영업법」에 따라 소개영업의 신고를 하고 중개업을 영위하였던 개업공인중개사 및 「부동산중개업법」이 제정된 후 공인중개사 자격이 없더라도 중개업의 허가를 받아 중개업을 영위하고 있던 자를 말한다.

(2) 다른 법률의 규정에 의해 중개업을 할 수 있는 법인(특수법인)

「공인중개사법」이 아닌 다른 법률의 규정에 의하여 부동산중개업을 할 수 있는 법인을 말하며, 특수법인이라고도 한다. 「농업협동조합법」의 규정에 따라 중개업을 할 수 있는 지역농업협동조합 등이 이에 해당한다. 특수법인도 부동산중개업을 영위하기 위해서는 원칙적으로 중개사무소 개설등록을 하여야 한다. 다만, 예외적으로 「농업협동조합법」에 규정된 지역농업협동조합 등은 중개사무소의 개설등록을 하지 않아도 중개업을 할 수 있다.

한눈에 보기 **특수법인의 비교**

구 분	지역농업협동조합	한국자산관리공사	지역산림조합	산업단지관리기관
근거법률	「농업협동조합법」	「한국자산관리공사 설립 등에 관한 법률」	「산림조합법」	「산업집적활성화 및 공장설립에 관한 법률」
중개업등록	×	○	×	×
등록기준적용	×	×	×	×
업무범위	조합원 대상 ⇨ 농지의 매매·교환·임대차의 중개	비업무용 자산 및 구조개선기업의 자산의 관리·매각, 매매 중개	입목·임야의 매매·임대차·교환 중개	산업단지 안의 공장용지 및 공장 건축물에 대한 부동산중개업

5 소속공인중개사

1. 정 의

'소속공인중개사'라 함은 개업공인중개사에 소속된 공인중개사(개업공인중개사인 법인의 사원 또는 임원으로서 공인중개사인 자를 포함한다)로서 중개업무를 수행하거나 개업공인중개사의 중개업무를 보조하는 자를 말한다(법 제2조 제5호).

2. 소속공인중개사의 종류

소속공인중개사는 고용인(개업공인중개사의 직원을 의미한다)으로서의 소속공인중개사와 임원·사원으로서의 소속공인중개사가 있다.

3. 업무의 범위

(1) 중개업무의 수행

'중개업무의 수행'이란 중개활동 중에서 본질적이며 중요한 업무를 일컫는데, 중개대상물에 대한 확인·설명, 중개대상물 확인·설명서 작성 및 거래계약서의 작성 등이 이에 해당한다. 소속공인중개사가 중개업무를 수행하여 중개를 완성하였다 하더라도 그를 고용한 개업공인중개사는 이에 입회하여 중개대상물 확인·설명서 및 거래계약서에 서명 및 날인하여야 한다. 또한 소속공인중개사는 중개업무를 수행할 수 있으므로 중개행위에 사용할 인장을 등록하여야 하고 공정하게 중개업무를 수행하여야 하며, 해당 중개업무를 수행한 경우에는 중개대상물 확인·설명서 및 거래계약서에 개업공인중개사와 함께 서명 및 날인하여야 한다.

(2) 개업공인중개사의 중개업무 보조

'중개업무의 보조'라 함은 중개대상물에 대한 현장안내, 자료정리 등 일반서무, 부동산등기사항증명서 등 공적장부의 열람 등을 말한다.

6 중개보조원

1. 정 의

'중개보조원'이라 함은 공인중개사가 아닌 자로서 개업공인중개사에 소속되어 중개대상물에 대한 현장안내 및 일반서무 등 개업공인중개사의 중개업무와 관련된 단순한 업무를 보조하는 자를 말한다(법 제2조 제6호).

2. 업무의 범위

중개보조원은 소속공인중개사와 달리 중개대상물에 대한 확인·설명, 중개대상물 확인·설명서 및 거래계약서의 작성 등과 같은 중개업무는 수행할 수 없고, 중개대상물에 대한 현장안내 및 일반서무 등 개업공인중개사의 중개업무와 관련된 단순한 업무만 할 수 있다. 따라서 중개보조원은 중개대상물 확인·설명서나 거래계약서의 작성을 할 수 없고, 이러한 서류에 서명 및 날인의 의무도 없으므로 인장등록의무도 없다.

O X 확 인 문 제

'중개보조원'이라 함은 공인중개사가 아닌 자로서 개업공인중개사에 소속되어 중개업무를 수행하거나 개업공인중개사의 중개업무와 관련된 단순한 업무를 보조하는 자를 말한다.　(　)

정답 (×)

'중개보조원'이라 함은 공인중개사가 아닌 자로서 개업공인중개사에 소속되어 중개대상물에 대한 현장안내 및 일반서무 등 개업공인중개사의 중개업무와 관련된 단순한 업무를 보조하는 자를 말한다. 따라서 중개보조원은 중개업무를 수행할 수 없다.

기출&예상 문제

01 공인중개사법령상 용어에 관한 설명으로 옳은 것은? ·34회

① 중개대상물을 거래당사자 간에 교환하는 행위는 '중개'에 해당한다.
② 다른 사람의 의뢰에 의하여 중개를 하는 경우는 그에 대한 보수를 받지 않더라도 '중개업'에 해당한다.
③ 개업공인중개사인 법인의 임원으로서 공인중개사인 자가 중개업무를 수행하는 경우에는 '개업공인중개사'에 해당한다.
④ 공인중개사가 개업공인중개사에 소속되어 개업공인중개사의 중개업무와 관련된 단순한 업무를 보조하는 경우에는 '중개보조원'에 해당한다.
⑤ 공인중개사자격을 취득한 자는 중개사무소의 개설등록 여부와 관계없이 '공인중개사'에 해당한다.

> **해설** ① 중개대상물을 거래당사자 간에 교환하는 행위를 알선하는 것이 '중개'에 해당한다.
> ② '중개업'이란 다른 사람의 의뢰에 의하여 일정한 보수를 받고 중개를 업으로 하는 행위를 말한다. 따라서 다른 사람의 의뢰에 의하여 중개를 하는 경우는 그에 대한 보수를 받지 않았다면 이는 '중개업'에 해당하지 않는다.
> ③ 개업공인중개사인 법인의 임원으로서 공인중개사인 자가 중개업무를 수행하는 경우 '소속공인중개사'에 해당한다.
> ④ 공인중개사가 아닌 자로서 개업공인중개사에 소속되어 개업공인중개사의 중개업무와 관련된 단순한 업무를 보조하는 경우에는 '중개보조원'에 해당한다.
>
> **정답** ⑤

02 공인중개사법령상 용어의 설명으로 틀린 것은? • 33회

① 중개는 중개대상물에 대하여 거래당사자 간의 매매·교환·임대차 그 밖의 권리의 득실변경에 관한 행위를 알선하는 것을 말한다.
② 개업공인중개사는 이 법에 의하여 중개사무소의 개설등록을 한 자를 말한다.
③ 중개업은 다른 사람의 의뢰에 의하여 일정한 보수를 받고 중개를 업으로 행하는 것을 말한다.
④ 개업공인중개사인 법인의 사원 또는 임원으로서 공인중개사인 자는 소속공인중개사에 해당하지 않는다.
⑤ 중개보조원은 공인중개사가 아닌 자로서 개업공인중개사에 소속되어 개업공인중개사의 중개업무와 관련된 단순한 업무를 보조하는 자를 말한다.

| 해설 | ④ 소속공인중개사는 개업공인중개사에 소속된 공인중개사(개업공인중개사인 법인의 사원 또는 임원으로서 공인중개사인 자를 포함한다)로서 중개업무를 수행하거나 개업공인중개사의 중개업무를 보조하는 자를 말한다. 따라서 개업공인중개사인 법인의 사원 또는 임원으로서 공인중개사인 자는 소속공인중개사에 해당한다.

| 정답 | ④

| 제3절 | **중개대상물**

• 24회 • 25회 • 26회 • 27회 • 28회 • 29회 • 30회 • 31회 • 32회 • 33회 • 34회

법 제3조【중개대상물의 범위】 이 법에 의한 중개대상물은 다음 각 호와 같다.
  1. 토지
  2. 건축물 그 밖의 토지의 정착물
  3. 그 밖에 대통령령으로 정하는 재산권 및 물건
영 제2조【중개대상물의 범위】 법 제3조 제3호의 규정에 따른 중개대상물은 다음 각 호와 같다.
  1. 「입목에 관한 법률」에 따른 입목
  2. 「공장 및 광업재단 저당법」에 따른 공장재단 및 광업재단

1 중개대상물의 의의

중개대상물이란 중개의 대상이 되는 물건으로 부동산을 의미한다. 중개대상물은 개업공인중개사만이 중개를 업으로 할 수 있는 고유·전속한 물건이다. 따라서 개업공인중개사가 아닌 자가 이 법에 규정된 중개대상물에 대하여 중개를 업으로 하는 경우에는 처벌의 대상이 된다. 「공인중개사법」은 개업공인중개사의 종별에 따른 중개대상물의 범위를 차별하고 있지 아니하므로, 이 법상의 개업공인중개사는 종별에 관계없이 이 법령에 규정된 중개대상물을 중개할 수 있다.

2 중개대상물의 범위

「공인중개사법」에 규정된 중개대상물은 ① 토지, ② 건축물 그 밖의 토지의 정착물, ③ 「입목에 관한 법률」에 따른 입목, ④ 「공장 및 광업재단 저당법」에 따른 공장재단 및 광업재단이다. 모든 물건이 중개대상물이 되는 것이 아니라 「민법」상 협의의 부동산(토지, 건축물 그 밖의 토지의 정착물)과 일부 준부동산(입목, 공장재단, 광업재단)만이 중개대상물이다. 따라서 준부동산(의제부동산)이라 하더라도 이 법에 규정되어 있지 아니한 어업재단, 항만운송사업재단, 선박, 항공기, 건설기계 등은 중개대상물이 아니다.

3 법정중개대상물의 내용

1. 토 지

(1) 토지소유권의 범위

토지의 소유권은 지표뿐만 아니라 정당한 이익이 있는 범위 내에서 토지의 상·하에 미친다. 토지는 그 종류(예 임야, 농지, 대지, 공유수면매립지 등)와 관계없이 중개대상물이 된다. 그러나 토지의 구성부분을 이루는 암석, 토사, 지하수 등은 별도의 독립된 중개대상물이 될 수 없으며, 또한 채굴되지 아니한 지하 광물은 토지소유자의 소유권 효력이 이에 미치지 못하기 때문에 토지로부터 독립한 중개대상물이 되지 못한다.

(2) 토지의 거래

토지거래의 종류는 매매·교환·임대차계약체결·지상권·지역권·전세권· 저당권 등 권리의 설정 및 이전계약이 있다. 원칙적으로 토지거래의 단위 는 필지이다. 토지는 분필을 하기 전에는 토지의 일부를 양도하거나 담보 물권을 설정하거나 또는 시효취득을 하지 못한다. 따라서 1필의 일부 토지 는 매매·교환·저당권의 목적이 될 수 없다. 다만, 분필하기 전이라 하더라 도 1필의 토지의 일부에 용익권(지상권, 지역권, 전세권, 임차권)의 설정을 할 수 있는 예외가 인정되므로 1필지의 일부라도 용익권의 대상이 되는 중개 대상물이 될 수 있다. 또한 지역권을 설정하는 경우 요역지는 1필의 토지이 어야 하지만, 승역지는 1필 토지의 일부라도 가능하다.

2. 건축물 그 밖의 토지의 정착물

(1) 건축물

① 건축물이라 함은 토지에 정착하고 있는 건조물로서 토지와 완전히 독 립한 별개의 부동산을 말한다. 건축물은 현존하는 건축물과 특정된 동·호수를 정하여 분양계약을 체결한 장래의 건축물(분양권) 모두 중개 대상물이 된다. 현존하는 건축물에는 「건축법」에 적합하게 건축된 건 축물과 불법·무허가 건축물이 있다. 이 법상 중개대상물의 해당 요건 에 등록이나 등기 등 공시는 요하지 않는다. 따라서 무허가건축물 및 미등기건축물도 중개대상물이 된다.

② 건축물은 원칙적으로 동(棟) 단위로 거래된다. 그러나 1동 건물의 일부 는 구조상·이용상 독립성을 갖추고 있지 않더라도 전세 내지 임대차의 거래가 가능하므로 1동의 일부도 중개대상물이 된다.

> **⊘ 참고** **입주권의 중개대상 여부**
>
> 판례에 의하면 아파트의 분양예정자로 선정될 수 있는 지위를 의미하는 데 불 과한 입주권은 중개대상물이 될 수 없지만, 특정 동·호수에 대하여 피분양자로 선정되거나 분양계약이 체결되지 아니하였다고 하더라도 아파트 전체의 건축 이 완료됨으로써 분양대상이 될 세대들이 객관적으로 존재하여 분양 목적물로 의 현실적인 제공 또는 가능한 상태의 입주권은 중개대상물이 될 수 있다(대판 2013.1.24, 2010다16519).

O X 확 인 문 제

미등기건축물, 무허가건축물도 중개의 대상이 된다.　( )

정답 (○)

(2) 그 밖의 토지의 정착물

토지의 정착물이란 토지에 고정적으로 부착되어 용이하게 이동할 수 없는 물건으로서 거래개념상 계속적으로 토지에 부착하여 이용되는 것으로 인정되는 것, 즉 그러한 상태로 사용하는 것이 그 물건의 거래상 성질로 인정되는 것을 말한다. 토지의 정착물의 예로서는 건축물, 수목, 수목의 집단, 명인방법을 갖춘 수목의 집단, 소유권보존등기를 한 수목의 집단(입목), 축대, 담장, 교량, 아스팔트 도로 등이 있다. 그러나 조립식의 세차장구조물, 가식의 수목, 암석, 토사 등은 토지의 정착물이 될 수 없다. 토지의 정착물 중 건축물과 입목은 이 법에 중개대상물로 직접 규정하고 있으나, 그 외 나머지 토지의 정착물에 대하여는 법 규정이 없다. 그러나 명인방법을 갖춘 수목의 집단에 대하여는 행정심판 결과 토지와는 독립된 중개대상물로 인정하고 있다(행정심판 2004.7.4, 2004-01961). 그 밖의 나머지 토지의 정착물에 대하여는 중개대상물에 해당하는지 여부에 대하여 다툼이 있을 수 있으나 암석, 토사, 가식의 수목, 수목, 수목의 집단, 농작물, 명인방법을 갖춘 농작물, 미분리과실, 명인방법을 갖춘 미분리과실, 철봉 등 체육시설, 주거용으로 개조한 컨테이너, 견본주택, 간이건물, 담장 등은 토지와는 독립적인 중개대상물이 될 수 없다고 해석된다.

> ### ⊕ 보충 명인방법
>
> 명인방법은 수목의 집단 또는 미분리과실 등의 소유권이 누구에게 귀속하고 있다는 것을 제3자가 명백하게 인식(명인)할 수 있도록 공시하는 관습법상의 공시방법을 의미한다. 수목의 경우 수피를 깎아서 거기에 소유자의 성명을 묵서하는 방법이 있고, 미분리과실의 경우 논·밭 주위에 새끼를 둘러치고 소유자 성명을 표시한 목찰을 세우는 등의 방법이 있다. 주의할 점은 동네 사람들이 그 수목 등의 소유자를 알고 있다는 사실만으로는 인정되지 아니하며, 반드시 특정되어 있는 목적물에 인정되어 계속성을 지녀야 한다. 이 경우 명인방법으로 인하여 소유권은 인정되나 저당권 등의 객체가 될 수는 없다.

> ### ⚖ 판례
>
> - **'금전채권'이 「공인중개사법」에서 정한 중개대상물에 해당하는지 여부**
>   '금전채권'은 「공인중개사법」 제3조, 같은 법 시행령 제2조에서 정한 중개대상물이 아니다. 금전채권 매매계약을 중개한 것은 「공인중개사법」이 규율하고 있는 중개행위에 해당하지 않으므로, <u>「공인중개사법」이 규정하고 있는 중개수수료의 한도액은 금전채권 매매계약의 중개행위에는 적용되지 않는다</u>(대판 2019.7.11, 2017도13559).

O X 확 인 문 제

피분양자가 선정된 장차 건축될 특정의 건물은 중개대상물이 된다.
• 28회 ( )

정답 (○)

O X 확 인 문 제

콘크리트 지반 위에 쉽게 분리·철거가 가능한 볼트조립방식으로 철제 파이프 기둥을 세우고 지붕을 덮은 다음 3면에 천막을 설치한 세차장구조물은 중개대상물이다. • 25회 ( )

정답 (×)
토지의 정착물이라 볼 수 없어 중개대상물이 되지 못한다는 것이 판례의 입장이다.

O X 확 인 문 제

주택이 철거될 경우 일정한 요건하에 택지개발지구 내에 이주자 택지를 공급받을 지위인 대토권은 중개대상물에 해당하지 않는다.
• 26회 ( )

정답 (○)

O X 확 인 문 제

입목은 명인방법을 갖춘 수목집단과 마찬가지로 소유권의 객체로만 인정된다. ( )

정답 (×)
입목은 명인방법을 갖춘 수목집단과는 달리 소유권, 저당권의 객체가 된다.

• **분양권과 입주권이 중개대상물에 해당하는지 여부**

특정된 동·호수가 지정되어 분양계약이 체결된 <u>분양권은 중개대상물이 된다</u>. 그러나 특정한 아파트에 입주할 수 있는 권리가 아니라 아파트에 대한 추첨기일에 신청을 하여 당첨이 되면 아파트의 분양예정자로 선정될 수 있는 지위를 가리키는 데 불과한 <u>입주권은 중개대상물인 건축물에 해당한다고 보기 어렵다</u>(대판 1991.4.23, 90도1287).

• **건축물 그 밖의 토지의 정착물이 「민법」상 부동산에 해당하는 건축물에 한정되는지 여부**

「공인중개사법」 제3조는 중개대상물의 범위에 관하여 토지와 건축물 그 밖의 토지의 정착물 등을 규정하고 있다. 여기서 말하는 <u>건축물은 「민법」상의 부동산에 해당하는 건축물에 한정된다</u>(대판 2009.1.15, 2008도9427).

• **권리금이 중개대상물인지 여부**

<u>영업용 건물의 영업시설·비품 등 유형물이나 거래처, 신용, 영업상의 노하우 또는 점포 위치에 따른 영업상의 이점 등 무형의 재산적 가치는 중개대상물이라고 할 수 없다</u>(대판 2009.1.15, 2008도9427).

• **세차장구조물이 토지의 정착물에 해당하는지 여부**

세차장구조물은 콘크리트 지반 위에 볼트조립방식 등을 사용하여 철제 파이프 또는 철골의 기둥을 세우고 그 상부에 철골 트러스트 또는 샌드위치 판넬 지붕을 덮었으며, 기둥과 기둥 사이에 차량이 드나드는 쪽을 제외한 나머지 2면 또는 3면에 천막이나 유리 등으로 된 구조물로서 주벽이라고 할 만한 것이 없고, <u>볼트만 해체하면 쉽게 토지로부터 분리·철거가 가능하므로 이를 토지의 정착물이라 볼 수는 없고 중개대상물이 되지 못한다</u>(대판 2009.1.15, 2008도9427).

• **대토권이 중개대상이 되는지 여부**

대토권은 주택이 철거될 경우 일정한 요건하에 택지개발지구 내에 이주자 택지를 공급받을 지위에 불과하고 <u>특정한 토지나 건물 기타 정착물 또는 법 시행령이 정하는 재산권 및 물건에 해당한다고 볼 수 없으므로 중개대상물에 해당하지 않는다고 볼 것이다</u>. 또한 대토권이 중개대상물에서 제외되는 이상 대토권의 매매 등을 알선한 행위가 공제사업자를 상대로 개업공인중개사의 손해배상책임을 물을 수 있는 중개행위에 해당한다고 할 수 없다(대판 2011.5.26, 2011다23682).

3. 「입목에 관한 법률」에 따른 입목

(1) 입목의 의의

입목이란 수목집단의 소유자가 「입목에 관한 법률」에 의해 수목의 집단에 대하여 소유권보존등기를 받은 것을 말한다. 입목은 토지와는 별개의 부동산으로 본다. 따라서 입목소유자는 입목만을 처분하거나 저당권의 목적으로 할 수 있다. 소유권보존등기를 할 수 있는 수목의 집단은 1필 토지의 전부 또는 일부에 생립하는 수목에 가능하며, 수종이나 수량의 제한은 없다.

(2) 입목등기절차

① **입목등록** : 수목의 집단에 대하여 소유권보존등기를 하기 위해서는 먼저 수목집단이 소재하는 특별자치도지사·시장·군수 또는 구청장(자치구의 구청장을 말한다. 이하 같다)에게 입목등록을 신청하여야 한다. 입목등록을 신청하는 때에는 입목등록신청서에 입목의 범위를 표시한 도면을 첨부하여 입목등록신청을 하여야 한다. 입목등록신청서를 접수한 특별자치도지사·시장·군수 또는 구청장은 등록신청 내용을 심사·확인한 후 입목등록을 행하고 입목등록원부를 작성·관리하여야 한다.

② **입목등기** : 입목등록을 마친 수목집단의 소유자가 입목등기를 하기 위해서는 소유권보존등기신청서에 입목등록원부를 첨부하여 등기소에 이를 제출하여야 한다. 입목등기를 할 수 있는 수목은 입목등록원부에 등록된 것으로 한정된다. 입목등기 신청을 받은 등기소는 입목등기를 행하고 입목등기사항증명서를 작성·관리하여야 하며, 그 외에 등기관은 입목이 소재하는 토지의 등기기록 중 표제부에 입목등기기록을 표시하여야 한다. 입목등기 사실 여부만의 확인은 토지등기사항증명서 표제부로도 확인할 수 있으나, 상세한 내용은 입목등록원부 또는 입목등기사항증명서를 통하여 확인하여야 한다.

(3) 입목등기의 효력

① **입목의 독립성** : 입목은 토지와는 별개의 부동산으로 간주되며, 소유권과 저당권의 목적이 된다.

② **산림보험** : 입목을 저당권의 목적으로 하려는 자는 그 입목에 대하여 보험에 가입해야 한다.

③ **저당된 입목의 관리** : 입목에 저당권이 설정된 경우 입목의 소유자는 당사자 간에 약정된 시업방법에 따라 그 입목을 조성하고 육림하여야 하나, 천재지변이나 그 밖의 불가항력으로 입목에 손실이 발생하였을 때에는 입목소유자는 그 책임을 면한다.

④ **저당권의 효력**

　ⓒ 입목에 대하여 저당권이 설정된 경우 입목을 목적으로 하는 저당권의 효력은 입목을 베어 낸 경우에 그 토지로부터 분리된 수목에 대하여도 미친다.

O X 확 인 문 제

입목을 목적으로 하는 저당권의 효력은 입목을 베어낸 경우 그 토지로부터 분리된 수목에 대하여는 미치지 않는다. （ ）

정답 （ × ）

입목을 목적으로 하는 저당권의 효력은 입목을 베어낸 경우 그 토지로부터 분리된 수목에 대하여 미친다.

ⓛ 저당권이 설정된 입목을 베어 낸 경우 저당권자는 변제기일이 도래하기 전이라 하더라도 분리된 수목을 경매에 부칠 수 있으나, 매각된 금원은 변제기일이 도래할 때까지 법원에 공탁하여야 한다.

⑤ **법정지상권**: 입목은 토지의 소유권 또는 지상권과 독립된 객체로 인정하고 있기 때문에 입목의 지반인 토지에 관한 소유권 또는 지상권의 처분의 효력은 입목에 영향을 미치지 못한다. 경매나 그 밖의 사유로 인하여 토지와 입목이 각각 다른 소유자에게 속하게 되는 경우에는 토지소유자는 입목소유자에게 지상권을 설정한 것으로 본다.

⑥ **지상권 또는 임차권에 대한 저당권의 효력**: 지상권자 또는 토지의 임차인에게 속하는 입목이 저당권의 목적이 되어 있는 경우에는 지상권자 또는 임차인은 저당권자의 승낙 없이 그 권리를 포기하거나 계약을 해지할 수 없다.

4. 「공장 및 광업재단 저당법」에 따른 공장재단 및 광업재단

(1) 공장재단 및 광업재단의 의의

① **공장재단**: 공장재단이란 공장에 속하는 일정한 기업용 재산으로 구성되는 일단의 기업재산으로서 「공장 및 광업재단 저당법」에 의하여 소유권보존등기를 함으로써 소유권과 저당권의 목적이 되는 것을 말한다.

② **광업재단**: 광업재단이란 광산에 속하는 광업권과 그 광업권에 기하여 광물을 채굴·취득하기 위한 제반 설비로 구성되는 일단의 기업재산으로서 「공장 및 광업재단 저당법」에 의하여 소유권보존등기를 함으로써 소유권과 저당권의 목적이 되는 것을 말한다.

③ 공장재단 및 광업재단은 기업 및 공장재산의 담보가치를 증대시켜 금융자금을 원활하게 융통할 목적으로 1개의 권리로 등기한 물건이므로 이를 분리하여 처분하거나 담보제공 등을 할 수 없다.

(2) 공장재단 및 광업재단의 구성

① **공장재단**: 공장재단은 공장소유자의 1개 또는 수개의 공장 및 토지, 기계, 차량, 지식재산권 등으로 구성하며, 수개의 공장이 각각 다른 소유자에 속한 경우에도 재단을 구성하여 설정할 수 있다.

② **광업재단**: 광업재단은 그 광업에 관하여 동일한 광업권자에 속하는 광업권과 토지, 기계, 궤도, 자동차 등으로 광업재단을 구성하여 설정할 수 있다.

③ 공장재단 및 광업재단의 구성물은 동시에 다른 재단에 속하게 하지 못한다.

(3) 공장재단 및 광업재단등기

공장 및 광업재단에 관하여 소유권보존의 등기를 신청하는 경우에는 공장 및 광업재단목록을 제출하여야 한다. 공장 및 광업재단에 관하여 소유권보존등기가 있는 경우에는 공장 및 광업재단목록을 공장 및 광업재단등기부의 일부로 보고 기록된 내용은 등기된 것으로 본다.

(4) 재단등기의 공시

공장 및 광업재단에 대한 소유권보존등기를 한 경우에는 공장 및 광업재단등기사항증명서가 작성되고, 그 이외에 등기관은 그 재단에 속한 부동산의 등기용지(토지·건물 등기사항증명서) 중 관련 구 사항란에 해당 부동산이 공장 및 광업재단에 속하였다는 취지를 기재한다.

(5) 재단등기의 효력

① 공장 및 광업재단은 기업 및 광산재산의 전부 또는 일부에 대하여 소유권보존등기를 하면 소유권과 저당권의 목적이 된다. 저당권의 목적인 공장재단, 광업재단도 저당권자의 동의하에 임대차의 목적이 될 수 있다.

② **효력의 상실** : 공장 및 광업재단은 기업재산의 담보가치를 증대시켜 금융자금을 원활하게 융통할 목적으로 여러 개의 물건을 1개의 권리로 등기한 것이므로, 공장 및 광업재단의 소유권보존등기 후 10개월 내에 저당권설정의 등기를 하지 아니하는 경우에는 그 공장 및 광업재단 등기의 효력은 상실된다.

③ 공장 및 광업재단은 1개의 부동산으로 취급되므로 공장 및 광업재단은 이를 분리하여 처분할 수 없다. 따라서 공장 및 광업재단은 일체로만 중개대상물이 될 뿐 재단 재산의 일부분은 재단으로부터 분리하여 개별적으로 중개대상물이 될 수 없다.

④ **저당권의 효력** : 공장 및 광업재단에 속하는 토지나 건물에 설정한 저당권의 효력은 그 토지나 건물에 부합된 물건과 그 토지·건물에 설치된 기계, 기구 그 밖의 공용물에 미친다. 그러나 저당권자의 동의를 받아 토지나 건물에 부합된 물건을 분리한 경우 그 물건에 관하여는 저당권이 소멸한다.

O X 확 인 문 제

재단등기 후 6개월 이내에 저당권설정등기를 하지 아니한 경우 재단등기의 효력은 상실한다.
( )

정답 (×)

재단등기 후 10개월 이내에 저당권설정등기를 하지 아니한 경우 재단등기의 효력은 상실한다.

4 중개대상물이 되기 위한 요건

1. 법정중개대상물일 것

중개대상물은 「공인중개사법」에 규정된 물건으로 한정되므로 「공인중개사법」에 규정되어 있지 아니한 물건은 공시 유무를 불문하고 중개대상물이 아니다. 따라서 어업재단, 항만운송사업재단, 20t 이상의 선박, 항공기, 건설기계, 영업용 건물의 영업시설·비품 등 유형물이나 거래처·신용·영업상의 노하우·점포 위치에 따른 영업상의 이점 등 무형의 재산적 가치(상가권리금) 및 분양예정자로 선정될 수 있는 지위를 의미하는 데 불과한 입주권, 그 밖에 상표권 등 무체재산권, 동산, 금전채권은 중개대상물이 아니다.

2. 사적 소유물로서 거래가 가능한 물건일 것

(1) 사적 거래가 가능하여 중개대상물이 되는 경우

「공인중개사법」에 중개대상물로 규정된 물건이더라도 중개대상물이 되기 위해서는 사적 소유의 대상물로서 거래가 가능하여야 한다.

① **공법상 제한이 있는 부동산** : 사적 거래가 가능한 대상물이라면 공법상 이용제한 또는 거래규제가 되어 사권행사가 제한되는 접도구역에 포함된 토지, 도시계획시설 예정지(도로예정지인 사유지), 개발제한구역 내의 토지, 군사시설보호구역 내의 토지, 토지거래허가구역 내의 토지 등이라 하더라도 중개대상물이 된다.

② **사법상 제한이 있는 부동산** : 사적 거래가 가능한 대상물은 사법상 권리행사가 제한되어 권리의 안전성이 문제되는 가등기·가압류등기·가처분등기된 부동산이나 용익물권·저당권 등이 설정된 부동산이라 하더라도 중개대상물이 된다.

(2) 사적 거래가 불가능하여 중개대상물이 될 수 없는 경우

① **국유(國有)재산** : 국유재산에는 원칙적으로 사권을 설정하지 못하므로 거래가 불가능하여 중개대상물이 될 수 없다.

② **미채굴 광물** : 채굴되지 아니한 광물을 채굴할 권리는 국가가 부여한다. 미채굴 광물은 토지소유자라 하더라도 소유권의 효력이 미치지 못하므로 중개대상물이 될 수 없다.

③ **무주(無主)의 부동산** : 무주의 부동산은 국가에 귀속되어 사적 소유권의 효력이 미치지 못하므로 중개대상물이 될 수 없다.

④ **공도·공원, 바다·호수** : 공도·공원은 국유·공유재산이므로 중개대상물이 될 수 없으며, 바다·호수는 자연공물로서 행정재산에 속하므로 중개대상물이 될 수 없다. 다만, 사도나 공유수면의 매립허가를 받아 준공검사된 토지는 사적 소유의 물건이므로 중개대상물이 될 수 있다.

⑤ **포락지** : '포락지'란 지적공부에 등록된 토지가 물에 침식되어 수면 밑으로 잠긴 토지를 말한다. 예를 들어, 과거에 농경지이었으나 홍수로 인하여 하천구역으로 포함되어 사권이 소멸된 지역을 의미한다. 포락지는 사적 소유의 물건이 아니므로 중개대상물이 될 수 없으며, 그 후 다시 성토되어 농경지로 회복되어도 종전의 소유자가 다시 소유권을 취득할 수 없으므로 중개대상물이 될 수 없다(대판 1992.9.25, 92다24677).

3. 중개행위의 개입이 필요하거나 개입이 가능한 물건일 것

(1) 유상행위의 대상물

중개행위의 개입이 필요한 유상행위의 대상물이어야 한다. 따라서 무상행위인 증여 및 기부채납의 대상인 물건은 중개대상물이 되지 못한다.

(2) 중개행위 개입의 여지가 있을 것

중개행위가 개입될 여지가 있는 물건이어야 한다. 따라서 「민사집행법」상 경매, 「국세징수법」상 한국자산관리공사의 공매, 공용수용, 상속, 환매권에 기인한 재매매 대상인 물건은 중개행위 개입의 여지가 없으므로 중개대상물이 되지 못한다. 그러나 상속된 부동산, 경매나 공매에서 낙찰받은 부동산, 증여받은 부동산, 분묘기지권이 있는 분묘가 설치된 임야, 경매개시결정등기가 있는 부동산 중 사적 거래대상인 경우 등은 중개대상물이 될 수 있다.

O X 확 인 문 제

경매개시결정등기가 된 부동산도 사적 거래에서는 중개의 대상이 될 수 있다.　　　( )

정답 (○)

01 공인중개사법령상 중개대상물에 해당하는 것을 모두 고른 것은?
(다툼이 있으면 판례에 따름) • 34회

㉠ 근저당권이 설정되어 있는 피담보채권
㉡ 아직 완성되기 전이지만 동·호수가 특정되어 분양계약이 체결된 아파트
㉢ 「입목에 관한 법률」에 따른 입목
㉣ 점포 위치에 따른 영업상의 이점 등 무형의 재산적 가치

① ㉠, ㉣　　　　② ㉡, ㉢　　　　③ ㉡, ㉣
④ ㉠, ㉡, ㉢　　　⑤ ㉠, ㉢, ㉣

해설 ㉠ 근저당권이 설정되어 있는 피담보채권은 중개대상물에 해당하지 않는다.
㉣ 거래처, 신용 또는 점포 위치에 따른 영업상의 이점 등 무형물은 권리금의 형태로 거래되므로 중개대상물에 해당하지 않는다.

정답 ②

02 공인중개사법령상 중개대상물에 해당하는 것을 모두 고른 것은?
(다툼이 있으면 판례에 따름) • 33회

㉠ 동·호수가 특정되어 분양계약이 체결된 아파트분양권
㉡ 기둥과 지붕 그리고 주벽이 갖추어진 신축 중인 미등기상태의 건물
㉢ 아파트 추첨기일에 신청하여 당첨되면 아파트의 분양예정자로 선정될 수 있는 지위인 입주권
㉣ 주택이 철거될 경우 일정한 요건 하에 택지개발지구 내에 이주자택지를 공급받을 지위인 대토권

① ㉠, ㉡　　　　② ㉡, ㉢　　　　③ ㉢, ㉣
④ ㉠, ㉡, ㉣　　　⑤ ㉠, ㉡, ㉢, ㉣

해설 ㉠㉢ 아파트의 분양예정자로 선정될 수 있는 지위를 의미하는 데 불과한 입주권은 중개대상물이 될 수 없다(대판 1991.4.23, 90도1287). 그러나 특정 동·호수에 대하여 피분양자로 선정되거나 분양계약이 체결되지 아니하였다고 하더라도 아파트 전체의 건축이 완료됨으로써 분양대상이 될 세대 등이 객관적으로 존재하여 분양 목적물로의 현실적인 제공 또는 가능한 상태의 입주권은 중개대상물이 될 수 있다(대판 2013.1.24, 2010다16519).
㉣ 대토권은 주택이 철거될 경우 일정한 요건하에 택지개발지구 내에 이주자택지를 공급받을 지위에 불과하고 특정한 토지나 건물 기타 정착물 또는 법 시행령이 정하는 재산권 및 물건에 해당한다고 볼 수 없으므로 중개대상물에 해당하지 않는다고 볼 것이다. 또한 대토권이 중개대상물에서 제외되는 이상 대토권의 매매 등을 알선한 행위가 공제사업자를 상대로 개업공인중개사의 손해배상책임을 물을 수 있는 중개행위에 해당한다고 할 수 없다(대판 2011.5.26, 2011다23682).

정답 ①

① 「공인중개사법」은 「상법」이나 「민법」의 (   )적인 성격을 가지는 법이다.

② 이 법은 공인중개사의 업무 등에 관한 사항을 정하여 그 (   )을 제고하고 부동산중개업을 건전하게 육성하여 (   )함을 목적으로 한다.

③ '중개'라 함은 제3조에 따른 중개대상물에 대하여 거래당사자 간의 매매·교환·임대차(   )에 관한 행위를 알선하는 것을 말한다.

④ '중개업'이라 함은 다른 사람의 의뢰에 의하여 일정한 (   )를 받고 중개를 (   )으로 행하는 것을 말한다.

⑤ '소속공인중개사'라 함은 개업공인중개사에 소속된 공인중개사[개업공인중개사인 법인의 사원 또는 임원으로서 (   )인 자를 포함한다]로서 (   )를 수행하거나 개업공인중개사의 중개업무를 보조하는 자를 말한다.

⑥ '중개보조원'이라 함은 (   )로서 개업공인중개사에 소속되어 중개대상물에 대한 현장안내 및 일반서무 등 개업공인중개사의 중개업무와 관련된 단순한 업무를 보조하는 자를 말한다.

⑦ 개업공인중개사가 아닌 자가 이 법에 의한 개업공인중개사임을 표시하는 사무소명칭표시를 하고 중개를 1회 하였더라도 간판은 영업의 표시로 보아야 하므로 이는 (   )에 해당된다.

⑧ 판례에 의하면, 세차장구조물은 (   )이라고 할 만한 것이 없고 쉽게 분리철거가 가능하므로 이를 토지의 정착물이라고 볼 수는 없다고 한다.

⑨ 특정 동·호수에 대하여 피분양자가 선정되거나 분양계약이 체결되지 아니하였다고 하더라도 아파트 전체의 건축이 완료됨으로써 분양대상이 될 세대들이 객관적으로 존재하여 분양 목적물로의 현실적인 제공 또는 가능한 상태의 (   )은 중개대상물이 될 수 있다.

⑩ 영업용 건물의 영업시설·비품 등 유형물이나 거래처, 신용, 영업상의 노하우 또는 점포 위치에 따른 영업상의 이점 등 (   )는 중개대상물이라고 할 수 없다.

정답   **1** 특별법   **2** 전문성, 국민경제에 이바지   **3** 그 밖의 권리의 득실변경   **4** 보수, 업
5 공인중개사, 중개업무   **6** 공인중개사가 아닌 자   **7** 무등록중개업   **8** 주벽   **9** 입주권
10 무형의 재산적 가치

02 공인중개사제도

▌학습전략

• 시험시행기관, 시험의 공고, 자격증 교부, 자격증 양도·대여 금지규정에 관하여 학습하여야 합니다.

• 출제비중이 가장 높은 공인중개사 정책심의위원회의 구성 및 운영에 관하여 학습하여야 합니다.

제1절 공인중개사 자격시험

• 24회 • 25회 • 27회 • 28회 • 30회 • 32회 • 33회 • 34회

1 공인중개사제도의 시행

'공인중개사'라 함은 이 법에 의하여 공인중개사 자격을 취득한 자를 말한다. 공인중개사제도는 1983년 부동산중개업의 제정 당시에 처음으로 도입되었고, 제1회 공인중개사 시험은 1985년에 시행되었다. 과거 공인중개사 자격제도가 도입되기 전에는 부동산중개와 관련된 무자격자들이 중개업을 영위하고 있었기 때문에 거래사고가 빈번하게 발생했었고, 결국 그 피해는 고스란히 중개의뢰인이 입게 되었으므로 부동산중개에 관한 전문자격을 보유한 자로 하여금 중개행위를 하게 함으로써 거래사고를 예방하고 개업공인중개사의 공신력을 제고하고자 공인중개사 자격제도를 도입하여 시행하게 되었다.

2 공인중개사 시험시행기관

1. 원칙적 시험시행기관

공인중개사가 되고자 하는 자는 시·도지사가 시행하는 공인중개사 자격시험에 합격하여야 한다(법 제4조 제1항). 시·도지사가 시험을 시행하는 경우에는 시·도지사가 시험시행기관장이 된다.

2. 예외적 시험시행기관

국토교통부장관은 공인중개사 자격시험 수준의 균형유지 등을 위하여 필요하다고 인정하는 때에는 대통령령으로 정하는 바에 따라 직접 시험문제를 출제하거나 시험을 시행할 수 있다(법 제4조 제2항). 국토교통부장관이 직접 시험문제를 출제하거나 시험을 시행하려는 경우에는 심의위원회의 의결을 미리 거쳐야 한다(영 제3조). 국토교통부장관이 시험을 시행하는 경우에는 국토교통부장관이 시험시행기관장이 된다.

3. 시험의 위탁시행

시험을 시행하는 시험시행기관장은 시험의 시행에 관한 업무를 「공공기관의 운영에 관한 법률」 제5조 제4항에 따라 공기업·준정부기관 또는 협회에 위탁할 수 있다(영 제36조 제2항). 시험시행기관장은 시험시행에 관한 업무를 위탁한 때에는 위탁받은 기관의 명칭·대표자 및 소재지와 위탁업무의 내용 등을 관보에 고시하여야 한다(동조 제3항).

3 시험의 응시자격

1. 응시자격이 있는 자

「공인중개사법」에서는 응시자격이 없는 자에 대하여만 규정하고 있다. 따라서 연령, 국적, 직업, 행위능력의 유무를 불문하고 시험에 응시할 수 있으므로 외국인뿐만 아니라 미성년자, 피한정·피성년후견인과 같은 등록 등의 결격사유자도 공인중개사가 될 수 있다.

O X 확 인 문 제

공인중개사 자격시험의 원칙적인 시행권자는 국토교통부장관이다.　　　　　　( )

정답 (×)
공인중개사 자격시험의 원칙적인 시행권자는 시·도지사이다.

O X 확 인 문 제

「공인중개사법」 제10조 등록의 결격사유자는 원칙적으로 공인중개사 시험에 응시가 불가능하다.　　　　　　( )

정답 (×)
등록의 결격사유자도 원칙적으로 시험에 응시하여 자격증을 취득할 수 있다.

2. 응시자격이 없는 자

(1) 자격이 취소된 자

공인중개사의 자격이 취소된 후 3년이 지나지 아니한 자는 공인중개사가 될 수 없다(법 제6조). 또한 자격취소 후 3년간은 중개업무의 종사도 제한된다(법 제10조 제2항).

(2) 부정행위자에 대한 제재

시험을 시행하는 시·도지사 또는 국토교통부장관(이하 '시험시행기관장'이라 한다)은 시험에서 부정한 행위를 한 응시자에 대하여는 그 시험을 무효로 하고, 그 처분이 있는 날부터 5년간 시험응시자격을 정지한다. 이 경우 시험시행기관장은 지체 없이 이를 다른 시험시행기관장에게 통보하여야 한다. 시험에서 부정행위를 한 자는 5년간 응시자격이 정지될 뿐 등록 등의 결격사유를 구성하는 것은 아니므로, 중개보조원이나 법인인 개업공인중개사의 임원·사원으로 중개업무에는 종사할 수 있다.

4 시험방법 및 내용

1. 시험의 시행방법

(1) 공인중개사 자격시험은 제1차 시험과 제2차 시험으로 구분하여 시행한다. 이 경우 제2차 시험은 제1차 시험에 합격한 자를 대상으로 시행한다(영 제5조 제1항).

(2) 시험시행기관장은 필요하다고 인정하는 때에는 제1차 시험과 제2차 시험을 구분하되 동시에 시행할 수 있으며, 이 경우 제1차 시험에 불합격한 자의 제2차 시험은 무효로 한다(영 제5조 제2항·제3항).

(3) 제1차 시험은 선택형을 원칙으로 하되 주관식 단답형 또는 기입형을 가미할 수 있고, 제2차 시험은 논문형을 원칙으로 하되 주관식 단답형 또는 기입형을 가미할 수 있다. 제1차 시험과 제2차 시험을 구분하되 동시에 시행할 경우에는 제2차 시험의 출제유형은 제1차 시험의 유형에 의한다(영 제5조 제2항·제4항·제5항).

2. 시험시기

공인중개사 자격시험은 매년 1회 이상 시행한다. 다만, 시험시행기관장은 시험을 시행하기 어려운 부득이한 사정이 있는 경우에는 심의위원회의 의결을 거쳐 해당 연도의 시험을 실시하지 아니할 수 있다(영 제7조 제1항).

3. 시험의 일부면제

제1차 시험에 합격한 자에 대하여는 다음 회의 시험에 한정하여 제1차 시험을 면제한다(영 제5조 제6항).

4. 시험과목 등

공인중개사 자격시험의 시험과목, 시험방법 및 시험의 일부면제 그 밖에 시험에 관하여 필요한 사항은 대통령령으로 정한다(법 제4조 제3항).

▪️ 공인중개사 자격시험의 과목

구 분	시험과목
제1차 시험	• 부동산학개론(부동산감정평가론을 포함한다) • 「민법」(총칙 중 법률행위, 질권을 제외한 물권법, 계약법 중 총칙·매매·교환·임대차) 및 「민사특별법」 중 부동산 중개에 관련되는 규정
제2차 시험	• 공인중개사의 업무 및 부동산 거래신고에 관한 법령(공인중개사법, 부동산 거래신고 등에 관한 법률 및 중개실무) • 부동산공시에 관한 법령(부동산등기법, 공간정보의 구축 및 관리 등에 관한 법률 제2장 제4절 및 제3장) 및 부동산 관련 세법 • 부동산공법(국토의 계획 및 이용에 관한 법률, 건축법, 도시개발법, 도시 및 주거환경정비법, 주택법, 농지법) 중 부동산중개에 관련되는 규정

5 공인중개사 정책심의위원회

1. 공인중개사 정책심의위원회의 심의사항

(1) 공인중개사의 업무에 관한 다음의 사항을 심의하기 위하여 국토교통부에 공인중개사 정책심의위원회를 둘 수 있다(법 제2조의2 제1항).

① 공인중개사의 시험 등 공인중개사의 자격취득에 관한 사항
② 부동산중개업의 육성에 관한 사항
③ 중개보수 변경에 관한 사항
④ 손해배상책임의 보장 등에 관한 사항

(2) 공인중개사 정책심의위원회에서 심의한 사항 중 '공인중개사의 시험 등 공인중개사의 자격취득에 관한 사항'의 경우에는 특별시장·광역시장·도지사·특별자치도지사(이하 '시·도지사'라 한다)는 이에 따라야 한다(법 제2조의2 제3항).

2. 공인중개사 정책심의위원회의 구성 및 운영(영 제1조의2)

(1) 공인중개사 정책심의위원회는 위원장 1명을 포함하여 7명 이상 11명 이내의 위원으로 구성한다.

(2) 심의위원회 위원장은 국토교통부 제1차관이 되고, 위원은 다음의 어느 하나에 해당하는 사람 중에서 국토교통부장관이 임명하거나 위촉한다.

① 국토교통부의 4급 이상 또는 이에 상당하는 공무원이나 고위공무원단에 속하는 일반직공무원
② 「고등교육법」에 따른 학교에서 부교수 이상의 직(職)에 재직하고 있는 사람
③ 변호사 또는 공인회계사의 자격이 있는 사람
④ 공인중개사협회에서 추천하는 사람
⑤ 공인중개사 자격시험(이하 '시험'이라 한다)의 시행에 관한 업무를 위탁받은 기관의 장이 추천하는 사람
⑥ 「비영리민간단체 지원법」에 따라 등록한 비영리민간단체에서 추천한 사람
⑦ 「소비자기본법」에 따라 등록한 소비자단체 또는 한국소비자원의 임직원으로 재직하고 있는 사람
⑧ 그 밖에 부동산·금융 관련 분야에 학식과 경험이 풍부한 사람

(3) 위원의 임기는 2년으로 하되, 위원의 사임 등으로 새로 위촉된 위원의 임기는 전임위원 임기의 남은 기간으로 한다.

(4) 공인중개사 정책심의위원회의 구성 및 운영 등에 관하여 필요한 사항은 대통령령으로 정한다(법 제2조의2 제2항).

3. 위원의 제척·기피·회피 등(영 제1조의3)

(1) 위원의 제척

심의위원회의 위원이 다음의 어느 하나에 해당하는 경우에는 심의위원회의 심의·의결에서 제척(除斥)된다.

> ① 위원 또는 그 배우자나 배우자이었던 사람이 해당 안건의 당사자(당사자가 법인·단체 등인 경우에는 그 임원을 포함한다)가 되거나 그 안건의 당사자와 공동권리자 또는 공동의무자인 경우
> ② 위원이 해당 안건의 당사자와 친족이거나 친족이었던 경우
> ③ 위원이 해당 안건에 대하여 증언, 진술, 자문, 조사, 연구, 용역 또는 감정을 한 경우
> ④ 위원이나 위원이 속한 법인·단체 등이 해당 안건의 당사자의 대리인이거나 대리인이었던 경우

(2) 위원의 기피

해당 안건의 당사자는 위원에게 공정한 심의·의결을 기대하기 어려운 사정이 있는 경우에는 심의위원회에 기피신청을 할 수 있고, 심의위원회는 의결로 이를 결정한다. 이 경우 기피신청의 대상인 위원은 그 의결에 참여하지 못한다.

(3) 위원의 회피

위원 본인이 제척사유에 해당하는 경우에는 스스로 해당 안건의 심의·의결에서 회피(回避)하여야 한다.

(4) 위원의 해촉

국토교통부장관은 위원이 제척사유의 어느 하나에 해당하는 데에도 불구하고 회피하지 아니한 경우에는 해당 위원을 해촉(解囑)할 수 있다.

4. 위원장의 직무(영 제1조의4)

(1) 위원장은 심의위원회를 대표하고, 심의위원회의 업무를 총괄한다.

(2) 위원장이 부득이한 사유로 직무를 수행할 수 없을 때에는 위원장이 미리 지명한 위원이 그 직무를 대행한다.

5. 심의위원회의 운영(영 제1조의5)

(1) 위원장은 심의위원회의 회의를 소집하고, 그 의장이 된다.

(2) 심의위원회의 회의는 재적위원 과반수의 출석으로 개의(開議)하고, 출석위원 과반수의 찬성으로 의결한다.

(3) 위원장은 심의위원회의 회의를 소집하려면 회의 개최 7일 전까지 회의의 일시, 장소 및 안건을 각 위원에게 통보하여야 한다. 다만, 긴급하게 개최하여야 하거나 부득이한 사유가 있는 경우에는 회의 개최 전날까지 통보할 수 있다.

(4) 위원장은 심의에 필요하다고 인정하는 경우 관계 전문가를 출석하게 하여 의견을 듣거나 의견제출을 요청할 수 있다.

6. 간사(영 제1조의6)

(1) 심의위원회에 심의위원회의 사무를 처리할 간사 1명을 둔다.

(2) 간사는 심의위원회의 위원장이 국토교통부 소속 공무원 중에서 지명한다.

7. 수당 등(영 제1조의7)

심의위원회에 출석한 위원 및 관계 전문가에게는 예산의 범위에서 수당과 여비를 지급할 수 있다. 다만, 공무원인 위원이 그 소관 업무와 직접적으로 관련되어 심의위원회에 출석하는 경우에는 그러하지 아니하다.

8. 운영세칙(영 제1조의8)

심의위원회의 운영 등에 필요한 사항은 심의위원회 의결을 거쳐 위원장이 정한다.

01 공인중개사법령상 공인중개사 정책심의위원회(이하 '위원회'라 함)에 관한 설명으로 틀린 것은? •34회

① 위원은 위원장이 임명하거나 위촉한다.
② 심의사항에는 중개보수 변경에 관한 사항이 포함된다.
③ 위원회에서 심의한 사항 중 공인중개사의 자격취득에 관한 사항의 경우 시·도지사는 이에 따라야 한다.
④ 위원장 1명을 포함하여 7명 이상 11명 이내의 위원으로 구성한다.
⑤ 위원이 속한 법인이 해당 안건의 당사자의 대리인이었던 경우 그 위원은 위원회의 심의·의결에서 제척된다.

해설 ① 심의위원회 위원장은 국토교통부 제1차관이 되고, 위원은 국토교통부장관이 임명하거나 위촉한다.

정답 ①

02 공인중개사법령상 공인중개사 정책심의위원회의 공인중개사 업무에 관한 심의사항에 해당하는 것을 모두 고른 것은? •33회

㉠ 공인중개사의 시험 등 공인중개사의 자격취득에 관한 사항
㉡ 부동산중개업의 육성에 관한 사항
㉢ 중개보수 변경에 관한 사항
㉣ 손해배상책임의 보장 등에 관한 사항

① ㉠
② ㉡, ㉢
③ ㉡, ㉣
④ ㉠, ㉢, ㉣
⑤ ㉠, ㉡, ㉢, ㉣

해설 ⑤ 공인중개사의 업무에 관한 다음의 사항을 심의하기 위하여 국토교통부에 공인중개사 정책심의위원회를 둘 수 있다(법 제2조의2 제1항).

1. 공인중개사의 시험 등 공인중개사의 자격취득에 관한 사항
2. 부동산중개업의 육성에 관한 사항
3. 중개보수 변경에 관한 사항
4. 손해배상책임의 보장 등에 관한 사항

정답 ⑤

6 시험의 출제 및 채점

1. 출제위원의 임명·위촉

O X 확 인 문 제

국토교통부장관이 출제위원을 임명 또는 위촉한다.　　　（　）

정답 (×)

시험시행기관장이 출제위원을 임명 또는 위촉한다.

시험시행기관장은 부동산중개업무 및 관련 분야에 관한 학식과 경험이 풍부한 자 중에서 시험문제의 출제·선정·검토 및 채점을 담당할 자(이하 '출제위원'이라 한다)를 임명 또는 위촉한다(영 제9조 제1항).

2. 출제위원의 준수의무 및 시험수당 등의 지급

(1) 출제위원의 준수의무

① 출제위원으로 임명 또는 위촉된 자는 시험시행기관장이 요구하는 시험문제의 출제·선정·검토 또는 채점상의 유의사항 및 준수사항을 성실히 이행하여야 한다(영 제9조 제2항).

② 시험시행기관장은 준수사항을 위반함으로써 시험의 신뢰도를 크게 떨어뜨리는 행위를 한 출제위원이 있는 때에는 그 명단을 다른 시험시행기관장 및 그 출제위원이 소속하고 있는 기관의 장에게 통보하여야 한다(영 제9조 제3항).

③ 국토교통부장관 또는 시·도지사는 시험시행기관장이 명단을 통보한 출제위원에 대하여는 그 명단을 통보한 날부터 5년간 시험의 출제위원으로 위촉하여서는 아니 된다(영 제9조 제4항).

O X 확 인 문 제

부정행위를 한 출제위원의 경우 3년간 출제위원으로 위촉하여서는 아니 된다.　　（　）

정답 (×)

부정행위를 한 출제위원의 경우 5년간 출제위원으로 위촉하여서는 아니 된다.

(2) 시험수당 등의 지급

출제위원 및 시험시행업무 등에 종사하는 자에 대하여는 예산의 범위 안에서 수당 및 여비를 지급할 수 있다(영 제11조).

7 시험의 실시

1. 시험의 공고

(1) 개략적인 예정공고

시험시행기관장은 시험을 시행하려는 때에는 예정 시험일시·시행방법 등 시험시행에 관한 개략적인 사항을 매년 2월 말일까지「신문 등의 진흥에 관한 법률」에 따른 일반일간신문(이하 '일간신문'이라 한다), 관보, 방송 중 하나 이상에 공고하고, 인터넷 홈페이지 등에도 이를 공고해야 한다(영 제7조 제2항).

(2) 세부적인 확정공고

시험시행기관장은 시험의 개략적인 예정공고 후 시험을 시행하려는 때에는 시험일시, 시험장소, 시험방법, 합격자 결정방법 및 응시수수료의 반환에 관한 사항 등 시험의 시행에 필요한 사항을 시험시행일 90일 전까지 일간신문, 관보, 방송 중 하나 이상에 공고하고, 인터넷 홈페이지 등에도 이를 공고해야 한다(영 제7조 제3항).

2. 응시원서 및 응시수수료

(1) 응시원서의 제출

시험에 응시하고자 하는 자는 국토교통부령으로 정하는 바에 따라 응시원서를 제출하여야 한다(영 제8조 제1항).

(2) 응시수수료의 납부

시험에 응시하고자 하는 자는 지방자치단체의 조례로 정하는 바에 따라 수수료를 납부하여야 한다. 다만, 국토교통부장관이 직접 시험을 실시하는 경우에는 국토교통부장관이 결정하여 공고하는 수수료를 납부하여야 한다(법 제47조 제1항). 시험업무를 위탁한 경우에는 해당 업무를 위탁받은 자가 위탁한 자의 승인을 얻어 결정·공고하는 수수료를 각각 납부하여야 한다(동조 제2항).

(3) 응시수수료의 반환

① 시험시행기관장은 응시수수료를 납부한 자가 다음의 어느 하나에 해당하는 경우에는 국토교통부령으로 정하는 바에 따라 응시수수료의 전부 또는 일부를 반환하여야 한다(영 제8조 제2항).

> ㉠ 응시수수료를 과오납한 경우
> ㉡ 시험시행기관의 귀책사유로 시험에 응시하지 못한 경우
> ㉢ 시험시행일 10일 전까지 응시원서 접수를 취소하는 경우

② 응시수수료의 반환절차 및 반환방법 등은 시험시행공고에서 정하는 바에 따르며(규칙 제2조 제3항), 응시수수료의 반환기준은 다음과 같다(동조 제2항).

⊙ 수수료를 과오납한 경우에는 그 과오납한 금액의 전부
ⓛ 시험시행기관의 귀책사유로 시험에 응하지 못한 경우에는 납입한 수수료의 전부
ⓒ 응시원서 접수기간 내에 접수를 취소하는 경우에는 납입한 수수료의 전부
ⓔ 응시원서 접수마감일의 다음 날부터 7일 이내에 접수를 취소하는 경우에는 납입한 수수료의 100분의 60
ⓜ 위 ⓔ에서 정한 기간을 경과한 날부터 시험시행일 10일 전까지 접수를 취소하는 경우에는 납입한 수수료의 100분의 50

3. 합격자 결정

(1) 제1차 시험

제1차 시험에 있어서는 매 과목 100점을 만점으로 하여 매 과목 40점 이상, 전 과목 평균 60점 이상 득점한 자를 합격자로 한다(영 제10조 제1항).

(2) 제2차 시험

원칙적으로 제2차 시험도 매 과목 100점을 만점으로 하여 매 과목 40점 이상, 전 과목 평균 60점 이상 득점한 자를 합격자로 결정한다. 다만, 다음의 경우에는 예외로 한다(영 제10조 제2항).

① **선발예정인원을 미리 공고한 경우** : 시험시행기관장이 공인중개사의 수급상 필요하다고 인정하여 심의위원회의 의결을 거쳐 미리 선발예정인원을 공고할 수 있다. 이 경우에는 제2차 시험의 매 과목 40점 이상인 자 중에서 선발예정인원의 범위 안에서 전 과목 총득점의 고득점자 순으로 합격자를 결정한다. 이 경우 합격자를 결정함에 있어 동점자로 인하여 선발예정인원을 초과하는 경우에는 해당 동점자 모두를 합격자로 한다(영 제10조 제2항·제3항).

② **최소선발인원 또는 최소선발비율을 미리 공고한 경우** : 시험시행기관장은 응시생의 형평성 확보 등을 위하여 필요하다고 인정하는 경우에는 심의위원회의 의결을 거쳐 최소선발인원 또는 응시자 대비 최소선발비율을 미리 공고할 수 있다. 이 경우 제2차 시험에서 매 과목 40점 이상, 전 과목 평균 60점 이상 득점한 자가 최소선발인원 또는 최소선발비율에 미달되는 경우에는 매 과목 40점 이상인 자 중에서 최소선발인원 또는 최소선발비율의 범위 안에서 전과목 총득점의 고득점자 순으로 합격자를 결정한다(영 제10조 제4항·제5항).

4. 합격자의 공고와 자격증의 교부

(1) 합격자의 결정 및 공고

공인중개사 자격시험을 시행하는 시험시행기관장은 공인중개사 자격시험의 합격자가 결정된 때에는 이를 공고하여야 한다(법 제5조 제1항).

(2) 자격증의 교부

① **자격증의 교부** : 시·도지사는 합격자에게 국토교통부령으로 정하는 바에 따라 공인중개사자격증을 교부하여야 한다(법 제5조 제2항).

② **공인중개사자격증교부대장의 작성·관리** : 이 경우 시·도지사는 시험합격자의 결정·공고일로부터 1개월 이내에 시험합격자에 관한 사항을 공인중개사자격증교부대장에 기재한 후 시험합격자에게 공인중개사자격증을 교부하여야 한다(규칙 제3조 제1항). 공인중개사자격증교부대장은 전자적 처리가 불가능한 특별한 사유가 없으면 전자적 처리가 가능한 방법으로 작성·관리하여야 한다(동조 제3항).

(3) 자격증의 재교부

① **재교부의 신청** : 공인중개사자격증을 교부받은 자는 공인중개사자격증을 잃어버리거나 못쓰게 된 경우에는 국토교통부령으로 정하는 바에 따라 시·도지사에게 재교부를 신청할 수 있다(법 제5조 제3항). 공인중개사자격증의 재교부를 신청하고자 하는 자는 재교부신청서를 해당 자격증을 교부한 시·도지사에게 제출하여야 한다(규칙 제3조 제2항).

② **수수료의 납부** : 공인중개사자격증의 재교부를 신청하는 자는 해당 지방자치단체의 조례로 정하는 바에 따라 수수료를 납부하여야 하며(법 제47조 제1항), 공인중개사자격증 재교부 업무를 다른 기관에 위탁한 경우에는 해당 업무를 위탁받은 자가 위탁한 자의 승인을 얻어 결정·공고하는 수수료를 각각 납부하여야 한다(동조 제2항).

O X 확 인 문 제

시험시행기관장은 공인중개사 자격시험의 합격자가 결정된 때에는 1개월 이내에 합격자를 공고하여야 한다.   (   )

정답 (×)

시험시행기관장은 공인중개사 자격시험의 합격자가 결정된 때에는 이를 공고하여야 한다.

공인중개사법령상 공인중개사자격증에 관한 설명으로 틀린 것은? · 33회

① 시·도지사는 공인중개사자격 시험합격자의 결정 공고일부터 2개월 이내에 시험합격자에게 공인중개사자격증을 교부해야 한다.

② 공인중개사자격증의 재교부를 신청하는 자는 재교부신청서를 자격증을 교부한 시·도지사에게 제출해야 한다.

③ 공인중개사자격증의 재교부를 신청하는 자는 해당 지방자치단체의 조례로 정하는 바에 따라 수수료를 납부해야 한다.

④ 공인중개사는 유·무상 여부를 불문하고 자기의 공인중개사자격증을 양도해서는 아니 된다.

⑤ 공인중개사가 아닌 자로서 공인중개사 명칭을 사용한 자는 1년 이하의 징역 또는 1천만원 이하의 벌금에 처한다.

해설 ① 시·도지사는 시험합격자의 결정 공고일로부터 1개월 이내에 시험합격자에 관한 사항을 공인중개사자격증교부대장에 기재한 후 시험합격자에게 공인중개사자격증을 교부하여야 한다(규칙 제3조 제1항).

정답 ①

8 자격증 대여 등의 금지

1. 자격증의 양도·대여 금지

공인중개사는 다른 사람에게 자기의 성명을 사용하여 중개업무를 하게 하거나 자기의 공인중개사자격증을 양도 또는 대여하여서는 아니 된다(법 제7조 제1항). 위반 시에는 자격을 취소하고 1년 이하의 징역이나 1천만원 이하의 벌금형에 처한다(법 제49조 제1항 제1호).

2. 자격증의 양수·사용 금지

누구든지 다른 사람의 공인중개사자격증을 양수하거나 대여받아 이를 사용하여서는 아니 된다(법 제7조 제2항). 위반 시에는 1년 이하의 징역이나 1천만원 이하의 벌금형에 처한다(법 제49조 제1항 제1호).

O X 확 인 문 제

공인중개사가 다른 사람에게 자기의 성명을 사용하여 중개업무를 하게 하는 행위는 자격증 대여 등의 금지에 해당하는 행위이다.
· 28회 ( )

정답 (○)

3. 행위알선의 금지

누구든지 **1.** 및 **2.**에서 금지한 행위를 알선하여서는 아니 된다(법 제7조 제3항). 위반 시에는 1년 이하의 징역이나 1천만원 이하의 벌금형에 처한다(법 제49조 제1항 제1의2호).

9 공인중개사 사칭 금지

(1) 공인중개사가 아닌 자는 공인중개사 또는 이와 유사한 명칭을 사용해서는 아니 된다(법 제8조). 위반 시 1년 이하의 징역 또는 1천만원 이하의 벌금형에 처한다(법 제49조 제1항 제2호).

(2) 이 법에서는 개업공인중개사가 아닌 자에 대한 유사명칭 사용 금지규정도 두고 있다. 즉, 개업공인중개사가 아닌 자는 '공인중개사사무소', '부동산중개' 또는 이와 유사한 명칭을 사용하여서는 아니 되며(법 제18조 제2항), 위반 시에는 1년 이하의 징역 또는 1천만원 이하의 벌금형에 처한다(법 제49조 제1항 제6호).

> **판례**
>
> • **자격증 양도 · 대여 여부의 판단기준**
> 무자격자가 공인중개사의 업무를 수행하였는지 여부는 외관상 공인중개사가 직접 업무를 수행하는 형식을 취하였는지 여부에 구애됨이 없이 <u>실질적으로 무자격자가 공인중개사의 명의를 사용하여 업무를 수행하였는지 여부에 따라 판단하여야 한다</u>. 따라서 무자격자가 거래를 성사시켜 작성한 계약서에 개업공인중개사가 자신의 인감을 날인하는 경우, 이는 개업공인중개사가 중개업무를 수행하는 형식만 갖추었을 뿐, 실질적으로는 무자격자로 하여금 자기 명의로 공인중개사 업무를 수행하도록 한 것이므로, 이는 공인중개사자격증의 대여행위에 해당한다(대판 2007.3.29, 2006도9334).
>
> • **무자격자가 중개업 경영에 관여하였으나 중개업무를 수행하지는 아니한 경우 이것이 자격증 양도 · 양수에 해당하는지 여부**
> 공인중개사자격증의 대여란 다른 사람이 그 자격증을 이용하여 공인중개사로 행세하면서 공인중개사의 업무를 행하려는 것을 알면서도 자격증 자체를 빌려주는 것을 말하므로, <u>만일 공인중개사가 무자격자로 하여금 그 공인중개사 명의로 개설등록을 마친 중개사무소의 경영에 관여하거나 자금을 투자하고 그로 인한 이익을 분배받도록 하는 경우라도</u> 공인중개사 자신이 그 중개사무소에서 공인중개사의 업무인 부동산거래 중개행위를 수행하고

무자격자로 하여금 공인중개사의 업무를 수행하도록 하지 않는다면, 이를 가리켜 등록증·자격증의 대여를 한 것이라고 말할 수는 없다. 그러나 개업공인중개사인 공인중개사가 비록 스스로 몇 건의 중개업무를 직접 수행한 바 있다 하더라도, 실질적으로 무자격자로 하여금 자기 명의로 공인중개사 업무를 수행하도록 하였다면 이는 공인중개사자격증의 대여행위에 해당한다(대판 2007.3.29, 2006도9334).

- **무자격자가 명함에 대표자 명칭을 사용한 것이 공인중개사 사칭에 해당하는지 여부**

  공인중개사인 개업공인중개사의 중개사무소의 대표자를 가리키는 명칭은 일반인으로 하여금 그 명칭을 사용하는 자를 공인중개사로 오인하도록 할 위험성이 있으므로 무자격자가 명함에 대표자 명칭을 사용한 것은 공인중개사와 유사한 명칭에 해당한다고 할 것이다. 따라서 무자격자가 자신의 명함에 '부동산뉴스 대표'라는 명칭을 기재하여 사용한 것은 공인중개사와 유사한 명칭을 사용한 것에 해당한다(대판 2007.3.29, 2006도9334).

■ 공인중개사법 시행규칙 [별지 제1호 서식] 〈개정 2016.12.30.〉

제   회 공인중개사자격시험 응시원서

※ 뒤쪽의 유의사항을 읽고 작성하시기 바라며, 해당하는 곳의 [ ]란에 ∨표를 하시기 바랍니다.　　　　　　　(앞쪽)

① 응시번호		

응시자	성명	주민등록번호(외국인등록번호)
	② 주소(주민등록지)	
	전화번호	③ 휴대전화
	④ 비밀번호(숫자 4자리)	⑤ 이메일(E-MAIL)

세부사항	최종 학력	[ ] 대학원 이상　[ ] 4년제 대학　[ ] 2년제 대학　[ ] 고졸 [ ] 중졸　　　　　[ ] 그 밖의 최종 학력
	직 업	[ ] 회사원　[ ] 공무원　[ ] 부동산업　[ ] 학생　[ ] 농업　[ ] 자영업 [ ] 무직　　[ ] 그 밖의 직업

시험사항	1차시험 면제	[ ] 면제(전회 1차시험 합격, 응시번호　　　　　　　)　[ ] 해당 없음
	응시지역	⑥ 희망시험장

「공인중개사법 시행령」 제8조 제1항에 따라 공인중개사 자격시험에 응시하기 위하여 응시원서를 제출합니다.

년　　　　　월　　　　　일

응시자　　　　　　　　　　(서명 또는 인)

시험시행기관의 장 귀하

------------------------------ 자르는 선 ------------------------------

제   회 공인중개사자격시험 응시표

사진(여권용 사진) (3.5cm×4.5cm)	응시번호		성 명	
	주민등록번호 (외국인등록번호)		시험일	
	시험장소			
	시험시간			
	합격자 발표			

년　　　　　월　　　　　일

시험시행기관의 장　| 직인 |

210mm×297mm[백상지(1종) 120g/㎡]

응시원서 작성 시 유의사항

① 응시번호란은 응시자가 적지 않습니다.

② 주소란은 주민등록상의 주소를 적고, 외국인인 경우에는 체류지를 적습니다.

③ 휴대전화란 및 ⑤ 이메일란은 필요 시 시험과 관련된 연락사항은 이동전화와 이메일로 알려 드립니다.

④ 비밀번호란은 인적사항 보안을 위하여 필요하며, 추후 응시표 재출력, 합격 여부와 시험점수 조회 시 사용됩니다.

⑥ 희망시험장란은 희망하시는 시험장을 적되, 희망시험장 마감 시 인근 시험장으로 배정합니다.

수험자 주의사항

1. 수험자는 본 응시표와 신분증(주민등록증, 운전면허증, 여권, 청소년증 또는 신분확인증명서 중 하나를 말합니다)을 지참하여야 시험에 응시할 수 있습니다.

   ※ 신분확인증명서는 시험시행기관의 장이 정하는 서식에 따라 작성된 것으로 소속되어 있는 학교장의 직인이 날인된 것을 말합니다.

2. 지체장애우는 시험 당일 각 시험장 시험본부에 요청하면 편의를 제공 받을 수 있습니다.

3. 응시원서 수정은 원서접수 마지막 날까지 가능(다만, 시험장소 변경은 불가합니다)하며, 응시표는 시험 당일까지 인터넷을 통하여 출력할 수 있습니다.

4. 시험답안카드(OMR)는 반드시 컴퓨터용 사인펜 또는 흑색 수성 사인펜을 사용하여야 합니다(다른 필기구를 사용할 경우에는 실격처리 됩니다).

5. 이미 자격을 취득하신 분은 시험에 응시할 수 없습니다.

6. 「공인중개사법」 제4조의3에 따라 시험에서 부정한 행위를 한 응시자에 대하여는 그 시험을 무효로 하고, 그 처분이 있은 날부터 5년간 시험응시자격이 정지됩니다.

   ※ 부정행위를 미리 차단하기 위하여 시험장에서는 이동전화, 소형무전기, 무선 기능 전자시계, 휴대용 개인정보단말기(PDA) 등의 소지를 금지하며, 이동전화 등의 소지를 미리 방지하기 위하여 금속탐지기를 이용하여 검색을 실시하게 됨을 알려 드립니다.

7. 시험장에서는 주차장이 제공되지 않으므로 대중교통을 이용하시기 바랍니다.

8. 제1차시험과 제2차시험 사이에 지참한 간식을 드실 수 있습니다.

처리절차

응시원서 제출	→	접수	→	응시표 수령(출력)
응시자		시험시행기관의 장		응시자

■ 공인중개사법 시행규칙 [별지 제2호 서식] 〈개정 2014.7.29.〉

공인중개사자격증교부대장

자격증 번호	시험연월일 (제 회)	교부 연월일	성 명	주민등록번호 (외국인등록번호)	주소(체류지)	자격정지 · 자격취소 사항	
						연월일	내용 및 사유

297mm×210mm[백상지((1종) 120g/㎡]

■ 공인중개사법 시행규칙 [별지 제3호 서식] 〈개정 2016.12.30.〉

자격증 번호 :

공 인 중 개 사 자 격 증

○ 성   명 :

○ 생년월일 :

사진(여권용 사진)
(3.5cm×4.5cm)

　　위의 사람은 「공인중개사법」 제4조에 따라   년도에 시행한
제   회 공인중개사자격시험에 합격하여 공인중개사자격을 취득하였음
을 증명합니다.

년   월   일

시·도지사   직인

210mm×297mm[백상지(1종) 120g/m²]

■ 공인중개사법 시행규칙 [별지 제4호 서식] 〈개정 2021.1.12.〉

[　] 공인중개사자격증
[　] 중개사무소등록증　　　재교부신청서
[　] 분사무소설치신고확인서

※ 공인중개사자격증 재교부는 시·도에, 그 외는 시·군·구에 신청하시기 바랍니다.

※ 해당하는 곳의 [　]란에 ∨표를 하시기 바랍니다.

접수번호	접수일	처리기간	즉시

신청인	성명(대표자)		주민등록번호(외국인등록번호)
	주소(체류지)		
	전화번호		

개업공인중개사 종별	[　] 법인　[　] 공인중개사 [　] 법률 제7638호 부동산중개업법 전부개정법률 부칙 제6조 제2항에 따른 개업공인중개사

중개사무소	명칭
	소재지
	전화번호

재교부 신청 사유	

「공인중개사법」 제5조 제3항, 제11조 제2항 또는 제13조 제5항에 따라 위와 같이 재교부를 신청합니다.

년　　　월　　　일

신청인 :　　　　　　　(서명 또는 인)

시·도지사
시장·군수·구청장　귀하

첨부서류	여권용(3.5cm×4.5cm) 사진 1매

처리절차

신청서 작성	→	접수	→	검토	→	결재	→	완료
신청인	처리기관 : 공인중개사자격증 재교부는 시·도, 그 외의 사항은 시·군·구(부동산중개업 담당 부서)							

210mm×297mm[백상지 80g/m² (재활용품)]

❶ 공인중개사가 되고자 하는 자는 (   )가 시행하는 공인중개사 자격시험에 합격하여야 한다.

❷ (   )은 공인중개사 자격시험 수준의 균형유지 등을 위하여 필요하다고 인정하는 때에는 대통령령으로 정하는 바에 따라 직접 시험문제를 출제하거나 시험을 시행할 수 있다.

❸ 공인중개사의 자격이 취소된 후 (   )이 지나지 아니한 자는 공인중개사가 될 수 없다.

❹ 시험을 시행하는 시·도지사 또는 국토교통부장관은 시험에서 부정한 행위를 한 응시자에 대하여는 그 시험을 (   )로 하고, 그 처분이 있은 날부터 (   )간 시험응시자격을 정지한다.

❺ 공인중개사 자격시험은 매년 1회 이상 시행한다. 다만, 시험시행기관장은 시험을 시행하기 어려운 부득이한 사정이 있는 경우에는 (   )의 의결을 거쳐 해당 연도의 시험을 실시하지 아니할 수 있다.

❻ 공인중개사 정책심의위원회에서 심의한 사항 중 공인중개사의 시험 등 공인중개사의 (   )에 관한 사항의 경우에는 시·도지사는 이에 따라야 한다.

❼ 심의위원회 위원장은 국토교통부 제1차관이 되고, 위원은 (   )이 임명하거나 위촉한다.

❽ 시험시행기관장은 시험의 개략적인 예정공고 후 시험을 시행하고자 하는 때에는 시험일시, 시험장소, 시험방법, 합격자 결정방법 및 응시수수료의 반환에 관한 사항 등 시험의 시행에 관하여 필요한 사항을 시험시행일 (   )까지 일간신문, 관보, 방송 중 하나 이상에 공고하고, 인터넷 홈페이지 등에도 이를 공고해야 한다.

❾ 응시원서 접수마감일의 다음 날부터 7일 이내에 접수를 취소하는 경우에는 납입한 수수료의 (   )을 반환하여 준다.

❿ (   )는 시험합격자의 결정·공고일로부터 (   )에 시험합격자에 관한 사항을 공인중개사자격증교부대장에 기재한 후 시험합격자에게 공인중개사자격증을 교부하여야 한다.

정답 | **1** 시·도지사 **2** 국토교통부장관 **3** 3년 **4** 무효, 5년 **5** 심의위원회 **6** 자격취득
7 국토교통부장관 **8** 90일 전 **9** 100분의 60 **10** 시·도지사, 1개월 이내

03 | 중개사무소 개설등록 및 결격사유

▌10개년 출제문항 수

25회	26회	27회	28회	29회
2	4	3	3	3

30회	31회	32회	33회	34회
1	3	1	2	2

↳ 총 40문제 中 평균 약 2.4문제 출제

▌학습전략

• 중개사무소 개설등록기준, 등록절차 등에 대하여 학습하여야 합니다.

• 출제빈도가 가장 높은 결격사유에 대하여 학습하여야 합니다.

제1절 중개사무소 개설등록의 의의 및 성질

현행법상 부동산중개업은 등록제를 채택하고 있다. 기존에 중개업을 행하기 위해서는 허가관청으로부터 중개업 허가를 받아야 했지만, 1999년 3월 31일에 개정된 제7차 개정으로 종전의 허가제를 폐지하고 등록제를 실시하게 되었다. 등록제란 신청인이 일정한 등록기준을 갖추어 등록신청을 하였을 때 등록을 해주어야 한다는 점에서 허가제보다는 완화된 제도라 할 수 있다. 중개업을 영위하고자 하는 자는 중개사무소(법인의 경우에는 주된 중개사무소를 말한다)를 두고자 하는 지역을 관할하는 시장(구가 설치되지 아니한 시의 시장과 특별자치도 행정시의 시장을 말한다)·군수·구청장(이하 '등록관청'이라 한다)에게 중개사무소의 개설등록을 하여야 한다(법 제9조 제1항). 중개사무소의 개설등록은 개별적으로 신청하여야 하며, 중개사무소를 공동으로 사용하고자 하는 경우에도 개별적으로 등록신청을 하여야 한다.

1. 등록의 의의

사전적 의미의 등록이란 일정한 사실이나 법률관계를 행정관청 등에 비치되어 있는 공적 장부에 기재하고, 이에 따라 일정한 사실이나 법률관계의 존재 여부를 공적으로 증명하는 것을 의미한다. 그러나 실질적 의미의 등록이란 개업공인중개사가 되는 것을 의미한다.

> **O X 확 인 문 제**
>
> 「공인중개사법」상 등록관청은 중개사무소를 두고자 하는 지역을 관할하는 시장·군수·구청장을 말한다. ( )
>
> 정답 (○)

2. 등록의 법적 성질

(1) 일신전속성

중개사무소 개설등록의 효과는 일신전속적인 성격을 지니므로 등록의 대여나 양도, 증여, 상속 등이 불가능하며, 만약 개업공인중개사가 사망하거나 법인이 해산하면 등록은 실효된다.

(2) 적법요건

부동산중개업을 영위하고자 하는 자는 반드시 중개사무소의 개설등록을 하여야 하며, 개설등록을 하지 아니하고 중개업을 영위하는 경우 무등록중개업자로 인정되어 행정형벌의 대상이 되지만, 무등록중개업자의 중개행위로 체결된 거래계약의 효력에는 영향을 미치지 아니한다.

(3) 1인 1등록주의

「공인중개사법」에서는 이중등록을 금지하고 있으며, 이는 지역을 달리하든 종별을 달리하든 모두 적용된다.

(4) 1등록 1사무소주의

중개업을 영위하고자 하는 자는 중개사무소 개설등록을 하여야 하며, 1등록 1사무소주의 원칙에 따라 1개소의 사무소를 두어야 한다.

(5) 영속성

등록의 효력은 사망 또는 폐업이나 등록취소가 없는 한 영속적이다.

(6) 필수성

중개업을 영위하고자 하는 자는 반드시 중개사무소의 개설등록을 하여야 하며, 비록 공인중개사 자격을 취득한 자라 하더라도 개설등록 없이는 중개업을 영위할 수 없다.

(7) 지역성

중개사무소의 개설등록은 중개사무소 소재지 관할 등록관청에 등록하며, 관할구역 밖으로 중개사무소를 이전한 경우 등록관청이 변경된다.

• 24회 • 25회 • 26회 • 27회 • 28회 • 29회 • 31회 • 33회 • 34회

제2절 중개사무소 개설등록절차

1 등록관청

(1) 중개업을 영위하려는 자는 국토교통부령으로 정하는 바에 따라 중개사무소(법인의 경우에는 주된 중개사무소를 말한다)를 두려는 지역을 관할하는 시장(구가 설치되지 아니한 시의 시장과 특별자치도 행정시의 시장을 말한다)·군수 또는 구청장(이하 '등록관청'이라 한다)에게 중개사무소의 개설등록을 하여야 한다. 시장이 등록관청이 되는 경우는 구가 설치되지 아니한 시의 시장과 특별자치도 행정시의 시장을 말한다. 구가 설치된 지역은 자치구이든 비자치구이든 구청장이 등록관청이 된다.

(2) 중개사무소를 다른 시·군·구로 이전한 경우에는 이전 후의 지역을 관할하는 시장·군수·구청장이 등록관청이 된다.

(3) 등록관청은 등록뿐만 아니라 각종 중개업에 관한 신고 및 통지의 수리, 지도·감독, 행정처분의 주체로서의 의미를 갖는다.

(4) 개업공인중개사가 중개사무소를 관할구역 밖으로 이전한 경우에는 10일 이내에 일정한 서류를 갖추어 이전 후의 등록관청(분사무소의 경우는 주된 사무소 등록관청)에 이전신고를 하여야 하며, 일단 이전한 경우에 지도·감독을 행하는 등록관청은 이전 후의 등록관청(분사무소의 경우는 주된 사무소 등록관청, 분사무소 소재지 관할관청 모두 된다)이 된다.

> **⊘ 참고 등록관청 내용 정리**
>
> 1. 등록관청 중 시장의 경우 구가 설치되지 아니한 시와 특별자치도의 행정시에 한한다.
> 2. 법인의 분사무소의 경우 중개사무소의 개설등록이 아니라 분사무소 설치신고를 하여야 하며, 이 경우 법인의 주된 사무소를 관할하는 시장·군수·구청장이 신고관청이 된다.
> 3. 「공인중개사법」상 등록관청은 중개사무소를 관할하는 시장·군수·구청장이며, 「부동산 거래신고 등에 관한 법률」상 신고관청은 부동산 등의 소재지를 관할하는 시장·군수·구청장이다.

O X 확 인 문 제

등록관청은 등록뿐만 아니라 각종 중개업에 관한 신고 및 통지의 수리, 지도·감독, 행정처분의 주체로서의 의미를 갖는다.

( )

정답 (○)

2 등록신청

1. 등록신청자

공인중개사(소속공인중개사는 제외한다) 또는 법인이 아닌 자는 중개사무소의 개설등록을 신청할 수 없다(법 제9조 제2항). 외국인인 공인중개사나 외국법인도 이 법령상의 등록기준만 충족하면 등록을 신청할 수 있다. 공인중개사 자격이 없다면 변호사, 법무사, 변리사라 하더라도 등록신청을 할 수 없다. 이 법상 신규로의 중개사무소 개설등록은 공인중개사인 개업공인중개사 및 법인인 개업공인중개사로의 신청만 할 수 있으며, 부칙 제6조 제2항에 규정된 개업공인중개사로 신규등록은 할 수 없다.

2. 등록신청 시 제출서류

중개사무소의 개설등록을 하려는 자는 별지 제5호 서식의 부동산중개사무소 개설등록신청서에 다음의 서류를 첨부하여 중개사무소(법인의 경우에는 주된 중개사무소를 말한다)를 두고자 하는 지역을 관할하는 시장(구가 설치되지 아니한 시와 특별자치도의 행정시의 시장을 말한다)·군수 또는 구청장(이하 '등록관청'이라 한다)에게 신청하여야 한다. 중개사무소의 개설등록 신청을 하려는 자는 부동산중개사무소 개설등록신청서를 제출하는 때에 인장등록을 같이 할 수 있다.

(1) 실무교육의 수료확인증 사본

공인중개사의 경우에는 공인중개사의 실무교육수료확인증 사본을 제출하여야 하고, 법인의 경우 대표자를 포함하여 임원 및 사원 전원의 실무교육수료확인증 사본을 제출하여야 한다. 다만, 등록관청에서 전자적으로 확인 가능한 경우에는 제외한다.

(2) 여권용 사진 1매

(3) 건축물대장에 기재된 건물에 중개사무소를 확보하였음을 증명하는 서류

건축물대장에 기재된 건물(준공검사, 준공인가, 사용승인, 사용검사 등을 받은 건물로서 건축물대장에 기재되기 전의 건물을 포함한다)에 중개사무소를 확보(소유·전세·임대차 또는 사용대차 등의 방법에 의하여 사용권을 확보하여야 한다)하였음을 증명하는 서류를 제출하여야 한다. 다만, 건축물대장에 기재되지 아니한 건물에 중개사무소를 확보하였을 경우에는 건축물대장 기재가 지연되는 사유를 적은 서류도 함께 제출하여야 한다.

(4) 외국인이나 외국에 주된 영업소를 둔 법인의 경우에 한정하여 제출하는 서류

① 「공인중개사법」 제10조 제1항 각 호의 어느 하나에 해당되지 아니함을 증명하는 다음의 어느 하나에 해당하는 서류

ㄱ 외국 정부나 그 밖에 권한 있는 기관이 발행한 서류 또는 공증인이 공증한 신청인의 진술서로서 「재외공관 공증법」에 따라 그 국가에 주재하는 대한민국공관의 영사관이 확인한 서류

ㄴ 「외국공문서에 대한 인증의 요구를 폐지하는 협약」을 체결한 국가의 경우에는 해당 국가의 정부나 공증인, 그 밖의 권한이 있는 기관이 발행한 것으로서 해당 국가의 아포스티유(Apostille) 확인서 발급 권한이 있는 기관이 그 확인서를 발급한 서류

② 「상법」 제614조의 규정에 따른 영업소의 등기를 증명할 수 있는 서류

> **➕ 보충 자격증 사본, 법인등기사항증명서, 건축물대장의 제출 여부**
>
> 1. 등록관청은 법 제5조 제2항에 따라 공인중개사자격증을 발급한 시·도지사에게 개설등록을 하려는 자(법인의 경우에는 대표자를 포함한 공인중개사인 임원 또는 사원을 말한다)의 공인중개사 자격 확인을 요청하여야 한다.
> 2. 「전자정부법」 제36조 제1항에 따라 행정정보의 공동이용을 통하여 법인등기사항증명서(신청인이 법인인 경우에만 해당한다)와 건축물대장(건축법 제20조 제5항에 따른 가설건축물대장은 제외한다)을 확인하여야 한다.

기출&예상 문제

공인중개사법령상 중개사무소의 개설등록을 위한 제출서류에 관한 설명으로 틀린 것은?
• 34회

① 공인중개사자격증 사본을 제출하여야 한다.

② 사용승인을 받았으나 건축물대장에 기재되지 아니한 건물에 중개사무소를 확보하였을 경우에는 건축물대장 기재가 지연되는 사유를 적은 서류를 제출하여야 한다.

③ 여권용 사진을 제출하여야 한다.

④ 실무교육을 위탁받은 기관이 실무교육 수료 여부를 등록관청이 전자적으로 확인할 수 있도록 조치한 경우에는 실무교육의 수료확인증 사본을 제출하지 않아도 된다.

⑤ 외국에 주된 영업소를 둔 법인의 경우에는 「상법」상 외국회사 규정에 따른 영업소의 등기를 증명할 수 있는 서류를 제출하여야 한다.

> **해설** ① 「공인중개사법 시행규칙」별지 제5호 서식(부동산중개사무소 개설등록 신청서)에 의하면 시장·군수·구청장은 「공인중개사법」제5조 제2항에 따라 공인중개사 자격증을 발급한 시·도지사에게 개설등록을 하려는 자(법인의 경우에는 대표자를 포함한 공인중개사인 임원 또는 사원을 말한다)의 공인중개사 자격 확인을 요청하여야 하므로 별도의 공인중개사자격증 사본은 제출하지 않는다.
>
> **정답** ①

3. 등록신청 시 수수료 납부

중개사무소의 개설등록을 신청하고자 하는 자는 해당 지방자치단체의 조례로 정하는 바에 따라 수수료를 납부하여야 한다(법 제47조 제1항 제3호). 해당 지방자치단체의 조례로 정하는 바에 따라 수수료를 납부하여야 하는 경우는 다음과 같다.

> ① 시·도지사가 시행하는 공인중개사 자격시험에 응시하는 자
> ② 공인중개사자격증의 재교부를 신청하는 자
> ③ 중개사무소의 개설등록을 신청하는 자
> ④ 중개사무소등록증의 재교부를 신청하는 자
> ⑤ 분사무소설치의 신고를 하는 자
> ⑥ 분사무소설치신고확인서의 재교부를 신청하는 자

4. 주의사항

(1) 업무정지처분을 받고 제21조에 따른 폐업신고를 한 자로서 업무정지기간(폐업에도 불구하고 진행되는 것으로 본다)이 지나지 아니한 자의 경우 결격사유에 해당하므로 중개사무소의 개설등록을 할 수 없다.

(2) 업무정지처분을 받은 개업공인중개사인 법인의 업무정지의 사유가 발생한 당시의 사원 또는 임원이었던 자로서 해당 개업공인중개사에 대한 업무정지기간이 지나지 아니한 자의 경우 결격사유에 해당하므로 중개사무소의 개설등록의 신청은 불가능하다.

OX 확인문제

OX 확인문제

등록증의 교부, 자격증의 교부의 경우 지방자치단체의 조례로 정하는 수수료를 납부하지 않는다.
( )

정답 (○)

OX 확인문제

업무정지처분을 받은 개업공인중개사인 법인의 업무정지의 사유가 발생한 당시의 소속공인중개사로서 해당 개업공인중개사에 대한 업무정지기간이 지나지 아니한 자의 경우 결격사유에 해당하므로 중개사무소의 개설등록 신청은 불가능하다. ( )

정답 (×)
업무정지처분을 받은 개업공인중개사인 법인의 업무정지의 사유가 발생한 당시의 소속공인중개사로서 해당 개업공인중개사에 대한 업무정지기간이 지나지 아니한 자의 경우 결격사유에 해당하지 않으므로 중개사무소의 개설등록 신청은 가능하다.

(3) 휴업기간 중인 개업공인중개사는 그 기간 중에 중개업은 폐업하고 다시 중개사무소의 개설등록을 신청할 수 있다. 다만, 부칙 제6조 제2항에 따른 개업공인중개사의 경우에는 일단 폐업하면 기득권이 상실되므로 공인중개사 자격을 취득하지 아니하는 한 개설등록을 할 수 없으며, 단지 중개보조원으로 중개업에 종사할 수 있다.

5. 종별 변경

중개사무소의 개설등록을 한 개업공인중개사의 종별을 달리하여 업무를 하고자 하는 경우에는 등록신청서를 다시 제출하여야 한다. 이 경우 종전에 제출한 서류 중 변동사항이 없는 서류는 제출하지 아니할 수 있으며, 종전의 등록증은 이를 반납하여야 한다(규칙 제4조 제3항).

(1) 공인중개사인 개업공인중개사가 법인인 개업공인중개사로 종별을 변경하고자 하는 경우

(2) 법인인 개업공인중개사가 공인중개사인 개업공인중개사로 종별을 변경하고자 하는 경우

(3) 부칙 제6조 제2항에 따른 개업공인중개사가 법인인 개업공인중개사로 종별을 변경하고자 하는 경우

위 **5.**의 **(1)** ~ **(3)**의 경우에는 신규로 중개사무소의 개설등록을 하여야 한다. 주의할 점은 **(3)**의 경우 공인중개사자격증을 취득하여야 하며, 국토교통부 유권해석에 의하면 실무교육은 이수하지 아니하여도 된다.

(4) 부칙 제6조 제2항에 따른 개업공인중개사가 공인중개사인 개업공인중개사로 종별을 변경하고자 하는 경우

① 동일 등록관청 관할구역 안에서 공인중개사인 개업공인중개사로서 업무를 계속하고자 하는 경우에는 별지 제4호 서식의 신청서에 이미 교부받은 등록증과 변경사항을 증명하는 서류를 첨부하여 등록증의 재교부를 신청하여야 한다(규칙 제5조 제4항).

② 등록관청 관할구역 밖에서 공인중개사인 개업공인중개사로서 업무를 계속하고자 하는 경우에는 신규로 등록을 신청하여야 한다.

O X 확 인 문 제

부칙 규정에 의한 개업공인중개사가 등록관청 관할구역 밖에서 공인중개사인 개업공인중개사로 중개업을 하려는 경우 등록증의 재교부신청을 하면 된다. (   )

정답 (×)

부칙 규정에 의한 개업공인중개사가 등록관청 관할구역 밖에서 공인중개사인 개업공인중개사로 중개업을 하려는 경우 신규로 등록을 신청하여야 한다.

개업공인중개사의 종별 변경

1. 원칙

중개사무소의 개설등록을 한 개업공인중개사가 종별을 달리하여 업무를 하고자 하는 경우에는 등록신청서를 다시 제출하여야 한다. 이 경우 종전에 제출한 서류 중 변동사항이 없는 서류는 제출하지 아니할 수 있으며, 종전의 등록증은 이를 반납하여야 한다(규칙 제4조 제3항).

2. 예외

법 부칙 제6조 제2항의 규정에 따라 이 법에 따른 중개사무소의 개설등록을 한 것으로 보는 자가 공인중개사 자격을 취득하여 그 등록관청의 관할구역 안에서 공인중개사인 개업공인중개사로서 업무를 계속하고자 하는 경우에는 별지 제4호 서식의 신청서에 이미 교부받은 등록증과 변경사항을 증명하는 서류를 첨부하여 등록증의 재교부를 신청하여야 한다.

3 중개사무소 개설등록기준

중개사무소 개설등록의 기준은 다음과 같다. 다만, 다른 법률의 규정에 따라 부동산중개업을 할 수 있는 경우에는 다음의 기준을 적용하지 아니한다(영 제13조). 중개사무소 개설등록의 기준은 대통령령으로 정한다(법 제9조 제3항).

1. 공인중개사가 중개사무소를 개설하고자 하는 경우

(1) 이 법에 의한 공인중개사일 것

(2) 등록 등의 결격사유에 해당하지 아니할 것(법 제10조 제1항)

(3) 법 제34조 제1항의 규정에 따른 실무교육을 받았을 것

등록을 신청하고자 하는 자는 등록신청일 전 1년 이내에 시·도지사가 실시하는 실무교육을 받아야 한다. 하지만 다음의 어느 하나에 해당하는 경우는 예외로 한다.

① 중개업의 폐업신고 후 1년 이내에 다시 중개사무소 개설등록을 신청하고자 하는 자는 그러하지 아니하다(법 제34조 제1항 제1호).
② 소속공인중개사로서 고용관계 종료신고 후 1년 이내에 중개사무소의 개설등록을 신청하려는 자의 경우도 그러하지 아니하다(법 제34조 제1항 제2호).

(4) 건축물대장(가설건축물대장 제외)**에 기재된 건물에 중개사무소를 확보할 것**

① 건축물대장(건축법 제20조 제5항에 따른 가설건축물대장은 제외한다)에 기재된 건물(준공검사, 준공인가, 사용승인, 사용검사 등을 받은 건물로서 건축물대장에 기재되기 전의 건물을 포함한다)에 중개사무소를 확보(소유·전세·임대차 또는 사용대차 등의 방법에 의하여 사용권을 확보하여야 한다)하여야 한다. 따라서 건축물대장에 등재되지 아니한 불법건축물이거나 무허가건축물 또는 가설건축물로는 중개사무소의 개설등록을 신청할 수 없다. 건축물대장에 기재된 건축물이라 하더라도 「건축법」에서 정하는 용도에 맞지 아니하면 등록을 받을 수 없다.

② 건축물대장에 기재된 건물이라면 미등기건물이라도 등록을 받을 수 있다. 그 건물은 등록신청자 소유이거나 타인소유의 건물도 가능한데, 타인소유 건물이라면 전세·임대차 또는 사용대차 등의 방법에 의하여 사용권을 확보하여야 한다. 타인 명의의 임대차계약이어도 임대인의 동의를 받은 전대차계약서 등에 의해 사용권이 있음을 인정받았다면 등록을 받을 수 있다. 또한 다른 개업공인중개사의 중개사무소를 이용하여 등록을 신청할 수 있으며, 휴업기간 중인 개업공인중개사의 사무소라 하더라도 그 사무소를 사용할 권리가 있는 개업공인중개사의 승낙서만 확보하였다면 그 사무소를 이용하여 등록신청을 할 수 있다.

③ 중개사무소인 건물의 면적이나 다른 개업공인중개사와의 공동사용에 대한 제한이 없으며, 사무소를 중개업에만 전용해야 하는 제한도 없다. 그 밖에 다른 용도로 사용 중인 건물의 일부를 중개사무소로 확보하여도 등록을 받을 수 있다.

2. 법인이 중개사무소를 개설하려는 경우

법인이 중개사무소의 개설등록을 신청하고자 하는 경우에는 법인 자체가 이 법 제10조 소정에 규정된 등록 등의 결격사유에 해당하지 않아야 할 뿐만 아니라 법인의 임원 또는 사원 전원 또한 등록 등의 결격사유에 해당하지 않아야 하며, 다음의 등록기준을 갖추어야 한다. 다만, 다른 법률의 규정에 의하여 부동산중개업을 할 수 있는 특수법인의 경우에는 다음의 기준을 적용하지 아니한다(영 제13조 제1항 단서).

O X 확 인 문 제

미등기건축물, 무허가건축물에도 중개사무소 설치는 가능하다.
( )

정답 (×)

미등기건축물에는 중개사무소 설치가 가능하지만, 무허가건축물에는 중개사무소 설치가 불가능하다.

O X 확 인 문 제

특수법인의 경우도 법인인 개업공인중개사와 동일하게 「공인중개사법」상 등록기준이 적용된다.
( )

정답 (×)

특수법인은 법인인 개업공인중개사와는 달리 「공인중개사법」상 등록기준이 적용되지 않는다.

O X 확 인 문 제

「협동조합 기본법」에 따른 사회적 협동조합인 경우 자본금이 5천만원 이상이어야 한다.
• 27회　　　　　　( )

정답 (×)

사회적 협동조합은 제외한다(영 제13조 제1항 제2호).

O X 확 인 문 제

법인은 중개업과 부동산임대업을 영위할 목적으로 「공인중개사법」상 개설등록이 가능하다.
　　　　　　( )

정답 (×)

법인은 부동산임대업을 영위할 목적으로 「공인중개사법」상 개설등록을 할 수 없다(법 제14조).

O X 확 인 문 제

대표자를 포함한 임원 또는 사원의 3분의 1 이상이 공인중개사이어야 한다. • 26회　　( )

정답 (×)

대표자를 제외한 임원 또는 사원의 3분의 1 이상이 공인중개사이어야 한다.

O X 확 인 문 제

분사무소 설치 시 분사무소의 책임자가 분사무소 설치신고일 전 2년 이내에 직무교육을 받아야 한다. • 28회　　( )

정답 (×)

분사무소의 책임자는 설치신고일 전 1년 이내에 실무교육을 받아야 한다.

(1) 「상법」상 회사 또는 「협동조합 기본법」에 따른 협동조합(사회적 협동조합 제외)으로서 자본금이 5천만원 이상일 것

법인이 중개사무소의 개설등록을 신청하고자 하는 경우에는 등록신청 이전에 먼저 「상법」상 회사 또는 「협동조합 기본법」상 협동조합설립등기를 마쳐야 한다. 「상법」상 회사란 주식회사·유한회사·유한책임회사·합명회사·합자회사를 말한다.

(2) 법 제14조에 규정된 업무만을 영위할 목적으로 설립된 법인일 것

■ 법 제14조에 규정된 업무(법 제14조 제1항·제2항)

1. 중개업
2. 상업용 건축물 및 주택의 임대관리 등 부동산의 관리대행
3. 부동산의 이용·개발 및 거래에 관한 상담
4. 개업공인중개사를 대상으로 한 중개업의 경영기법 및 경영정보의 제공
5. 상업용 건축물 및 주택의 분양대행
6. 중개업에 부수되는 업무로서 도배·이사업체의 소개 등 용역의 알선
7. 「민사집행법」에 의한 경매 및 「국세징수법」그 밖의 법령에 의한 공매대상 부동산에 대한 권리분석 및 취득의 알선과 매수신청 또는 입찰신청의 대리

등록을 신청하는 법인은 위와 같은 법 제14조에 규정된 업무만을 영위할 목적으로 설립등기를 마친 「상법」상 회사 또는 「협동조합 기본법」상 협동조합이어야 한다. 따라서 등록을 신청하는 법인이 이 법 제14조에 규정된 업무 이외의 업무(예 부동산개발업이나 감정평가업 등)를 영위할 목적으로 설립되었다면 등록이 수리되지 않을 것이다.

(3) 대표자는 공인중개사이어야 하며, 대표자를 제외한 임원 또는 사원(합명회사 또는 합자회사의 무한책임사원)의 3분의 1 이상은 공인중개사일 것

(4) 대표자, 임원 또는 사원 전원 및 분사무소의 책임자(분사무소를 설치하려는 경우만 해당)가 실무교육을 받았을 것

대표자를 포함한 임원 또는 사원은 공인중개사 자격 유무 및 중개업무 담당 여부를 불문하고 전원이 중개사무소 개설등록신청일 전 1년 이내에 시·도지사가 실시하는 실무교육을 이수하여야 한다. 등록한 법인의 임원 또는 사원의 교체, 증원, 충원 등의 사유로 새로 임원 또는 사원이 되는 자도 실무교육을 받아야 한다.

(5) 건축물대장(건축법 제20조 제6항에 따른 가설건축물대장 제외)**에 기재된 건물**(준공검사, 준공인가, 사용승인, 사용검사 등을 받은 건물로서 건축물대장에 기재되기 전의 건물 포함)**에 중개사무소를 확보**(소유·전세·임대차 또는 사용대차 등의 방법에 의하여 사용권을 확보)**할 것**

법인도 공인중개사가 중개사무소 개설등록을 행하는 경우와 동일한 중개사무소 기준이 적용된다.

기출&예상 문제

01 공인중개사법령상 법인의 중개사무소 개설등록의 기준으로 **틀린 것은?** (단, 다른 법령의 규정은 고려하지 않음) · 34회

① 대표자는 공인중개사일 것

② 대표자를 포함한 임원 또는 사원(합명회사 또는 합자회사의 무한책임사원을 말함)의 3분의 1 이상은 공인중개사일 것

③ 「상법」상 회사인 경우 자본금은 5천만원 이상일 것

④ 대표자, 임원 또는 사원(합명회사 또는 합자회사의 무한책임사원을 말함) 전원이 실무교육을 받았을 것

⑤ 분사무소를 설치하려는 경우 분사무소의 책임자가 실무교육을 받았을 것

해설 ② 법인의 등록기준으로 대표자는 공인중개사이어야 하며, 대표자를 제외한 임원 또는 사원(합명회사 또는 합자회사의 무한책임사원을 말함)의 3분의 1이상은 공인중개사이어야 한다.

정답 ②

02 공인중개사법령상 법인이 중개사무소를 개설하려는 경우 개설등록 기준에 부합하는 것을 모두 고른 것은? (단, 다른 법률의 규정은 고려하지 않음) · 33회

㉠ 대표자가 공인중개사이다.

㉡ 건축물대장(건축법에 따른 가설건축물대장은 제외)에 기재된 건물에 전세로 중개사무소를 확보하였다.

㉢ 중개사무소를 개설하려는 법인이 자본금 5천만원 이상인 「협동조합기본법」상 사회적 협동조합이다.

① ㉠   ② ㉢

③ ㉠, ㉡   ④ ㉡, ㉢

⑤ ㉠, ㉡, ㉢

해설 ⓒ 법인의 등록기준은 「상법」상 회사 또는 「협동조합 기본법」에 따른 협동조합 (사회적 협동조합은 제외한다)으로서 자본금이 5천만원 이상이어야 한다. 따라서 자본금 5천만원 이상인 「협동조합 기본법」상 사회적 협동조합은 등록 기준에 부합하지 않는다.

정답 ③

■ 공인중개사법 시행규칙 [별지 제5호 서식] 〈개정 2016.12.30.〉

[　] 부동산중개사무소 개설등록 신청서
[　] 개업공인중개사 인장등록 신고서

※ [　]에는 해당하는 곳에 ∨표를 합니다.

접수번호		접수일		처리기간	7일

신청인	성명(대표자)		주민등록번호(외국인등록번호)	
	주소(체류지)			
	(전화번호 :　　　　　　　　휴대전화 :　　　　　　　　　　)			
	공인중개사 자격증 발급 시·도			

개업공인중개사 종별	[　] 법인　　　[　] 공인중개사

사무소	명칭	전화번호(휴대전화)
	소재지	

「공인중개사법」 제9조·제16조 및 같은 법 시행규칙 제4조·제9조에 따라 위와 같이

[　] 부동산중개사무소 개설등록 신청서를

[　] 개업공인중개사 인장등록 신고서를　　　　제출합니다.

년　　　월　　　일

신청인

(서명 또는 인)

시장·군수·구청장 　귀하

신청인 제출서류	1. 「공인중개사법」 제34조 제1항에 따른 실무교육의 수료확인증 사본 1부(영 제36조 제1항에 따라 실무교육을 위탁받은 기관 또는 단체가 실무교육 수료 여부를 등록관청이 전자적으로 확인할 수 있도록 조치한 경우는 제외합니다) 2. 여권용(3.5㎝×4.5㎝) 사진 1매 3. 건축물대장(건축법 제20조 제5항에 따른 가설건축물대장은 제외합니다)에 기재된 건물(준공검사, 준공인가, 사용승인, 사용검사 등을 받은 건물로서 건축물대장에 기재되기 전의 건물을 포함합니다)에 중개사무소를 확보하였음을 증명하는 서류 1부(건축물대장에 기재되지 않은 건물에 중개사무소를 확보하였을 경우에는 건축물대장 기재가 지연되는 사유를 적은 서류도 함께 내야 합니다) 4. 다음 각 목의 서류 각 1부(외국인이나 외국에 주된 영업소를 둔 법인의 경우로 한정합니다) 　가. 「공인중개사법」 제10조 제1항 각 호의 어느 하나에 해당되지 아니함을 증명하는 다음의 어느 하나에 해당하는 서류 　　1) 외국 정부나 그 밖의 권한 있는 기관이 발행한 서류 또는 공증인(법률에 따른 공증인의 자격을 가진 자만 해당합니다. 이하 이 목에서 같습니다)이 공증한 신청인의 진술서로서 「재외공관 공증법」에 따라 그 국가에 주재하는 대한민국공관의 영사관이 확인한 서류 　　2) 「외국공문서에 대한 인증의 요구를 폐지하는 협약」을 체결한 국가의 경우에는 해당 국가의 정부나 공증인, 그 밖의 권한이 있는 기관이 발행한 것으로서 해당 국가의 아포스티유(Apostille) 확인서 발급 권한이 있는 기관이 그 확인서를 발급한 서류 　나. 「상법」 제614조에 따른 영업소의 등기를 증명할 수 있는 서류	수수료 시·군·구 조례로 정하는 금액 (등록인장 인)
담당 공무원 확인사항	1. 법인 등기사항증명서 2. 건축물대장(건축법 제20조 제5항에 따른 가설건축물대장은 제외합니다)	

유의사항
1. 시장·군수·구청장은 「공인중개사법」 제5조 제2항에 따라 공인중개사 자격증을 발급한 시·도지사에게 개설등록을 하려는 자(법인의 경우에는 대표자를 포함한 공인중개사인 임원 또는 사원을 말합니다)의 공인중개사 자격 확인을 요청하여야 합니다. 2. 개설등록 통지 시 개업공인중개사는 손해배상책임 보증증명서류를 등록관청에 신고 후 등록증을 발급받습니다.

210mm×297mm[백상지 80g/m² (재활용품)]

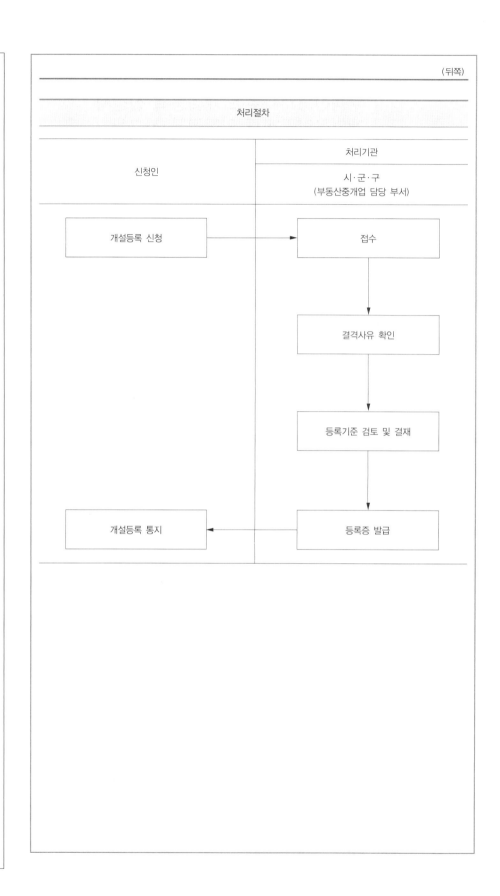

4 등록효과

1. 등록처분

(1) 등록관청은 법 제9조에 따른 개설등록 신청이 다음의 어느 하나에 해당하는 경우는 제외하고 개설등록을 해 주어야 한다(영 제13조 제2항).

> ① 공인중개사 또는 법인이 아닌 자가 중개사무소의 개설등록을 신청한 경우
> ② 중개사무소의 개설등록을 신청한 자가 등록의 결격사유의 어느 하나에 해당하는 경우
> ③ 개설등록기준에 적합하지 아니한 경우
> ④ 그 밖에 이 법 또는 다른 법령에 따른 제한에 위반되는 경우

(2) 중개사무소 개설등록의 신청을 받은 등록관청은 다음의 개업공인중개사의 종별에 따라 구분하여 개설등록을 하고, 개설등록 신청을 받은 날부터 7일 이내에 등록신청인에게 서면으로 통지하여야 한다(규칙 제4조 제2항).

> ① 법인인 개업공인중개사
> ② 공인중개사인 개업공인중개사

2. 등록증 교부

(1) 등록관청은 제9조에 따라 중개사무소의 개설등록을 한 자에 대하여 국토교통부령으로 정하는 바에 따라 중개사무소등록증을 교부하여야 한다(법 제11조 제1항).

(2) 중개사무소 개설등록을 한 개업공인중개사는 중개업무를 개시하기 전에 업무보증을 설정하여 등록관청에 신고하여야 한다(영 제24조 제2항). 즉, 공인중개사인 개업공인중개사로 등록한 자는 최소 2억원 이상, 법인인 개업공인중개사로 등록한 자는 최소 4억원 이상의 보증을 설정하여야 한다.

(3) 중개사무소등록증을 교부하는 등록관청은 중개사무소의 개설등록을 한 자가 손해배상책임을 보장하기 위하여 업무보증(이하 '보증'이라 한다)을 설정하였는지 여부를 확인하여야 한다(규칙 제5조 제1항).

O X 확 인 문 제

등록신청을 받은 등록관청은 등록기준에 적합한 경우 10일 이내에 등록신청인에게 서면으로 통지하여야 한다. ( )

정답 (×)

등록신청을 받은 등록관청은 등록기준에 적합한 경우 7일 이내에 등록신청인에게 서면으로 통지하여야 한다.

(4) 등록관청이 중개사무소등록증을 교부하는 때에는 부동산중개사무소등록 대장에 그 등록에 관한 사항을 기록한 후 지체 없이 중개사무소등록증을 교부하여야 한다(규칙 제5조 제2항). 부동산중개사무소등록대장은 전자적 처리가 불가능한 특별한 사유가 없으면 전자적 처리가 가능한 방법으로 작성·관리하여야 한다(동조 제5항).

3. 등록사항 등의 통보

등록관청은 매월 중개사무소등록·행정처분 및 신고 등에 관한 사항을 중개사무소등록·행정처분 등 통지서(별지 제8호 서식)에 의하여 다음 달 10일까지 공인중개사협회에 통보하여야 한다(영 제14조 및 규칙 제6조). 등록관청이 공인중개사협회에 통보하여야 할 사항은 다음과 같다.

> ① 중개사무소등록증 교부사항
> ② 분사무소 설치신고사항
> ③ 중개업의 휴·폐업 또는 재개업, 휴업기간의 변경신고사항
> ④ 중개사무소 이전신고사항
> ⑤ 소속공인중개사 또는 중개보조원의 고용 및 고용관계 종료신고사항
> ⑥ 개업공인중개사에 대한 행정처분(등록취소·업무정지)사항

기출&예상 문제

공인중개사법령상 등록관청이 공인중개사협회에 통보해야 하는 경우로 틀린 것은? •29회

① 중개사무소등록증을 교부한 때
② 중개사무소등록증을 재교부한 때
③ 휴업기간변경신고를 받은 때
④ 중개보조원 고용신고를 받은 때
⑤ 업무정지처분을 한 때

해설 ② 등록관청이 협회에 다음 달 10일까지 통보하여야 하는 사항은 다음과 같다.

> 1. 중개사무소등록증 교부사항
> 2. 분사무소 설치신고사항
> 3. 중개업의 휴·폐업 또는 재개업, 휴업기간의 변경신고사항
> 4. 중개사무소 이전신고사항
> 5. 소속공인중개사 또는 중개보조원의 고용 및 고용관계 종료신고사항
> 6. 개업공인중개사에 대한 행정처분(등록취소·업무정지)사항

정답 ②

4. 업무개시 전 조치사항

(1) 보증설정의무

등록통지를 받은 후 중개사무소등록증을 교부받기 전에 중개업무를 개시하였어도 무등록중개업자는 아니다. 그러나 업무를 개시하기 전에 보증을 설정하여 등록관청에 신고하여 등록증을 교부받아야 한다. 업무보증을 설정하지 아니한 상태에서 중개업을 영위하면 등록관청이 등록을 취소할 수 있다(법 제38조 제2항 제8호).

(2) 인장등록의무

개업공인중개사는 중개업무를 개시하기 전에 중개행위에 사용할 인장을 등록하여야 한다. 인장등록은 중개사무소 개설등록을 신청하는 때에 같이 할 수 있다. 인장등록을 하지 아니한 상태에서 중개업을 영위하면 등록관청은 업무정지처분을 할 수 있다(법 제39조 제1항 제2호).

(3) 등록증 등 게시의무

개업공인중개사는 중개사무소등록증·중개보수표 그 밖에 국토교통부령으로 정하는 사항을 해당 중개사무소 안의 보기 쉬운 곳에 게시하여야 한다(법 제17조). 개업공인중개사가 등록증 등의 게시의무를 위반한 경우에는 등록관청은 개업공인중개사에 대하여 100만원 이하의 과태료에 처한다(법 제51조 제3항 제1호). 분사무소의 경우에 분사무소설치신고확인서를 게시하지 않거나, 소속공인중개사의 자격증을 게시하지 아니한 경우에도 과태료 처분은 개업공인중개사에 대하여 행한다. 개업공인중개사가 해당 중개사무소 안의 보기 쉬운 곳에 게시하여야 할 사항은 다음과 같다(규칙 제10조).

① 중개사무소등록증 원본(법인인 개업공인중개사의 분사무소의 경우에는 분사무소설치신고확인서 원본을 말한다)
② 중개보수·실비의 요율 및 한도액표
③ 개업공인중개사 및 소속공인중개사의 공인중개사자격증 원본(해당되는 자가 있는 경우로 한정한다)
④ 보증의 설정을 증명할 수 있는 서류
⑤ 사업자등록증

OX 확인 문제

실무교육이수증을 게시하지 아니한 개업공인중개사는 100만원 이하의 과태료 대상이 된다.
( )

정답 (×)
실무교육이수증은 게시사항에 포함되지 않으므로 100만원 이하의 과태료 대상이 되지 않는다.

(4) 중개업무개시

등록 후 3개월이 초과되도록 업무를 개시하지 아니하는 경우에는 미리 휴업신고를 하여야 하며(법 제21조 제1항), 이를 위반한 경우에는 100만원 이하의 과태료에 처한다(법 제51조 제3항 제4호). 또한 질병으로 인한 요양 등 부득이한 사정이 없음에도 등록 후 6개월이 초과되도록 업무를 개시하지 아니하면 등록이 취소될 수 있다(법 제38조 제2항).

5. 등록증 재교부

개업공인중개사가 등록증 재교부 신청을 하는 경우에는 해당 지방자치단체의 조례로 정하는 바에 따라 수수료를 납부하여야 한다(법 제47조 제1항 제4호). 등록증 재교부 신청을 받은 등록관청은 즉시 등록증을 재교부하여야 한다. 등록증 재교부 신청사유는 다음과 같다.

(1) 등록증의 분실·훼손

개업공인중개사가 교부받은 중개업등록증을 잃어버리거나 그 등록증이 못 쓰게 된 때에는 등록증재교부신청서를 등록관청에 제출하여 등록증 재교부 신청을 할 수 있다(법 제11조 제2항). 이 경우 등록증의 분실이나 훼손의 책임을 물어 과태료처분 등 제재는 받지 않는다.

(2) 등록증의 기재사항 변경

등록증의 기재사항이 변경된 경우에는 등록증재교부신청서에 종전의 등록증과 변경사항을 증명하는 서류를 첨부하여 등록증 재교부 신청을 하여야 한다(규칙 제5조 제4항). 법인의 대표자가 변경된 경우에는 변경사항을 증명하는 서류를 첨부하여 등록증 재교부 신청을 하면 되며, 현 법인을 폐업하고 등록을 다시 할 필요가 없다.

■ 공인중개사법 시행규칙 [별지 제6호 서식] 〈개정 2016.12.30.〉

제   호

중개사무소 등록증

사진(여권용 사진)
(3.5cm×4.5cm)

성명(대표자)		생년월일	
개업공인중개사 종별	[ ] 법인 [ ] 공인중개사 [ ] 법 제7638호 부칙 제6조 제2항에 따른 개업공인중개사		
중개사무소 명칭			
중개사무소 소재지			
등록인장 (중개행위 시 사용)		〈변경 인장〉	

「공인중개사법」 제9조 제1항에 따라 위와 같이 부동산중개사무소 개설등록을
하였음을 증명합니다.

년   월   일

시장·군수·구청장   직인

210mm×297mm[백상지(1종) 120g/㎡]

5 등록의 소멸 등

1. 무등록중개업자

(1) 무등록중개업자에 대한 제재
① 등록을 하지 아니하고 중개업을 하는 것을 '무등록중개업'이라 한다.
② 무등록중개업자는 등록 자체를 하지 않았으므로 등록취소처분·업무정지처분과 같은 행정처분의 대상이 되지는 않는다. 다만, 3년 이하의 징역 또는 3천만원 이하의 벌금형에 처하는 행정형벌의 대상만 된다(법 제48조 제1호).
③ 또한 무등록중개업자는 포상금지급의 신고·고발 대상에 해당되므로 무등록중개업자를 신고 또는 고발한 자에 대하여는 등록관청은 50만원의 포상금을 지급할 수 있다(법 제46조 제1항).

(2) 무등록중개업의 유형
① 중개사무소 개설등록을 하지 아니하고 중개업을 한 경우
② 중개사무소 개설등록을 하였으나 등록의 효력이 소멸된 후 중개업을 한 경우

> ㉠ 법인이 해산된 후 중개업을 한 경우
> ㉡ 등록취소 후 중개업을 한 경우 : 등록취소처분이 행해진 후 중개업을 영위한 경우이다. 그러나 등록취소사유에 해당되었지만 등록취소처분 전에 중개업을 영위한 경우는 무등록중개업에 해당되지 않는다.
> ㉢ 폐업신고 후 중개업을 한 경우 : 폐업신고 후 사무소를 폐쇄하지 않고 중개업을 계속한 경우가 이에 해당된다. 그러나 개업공인중개사가 매매계약서를 작성한 후 잔금지급일 이전에 폐업한 자가 그 후 잔금지급일에 제3의 장소에서 잔금을 치르고 영수증을 작성·교부한 경우에 대해서는 무등록중개행위로 볼 수 없다.

③ 등록신청의 단계에서 등록되기 전에 중개업을 한 경우
④ 등록을 하지 않고 인터넷 홈페이지상에서 중개업을 한 경우
⑤ 중개업이 주된 업무가 아닌 자가 등록을 하지 않고 부수해서 중개업을 한 경우

(3) 무등록중개업자의 중개에 따른 거래계약의 효과
무등록중개업자의 중개행위로 인하여 중개가 완성된 경우일지라도 거래당사자 간의 법률행위는 유효하다. 무등록중개업자는 중개를 완성하였다 하더라도 그 보수를 청구할 수 없다.

2. 등록의 효력소멸

(1) 개인인 개업공인중개사의 사망 또는 법인의 해산

중개업등록은 대인적 행위로서 일신전속적 성격을 지니므로 개인인 개업공인중개사가 사망하거나 법인이 해산되면 즉시 등록의 효력이 소멸된다. 개인인 개업공인중개사의 사망이나 법인의 해산은 법 제38조 제1항 제1호에 등록을 취소하여야 하는 사유로 규정하고 있으나, 개인인 개업공인중개사가 사망하거나 법인이 해산된 경우 등록의 효력이 소멸되는 시기는 등록관청의 등록취소처분 시가 아니라 개업공인중개사의 사망 또는 법인이 해산된 때이다. 참고로, 법인의 대표자의 사망은 등록증 재교부사항에 해당될 뿐 등록의 효력이 소멸되지는 않는다.

(2) 등록관청의 등록취소처분

등록관청이 개업공인중개사에 대해 중개사무소 개설등록 취소처분을 한 경우에는 등록의 효력이 소멸된다. 등록취소사유에 해당되더라도 개업공인중개사의 사망이나 법인의 해산을 제외하고는 등록관청의 등록취소처분이 행해지기 전까지는 등록의 효력은 유효하며, 등록취소처분이 있어야 비로소 등록의 효력이 소멸된다.

(3) 폐업신고

개업공인중개사가 등록관청에 폐업신고를 한 경우에는 폐업신고일로부터 중개업등록의 효력이 소멸된다.

3. 이중등록 및 이중소속 금지

(1) 이중등록의 금지

① 개업공인중개사는 이중으로 중개사무소의 개설등록을 하여 중개업을 할 수 없다(법 제12조 제1항). 동일한 등록관청 관할지역 내에서 이중등록은 물론 등록관청을 달리하는 이중등록도 금지된다. 개업공인중개사가 종별을 달리하여 이중등록을 받는 것도 금지된다. 종전의 중개사무소를 사실상 폐쇄하였으나 중개사무소의 폐업신고를 완전히 이행하지 아니한 채 새로운 등록을 받은 경우도 이중등록에 해당한다.

② 둘 이상의 중개사무소의 개설등록을 한 경우에는 전후의 등록이 모두 취소되고, 1년 이하의 징역 또는 1천만원 이하의 벌금형에도 처해진다(법 제38조 제1항 제4호, 제49조 제1항 제3호).

O X 확 인 문 제

이중등록 금지규정, 이중소속 금지규정은 개업공인중개사등에게 적용된다. ( )

정답 (×)

이중등록 금지규정은 개업공인중개사에게 적용되며, 이중소속 금지규정은 개업공인중개사등에게 적용된다.

(2) 이중소속의 금지

개업공인중개사등은 다른 개업공인중개사의 소속공인중개사나 중개보조원 또는 개업공인중개사인 법인의 사원·임원이 될 수 없다(법 제12조 제2항).

① **개업공인중개사** : 개업공인중개사는 현업기간 중은 물론 업무정지처분 기간 중 또는 휴업기간 중에도 둘 이상의 중개사무소에 소속할 수 없다. 이를 위반하면 등록이 취소되고, 1년 이하의 징역 또는 1천만원 이하의 벌금형에도 처해진다.

② **소속공인중개사** : 소속공인중개사가 둘 이상의 중개사무소에 소속된 경우 자격정지처분을 할 수 있고, 1년 이하의 징역 또는 1천만원 이하의 벌금형에도 처해진다. 만약 소속공인중개사가 자격정지처분기간 중에 둘 이상의 사무소에 소속하여 중개업무를 수행한 경우 공인중개사 자격이 취소되며 1년 이하의 징역 또는 1천만원 이하의 벌금형에도 처해진다.

③ **중개보조원** : 중개보조원이 둘 이상의 중개사무소에 소속되면 행정처분의 대상은 되지 않으며, 행정형벌인 1년 이하의 징역 또는 1천만원 이하의 벌금형에 처해진다.

기출&예상 문제

공인중개사법령상 개업공인중개사가 중개사무소 안의 보기 쉬운 곳에 게시해야 하는 것은?

• 31회 수정

① 개업공인중개사의 실무교육 수료확인증 원본
② 소속공인중개사가 있는 경우 소속공인중개사의 실무교육 수료확인증 사본
③ 사업자등록증
④ 소속공인중개사가 있는 경우 소속공인중개사의 공인중개사자격증 사본
⑤ 분사무소의 경우 분사무소설치신고확인서 사본

해설 ③ 개업공인중개사가 중개사무소 안에 게시하여야 하는 사항은 다음과 같다.

1. 중개사무소등록증 원본(법인인 개업공인중개사의 분사무소의 경우에는 분사무소설치신고확인서 원본을 말한다)
2. 중개보수·실비의 요율 및 한도액표
3. 개업공인중개사 및 소속공인중개사의 공인중개사자격증 원본(해당되는 자가 있는 경우로 한정한다)
4. 보증의 설정을 증명할 수 있는 서류
5. 사업자등록증

정답 ③

4. 등록증의 양도·대여의 금지

(1) 등록증을 양도·대여하는 경우

개업공인중개사는 다른 사람에게 자기의 성명 또는 상호를 사용하여 중개업무를 하게 하거나 자기의 중개사무소등록증을 양도 또는 대여하는 행위를 하여서는 아니 된다. 이를 위반한 자는 등록이 취소되고, 1년 이하의 징역 또는 1천만원 이하의 벌금형에도 처해진다.

(2) 등록증을 양수·대여받은 경우

누구든지 다른 사람의 성명 또는 상호를 사용하여 중개업무를 하거나 다른 사람의 중개사무소등록증을 양수 또는 대여받아 이를 사용하는 행위를 하여서는 아니 된다. 이를 위반한 자는 1년 이하의 징역 또는 1천만원 이하의 벌금형에 처해진다.

제3절 등록 등의 결격사유

•24회 •25회 •26회 •27회 •28회 •29회 •30회 •31회 •32회 •33회 •34회

> **법 제10조【등록의 결격사유 등】** ① 다음 각 호의 어느 하나에 해당하는 자는 중개사무소의 개설등록을 할 수 없다.
> 1. 미성년자
> 2. 피성년후견인 또는 피한정후견인
> 3. 파산선고를 받고 복권되지 아니한 자
> 4. 금고 이상의 실형의 선고를 받고 그 집행이 종료(집행이 종료된 것으로 보는 경우를 포함한다)되거나 집행이 면제된 날부터 3년이 지나지 아니한 자
> 5. 금고 이상의 형의 집행유예를 받고 그 유예기간이 만료된 날부터 2년이 지나지 아니한 자
> 6. 제35조 제1항에 따라 공인중개사의 자격이 취소된 후 3년이 지나지 아니한 자
> 7. 제36조 제1항에 따라 공인중개사의 자격이 정지된 자로서 자격정지기간 중에 있는 자
> 8. 제38조 제1항 제2호·제4호부터 제8호까지, 같은 조 제2항 제2호부터 제11호까지에 해당하는 사유로 중개사무소의 개설등록이 취소된 후 3년(제40조 제3항에 따라 등록이 취소된 경우에는 3년에서 같은 항 제1호에 따른 폐업기간을 공제한 기간을 말한다)이 지나지 아니한 자
> 9. 제39조에 따라 업무정지처분을 받고 제21조에 따른 폐업신고를 한 자로서 업무정지기간(폐업에도 불구하고 진행되는 것으로 본다)이 지나지 아니한 자

10. 제39조에 따라 업무정지처분을 받은 개업공인중개사인 법인의 업무정지의 사유가 발생한 당시의 사원 또는 임원이었던 자로서 해당 개업공인중개사에 대한 업무정지기간이 지나지 아니한 자

11. 이 법을 위반하여 300만원 이상의 벌금형의 선고를 받고 3년이 지나지 아니한 자

12. 사원 또는 임원 중 제1호부터 제11호까지의 어느 하나에 해당하는 자가 있는 법인

② 제1항 제1호부터 제11호까지의 어느 하나에 해당하는 자는 소속공인중개사 또는 중개보조원이 될 수 없다.

③ 등록관청은 개업공인중개사·소속공인중개사·중개보조원 및 개업공인중개사인 법인의 사원·임원(이하 '개업공인중개사등'이라 한다)이 제1항 제1호부터 제11호까지의 어느 하나에 해당하는지 여부를 확인하기 위하여 관계 기관에 조회할 수 있다.

법 제10조의2【벌금형의 분리 선고】「형법」제38조에도 불구하고 제48조 및 제49조에 규정된 죄와 다른 죄의 경합범(競合犯)에 대하여 벌금형을 선고하는 경우에는 이를 분리 선고하여야 한다.

1 의 의

등록 등의 결격사유(이하 '결격사유'라 한다)란 개업공인중개사와 그 소속공인중개사·중개보조원 또는 개업공인중개사인 법인의 사원·임원(이하 '개업공인중개사등'이라 한다)이 될 자격이 없는 사유를 말한다. 즉, 부동산중개업무에 종사할 자격이 없는 사유를 말한다.

2 등록 등 결격사유의 효과

1. 중개업무 종사 전에 등록 등의 결격사유에 해당된 경우

(1) 중개사무소의 개설등록신청의 제한(등록기준)

공인중개사라 하더라도 등록 등의 결격사유에 해당하는 자는 중개사무소의 개설등록을 할 수 없으므로 개업공인중개사가 될 수 없다. 또한 중개사무소 개설등록을 하고자 하는 법인의 사원 또는 임원이 등록의 결격사유에 해당되면 그 법인은 중개사무소 개설등록을 할 수 없으므로 법인인 개업공인중개사가 될 수 없다. 특히 법인은 법인 자체가 결격사유에 해당하거나 법인의 사원 또는 임원으로 선임된 자 중 1인이라도 등록의 결격사유에 해당되면 해당 법인은 중개사무소 개설등록을 할 수 없다.

(2) 중개업무 종사의 제한(종사기준)

등록 등의 결격사유에 해당하는 자는 중개업무에 종사할 수 없으므로 소속 공인중개사, 중개보조원, 법인의 사원 또는 임원이 될 수 없다. 개업공인중개사는 등록 등의 결격사유자를 고용하여서는 아니 된다.

2. 중개업무에 종사하던 중 등록 등의 결격사유에 해당된 경우

(1) 개업공인중개사가 결격사유에 해당된 경우

① 개업공인중개사 자신이 등록 등의 결격사유에 해당되면 등록이 취소된다. 그러나 이 법 제10조 소정의 모든 결격사유가 등록취소처분사유를 구성하는 것은 아니다. 법 제10조 제1항 중에서 제2·3·4·5·6·11·12호에 해당하는 경우만 등록취소를 가져온다. 따라서 법 제10조 제1항의 12가지 사유 중에서 제1호(미성년자), 제7호(공인중개사의 자격이 정지된 자로서 자격정지기간 중에 있는 자), 제8호(중개사무소의 개설등록이 취소된 후 3년이 지나지 아니한 자), 제9호(업무정지처분을 받고 폐업신고를 한 자로서 업무정지기간이 지나지 아니한 자), 제10호(업무정지처분을 받은 개업공인중개사인 법인의 업무정지의 사유가 발생한 당시의 사원 또는 임원이었던 자로서 해당 개업공인중개사에 대한 업무정지기간이 지나지 아니한 자)와 같이 취소시킬 등록 자체가 존재하지 않는 경우에는 등록취소를 가져오지 않는다.

② 결격사유에 해당한다 하여 당연히 등록의 효력이 소멸되는 것은 아니다. 따라서 등록관청의 등록취소처분이 행해지기 전까지는 등록의 효력이 유지되며, 등록취소처분이 행해져야만 등록의 효력이 소멸하는 것이다. 물론 결격사유에 해당된 상태에서는 중개업을 중지하여야 하지만, 중개업을 한 경우라 하더라도 무등록중개업에 해당되는 것은 아니며, 등록취소처분을 받은 후에 계속 중개업을 수행하였을 경우에는 무등록중개업에 해당된다.

(2) 법인인 개업공인중개사의 사원 또는 임원이 결격사유에 해당된 경우

법인의 사원 또는 임원 중 1인이라도 결격사유에 해당(제1·7·8·9·10호는 제외한다)되면, 법인 자체가 결격사유에 해당되므로 등록관청은 등록을 취소하여야 한다. 다만, 결격사유가 발생한 날로부터 2개월 이내에 그 사유를 해소한 때에는 그러하지 아니하다. 만약 2개월 이내에 해소하지 아니한 경우 절대적 등록취소사유에 해당한다.

(3) 소속공인중개사 또는 중개보조원이 결격사유에 해당된 경우

소속공인중개사 또는 중개보조원이 결격사유에 해당되면 그를 고용한 개업공인중개사에 대하여는 등록관청이 6개월의 범위 안에서 기간을 정하여 업무정지처분을 할 수 있다. 다만, 2개월 이내에 결격사유를 해소한 때에는 그러하지 아니하다. 만약 2개월 이내에 해소하지 아니한 경우 업무정지 사유에 해당한다.

> ✔ **참고** 등록 등의 결격사유와 공인중개사 자격의 비교
>
> 등록 등 결격사유자도 원칙적으로는 공인중개사 시험에 응시할 수 있다. 또한 등록 등 결격사유에 해당한다 하여 당연히 공인중개사 자격을 취소하여야 하는 것은 아니고, 12가지 등록 등의 결격사유에 해당하는 자 중에서 '이 법 또는 공인중개사 직무와 관련하여 「형법」 제114조, 제231조, 제234조, 제347조, 제355조 또는 제356조를 위반하여 금고 이상의 형(집행유예 포함)을 선고받은 경우'에 한정하여 자격취소사유에 해당한다.

3 등록 등 결격사유의 유형

다음의 어느 하나에 해당하는 자는 중개사무소의 개설등록을 할 수 없으며 그 밖에 소속공인중개사, 중개보조원, 법인의 사원 또는 임원이 될 수 없다.

1. 미성년자

미성년자라 함은 만 19세에 달하지 아니한 자를 말한다. 미성년자는 혼인을 하였거나, 법정대리인의 동의를 얻었다 할지라도 결격사유에서 벗어나지 못한다. 예를 들어, 1995년 10월 10일 출생한 자라면 2014년 10월 10일부터 중개업무에 종사할 수 있다.

2. 피성년후견인 또는 피한정후견인

(1) 피성년후견인

① 피성년후견인이란 질병, 장애, 노령 그 밖의 사유로 인한 정신적 제약으로 사무를 처리할 능력이 지속적으로 결여된 사람에 대하여 본인, 배우자, 4촌 이내의 친족, 미성년후견인, 미성년후견감독인, 한정후견인, 한정후견감독인, 특정후견인, 특정후견감독인, 검사 또는 지방자치

단체의 장의 청구에 의하여 가정법원으로부터 성년후견개시의 심판을 선고받은 자를 말한다(민법 제9조 제1항).

② 피성년후견인의 법률행위는 취소할 수 있으며(민법 제10조 제1항), 가정법원은 취소할 수 없는 피성년후견인의 법률행위의 범위를 정할 수 있다(동조 제2항).

(2) 피한정후견인

① 피한정후견인이란 질병, 장애, 노령 그 밖의 사유로 인한 정신적 제약으로 사무를 처리할 능력이 부족한 사람에 대하여 본인, 배우자, 4촌 이내의 친족, 미성년후견인, 미성년후견감독인, 성년후견인, 성년후견감독인, 특정후견인, 특정후견감독인, 검사 또는 지방자치단체의 장의 청구에 의하여 가정법원으로부터 한정후견개시의 심판을 선고받은 자를 말한다(민법 제12조 제1항).

② 한정후견인의 동의가 필요한 법률행위를 피한정후견인이 한정후견인의 동의 없이 하였을 때에는 그 법률행위를 취소할 수 있다. 다만, 일용품의 구입 등 일상생활에 필요하고 그 대가가 과도하지 아니한 법률행위에 대하여는 그러하지 아니하다(민법 제13조 제4항).

(3) 성년·한정후견종료의 심판

성년·한정후견개시의 원인이 소멸된 경우에는 가정법원은 본인, 배우자, 4촌 이내의 친족, 성년·한정후견인, 성년·한정후견감독인, 검사 또는 지방자치단체의 장의 청구에 의하여 성년·한정후견종료의 심판을 한다(민법 제11조, 제14조). 따라서 종료의 심판결과 정상인으로 판결을 받기 전에는 개업공인중개사는 물론이고, 중개업무에 종사할 수조차 없다.

3. 파산선고를 받고 복권되지 아니한 자

(1) 파산선고

'파산선고'라 함은 채무자의 경제적 파탄으로 인하여 채권자에게 채무를 변제할 수 없는 경우에 채권자 또는 채무자의 신청에 따라 채무자의 남은 총재산으로 채권자들에게 공평한 금전적 만족을 줄 것을 목적으로 하는 파산법원의 재판상 절차에 따른 선고를 말한다.

O X 확인문제

피성년후견인은 등록취소일로부터 3년이 지나면 결격사유를 벗어난다. ( )

정답 (×)

피성년후견인은 후견종료심판을 받으면 결격사유를 벗어난다.

(2) 파산자

① '파산자'라 함은 파산법원으로부터 파산선고를 받고 현재 그 자에 대하여 파산절차가 진행되고 있거나 파산선고 후 아직 복권되지 아니한 자를 의미한다.

② 파산선고를 받고 복권되지 아니한 자는 파산채권자에 대해 그 채무의 전부를 변제하여 그 책임을 면하고 법원에 복권을 신청하였다 하여 결격사유에서 벗어나는 것은 아니고, 법원의 결정에 의해 복권이 되어야 결격사유에서 벗어난다.

③ 파산선고를 받고 10년이 경과한 자는 특별한 절차 없이 복권된다. 그러므로 결격사유에서 벗어난다.

4. 금고 이상의 실형의 선고를 받고 그 집행이 종료(집행이 종료된 것으로 보는 경우 포함)되거나 집행이 면제된 날부터 3년이 지나지 아니한 자

금고 이상의 실형이란 사형, 징역형, 금고형을 의미한다. 「형법」상 형벌의 종류는 사형, 징역, 금고, 자격상실, 자격정지, 벌금, 구류, 과료, 몰수 9가지가 있다. 이중에서 금고 이상의 형은 사형·징역형·금고형을 말하는데, 사형이 집행된 자는 이 세상에 존재할 가망이 없는 자이므로 사실상 금고 이상의 실형이란 징역형과 금고형을 의미한다. 징역형과 금고형은 수형자를 교도소에 구치하여 신체를 구속하는 점에서는 동일하지만 징역형은 수형자에 대하여 교도소 내에서 강제적으로 노역하게 하는 반면, 금고는 그렇지 않다는 점에서 차이가 있다. 또한 금고 이상의 형의 선고는 실형선고와 집행유예로 구분할 수 있다. 실형선고는 교도소 내에 유치하도록 하는 선고를 말하고, 집행유예는 실형선고에 대한 집행을 일정기간 동안 보류하는 선고이다. 금고 이상의 형을 선고받은 자는 그 선고의 적용 법률이 「공인중개사법」을 위반한 경우뿐만 아니라 다른 법률을 위반한 경우에도 등록 등의 결격사유가 적용된다. 그러나 선고유예나 기소유예처분은 등록 등의 결격사유가 아니다.

(1) 금고 이상의 실형을 선고받고 그 집행이 종료된 날부터 3년이 지나지 아니한 자

① '집행이 종료된 날'이라 한은 만기석방된 날을 말한다.

② 금고 이상의 실형을 선고받은 자는 그 집행기간뿐만 아니라 그 집행이 종료된 날부터 3년이 경과되어야 결격사유를 벗어난다. 예를 들어, 2010년 5월 15일 징역 1년의 실형을 선고받은 자는 2014년 5월 14일까지 총 4년간 중개업무에 종사할 수 없다.

(2) 집행이 종료된 것으로 보는 날부터 3년이 지나지 아니한 자

① 집행이 종료된 것으로 보는 날이란 금고 이상의 실형을 선고받은 자가 집행이 종료되기 전에 가석방을 받아 미리 석방을 받고 잔여형기를 마친 날을 말한다.

② 가석방된 자의 집행이 종료된 것으로 보는 날에 대하여 유기형에 대한 가석방의 경우에는 가석방처분의 실효 또는 취소됨이 없이 가석방 후 잔여형기를 마친 날이 집행이 종료된 것으로 보는 날이 되며, 무기형의 경우에는 사망시기를 예측할 수 없으므로 잔여형기를 일률적으로 가석방 후 10년으로 본다.

③ 따라서 금고 이상의 실형을 선고받고 복역 중 가석방된 자는 잔여형기(유기형의 경우는 가석방 후 잔여형기, 무기형의 경우는 가석방 후 10년) 동안도 등록 등의 결격사유에 해당하는 기간이 되며, 잔여형기를 무사히 마친 날부터 다시 3년이 경과해야 등록 등의 결격사유를 벗어나게 된다.

④ 예를 들어, 징역 2년형의 실형을 선고받은 자가 1년 6개월 만에 가석방이 되었다면 잔여형기 6개월이 경과되면 집행이 종료된 것으로 보며 이때로부터 또한 3년이 경과되어야 결격사유에서 벗어나게 되는바, 결국 가석방일로부터 3년 6개월이 경과되어야 중개업무에 종사할 수 있는 것이다.

(3) 집행이 면제된 날부터 3년이 지나지 아니한 자

형의 선고를 받았으나 다음과 같은 사유로 형의 집행이 면제되는 경우로서 그 집행이 면제된 날부터 3년이 경과되어야 개업공인중개사등이 될 수 있다. 집행이 면제되는 사유는 다음과 같다.

① **법률의 변경** : 재판이 확정된 후 법률의 변경 등에 의하여 그 행위가 범죄를 구성하지 아니한 경우에는 변경된 법률의 시행일에 형의 집행이 면제되며, 그때부터 3년이 지나야 개업공인중개사등이 될 수 있다.

② **집행시효의 완성** : 금고 이상의 실형을 선고받은 후에 그 집행을 받지 않고 일정한 기간이 경과하여 형의 집행시효가 완성된 경우로서 그 형의 집행시효가 완성된 날에 형의 집행이 면제되며, 그때부터 3년이 지나야 개업공인중개사등이 될 수 있다.

③ **특별사면** : 특별사면이란 대통령의 처분에 의하여 형의 집행이 면제된 경우를 말하는데, 특별사면을 받은 자는 특별사면된 날에 형의 집행이 면제되며, 그때부터 3년이 지나야 개업공인중개사등이 될 수 있다.

> **⊘ 참고** **특별사면과 일반사면의 비교**
>
> 1. 특별사면은 형의 선고를 받은 특정 범죄인에 대하여 형의 집행을 면제시키는 대통령의 조치이다. 특별사면은 형의 집행만이 면제되며, 특별사면일로부터 3년이 경과하여야 등록 등의 결격사유에서 벗어난다.
> 2. 일반사면은 죄를 범한 자를 대상으로 하며, 죄의 종류를 지정하여 국회의 동의를 얻어 대통령령으로 행해지는데 형의 선고를 받은 자에 대하여는 형선고의 효력을 상실시키며, 형선고를 받지 아니한 자에 대하여는 공소권을 소멸시키는 조치를 말한다.

O X 확 인 문 제

일반사면을 받은 자는 사면일로부터 3년이 지나야 결격사유를 벗어난다. ( )

정답 (×)

일반사면을 받은 자는 결격사유에 해당하지 않으므로 즉시 결격사유를 벗어난다. 즉, 일반사면을 받으면 즉시 등록 등의 결격사유에서 벗어난다.

5. 금고 이상의 형의 집행유예를 받고 그 유예기간이 만료된 날부터 2년이 지나지 아니한 자

(1) '집행유예'라 함은 형을 선고하면서도 정상을 참작하여 형의 집행을 일정기간 유예하고, 그 유예기간을 무사히 경과하면 형선고의 효력을 상실하게 하는 제도이다.

(2) 집행유예는 정상을 참작할 사유가 있으면 형의 집행을 일정기간(1 ~ 5년) 유예하게 되고, 그 유예기간을 무사히 넘기고 2년이 경과하면 등록 등의 결격사유에서 벗어나게 된다.

O X 확 인 문 제

사기죄로 징역 2년형을 선고받고 그 형의 집행이 3년간 유예된 경우, 그 유예기간이 종료된 날부터 2년이 지난 공인중개사는 중개사무소의 개설등록을 할 수 있다. • 27회 ( )

정답 (○)

(3) 예를 들어, 2010년 5월 10일 징역 1년에 집행유예 2년의 선고를 받은 자는 이와 같은 선고를 받은 날부터 집행유예기간 2년에 2년을 더한 기간인 2014년 5월 9일까지 등록 등의 결격사유기간에 해당하고 집행유예기간이 종료된 그 다음 날인 2014년 5월 10일부터 등록 등의 결격사유에서 벗어나게 된다.

6. 이 법을 위반하여 공인중개사의 자격이 취소된 후 3년이 지나지 아니한 자

(1) 이 법을 위반하여 공인중개사의 자격이 취소된 자는 취소된 후 3년간 중개업무에 종사할 수 없는 등록 등의 결격사유에 해당된다. 그뿐만 아니라

자격취소를 받은 자는 그날로부터 3년간 공인중개사 자격시험에도 응시할 수 없으므로 3년간은 공인중개사 시험응시의 결격사유에도 해당된다.

(2) 공인중개사인 개업공인중개사가 자격이 취소되면 중개사무소 개설등록이 취소된다. 공인중개사 자격이 취소되면 본 규정에 의해 등록 등의 결격사유에 해당되어 이 법 제38조 제1항 제3호에 따라 등록을 취소하여야 하는 사유에 해당하므로, 그 자의 개설등록은 반드시 취소되기 때문이다. 그러나 공인중개사인 개업공인중개사의 개설등록이 취소되었다 하여 반드시 자격취소가 되는 것은 아니다.

7. 이 법을 위반하여 공인중개사의 자격이 정지된 자로서 자격정지기간 중에 있는 자

자격정지처분은 소속공인중개사에 대한 행정처분이다. 소속공인중개사가 자격정지처분을 받았을 때에는 해당 자격정지기간 동안은 등록 등의 결격사유기간이 된다. 만약 자격정지처분을 받은 후 중개사무소를 그만두었다 하더라도 해당 자격정지기간 중에도 자격정지처분의 효력이 지속되므로 그 기간 동안은 중개업무에 종사할 수 없다. 자격정지기간 중에 중개업무를 수행하거나 다른 개업공인중개사의 소속공인중개사 또는 개업공인중개사인 법인의 임원 또는 사원이 된 경우에는 자격이 취소되고 자격취소 후 3년간 등록 등 결격사유에 해당하게 된다.

8. 법 제38조 제1항 제2호·제4호부터 제8호까지, 같은 조 제2항 제2호부터 제11호까지에 해당하는 사유로 중개사무소의 개설등록이 취소된 후 3년(법 제40조 제3항에 따라 등록이 취소된 경우에는 3년에서 같은 항 제1호에 따른 폐업기간을 공제한 기간)이 지나지 아니한 자

(1) 원칙 – 등록취소 후 3년간 등록 등의 결격사유 적용

등록이 취소된 자는 원칙적으로 등록이 취소된 후 3년간 등록 등의 결격사유자에 해당되어 등록취소 후 3년간 중개업무를 할 수 없다. 등록취소 후 3년간 등록 등의 결격사유에 해당하는 경우는 다음과 같다.

O X 확 인 문 제

2015년 4월 15일에 공인중개사 자격의 정지처분을 받은 자는 2015년 10월 23일 현재 결격사유에 해당하지 않는다. •26회

( )

정답 (○)

① **법 제38조 제1항 제2호·제4호부터 제8호에 해당하는 사유**(등록을 취소하여야 하는 사유)**로 인하여 등록이 취소된 경우** : 다음과 같은 사유로 등록이 취소된 자는 등록취소 후 3년간 중개업무를 할 수 없다.

> ㉠ 거짓이나 부정한 방법으로 중개사무소의 개설등록을 한 경우
> ㉡ 이중으로 중개사무소의 개설등록을 한 경우
> ㉢ 다른 개업공인중개사의 소속공인중개사·중개보조원 또는 개업공인중개사인 법인의 사원·임원이 된 경우
> ㉣ 개업공인중개사가 고용할 수 있는 중개보조원의 수를 초과하여 고용한 경우
> ㉤ 다른 사람에게 자기의 성명 또는 상호를 사용하여 중개업무를 하게 하거나 중개사무소등록증을 양도 또는 대여한 경우
> ㉥ 업무정지기간 중에 중개업무를 하거나 자격정지처분을 받은 소속공인중개사로 하여금 자격정지기간 중에 중개업무를 하게 한 경우
> ㉦ 최근 1년 이내에 이 법에 의하여 2회 이상 업무정지처분을 받고 다시 업무정지처분에 해당하는 행위를 한 경우

② **법 제38조 제2항 제2호부터 제11호에 해당하는 사유**(등록을 취소할 수 있는 사유)**로 인하여 등록이 취소된 경우** : 다음과 같은 사유로 등록이 취소된 자는 등록취소 후 3년간 중개업무를 할 수 없다.

> ㉠ 개업공인중개사가 둘 이상의 중개사무소를 둔 경우
> ㉡ 임시 중개시설물을 설치한 경우
> ㉢ 법인인 개업공인중개사가 겸업규정을 위반한 경우
> ㉣ 개업공인중개사가 6개월을 초과하여 휴업한 경우
> ㉤ 전속중개계약을 체결한 개업공인중개사가 정보공개의무를 위반한 경우
> ㉥ 개업공인중개사가 서로 다른 둘 이상의 거래계약서를 작성하였거나 거래계약서에 거래금액 등을 거짓으로 기재한 경우
> ㉦ 개업공인중개사가 업무보증을 설정하지 아니하고 중개업무를 한 경우
> ㉧ 개업공인중개사등이 이 법 제33조 제1항 소정의 금지행위를 한 경우
> ㉨ 최근 1년 이내에 이 법에 의하여 3회 이상 업무정지 또는 과태료의 처분을 받고 다시 업무정지 또는 과태료의 처분에 해당하는 행위를 한 경우(위 ①의 ㉦에 해당하는 경우는 제외한다)
> ㉩ 개업공인중개사가 조직한 사업자단체 또는 그 구성원인 개업공인중개사가 「독점규제 및 공정거래에 관한 법률」을 위반하여 시정조치 또는 과징금을 최근 2년 이내에 2회 이상 받은 경우

(2) 예외 – 등록취소 후 3년간 등록 등의 결격사유가 적용되지 않는 경우

① **개인인 개업공인중개사의 사망 또는 법인의 해산으로 등록이 취소된 경우** : 사망이나 법인해산의 경우에는 존재나 행위능력 자체가 소멸되었으므로 등록취소 후 3년의 결격사유를 적용할 수 없다. 따라서 사망자는 영원히 중개업무를 종사할 가망이 없는 것이며, 해산된 단체는 그 법인 자체가 존속하지 아니하므로 종전 법인 그 자체로는 영원히 중개사무소의 개설등록을 할 수 없다. 그러나 법인의 해산으로 인하여 등록이 취소된 경우라 하더라도 그 해산된 법인에 속하였던 대표자, 사원 또는 임원 등은 등록 등의 결격사유가 적용되지 아니한다.

② **등록 등의 결격사유가 원인이 되어 등록이 취소된 경우** : 등록 등의 결격사유에 해당되면 등록이 취소된다. 그런데 등록 등의 결격사유에 해당되어 등록을 취소하였는데도 또 등록취소로 인한 3년간의 등록 등의 결격사유를 적용하는 것은 과도한 규제가 되므로 종전의 등록 등의 결격사유가 해소되면 즉시 중개업무에 종사할 수 있도록 한 것이다. 예를 들어, 공인중개사 자격이 취소되어 등록이 취소된 자의 등록 등의 결격사유기간은 자격취소 후 3년이며, 징역 1년의 실형을 선고받아 이를 이유로 등록이 취소된 자의 결격사유기간은 징역 1년의 집행기간과 그 집행이 종료된 때부터 3년까지 도합 4년, 즉 징역 1년형 선고일부터 4년이 된다. 이 법을 위반하여 300만원 이상의 벌금형을 선고받아 중개사무소의 등록이 취소된 자의 등록 등의 결격사유기간은 벌금형 선고를 받은 날부터 3년이 된다.

③ **등록기준이 미달되어 등록이 취소된 경우** : 등록기준 미달이란 개업공인중개사가 건축물대장에 기재되지 아니한 불법·가설 건축물로 이전하였거나 법인의 사원 또는 임원의 공인중개사 보유 숫자가 등록기준에 미달된 경우이다. 이와 같은 경미한 위반사유로 등록을 취소한 경우까지 등록취소 후 3년의 결격사유를 적용하는 것은 과도한 규제가 되므로 등록기준 미달을 사유로 등록이 취소된 경우에는 등록이 취소되었다 하더라도 즉시 다른 개업공인중개사의 소속공인중개사, 중개보조원, 법인의 임원 또는 사원으로 종사할 수 있으며, 등록기준을 갖추면 다시 등록을 받을 수도 있도록 하였다.

(3) 폐업 후 재등록한 개업공인중개사가 폐업 전의 위반행위를 사유로 등록이 취소된 경우

원래 등록취소처분을 받은 자의 결격사유기간은 3년이다. 그러나 폐업신고 후 다시 등록한 개업공인중개사가 폐업신고 전의 위반행위를 사유로 등록취소처분을 받은 경우에는 등록이 취소된 날부터 3년에서 폐업신고를 한 날부터 재등록을 한 날까지의 기간(이를 '폐업기간'이라 한다)을 공제한 기간만이 결격사유기간에 해당된다. 폐업기간 동안은 중개업을 영위하지 아니한 것이므로, 스스로 중개업을 하지 아니한 기간인 폐업기간을 3년의 결격기간에서 공제시킨 것이다.

9. 이 법을 위반하여 업무정지처분을 받고 폐업신고를 한 자로서 업무정지기간이 지나지 아니한 자

업무정지처분을 받은 개업공인중개사는 그 기간 중에 해당 중개업을 폐업하였다 하더라도 업무정지처분의 효력은 진행되는 것으로 보므로 그 기간 중에는 다시 중개사무소의 개설등록을 할 수 없고, 다른 개업공인중개사의 소속공인중개사, 중개보조원 또는 개업공인중개사인 법인의 사원이나 임원도 될 수 없다.

10. 이 법을 위반하여 업무정지처분을 받은 개업공인중개사인 법인의 업무정지의 사유가 발생한 당시의 사원 또는 임원이었던 자로서 해당 개업공인중개사에 대한 업무정지기간이 지나지 아니한 자

(1) 개업공인중개사인 법인에 대한 업무정지처분의 효력은 법인 자체는 물론 위반행위 당시에 있었던 그 법인의 사원 또는 임원에게도 미친다. 따라서 업무정지의 사유가 발생한 당시의 사원 또는 임원이었던 자는 그 법인의 업무정지기간 동안 법인과 함께 등록 등의 결격사유의 적용을 받는다. 이와 같은 사원 또는 임원은 해당 법인에서 사임하였다 하더라도 해당 중개법인의 업무정지기간이 경과할 때까지는 결격사유자에 해당한다.

(2) 개업공인중개사인 법인의 임원 또는 사원이라 하더라도 업무정지사유가 발생한 이후에 임용된 자는 결격사유를 적용하지 아니한다.

(3) 개업공인중개사에 대한 행정처분의 효력은 고용인에게 미치지 아니한다. 따라서 업무정지의 사유가 발생한 당시에 소속하고 있었던 고용인(소속공인중개사 또는 중개보조원을 말한다)은 결격사유를 적용하지 아니한다.

11. 이 법을 위반하여 300만원 이상의 벌금형의 선고를 받고 3년이 지나지 아니한 자

벌금형의 선고는 오직 「공인중개사법」을 위반하여 300만원 이상의 벌금형을 받은 경우에만 3년의 등록 등의 결격사유가 적용된다. 따라서 다른 법에 위반하여 벌금형 선고를 받은 경우와 300만원 미만의 벌금형을 받은 경우에는 등록 등의 결격사유에 해당되지 않는다.

12. 사원 또는 임원 중 등록 등 결격사유에 해당하는 자가 있는 법인

법인의 사원 또는 임원 중 한 사람이라도 결격사유에 해당하는 자가 있는 법인은 등록 등의 결격사유에 해당하게 되어 중개사무소의 개설등록을 신청할 수 없다.

4 등록관청의 결격사유 해당 여부 조회

등록관청은 개업공인중개사·소속공인중개사·중개보조원 및 개업공인중개사인 법인의 사원·임원(이하 '개업공인중개사등'이라 한다)이 등록 등의 결격사유의 어느 하나에 해당하는지 여부를 확인하기 위하여 관계 기관에 조회할 수 있다(법 제10조 제3항).

5 벌금형의 분리 선고

「형법」 제38조에도 불구하고 제48조(3년 이하의 징역 또는 3천만원 이하의 벌금) 및 제49조(1년 이하의 징역 또는 1천만원 이하의 벌금)에 규정된 죄와 다른 죄의 경합범(競合犯)에 대하여 벌금형을 선고하는 경우에는 이를 분리 선고하여야 한다(법 제10조의2).

OX 확인 문제

징역형과 300만원 이상의 벌금형으로 인한 결격사유 규정은 「공인중개사법」, 다른 법을 위반한 경우 모두 적용된다. ( )

정답 (×)
징역형은 「공인중개사법」, 다른 법을 위반한 경우 모두 결격사유에 해당하지만, 300만원 이상의 벌금형은 「공인중개사법」을 위반한 경우에 한한다.

「형법」 제38조【경합범과 처벌례】① 경합범을 동시에 판결할 때에는 다음 각 호의 구분에 따라 처벌한다.

1. 가장 무거운 죄에 대하여 정한 형이 사형, 무기징역, 무기금고인 경우에는 가장 무거운 죄에 대하여 정한 형으로 처벌한다.
2. 각 죄에 대하여 정한 형이 사형, 무기징역, 무기금고 외의 같은 종류의 형인 경우에는 가장 무거운 죄에 대하여 정한 형의 장기 또는 다액에 그 2분의 1까지 가중하되 각 죄에 대하여 정한 형의 장기 또는 다액을 합산한 형기 또는 액수를 초과할 수 없다. 다만, 과료와 과료, 몰수와 몰수는 병과할 수 있다.
3. 각 죄에 대하여 정한 형이 무기징역, 무기금고 외의 다른 종류의 형인 경우에는 병과한다.

② 제1항 각 호의 경우에 징역과 금고는 같은 종류의 형으로 보아 징역형으로 처벌한다.

기출&예상 문제

공인중개사법령상 중개사무소 개설등록의 결격사유가 있는 자를 모두 고른 것은?

• 33회

㉠ 금고 이상의 실형의 선고를 받고 그 집행이 면제된 날부터 2년이 된 자
㉡ 「공인중개사법」을 위반하여 200만원의 벌금형의 선고를 받고 2년이 된 자
㉢ 사원 중 금고 이상의 형의 집행유예를 받고 그 유예기간 중에 있는 자가 있는 법인

① ㉠
② ㉡
③ ㉠, ㉢
④ ㉡, ㉢
⑤ ㉠, ㉡, ㉢

해설
㉠ 금고 이상의 실형의 선고를 받고 그 집행이 종료(집행이 종료된 것으로 보는 경우를 포함한다)되거나 집행이 면제된 날부터 3년이 지나지 아니한 자는 결격사유에 해당한다. 따라서 금고 이상의 실형의 선고를 받고 그 집행이 면제된 날부터 2년이 된 자는 결격사유에 해당한다.
㉢ 금고 이상의 형의 집행유예를 받고 그 유예기간이 만료된 날부터 2년이 지나지 아니한 자는 결격사유에 해당한다. 따라서 사원 중 금고 이상의 형의 집행유예를 받고 그 유예기간 중에 있는 자가 있는 법인은 결격사유에 해당한다.
㉡ 「공인중개사법」을 위반하여 300만원 이상의 벌금형의 선고를 받고 3년을 지나지 아니한 자가 결격사유에 해당한다.

정답 ③

❶ (   )수료확인증 사본은 등록관청에서 전자적으로 확인 가능한 경우에는 제출서류에서 제외된다.

❷ 중개사무소의 개설등록을 신청하고자 하는 자는 해당 (   )가 정하는 바에 따라 수수료를 납부하여야 한다.

❸ 법인인 개업공인중개사가 공인중개사인 개업공인중개사로 종별을 변경하고자 하는 경우 (   )을 하여야 한다.

❹ 법인인 개업공인중개사의 등록기준으로 대표자는 공인중개사이어야 하며, 대표자를 (   )한 임원 또는 사원(합명회사 또는 합자회사의 무한책임사원을 말한다)의 (   ) 이상은 공인중개사이어야 한다.

❺ 중개사무소등록증을 교부하는 등록관청은 중개사무소의 개설등록을 한 자가 손해배상책임을 보장하기 위하여 (   )하였는지 여부를 확인하여야 한다.

❻ 등록관청이 중개사무소등록증을 교부하는 때에는 부동산중개사무소등록대장에 그 등록에 관한 사항을 기록한 후 (   ) 중개사무소등록증을 교부하여야 한다.

❼ 등록관청은 매월 중개사무소등록, 행정처분 및 신고 등에 관한 사항을 중개사무소등록·행정처분통지서에 의하여 (   )까지 공인중개사협회에 통보하여야 한다.

❽ 금고 이상의 형의 집행유예를 선고받고 그 유예기간 중에 있는 자는 (   )이 경과하면 결격사유에서 벗어난다.

❾ 폐업신고 후 다시 등록한 개업공인중개사가 폐업신고 전의 위반행위를 사유로 등록취소처분을 받은 경우에는 등록이 취소된 날부터 (   )에서 폐업신고를 한 날부터 재등록을 한 날까지의 기간[이를 '(   )'이라 한다]을 공제한 기간만이 결격사유기간에 해당된다.

❿ 이 법을 위반하여 업무정지처분을 받은 개업공인중개사인 법인의 업무정지의 사유가 (   )의 사원 또는 임원이었던 자로서 해당 개업공인중개사에 대한 업무정지기간이 지나지 아니한 자는 결격사유에 해당한다.

정답 **1** 실무교육 **2** 지방자치단체의 조례 **3** 신규로 중개사무소의 개설등록 **4** 제외, 3분의 1
5 업무보증을 설정 **6** 지체 없이 **7** 다음 달 10일 **8** 집행유예기간이 만료된 후 2년
9 3년, 폐업기간 **10** 발생한 당시

04 | 중개업무

10개년 출제문항 수

25회	26회	27회	28회	29회
6	6	5	7	6

30회	31회	32회	33회	34회
6	10	8	1	7

↳ 총 40문제 中 평균 약 6.2문제 출제

학습전략

• 출제빈도가 가장 높은 부분인 분사무소의 설치 및 이전, 사무소의 이전신고, 사무소 명칭표시의무, 표시·광고의무에 대하여 학습하여야 합니다.

• 인터넷 표시·광고 모니터링 업무에 관해서도 학습하여야 합니다.

제1절 | 업무의 범위

• 24회 • 25회 • 26회 • 28회 • 29회 • 30회 • 31회 • 32회 • 34회

법 제14조 【개업공인중개사의 겸업제한 등】 ① 법인인 개업공인중개사는 다른 법률에 규정된 경우를 제외하고는 중개업 및 다음 각 호에 규정된 업무와 제2항에 규정된 업무 외에 다른 업무를 함께 할 수 없다.

1. 상업용 건축물 및 주택의 임대관리 등 부동산의 관리대행
2. 부동산의 이용·개발 및 거래에 관한 상담
3. 개업공인중개사를 대상으로 한 중개업의 경영기법 및 경영정보의 제공
4. 상업용 건축물 및 주택의 분양대행
5. 그 밖에 중개업에 부수되는 업무로서 대통령령으로 정하는 업무

② 개업공인중개사는 「민사집행법」에 의한 경매 및 「국세징수법」 그 밖의 법령에 의한 공매대상 부동산에 대한 권리분석 및 취득의 알선과 매수신청 또는 입찰신청의 대리를 할 수 있다.

③ 개업공인중개사가 제2항의 규정에 따라 「민사집행법」에 의한 경매대상 부동산의 매수신청 또는 입찰신청의 대리를 하고자 하는 때에는 대법원규칙으로 정하는 요건을 갖추어 법원에 등록을 하고 그 감독을 받아야 한다.

영 제17조 【법인인 개업공인중개사의 업무】 ① 삭제 〈2009.7.1.〉

② 법 제14조 제1항 제5호에서 '대통령령으로 정하는 업무'라 함은 중개의뢰인의 의뢰에 따른 도배·이사업체의 소개 등 주거이전에 부수되는 용역의 알선을 말한다.

1 중개대상물의 범위

이 법상 개업공인중개사에 대하여는 개업공인중개사별로 중개할 수 있는 중개대상물의 범위에 대한 차등 규정을 두고 있지 아니하므로, 이 법상 개업공인중개사들이 중개할 수 있는 중개대상물은 동일하다. 따라서 법인인 개업공인중개사, 공인중개사인 개업공인중개사, 부칙 제6조 제2항의 개업공인중개사는 이 법령에 규정된 중개대상물(토지, 건축물 그 밖의 토지의 정착물, 입목, 공장재단, 광업재단)을 중개할 수 있다.

> **⊘참고 특수법인의 중개 가능한 물건의 범위**
>
> 다른 법률의 규정에 의하여 중개업을 할 수 있는 법인의 경우에는 해당 법률에서 규정한 물건만 중개할 수 있다. 특히 지역농업협동조합이 중개할 수 있는 중개대상물의 범위는 「농업협동조합법」상 농지로 한정되어 있다. 따라서 이 법상의 개업공인중개사가 중개할 수 있는 중개대상물의 범위와 특수법인이 중개할 수 있는 중개대상물의 범위는 동일하지 않다.

2 업무지역의 범위

1. 법인 및 공인중개사인 개업공인중개사

이 법상 법인 및 공인중개사인 개업공인중개사에 대한 업무지역에 관하여 제한 규정이 없다. 따라서 법인 및 공인중개사인 개업공인중개사는 전국에 소재한 중개대상물에 대하여 중개업을 할 수 있다. 법인의 분사무소의 업무지역도 또한 같다.

2. 부칙 제6조 제2항에 규정된 개업공인중개사

(1) 원칙 – 시·도

법 부칙 제6조 제2항에 규정된 개업공인중개사의 업무지역은 해당 중개사무소가 소재하는 특별시·광역시·도(시·도)를 관할구역으로 하며, 그 관할구역 안에 있는 중개대상물에 한정하여 중개행위를 할 수 있다(법 부칙 제6조 제6항). 부칙 제6조 제2항에 규정된 개업공인중개사가 중개사무소를 종전의 사무소 소재지 관할 시·도로부터 다른 시·도로 이전한 경우에는 이전 후의 중개사무소가 소재하는 시·도로 업무지역이 변경된다.

부칙 제6조 제2항에 규정된 개업공인중개사가 공인중개사를 고용하더라도 업무지역의 범위는 변화가 없으며, 법인인 개업공인중개사 또는 공인중개사인 개업공인중개사와 중개사무소를 공동으로 사용한다 하더라도 업무지역이 전국으로 확대되는 것은 아니고, 공동으로 사용하는 중개사무소가 소재하는 시·도 내에 소재하는 중개대상물에 대하여 중개할 수 있다.

(2) 예외 – 전국

다만, 부칙 제6조 제2항에 규정된 개업공인중개사가 이 법 제24조 규정에 의한 부동산거래정보망에 가입하고 이를 이용하여 중개하는 경우에는 해당 정보망에 공개된 관할구역 외의 중개대상물에 대하여도 이를 중개할 수 있다(법 부칙 제6조 제6항 단서). 부칙 제6조 제2항에 규정된 개업공인중개사가 부동산거래정보망에 가입한 경우라 하더라도 해당 부동산거래정보망에 공개되지 아니한 관할구역 외의 중개대상물에 대하여는 이를 중개할 수 없으므로, 부동산거래정보망에 가입하였다 하여 업무지역이 무조건 전국으로 확대되는 것은 아니다.

(3) 위반 시 제재

부칙 제6조 제2항에 규정된 개업공인중개사가 업무지역 범위를 위반하여 중개업무를 수행한 경우에는 등록관청은 6개월의 범위 안에서 업무정지처분을 할 수 있다(법 부칙 제6조 제7항).

> **⊕ 보충 고용인 및 특수법인의 업무지역**
>
> 1. 고용인의 업무지역은 그를 고용한 개업공인중개사의 업무지역에 따라 좌우된다. 따라서 법인인 개업공인중개사의 임원 또는 사원·고용인과 공인중개사인 개업공인중개사에 소속한 고용인의 업무지역범위는 전국이고, 부칙 제6조 제2항에 규정된 개업공인중개사에 소속한 소속공인중개사의 업무지역 범위는 해당 개업공인중개사의 중개사무소가 소재하는 특별시·광역시·도이다.
> 2. 특수법인의 업무지역에 대하여는 해당 법률에 특별한 제한이 없다. 따라서 법인인 개업공인중개사와 마찬가지로 전국의 부동산에 대하여 중개할 수 있다.

3 업무의 범위(겸업범위)

「공인중개사법」 제14조에서는 법인인 개업공인중개사의 겸업 가능한 범위에 대해서만 규정하고 있고, 법인이 아닌 개업공인중개사에 대해서는 명문으로 규정하고 있지 아니하므로, 법인이 아닌 개업공인중개사는 원칙적으로 겸업에 대한 제한이 없다고 할 수 있다. 다만, "부칙 제6조 제2항에 따라 중개사무소의 개설등록을 한 것으로 보는 자에 대하여는 법 제14조 제2항의 규정에 불구하고 동항의 업무를 할 수 없다(부칙 제6조 제2항)."라고 제한을 하고 있을 뿐이다. 개업공인중개사가 중개업 이외의 다른 업종을 겸업함에 있어 해당 업종이 적용되는 다른 법률에서 일정한 요건을 요구하는 경우에는 이를 만족하여야 할 것이다. 또한 중개사무소를 중개업에만 전용하여야 한다는 제한이 없으므로 타 업종을 겸업하기 위한 별도의 사무실을 확보할 필요도 없다. 중개업에 대한 보수는 이 법 및 특별시·광역시·도의 조례에서 정한 범위 내에서만 받을 수 있지만, 겸업의 보수는 원칙적으로 관련 법령이 정하는 바가 있으면 이에 따르고 별도 정한 바가 없으면 약정에 따라 받을 수 있다.

1. 법인인 개업공인중개사의 업무

법인인 개업공인중개사는 다른 법률에 규정된 경우를 제외하고 중개업 및 다음에 규정된 업무 이외에 다른 업무를 함께 할 수 없다(법 제14조 제1항·제2항). 법인인 개업공인중개사는 중개업만을 전념하도록 하기 위하여 중개사무소의 개설등록을 한 개업공인중개사이므로, 원칙적으로는 중개업 외에 6가지의 업종만을 겸업할 수 있도록 업무범위를 제한하고 있다. 이를 위반하면 등록을 취소할 수 있다. 법인인 개업공인중개사가 할 수 있는 업무는 다음과 같다.

(1) 본업 – 부동산중개업
법인인 개업공인중개사의 고유 업무는 부동산중개업이다. 부동산중개업에 관한 중개보수는 이 법 및 해당 특별시·광역시·도의 조례에서 정한 범위 안에서 받을 수 있다.

(2) 겸업 가능한 업무
① **상업용 건축물 및 주택의 임대관리 등 부동산의 관리대행** : 법인인 개업공인중개사는 건물주의 위임을 받아 상업용 건축물 및 주택에 대한 관리업무를 대신 할 수 있다.

O X 확 인 문 제

개업공인중개사의 종별에 관계없이 겸업의 범위는 동일하다.
( )

정답 (×)

「공인중개사법」상 개업공인중개사의 종별에 따른 겸업의 범위에는 차등규정이 있다.

O X 확 인 문 제

법인인 개업공인중개사가 겸업제한 규정을 위반한 경우, 등록관청은 중개사무소의 개설등록을 취소할 수 있다. •25회 ( )

정답 (○)

O X 확 인 문 제

개업공인중개사의 상담업무는 부칙 규정에 의한 개업공인중개사의 경우도 겸업 가능하다.

( )

정답 (○)

O X 확 인 문 제

법인인 개업공인중개사는 개업공인중개사를 대상으로 한 중개업의 경영기법의 제공을 겸업할 수 있다. •26회 ( )

정답 (○)

O X 확 인 문 제

토지에 대한 분양대행은 법인인 개업공인중개사가 겸업할 수 있는 업무에 해당한다. •28회

( )

정답 (×)
분양대행은 주택 및 상업용 건축물에 대해 가능하다.

그러나 농업용·공업용 건축물에 대한 관리대행은 법인인 개업공인중개사의 업무범위에 해당하지 아니하며, 상가 및 주택이라 하더라도 직접 임대업을 할 수 있는 것은 아니다. 부동산의 관리대행을 수행함에 있어 관리대행과 관련된 법률에서 정한 사항이 있으면 이를 충족하여야 할 것이므로 주택에 대한 관리대행과 관련하여 300세대 이상 공동주택 등의 관리업무를 수행하기 위해서는「공동주택관리법」의 규정에 따라 별도의 주택관리업 등록을 받아야 할 것이다.

② **부동산의 이용·개발 및 거래에 관한 상담** : 법인인 개업공인중개사는 부동산의 최유효 이용방안에 관련되는 제반 문제에 대해 객관적이고 합리적인 자문 및 조언 등을 할 수 있다. 현재 부동산컨설팅은 중개사무소 개설등록을 하지 아니한 일반인도 사업자등록을 한 후에는 영업이 가능하다. 그러나 이러한 일반인이 부동산컨설팅업을 수행하면서 별도의 중개사무소 개설등록 없이 중개대상물의 거래에 관한 중개를 업으로 하는 경우에는 무등록중개업자로 처벌을 받을 수 있다.

③ **개업공인중개사를 대상으로 한 중개업의 경영기법 및 경영정보의 제공** : 법인인 개업공인중개사는 중개업에 관련된 경영 관련 노하우를 다른 개업공인중개사에게 제공하는 서비스업을 수행할 수 있다. 그러나 개업공인중개사가 아닌 자, 예를 들면 공인중개사, 등록신청인, 일반인 등을 대상으로는 할 수 없다.

④ **상업용 건축물 및 주택의 분양대행** : 건설회사 등 공급자로부터 일정한 주택 및 상업용 건축물의 매매 등에 관하여 분양업무를 위임받아 이를 대행할 수 있다. 그러나 건설회사에서 분양하는 단지 내 상가 등을 계약금만을 지불한 상태에서 일괄적으로 전체를 매입하여 일반인들에게 개별적으로 분양 또는 판매하는 것은 분양대행이 아니라 부동산의 매매업에 해당하므로 개업공인중개사등의 금지행위에 해당한다 할 것이다. 법인인 개업공인중개사가 분양대행할 수 있는 범위에 대한 특별한 제한은 두고 있지 아니하므로「주택법」제15조의 규정에 따른 사업계획승인 대상이 아닌 주택,「주택법」제15조 규정에 따른 사업계획승인 대상인 주택 모두 분양대행을 할 수 있으며, 상가인 경우「건축물의 분양에 관한 법률」제5조의 규정에 따른 분양신고 대상이 아닌 상가,「건축물의 분양에 관한 법률」제5조의 규정에 따른 분양신고 대상인 상가 모두 분양대행을 할 수 있다. 그러나 주택 및 상업용 건축물이 아닌 물건, 예를 들어 토지 등에 대한 분양대행은 할 수 없다.

⑤ **그 밖에 중개업에 부수되는 업무로서 대통령령으로 정하는 업무** : 대통령령으로 정하는 업무란 중개의뢰인의 의뢰에 따른 도배나 이사업체의 소개 등 주거이전에 부수되는 용역의 알선행위를 말한다(영 제17조 제2항). 단순히 이사업체나 도배업체를 소개해주는 업무를 할 수 있을 뿐이지 직접 이사업이나 도배업 등 용역업은 할 수 없다.

⑥ **경매 및 공매대상 부동산에 대한 권리분석 및 취득의 알선과 매수신청 또는 입찰신청의 대리** : 개업공인중개사는 「민사집행법」에 의한 경매 및 「국세징수법」 그 밖의 법령에 의한 공매대상 부동산에 대한 권리분석 및 취득의 알선과 매수신청 또는 입찰신청의 대리(법 제14조 제2항) 업무를 할 수 있다. 그러나 개업공인중개사가 「민사집행법」에 의한 경매대상 부동산에 대하여 매수신청 또는 입찰신청의 대리를 하고자 하는 때에는 대법원규칙으로 정하는 요건을 갖추어 법원에 등록하고 그 감독을 받아야 한다(법 제14조 제2항·제3항). 대법원규칙이란 「공인중개사의 매수신청대리인 등록 등에 관한 규칙」을 말하며, 등록이란 '공인중개사의 매수신청대리인 등록'을 말한다. 공인중개사의 매수신청대리인 등록은 중개사무소가 소재하는 지방법원장에게 하여야 한다. 주의할 점은 「민사집행법」에 의한 경매대상 부동산이라 하더라도 권리분석 및 취득의 알선만을 하고자 하거나 「국세징수법」 그 밖의 법령에 의한 공매대상 부동산에 대하여는 권리분석 및 취득의 알선 그 밖에 매수신청 또는 입찰신청의 대리를 하고자 하는 경우에는 매수신청대리인 등록을 하지 아니하여도 된다는 것이다.

▪▪ 공매보수에 중개보수규정이 적용되는지 여부

대법원은 공매도 본질적으로 매매의 성격을 지니고 있어 목적물만 차이가 있을 뿐 「공인중개사법」에서 정하는 매매의 알선을 하는 것과 차이가 없다고 보아 「공인중개사법」상의 보수 제한 규정의 적용을 받는다고 한다. 즉, "개업공인중개사는 중개업무에 관하여 중개의뢰인으로부터 소정의 보수를 받는다."라고 정한 「공인중개사법」 제32조 제1항과 중개대상물별로 공인중개사가 중개업무에 관해 중개의뢰인으로부터 받을 수 있는 보수의 한도를 정하는 제32조 제4항, 같은 법 시행규칙 제20조 제1항·제4항 등 부동산 중개보수 제한에 관한 규정이 공매대상 부동산 취득의 알선에 대해서도 적용된다고 한다(대판 2021.7.29, 2017다243723).

O X 확 인 문 제

법인인 개업공인중개사는 중개업에 부수되는 도배 및 이사업체를 운영할 수 있다. •25회 ( )

정답 (×)

중개업에 부수되는 도배 및 이사업체의 알선을 업으로 할 수 있다.

O X 확 인 문 제

아파트형 공장의 분양대행업무
는 법인인 개업공인중개사는 불
가능하지만, 공인중개사인 개업
공인중개사는 가능하다. (   )

정답 (○)

2. 공인중개사인 개업공인중개사의 겸업범위

공인중개사인 개업공인중개사의 겸업업무의 범위에 대해서는 이 법에 별
도로 제한규정을 두고 있지 아니하다. 따라서 다른 법률에서 특별히 겸업
을 제한하고 있지 아니하다면 겸업에 대한 제한이 없다. 따라서 공인중개
사인 개업공인중개사는 다른 법률에서 특별히 겸업을 제한하고 있지 아니
하다면 경매 및 공매 관련 대행업무 등 이 법 제14조에 규정된 법인인 개업
공인중개사의 겸업업무를 모두 수행할 수 있으며, 그 이외에 타 영업의 겸
업도 가능하다 할 것이다.

3. 법 부칙 제6조 제2항에 규정된 개업공인중개사의 겸업범위

법 부칙 제6조 제2항에는 "법률 제5957호 부동산중개업법 중 개정법률 부
칙 제2조의 규정에 의하여 중개사무소의 개설등록을 한 것으로 보는 자는
법 제14조 제2항(개업공인중개사는 민사집행법에 의한 경매 및 국세징수법 그
밖의 법령에 의한 공매대상 부동산에 대한 권리분석 및 취득의 알선과 매수신청
또는 입찰신청의 대리를 할 수 있다)의 규정에 불구하고 경매 및 공매대상 부
동산에 대한 권리분석 및 취득의 알선과 매수신청 또는 입찰신청의 대리를
할 수 없다."라고 규정하고 있다. 따라서 경매 및 공매대상 부동산에 대한
권리분석 및 취득의 알선과 매수신청 또는 입찰신청의 대리업무는 수행할
수 없다. 하지만 다른 법률에서 특별히 겸업을 제한하고 있지 아니하다면
다른 업무는 할 수 있다.

> **⊕ 보충 특수법인의 겸업범위**
>
> 다른 법률의 규정에 의하여 중개업을 할 수 있는 법인(특수법인)은 부동산중개
> 업이 본연의 업이 아니라 각 해당 법률에 규정된 업무가 본연의 업무이다. 따라
> 서 특수법인의 부동산중개업은 겸업에 해당한다. 특수법인은 해당 법률에서 겸
> 업으로서 부동산중개업을 할 수 있도록 규정하고 있으나, 그 외 「공인중개사법」
> 제14조에 규정된 법인인 개업공인중개사의 겸업업무를 수행할 수 있도록 규정
> 하고 있지는 아니하므로 법인인 개업공인중개사의 겸업업무는 할 수 없다 할
> 것이다.

01 공인중개사법령상 금지되는 행위를 모두 고른 것은? (단, 다른 법령의 규정은 고려하지 않음) • 34회

- ㉠ 법인인 개업공인중개사가 중개업과 함께 주택의 분양대행을 겸업하는 행위
- ㉡ 다른 사람의 중개사무소등록증을 양수하여 이를 사용하는 행위
- ㉢ 공인중개사로 하여금 그의 공인중개사자격증을 다른 사람에게 대여하도록 알선하는 행위

① ㉡   ② ㉠, ㉡

③ ㉠, ㉢   ④ ㉡, ㉢

⑤ ㉠, ㉡, ㉢

해설 ㉡ 누구든지 다른 사람의 성명 또는 상호를 사용하여 중개업무를 하거나 다른 사람의 중개사무소등록증을 양수 또는 대여받아 이를 사용하는 행위를 하여서는 아니 된다. 이를 위반한 자는 등록이 취소되고, 1년 이하의 징역 또는 1천만원 이하의 벌금형에 처해진다.

㉢ 공인중개사는 다른 사람에게 자기의 성명을 사용하여 중개업무를 하게 하거나 자기의 공인중개사자격증을 양도 또는 대여하여서는 아니 된다. 위반 시에는 자격을 취소하고 1년 이하의 징역이나 1천만원 이하의 벌금형에 처해진다. 또한, 누구든지 자격증을 양도 또는 대여하는 행위를 알선하여서는 아니 된다.

㉠ 법 제14조 겸업 내용에 의하면 법인인 개업공인중개사는 상업용 건축물 및 주택의 분양대행업무를 할 수 있으므로 중개업과 함께 주택의 분양대행을 겸업하는 행위는 금지되는 행위에 해당하지 않는다.

정답 ④

02 공인중개사법령상 법인인 개업공인중개사의 업무범위에 해당하지 않는 것은? (단, 다른 법령의 규정은 고려하지 않음) • 32회

① 주택의 임대관리
② 부동산 개발에 관한 상담 및 주택의 분양대행
③ 개업공인중개사를 대상으로 한 공제업무의 대행
④ 「국세징수법」상 공매대상 부동산에 대한 취득의 알선
⑤ 중개의뢰인의 의뢰에 따른 이사업체의 소개

③ 법 제14조에서 규정하고 있는 법인인 개업공인중개사의 겸업 가능한 업무는 다음과 같다.

> 1. 상업용 건축물 및 주택의 임대관리 등 부동산의 관리대행
> 2. 부동산의 이용·개발 및 거래에 관한 상담
> 3. 개업공인중개사를 대상으로 한 중개업의 경영기법 및 경영정보의 제공
> 4. 상업용 건축물 및 주택의 분양대행
> 5. 중개업에 부수되는 업무로서 중개의뢰인의 의뢰에 따른 도배·이사업체의 소개 등 용역의 알선
> 6. 「민사집행법」에 의한 경매 및 「국세징수법」 그 밖의 법령에 의한 공매대상 부동산에 대한 권리분석 및 취득의 알선과 매수신청 또는 입찰신청의 대리

정답 ③

제2절　**고용인**

•24회 •25회 •26회 •27회 •28회 •29회 •30회 •31회 •32회 •34회

> **법 제15조【개업공인중개사의 고용인의 신고 등】** ① 개업공인중개사는 소속공인중개사 또는 중개보조원을 고용하거나 고용관계가 종료된 때에는 국토교통부령으로 정하는 바에 따라 등록관청에 신고하여야 한다.
> ② 소속공인중개사 또는 중개보조원의 업무상 행위는 그를 고용한 개업공인중개사의 행위로 본다.
> ③ 개업공인중개사가 고용할 수 있는 중개보조원의 수는 개업공인중개사와 소속공인중개사를 합한 수의 5배를 초과하여서는 아니 된다.

1 고용인의 의의 및 종류

1. 고용인의 의의

고용인이란 개업공인중개사의 단순한 직원을 의미하며, 개업공인중개사의 중개업무를 대신 수행하거나 중개업무를 보조하는 자를 말한다. 고용인의 유형으로는 공인중개사 자격을 보유한 소속공인중개사와 공인중개사 자격이 없는 중개보조원이 있다.

2. 고용인의 업무내용 및 의무

(1) 소속공인중개사

① **업무내용** : 소속공인중개사는 중개대상물에 대한 현장안내 및 일반서무 등 개업공인중개사의 중개행위와 관련된 단순한 업무를 보조하는 업무 이외에도 중개대상물의 확인·설명, 거래계약서 및 중개대상물 확인·설명서의 작성 등의 중요한 업무도 수행할 수 있다.

② **의무** : 소속공인중개사는 중개업무를 직접 수행할 수 있으므로 중개업무를 개시하기 전에 중개행위에 사용할 인장을 등록하여야 하고, 해당 중개업무를 수행하여 중개가 완성된 경우 중개대상물 확인·설명서 및 거래계약서에 서명 및 날인하여야 하며, 전문직업인으로서 품위를 유지하고 신의와 성실로써 공정하게 중개업무를 보조하여야 한다.

(2) 중개보조원

① **업무내용** : 중개보조원은 중개대상물에 대한 현장안내 및 일반서무 등 개업공인중개사의 중개행위와 관련된 단순한 업무만을 보조할 수 있을 뿐이며 중개업무를 수행할 수 없다.

따라서 중개대상물에 대한 확인·설명과 거래계약서와 중개대상물 확인·설명서의 작성 등 중요한 업무는 할 수 없다.

② **의무** : 중개보조원은 중개업무를 수행할 수 없으므로 인장을 등록하여야 할 의무가 없으며, 해당 중개업무를 보조하였다 하더라도 중개대상물 확인·설명서 및 거래계약서에 서명 및 날인의 의무가 없으며, 공정한 중개업무 수행의무가 없다. 다만, 업무상 알게 된 비밀을 준수하여야 할 의무는 있다.

3. 고용인의 고용 및 고용관계종료 신고

(1) 고용 여부

개업공인중개사의 고용인 고용은 의무적인 사항은 아니지만, 개업공인중개사가 고용할 수 있는 중개보조원의 수는 개업공인중개사와 소속공인중개사를 합한 수의 5배를 초과하여서는 아니 된다. 또한 등록 등의 결격사유자가 아니라면 내·외국인을 불문하며, 공인중개사자격증 유무를 불문하고 고용할 수 있다.

(2) 고용 및 고용관계종료 신고의무

① 개업공인중개사는 소속공인중개사 또는 중개보조원을 고용하거나 고용관계가 종료된 때에는 국토교통부령으로 정하는 바에 따라 등록관청에 신고하여야 한다(법 제15조 제1항). 따라서 개업공인중개사는 소속공인중개사 또는 중개보조원을 고용한 경우에는 교육을 받도록 한 후 업무개시 전까지 등록관청에 신고(전자문서에 의한 신고를 포함한다)하여야 하며(규칙 제8조 제1항), 고용관계가 종료된 때에는 고용관계가 종료된 날부터 10일 이내에 등록관청에 신고하여야 한다(규칙 제8조 제4항). 이를 위반한 경우에는 업무정지처분을 할 수 있다.

② 소속공인중개사 또는 중개보조원의 고용·고용관계종료 신고는 별지 제11호 서식에 따른다(규칙 제8조 제5항). 이 경우 고용신고를 받은 등록관청은 공인중개사자격증을 발급한 시·도지사에게 그 소속공인중개사의 공인중개사 자격 확인을 요청하여야 한다(동조 제2항).

③ 고용신고를 받은 등록관청은 결격사유 해당 여부와 실무교육 또는 직무교육 수료 여부를 확인하여야 한다(규칙 제8조 제3항).

④ 소속공인중개사 또는 중개보조원으로 외국인을 고용하는 경우에는 결격사유에 해당되지 아니함을 증명하는 서류를 첨부하여야 한다.

⑤ 소속공인중개사는 업무를 개시하기 전에 중개행위에 사용할 인장을 등록하여야 한다. 이 경우 인장등록은 소속공인중개사에 대한 고용·신고를 하는 때에 같이 할 수 있다.

⑥ 개업공인중개사가 고용할 수 있는 중개보조원의 수는 개업공인중개사와 소속공인중개사를 합한 수의 5배를 초과하여서는 아니 된다(법 제15조 제3항).

⑦ 중개보조원은 현장안내 등 중개업무를 보조하는 경우 중개의뢰인에게 본인이 중개보조원이라는 사실을 미리 알려야 한다(법 제18조의4).

2 고용인의 업무상 행위에 대한 개업공인중개사의 책임

개업공인중개사가 고용한 소속공인중개사 또는 중개보조원의 업무상 행위는 그를 고용한 개업공인중개사의 행위로 본다(법 제15조 제2항). 따라서 중개업무와 관련된 고용인의 위법행위가 민사·형사·행정상 책임을 구성하는 경우 이 법 위반자인 고용인과 그를 고용한 개업공인중개사가 함께 책임을 지게

O X 확 인 문 제

소속공인중개사에 대한 고용신고는 전자문서에 의하여도 할 수 있다. •28회   (   )

정답 (○)

O X 확 인 문 제

중개보조원은 고용관계가 종료된 날부터 7일 이내에 등록관청에 그 사실을 신고해야 한다. •27회   (   )

정답 (×)
개업공인중개사는 고용관계가 종료된 날부터 10일 이내에 등록관청에 그 사실을 신고해야 한다.

O X 확 인 문 제

소속공인중개사에 대한 고용신고를 받은 등록관청은 공인중개사자격증을 발급한 시·도지사에게 그 자격 확인을 요청해야 한다. •26회   (   )

정답 (○)

된다. "소속공인중개사 또는 중개보조원의 업무상 행위는 그를 고용한 개업공인중개사의 행위로 본다."라고 하여 행위자인 고용인의 책임이 면책되는 것은 아니다(대판 2006.9.14, 2006다29945). 참고로, 개업공인중개사의 업무상 행위는 오직 개업공인중개사의 행위로만 보는 것이지 그가 고용한 고용인의 행위로 보는 것은 아니므로, 위반행위자가 개업공인중개사인 경우 그 책임은 개업공인중개사만이 부담한다. 소속공인중개사·중개보조원의 중개업무와 관련된 위법행위로 인하여 위반자와 그를 고용한 개업공인중개사의 책임내용은 다음과 같다.

1. 민사책임(손해배상책임)

(1) 고용인의 업무상 행위에 대하여 고의 또는 과실로 인하여 거래당사자에게 재산상의 손해가 발생한 경우에는 개업공인중개사는 고용인과 연대하여 그 손해를 배상하여야 할 책임을 진다.

(2) 고용인의 업무상 행위가 중개행위인지 여부는 중개행위자가 거래당사자를 위하여 거래를 알선·중개하려는 의사를 갖고 있었느냐에 의하여 결정되는 것이 아니라, 사회통념에 따라 외형적·객관적으로 판단하여 결정된다. 따라서 중개행위는 중개대상물의 거래에 관한 알선업무뿐만 아니라 외형상 또는 객관적으로 중개업무 또는 그와 관련된 것으로 보여지는 행위도 포함된다 할 것이므로, 중개보조원이 중개의뢰인이 맡겼던 계약금을 횡령한 경우에도 개업공인중개사는 이에 대하여 연대책임을 지게 된다(대판 1967.12.19, 67다2222).

(3) 고용인은 「민법」 제750조에 따른 과실책임을 지게 되며, 그를 고용한 개업공인중개사는 「공인중개사법」에 따른 무과실책임을 고용인과 함께 진다. 따라서 고용인의 업무상 행위로 인하여 재산상 손해가 발생한 경우 개업공인중개사는 고용인에 대한 관리·감독상의 고의나 과실이 없음을 입증하더라도 그 책임을 면하지 못한다.

(4) 고용인의 고의 또는 과실이 없는 경우에는 거래당사자가 재산상의 손해를 입었다 하더라도 고용인은 그 손해를 배상하여야 할 책임이 없고, 이 경우 고용인을 고용한 개업공인중개사 역시 배상책임을 부담하지 않는다.

PART 1

04 중개업무

O X 확 인 문 제

개업공인중개사가 고용인의 업무상 행위에 대하여 상당한 주의와 감독을 다한 경우 손해배상책임은 지지 않는다. ( )

정답 (×)
개업공인중개사가 고용인의 업무상 행위에 대하여 상당한 주의와 감독을 다한 경우 양벌규정에 의한 벌금형(형사책임)의 대상이 되지 않는다. 그러나 개업공인중개사의 민사책임(손해배상책임)은 면제되지 않는다(무과실책임).

(5) 고용인의 업무상 행위에 대하여 고용인과 그를 고용한 개업공인중개사는 부진정 연대채무관계에 있으므로, 고용인의 고의 또는 과실로 인하여 재산상의 손해를 입은 거래당사자는 개업공인중개사와 고용인에게 연대하여 손해배상을 청구하거나 선택적으로 청구할 수 있다.

(6) 개업공인중개사가 먼저 그 손해를 배상한 경우에는 「민법」 제756조 제3항 규정에 따라 고용인에게 구상권을 행사할 수 있다.

> **판례**
>
> • **고용인의 업무상 행위로 인한 손해에 대하여 고용인의 책임이 면제되는지 여부**
>   개업공인중개사가 고용한 중개보조원이 업무상 고의 또는 과실로 인하여 거래당사자에게 재산상의 손해가 발생한 때에는 <u>중개보조원은 당연히 불법행위자로서 거래당사자가 입은 손해를 배상할 책임을 지는 것이고, 중개보조원의 책임이 면책되는 것은 아니다</u>(대판 2012.2.9, 2011다78279).
>
> • **개업공인중개사와 동업관계에 있는 자의 업무상 행위로 발생한 손해에 대하여 개업공인중개사의 책임 여부**
>   개업공인중개사와 동업관계에 있는 자들이 공동으로 처리하여야 할 업무를 동업자 중 1인에게 맡겨 그로 하여금 처리하도록 한 경우 다른 동업자인 <u>개업공인중개사는 그 업무집행자의 동업자인 동시에 사용자의 지위에 있다 할 것이므로, 업무집행과정에서 발생한 사고에 대하여 사용자로서 손해배상 책임이 있다</u>(대판 2006.3.10, 2005다65562).

2. 형사책임

(1) 소속공인중개사·중개보조원 또는 개업공인중개사인 법인의 사원·임원이 중개업무에 관하여 법 제48조(3년 이하의 징역 또는 3천만원 이하의 벌금에 처하는 사유) 또는 법 제49조(1년 이하의 징역 또는 1천만원 이하의 벌금에 처하는 사유)의 규정에 해당하는 위반행위를 한 때에는 그 행위자를 벌하는 외에 그 개업공인중개사에 대하여도 해당 조에 규정된 벌금형을 과한다. 다만, 그 개업공인중개사가 그 위반행위를 방지하기 위해 해당 업무에 관하여 상당한 주의와 감독을 게을리 하지 아니한 경우에는 그러하지 아니하다.

(2) 이 법 양벌규정에 따라 개업공인중개사가 벌금형을 선고받은 경우 그 벌금액은 고용인이 받는 벌금액과 항상 동일한 것은 아니며, 개업공인중개사가 벌금형을 선고받았다 하더라도 개업공인중개사는 벌금만 납부하면 된다. 주의할 점은 개업공인중개사가 벌금을 납부한 경우 납부한 벌금은 고용인을 상대로 구상권을 행사할 수 없다는 점이다.

(3) 등록 등의 결격사유 중 하나인 '이 법을 위반하여 300만원 이상의 벌금형의 선고를 받고 3년이 지나지 아니한 자'에 이 법 제50조 양벌규정으로 벌금형의 선고를 받은 경우는 포함되지 않으므로, 양벌규정에 따라 300만원 이상의 벌금형의 선고를 받은 경우라 하더라도 개업공인중개사는 이 법 제10조 결격사유규정이 적용되지 않기 때문에 양벌규정에 따른 300만원 이상의 벌금형 선고를 이유로 등록이 취소되지는 아니한다(대판 2008.5.29, 2007두26568).

3. 행정상 책임

소속공인중개사 또는 중개보조원의 업무상 행위는 그를 고용한 개업공인중개사의 행위로 보므로 고용인의 중개업무를 이유로 개업공인중개사가 등록취소처분 또는 업무정지처분을 받을 수 있다. 예를 들어, 소속공인중개사가 거짓된 언행 등으로 중개의뢰인의 판단을 그르치는 거짓된 언행 등이 법 제33조 소정의 금지행위를 위반한 경우 위반행위자인 소속공인중개사에 대하여 자격정지처분을 할 수 있고 그를 고용한 개업공인중개사에 대하여는 등록취소 또는 업무정지처분을 할 수 있다. 그러나 이 법 위반행위자가 중개보조원인 경우 중개보조원은 행정처분의 대상자가 아니므로, 이 경우에는 개업공인중개사만 등록취소 또는 업무정지처분을 받을 수 있다.

■ 고용인의 업무상 행위에 대한 책임 비교

구 분	중개업무를 행한 고용인	
	소속공인중개사	중개보조원
공인중개사 자격	있 음	없 음
업무 내용	중개업무 수행 또는 개업공인중개사의 중개업무 보조	단순한 업무 보조
고용신고의무	업무개시 전에 신고의무 있음	좌 동
종료신고의무	고용관계 종료일부터 10일 이내에 신고의무 있음	좌 동

		없 음	개업공인중개사 + 소속공인중개사의 5배 초과 금지
고용인 수의 제한		없 음	개업공인중개사 + 소속공인중개사의 5배 초과 금지
업 무 책 임	민사상 책임	본인 + 고용한 개업공인중개사	좌 동
	형사상 책임	본인(징역 또는 벌금) + 개업공인중개사(벌금형)	좌 동
	행정상 책임	본인(자격정지) + 개업공인중개사(등록취소·업무정지)	개업공인중개사만 처분
서명 및 날인의무		본인(업무를 수행한 경우에만 확인·설명서 및 거래계약서에 서명 및 날인의무 있음) + 개업공인중개사(항상 의무 있음)	본인은 의무 없음 (개업공인중개사만 의무 있음)
공통 적용		등록 등 결격사유 적용, 이중소속 금지, 금지행위, 비밀준수의무 대상자에 해당	좌 동
의무사항		인장등록의무, 업무 수행 시 거래계약서 및 확인·설명서 서명 및 날인의무, 품위유지 및 공정한 중개업무 수행의무	좌측 의무 없음
부동산거래 신고 대리업무		가 능	불가능

기출&예상 문제

01 공인중개사법령상 개업공인중개사의 고용인에 관한 설명으로 옳은 것은? • 34회

① 중개보조원의 업무상 행위는 그를 고용한 개업공인중개사의 행위로 보지 아니한다.

② 소속공인중개사를 고용하려는 개업공인중개사는 고용 전에 미리 등록관청에 신고해야 한다.

③ 개업공인중개사는 중개보조원과의 고용관계가 종료된 때에는 고용관계가 종료된 날부터 10일 이내에 등록관청에 신고하여야 한다.

④ 개업공인중개사가 소속공인중개사의 고용신고를 할 때에는 해당 소속공인중개사의 실무교육 수료확인증을 제출하여야 한다.

⑤ 개업공인중개사는 외국인을 중개보조원으로 고용할 수 없다.

해설 ① 소속공인중개사 또는 중개보조원의 업무상 행위는 그를 고용한 개업공인중개사의 행위로 본다.

② 개업공인중개사는 소속공인중개사 또는 중개보조원을 고용한 경우에는 업무개시 전까지 등록관청에 신고(전자문서에 의한 신고를 포함한다)하여야 한다.

④ 고용신고를 받은 등록관청은 결격사유 해당 여부와 실무교육 수료 여부를 확인하여야 한다(규칙 제8조 제3항). 따라서 별도의 실무교육 수료확인증을 제출하지 않는다.

⑤ 개업공인중개사는 외국인도 중개보조원으로 고용할 수 있다.

정답 ③

02 공인중개사법령상 개업공인중개사의 고용인에 관한 설명으로 <u>틀린</u> 것은?

• 32회

① 개업공인중개사는 중개보조원과 고용관계가 종료된 경우 그 종료일부터 10일 이내에 등록관청에 신고해야 한다.

② 소속공인중개사의 고용신고를 받은 등록관청은 공인중개사자격증을 발급한 시·도지사에게 그 소속공인중개사의 공인중개사 자격 확인을 요청해야 한다.

③ 중개보조원뿐만 아니라 소속공인중개사의 업무상 행위는 그를 고용한 개업공인중개사의 행위로 본다.

④ 개업공인중개사는 중개보조원을 고용한 경우, 등록관청에 신고한 후 업무개시 전까지 등록관청이 실시하는 직무교육을 받도록 해야 한다.

⑤ 중개보조원의 고용신고를 받은 등록관청은 그 사실을 공인중개사협회에 통보해야 한다.

해설 ④ 개업공인중개사는 중개보조원을 고용한 경우에는 시·도지사 또는 등록관청이 실시하는 직무교육을 받도록 한 후 업무개시 전까지 등록관청에 신고하여야 한다(규칙 제8조 제1항).

정답 ④

■ 공인중개사법 시행규칙 [별지 제11호 서식] 〈개정 2016.12.30.〉

소속공인중개사 또는 중개보조원 [　] 고용
[　] 고용관계종료 신고서
소속공인중개사 [　] 인장등록

※ [　]에는 해당되는 곳에 ✓표를 합니다.

접수번호	접수일		처리기간	즉시

신고인	성명(대표자)		주민등록번호(외국인등록번호)	
	주소(체류지)			
	(전화번호 :		휴대전화번호 :	)

개업공인중개사 종별	[　] 법인 [　] 공인중개사 [　] 법 제7638호 부칙 제6조 제2항에 따른 개업공인중개사

중개사무소	명칭		등록번호	
	소재지			
	(전화번호 :		휴대전화번호 :	)

고용인 인적사항	구분	고용일 또는 고용관계 종료일	성명	주민등록번호 (외국인등록번호)	주소 및 전화번호	자격증 발급 시·도 (공인중개사)	자격증 번호 (공인중개사)

「공인중개사법」 제15조·제16조 및 같은 법 시행규칙 제8조·제9조에 따라 위와 같이 신고합니다.

년　　월　　일

신고인

(서명 또는 인)

시장·군수·구청장　귀하

유의사항	(소속공인중개사 등록인장 인)
1. 시장·군수·구청장은 개업공인중개사가 소속공인중개사의 고용신고를 하는 경우 「공인중개사법」 제5조 제2항에 따라 공인중개사자격증을 발급한 시·도지사에게 그 소속공인중개사의 공인중개사 자격 확인을 요청하여야 합니다. 2. 시장·군수·구청장은 소속공인중개사 또는 중개보조원의 「공인중개사법」 제10조 제2항에 따른 결격사유 해당 여부와 같은 법 제34조 제2항 또는 제3항에 따른 교육 수료 여부를 확인하여야 합니다.	

처리절차

신고서 작성	→	접수	→	검토	→	결재	→	완료
신청인		시·군·구 (부동산중개업 담당 부서)		시·군·구 (부동산중개업 담당 부서)		시·군·구 (부동산중개업 담당 부서)		시·군·구 (부동산중개업 담당 부서)

210mm×297mm[백상지 80g/m² (재활용품)]

제3절 중개사무소

•24회 •25회 •26회 •27회 •28회 •29회 •30회 •31회 •32회 •33회 •34회

법 제13조【중개사무소의 설치기준】① 개업공인중개사는 그 등록관청의 관할구역 안에 중개사무소를 두되, 1개의 중개사무소만을 둘 수 있다.

② 개업공인중개사는 천막 그 밖에 이동이 용이한 임시 중개시설물을 설치하여서는 아니 된다.

③ 제1항에도 불구하고 법인인 개업공인중개사는 대통령령으로 정하는 기준과 절차에 따라 등록관청에 신고하고 그 관할 구역 외의 지역에 분사무소를 둘 수 있다.

④ 제3항에 따라 분사무소 설치신고를 받은 등록관청은 그 신고내용이 적합한 경우에는 국토교통부령으로 정하는 신고확인서를 교부하고 지체 없이 그 분사무소 설치예정 지역을 관할하는 시장·군수 또는 구청장에게 이를 통보하여야 한다.

⑤ 제5조 제3항은 제4항에 따른 신고확인서의 재교부에 관하여 이를 준용한다.

⑥ 개업공인중개사는 그 업무의 효율적인 수행을 위하여 다른 개업공인중개사와 중개 사무소를 공동으로 사용할 수 있다. 다만, 개업공인중개사가 제39조 제1항에 따른 업무의 정지기간 중에 있는 경우로서 대통령령으로 정하는 때에는 그러하지 아니하다.

⑦ 중개사무소의 설치기준 및 운영 등에 관하여 필요한 사항은 대통령령으로 정한다.

법 제18조【명칭】① 개업공인중개사는 그 사무소의 명칭에 '공인중개사사무소' 또는 '부동산중개'라는 문자를 사용하여야 한다.

② 개업공인중개사가 아닌 자는 '공인중개사사무소', '부동산중개' 또는 이와 유사한 명칭을 사용하여서는 아니 된다.

③ 개업공인중개사가 「옥외광고물 등의 관리와 옥외광고산업 진흥에 관한 법률」 제2조 제1호에 따른 옥외광고물을 설치하는 경우 중개사무소등록증에 표기된 개업공인중개사(법인의 경우에는 대표자, 법인 분사무소의 경우에는 제13조 제4항의 규정에 따른 신고확인서에 기재된 책임자를 말한다)의 성명을 표기하여야 한다.

④ 제3항의 규정에 따른 개업공인중개사 성명의 표기방법 등에 관하여 필요한 사항은 국토교통부령으로 정한다.

⑤ 등록관청은 제1항부터 제3항까지의 규정을 위반한 사무소의 간판 등에 대하여 철거를 명할 수 있다. 이 경우 그 명령을 받은 자가 철거를 이행하지 아니하는 경우에는 「행정대집행법」에 의하여 대집행을 할 수 있다.

법 제18조의2【중개대상물의 표시·광고】① 개업공인중개사가 의뢰받은 중개대상물에 대하여 표시·광고(표시·광고의 공정화에 관한 법률 제2조에 따른 표시·광고를 말한다. 이하 같다)를 하려면 중개사무소, 개업공인중개사에 관한 사항으로서 대통령령으로 정하는 사항을 명시하여야 하며, 중개보조원에 관한 사항은 명시해서는 아니 된다.

② 개업공인중개사가 인터넷을 이용하여 중개대상물에 대한 표시·광고를 하는 때에는 제1항에서 정하는 사항 외에 중개대상물의 종류별로 대통령령으로 정하는 소재지, 면적, 가격 등의 사항을 명시하여야 한다.

③ 개업공인중개사가 아닌 자는 중개대상물에 대한 표시·광고를 하여서는 아니 된다.

④ 개업공인중개사는 중개대상물에 대하여 다음 각 호의 어느 하나에 해당하는 부당한 표시·광고를 하여서는 아니 된다.

1. 중개대상물이 존재하지 않아서 실제로 거래를 할 수 없는 중개대상물에 대한 표시·광고
2. 중개대상물의 가격 등 내용을 사실과 다르게 거짓으로 표시·광고하거나 사실을 과장되게 하는 표시·광고
3. 그 밖에 표시·광고의 내용이 부동산거래질서를 해치거나 중개의뢰인에게 피해를 줄 우려가 있는 것으로서 대통령령으로 정하는 내용의 표시·광고

⑤ 제4항에 따른 부당한 표시·광고의 세부적인 유형 및 기준 등에 관한 사항은 국토교통부장관이 정하여 고시한다.

법 제18조의3【인터넷 표시·광고 모니터링】 ① 국토교통부장관은 인터넷을 이용한 중개대상물에 대한 표시·광고가 제18조의2의 규정을 준수하는지 여부를 모니터링할 수 있다.

② 국토교통부장관은 제1항에 따른 모니터링을 위하여 필요한 때에는 정보통신서비스 제공자(정보통신망 이용촉진 및 정보보호 등에 관한 법률 제2조 제1항 제3호에 따른 정보통신서비스 제공자를 말한다. 이하 이 조에서 같다)에게 관련 자료의 제출을 요구할 수 있다. 이 경우 관련 자료의 제출을 요구받은 정보통신서비스 제공자는 정당한 사유가 없으면 이에 따라야 한다.

③ 국토교통부장관은 제1항에 따른 모니터링 결과에 따라 정보통신서비스 제공자에게 이 법 위반이 의심되는 표시·광고에 대한 확인 또는 추가정보의 게재 등 필요한 조치를 요구할 수 있다. 이 경우 필요한 조치를 요구받은 정보통신서비스 제공자는 정당한 사유가 없으면 이에 따라야 한다.

④ 국토교통부장관은 제1항에 따른 모니터링 업무를 대통령령으로 정하는 기관에 위탁할 수 있다.

⑤ 국토교통부장관은 제4항에 따른 업무위탁기관에 예산의 범위에서 위탁업무 수행에 필요한 예산을 지원할 수 있다.

⑥ 모니터링의 내용, 방법, 절차 등에 관한 사항은 국토교통부령으로 정한다.

법 제20조【중개사무소의 이전신고】 ① 개업공인중개사는 중개사무소를 이전한 때에는 이전한 날부터 10일 이내에 국토교통부령으로 정하는 바에 따라 등록관청에 이전사실을 신고하여야 한다. 다만, 중개사무소를 등록관청의 관할 지역 외의 지역으로 이전한 경우에는 이전 후의 중개사무소를 관할하는 시장·군수 또는 구청장(이하 이 조에서 '이전 후 등록관청'이라 한다)에게 신고하여야 한다.

② 제1항 단서에 따라 신고를 받은 이전 후 등록관청은 종전의 등록관청에 관련 서류를 송부하여 줄 것을 요청하여야 한다. 이 경우 종전의 등록관청은 지체 없이 관련 서류를 이전 후 등록관청에 송부하여야 한다.

③ 제1항 단서에 따른 신고 전에 발생한 사유로 인한 개업공인중개사에 대한 행정처분은 이전 후 등록관청이 이를 행한다.

법 제21조의2【간판의 철거】 ① 개업공인중개사는 다음 각 호의 어느 하나에 해당하는 경우에는 지체 없이 사무소의 간판을 철거하여야 한다.

1. 제20조 제1항에 따라 등록관청에 중개사무소의 이전사실을 신고한 경우
2. 제21조 제1항에 따라 등록관청에 폐업사실을 신고한 경우
3. 제38조 제1항 또는 제2항에 따라 중개사무소의 개설등록 취소처분을 받은 경우

② 등록관청은 제1항에 따른 간판의 철거를 개업공인중개사가 이행하지 아니하는 경우에는 「행정대집행법」에 따라 대집행을 할 수 있다.

1 중개사무소의 의의

중개사무소는 중개업무의 중심이 되는 장소이다. 중개사무소의 소재지에 따라 등록관청이 결정되고, 주택에 대한 중개보수는 중개사무소가 소재하는 특별시·광역시·도 또는 특별자치도의 조례가 적용되며, 부칙 제6조 제2항의 개업공인중개사의 업무지역은 중개사무소가 소재하는 특별시·광역시·도가 관할구역이 되는바, 사무소는 중요한 의미를 갖는다. 현행 법령상 중개사무소는 면적이나 다른 업종과의 겸용에 대한 제한은 없다.

2 중개사무소의 설치

1. 사무소 설치의 제한

(1) 둘 이상의 중개사무소 설치 금지

개업공인중개사는 그 등록관청의 관할구역 안에 중개사무소를 두되, 1개의 중개사무소만을 둘 수 있다(법 제13조 제1항). 건축물대장등본에 기재된 건물인지 여부를 불문하고 둘 이상의 사무소를 설치할 수 없다. 다만, 법인인 개업공인중개사는 대통령령으로 정하는 기준과 절차에 따라 등록관청에 신고하고 그 관할구역 외의 지역에 분사무소를 둘 수 있다(동조 제3항).

(2) 임시 중개시설물의 설치 금지

개업공인중개사는 천막 그 밖에 이동이 용이한 임시 중개시설물을 설치하여서는 아니 된다(법 제13조 제2항). 이는 모든 개업공인중개사에게 예외 없이 적용된다. 임시 중개시설물이란 아파트 분양현장 등을 중심으로 분양권이나 주택청약통장 등의 알선을 위해 해당기관의 허가나 신고 없이 무단으로 설치된 파라솔이나 천막(속칭 '떳다방'), 컨테이너박스 등의 기타 불법 가설건축물 등을 의미한다.

2. 위반 시 제재

개업공인중개사가 둘 이상의 사무소를 설치하거나 천막 그 밖에 이동이 용이한 임시 중개시설물을 설치한 경우에는 등록취소처분을 받을 수 있으며(법 제38조 제2항), 1년 이하의 징역 또는 1천만원 이하의 벌금형에 처한다(법 제49조 제1항).

3 법인의 분사무소 설치

1. 설치권자 및 등록관청

법인인 개업공인중개사는 대통령령으로 정하는 기준과 절차에 따라 등록관청에 신고하고, 그 관할구역 외의 지역에 분사무소를 둘 수 있다. 법인(법인인 개업공인중개사뿐만 아니라 특수법인도 포함한다)은 분사무소를 설치할 수 있으나, 개인인 개업공인중개사에게는 분사무소 설치가 허용되지 않는다. 법인이 분사무소를 설치하고자 하는 때에는 주된 사무소의 소재지가 속한 시(구가 설치되지 아니한 시와 특별자치도의 행정시를 말한다)·군·구청장에게 신고하여야 한다(영 제15조 제3항).

2. 설치요건

(1) 설치지역 및 수

분사무소는 주된 사무소의 소재지가 속한 시·군·구를 제외한 시·군·구별로 설치하되, 시·군·구별로 1개소를 초과할 수 없다(영 제15조 제1항).

(2) 분사무소의 책임자 자격

① 분사무소에는 공인중개사를 책임자로 두어야 한다. 다만, 다른 법률의 규정에 의하여 중개업을 할 수 있는 법인은 그러하지 아니하다(영 제15조 제2항). 이 경우 등록관청은 공인중개사자격증을 발급한 시·도지사에게 분사무소 책임자의 공인중개사 자격 확인을 요청하여야 한다.

② 분사무소의 책임자가 되고자 하는 자는 분사무소 설치신고일 전 1년 이내에 시·도지사가 실시하는 실무교육을 받아야 한다.

③ 분사무소는 책임자 1명으로도 구성될 수 있으므로 책임자 이외에 별도의 소속공인중개사 또는 중개보조원을 두어야 할 의무는 없다.

④ 다른 법률의 규정에 의하여 중개업을 할 수 있는 법인도 분사무소를 둘 수 있으나, 주된 사무소의 소재지가 속한 시·군·구를 제외한 시·군·구별로 1개소를 초과할 수 없는 점은 법인인 개업공인중개사와 동일하다. 단지 책임자 요건만 적용되지 않을 뿐이다.

(3) 분사무소 건물확보

건축물대장(가설건축물대장은 제외한다)에 기재된 건물(준공검사, 준공인가, 사용승인, 사용검사 등을 받은 건물로서 건축물대장에 기재되기 전의 건물을 포함한다)에 분사무소를 확보(소유·전세·임대차 또는 사용대차 등의 방법에 의하여 사용권을 확보하여야 한다)하여야 한다.

(4) 업무보증설정

손해배상책임을 보장하기 위하여 1개의 분사무소당 최소 2억원의 보증을 추가로 설정하여야 한다.

3. 분사무소의 설치절차

(1) 신고서 및 관련 서류의 제출

법인인 개업공인중개사가 분사무소 설치신고를 하고자 하는 경우에는 부동산중개업 분사무소 설치신고서(별지 제9호 서식)를 주된 사무소의 소재지를 관할하는 등록관청에게 제출하여야 한다. 이 경우 담당 공무원은 「전자정부법」에 따른 행정정보의 공동이용을 통하여 법인등기사항증명서를 확인하여야 한다(영 제15조 제3항). 또한 분사무소 설치신고를 하는 자는 해당 지방자치단체의 조례로 정하는 바에 따라 수수료를 납부하여야 한다(법 제47조 제1항 제5호). 분사무소 설치신고서에 첨부할 서류는 다음과 같다.

> ① 분사무소 책임자의 실무교육의 수료확인증 사본
> ② 보증의 설정을 증명하는 서류
> ③ 건축물대장에 기재된 건물에 분사무소를 확보(소유·전세·임대차 또는 사용대차 등의 방법에 의하여 사용권을 확보하여야 한다)하였음을 증명하는 서류. 다만, 건축물대장에 기재되지 아니한 건물에 분사무소를 확보하였을 경우에는 건축물대장 기재가 지연되는 사유를 적은 서류도 함께 내야 한다.

(2) 신고확인서의 교부 및 통보

주된 사무소 관할 등록관청은 분사무소 설치신고를 받은 때에는 신고내용이 적합한 경우에는 7일 이내에 별지 제10호 서식의 분사무소설치신고확인서를 교부하여야 하고, 지체 없이 그 분사무소 설치예정지역을 관할하는 시장·군수·구청장에게 이를 통보하여야 한다(법 제13조 제4항).

O X 확 인 문 제

주된 사무소 관할 등록관청은 분사무소 설치신고를 받은 때에는 신고내용이 적합한 경우 10일 이내에 분사무소설치신고확인서를 교부하여야 한다. ( )

정답 (×)
등록관청은 분사무소 설치신고를 받은 때에는 신고내용이 적합한 경우 7일 이내에 분사무소설치신고확인서를 교부하여야 한다.

(3) 신고확인서의 재교부

분사무소설치신고확인서를 잃어버리거나 못쓰게 된 경우에는 주된 사무소 관할 등록관청에 분사무소설치신고확인서의 재교부 신청을 할 수 있다. 또한 분사무소설치신고확인서의 기재사항이 변경된 경우에는 주된 사무소 관할 등록관청에 분사무소설치신고확인서의 재교부 신청을 하여야 한다. 이 경우 해당 지방자치단체의 조례로 정하는 바에 따라 수수료를 납부하여야 한다. 분실·훼손인 경우는 첨부하지 아니하나 신고확인서의 기재사항이 변경된 경우에는 재교부신청서(별지 제4호 서식)에 종전의 신고확인서를 첨부하여야 한다. 재교부 신청을 받은 등록관청은 즉시 신고확인서를 재교부하여야 한다.

■: 등록신청과 분사무소 설치신고의 비교

구 분	등록신청 시	분사무소 설치신고 시
구비서류	• 등록신청서(별지 제5호 서식) • 실무교육수료확인증 사본(단, 전자적으로 확인이 가능한 경우는 제외) • 여권용 사진 • 중개사무소 확보를 증명하는 서류 ➕ 업무보증설정 증명서류는 구비서류가 아니라 등록증 교부 전에 확인하여야 하는 사항이다.	• 설치신고서(별지 제9호 서식) • 분사무소 책임자 실무교육수료확인증 사본 • 업무보증설정 증명서류 • 분사무소의 확보를 증명하는 서류
수수료	지방자치단체 조례가 정하는 수수료	좌 동
처리기간	7일(등록사실의 서면통지)	7일(신고확인서 교부)
해당관청	사무소 소재지 관할 시·군·구청장	주된 사무소 소재지 관할 시·군·구청장

■ 공인중개사법 시행규칙 [별지 제9호 서식] 〈개정 2021.1.12.〉

분사무소 설치신고서

접수번호		접수일		처리기간	7일

신고인	성명(대표자)		주민등록번호(외국인등록번호)	
	주소(체류지)			
	(전화번호 :		휴대전화 :	)

본 사	명칭		등록번호	
	소재지			
	(전화번호 :		휴대전화 :	)

분사무소	소재지			
			(전화번호 :	)
	책임자	성명	주민등록번호(외국인등록번호)	
		주소(체류지)	공인중개사 자격증 발급 시·도	

「공인중개사법」 제13조 제3항 및 같은 법 시행령 제15조 제3항에 따라 위와 같이 신고합니다.

년   월   일

신청인

(서명 또는 인)

시장·군수·구청장   귀하

신청인 제출서류	1. 분사무소 책임자의 「공인중개사법」 제34조 제1항에 따른 실무교육의 수료확인증 사본 1부 2. 「공인중개사법 시행령」 제24조에 따른 보증의 설정을 증명할 수 있는 서류 1부 3. 건축물대장(건축법 제20조 제5항에 따른 가설건축물대장은 제외합니다)에 기재된 건물(준공검사, 준공인가, 사용승인, 사용검사 등을 받은 건물로서 건축물대장에 기재되기 전의 건물을 포함합니다)에 분사무소를 확보(소유·전세·임대차 또는 사용대차 등의 방법에 의하여 사용권을 확보하여야 합니다)하였음을 증명하는 서류 1부(건축물대장에 기재되지 않은 건물에 분사무소를 확보하였을 경우에는 건축물대장 기재가 지연되는 사유를 적은 서류도 함께 내야 합니다)	수수료 시·군·구 조례로 정하는 금액
담당 공무원 확인사항	1. 법인 등기사항증명서 2. 건축물대장	

※ 시장·군수·구청장은 법 제5조 제2항에 따라 공인중개사 자격증을 발급한 시·도지사에게 분사무소 책임자의 공인중개사 자격 확인을 요청하여야 합니다.

처리절차

분사무소
설치신고 → 접수 → 책임자 결격
사유 확인 → 신고기준
검토 및 결재 → 신고확인서
발급 → 분사무소 소재지
관할 등록관청에
통보

신고인   처리기관 : 시·군·구(부동산중개업 담당 부서)

210mm×297mm[백상지 80g/m²(재활용품)]

■ 공인중개사법 시행규칙 [별지 제10호 서식] 〈개정 2021.1.12.〉

제   호

분사무소설치 신고확인서

사진(여권용 사진)
(3.5cm×4.5cm)

성명(법인의 대표자)		생년월일	
중개사무소의 명칭		주된 사무소 등록번호	
주된 사무소 소재지			
분사무소	소재지		
	책임자	생년월일	
분사무소 등록인장 (중개행위 시 사용)		〈변경 인장〉	

「공인중개사법」 제13조 제3항에 따라 위와 같이 분사무소 설치신고를 했음을 증명합니다.

년   월   일

시장·군수·구청장   직인

210mm×297mm[백상지(1종) 120g/m²]

공인중개사법령상 중개사무소의 설치에 관한 설명으로 틀린 것은?

• 32회

① 법인이 아닌 개업공인중개사는 그 등록관청의 관할구역 안에 1개의 중개사무소만 둘 수 있다.
② 다른 법률의 규정에 따라 중개업을 할 수 있는 법인의 분사무소에는 공인중개사를 책임자로 두지 않아도 된다.
③ 개업공인중개사가 중개사무소를 공동으로 사용하려면 중개사무소의 개설등록 또는 이전신고를 할 때 그 중개사무소를 사용할 권리가 있는 다른 개업공인중개사의 승낙서를 첨부해야 한다.
④ 법인인 개업공인중개사가 분사무소를 두려는 경우 소유·전세·임대차 또는 사용대차 등의 방법으로 사용권을 확보해야 한다.
⑤ 법인인 개업공인중개사가 그 등록관청의 관할구역 외의 지역에 둘 수 있는 분사무소는 시·도별로 1개소를 초과할 수 없다.

해설 ⑤ 분사무소는 주된 사무소의 소재지가 속한 시·군·구를 제외한 시·군·구별로 설치하되, 시·군·구별로 1개소를 초과할 수 없다(영 제15조 제1항).

정답 ⑤

4 중개사무소의 공동사용

1. 공동사무소 설치방법

개업공인중개사는 그 업무의 효율적인 수행을 위하여 다른 개업공인중개사와 중개사무소를 공동으로 사용할 수 있다(법 제13조 제6항). 중개사무소를 공동으로 사용하려는 개업공인중개사는 중개사무소의 개설등록 또는 중개사무소의 이전신고를 하는 때에 그 중개사무소를 사용할 권리가 있는 다른 개업공인중개사의 승낙서를 첨부하여야 한다.

2. 공동사무소의 설치제한

개업공인중개사가 법 제39조 제1항에 따른 업무정지기간 중에 있는 경우에는 다음의 어느 하나에 해당하는 방법으로 다른 개업공인중개사와 중개사무소를 공동으로 사용할 수 없다(영 제16조 제2항).

O X 확 인 문 제

공동사무소를 설치하려는 경우 공동사무소를 설치하려는 사무소 소유자인 임대인의 승낙서를 첨부하여야 한다. ( )

정답 (×)
공동사무소를 설치하려는 경우 공동사무소를 설치하려는 다른 개업공인중개사의 승낙서를 첨부하여야 한다.

① 업무의 정지기간 중에 있는 개업공인중개사가 다른 개업공인중개사에게 중
개사무소의 공동사용을 위하여 승낙서를 주는 방법. 다만, 업무의 정지기간
중에 개업공인중개사가 영업정지처분을 받기 전부터 중개사무소를 공동사용
중인 다른 개업공인중개사는 제외한다.
② 업무의 정지기간 중에 있는 개업공인중개사가 다른 개업공인중개사의 중개
사무소를 공동으로 사용하기 위하여 중개사무소의 이전신고를 하는 방법

3. 공동사무소 세부사항

(1) 공동사무소의 설치면적에는 제한이 없다.

(2) 2인 이상의 개업공인중개사라면 종별이 같은 개업공인중개사뿐만 아니라
종별이 다른 개업공인중개사도 혼합하여 사무소를 공동으로 사용할 수
있다.

(3) 중개사무소를 공동으로 사용하는 개업공인중개사는 공동사무소 외에 별도
의 중개사무소를 둘 수 없다. 이를 위반한 경우에는 2개 이상의 사무소를
둔 경우에 해당하여 등록이 취소될 수 있으며, 1년 이하의 징역 또는 1천
만원 이하의 벌금형에 처한다.

4. 공동사무소의 운영 및 책임

(1) 공동사무소는 업무의 효율적인 수행과 사무실의 공동활용 등에 목적이 있
을 뿐이므로, 개업공인중개사가 중개업무를 수행함에 있어서 부담해야 하
는 각종 의무와 책임은 구성 개업공인중개사별로 각각 부담하게 된다.

(2) 중개업을 영위하는 데 있어서 각종 의무(각종 신고의무, 업무보증설정의무,
인장등록의무, 등록증 등 게시의무 등)는 구성 개업공인중개사 각자가 부담
한다.

(3) 고용인의 고용도 원칙적으로 구성 개업공인중개사가 각각 하는 것이며 고
용인의 업무상 행위로 인한 민·형사상 책임도 그 고용인을 고용한 개업공
인중개사가 지는 것이므로, 공동사무소 내의 다른 개업공인중개사가 함께
지는 것은 아니다.

(4) 중개업무의 범위, 중개업무의 지역범위도 구성 개업공인중개사별로 각각
결정된다.

5 중개사무소의 이전

1. 중개사무소이전 일반

(1) 사무소이전의 자유

개업공인중개사는 종별을 불문하고 전국 어디로든지 자유롭게 중개사무소를 이전할 수 있으며, 현업 중이거나 휴업기간 중 또는 업무정지처분기간 중에도 이전할 수 있다.

(2) 신고기한

개업공인중개사는 중개사무소를 이전한 때에는 국토교통부령으로 정하는 바에 따라 이전한 날부터 10일 이내에 이전사실을 신고하여야 한다.

(3) 등록관청

중개사무소를 관할하는 등록관청에 이전사실을 신고하여야 한다. 다만, 중개사무소를 등록관청의 관할지역 외의 지역으로 이전한 경우에는 이전 후의 중개사무소를 관할하는 시장·군수 또는 구청장에게 신고하여야 한다(법 제20조 제1항). 법인인 개업공인중개사의 분사무소는 동일 시·군·구 지역으로의 이전이든 다른 시·군·구 지역으로의 이전이든 불문하고 주된 사무소를 관할하는 등록관청에 신고하여야 한다.

(4) 제출서류

개업공인중개사는 중개사무소이전신고서(별지 제12호 서식)에 다음의 서류를 첨부하여 신고하여야 한다. 첨부할 서류는 다음과 같다(규칙 제11조 제1항).

> ① 중개사무소등록증(분사무소의 경우에는 분사무소설치신고확인서를 말한다)
> ② 건축물대장에 기재된 건물에 중개사무소를 확보(소유·전세·임대차 또는 사용대차 등의 방법에 의하여 사용권을 확보하여야 한다)하였음을 증명하는 서류. 다만, 건축물대장에 기재되지 아니한 건물에 중개사무소를 확보하였을 경우에는 건축물대장 기재가 지연되는 사유를 적은 서류도 함께 내야 한다.

(5) 등록증 등의 교부 및 통보

이전신고를 받은 등록관청은 그 내용이 적합한 경우에는 중개사무소등록 증(분사무소의 이전인 경우에는 분사무소설치신고확인서)을 재교부하여야 한 다. 다만, 개업공인중개사가 등록관청의 관할지역 내로 이전한 경우에는 등록관청은 중개사무소등록증(분사무소의 경우에는 분사무소설치신고확인서) 에 변경사항을 적어 교부할 수 있다(규칙 제11조 제2항).

(6) 위반 시 제재

이전한 날로부터 10일 이내에 등록관청에 이전신고를 하지 아니한 경우에 는 등록관청으로부터 100만원 이하의 과태료에 처한다(법 제51조 제3항 제 3호). 또한 건축물대장에 기재되지 아니한 불법·가설건축물로 이전한 경 우에는 등록기준 미달사유에 해당되므로 등록관청은 등록을 취소할 수 있 다(법 제38조 제2항 제1호).

2. 이전지역에 따른 이전절차

(1) 관할지역 내에서의 중개사무소 이전

개업공인중개사가 동일한 등록관청 관할지역 안에서 중개사무소를 이전한 때에는 일정한 서류를 첨부하여 이전한 날부터 10일 이내에 등록관청에 이전신고를 하여야 한다(법 제20조 제1항 전단). 동일한 건물 내에서의 이전 이더라도 등록증상의 게재사항인 호수가 변경된다면 반드시 이전신고를 하여야 한다. 개업공인중개사가 등록관청 관할지역 내로 이전한 경우에는 등록관청은 7일 이내에 중개사무소등록증에 변경사항을 적어 교부할 수 있다(별지 제12호 서식의 처리기간).

(2) 관할지역 밖으로의 중개사무소 이전

① **이전신고** : 개업공인중개사가 중개사무소를 등록관청의 관할지역 외의 지역으로 이전한 경우에는 일정한 서류를 첨부하여 이전한 날부터 10일 이내에 이전 후의 중개사무소를 관할하는 등록관청에 이전신고를 하여 야 한다(법 제20조 제1항 후단). 관할지역 외의 지역으로 이전한 경우에 는 이전 후의 사무소를 관할하는 시장·군수 또는 구청장으로 등록관청 이 변경되며, 해당 개업공인중개사에 대한 관련 업무도 이전 후의 등록 관청에서 이루어진다.

② **서류송부요청** : 이전신고를 받은 이전 후의 등록관청은 종전의 등록관청에 중개사무소등록대장 등 관련 서류를 송부하여 줄 것을 요청하여야 한다. 이 경우 종전의 등록관청은 지체 없이 관련 서류를 이전 후의 등록관청에 송부하여야 한다(법 제20조 제2항). 종전의 등록관청이 이전 후의 등록관청에 송부하여야 하는 서류는 다음과 같다(규칙 제11조 제4항).

> ㉠ 이전신고를 한 중개사무소의 부동산중개사무소등록대장
> ㉡ 부동산중개사무소 개설등록 신청서류
> ㉢ 최근 1년간의 행정처분 및 행정처분절차가 진행 중인 경우 그 관련 서류

③ **등록증 재교부 등** : 사무소의 이전신고를 받은 이전 후의 등록관청은 그 내용이 적합한 경우에는 7일 이내에 등록증을 재교부하여야 한다(별지 제12호 서식의 처리기간).

④ **이전신고 전의 위법행위에 대한 행정처분** : 중개사무소를 등록관청의 관할지역 외의 지역으로 이전한 경우에는 신고 전에 발생한 사유로 인한 개업공인중개사에 대한 행정처분은 이전 후 등록관청이 이를 행한다(법 제20조 제3항).

(3) 분사무소의 이전

① **이전신고의무** : 법인인 개업공인중개사가 분사무소를 이전한 경우에는 동일 시·군·구로의 이전이든 다른 시·군·구로의 이전이든 불문하고 이전한 날부터 10일 이내에 주된 사무소 소재지를 관할하는 등록관청에 이전신고를 하여야 한다.

② **이전사실의 통보** : 분사무소의 이전신고를 받은 주된 사무소 소재지의 등록관청은 지체 없이 이전 전 및 이전 후의 분사무소의 소재지를 관할하는 시장·군수·구청장에게 이를 통보하여야 하며, 분사무소설치신고확인서에 변경된 사항을 기재하여 재교부하여야 한다(규칙 제11조 제3항). 분사무소를 이전하는 경우 관련 서류를 송부하는 것이 아니고 이전사실의 통보만 하면 된다.

(4) 공동사무소의 이전

개업공인중개사가 공동으로 사용하던 중개사무소를 이전한 경우에는 이전한 날부터 10일 이내에 개업공인중개사들이 각자 개별적으로 이전신고를 하여야 할 것이다.

O X 확 인 문 제

이전신고 전에 발생한 사유로 인한 개업공인중개사에 대한 행정처분은 이전 후의 등록관청이 이를 행한다. •26회 ( )

정답 (○)

O X 확 인 문 제

분사무소 설치신고, 이전신고 모두 주된 사무소를 관할하는 시장·군수 또는 구청장에게 하여야 한다. ( )

정답 (○)

■ 공인중개사법 시행규칙 [별지 제12호 서식] 〈개정 2021.1.12.〉

중개사무소 이전신고서

※ [ ]에는 해당하는 곳에 ∨표를 합니다.

접수번호	접수일	처리기간	7일

신청인	성명(대표자)		생년월일	
	주소(체류지)			
	(전화번호 :		휴대전화 :	)

개업공인중개사 종별	[ ] 법인 [ ] 공인중개사 [ ] 법 제7638호 부동산중개업법 전부개정법률 부칙 제6조 제2항에 따른 개업공인중개사

중개사무소	명칭	등록번호
	변경 전 소재지 (전화번호 :)	
	변경 후 명칭	전화번호 (휴대전화)
	변경 후 소재지 (전화번호 :)	

「공인중개사법」 제20조 제1항에 따라 위와 같이 신고합니다.

년   월   일

신청인

(서명 또는 인)

시장·군수·구청장   귀하

신청인 제출서류	1. 중개사무소등록증(분사무소의 경우에는 분사무소설치신고확인서를 말합니다) 2. 건축물대장(건축법 제20조 제5항에 따른 가설건축물대장은 제외합니다)에 기재된 건물(준공검사, 준공인가, 사용승인, 사용검사 등을 받은 건물로서 건축물대장에 기재되기 전의 건물을 포함합니다)에 중개사무소를 확보(소유·전세·임대차 또는 사용대차 등의 방법에 의하여 사용권을 확보하여야 합니다)했음을 증명하는 서류(건축물대장에 기재되지 않은 건물에 중개사무소를 확보했을 경우에는 건축물대장 기재가 지연되는 사유를 적은 서류도 함께 내야 합니다)	수수료 시·군·구 조례로 정하는 금액
담당 공무원 확인사항	건축물대장(건축법 제20조 제5항에 따른 가설건축물대장은 제외합니다)	

처리절차

이전 신고	→	접수	→	제출서류 확인	→	신고기준 검토 및 결재	→	중개업사무소등록증 재교부
신고인		시·군·구 (부동산중개업 담당 부서)		시·군·구 (부동산중개업 담당 부서)		시·군·구 (부동산중개업 담당 부서)		시·군·구 (부동산중개업 담당 부서)

210mm×297mm[백상지 80g/m² (재활용품)]

01 공인중개사법령상 개업공인중개사의 중개사무소 이전신고 등에 관한 설명으로 틀린 것은?

•34회

① 개업공인중개사가 중개사무소를 등록관청의 관할지역 외의 지역으로 이전한 경우에는 이전 후의 중개사무소를 관할하는 시장·군수 또는 구청장에게 신고하여야 한다.

② 개업공인중개사가 등록관청에 중개사무소의 이전사실을 신고한 경우에는 지체 없이 사무소의 간판을 철거하여야 한다.

③ 분사무소의 이전신고를 하려는 경우에는 주된 사무소의 소재지를 관할하는 등록관청에 중개사무소이전신고서를 제출해야 한다.

④ 업무정지기간 중에 있는 개업공인중개사는 중개사무소의 이전신고를 하는 방법으로 다른 개업공인중개사의 중개사무소를 공동으로 사용할 수 없다.

⑤ 공인중개사인 개업공인중개사가 중개사무소이전신고서를 제출할 때 중개사무소등록증을 첨부하지 않아도 된다.

해설 ⑤ 개업공인중개사는 중개사무소이전신고서(별지 제12호 서식)에 다음의 서류를 첨부하여 신고하여야 한다(규칙 제11조 제1항).

> 1. 중개사무소등록증(분사무소의 경우에는 분사무소설치신고확인서를 말한다)
> 2. 건축물대장에 기재된 건물에 중개사무소를 확보(소유·전세·임대차 또는 사용대차 등의 방법에 의하여 사용권을 확보하여야 한다)하였음을 증명하는 서류. 다만, 건축물대장에 기재되지 아니한 건물에 중개사무소를 확보하였을 경우에는 건축물대장 기재가 지연되는 사유를 적은 서류도 함께 내야 한다.

정답 ⑤

02 공인중개사법령상 공인중개사인 개업공인중개사가 중개사무소를 등록관청의 관할지역 내로 이전한 경우에 관한 설명으로 <u>틀린</u> 것을 모두 고른 것은?

• 32회

㉠ 중개사무소를 이전한 날부터 10일 이내에 신고해야 한다.
㉡ 등록관청이 이전신고를 받은 경우, 중개사무소등록증에 변경사항만을 적어 교부할 수 없고 재교부해야 한다.
㉢ 이전신고를 할 때 중개사무소등록증을 제출하지 않아도 된다.
㉣ 건축물대장에 기재되지 않은 건물로 이전신고를 하는 경우, 건축물대장 기재가 지연되는 사유를 적은 서류도 제출해야 한다.

① ㉠, ㉡   ② ㉠, ㉣
③ ㉡, ㉢   ④ ㉢, ㉣
⑤ ㉡, ㉢, ㉣

해설 ㉡ 중개사무소를 등록관청의 관할지역 내로 이전한 경우로서, 등록관청이 이전 신고를 받은 경우 중개사무소등록증에 변경사항만을 기재한 후 7일 이내에 등록증을 교부할 수 있다.
㉢ 개업공인중개사가 이전신고를 할 때 중개사무소이전신고서(별지 제12호 서식)에 다음의 서류를 첨부하여 신고하여야 한다.

> 1. 중개사무소등록증(분사무소의 경우에는 분사무소설치신고확인서)
> 2. 건축물대장에 기재된 건물에 중개사무소를 확보(소유·전세·임대차 또는 사용대차 등의 방법에 의하여 사용권을 확보하여야 한다)하였음을 증명하는 서류. 다만, 건축물대장에 기재되지 아니한 건물에 중개사무소를 확보하였을 경우에는 건축물대장 기재가 지연되는 사유를 적은 서류도 함께 내야 한다.

정답 ③

6 사무소 명칭표시의무 등

1. 중개사무소의 명칭에 문자사용의무

개업공인중개사는 사무소 명칭에 '공인중개사사무소' 또는 '부동산중개'라는 문자를 사용하여야 한다(법 제18조 제1항). 중개사무소의 명칭에 개업공인중개사의 성명을 사용하여야 할 의무는 없다.

(1) 법인인 개업공인중개사 및 공인중개사인 개업공인중개사

법인인 개업공인중개사 및 공인중개사인 개업공인중개사는 '공인중개사사무소' 또는 '부동산중개'라는 문자 중에서 선택하여 사용하여야 한다.

(2) 부칙 제6조 제2항 규정에 의한 개업공인중개사

부칙 제6조에 규정된 개업공인중개사는 사무소 명칭에 '공인중개사사무소'라는 문자를 사용하여서는 아니 된다(부칙 제6조 제3항). 따라서 '부동산중개'라는 문자를 사용하여야 한다.

(3) 간판철거의무

개업공인중개사는 다음의 어느 하나에 해당하는 경우에는 지체 없이 사무소의 간판을 철거하여야 한다(법 제21조의2 제1항).

> ① 등록관청에 중개사무소의 이전사실을 신고한 경우
> ② 등록관청에 폐업사실을 신고한 경우
> ③ 중개사무소의 개설등록 취소처분을 받은 경우

➕ 등록관청은 간판의 철거를 개업공인중개사가 이행하지 아니하는 경우에는 「행정대집행법」에 따라 대집행을 할 수 있다(법 제21조의2 제2항).

기출&예상 문제

01 공인중개사법령상 중개사무소의 명칭 및 등록증 등의 게시에 관한 설명으로 틀린 것은?
• 34회

① 공인중개사인 개업공인중개사는 공인중개사자격증 원본을 해당 중개사무소 안의 보기 쉬운 곳에 게시하여야 한다.
② 개업공인중개사는 「부가가치세법 시행령」에 따른 사업자등록증을 해당 중개사무소 안의 보기 쉬운 곳에 게시하여야 한다.
③ 법인인 개업공인중개사는 그 사무소의 명칭에 '공인중개사사무소' 또는 '부동산중개'라는 문자를 사용하여야 한다.
④ 법인인 개업공인중개사의 분사무소에 옥외광고물을 설치하는 경우 분사무소설치 신고확인서에 기재된 책임자의 성명을 표기하여야 한다.
⑤ 법 제7638호 부칙 제6조 제2항에 따른 개업공인중개사는 그 사무소의 명칭에 '공인중개사사무소' 및 '부동산중개'라는 문자를 사용하여서는 아니 된다.

> **해설** ⑤ 법 제7638호 부칙 제6조 제2항에 따른 개업공인중개사는 사무소 명칭에 '공인중개사사무소'라는 문자를 사용하여서는 아니 된다(부칙 제6조 제3항). 따라서 '부동산중개'라는 문자를 사용하여야 한다.
>
> 정답 ⑤

O X 확 인 문 제

등록관청에 6개월을 초과하는 휴업신고를 한 경우 지체 없이 간판을 철거해야 한다. • 25회

( )

정답 (×)

휴업신고는 간판철거 사유에 해당하지 않는다.

02 공인중개사법령상 개업공인중개사가 지체 없이 사무소의 간판을 철거해야 하는 사유를 모두 고른 것은? • 32회

㉠ 등록관청에 중개사무소의 이전사실을 신고한 경우
㉡ 등록관청에 폐업사실을 신고한 경우
㉢ 중개사무소의 개설등록 취소처분을 받은 경우
㉣ 등록관청에 6개월을 초과하는 휴업신고를 한 경우

① ㉣　　　　　　② ㉠, ㉢　　　　　　③ ㉡, ㉢
④ ㉠, ㉡, ㉢　　　⑤ ㉠, ㉡, ㉢, ㉣

해설 ④ 개업공인중개사는 다음의 어느 하나에 해당하는 경우에는 지체 없이 사무소의 간판을 철거하여야 한다(법 제21조의2 제1항). 휴업신고는 간판철거 사유에 해당하지 않는다.

> 1. 등록관청에 중개사무소의 이전사실을 신고한 경우
> 2. 등록관청에 폐업사실을 신고한 경우
> 3. 중개사무소의 개설등록 취소처분을 받은 경우

정답 ④

(4) 위반 시 제재

개업공인중개사가 그 사무소의 명칭에 '공인중개사사무소' 또는 '부동산중개'라는 문자를 사용하지 않거나, 법 부칙 제6조 제2항의 개업공인중개사가 '공인중개사사무소'라는 문자를 사용한 때에는 100만원 이하의 과태료에 처한다(법 제51조 제3항 제2호, 부칙 제6조 제5항).

2. 개업공인중개사가 아닌 자의 일정한 문자사용 금지

개업공인중개사가 아닌 자는 '공인중개사사무소', '부동산중개' 또는 이와 유사한 명칭을 사용하여서는 아니 된다(법 제18조 제2항). 이를 위반한 경우 1년 이하의 징역 또는 1천만원 이하의 벌금형에 처한다(법 제49조 제1항).

3. 옥외광고물의 성명표기의무

(1) 개업공인중개사가 「옥외광고물 등의 관리와 옥외광고산업 진흥에 관한 법률」 제2조 제1호에 따른 옥외광고물을 설치하는 경우 중개사무소등록증에 표기된 개업공인중개사(법인의 경우에는 대표자, 법인 분사무소의 경우에는 신고확인서에 기재된 책임자를 말한다)의 성명을 표기하여야 한다(법 제18조 제3항).

O X 확 인 문 제

개업공인중개사가 아닌 자로서 '부동산중개'라는 명칭을 사용한 자는 1년 이하의 징역 또는 1천만원 이하의 벌금형에 처한다.
• 28회 　　　　　　(　)

정답 (○)

(2) 개업공인중개사 성명의 표기방법 등에 관하여 필요한 사항은 국토교통부령으로 정한다.

(3) 개업공인중개사는 옥외광고물을 설치하는 경우 「옥외광고물 등의 관리와 옥외광고산업 진흥에 관한 법률 시행령」 제3조에 따른 옥외광고물 중 벽면 이용간판, 돌출간판 또는 옥상간판에 개업공인중개사(법인의 경우에는 대표자, 법인 분사무소의 경우에는 신고확인서에 기재된 책임자를 말한다)의 성명을 인식할 수 있는 정도의 크기로 표기해야 한다(규칙 제10조의2).

(4) 등록관청은 개업공인중개사가 옥외광고물에 성명을 표기하지 않거나 거짓으로 표기한 경우에는 100만원 이하의 과태료에 처한다(법 제51조 제3항 제2호).

(5) 등록관청은 다음의 어느 하나에 해당하는 사무소의 간판 등에 대하여 철거를 명할 수 있다. 이 경우 그 명령을 받은 개업공인중개사가 철거를 이행하지 아니하는 경우에는 「행정대집행법」에 의하여 대집행을 할 수 있다(법 제18조 제5항).

> ① 법인 및 공인중개사인 개업공인중개사가 설치한 옥외광고물에 '공인중개사사무소' 또는 '부동산중개'라는 문자를 사용하지 아니한 경우
> ② 법 부칙 제6조 규정에 규정된 개업공인중개사가 설치한 옥외광고물에 '공인중개사사무소'라는 문자를 사용한 경우
> ③ 개업공인중개사가 설치한 옥외광고물에 중개사무소등록증에 표기된 개업공인중개사(법인의 경우에는 대표자, 법인 분사무소의 경우에는 책임자)의 성명을 표기하지 아니하거나 거짓으로 표기한 경우
> ④ 개업공인중개사가 아닌 자가 설치한 옥외광고물에 '공인중개사사무소', '부동산중개' 또는 이와 유사한 명칭을 사용한 경우

7 중개대상물의 표시 · 광고의무

1. 표시 · 광고의무

(1) 개업공인중개사가 의뢰받은 중개대상물에 대하여 표시 · 광고(표시 · 광고의 공정화에 관한 법률 제2조 제1호 및 제2호에 따른 표시 · 광고를 말한다)를 하려면 중개사무소, 개업공인중개사에 관한 사항으로서 다음의 사항을 명시하여야 하며, 중개보조원에 관한 사항은 명시해서는 아니 된다(법 제18조의2 제1항, 영 제17조의2 제1항).

O X 확 인 문 제

개업공인중개사가 옥외광고물에 성명을 표기하지 않거나 거짓으로 표기한 경우에는 업무정지사유에 해당한다.　　　( )

정답 (×)
개업공인중개사가 옥외광고물에 성명을 표기하지 않거나 거짓으로 표기한 경우 100만원 이하의 과태료 사유에 해당한다.

> ① 중개사무소의 명칭, 소재지, 연락처 및 등록번호
> ② 개업공인중개사의 성명(법인인 경우에는 대표자의 성명)

(2) 개업공인중개사가 인터넷을 이용하여 중개대상물에 대한 표시·광고를 하는 때에는 다음에서 정하는 사항을 명시하여야 한다(법 제18조의2 제2항, 영 제17조의2 제2항).

> ① 중개사무소의 명칭, 소재지, 연락처 및 등록번호
> ② 개업공인중개사의 성명(법인인 경우에는 대표자의 성명)
> ③ 소재지
> ④ 면적
> ⑤ 가격
> ⑥ 중개대상물 종류
> ⑦ 거래 형태
> ⑧ 건축물 및 그 밖의 토지의 정착물인 경우에는 다음의 사항
>   ㉠ 총 층수
>   ㉡ 「건축법」 또는 「주택법」 등 관련 법률에 따른 사용승인·사용검사·준공검사 등을 받은 날
>   ㉢ 해당 건축물의 방향, 방의 개수, 욕실의 개수, 입주가능일, 주차대수 및 관리비

(3) 개업공인중개사가 아닌 자는 중개대상물에 대한 표시·광고를 하여서는 아니 된다(법 제18조의2 제3항).

(4) 중개대상물에 대한 구체적인 표시·광고(표시·광고의 공정화에 관한 법률 제2조 제1호·제2호에 따른 표시·광고를 말한다) 방법에 대해서는 국토교통부장관이 정하여 고시한다(영 제17조의2 제3항).

(5) 개업공인중개사는 중개대상물에 대하여 다음의 어느 하나에 해당하는 부당한 표시·광고를 하여서는 아니 된다(법 제18조의2 제4항).

> ① 중개대상물이 존재하지 않아서 실제로 거래를 할 수 없는 중개대상물에 대한 표시·광고
> ② 중개대상물의 가격 등 내용을 사실과 다르게 거짓으로 표시·광고하거나 사실을 과장되게 하는 표시·광고

③ 그 밖에 표시·광고의 내용이 부동산거래질서를 해치거나 중개의뢰인에게 피해를 줄 우려가 있는 것으로서 다음에서 정하는 내용의 표시·광고 (영 제17조의2 제4항)

　　㉠ 중개대상물이 존재하지만 실제로 중개의 대상이 될 수 없는 중개대상물에 대한 표시·광고

　　㉡ 중개대상물이 존재하지만 실제로 중개할 의사가 없는 중개대상물에 대한 표시·광고

　　㉢ 중개대상물의 입지조건, 생활여건, 가격 및 거래조건 등 중개대상물 선택에 중요한 영향을 미칠 수 있는 사실을 빠뜨리거나 은폐·축소하는 등의 방법으로 소비자를 속이는 표시·광고

(6) 부당한 표시·광고의 세부적인 유형 및 기준 등에 관한 사항은 국토교통부장관이 정하여 고시한다(법 제18조의2 제5항).

2. 위반 시 제재

(1) 1년 이하의 징역 또는 1천만원 이하의 벌금

개업공인중개사가 아닌 자로서 '공인중개사사무소', '부동산중개' 또는 이와 유사한 명칭을 사용한 자

(2) 500만원 이하의 과태료

① 개업공인중개사가 중개대상물이 존재하지 않아서 실제로 거래를 할 수 없는 중개대상물에 대한 표시·광고를 한 경우

② 개업공인중개사가 중개대상물의 가격 등 내용을 사실과 다르게 거짓으로 표시·광고하거나 사실을 과장되게 하는 표시·광고를 한 경우

③ 개업공인중개사가 그 밖에 표시·광고의 내용이 부동산거래질서를 해치거나 중개의뢰인에게 피해를 줄 우려가 있는 것으로서 다음에서 정하는 내용의 표시·광고를 한 경우

　　㉠ 중개대상물이 존재하지만 실제로 중개의 대상이 될 수 없는 중개대상물에 대한 표시·광고

　　㉡ 중개대상물이 존재하지만 실제로 중개할 의사가 없는 중개대상물에 대한 표시·광고

　　㉢ 중개대상물의 입지조건, 생활여건, 가격 및 거래조건 등 중개대상물 선택에 중요한 영향을 미칠 수 있는 사실을 빠뜨리거나 은폐·축소하는 등의 방법으로 소비자를 속이는 표시·광고

(3) 100만원 이하의 과태료

> ① 개업공인중개사가 의뢰받은 중개대상물에 대하여 표시·광고를 하는 경우로서 중개사무소, 개업공인중개사에 관한 사항 등을 명시하여야 하며, 중개보조원에 관한 사항은 명시해서는 아니 된다는 규정을 위반하여 표시·광고한 경우
> ② 법 제7638호 부칙 제6조 제2항에 규정된 개업공인중개사가 사무소의 명칭에 '공인중개사사무소'의 문자를 사용한 경우

8 인터넷 표시·광고 모니터링

1. 인터넷 표시·광고 모니터링

(1) 의 의

국토교통부장관은 인터넷을 이용한 중개대상물에 대한 표시·광고가 중개대상물의 표시광고의 규정을 준수하는지 여부를 모니터링할 수 있다(법 제18조의3 제1항).

(2) 관련 자료의 제출 요구

국토교통부장관은 인터넷을 이용한 중개대상물에 대한 표시·광고 규정에 따른 모니터링을 위하여 필요한 때에는 정보통신서비스 제공자(정보통신망 이용촉진 및 정보보호 등에 관한 법률 제2조 제1항 제3호에 따른 정보통신서비스 제공자를 말한다)에게 관련 자료의 제출을 요구할 수 있다. 이 경우 관련 자료의 제출을 요구받은 정보통신서비스 제공자는 정당한 사유가 없으면 이에 따라야 한다(법 제18조의3 제2항).

(3) 필요한 조치의 요구

국토교통부장관은 인터넷을 이용한 중개대상물에 대한 표시·광고에 따른 모니터링 결과에 따라 정보통신서비스 제공자에게 이 법 위반이 의심되는 표시·광고에 대한 확인 또는 추가정보의 게재 등 필요한 조치를 요구할 수 있다. 이 경우 필요한 조치를 요구받은 정보통신서비스 제공자는 정당한 사유가 없으면 이에 따라야 한다(법 제18조의3 제3항).

(4) 업무의 위탁

① 국토교통부장관은 모니터링 업무를 다음의 기관에 위탁할 수 있다(법 제18조의3 제4항, 영 제17조의3 제1항).

> ㉠ 「공공기관의 운영에 관한 법률」 제4조에 따른 공공기관
> ㉡ 「정부출연연구기관 등의 설립·운영 및 육성에 관한 법률」 제2조에 따른 정부출연연구기관
> ㉢ 「민법」 제32조에 따라 설립된 비영리법인으로서 인터넷 표시·광고 모니터링 또는 인터넷 광고 시장 감시와 관련된 업무를 수행하는 법인
> ㉣ 그 밖에 인터넷 표시·광고 모니터링 업무 수행에 필요한 전문인력과 전담조직을 갖췄다고 국토교통부장관이 인정하는 기관 또는 단체

② 국토교통부장관은 모니터링 업무를 위탁하는 경우에는 위탁받는 기관 및 위탁업무의 내용을 고시해야 한다(영 제17조의3 제2항).

③ 국토교통부장관은 업무위탁기관에 예산의 범위에서 위탁업무 수행에 필요한 예산을 지원할 수 있다(법 제18조의3 제5항).

(5) 모니터링의 내용, 방법, 절차 등에 관한 사항은 국토교통부령으로 정한다(법 제18조의3 제6항).

(6) 인터넷 표시·광고 모니터링 업무의 내용 및 방법

① 모니터링 업무는 다음의 구분에 따라 수행한다(규칙 제10조의3 제1항).

> ㉠ 기본 모니터링 업무 : 모니터링 기본계획서에 따라 분기별로 실시하는 모니터링
> ㉡ 수시 모니터링 업무 : 중개대상물 표시·광고를 위반한 사실이 의심되는 경우 등 국토교통부장관이 필요하다고 판단하여 실시하는 모니터링

② 위 **(4)**-①의 모니터링 업무 수탁기관(이하 '모니터링 기관'이라 한다)은 모니터링 업무를 수행하려면 다음의 구분에 따라 계획서를 국토교통부장관에게 제출해야 한다(규칙 제10조의3 제2항).

> ㉠ 기본 모니터링 업무 : 모니터링 대상, 모니터링 체계 등을 포함한 다음 연도의 모니터링 기본계획서를 매년 12월 31일까지 제출할 것
> ㉡ 수시 모니터링 업무 : 모니터링의 기간, 내용 및 방법 등을 포함한 계획서를 제출할 것

③ 모니터링 기관은 업무를 수행한 경우 해당 업무에 따른 결과보고서를 다음에 따른 기한까지 국토교통부장관에게 제출해야 한다(규칙 제10조의3 제3항).

> ㉠ 기본 모니터링 업무 : 매 분기의 마지막 날부터 30일 이내
> ㉡ 수시 모니터링 업무 : 해당 모니터링 업무를 완료한 날부터 15일 이내

④ 국토교통부장관은 제출받은 결과보고서를 시·도지사 및 등록관청에 통보하고 필요한 조사 및 조치를 요구할 수 있다(규칙 제10조의3 제4항).

⑤ 시·도지사 및 등록관청은 위 ④에 따른 요구를 받으면 신속하게 조사 및 조치를 완료하고, 완료한 날부터 10일 이내에 그 결과를 국토교통부장관에게 통보해야 한다(규칙 제10조의3 제5항).

⑥ 위 ①부터 ⑤까지에서 규정한 사항 외에 모니터링의 기준, 절차 및 방법 등에 관한 세부적인 사항은 국토교통부장관이 정하여 고시한다(규칙 제10조의3 제6항).

2. 위반 시 제재

(1) 100만원 이하의 과태료

> ① 개업공인중개사가 의뢰받은 중개대상물에 대하여 표시·광고를 하는 때에는 중개사무소, 개업공인중개사에 관한 사항으로써 중개사무소의 명칭, 소재지, 연락처 및 등록번호, 개업공인중개사의 성명(법인인 경우에는 대표자의 성명)을 명시하지 아니하거나 중개보조원에 관한 사항을 명시하여 표시·광고한 경우
> ② 개업공인중개사가 인터넷을 이용하여 중개대상물에 대한 표시·광고를 하는 때에는 중개대상물의 종류별로 소재지, 면적, 가격 등을 명시하지 아니하고 표시·광고한 경우

(2) 500만원 이하의 과태료

> ① 국토교통부장관이 표시·광고가 관련 규정을 준수하였는지 여부를 모니터링하기 위하여 필요한 때에는 정보통신서비스 제공자에게 관련 자료의 제출을 요구할 수 있다. 이 경우 관련 자료의 제출을 요구받고 정당한 사유 없이 요구에 따르지 아니하여 관련 자료를 제출하지 아니한 정보통신서비스 제공자

② 국토교통부장관은 모니터링 결과에 따라 정보통신서비스 제공자에게 이 법 위반이 의심되는 표시·광고에 대한 확인 또는 추가정보의 게재 등 필요한 조치를 요구할 수 있다. 이 경우 필요한 조치를 요구받고 정당한 사유 없이 요구에 따르지 아니하여 필요한 조치를 하지 아니한 정보통신서비스 제공자

기출&예상 문제

공인중개사법령상 중개대상물의 표시·광고 및 모니터링에 관한 설명으로 틀린 것은?
• 32회

① 개업공인중개사는 의뢰받은 중개대상물에 대하여 표시·광고를 하려면 개업공인중개사, 소속공인중개사 및 중개보조원에 관한 사항을 명시해야 한다.
② 개업공인중개사는 중개대상물이 존재하지 않아서 실제로 거래를 할 수 없는 중개대상물에 대한 광고와 같은 부당한 표시·광고를 해서는 안 된다.
③ 개업공인중개사는 중개대상물의 가격 등 내용을 과장되게 하는 부당한 표시·광고를 해서는 안 된다.
④ 국토교통부장관은 인터넷을 이용한 중개대상물에 대한 표시·광고의 규정준수 여부에 관하여 기본 모니터링과 수시 모니터링을 할 수 있다.
⑤ 국토교통부장관은 인터넷 표시·광고 모니터링 업무 수행에 필요한 전문인력과 전담조직을 갖췄다고 국토교통부장관이 인정하는 단체에게 인터넷 표시·광고 모니터링 업무를 위탁할 수 있다.

해설 ① 개업공인중개사는 의뢰받은 중개대상물에 대하여 표시·광고를 하려면 중개사무소, 개업공인중개사에 관한 사항으로서 다음의 사항을 명시하여야 하며, 중개보조원에 관한 사항은 명시해서는 아니 된다(법 제18조의2 제1항, 영 제17조의2 제1항).

> 1. 중개사무소의 명칭, 소재지, 연락처 및 등록번호
> 2. 개업공인중개사의 성명(법인의 경우에는 대표자의 성명)

따라서 소속공인중개사에 관한 사항을 명시해야 한다는 규정은 「공인중개사법」상 규정이 없는 내용이며, 중개보조원에 관한 사항은 명시해서는 아니 된다.

정답 ①

•24회 •25회 •26회 •27회 •28회 •29회 •30회 •31회 •34회

> **법 제16조 【인장의 등록】** ① 개업공인중개사 및 소속공인중개사는 국토교통부령으로
> 정하는 바에 따라 중개행위에 사용할 인장을 등록관청에 등록하여야 한다. 등록한 인
> 장을 변경한 경우에도 또한 같다.
> ② 개업공인중개사 및 소속공인중개사는 중개행위를 하는 경우 제1항에 따라 등록한
> 인장을 사용하여야 한다.

1 인장등록의 의의

인장등록이란 중개행위에 사용할 인장을 등록관청에 알리는 행위를 말한다. 인장등록은 개업공인중개사 및 소속공인중개사가 중개행위에 사용할 인장을 등록관청에 미리 등록함으로써 책임소재를 분명히 하여 중개의뢰인을 보호하고자 함에 있다.

2 인장등록의무자

개업공인중개사 및 소속공인중개사는 국토교통부령으로 정하는 바에 따라 중개행위에 사용할 인장을 등록관청에 등록하여야 한다. 등록한 인장을 변경한 경우에도 또한 같다(법 제16조 제1항). 그러나 공인중개사 자격이 없는 법인의 사원 또는 임원이나 중개보조원은 인장등록 등의 의무가 없다.

3 인장등록관청

인장등록 및 등록한 인장의 변경등록은 등록관청에 등록하여야 한다. 분사무소에서 사용할 인장을 등록할 경우는 주된 사무소의 등록관청에 등록하면 된다.

4 등록하여야 할 인장

1. 법인이 아닌 개업공인중개사 및 소속공인중개사

(1) 공인중개사인 개업공인중개사, 부칙 제6조 제2항에 규정된 개업공인중개사 및 소속공인중개사가 등록하여야 할 인장은 「가족관계의 등록 등에 관한 법률」에 따른 가족관계등록부 또는 「주민등록법」에 따른 주민등록표에 기재되어 있는 성명이 나타난 인장으로서 그 크기가 가로·세로 각각 7mm 이상 30mm 이내인 인장이어야 한다(규칙 제9조 제3항).

(2) 따라서 법인이 아닌 개업공인중개사 및 소속공인중개사는 「인감증명법」에 따른 인감도장이 아닌 인장이라 하더라도 등록하여 사용할 수 있다.

2. 법인인 개업공인중개사

(1) 법인인 개업공인중개사의 경우에는 「상업등기규칙」에 따라 신고한 법인의 인장이어야 한다. 다만, 분사무소에서 사용할 인장의 경우에는 「상업등기규칙」 제35조 제3항의 규정(지배인이 제출하는 인감신고서에는 영업주가 등기소에 제출한 인감을 날인하고 지배인의 인감임이 틀림없음을 보증하는 서면을 첨부하여야 한다)에 따라 법인의 대표자가 보증하는 인장을 등록할 수 있다(규칙 제9조 제3항 후단).

(2) 따라서 법인인 개업공인중개사는 「상업등기규칙」에 의하여 신고한 법인의 인장을 등록하여 사용하여야 하지만, 분사무소의 경우에는 「상업등기규칙」 제35조 제3항의 규정에 따라 등록한 법인 인장 또는 법인의 대표자가 보증하는 인장 중에서 선택하여 사용할 수 있다.

5 인장등록 및 변경등록 시기

1. 인장등록 시기

(1) 개업공인중개사 및 소속공인중개사는 중개업무를 개시하기 전에 중개행위에 사용할 인장을 등록관청에 등록(전자문서에 의한 등록을 포함한다)하여야 한다(규칙 제9조 제1항).

(2) 개업공인중개사의 인장등록은 중개사무소 개설등록신청을 하는 때에, 소속공인중개사의 인장등록은 소속공인중개사·중개보조원에 대한 고용신고를 하는 때에 같이 할 수 있다(규칙 제9조 제6항).

O X 확 인 문 제

법인인 개업공인중개사가 주된 사무소에서 사용할 인장은 「상업등기규칙」에 따라 법인의 대표자가 보증하는 인장이어야 한다. • 28회　　　　　　（　）

정답 (×)
법인인 개업공인중개사의 경우에는 「상업등기규칙」에 따라 신고한 법인의 인장이어야 한다.

2. 변경등록 시기

개업공인중개사 및 소속공인중개사는 등록한 인장을 변경한 경우에는 변경일부터 7일 이내에 그 변경된 인장을 등록관청에 등록(전자문서에 의한 등록을 포함한다)하여야 한다(규칙 제9조 제2항).

6 등록방법

개업공인중개사 및 소속공인중개사의 인장등록 및 변경등록은 별지 제11호의2 서식(인장등록신고서·등록인장변경신고서)에 따른다(규칙 제9조 제5항). 다만, 법인인 개업공인중개사의 인장등록 및 변경등록은 「상업등기규칙」에 따른 인감증명서의 제출로 갈음한다(동조 제4항).

7 등록인장의 사용의무

개업공인중개사 및 소속공인중개사는 중개행위를 하는 경우 등록된 인장을 사용하여야 한다. 따라서 일반중개계약서, 전속중개계약서, 중개대상물 확인·설명서, 거래계약서 등에는 반드시 등록된 인장을 날인하여야 한다. 그러나 개업공인중개사 및 소속공인중개사가 작성한 거래계약서 등의 서류에 등록된 인장을 사용하지 않았다 하여 그 서류의 법적 효력이 부인되는 것은 아니며 등록인장 사용의무 위반으로 제재를 받을 뿐이다.

8 위반 시 제재

(1) 개업공인중개사 – 업무정지

개업공인중개사가 인장등록을 하지 아니하거나, 변경등록을 하지 아니하거나, 등록하지 아니한 인장을 사용한 경우에는 6개월의 범위 안에서 업무정지처분을 받을 수 있다(법 제39조 제1항).

(2) 소속공인중개사 – 자격정지

소속공인중개사가 인장등록을 하지 아니하거나, 변경등록을 하지 아니하거나, 등록하지 아니한 인장을 사용한 경우에는 6개월의 범위 안에서 자격정지처분을 받을 수 있다(법 제36조 제1항).

■ 공인중개사법 시행규칙 [별지 제11호의2 서식] 〈개정 2014.7.29.〉

[　] 개업공인중개사 [　] 인장등록
[　] 소속공인중개사 [　] 등록인장 변경　신고서

※ 해당하는 곳의 [　]란에 ∨표를 하시기 바랍니다.

접수번호		접수일	처리기간	즉시

신고인	성명(대표자)		주민등록번호(외국인등록번호)	
	주소(체류지)			
	전화번호			

개업공인중개사 종별	[　] 법인　[　] 공인중개사　[　] 법 제7638호 부칙 제6조 제2항에 따른 개업공인중개사			

중개사무소	명칭		등록번호	
	소재지			
	전화번호			

등록(변경) 사유	[　] 개설등록　[　] 등록인장 변경　[　] 등록인장 분실　[　] 등록인장 훼손 [　] 그 밖의 사유(　　　　　　　　　　　　　　　　　　　　　　　　)			

「공인중개사법」 제16조 제1항에 따라 위와 같이 신고합니다.

년　　　월　　　일

신고인 :　　　　　　　(서명 또는 인)

시장·군수·구청장　귀하

첨부서류	중개사무소등록증 원본	(등록인장 인)

처리절차				

신고서 작성	→	접수	→	검토	→	결재	→	인장등록(변경)
신청인		시·군·구 (부동산중개업 담당 부서)		시·군·구 (부동산중개업 담당 부서)		시·군·구 (부동산중개업 담당 부서)		시·군·구 (부동산중개업 담당 부서)

210mm×297mm[백상지 80g/m²(재활용품)]

01 공인중개사법령상 인장등록 등에 관한 설명으로 틀린 것은? ·34회

① 개업공인중개사는 중개사무소 개설등록 후에도 업무를 개시하기 전이라면 중개행위에 사용할 인장을 등록할 수 있다.

② 소속공인중개사의 인장등록은 소속공인중개사에 대한 고용신고와 같이 할 수 있다.

③ 분사무소에서 사용할 인장의 경우에는 「상업등기규칙」에 따라 법인의 대표자가 보증하는 인장을 등록할 수 있다.

④ 소속공인중개사가 등록하여야 할 인장의 크기는 가로·세로 각각 7mm 이상 30mm 이내이어야 한다.

⑤ 소속공인중개사가 등록한 인장을 변경한 경우에는 변경일부터 10일 이내에 그 변경된 인장을 등록해야 한다.

> **해설** ⑤ 개업공인중개사 및 소속공인중개사는 등록한 인장을 변경한 경우에는 변경일부터 7일 이내에 그 변경된 인장을 등록관청에 등록(전자문서에 의한 등록을 포함한다)하여야 한다(규칙 제9조 제2항).
>
> 정답 ⑤

02 공인중개사법령상 인장등록 등에 관한 설명으로 옳은 것은? ·31회

① 중개보조원은 중개업무를 보조하기 위해 인장등록을 하여야 한다.

② 개업공인중개사가 등록한 인장을 변경한 경우 변경일부터 10일 이내에 그 변경된 인장을 등록관청에 등록하면 된다.

③ 분사무소에서 사용할 인장은 분사무소 소재지 시장·군수 또는 구청장에게 등록해야 한다.

④ 분사무소에서 사용할 인장은 「상업등기규칙」에 따라 신고한 법인의 인장이어야 하고, 「상업등기규칙」에 따른 인감증명서의 제출로 갈음할 수 없다.

⑤ 법인의 소속공인중개사가 등록하지 아니한 인장을 사용한 경우, 6개월의 범위 안에서 자격정지처분을 받을 수 있다.

> **해설** ① 개업공인중개사 및 소속공인중개사는 업무개시 전에 중개행위에 사용할 인장을 등록하여야 한다. 하지만 중개보조원의 경우 인장등록의무는 없다.
>
> ② 개업공인중개사가 등록한 인장을 변경한 경우 변경일부터 7일 이내에 그 변경된 인장을 등록관청에 등록(전자문서에 의한 등록을 포함한다)하면 된다.
>
> ③ 분사무소에서 사용할 인장은 주된 사무소의 등록관청에 등록해야 한다.
>
> ④ 분사무소에서 사용할 인장은 「상업등기규칙」에 따라 법인의 대표자가 보증하는 인장을 등록할 수 있으며, 「상업등기규칙」에 따른 인감증명서의 제출로 갈음할 수 있다.
>
> 정답 ⑤

> **법 제21조【휴업 또는 폐업의 신고】** ① 개업공인중개사는 3개월을 초과하는 휴업(중개사무소의 개설등록 후 업무를 개시하지 아니하는 경우를 포함한다. 이하 같다), 폐업 또는 휴업한 중개업을 재개하고자 하는 때에는 등록관청에 그 사실을 신고하여야 한다. 휴업기간을 변경하고자 하는 때에도 또한 같다.
> ② 제1항에 따른 휴업은 6개월을 초과할 수 없다. 다만, 질병으로 인한 요양 등 대통령령으로 정하는 부득이한 사유가 있는 경우에는 그러하지 아니하다.
> ③ 제1항에 따른 신고의 절차 등에 관하여 필요한 사항은 대통령령으로 정한다.

1 휴업 및 폐업의 자유

개업공인중개사는 자신의 사정에 따라 자유롭게 휴업 및 폐업을 할 수 있다. 이 경우 법인인 개업공인중개사는 분사무소별로 휴업 및 폐업 등을 할 수 있다. 휴업은 현업 중에 할 수 있으며, 폐업은 현업 중 또는 휴업 중이거나 업무정지기간 중에도 할 수 있다.

2 휴업 및 폐업 등의 신고의무

개업공인중개사는 3개월을 초과하여 휴업(중개사무소 개설등록 후 3개월을 초과하도록 중개업무를 개시하지 아니하는 경우를 포함한다) 또는 폐업, 3개월을 초과하여 휴업한 중개업의 재개 및 신고한 휴업기간을 변경하고자 하는 경우에는 등록관청에 미리 신고하여야 한다. 법인인 개업공인중개사의 분사무소의 경우에도 또한 같다(영 제18조 제1항). 이를 위반하면 100만원 이하의 과태료 사유에 해당한다.

1. 휴업신고의무

개업공인중개사는 다음에 해당하는 경우에는 국토교통부령으로 정하는 신고서에 중개사무소등록증을 첨부(3개월을 초과하여 휴업하려는 경우, 중개사무소의 개설등록 후 3개월을 초과하여 업무를 개시하지 않는 경우, 폐업하려는 경우)하여 등록관청에 미리 신고(3개월을 초과하여 휴업한 부동산중개업을

OX 확인문제

개업공인중개사는 3개월을 초과하는 휴업을 하고자 하는 경우 미리 등록관청에 신고해야 한다.
• 26회　　　　　( )

정답 (○)

재개하려는 경우, 신고한 휴업기간을 변경하려는 경우에 해당하여 신고하는 경우에는 전자문서에 의한 신고를 포함한다)해야 한다.

> ① 3개월을 초과하여 휴업(중개사무소 개설등록 후 업무를 개시하지 않는 경우를 포함한다)하려는 경우
> ② 폐업하려는 경우
> ③ 3개월을 초과하여 휴업한 부동산중개업을 재개하려는 경우
> ④ 신고한 휴업기간을 변경하려는 경우

2. 분사무소의 휴업 또는 폐업신고 등

법인인 개업공인중개사는 분사무소를 둔 경우에는 휴업 또는 폐업신고 등의 신고를 분사무소별로 할 수 있다. 이 경우 신고확인서를 첨부(3개월을 초과하여 휴업하려는 경우, 중개사무소의 개설등록 후 업무를 개시하지 않는 경우, 폐업하려는 경우)해야 한다(영 제18조 제2항).

3 휴업기간의 제한

(1) 중개사무소의 휴업은 6개월을 초과할 수 없다(법 제21조 제2항 전단). 법인인 개업공인중개사의 분사무소의 경우에도 또한 같다. 이를 위반하여 6개월을 초과하여 휴업한 때에는 등록관청은 중개사무소의 등록을 취소할 수 있다.

(2) 다만, 대통령령으로 정하는 부득이한 사유가 있는 때에는 6개월을 초과하여 휴업할 수 있다(법 제21조 제2항 단서 및 제3항). 대통령령으로 정하는 부득이한 사유라 함은 다음의 어느 하나에 해당하는 사유를 말한다(영 제18조 제6항).

> ① 질병으로 인한 요양
> ② 징집으로 인한 입영
> ③ 취학
> ④ 임신 또는 출산
> ⑤ 그 밖에 위 ①부터 ④에 준하는 부득이한 사유로서 국토교통부장관이 정하여 고시하는 경우

> **✓ 참고** 휴업기간 중 일반적인 조치사항
>
> 1. 휴업기간 중에도 등록은 유지되어 있으므로 등록기준을 유지하여야 한다. 따라서 휴업기간 중에도 중개사무소를 두어야 한다.
> 2. 개업공인중개사는 휴업기간 중인 사실을 출입문 등 외부에 표시해야 할 의무가 없으며, 휴업 중에 중개사무소의 간판 등을 철거할 의무가 없다.
> 3. 휴업기간 중에는 중개업무를 하지 아니하므로 그 기간 중에 업무보증기간이 만료되었더라도 휴업기간 중에 다시 보증을 설정할 의무가 없고, 업무를 재개하기 전까지만 다시 보증을 설정하면 된다.
> 4. 휴업기간 중이더라도 등록의 효력이 유지되고 있으므로 다른 개업공인중개사의 고용인이 되거나 개업공인중개사인 법인의 사원 또는 임원이 되어서는 아니 된다.

4 휴업한 중개업의 휴업기간 변경신고의무

1. 신고사유

개업공인중개사는 휴업기간을 변경하고자 하는 때에는 휴업기간이 만료되기 전에 등록관청에 휴업기간의 변경신고를 하여야 한다. 휴업기간의 변경 횟수 및 변경일수에 대한 제한은 없다. 따라서 질병으로 인한 요양 등 부득이한 사유가 있는 때에는 6개월을 초과하여 휴업기간을 변경할 수 있다.

2. 신고방법

휴업기간의 변경신고는 휴업·폐업·재개 기간변경신고서를 등록관청에 제출하여야 한다. 휴업기간 변경신고는 전자문서로 할 수 있다.

5 휴업한 중개업의 재개신고의무

1. 신고사유

개업공인중개사는 휴업한 중개업을 재개하고자 하는 때에는 미리 등록관청에 신고하여야 한다. 휴업한 중개업의 재개는 휴업기간이 만료되기 전이라도 할 수 있으나, 중개업을 재개하기 전에 등록관청에 미리 재개신고를 하여야 한다. 또한 휴업기간이 만료되었다 하여 즉시 중개업을 재개할 수 없고 재개하기 전에 등록관청에 재개신고를 하여야 한다.

2. 신고방법

재개신고는 신고서를 등록관청에 제출하는 방법으로 한다. 또한 재개신고는 전자문서로 할 수 있다.

3. 등록증 반환

재개신고를 받은 등록관청은 반납받은 중개사무소등록증(법인의 분사무소인 경우에는 분사무소설치신고확인서)을 즉시 반환하여야 한다(영 제18조 제5항).

6 폐업신고의무

1. 신고사유

개업공인중개사는 폐업을 하고자 하는 때에는 신고서에 중개사무소등록증을 첨부하여 등록관청에 미리 신고하여야 한다. 그러나 개업공인중개사가 결격사유에 해당된 경우 또는 등록취소처분을 받은 경우에는 폐업신고의무가 없다.

2. 신고방법

폐업신고는 휴업·폐업·재개·휴업기간 변경신고서에 등록증을 첨부하여 등록관청에 제출하여야 한다.

> ⊘ 참고 「부가가치세법」상 신고의무
>
> 1. 휴업·폐업신고를 하려는 자가 「부가가치세법」에 따른 신고를 같이 하려는 경우에는 「부가가치세법」상 휴업(폐업)신고서를 함께 제출해야 한다. 이 경우 등록관청은 함께 제출받은 신고서를 지체 없이 관할 세무서장에게 송부(정보통신망을 이용한 송부를 포함한다)해야 한다.
> 2. 관할 세무서장이 「부가가치세법」상 휴업(폐업)신고서를 받아 해당 등록관청에 송부한 경우에는 휴업(폐업)신고서가 제출된 것으로 본다.

7 휴업 및 폐업 등의 통보

등록관청은 신고를 받은 경우 그 사실을 월별로 모아 중개사무소등록·행정처분등통지서(별지 제8호 서식)에 의하여 다음 달 10일까지 공인중개사협회에 통보하여야 한다(영 제14조, 규칙 제6조).

8 위반 시의 제재

1. 100만원 이하의 과태료

개업공인중개사가 휴업 등의 신고의무를 위반한 경우에는 100만원 이하의 과태료에 처한다(법 제51조 제3항 제4호).

2. 임의적 등록취소

신고하지 아니하고 계속하여 6개월을 초과하여 휴업한 경우에는 등록이 취소될 수 있다(법 제38조 제2항).

기출&예상 문제

01 공인중개사법령상 개업공인중개사의 부동산중개업 휴업 또는 폐업에 관한 설명으로 옳은 것을 모두 고른 것은?   • 34회

ㄱ 분사무소의 폐업신고를 하는 경우 분사무소설치 신고확인서를 첨부해야 한다.
ㄴ 임신은 6개월을 초과하여 휴업할 수 있는 사유에 해당한다.
ㄷ 업무정지처분을 받고 부동산중개업 폐업신고를 한 개업공인중개사는 업무정지기간이 지나지 아니하더라도 중개사무소 개설등록을 할 수 있다.

① ㄴ
② ㄱ, ㄴ
③ ㄱ, ㄷ
④ ㄴ, ㄷ
⑤ ㄱ, ㄴ, ㄷ

해설 ㄷ 「공인중개사법」을 위반하여 업무정지처분을 받고 폐업신고를 한 자로서 업무정지기간이 지나지 아니한 자는 결격사유에 해당하므로 업무정지기간이 지나지 아니한 경우 중개사무소의 개설등록을 할 수 없다.

정답 ②

02 공인중개사법령상 중개업의 휴업 및 재개신고 등에 관한 설명으로 옳은 것은? • 32회

① 개업공인중개사가 3개월의 휴업을 하려는 경우 등록관청에 신고해야 한다.
② 개업공인중개사가 6개월을 초과하여 휴업을 할 수 있는 사유는 취학, 질병으로 인한 요양, 징집으로 인한 입영에 한한다.
③ 개업공인중개사가 휴업기간 변경신고를 하려면 중개사무소등록증을 휴업기간변경신고서에 첨부하여 제출해야 한다.
④ 재개신고는 휴업기간 변경신고와 달리 전자문서에 의한 신고를 할 수 없다.
⑤ 재개신고를 받은 등록관청은 반납을 받은 중개사무소등록증을 즉시 반환해야 한다.

해설 ① 개업공인중개사는 3개월을 초과하는 휴업을 하려는 경우 등록관청에 그 사실을 신고하여야 한다. 따라서 3개월의 휴업을 하는 경우 등록관청에 신고하지 않아도 된다.
② 개업공인중개사가 6개월을 초과하여 휴업을 할 수 있는 사유는 취학, 질병으로 인한 요양, 징집으로 인한 입영에 한하는 것이 아니라, 임신 또는 출산 그 밖에 이에 준하는 부득이한 사유로서 국토교통부장관이 정하여 고시하는 경우에도 가능하다.
③ 개업공인중개사가 휴업신고를 하려면 휴업신고서에 등록증을 첨부하여 등록관청에 제출하여야 한다. 하지만 휴업기간변경신고서에는 등록증을 첨부하지는 않는다.
④ 휴업기간 변경신고, 재개신고는 전자문서에 의한 신고를 할 수 있다.

정답 ⑤

■ 공인중개사법 시행규칙 [별지 제13호 서식] 〈개정 2021.12.31.〉

[ ] 부동산중개업   [ ] 휴업
[ ] 분사무소   [ ] 폐업   신고서
[ ] 재개
[ ] 휴업기간 변경

※ 해당하는 곳의 [ ]란에 ∨표를 하시기 바랍니다.

접수번호		접수일		처리기간	즉시

신고인	성명(대표자)		생년월일	
	주소(체류지)			
	전화번호			

개업공인중개사 종별	[ ] 법인 [ ] 공인중개사 [ ] 법 제7638호 부칙 제6조 제2항에 따른 개업공인중개사

중개사무소	명칭		등록번호	
	소재지			
	전화번호			

신고사항	휴 업	휴업기간	~	(	일간)
	폐 업	폐업일			
	재 개	재개일			
	휴업기간 변경	원래 휴업기간	~	(	일간)
		변경 휴업기간	~	(	일간)

「공인중개사법」 제21조 제1항 및 같은 법 시행령 제18조 제1항 및 제2항에 따라 위와 같이 신고합니다.

년   월   일

신고인 :   (서명 또는 인)

시장 · 군수 · 구청장   귀하

첨부서류	중개사무소등록증(휴업신고 또는 폐업신고의 경우에만 첨부하며, 법인의 분사무소인 경우에는 분사무소설치 신고확인서를 첨부합니다)

처리절차

신고서 작성	→	접수	→	검토	→	결재	→	완료
신고인		시·군·구 (부동산중개업 담당 부서)		시·군·구 (부동산중개업 담당 부서)		시·군·구 (부동산중개업 담당 부서)		시·군·구 (부동산중개업 담당 부서)

210mm×297mm[백상지 80g/m² (재활용품)]

❶ 법인 및 공인중개사인 개업공인중개사의 업무지역의 범위는 (   )이다.

❷ 법인인 개업공인중개사는 (   )를 대상으로 한 중개업의 경영기법 및 경영정보의 제공을 할 수 있다.

❸ 개업공인중개사는 소속공인중개사 또는 중개보조원을 고용한 경우에는 (   )까지 고용신고를 등록관청에 하여야 한다.

❹ 개업공인중개사가 고용한 소속공인중개사 또는 중개보조원의 업무상 행위는 그를 고용한 개업공인중개사의 행위로 (   ).

❺ 개업공인중개사가 그 위반행위를 방지하기 위하여 해당 업무에 관하여 (   )을 게을리하지 아니한 경우에는 양벌규정에 의한 벌금형은 받지 아니한다.

❻ 분사무소는 주된 사무소의 소재지가 속한 (   )를 제외한 (   )별로 설치하되, (   )별로 1개소를 초과할 수 없다.

❼ 개업공인중개사는 중개대상물이 존재하지 않아서 실제로 거래를 할 수 없는 중개대상물에 대한 (   )를 하는 등 부당한 (   )를 하여서는 아니 된다.

❽ (   )은 인터넷을 이용한 중개대상물에 대한 표시·광고가 「공인중개사법」 규정을 준수하는지 여부를 모니터링할 수 있다.

❾ 분사무소에서 사용할 인장의 경우에는 법인의 대표자가 보증하는 인장을 등록(   ).

❿ 중개사무소의 휴업은 (   )을 초과할 수 없다. 다만, 대통령령으로 정하는 부득이한 사유가 있는 때에는 (   )을 초과하여 휴업할 수 있다.

정답   **1** 전국   **2** 개업공인중개사   **3** 업무개시 전   **4** 본다   **5** 상당한 주의와 감독
      6 시·군·구, 시·군·구, 시·군·구   **7** 표시·광고, 표시·광고   **8** 국토교통부장관   **9** 할 수 있다
      10 6개월, 6개월

05 | 중개계약 및 부동산거래정보망

▍10개년 출제문항 수

25회	26회	27회	28회	29회
1	3	2	2	2

30회	31회	32회	33회	34회
3	3	1	4	1

└→ 총 40문제 中 평균 약 2.2문제 출제

▍학습전략

• 일반중개계약, 전속중개계약에 관하여 학습하여야 하며, 전속중개계약 체결 시 개업공인중개사의 의무에 관하여는 자주 출제되고 있습니다.

• 부동산거래정보사업자의 지정절차, 지정취소 사유에 대하여 학습하여 야 합니다.

제1절 | 중개계약

1 중개계약의 개념

중개계약(Listing Agreement)이란 중개의뢰인이 개업공인중개사에게 토지, 건물 그 밖의 토지의 정착물에 대한 매매·교환·임대차 그 밖의 권리의 득실변경에 관한 행위에 대한 중개행위를 의뢰하고 그 목적인 중개완성에 대하여 중개보수를 지급할 것을 약속하는 합의를 말한다(서울고법 1994.12.15, 94구12069). 중개계약은 일반중개계약, 전속중개계약, 독점중개계약, 공동중개계약, 순가중개계약으로 분류할 수 있으며, 중개의 독점성 유무에 따라 일반중개계약·전속중개계약·독점중개계약으로 구분할 수 있다. 또한 일반중개계약·전속중개계약·독점중개계약 등을 체결한 개업공인중개사가 중개의뢰인과 별도로 중개보수 지불방법에 대한 약정을 할 수 있다. 중개보수 지불방법에 따라 순가중개계약·정가중개계약·정률중개계약 등으로 구분할 수 있다.

2 「공인중개사법」에 규정된 중개계약

1. 일반중개계약 ·24회 ·25회 ·28회 ·30회 ·31회 ·33회 ·34회

> 법 제22조【일반중개계약】 중개의뢰인은 중개의뢰내용을 명확하게 하기 위하여 필요한 경우에는 개업공인중개사에게 다음 각 호의 사항을 기재한 일반중개계약서의 작성을 요청할 수 있다.
> 1. 중개대상물의 위치 및 규모
> 2. 거래예정가격
> 3. 거래예정가격에 대하여 제32조에 따라 정한 중개보수
> 4. 그 밖에 개업공인중개사와 중개의뢰인이 준수하여야 할 사항

(1) 일반중개계약의 문제점

우리나라에서는 일반중개계약 체결을 함에 있어서 구두계약의 관행으로 인해 개업공인중개사와 중개의뢰인 간의 중개계약의 성립 여부 및 중개의뢰 내용의 불분명으로 분쟁의 소지가 많았기 때문에 중개계약을 서면화·정형화함으로써 의뢰내용을 명확히 하여 분쟁의 소지를 막고 중개업의 선진화·전문화를 위해 일반중개계약서의 표준이 되는 서식을 정하게 되었다.

(2) 일반중개계약서 작성요청

중개의뢰인은 중개의뢰내용을 명확하게 하기 위하여 필요한 경우에는 개업공인중개사에게 다음의 사항을 기재한 일반중개계약서의 작성을 요청할 수 있다(법 제22조). 중개의뢰인이 일반중개계약서의 작성을 요청하였더라도 개업공인중개사는 일반중개계약서를 작성하여야 할 의무가 없다. 그러나 중개의뢰인의 요청에 따라 일반중개계약서를 작성하는 경우에는 일반중개계약서에 다음의 법정사항을 기재하여야 할 것이다.

> ① 중개대상물의 위치 및 규모
> ② 거래예정가격
> ③ 거래예정가격에 대하여 법 제32조에 따라 정한 중개보수
> ④ 그 밖에 개업공인중개사와 중개의뢰인이 준수하여야 할 사항

(3) 일반중개계약서의 표준서식 사용 여부

국토교통부장관은 일반중개계약의 표준이 되는 서식(별지 제14호 서식에 규정된 일반중개계약서를 말한다)을 정하여 그 사용을 권장할 수 있다. 국토교통부장관의 사용권장이 있다 하더라도 개업공인중개사는 일반중개계약서를 사용할 의무는 없다.

(4) 유효기간

이 법에 일반중개계약의 유효기간이 규정되어 있지 않다. 다만, 별지 제14호 서식에 규정된 일반중개계약서 서식에는 "일반중개계약의 유효기간은 3개월로 한다. 다만, 개업공인중개사와 중개의뢰인이 상호 합의하여 별도로 정한 경우에는 그 기간에 따른다."라고 규정되어 있다.

(5) 개업공인중개사와 중개의뢰인의 권리 및 의무

① 일반중개계약을 체결한 개업공인중개사는 중개대상물에 대한 정보를 공개하여야 할 의무가 없다. 그러나 이 법에 규정된 부동산거래정보망에 가입하여 이용할 수는 있다.

② 일반중개계약을 체결한 개업공인중개사는 중개의뢰인에게 업무처리상황을 통지하여야 할 의무도 없다.

③ 부동산거래정보망에 공개한 정보의 거래가 완성된 때에는 지체 없이 그 사실을 부동산거래정보사업자에게 통보하여야 한다.

④ 중개의뢰인은 일반중개계약서를 작성하여 중개계약을 체결하였어도 중개대상물의 거래에 관한 중개를 다른 개업공인중개사에게도 의뢰할 수 있다.

무주택자인 甲이 주택을 물색하여 매수하기 위해 개업공인중개사인 乙과 일반중개계약을 체결하고자 한다. 이 경우 공인중개사법령상 표준서식인 일반중개계약서에 기재하는 항목을 모두 고른 것은? • 30회

㉠ 소유자 및 등기명의인
㉡ 희망지역
㉢ 취득 희망가격
㉣ 거래규제 및 공법상 제한사항

① ㉢
② ㉠, ㉡
③ ㉡, ㉢
④ ㉢, ㉣
⑤ ㉠, ㉡, ㉢

해설 ③ ㉠㉣은 권리이전용(매도·임대 등)에 기재되는 사항이다.
㉡㉢은 권리취득용(매수·임차 등)에 기재되는 사항이다.
일반중개계약서의 권리이전용(매도·임대 등)에 기재되는 사항은 다음과 같다.

1. 소유자 및 등기명의인
2. 중개대상물의 표시
3. 권리관계
4. 거래규제 및 공법상 제한사항
5. 중개의뢰금액
6. 그 밖의 사항

일반중개계약서의 권리취득용(매수·임차 등)에 기재되는 사항은 다음과 같다.

1. 희망물건의 종류
2. 취득 희망가격
3. 희망지역
4. 그 밖의 희망조건

정답 ③

■ 공인중개사법 시행규칙 [별지 제14호 서식] 〈개정 2014.7.29.〉

(앞쪽)

일반중개계약서
([ ] 매도 [ ] 매수 [ ] 임대 [ ] 임차 [ ] 그 밖의 계약(   ))

※ 해당하는 곳의 [   ]란에 ∨표를 하시기 바랍니다.

중개의뢰인(갑)은 이 계약서에 의하여 뒤쪽에 표시한 중개대상물의 중개를 개업공인중개사(을)에게 의뢰하고 을은 이를 승낙한다.

1. 을의 의무사항

   을은 중개대상물의 거래가 조속히 이루어지도록 성실히 노력하여야 한다.

2. 갑의 권리·의무 사항

   1) 갑은 이 계약에도 불구하고 중개대상물의 거래에 관한 중개를 다른 개업공인중개사에게도 의뢰할 수 있다.

   2) 갑은 을이 「공인중개사법」(이하 '법'이라 한다) 제25조에 따른 중개대상물의 확인·설명의무를 이행하는 데 협조하여야 한다.

3. 유효기간

   이 계약의 유효기간은   년   월   일까지로 한다.

   ※ 유효기간은 3개월을 원칙으로 하되, 갑과 을이 합의하여 별도로 정한 경우에는 그 기간에 따른다.

4. 중개보수

   중개대상물에 대한 거래계약이 성립한 경우 갑은 거래가액의 (   )%(또는   원)을 중개보수로 을에게 지급한다.

   ※ 뒤쪽 별표의 요율을 넘지 않아야 하며, 실비는 별도로 지급한다.

5. 을의 손해배상책임

   을이 다음의 행위를 한 경우에는 갑에게 그 손해를 배상하여야 한다.

   1) 중개보수 또는 실비의 과다수령 : 차액 환급

   2) 중개대상물의 확인·설명을 소홀히 하여 재산상의 피해를 발생하게 한 경우 : 손해액 배상

6. 그 밖의 사항

   이 계약에 정하지 않은 사항에 대하여는 갑과 을이 합의하여 별도로 정할 수 있다.

이 계약을 확인하기 위하여 계약서 2통을 작성하여 계약당사자 간에 이의가 없음을 확인하고 각자 서명 또는 날인한 후 쌍방이 1통씩 보관한다.

년   월   일

계약자

중개의뢰인 (갑)	주소(체류지)		성 명	(서명 또는 인)
	생년월일		전화번호	
개업 공인중개사 (을)	주소(체류지)		성명 (대표자)	(서명 또는 인)
	상호(명칭)		등록번호	
	생년월일		전화번호	

210mm×297mm[일반용지 60g/m²(재활용품)]

※ 중개대상물의 거래내용이 권리를 이전(매도·임대 등)하려는 경우에는 「Ⅰ. 권리이전용(매도·임대 등)」에 적고, 권리를 취득(매수·임차 등)하려는 경우에는 「Ⅱ. 권리취득용(매수·임차 등)」에 적습니다.

Ⅰ. 권리이전용(매도·임대 등)

구 분	[ ] 매도 [ ] 임대 [ ] 그 밖의 사항( )				
소유자 및 등기명의인	성명			생년월일	
	주소				
중개대상물의 표시	건축물	소재지			건축연도
		면적 m²	구조		용도
	토 지	소재지			지목
		면적 m²	지역·지구 등		현재 용도
	은행융자·권리금·제세공과금 등(또는 월임대료·보증금·관리비 등)				
권리관계					
거래규제 및 공법상 제한사항					
중개의뢰 금액					
그 밖의 사항					

Ⅱ. 권리취득용(매수·임차 등)

구 분	[ ] 매수 [ ] 임차 [ ] 그 밖의 사항( )	
항 목	내 용	세부내용
희망물건의 종류		
취득 희망가격		
희망지역		
그 밖의 희망조건		
첨부서류	중개보수 요율표(공인중개사법 제32조 제4항 및 같은 법 시행규칙 제20조에 따른 요율표를 수록합니다) ※ 해당 내용을 요약하여 수록하거나, 별지로 첨부합니다.	

유의사항

[개업공인중개사 위법행위 신고안내]
개업공인중개사가 중개보수 과다수령 등 위법행위 시 시·군·구 부동산중개업 담당 부서에 신고할 수 있으며, 시·군·구에서는 신고사실을 조사한 후 적정한 조치를 취하게 됩니다.

2. 전속중개계약 ·24회 ·26회 ·27회 ·28회 ·29회 ·30회 ·31회 ·33회 ·34회

> **법 제23조【전속중개계약】** ① 중개의뢰인은 중개대상물의 중개를 의뢰하는 경우 특정한 개업공인중개사를 정하여 그 개업공인중개사에 한정하여 해당 중개대상물을 중개하도록 하는 계약(이하 '전속중개계약'이라 한다)을 체결할 수 있다.
> ② 제1항에 따른 전속중개계약은 국토교통부령으로 정하는 계약서에 의하여야 하며, 개업공인중개사는 전속중개계약을 체결한 때에는 해당 계약서를 국토교통부령으로 정하는 기간 동안 보존하여야 한다.
> ③ 개업공인중개사는 전속중개계약을 체결한 때에는 제24조에 따른 부동산거래정보망 또는 일간신문에 해당 중개대상물에 관한 정보를 공개하여야 한다. 다만, 중개의뢰인이 비공개를 요청한 경우에는 이를 공개하여서는 아니 된다.
> ④ 전속중개계약의 유효기간, 공개하여야 할 정보의 내용 그 밖에 필요한 사항은 대통령령으로 정한다.

(1) 전속중개계약 도입의 필요성

전속중개계약이란 중개의뢰인이 중개대상물의 중개를 의뢰하는 경우 특정한 개업공인중개사를 정하여 그 개업공인중개사에 한정하여 해당 중개대상물을 중개하도록 하는 계약을 말한다. 일반중개계약은 서면으로 체결하여야 할 의무가 없으므로 분쟁발생이 빈번하고 개업공인중개사는 중개보수의 보장이 없기 때문에 개업공인중개사에게 책임중개를 기대하기 어려우므로 거래계약체결이 지연되는 것이 일반적이다. 이와 같은 일반중개계약의 문제점을 시정하고자 서면에 의한 중개계약체결 및 정보공개의무를 주된 내용으로 하는 전속중개계약제도를 1994년부터 도입하여 시행하여 오고 있다.

(2) 전속중개계약의 성격

중개의뢰인은 중개대상물의 중개를 의뢰하는 경우 특정한 개업공인중개사를 정하여 그 개업공인중개사에 한정하여 해당 중개대상물을 중개하도록 하는 전속중개계약을 체결할 수 있다(법 제23조 제1항). 전속중개계약의 체결 여부는 전적으로 개업공인중개사 및 중개의뢰인의 자유로운 의사에 의하는 것이므로 누구도 전속중개계약의 체결을 강제할 수 없다.

(3) 전속중개계약의 유효기간

전속중개계약의 유효기간은 3개월로 한다. 다만, 당사자 간에 다른 약정이 있는 경우에는 그 약정에 따른다.

개업공인중개사는 중개의뢰인과 전속중개계약을 체결하는 때에는 전속중개계약서(별지 제15호 서식)를 작성하여 서명 또는 날인한 후 중개의뢰인에게 교부하여야 하며, 국토교통부령으로 정하는 바에 따라 3년간 보존하여야 한다(법 제23조 제2항, 규칙 제14조 제2항).

(5) 전속중개계약서상 개업공인중개사의 의무

① **정보공개의무** : 개업공인중개사는 전속중개계약 체결 후 7일 이내에 법 제24조에 따른 부동산거래정보망 또는 일간신문에 해당 중개대상물에 관한 정보를 공개하여야 한다(법 제23조 제3항 전단). 다만, 중개의뢰인이 비공개를 요청한 경우에는 이를 공개하여서는 아니 된다(동조 제3항 후단). 전속중개계약을 체결한 개업공인중개사가 공개하여야 할 정보의 내용은 다음과 같다(영 제20조 제2항).

> ㉠ 중개대상물의 종류, 소재지, 지목 및 면적, 건축물의 용도·구조 및 건축연도 등 중개대상물을 특정하기 위하여 필요한 사항
> ㉡ 벽면 및 도배의 상태
> ㉢ 수도·전기·가스·소방·열공급·승강기 설비, 오수·폐수·쓰레기처리시설 등의 상태
> ㉣ 도로 및 대중교통수단과의 연계성, 시장·학교 등과의 근접성, 지형 등 입지조건, 일조(日照)·소음·진동 등 환경조건
> ㉤ 소유권·전세권·저당권·지상권 및 임차권 등 중개대상물의 권리관계에 관한 사항. 다만, 각 권리자의 주소·성명 등 인적사항에 관한 정보는 공개하여서는 아니 된다.
> ㉥ 공법상의 이용제한 및 거래규제에 관한 사항
> ㉦ 중개대상물의 거래예정금액 및 공시지가. 다만, 임대차의 경우에는 공시지가를 공개하지 아니할 수 있다.

② **공개한 내용의 문서통지의무** : 개업공인중개사는 중개대상물에 관한 정보를 공개한 때에는 지체 없이 공개한 내용을 중개의뢰인에게 문서로 통지하여야 한다.

③ **업무처리상황의 통지의무** : 개업공인중개사는 전속중개계약 체결 후 2주일에 1회 이상 업무처리상황을 중개의뢰인에게 문서로 통지하여야 한다.

④ **중개대상물에 대한 성실한 확인·설명의무** : 개업공인중개사는 중개의뢰인에게 이 법 규정에 따라 중개대상물에 관한 확인·설명의무를 성실하게 이행하여야 한다.

(6) 전속중개계약서상 중개의뢰인의 의무

① **위약금지불의무**

 ⊙ 다른 개업공인중개사에 의뢰하여 거래한 경우 : 전속중개계약을 체결한 중개의뢰인은 전속중개계약의 유효기간 내에 **해당 개업공인중개사 외의 다른 개업공인중개사에게 의뢰하여** 거래를 하여서는 아니 된다. 이를 위반한 경우에는 중개의뢰인은 그가 지불하여야 할 중개보수에 해당하는 금액을 전속중개계약을 체결한 개업공인중개사에게 지불하여야 한다.

 ⊙ 개업공인중개사를 배제하여 거래한 경우 : 중개의뢰인은 전속중개계약의 유효기간 내에 개업공인중개사의 소개에 의하여 알게 된 상대방과 **해당 개업공인중개사를 배제하여 직접 거래**를 하여서는 아니 된다. 이를 위반한 경우에는 중개의뢰인은 그가 지불하여야 할 중개보수에 해당하는 금액을 전속중개계약을 체결한 개업공인중개사에게 지불하여야 한다.

② **비용지불의무** : 중개의뢰인은 전속중개계약의 유효기간 내에 **스스로 발견한 상대방과 직접 거래계약을 체결할 수 있다.** 다만, 전속중개계약의 유효기간 내에 중개의뢰인이 스스로 발견한 상대방과 직접 거래를 한 경우에는 중개보수의 50%에 해당하는 금액의 **범위 안에서** 개업공인중개사가 중개행위를 하는 경우 소요된 비용(사회통념에 비추어 상당하다고 인정되는 비용을 말한다)을 지불하여야 한다.

③ **협조의무** : 중개의뢰인은 개업공인중개사가 중개대상물에 관한 확인·설명의무를 이행하는 데 협조하여야 한다.

(7) 위반 시 제재

① **임의적**(상대적·재량적) **등록취소** : 등록관청은 개업공인중개사가 전속중개계약을 체결하고 중개대상물에 관한 정보를 공개하지 아니하거나 중개의뢰인의 비공개 요청을 무시하고 정보를 공개한 경우에는 등록을 취소할 수 있다.

② **업무정지처분** : 등록관청은 개업공인중개사가 전속중개계약과 관련한 개업공인중개사의 의무 중 임의적 등록취소사유를 제외한 법령 위반의 경우, 즉 전속중개계약을 체결하면서 전속중개계약서를 작성하지 않거나 전속중개계약서를 3년간 보존하지 않는 등의 경우에는 6개월의 범위 안에서 업무정지처분을 할 수 있다.

■ 공인중개사법 시행규칙 [별지 제15호 서식] 〈개정 2021.8.27.〉

전속중개계약서
([ ] 매도 [ ] 매수 [ ] 임대 [ ] 임차 [ ] 그 밖의 계약(   ))

※ 해당하는 곳의 [ ]란에 ∨표를 하시기 바랍니다.   (앞쪽)

중개의뢰인(갑)은 이 계약서에 의하여 뒤쪽에 표시한 중개대상물의 중개를 개업공인중개사(을)에게 의뢰하고 을은 이를 승낙한다.

1. 을의 의무사항
   ① 을은 갑에게 계약체결 후 2주일에 1회 이상 중개업무 처리상황을 문서로 통지하여야 한다.
   ② 을은 이 전속중개계약 체결 후 7일 이내 「공인중개사법」(이하 '법'이라 한다) 제24조에 따른 부동산거래정보망 또는 일간신문에 중개대상물에 관한 정보를 공개하여야 하며, 중개대상물을 공개한 때에는 지체 없이 갑에게 그 내용을 문서로 통지하여야 한다. 다만, 갑이 비공개를 요청한 경우에는 이를 공개하지 아니한다. (공개 또는 비공개 여부 :   )
   ③ 법 제25조 및 같은 법 시행령 제21조에 따라 중개대상물에 관한 확인·설명의무를 성실하게 이행하여야 한다.

2. 갑의 권리·의무 사항
   ① 다음 각 호의 어느 하나에 해당하는 경우에는 갑은 그가 지급해야 할 중개보수에 해당하는 금액을 을에게 위약금으로 지급해야 한다. 다만, 제3호의 경우에는 중개보수의 50%에 해당하는 금액의 범위에서 을이 중개행위를 할 때 소요된 비용(사회통념에 비추어 상당하다고 인정되는 비용을 말한다)을 지급한다.
      1. 전속중개계약의 유효기간 내에 을 외의 다른 개업공인중개사에게 중개를 의뢰하여 거래한 경우
      2. 전속중개계약의 유효기간 내에 을의 소개에 의하여 알게 된 상대방과 을을 배제하고 거래당사자 간에 직접 거래한 경우
      3. 전속중개계약의 유효기간 내에 갑이 스스로 발견한 상대방과 거래한 경우
   ② 갑은 을이 법 제25조에 따른 중개대상물 확인·설명의무를 이행하는 데 협조하여야 한다.

3. 유효기간
   이 계약의 유효기간은   년   월   일까지로 한다.
   ※ 유효기간은 3개월을 원칙으로 하되, 갑과 을이 합의하여 별도로 정한 경우에는 그 기간에 따른다.

4. 중개보수
   중개대상물에 대한 거래계약이 성립한 경우 갑은 거래가액의 (   )%(또는   원)을 중개보수로 을에게 지급한다.
   ※ 뒤쪽 별표의 요율을 넘지 않아야 하며, 실비는 별도로 지급한다.

5. 을의 손해배상책임
   을이 다음의 행위를 한 경우에는 갑에게 그 손해를 배상하여야 한다.
   1) 중개보수 또는 실비의 과다수령 : 차액 환급
   2) 중개대상물의 확인·설명을 소홀히 하여 재산상의 피해를 발생하게 한 경우 : 손해액 배상

6. 그 밖의 사항
   이 계약에 정하지 않은 사항에 대하여는 갑과 을이 합의하여 별도로 정할 수 있다.

이 계약을 확인하기 위하여 계약서 2통을 작성하여 계약당사자 간에 이의가 없음을 확인하고 각자 서명 또는 날인한 후 쌍방이 1통씩 보관한다.

년   월   일

계약자

중개의뢰인 (갑)	주소(체류지)		성 명	(서명 또는 인)
	생년월일		전화번호	
개업 공인중개사 (을)	주소(체류지)		성명 (대표자)	(서명 또는 인)
	상호(명칭)		등록번호	
	생년월일		전화번호	

210mm×297mm[일반용지 60g/m² (재활용품)]

※ 중개대상물의 거래내용이 권리를 이전(매도·임대 등)하려는 경우에는 「Ⅰ. 권리이전용(매도·임대 등)」에 적고, 권리를 취득
(매수·임차 등)하려는 경우에는 「Ⅱ. 권리취득용(매수·임차 등)」에 적습니다.

Ⅰ. 권리이전용(매도·임대 등)

구 분	[ ] 매도 [ ] 임대 [ ] 그 밖의 사항(	)

소유자 및 등기명의인	성명			생년월일	
	주소				

	건축물	소재지		건축연도	
중개대상물의 표시		면적 m²	구조	용도	
	토 지	소재지		지목	
		면적 m²	지역·지구 등	현재 용도	
	은행융자·권리금·제세공과금 등(또는 월임대료·보증금·관리비 등)				

권리관계	
거래규제 및 공법상 제한사항	
중개의뢰 금액	원
그 밖의 사항	

Ⅱ. 권리취득용(매수·임차 등)

구 분	[ ] 매수 [ ] 임차 [ ] 그 밖의 사항(	)
항 목	내 용	세부내용
희망물건의 종류		
취득 희망가격		
희망지역		
그 밖의 희망조건		

첨부서류	중개보수 요율표(공인중개사법 제32조 제4항 및 같은 법 시행규칙 제20조에 따른 요율표를 수록합니다) ※ 해당 내용을 요약하여 수록하거나, 별지로 첨부합니다.

유의사항

[개업공인중개사 위법행위 신고안내]
개업공인중개사가 중개보수 과다수령 등 위법행위 시 시·군·구 부동산중개업 담당 부서에 신고할 수 있으며, 시·군·구에서는 신고사실을 조사한 후 적정한 조치를 취하게 됩니다.

01 공인중개사법령상 중개의뢰인 甲과 개업공인중개사 乙의 중개계약에 관한 설명으로 옳은 것은? ·34회

① 甲의 요청에 따라 乙이 일반중개계약서를 작성한 경우 그 계약서를 3년간 보존해야 한다.

② 일반중개계약은 표준이 되는 서식이 정해져 있다.

③ 전속중개계약은 법령이 정하는 계약서에 의하여야 하며, 乙이 서명 및 날인하되 소속공인중개사가 있는 경우 소속공인중개사가 함께 서명 및 날인해야 한다.

④ 전속중개계약의 유효기간은 甲과 乙이 별도로 정하더라도 3개월을 초과할 수 없다.

⑤ 전속중개계약을 체결한 甲이 그 유효기간 내에 스스로 발견한 상대방과 거래한 경우 중개보수에 해당하는 금액을 乙에게 위약금으로 지급해야 한다.

해설 ① 전속중개계약서의 작성과 달리 甲의 요청에 따라 乙이 일반중개계약서를 작성한 경우 그 계약서를 일정기간동안 보존하여야 하는 내용은 「공인중개사법」상 규정이 없다.

③ 일반중개계약서·전속중개계약서 모두 해당 업무를 소속공인중개사가 수행한 경우라도 소속공인중개사의 서명 또는 날인, 서명 및 날인의무는 「공인중개사법」상 규정이 없다.

④ 전속중개계약의 유효기간은 甲과 乙이 별도로 정한 경우 3개월을 초과할 수 있다.

⑤ 전속중개계약을 체결한 甲이 그 유효기간 내에 스스로 발견한 상대방과 거래한 경우 중개보수의 50%에 해당하는 금액의 범위 안에서 개업공인중개사가 중개행위를 하는 경우 소요된 비용(사회통념에 비추어 상당하다고 인정되는 비용을 말한다)을 지불하여야 한다.

정답 ②

02 중개의뢰인 甲과 개업공인중개사 乙은 공인중개사법령에 따른 전속중개계약을 체결하고 전속중개계약서를 작성하였다. 이에 관한 설명으로 틀린 것은? ·33회

① 甲과 乙이 전속중개계약의 유효기간을 4개월로 약정한 것은 유효하다.

② 乙은 전속중개계약서를 3년 동안 보존해야 한다.

③ 甲은 乙이 공인중개사법령상의 중개대상물 확인·설명 의무를 이행하는데 협조해야 한다.

④ 전속중개계약에 정하지 않은 사항에 대하여는 甲과 乙이 합의하여 별도로 정할 수 있다.

⑤ 전속중개계약의 유효기간 내에 甲이 스스로 발견한 상대방과 거래한 경우, 甲은 乙에게 지급해야 할 중개보수 전액을 위약금으로 지급해야 한다.

> **해설** ⑤ 전속중개계약의 유효기간 내에 중개의뢰인이 스스로 발견한 상대방과 직접 거래를 한 경우에는 중개보수의 50%에 해당하는 금액의 범위 안에서 개업공인중개사가 중개행위를 하는 경우 소요된 비용(사회통념에 비추어 상당하다고 인정되는 비용을 말한다)을 지불하여야 한다.
>
> 정답 ⑤

제2절 부동산거래정보망

· 24회 · 25회 · 26회 · 27회 · 29회 · 30회 · 31회 · 32회 · 33회

법 제24조 【부동산거래정보망의 지정 및 이용】 ① 국토교통부장관은 개업공인중개사 상호간에 부동산매매 등에 관한 정보의 공개와 유통을 촉진하고 공정한 부동산거래질서를 확립하기 위하여 부동산거래정보망을 설치·운영할 자를 지정할 수 있다.

② 제1항에 따라 지정을 받을 수 있는 자는 「전기통신사업법」의 규정에 의한 부가통신사업자로서 국토교통부령으로 정하는 요건을 갖춘 자로 한다.

③ 제1항에 따라 지정을 받은 자(이하 '거래정보사업자'라 한다)는 지정받은 날부터 3개월 이내에 부동산거래정보망의 이용 및 정보제공방법 등에 관한 운영규정(이하 '운영규정'이라 한다)을 정하여 국토교통부장관의 승인을 얻어야 한다. 이를 변경하고자 하는 때에도 또한 같다.

④ 거래정보사업자는 개업공인중개사로부터 공개를 의뢰받은 중개대상물의 정보에 한정하여 이를 부동산거래정보망에 공개하여야 하며, 의뢰받은 내용과 다르게 정보를 공개하거나 어떠한 방법으로든지 개업공인중개사에 따라 정보가 차별적으로 공개되도록 하여서는 아니 된다.

⑤ 국토교통부장관은 거래정보사업자가 다음 각 호의 어느 하나에 해당하는 경우에는 그 지정을 취소할 수 있다.

1. 거짓이나 그 밖의 부정한 방법으로 지정을 받은 경우
2. 제3항의 규정을 위반하여 운영규정의 승인 또는 변경승인을 받지 아니하거나 운영규정을 위반하여 부동산거래정보망을 운영한 경우
3. 제4항의 규정을 위반하여 정보를 공개한 경우
4. 정당한 사유 없이 지정받은 날부터 1년 이내에 부동산거래정보망을 설치·운영하지 아니한 경우
5. 개인인 거래정보사업자의 사망 또는 법인인 거래정보사업자의 해산 그 밖의 사유로 부동산거래정보망의 계속적인 운영이 불가능한 경우

⑥ 국토교통부장관은 제5항 제1호부터 제4호까지의 규정에 의하여 거래정보사업자 지정을 취소하고자 하는 경우에는 청문을 실시하여야 한다.

⑦ 개업공인중개사는 부동산거래정보망에 중개대상물에 관한 정보를 거짓으로 공개하여서는 아니 되며, 해당 중개대상물의 거래가 완성된 때에는 지체 없이 이를 해당 거래정보사업자에게 통보하여야 한다.

⑧ 거래정보사업자의 지정절차, 운영규정에 정할 내용 그 밖에 필요한 사항은 국토교통부령으로 정한다.

1 부동산거래정보망의 의의

부동산거래정보망이란 개업공인중개사 상호간에 중개대상물의 중개에 관한 정보를 교환하는 체계를 말하며, 부동산거래정보망을 설치·운영하는 자를 부동산거래정보사업자라 한다.

2 부동산거래정보망의 기능

부동산거래정보에 관한 거래망을 구축하여 부동산중개에 관한 정보를 한 곳에 집중되게 하면 중개의뢰인이 한 곳의 중개사무소를 방문하여도 원하는 지역의 물건에 관한 가격동향과 거래정보를 구할 수 있고, 그에 따라 개업공인중개사도 거래계약이 이루어질 가능성이 높아진다.

3 부동산거래정보망의 설치 및 이용

1. 부동산거래정보망의 설치

이 법에 규정된 부동산거래정보망을 설치·운영하고자 하는 자는 국토교통부장관으로부터 부동산거래정보망을 설치·운영할 자로 지정을 받아야 한다.

2. 부동산거래정보망의 이용

부동산거래정보망은 개업공인중개사 상호간에만 정보를 교환하는 체계이므로 개업공인중개사만 이용할 수 있다. 개업공인중개사의 부동산거래정보망의 가입 및 이용 여부는 임의적이다. 전속중개계약을 체결한 개업공인중개사이든 일반중개계약을 체결한 개업공인중개사이든 이 법에 규정된 부동산거래정보망을 이용할 수 있다. 그러나 일반인이나 중개의뢰인은 이 법에 규정된 부동산거래정보망을 이용할 수 없다. 국토교통부장관으로부터 부동산거래정보사업자로 지정받아 설치한 부동산거래정보망이 아닌 사설정보망이나 지역거래정보망의 설치 및 이용에 대하여는 이 법의 적용을 받지 않는다.

4 지정신청자 및 지정권자

1. 지정신청자 – 부가통신사업자로 신고된 자

법인과 개인 모두 부동산거래정보사업자로 지정을 받을 수 있다. 다만, 법인인 개업공인중개사는 이 법 제14조에 규정된 업무만을 수행할 수 있으므로 부동산거래정보사업자로 지정받을 수 없다.

2. 지정권자 – 국토교통부장관

국토교통부장관은 개업공인중개사 상호간에 부동산매매 등에 관한 정보의 공개와 유통을 촉진하고 공정한 부동산거래질서를 확립하기 위하여 부동산거래정보망을 설치·운영할 자를 지정할 수 있다(법 제24조 제1항).

5 지정절차

■ 부동산거래정보사업자의 지정절차 개요

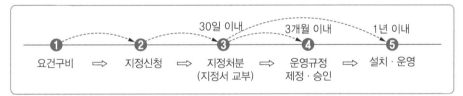

1. 지정요건 구비

거래정보사업자로 지정받을 수 있는 자는 「전기통신사업법」에 따른 부가통신사업자로서 국토교통부령으로 정하는 다음의 요건을 갖춘 자로 한다(법 제24조 제2항, 규칙 제15조 제2항).

> ① 부동산거래정보망의 가입·이용신청을 한 개업공인중개사의 수가 500명 이상이고 2개 이상의 특별시·광역시·도 및 특별자치도(이하 '시·도'라 한다)에서 각각 30인 이상의 개업공인중개사가 가입·이용신청을 하였을 것
> ② 정보처리기사 1명 이상을 확보할 것
> ③ 공인중개사 1명 이상을 확보할 것
> ④ 부동산거래정보망의 가입자가 이용하는 데 지장이 없는 정도로서 국토교통부장관이 정하는 용량 및 성능을 갖춘 컴퓨터 설비를 확보할 것

2. 지정신청

거래정보사업자로 지정받으려는 자는 거래정보사업자지정신청서(별지 제16호 서식)에 다음의 서류를 첨부하여 국토교통부장관에게 제출해야 한다. 이 경우 국토교통부장관은 「전자정부법」 제36조 제1항에 따라 행정정보의 공동이용을 통하여 법인등기사항증명서(신청인이 법인인 경우에 한한다)를 확인하여야 한다(규칙 제15조 제1항).

> ① 500명 이상의 개업공인중개사로부터 받은 부동산거래정보망가입·이용신청서 및 그 개업공인중개사의 중개사무소등록증 사본
> ② 정보처리기사자격증 사본
> ③ 공인중개사자격증 사본
> ④ 주된 컴퓨터의 용량 및 성능 등을 확인할 수 있는 서류
> ⑤ 「전기통신사업법」에 따라 부가통신사업신고서를 제출하였음을 확인할 수 있는 서류

3. 지정처분

(1) 처분절차

국토교통부장관은 지정신청을 받은 때에는 지정신청을 받은 날부터 30일 이내에 이를 검토하여 지정기준에 적합하다고 인정되는 경우에는 거래정보사업자로 지정하고, 다음의 내용을 거래정보사업자지정대장(별지 제18호 서식)에 기재한 후에 거래정보사업자지정서(별지 제19호 서식)를 교부하여야 한다(규칙 제15조 제3항).

(2) 거래정보사업자지정대장의 작성·관리

① 거래정보사업자지정대장은 전자적 처리가 불가능한 특별한 사유가 없으면 전자적 처리가 가능한 방법으로 작성·관리하여야 한다(규칙 제15조 제5항).

② 거래정보사업자지정대장에 기재할 사항은 다음과 같다(규칙 제15조 제3항).

> ㉠ 지정 번호 및 지정 연월일
> ㉡ 상호 또는 명칭 및 대표자의 성명
> ㉢ 사무소의 소재지
> ㉣ 주된 컴퓨터 설비의 내역
> ㉤ 전문자격자의 보유에 관한 사항

4. 운영규정의 제정 및 승인

거래정보사업자로 지정을 받은 자는 지정받은 날부터 3개월 이내에 부동산거래정보망의 이용 및 정보 제공방법 등에 관한 운영규정을 정하여 국토교통부장관의 승인을 얻어야 한다. 이를 변경하고자 하는 때에도 또한 같다(법 제24조 제3항). 운영규정에는 다음의 사항을 정하여야 한다(규칙 제15조 제4항).

> ① 부동산거래정보망에의 등록절차
> ② 자료의 제공 및 이용방법에 관한 사항
> ③ 가입자에 대한 회비 및 그 징수에 관한 사항
> ④ 거래정보사업자 및 가입자의 권리·의무에 관한 사항
> ⑤ 그 밖에 부동산거래정보망의 이용에 관하여 필요한 사항

5. 부동산거래정보망의 설치·운영

거래정보사업자로 지정받은 자는 지정을 받은 날부터 1년 이내에 부동산거래정보망을 설치·운영하여야 한다.

6 부동산거래정보망을 이용한 부동산거래의 절차

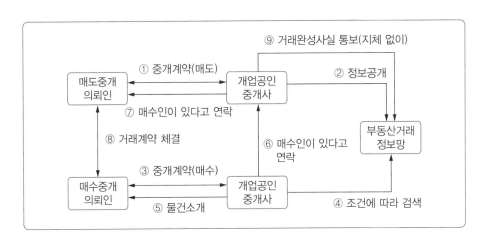

O X 확 인 문 제

거래정보사업자로 지정받은 자는 지정받은 날부터 3개월 이내에 부동산거래정보망의 이용 및 정보 제공방법 등에 관한 운영규정을 정하여 승인받아야 한다.
• 27회　　　　　　　(　　)

정답 (○)

7 거래정보망의 운영 및 이용 관련 의무

1. 거래정보사업자의 의무

(1) 운영규정 관련 의무

거래정보사업자는 지정을 받은 날부터 3개월 이내에 운영규정을 제정하여 국토교통부장관의 승인을 얻어야 한다. 운영규정을 변경하고자 하는 경우도 국토교통부장관의 승인을 얻어야 한다. 또한 운영규정에 위반하여 부동산거래정보망을 운영하여서는 아니 된다. 이를 위반한 경우 국토교통부장관은 지정을 취소할 수 있으며, 500만원 이하의 과태료에 처한다(법 제24조 제5항, 제51조 제2항).

(2) 정보공개 관련 의무

거래정보사업자는 개업공인중개사로부터 공개를 의뢰받은 중개대상물의 정보에 한정하여 이를 부동산거래정보망에 공개하여야 하며, 의뢰받은 내용과 다르게 정보를 공개하거나 어떠한 방법으로든지 개업공인중개사에 따라 정보가 차별적으로 공개되도록 하여서는 아니 된다(법 제24조 제4항). 이를 위반한 경우에는 지정을 취소할 수 있으며, 1년 이하의 징역 또는 1천만원 이하의 벌금형에 처한다(법 제24조 제5항, 제49조 제1항).

(3) 감독상 명령 관련 의무

거래정보사업자가 국토교통부장관의 보고, 자료의 제출, 조사 또는 검사를 거부·방해 또는 기피하거나 그 밖의 명령을 이행하지 아니하거나 거짓으로 보고 또는 자료를 제출하여서는 아니 된다. 이를 위반한 경우에는 500만원 이하의 과태료에 처한다(법 제51조 제2항).

2. 개업공인중개사의 의무

개업공인중개사는 부동산거래정보망에 중개대상물에 관한 정보를 거짓으로 공개하여서는 아니 되며, 공개한 중개대상물의 거래가 완성된 때에는 그 사실을 지체 없이 해당 거래정보사업자에게 통보하여야 한다(법 제24조 제7항). 이를 위반한 경우에는 6개월의 범위 내에서 업무정지처분을 받을 수 있다(법 제39조 제1항).

8 거래정보사업자 지정의 취소

국토교통부장관은 거래정보사업자가 다음의 사유에 해당하는 경우에는 그 지정을 취소할 수 있으며, 거래정보사업자 지정을 취소하고자 하는 경우에는 청문을 실시하여야 한다. 다만, 거래정보사업자의 사망 또는 법인의 해산 그 밖의 사유로 부동산거래정보망의 계속적인 운영이 불가능한 경우를 원인으로 지정을 취소하고자 하는 경우에는 청문을 실시하지 아니한다(법 제24조 제6항).

① 거짓이나 그 밖의 부정한 방법으로 지정을 받은 경우
② 운영규정의 승인 또는 변경승인을 받지 아니하거나 운영규정에 위반하여 부동산거래정보망을 운영한 경우
③ 거래정보사업자가 개업공인중개사로부터 공개를 의뢰받은 중개대상물의 정보 이외의 정보를 부동산거래정보망에 공개하거나, 의뢰받은 내용과 다르게 정보를 공개하거나, 개업공인중개사에 따라 차별적으로 정보를 공개한 경우
④ 정당한 사유 없이 지정받은 날부터 1년 이내에 부동산거래정보망을 설치·운영하지 아니한 경우
⑤ 개인인 거래정보사업자의 사망 또는 법인인 거래정보사업자의 해산 그 밖의 사유로 부동산거래정보망의 계속적인 운영이 불가능한 경우

■ 공인중개사법 시행규칙 [별지 제16호 서식] 〈개정 2014.7.29.〉

거래정보사업자 지정신청서

접수번호		접수일		처리기간	30일

신청인	성명(대표자)			생년월일	
	주소				
	전화번호				

중개사무소	명칭
	소재지
	전화번호

전문인력	성 명	생년월일	자격종목	자격증 번호

주요 설비	명 칭	규 격	수 량	처리능력(용량)

「공인중개사법 시행규칙」 제15조 제1항에 따라 위와 같이 신청합니다.

년   월   일

신청인 :   (서명 또는 인)

국토교통부장관 귀하

신청인 제출서류	1. 「공인중개사법 시행규칙」 제15조 제2항 제1호에 따른 수 이상의 개업공인중개사로부터 받은 부동산거래정보망가입·이용신청서 및 그 개업공인중개사의 중개사무소등록증 사본 2. 공인중개사자격증 사본 3. 정보처리기사자격증 사본 4. 주된 컴퓨터의 용량 및 성능 등을 알 수 있는 서류 5. 「전기통신사업법」에 따라 부가통신사업신고서를 제출하였음을 확인할 수 있는 서류	수수료 없음
담당 공무원 확인사항	법인 등기사항증명서(법인인 경우로 한정합니다)	

처리절차

신고서 작성	→	접수	→	검토	→	결재	→	지정
신청인		국토교통부		국토교통부		국토교통부		국토교통부

210mm×297mm[백상지 80g/m²(재활용품)]

■ 공인중개사법 시행규칙 [별지 제17호 서식] 〈개정 2014.7.29.〉

부동산거래정보망가입 · 이용신청서

접수번호	접수일

	성명(대표자)	생년월일
신청인	중개사무소 명칭	등록번호
	사무소 소재지	
	전화번호	

	성명(대표자)	
거래정보 사업자	사업자명(상호)	
	사무소 소재지	
	전화번호	

「공인중개사법 시행규칙」 제15조 제1항에 따라 부동산거래정보망의 가입 및 이용을 위와 같이 신청합니다.

년   월   일

신청인   (서명 또는 인)

거래정보사업자 귀하

첨부서류	중개사무소등록증 사본 1부

유의사항

거래정보사업자란은 신청인이 기재하지 않습니다.

처리절차

신청서 작성	→	접수	→	완료
신청자		거래정보사업자		거래정보사업자

210mm×297mm[백상지 80g/m² (재활용품)]

■ 공인중개사법 시행규칙 [별지 제18호 서식] 〈개정 2023.7.28.〉

거래정보사업자지정대장

지정번호		지정 연월일		명칭(상호)	
사무소 소재지					
지정자	성명 (대표자)		생년월일	(전화번호 :)	
	주 소				

주요 컴퓨터설비의 내역

명 칭	규 격	수 량	처리능력(용량)

전문자격자의 보유에 관한 사항

성 명	생년월일	자격종목	자격증 번호

297mm×210mm[백상지(1종) 120g/㎡]

■ 공인중개사법 시행규칙 [별지 제19호 서식] 〈개정 2014.7.29.〉

제   호

거래정보사업자 지정서

○ 명칭(상호)

○ 성명(대표자)   (생년월일 :   )

○ 사무소 소재지

「공인중개사법」 제24조 제1항에 따라 거래정보사업자로 지정합니다.

년   월   일

국토교통부장관   직인

210mm×297mm[보존용지(1종) 120g/m²]

공인중개사법령상 거래정보사업자의 지정을 취소할 수 있는 사유에 해당하는 것을 모두 고른 것은? •33회

㉠ 거짓 등 부정한 방법으로 지정을 받은 경우
㉡ 정당한 사유 없이 지정받은 날부터 1년 이내에 부동산거래정보망을 설치·운영하지 아니한 경우
㉢ 개업공인중개사로부터 공개를 의뢰받은 중개대상물의 내용과 다르게 부동산거래정보망에 정보를 공개한 경우
㉣ 부동산거래정보망의 이용 및 정보 제공방법 등에 관한 운영규정을 위반하여 부동산거래정보망을 운영한 경우

① ㉠, ㉡
② ㉡, ㉢
③ ㉢, ㉣
④ ㉠, ㉢, ㉣
⑤ ㉠, ㉡, ㉢, ㉣

해설 ⑤ 국토교통부장관은 거래정보사업자가 다음에 해당하는 경우에는 그 지정을 취소할 수 있다(법 제24조 제5항).

1. 거짓이나 그 밖의 부정한 방법으로 지정을 받은 경우
2. 운영규정의 승인 또는 변경승인을 받지 아니하거나 운영규정에 위반하여 부동산거래정보망을 운영한 경우
3. 거래정보사업자가 개업공인중개사로부터 공개를 의뢰받은 중개대상물의 정보 이외의 정보를 부동산거래정보망에 공개하거나, 의뢰받은 내용과 다르게 정보를 공개하거나, 개업공인중개사에 따라 차별적으로 정보를 공개한 경우
4. 정당한 사유 없이 지정받은 날부터 1년 이내에 부동산거래정보망을 설치·운영하지 아니한 경우
5. 개인인 거래정보사업자의 사망 또는 법인인 거래정보사업자의 해산 그 밖의 사유로 부동산거래정보망의 계속적인 운영이 불가능한 경우

정답 ⑤

CHAPTER 05

빈출키워드 CHECK!

❶ (   )은 일반중개계약의 표준이 되는 서식인 일반중개계약서를 정하여 그 사용을 권장할 수 있다.

❷ 개업공인중개사는 전속중개계약 체결 후 (   ) 이내에 부동산거래정보망 또는 일간신문에 해당 중개대상물에 관한 정보를 공개하여야 한다.

❸ 개업공인중개사는 전속중개계약 체결 후 (   ) 이상 업무처리상황을 중개의뢰인에게 문서로 통지하여야 한다.

❹ 전속중개계약의 유효기간 내에 중개의뢰인이 스스로 발견한 상대방과 직접 거래를 한 경우에는 중개보수의 (   )에 해당하는 금액의 범위 안에서 개업공인중개사가 중개행위를 하는 경우 소요된 비용을 지불하여야 한다.

❺ 전속중개계약을 체결하면서 전속중개계약서를 작성하지 않거나 전속중개계약서를 (   )간 보존하지 않는 등의 경우에는 (   )을 할 수 있다.

❻ 부동산거래정보망이란 (   ) 상호간에 중개대상물의 중개에 관한 정보를 교환하는 체계를 말하며, 부동산거래정보망을 설치·운영하는 자는 부동산거래정보사업자라 한다.

❼ 국토교통부장관은 지정신청을 받은 때에는 지정신청을 받은 날부터 (   ) 이내에 이를 검토하여 지정기준에 적합하다고 인정되는 경우에는 거래정보사업자지정서를 교부하여야 한다.

❽ 거래정보사업자로 지정을 받은 자는 지정받은 날부터 (   ) 이내에 부동산거래정보망의 이용 및 정보 제공방법 등에 관한 운영규정을 정하여 국토교통부장관의 (   )을 얻어야 한다.

❾ 거래정보사업자로 지정받은 자는 지정을 받은 날부터 (   ) 이내에 부동산거래정보망을 설치·운영하여야 한다.

❿ 거래정보사업자는 개업공인중개사로부터 공개를 의뢰받은 중개대상물의 정보에 한정하여 이를 부동산거래정보망에 공개하여야 하고, 이를 위반한 경우에는 지정을 취소(   ).

정답	1 국토교통부장관 2 7일 3 2주일에 1회 4 50% 5 3년, 업무정지처분
	6 개업공인중개사 7 30일 8 3개월, 승인 9 1년 10 할 수 있다

06 | 개업공인중개사의 의무 및 책임

▌10개년 출제문항 수

25회	26회	27회	28회	29회
3	4	2	3	4

30회	31회	32회	33회	34회
2	3	2	1	2

↳ 총 40문제 中 평균 약 2.6문제 출제

▌학습전략

• 금지행위에 관한 법 제33조 규정을 학습하여야 하며, 이들 중 부동산거래 질서교란행위에 관해 암기하여야 합니다.

• 확인·설명의무, 거래계약서 작성의무는 매년 출제되고 있으므로 꼼꼼히 학습하여야 합니다.

제1절 개업공인중개사등의 금지행위

• 24회 • 25회 • 27회 • 28회 • 29회 • 30회 • 31회 • 34회

> **법 제33조【금지행위】** ① 개업공인중개사등은 다음 각 호의 행위를 하여서는 아니 된다.
> 1. 제3조에 따른 중개대상물의 매매를 업으로 하는 행위
> 2. 제9조에 따른 중개사무소의 개설등록을 하지 아니하고 중개업을 영위하는 자인 사실을 알면서 그를 통하여 중개를 의뢰받거나 그에게 자기의 명의를 이용하게 하는 행위
> 3. 사례·증여 그 밖의 어떠한 명목으로도 제32조에 따른 보수 또는 실비를 초과하여 금품을 받는 행위
> 4. 해당 중개대상물의 거래상의 중요사항에 관하여 거짓된 언행 그 밖의 방법으로 중개의뢰인의 판단을 그르치게 하는 행위
> 5. 관계 법령에서 양도·알선 등이 금지된 부동산의 분양·임대 등과 관련 있는 증서 등의 매매·교환 등을 중개하거나 그 매매를 업으로 하는 행위
> 6. 중개의뢰인과 직접 거래를 하거나 거래당사자 쌍방을 대리하는 행위
> 7. 탈세 등 관계 법령을 위반할 목적으로 소유권보존등기 또는 이전등기를 하지 아니한 부동산이나 관계 법령의 규정에 의하여 전매 등 권리의 변동이 제한된 부동산의 매매를 중개하는 등 부동산투기를 조장하는 행위
> 8. 부당한 이익을 얻거나 제3자에게 부당한 이익을 얻게 할 목적으로 거짓으로 거래가 완료된 것처럼 꾸미는 등 중개대상물의 시세에 부당한 영향을 주거나 줄 우려가 있는 행위
> 9. 단체를 구성하여 특정 중개대상물에 대하여 중개를 제한하거나 단체 구성원 이외의 자와 공동중개를 제한하는 행위

② 누구든지 시세에 부당한 영향을 줄 목적으로 다음 각 호의 어느 하나의 방법으로 개업공인중개사등의 업무를 방해해서는 아니 된다.

1. 안내문, 온라인 커뮤니티 등을 이용하여 특정 개업공인중개사등에 대한 중개의뢰를 제한하거나 제한을 유도하는 행위
2. 안내문, 온라인 커뮤니티 등을 이용하여 중개대상물에 대하여 시세보다 현저하게 높게 표시·광고 또는 중개하는 특정 개업공인중개사등에게만 중개의뢰를 하도록 유도함으로써 다른 개업공인중개사등을 부당하게 차별하는 행위
3. 안내문, 온라인 커뮤니티 등을 이용하여 특정 가격 이하로 중개를 의뢰하지 아니하도록 유도하는 행위
4. 정당한 사유 없이 개업공인중개사등의 중개대상물에 대한 정당한 표시·광고행위를 방해하는 행위
5. 개업공인중개사등에게 중개대상물을 시세보다 현저하게 높게 표시·광고하도록 강요하거나 대가를 약속하고 시세보다 현저하게 높게 표시·광고하도록 유도하는 행위

1 금지행위의 성격

이 법은 중개의뢰인의 보호, 부동산투기 억제, 거래계약의 공정성 등을 제고하기 위하여 금지행위 규정을 두고 있다. 법 제33조 제1항의 금지행위는 개업공인중개사등(개업공인중개사, 소속공인중개사, 중개보조원, 개업공인중개사인 법인의 임원·사원)에게만 해당되는 것으로 중개의뢰인 등 일반인에게는 직접 적용되지 않는다. 개업공인중개사등이 이 규정을 위반하여도 거래당사자 간의 거래계약의 효력에는 영향이 없고, 이를 이유로 중개의뢰인은 중개보수의 지급을 거부할 수 없다. 하지만 개업공인중개사등의 고의 또는 과실로 그 거래행위가 무효·취소 또는 해제되는 경우에는 개업공인중개사는 중개보수를 청구할 수 없다.

2 금지행위의 내용

1. 개업공인중개사등의 금지행위 내용(법 제33조 제1항)

(1) 중개대상물의 매매를 업으로 하는 행위

① 매매업이란 계속적·반복적인 매도 및 매수행위를 말한다. '업'에 해당하기 위해서는 부동산의 거래태양이나 규모, 횟수, 보유기간 등에 비추어 사회통념상 사업활동으로 볼 수 있을 정도의 계속성·반복성이 있어야 한다(대판 1995.11.7, 94누14025 ; 대판 1997.2.25, 96누10881).

OX 확인문제

법인 아닌 개업공인중개사가 중개대상물 외 건축자재의 매매를 업으로 하는 행위는 금지행위에 해당하지 않는다. •28회

( )

정답 (○)

② 이 법상의 금지행위는 중개대상물에 대한 매매업을 금지하는 것이지 1회성의 매매를 금지하는 것은 아니다. 따라서 개업공인중개사등이 자신이 거주하는 주택 등의 매매행위는 '업'에 해당되지 아니하므로 중개의뢰인과의 직접 거래가 되지 않는 한 금지행위가 아니다.

③ 중개업은 다른 사람의 의뢰에 의하여 일정한 보수를 받고 중개를 업으로 하는 것이므로, 개업공인중개사는 중개대상물에 대하여 중개를 하거나 중개를 업으로 하여야 할 것이다. 하지만 개업공인중개사가 직접 부동산의 매매를 업으로 하게 되면, 즉 부동산을 매입하여 고가로 매도를 계속하면 부동산가격의 상승을 불러오게 되어 국민경제에 악영향을 끼칠 수 있고, 이는 중개업의 본질에 반한다고 볼 수 있으므로 이를 금지하는 것이다.

④ 중개대상물의 매매를 업으로 하는 행위는 개업공인중개사가 단독으로 하든지 타인과 공동으로 하든지 모두 금지한다.

(2) 중개사무소의 개설등록을 하지 아니하고 중개업을 영위하는 자(무등록중개업자)인 사실을 알면서 그를 통하여 중개를 의뢰받거나 그에게 자기의 명의를 이용하게 하는 행위

① 무등록중개업자의 출현을 방지하여 국민의 재산권을 보호하고 건전한 부동산 중개제도를 정착하기 위하여 무등록중개업자와의 협력행위를 금지하는 것이다.

② 개업공인중개사등이 무등록중개업자로부터 중개를 의뢰받았다고 하더라도 개업공인중개사등이 그 자가 무등록중개업자라는 사실을 알았을 때에만 금지행위에 해당하는 것이다.

③ 무등록중개업자와의 협력행위의 금지는 무등록중개업자로부터 중개의뢰를 받은 후 거래계약 체결의 성사 여부를 불문하므로 무등록중개업자로부터 중개의뢰를 받는 행위 자체도 금지하는 것이다.

(3) 사례·증여 그 밖의 어떠한 명목으로도 중개보수 또는 실비를 초과하여 금품을 받는 행위

① 개업공인중개사는 「공인중개사법」 범위 안에서 중개보수와 실비를 받아야 한다. 그 이외에는 사례·증여 그 밖의 어떠한 명목으로라도 추가로 중개보수를 받을 수 없다. 법정중개보수 이외의 금품을 받는 행위를 금지하고 있으므로 금전 이외의 물건, 예컨대 골동품, 금반지, 고가의 미술품 등도 받아서는 안 된다.

② 법정중개보수를 초과하는 약정 자체는 금지행위가 아니다. 그러나 중개보수약정 중 법정한도액을 초과하는 부분은 무효(대판 2002.9.4, 2000 다54406)이므로, 이미 수령하였다면 이는 부당이득으로 반환되어야 한다.

③ 「공인중개사법」에서는 순가중개계약의 체결 자체를 금지하고 있지는 않다. 하지만 통상적으로 순가중개계약에 따른 중개보수를 받은 경우 법정중개보수를 초과하는 경우가 대부분이다. 이 경우 법정중개보수를 초과하여 받은 경우에 한정하여 금지행위에 해당하며, 행정처분 및 행정형벌의 대상이 되는 것이다.

판례

- **초과중개보수 요구행위가 금지행위에 해당하는지 여부**
  개업공인중개사가 중개의뢰인에게 법정중개보수를 초과하는 금액을 요구하였으나 중개의뢰인의 거부로 법정중개보수에 해당하는 금액 또는 그 이하의 금액을 받은 경우에는 이 법상 금지행위를 위반한 것이 아니다(대판 2004. 11.12, 2004도4136).

- **초과하여 받은 중개보수를 반환한 경우도 금지행위에 해당하는지 여부**
  법정 한도를 초과하는 액면금액의 당좌수표를 받았다가 그대로 돌려주었거나 또는 사후 부도처리된 경우에는 금지행위로 본다(대판 2004.11.12, 2004 도4136).

- **권리금 알선료를 포함한 중개보수 수수행위가 금지행위에 해당하는지 여부**
  개업공인중개사가 토지와 건물의 임차권 및 권리금, 시설비의 교환계약을 중개하고 그 사례 명목으로 포괄적으로 지급받은 금원 중 어느 금액까지가 「공인중개사법」의 규율대상인 중개보수에 해당하는지를 특정할 수 없어 같은 법이 정한 한도를 초과하여 중개보수를 지급받았다고 단정할 수 없다 (대판 2006.9.22, 2005도6054).

---

(4) 해당 중개대상물의 거래상의 중요사항에 관하여 거짓된 언행 그 밖의 방법으로 중개의뢰인의 판단을 그르치게 하는 행위

거래상 중요사항이란 일반적으로 부동산의 소재·규모·공법상의 제한·매매가액 등 부동산거래에 있어서 만일 중개의뢰인이 그 진실된 사실을 알았더라면 해당 거래를 하지 않았으리라고 사회통념상 인정되는 사항이라 할 수 있다. 해당 중개대상물의 거래상의 중요사항에는 해당 중개대상물 자체에 관한 사항뿐만 아니라 그 중개대상물의 가격 등에 관한 사항들도 그것이 해당 거래상의 중요사항으로 볼 수 있는 이상 포함된다(대판 2008.2.1, 2007도9149).

① **적극적 거짓행위** : 중개의뢰인의 판단을 그르치게 하는 적극적인 거짓행위의 유형으로는 확정되지 않은 개발예정이 없는 토지에 대하여 개발계획이 확정되었다고 하거나, 곧 가격이 급등할 것이라고 하거나, 현금화하기 어려운 임야를 곧바로 비싼 값으로 전매할 수 있다고 하거나, 해제되지도 아니한 규제가 해제되었다고 하거나, 중개보조원이나 다른 사람을 시켜 중개대상물에 대한 거짓 정보를 제공하여 중개의뢰인을 속이는 행위, 문서를 위조·변조한 행위, 개업공인중개사가 중개의뢰인 일방과 짜고 거짓된 정보를 이용하여 헐값에 매도하도록 또는 비싼 값에 매수하도록 하는 행위 등이 있다.

② **소극적 거짓행위** : 중개의뢰인의 판단을 그르치게 하는 소극적인 거짓된 행위의 유형으로는 중개대상물에 대한 하자를 숨기고 알선하는 행위, 권리관계에 다툼이 있어 현재 소송에 계류 중인 사실을 알면서도 숨기는 행위 등이 있다.

판례

- 중개인 등이 서로 짜고 매도의뢰가액을 숨긴 채 이에 비하여 무척 높은 가액으로 중개의뢰인에게 부동산을 매도하고 그 차액을 취득한 행위 등은 중개의뢰인의 판단을 그르치게 하는 거짓된 언행에 해당된다(대판 1991.12.24, 91다25963).
- 중개대상물인 임야가 개발제한구역으로 결정되어 가격이 떨어지고 매수하려는 사람도 없어 상당한 가격으로 현금화하기도 어려운 데도 그러한 사정을 모르는 매수중개의뢰인에게 바로 비싼 값에 전매할 수 있다고 기망하여 매매계약을 체결하였다면 이는 불법행위로 된다(대판 1980.2.26, 79다1746).

(5) 양도·알선 등이 금지된 부동산의 분양·임대 등과 관련 있는 증서 등의 매매·교환 등을 중개하거나 그 매매를 업으로 하는 행위

① 양도·알선이 금지된 부동산의 분양·임대 등과 관련 있는 증서란 입주자저축증서(주택청약 저축·예금·부금)와 주택상환사채, 시장 등이 발행한 무허가건물확인서, 건물철거예정증명서 또는 건물철거확인서, 공공사업의 시행으로 인한 이주대책에 의하여 주택을 공급받을 수 있는 이주대책대상자확인서, 재개발이나 철거지역주민에게 주는 입주권(딱지) 등을 말한다.

② 금지증서에 대한 중개는 1회성도 금지하며, 증서의 매매업도 금지한다.

③ 상가 전부를 매도할 때 사용하려고 매각조건 등을 기재하여 인쇄해 놓은 양식에 매매대금과 지급기일 등 해당 사항을 기재한 분양계약서는 상가의 매매계약서일 뿐 「공인중개사법」 제33조 제5호 소정의 부동산 임대, 분양 등과 관련이 있는 증서라고 볼 수 없다(대판 1993.5.25, 93도773).

(6) 중개의뢰인과 직접 거래를 하거나 거래당사자 쌍방을 대리하는 행위

① 중개의뢰인과의 직접 거래 금지

㉠ 직접 거래란 개업공인중개사등이 중개의뢰인으로부터 의뢰받은 중개대상물의 매매·교환·임대차 등과 같은 권리의 득실·변경에 관한 행위의 직접 상대방이 되는 경우를 의미한다(대판 2005.10.14, 2005도4494).

㉡ 중개의뢰인과의 직접 거래를 허용하면 개업공인중개사등이 중개대상물에 관한 정보를 개인의 이익을 위해 사용할 가능성이 크고, 나아가 부동산투기 등 부동산거래질서를 문란하게 만들 수 있기 때문이다.

㉢ 직접 거래에서의 중개의뢰인에는 중개대상물의 소유자뿐만 아니라 중개대상물의 소유자의 대리인이나 그 거래에 관하여 사무의 처리를 위탁받은 수임인도 포함된다(대판 1990.11.9, 90도1872).

㉣ 중개의뢰인과의 직접 거래는 개업공인중개사등이 단독으로 중개의뢰인과 직접 거래를 하는 것뿐만 아니라 다른 개업공인중개사등 제3자와 공동으로 중개의뢰인과 직접 거래하는 행위도 포함한다.

㉤ 중개의뢰인과의 직접 거래는 매매·교환·임대차 등 거래유형을 불문하고 금지된다.

㉥ 중개의뢰인과의 직접 거래는 개업공인중개사가 중개보수를 받지 아니하였든지, 중개의뢰인의 동의가 있었든지, 우연한 기회에 1회 중개를 하였든지에 상관 없이 금지행위에 해당한다.

판례

- **공인중개사가 집주인이 전세 매물로 내놓은 아파트를 남편 명의로 계약한 경우 직접 거래에 해당하는지 여부**
  개업공인중개사등이 중개의뢰인과 직접 거래하는 행위를 금지하고 있는 취지는 이를 허용할 경우 중개업자 등이 거래상 알게 된 정보 등을 자신의 이익을 꾀하는 데 이용함으로써 중개의뢰인의 이익을 해하는 일이 없도록 중개의뢰인을 보호하고자 함에 있다. 전세계약서상의 명의자는 남편이지만 해당 아파트에 실제로 거주했으며, 집주인에게 자신이 중개하는 임차인이 남편이라는 사실을 알리지 않았을 뿐만 아니라, 집주인으로부터 중개를 의뢰받고 집주인이 전임차인의 전세금을 빨리 반환해줘야 해 희망하는 금액보다 적은 금액으로 새로운 임차인을 구한다는 사정을 알고 자신이 직접 시세보다 저렴한 금액으로 임차하는 이익을 얻었기에 직접 거래 금지 규정의 취지를 정면으로 위배하였으므로 직접 거래에 해당한다(대판 2021.8.12, 2021도6910).

- **개업공인중개사등이 중개의뢰인과 직접 거래를 하는 행위를 금지하는「공인중개사법」제33조 제6호의 규정 취지 및 법적 성질**

  개업공인중개사등이 중개의뢰인과 직접 거래를 하는 행위를 금지하는「공인중개사법」제33조 제6호의 규정 취지는 개업공인중개사등이 거래상 알게 된 정보를 자신의 이익을 꾀하는 데 이용하여 중개의뢰인의 이익을 해하는 경우가 있으므로 이를 방지하여 중개의뢰인을 보호하고자 함에 있는바, 위 규정에 위반하여 한 거래행위가 사법상의 효력까지도 부인하지 않으면 안 될 정도로 현저히 반사회성·반도덕성을 지닌 것이라고 할 수 없을 뿐만 아니라 행위의 사법상의 효력을 부인하여야만 비로소 입법 목적을 달성할 수 있다고 볼 수 없고, 위 규정을 효력규정으로 보아 이에 위반한 거래행위를 일률적으로 무효라고 할 경우 중개의뢰인이 직접 거래임을 알면서도 자신의 이익을 위해 한 거래도 단지 직접 거래라는 이유로 효력이 부인되어 거래의 안전을 해칠 우려가 있으므로, 위 규정은 강행규정이 아니라 단속규정이다(대판 2017.2.3, 2016다259677).

- **직접 거래행위로 볼 수 없는 행위**

  다른 개업공인중개사의 중개로 부동산을 매수하여 매수중개의뢰를 받은 또 다른 개업공인중개사의 중개로 매도한 경우에는 중개의뢰인과의 직접 거래에 해당하지 아니한다(대판 1991.3.27, 90도2858).

- **직접 거래행위로 볼 수 없는 행위**

  개업공인중개사가 토지소유자와 사이에 개업공인중개사 자신의 비용으로 토지를 택지로 조성하여 분할한 다음 토지 중 일부를 개업공인중개사가 임의로 정한 매매대금으로 타인에게 매도하되, 토지의 소유자에게는 그 매매대금의 수익에 관계없이 확정적인 금원을 지급하고 그로 인한 손익은 개업공인중개사에게 귀속하기로 하는 약정을 한 경우 이는 단순한 중개의뢰 약정이 아니라 위임 및 도급의 복합적인 성격을 가지는 약정으로서 개업공인중개사가 토지소유자로부터 토지에 관한 중개의뢰를 받았다고 할 수 없으며 토지에 대한 권리의 득실·변경에 관한 행위의 직접상대방이 되었다고 보기도 어려우므로 이는「공인중개사법」상의 금지행위인 직접 거래행위로 보기 어렵다(대판 2005.10.14, 2005도4494).

② **거래당사자의 쌍방대리 금지**

    ㉠ 쌍방대리란 거래당사자 쌍방으로부터 거래에 관한 사무를 위임받아 양자 모두를 대리하여 거래계약을 체결하는 것을 말한다. 쌍방대리를 인정하게 되면 개업공인중개사등이 거래당사자 중 일방의 이익에 치우쳐서 다른 일방의 이익을 해할 우려가 있기 때문에 쌍방대리를 금지하는 것이다.

    ㉡ 쌍방대리는 매매·교환·임대차 등 거래유형을 불문하며, 무보수이든지 1회성이든지 본인의 동의가 있든지 모두 금지한다.

    ㉢ 거래당사자 중 일방만을 대리하는 행위, 거래계약 성립 후의 거래계약내용의 이행행위에 대한 쌍방대리는 금지되지 않는다.

(7) 탈세 등 관계 법령을 위반할 목적으로 소유권보존등기 또는 이전등기를 하지 아니한 부동산이나 관계 법령의 규정에 의하여 전매 등 권리의 변동이 제한된 부동산의 매매를 중개하는 등 부동산투기를 조장하는 행위

    ① 미등기전매는 전형적인 부동산투기의 유형인데 미등기전매 행위자는 소유권이전등기의 절차를 거치지 아니하고 전매하는 것이므로 이 과정에서 부동산가격을 상승시킴과 동시에 미등기전매행위자에 대한 취득세, 양도소득세 등의 탈세가 이루어지며, 이를 중개한 개업공인중개사는 중개보수의 수입이 생긴다.

    ② 미등기전매에 의한 그 거래계약의 유효성은 인정되지만, 이를 이용한 미등기전매는 탈세의 주된 수단으로 악용되어 부동산거래질서를 문란하게 하므로 이 법에서는 미등기전매행위에 대한 중개를 금지하는 것이다.

    ③ 미등기전매의 중개는 결과적으로 전매차익이 없는 경우라 하더라도 금지행위에 해당한다(대판 1990.11.23, 90누4464).

    ④ 탈세 등 관계 법령을 위반할 목적으로 소유권보존등기 또는 이전등기를 하지 아니한 부동산이나 관계 법령의 규정에 의하여 전매 등 권리의 변동이 제한된 부동산을 매매하는 행위는 「공인중개사법」에 규정된 개업공인중개사등의 금지행위가 아니라 「부동산등기 특별조치법」, 「주택법」, 「민간임대주택에 관한 특별법」 등 관계 법령상 금지행위이다. 탈세 목적 미등기전매를 한 자는 「부동산등기 특별조치법」 규정에 따라 3년 이하의 징역 또는 1억원 이하의 벌금형에 처해진다.

O X 확 인 문 제

중개의뢰인을 대리하여 타인에게 중개대상물을 임대하는 행위는 금지행위에 해당하지 않는다.
• 27회   (   )

정답 (○)
일방대리에 해당하여 금지행위에 해당하지 않는다.

O X 확 인 문 제

중개의뢰인이 부동산을 단기 전매하여 세금을 포탈하려는 것을 알고도 개업공인중개사가 이에 동조하여 그 전매를 중개한 행위는 금지행위에 해당한다.
• 25회   (   )

정답 (○)

⑤ 「주택법」 등 관계 법령의 규정에 의하여 전매 등 권리의 변동이 제한된 부동산(주택법 규정에 의한 투기과열지구 내의 분양권 등을 말한다)을 매매하는 행위는 「공인중개사법」에 규정된 개업공인중개사등의 금지행위가 아니므로 「주택법」으로 처벌을 받는다. 투기과열지구 내의 분양권을 매매거래한 자는 「주택법」 규정에 따라 3년 이하의 징역 또는 3천만원 이하의 벌금형에 처해진다.

(8) 부당한 이익을 얻거나 제3자에게 부당한 이익을 얻게 할 목적으로 거짓으로 거래가 완료된 것처럼 꾸미는 등 중개대상물의 시세에 부당한 영향을 주거나 줄 우려가 있는 행위

개업공인중개사가 허위로 매매계약서를 작성하여 부동산거래신고를 한 후 부동산거래계약 해제등 신고서를 작성하여 해제등 신고를 하는 경우 일반인은 부동산거래신고된 부동산가격을 신뢰할 수밖에 없다. 이러한 경우 전문직업인인 개업공인중개사는 중개대상물의 시세에 부당한 영향을 주거나 줄 우려가 있는 행위를 하게 되는 것이다.

(9) 단체를 구성하여 특정 중개대상물에 대하여 중개를 제한하거나 단체 구성원 이외의 자와 공동중개를 제한하는 행위

① 단체를 구성하여 특정 중개대상물에 대하여 중개를 제한하는 행위란 지역별 개업공인중개사들의 모임을 결성하여 특정 중개대상물에 대하여 일정한 금액 이하로는 중개를 하는 행위를 제한하는 행위 등을 말한다.

② 단체를 구성하여 단체 구성원 이외의 자와 공동중개를 제한하는 행위란 지역별 개업공인중개사들의 모임에 가입하지 못한 개업공인중개사와의 공동중개를 제한하는 행위를 하는 등을 말한다.

2. 개업공인중개사의 업무방해행위 내용

누구든지 시세에 부당한 영향을 줄 목적으로 다음의 방법으로 개업공인중개사등의 업무를 방해해서는 아니 된다(법 제33조 제2항).

(1) 안내문, 온라인 커뮤니티 등을 이용하여 특정 개업공인중개사등에 대한 중개의뢰를 제한하거나 제한을 유도하는 행위

(2) 안내문, 온라인 커뮤니티 등을 이용하여 중개대상물에 대하여 시세보다 현저하게 높게 표시·광고 또는 중개하는 특정 개업공인중개사등에게만 중개의뢰를 하도록 유도함으로써 다른 개업공인중개사등을 부당하게 차별하는 행위

(3) 안내문, 온라인 커뮤니티 등을 이용하여 특정 가격 이하로 중개를 의뢰하지 아니하도록 유도하는 행위

(4) 정당한 사유 없이 개업공인중개사등의 중개대상물에 대한 정당한 표시·광고행위를 방해하는 행위

(5) 개업공인중개사등에게 중개대상물을 시세보다 현저하게 높게 표시·광고하도록 강요하거나 대가를 약속하고 시세보다 현저하게 높게 표시·광고하도록 유도하는 행위

3 위반 시 제재

1. 행정처분

등록관청은 「공인중개사법」 제33조 제1항에 따른 금지행위를 위반한 개업공인중개사에 대하여 등록취소처분을 할 수 있다. 또한 제33조 제1항에 따른 금지행위를 위반한 자가 소속공인중개사인 경우에는 소속공인중개사는 자격정지처분을 받을 수 있다.

2. 행정형벌

(1) 1년 이하의 징역 또는 1천만원 이하의 벌금

① 중개대상물의 매매를 업으로 하는 행위
② 무등록중개업자인 사실을 알면서 그를 통하여 중개를 의뢰받거나 그에게 자기의 명의를 이용하게 하는 행위
③ 사례·증여 그 밖의 어떠한 명목으로도 법정중개보수 또는 실비를 초과하여 금품을 받는 행위
④ 해당 중개대상물의 거래상의 중요사항에 관하여 거짓된 언행 그 밖의 방법으로 중개의뢰인의 판단을 그르치게 하는 행위

(2) 3년 이하의 징역 또는 3천만원 이하의 벌금

① 관계 법령에서 양도·알선 등이 금지된 부동산의 분양·임대 등과 관련 있는 증서 등의 매매·교환 등을 중개하거나 그 매매를 업으로 하는 행위

② 중개의뢰인과 직접 거래를 하거나 거래당사자 쌍방을 대리하는 행위

③ 탈세 등 관계 법령을 위반할 목적으로 소유권보존등기 또는 이전등기를 하지 아니한 부동산이나 관계 법령의 규정에 의하여 전매 등 권리의 변동이 제한된 부동산의 매매를 중개하는 등 부동산투기를 조장하는 행위

④ 부당한 이익을 얻거나 제3자에게 부당한 이익을 얻게 할 목적으로 거짓으로 거래가 완료된 것처럼 꾸미는 등 중개대상물의 시세에 부당한 영향을 주거나 줄 우려가 있는 행위

⑤ 단체를 구성하여 특정 중개대상물에 대하여 중개를 제한하거나 단체 구성원 이외의 자와 공동중개를 제한하는 행위

⑥ 안내문, 온라인 커뮤니티 등을 이용하여 특정 개업공인중개사등에 대한 중개의뢰를 제한하거나 제한을 유도하는 행위

⑦ 안내문, 온라인 커뮤니티 등을 이용하여 중개대상물에 대하여 시세보다 현저하게 높게 표시·광고 또는 중개하는 특정 개업공인중개사등에게만 중개의뢰를 하도록 유도함으로써 다른 개업공인중개사등을 부당하게 차별하는 행위

⑧ 안내문, 온라인 커뮤니티 등을 이용하여 특정 가격 이하로 중개를 의뢰하지 아니하도록 유도하는 행위

⑨ 정당한 사유 없이 개업공인중개사등의 중개대상물에 대한 정당한 표시·광고행위를 방해하는 행위

⑩ 개업공인중개사등에게 중개대상물을 시세보다 현저하게 높게 표시·광고하도록 강요하거나 대가를 약속하고 시세보다 현저하게 높게 표시·광고하도록 유도하는 행위

01 공인중개사법령상 소속공인중개사에게 금지되는 행위를 모두 고른 것은?

• 34회

> ㉠ 공인중개사 명칭을 사용하는 행위
> ㉡ 중개대상물에 대한 표시·광고를 하는 행위
> ㉢ 중개대상물의 매매를 업으로 하는 행위
> ㉣ 시세에 부당한 영향을 줄 목적으로 온라인 커뮤니티 등을 이용하여 특정 가격 이하로 중개를 의뢰하지 아니하도록 유도함으로써 개업공인중개사의 업무를 방해하는 행위

① ㉠, ㉡   ② ㉡, ㉣
③ ㉢, ㉣   ④ ㉡, ㉢, ㉣
⑤ ㉠, ㉡, ㉢, ㉣

해설 ㉡ 개업공인중개사의 의무사항이며, 소속공인중개사에게는 금지되는 행위에 해당한다. 또한 개업공인중개사는 중개보조원에 관한 사항은 명시해서는 아니 된다.
㉢㉣「공인중개사법」제33조의 금지행위에 해당하며, 이는 개업공인중개사등(개업공인중개사, 소속공인중개사, 중개보조원 및 개업공인중개사인 법인의 임원·사원)에게 적용된다. 따라서 소속공인중개사에게 금지되는 행위에 해당한다.

정답 ④

02 공인중개사법령상 개업공인중개사등의 금지행위에 해당하지 <u>않는</u> 것은?

• 31회

① 무등록중개업을 영위하는 자인 사실을 알면서 그를 통하여 중개를 의뢰받는 행위
② 부동산의 매매를 중개한 개업공인중개사가 당해 부동산을 다른 개업공인중개사의 중개를 통하여 임차한 행위
③ 자기의 중개의뢰인과 직접 거래를 하는 행위
④ 제3자에게 부당한 이익을 얻게 할 목적으로 거짓으로 거래가 완료된 것처럼 꾸미는 등 중개대상물의 시세에 부당한 영향을 줄 우려가 있는 행위
⑤ 단체를 구성하여 단체 구성원 이외의 자와 공동중개를 제한하는 행위

해설 ② 부동산의 매매를 중개한 개업공인중개사가 당해 부동산을 다른 개업공인중개사의 중개를 통하여 임차한 행위는 중개의뢰인과 직접 거래계약을 한 것이 아니므로, 금지행위 중 직접 거래에 해당하지 않는다.

정답 ②

개업공인중개사의 기본윤리

> **법 제29조 【개업공인중개사등의 기본윤리】** ① 개업공인중개사 및 소속공인중개사는 전문직업인으로서 지녀야 할 품위를 유지하고 신의와 성실로써 공정하게 중개 관련 업무를 수행하여야 한다.
> ② 개업공인중개사등은 이 법 및 다른 법률에 특별한 규정이 있는 경우를 제외하고는 그 업무상 알게 된 비밀을 누설하여서는 아니 된다. 개업공인중개사등이 그 업무를 떠난 후에도 또한 같다.

1 공정한 중개업무 수행의무

개업공인중개사 및 소속공인중개사는 전문직업인으로서 지녀야 할 품위를 유지하고 신의와 성실로써 공정하게 중개 관련 업무를 수행하여야 한다(법 제29조 제1항). 이는 개업공인중개사 및 소속공인중개사가 중개활동을 하면서 일반적으로 지켜야 할 가장 기본적인 의무에 해당된다. 중개보조원은 중개업무를 수행할 수 없고 단지 중개대상물에 대한 현장안내 및 일반서무 등 개업공인중개사의 단순한 업무를 보조하는 자에 불과하므로, 이 법상 품위유지 및 공정한 중개업무를 수행하여야 하는 의무자에 해당되지 않는다.

2 비밀준수의무

1. 비밀준수의무자

개업공인중개사등(개업공인중개사·소속공인중개사·중개보조원·개업공인중개사인 법인의 임원 또는 사원을 말한다)은 이 법 및 다른 법률에 특별한 규정이 있는 경우를 제외하고는 그 업무상 알게 된 비밀을 누설하여서는 아니 된다. 개업공인중개사등이 그 업무를 떠난 후에도 또한 같다(법 제29조 제2항).

2. 비밀준수의무의 예외

중개의뢰인의 비밀에 해당하는 사항이라 하더라도 이 법 제33조 금지행위와 관련하여 중개대상물에 대한 거래상의 중요사항에 관하여 중개대상물의 하자 또는 소송계류사실 등은 당연히 매수중개의뢰인에게 고지하여야한다. 또한 소송절차상의 증인으로 채택되어 증언을 하는 경우와 같이 다른 법률에 특별히 규정이 있는 경우에는 중개의뢰인의 비밀이라도 사실대로 증언을 하여야 하므로 비밀준수의무가 적용되지 않는다.

3. 위반 시 제재

개업공인중개사등이 업무상 알게 된 비밀을 누설한 경우에는 피해자의 고소가 없다 하더라도 1년 이하의 징역 또는 1천만원 이하의 벌금형에 처해진다. 다만, 피해자의 명시적인 불처벌의사표시가 있는 경우에는 처벌할수 없다. 이를 '반의사불벌죄'라고 한다.

O X 확 인 문 제

비밀준수의무를 위반한 경우 반의사불벌죄에 해당한다. (   )

정답 (○)

기출&예상 문제

공인중개사법령상 벌칙 부과대상 행위 중 피해자의 명시한 의사에 반하여 벌하지 <u>않는</u> 경우는?

• 32회

① 거래정보사업자가 개업공인중개사로부터 의뢰받은 내용과 다르게 중개대상물의 정보를 부동산거래정보망에 공개한 경우
② 개업공인중개사가 그 업무상 알게 된 비밀을 누설한 경우
③ 개업공인중개사가 중개의뢰인으로부터 법령으로 정한 보수를 초과하여 금품을 받은 경우
④ 시세에 부당한 영향을 줄 목적으로 개업공인중개사에게 중개대상물을 시세보다 현저하게 높게 표시·광고하도록 강요하는 방법으로 개업공인중개사의 업무를 방해한 경우
⑤ 개업공인중개사가 단체를 구성하여 단체 구성원 이외의 자와 공동중개를 제한한 경우

해설 ② 개업공인중개사등이 업무상 알게 된 비밀을 누설한 경우에는 피해자의 고소가 없다 하더라도 1년 이하의 징역 또는 1천만원 이하의 벌금형에 처해진다. 다만, 피해자의 명시적인 불처벌의사표시가 있는 경우에는 처벌할 수 없다. 이를 '반의사불벌죄'라고 한다.

정답 ②

3 선량한 관리자의 주의의무

개업공인중개사와 중개의뢰인의 법률관계는 「민법」상의 위임관계와 같으므로 개업공인중개사는 중개의뢰인의 중개의뢰 본지에 따라 선량한 관리자의 주의로써 의뢰받은 중개업무를 처리하여야 할 의무가 있다(대판 1999.5.14, 98다30667). 중개계약이 체결되면 개업공인중개사는 선량한 관리자로서의 주의로써 중개업무를 수행하여야 하며, 이에 위반하여 중개의뢰인에게 재산상의 손해가 발생한 경우 그를 배상하여야 한다. 이에 관하여 「공인중개사법」에 명문의 규정을 두고 있지 아니하지만 「민법」 제681조 소정의 위임계약에서 수임인에게 부여된 선량한 관리자의 주의로써 위임받은 사무를 처리하여야 할 의무에 근거하여 판례에서 인정한 개업공인중개사의 의무이다. 소속공인중개사가 중개업무를 수행하는 경우에는 소속공인중개사도 선량한 관리자의 주의로써 의뢰받은 중개업무를 처리하여야 할 의무가 있다고 할 것이다.

> **판례**
>
> • 개업공인중개사에게 선량한 관리자의 주의로 중개대상물의 권리관계 등을 조사·확인하여 중개의뢰인에게 설명할 의무가 있는지 여부 및 이는 개업공인중개사나 중개보조원이 (구) 「부동산중개업법」에서 정한 중개대상물의 범위 외의 물건이나 권리 또는 지위를 중개하는 경우에도 마찬가지인지 여부
> 개업공인중개사와 중개의뢰인의 법률관계는 「민법」상 위임관계와 유사하므로 중개의뢰를 받은 개업공인중개사는 선량한 관리자의 주의로 중개대상물의 권리관계 등을 조사·확인하여 중개의뢰인에게 설명할 의무가 있고, 이는 개업공인중개사나 중개보조원이 (구) 「부동산중개업법」(2005.7.29. 법률 제7638호로 전부 개정되기 전의 것)에서 정한 중개대상물의 범위 외의 물건이나 권리 또는 지위를 중개하는 경우에도 다르지 않다(대판 2015.1.29, 2012다74342).

제3절　중개대상물 확인·설명의무

• 24회 • 25회 • 26회 • 28회 • 29회 • 30회 • 31회 • 32회 • 34회

법 제25조【중개대상물의 확인·설명】 ① 개업공인중개사는 중개를 의뢰받은 경우에는 중개가 완성되기 전에 다음 각 호의 사항을 확인하여 이를 해당 중개대상물에 관한 권리를 취득하고자 하는 중개의뢰인에게 성실·정확하게 설명하고, 토지대장등본 또는 부동산종합증명서, 등기사항증명서 등 설명의 근거자료를 제시하여야 한다.

1. 해당 중개대상물의 상태·입지 및 권리관계
2. 법령의 규정에 의한 거래 또는 이용제한사항
3. 그 밖에 대통령령으로 정하는 사항

② 개업공인중개사는 제1항에 따른 확인·설명을 위하여 필요한 경우에는 중개대상물의 매도의뢰인·임대의뢰인 등에게 해당 중개대상물의 상태에 관한 자료를 요구할 수 있다.

③ 개업공인중개사는 중개가 완성되어 거래계약서를 작성하는 때에는 제1항에 따른 확인·설명사항을 대통령령으로 정하는 바에 따라 서면으로 작성하여 거래당사자에게 교부하고 대통령령으로 정하는 기간 동안 그 원본, 사본 또는 전자문서를 보존하여야 한다. 다만, 확인·설명사항이 「전자문서 및 전자거래 기본법」 제2조 제9호에 따른 공인전자문서센터 (이하 '공인전자문서센터'라 한다)에 보관된 경우에는 그러하지 아니하다.

④ 제3항에 따른 확인·설명서에는 개업공인중개사(법인인 경우에는 대표자를 말하며, 법인에 분사무소가 설치되어 있는 경우에는 분사무소의 책임자를 말한다)가 서명 및 날인하되, 해당 중개행위를 한 소속공인중개사가 있는 경우에는 소속공인중개사가 함께 서명 및 날인하여야 한다.

법 제25조의2【소유자 등의 확인】 개업공인중개사는 중개업무의 수행을 위하여 필요한 경우에는 중개의뢰인에게 주민등록증 등 신분을 확인할 수 있는 증표를 제시할 것을 요구할 수 있다.

법 제25조의3【임대차 중개 시의 설명의무】 개업공인중개사는 주택의 임대차계약을 체결하려는 중개의뢰인에게 다음 각 호의 사항을 설명하여야 한다.

1. 「주택임대차보호법」 제3조의6 제4항에 따라 확정일자부여기관에 정보제공을 요청할 수 있다는 사항
2. 「국세징수법」 제109조 제1항·제2항 및 「지방세징수법」 제6조 제1항·제3항에 따라 임대인이 납부하지 아니한 국세 및 지방세의 열람을 신청할 수 있다는 사항

1 중개대상물 확인·설명의무의 입법취지

일반적으로 거래당사자는 거래하려는 중개대상물에 대한 상태·입지·권리관계·공법상 이용제한 및 거래규제사항 등 거래를 함에 있어서 알아야 될 각종 지식에 대하여 정통하지 않다. 따라서 원만하고 안전한 거래를 위해 부동산 거래에 관한 전문가인 개업공인중개사를 찾게 되고, 개업공인중개사의 능력을 기대하고 신뢰하여 중개를 의뢰한다. 이 경우 개업공인중개사는 중개에 관한 전문직업인으로서 거래대상물에 대한 정확한 정보를 조사·확인하여 이를 매수중개의뢰인·임차중개의뢰인 등 권리를 취득하고자 하는 중개의뢰인에게 성실·정확하게 설명할 의무가 있다. 개업공인중개사 또는 소속공인중개사가 중개대상물의 확인·설명을 잘못하여 중개의뢰인에게 재산상의 손해가 발생한 경우 이를 배상하여야 한다. 중개대상물의 확인·설명의무는 중개의뢰인이 개업공인중개사에게 소정의 중개보수를 지급하지 아니하였다고 해서 당연히 소멸되는 것은 아니므로 개업공인중개사는 무상의 중개행위에도 성실·정확하게 확인·설명하여야 할 의무가 있다 할 것이다(대판 2002.2.5, 2001다71484).

2 중개대상물의 확인·설명의무 – 중개가 완성되기 전

개업공인중개사는 중개의뢰를 받은 경우에 중개가 완성되기 전에 해당 중개대상물의 상태·입지·권리관계, 법령에 따른 거래 또는 이용제한사항 등을 확인하여 이를 매수인 등 해당 중개대상물에 관한 권리를 취득하고자 하는 중개의뢰인에게 성실·정확하게 설명하고 토지대장등본 또는 부동산종합증명서, 등기사항증명서 등 설명의 근거자료를 제시하여야 한다(법 제25조 제1항).

1. 확인·설명의 시기 및 방법

개업공인중개사는 중개를 의뢰받은 경우에는 중개가 완성되기 전에 중개대상물에 대하여 성실·정확하게 설명하고 토지대장등본 또는 부동산종합증명서, 등기사항증명서 등 설명의 근거자료를 제시하여야 한다. 개업공인중개사가 제시해야 하는 자료에 중개대상물 확인·설명서, 공인중개사자격증, 보증설정 증명서류, 등록증 등은 포함되지 않는다.

2. 확인·설명의무자

중개대상물 확인·설명의 의무자는 **개업공인중개사**(확인·설명의무자로서 법인의 경우는 대표자, 분사무소의 경우는 책임자를 말한다)이다. 개업공인중개사(법인의 경우는 대표자, 분사무소의 경우는 책임자를 말한다)가 아닌 자는 확인·설명하여야 할 의무가 없다. 따라서 개업공인중개사의 고용인이나 법인의 경우 대표자·책임자가 아닌 자는 확인·설명하여야 할 의무가 없다 할 것이다. 다만, 소속공인중개사는 중개대상물에 대하여 확인·설명의 업무를 수행할 수는 있다.

3. 확인·설명의 상대방

중개대상물 확인·설명은 매수인·임차인 등 권리를 취득하고자 하는 중개의뢰인에게 이행하여야 한다. 공동중개를 통하여 거래를 알선하는 경우라 하더라도 매수인·임차인 등 권리를 취득하고자 하는 중개의뢰인 일방에게만 확인·설명하여야 할 의무가 있다. 다만, 교환계약을 중개하는 때에는 교환당사자 모두가 권리를 이전하고자 하는 자임과 동시에 권리를 취득하고자 하는 자에 해당하므로 교환당사자 쌍방에게 확인·설명을 하여야 할 것이다.

4. 확인·설명사항

중개를 의뢰받은 경우에 개업공인중개사가 확인·설명해야 할 사항은 다음과 같다(영 제21조 제1항).

① 중개대상물의 종류·소재지·지번·지목·면적·용도·구조 및 건축연도 등 중개대상물에 관한 기본적인 사항
② 소유권·전세권·저당권·지상권 및 임차권 등 중개대상물의 권리관계에 관한 사항
③ 거래예정금액·중개보수 및 실비의 금액과 그 산출내역
④ 토지이용계획, 공법상의 거래규제 및 이용제한에 관한 사항
⑤ 수도·전기·가스·소방·열공급·승강기 및 배수 등 시설물의 상태
⑥ 벽면·바닥면 및 도배의 상태
⑦ 일조·소음·진동 등 환경조건
⑧ 도로 및 대중교통수단과의 연계성, 시장·학교와의 근접성 등 입지조건
⑨ 중개대상물에 대한 권리를 취득함에 따라 부담하여야 할 조세의 종류 및 세율

5. 임대차중개 시의 설명의무

개업공인중개사는 주택의 임대차계약을 체결하려는 중개의뢰인에게 다음의 사항을 설명하여야 한다(법 제25조의3).

> ① 「주택임대차보호법」 제3조의6 제4항에 따라 확정일자부여기관에 정보제공을 요청할 수 있다는 사항
> ② 「국세징수법」 제109조 제1항·제2항 및 「지방세징수법」 제6조 제1항·제3항에 따라 임대인이 납부하지 아니한 국세 및 지방세의 열람을 신청할 수 있다는 사항

6. 중개대상물의 상태에 관한 자료요구

(1) 자료의 요구

개업공인중개사는 중개물건의 확인 또는 설명을 위하여 필요한 경우 중개대상물의 매도의뢰인·임대의뢰인 등에게 중개대상물의 상태에 관한 자료를 요구할 수 있다(법 제25조 제2항).

(2) 자료요구에 불응한 경우

개업공인중개사는 매도의뢰인·임대의뢰인이 중개대상물의 상태에 관한 자료요구에 불응한 경우에는 그러한 사실을 매수의뢰인·임차의뢰인 등 권리를 취득하려는 중개의뢰인에게 설명하고 중개대상물 확인·설명서에 기재하여야 한다(영 제21조 제2항).

7. 소유자 등의 확인

개업공인중개사는 중개업무의 수행을 위하여 필요한 경우에는 중개의뢰인에게 주민등록증 등 신분을 확인할 수 있는 증표를 제시할 것을 요구할 수 있다(법 제25조의2).

3 중개대상물 확인·설명서의 작성의무 – 중개완성 시

1. 확인·설명서의 작성시기

개업공인중개사(법인의 경우는 대표자, 분사무소의 경우는 책임자를 말한다)는 중개가 완성되어 거래계약서를 작성하는 때에는 매수인·임차인 등 권리를 취득하고자 하는 중개의뢰인에게 확인·설명한 사항을 서면(중개대상물 확인·설명서를 말한다)으로 작성하여 거래당사자에게 교부하고, 그 원본, 사본 또는 전자문서를 3년간 보존하여야 한다(법 제25조 제3항 및 제4항 전단, 영 제21조 제4항). 다만, 확인·설명사항이 공인전자문서센터에 보관된 경우에는 그러하지 아니하다.

2. 확인·설명서의 기능

개업공인중개사의 중개행위로 인하여 재산상의 손해를 입은 중개의뢰인이 그 손해를 배상받기 위해서는 개업공인중개사의 고의·과실을 입증하여야 한다. 이때 중개대상물 확인·설명서는 개업공인중개사의 고의·과실을 입증하는 자료로서의 기능을 한다.

3. 중개대상물 확인·설명서의 법정서식 사용의무

중개대상물의 확인·설명서는 다음의 구분에 따른다(규칙 제16조).

① 중개대상물 확인·설명서[Ⅰ](주거용 건축물) : 별지 제20호 서식
② 중개대상물 확인·설명서[Ⅱ](비주거용 건축물) : 별지 제20호의2 서식
③ 중개대상물 확인·설명서[Ⅲ](토지) : 별지 제20호의3 서식
④ 중개대상물 확인·설명서[Ⅳ](입목·광업재단·공장재단) : 별지 제20호의4 서식

4. 서명 및 날인의무

(1) 서명 및 날인의무자

중개대상물 확인·설명서에는 개업공인중개사가 서명 및 날인하여야 하고 해당 중개행위를 한 소속공인중개사가 있는 경우에는 업무를 수행한 소속공인중개사도 개업공인중개사와 함께 서명 및 날인하여야 한다(법 제25조).

OX 확인문제

확인·설명서에는 개업공인중개사가 서명 및 날인하되, 해당 중개행위를 한 소속공인중개사가 있는 경우에는 소속공인중개사도 함께 서명 및 날인해야 한다.
• 26회 ( )

정답 (○)

소속공인중개사의 경우 모든 소속공인중개사가 서명 및 날인의무가 있는 것이 아니며, 해당 중개행위를 한 소속공인중개사에 한정하여 개업공인중개사와 함께 서명 및 날인하여야 할 의무가 있다. 이는 개업공인중개사뿐만 아니라 중개행위에 관여한 소속공인중개사에 대하여도 그 책임을 묻고자 함이다.

(2) 서명 및 날인의무의 내용

중개대상물 확인·설명서에는 거래 계약당사자 간의 분쟁을 예방하고 개업공인중개사의 중개업무를 표준화하기 위하여 '서명 및 날인' 모두 이행하여야 한다. 따라서 서명만 하였거나 날인만 한 경우에는 법령을 위반한 것이므로 행정처분(개업공인중개사는 업무정지처분, 소속공인중개사는 자격정지처분)을 받을 수 있다(대판 2009.2.12, 2008두16698).

(3) 2인 이상의 개업공인중개사가 공동으로 중개를 완성한 경우

2인 이상의 개업공인중개사가 공동으로 중개를 완성한 경우에는 중개에 관여한 개업공인중개사는 모두 중개대상물 확인·설명서에 서명 및 날인하여야 한다.

(4) 법인 및 법인의 분사무소의 경우

법인인 경우에는 대표자가 중개대상물 확인·설명서에 서명 및 날인하여야 한다. 다만, 법인의 분사무소에서 작성하는 중개대상물 확인·설명서에는 책임자가 서명 및 날인하여야 하며, 이 경우 대표자는 서명 및 날인의무가 없다.

(5) 소속공인중개사가 작성한 경우

소속공인중개사가 중개대상물 확인·설명서를 작성한 경우에는 소속공인중개사와 개업공인중개사가 함께 서명 및 날인하여야 한다.

(6) 중개보조원의 경우

중개보조원은 해당 중개업무를 보조한 경우라 하더라도 서명 및 날인의무가 없다. 그러나 이 법상 중개보조원의 서명 및 날인행위를 금지하지는 않는다.

5. 확인·설명서의 보존

개업공인중개사는 국토교통부령으로 정하는 중개대상물 확인·설명서에 확인·설명사항을 적어 거래당사자에게 발급해야 하며(영 제21조 제3항), 대통령령으로 정하는 기간인 3년 동안 그 원본, 사본 또는 전자문서를 보존하여야 한다(법 제25조 제3항). 다만, 확인·설명사항이 「전자문서 및 전자거래 기본법」 제2조 제9호에 따른 공인전자문서센터(이하 '공인전자문서센터'라 한다)에 보관된 경우에는 그러하지 아니하다(법 제25조 제3항).

4 위반 시 제재

1. 개업공인중개사

(1) 손해배상책임

개업공인중개사의 확인·설명의무 위반으로 인하여 중개의뢰인에게 손해가 발생한 경우 개업공인중개사는 그 손해를 배상할 책임이 있다. 개업공인중개사의 손해배상책임 여부는 성실·정확하게 설명하였는지 여부를 기준으로 판단하여 결정한다. 따라서 성실·정확하게 설명하였다면 설명할 당시 설명의 근거자료를 제시하지 않거나 중개완성 시 중개대상물 확인·설명서를 작성·교부하지 아니하였다 하더라도 이 법 위반에 해당되어 제재를 받을 수는 있지만 손해배상의 책임은 부담하지 않는다.

> **판례**
>
> - 공인중개사가 중개대상물 확인·설명서에 기재하여야 할 '실제 권리관계 또는 공시되지 아니한 물건의 권리 사항'에 「상가건물 임대차보호법」에 따른 임대차가 포함되는지 여부
>
>   중개업자는 중개대상물에 관한 권리를 취득하고자 하는 거래당사자에게 중개가 완성되기 전에 중개대상물의 소유권·전세권·저당권·지상권·임차권 등 권리관계 등을 확인한 후 설명하여야 한다. 공인중개사가 거래당사자에게 교부하는 중개대상물 확인·설명서 서식에는 중개대상물의 권리관계란에 '등기부 기재사항' 이외에 '실제 권리관계 또는 공시되지 아니한 물건의 권리사항'을 기재하여야 하고, 여기에는 「상가건물 임대차보호법」(이하 '상가임대차법'이라 한다)에 따른 임대차가 포함된다(대판 2017.7.11, 2016다261175).

- 부동산 중개업자가 상가건물에 대한 임차권 양도계약을 중개하는 경우, 「상가건물 임대차보호법」상 대항력, 우선변제권 등의 보호를 받을 수 있는 임대차에 해당하는지를 판단하는 데 필요한 상가건물의 권리관계 등에 관한 자료를 확인·설명할 의무가 있는지 여부

  중개업자가 상가건물에 대한 임차권 양도계약을 중개할 때에는 의뢰인에게 중개대상물인 임차권의 존재와 내용에 관하여 확인·설명할 의무가 있으므로, 상가임대차계약을 중개하는 것에 준해서 임차권의 목적이 된 부동산의 등기부상 권리관계뿐만 아니라 의뢰인이 상가임대차법에서 정한 대항력, 우선변제권 등의 보호를 받을 수 있는 임대차에 해당하는지를 판단하는 데 필요한 상가건물의 권리관계 등에 관한 자료를 확인·설명하여야 할 의무가 있다. 그러므로 중개업자가 고의나 과실로 이러한 의무를 위반하여 의뢰인에게 재산상의 손해를 발생하게 한 때에는 이를 배상할 책임이 있다(대판 2017.7.11, 2016다261175).

- 무상의 중개행위에도 확인·설명의무가 적용되는지 여부

  개업공인중개사의 확인·설명의무와 이에 위반한 경우의 손해배상의무는 이와 성질이 유사한 「민법」상 위임계약에 있어서 수임인이 수임사무 처리에 관하여 선량한 관리자의 주의를 기울일 의무가 면제되지 않는 점에 비추어 볼 때, 중개의뢰인이 개업공인중개사에게 소정의 중개보수를 지급하지 아니하였다고 해서 당연히 소멸되는 것은 아니므로 무상의 중개행위에도 확인·설명의무가 적용된다 할 것이다(대판 2002.2.5, 2001다71484).

(2) 행정처분

개업공인중개사가 다음에 해당하는 위반행위를 한 경우에는 등록관청은 6개월의 범위 안에서 기간을 정하여 업무정지처분을 할 수 있다(법 제39조 제1항 제6호·제7호).

① 중개대상물 확인·설명서를 작성·교부하지 않거나 3년간 보존하지 아니한 경우

② 중개대상물 확인·설명서에 서명 및 날인을 하지 아니한 경우

(3) 행정질서벌

중개대상물에 대하여 성실·정확하게 확인·설명하지 않거나 설명의 근거자료를 제시하지 아니한 경우 500만원 이하의 과태료 사유에 해당한다(법 제51조 제2항 제1호의6).

O X 확 인 문 제

개업공인중개사가 성실·정확하게 중개대상물의 확인·설명을 하지 아니하면 업무정지사유에 해당한다. • 26회   (   )

정답 (×)

개업공인중개사가 확인·설명의무를 이행하지 아니한 경우 500만원 이하의 과태료에 해당한다.

2. 소속공인중개사

(1) 손해배상책임

소속공인중개사의 확인·설명의무 위반으로 인하여 중개의뢰인에게 손해가 발생한 경우 소속공인중개사는 그 손해를 배상하여야 할 책임이 있으며, 그를 고용한 개업공인중개사도 소속공인중개사와 함께 그 손해를 배상하여야 할 책임이 있다.

(2) 행정상 책임

소속공인중개사가 다음에 해당하는 위반행위를 한 경우에는 시·도지사는 6개월의 범위 안에서 기간을 정하여 자격정지처분을 할 수 있다(법 제36조 제1항 제3호·제4호).

① 중개대상물에 대하여 성실·정확하게 확인·설명하지 않거나 설명의 근거자료를 제시하지 아니한 경우

② 해당 중개행위를 하였음에도 중개대상물 확인·설명서에 서명 및 날인하지 아니한 경우

■■ 확인·설명의무와 확인·설명서 작성의 비교

구 분	중개대상물 확인·설명	확인·설명서 작성
시 기	중개의뢰를 받은 시점부터 중개를 완성하기 전까지	중개가 완성되어 거래계약서를 작성하는 때
대 상	매수인 등 권리취득 중개의뢰인 일방	거래당사자 쌍방
내 용	성실·정확하게 설명하고 근거자료 제시	확인·설명서를 작성하여 서명 및 날인한 후 쌍방에게 교부, 3년간 보존
의무자	개업공인중개사(법인은 대표자, 분사무소는 책임자)	좌 동
서명 및 날인	해당 없음	• 개업공인중개사는 항상 의무를 부담 • 소속공인중개사는 해당 업무를 수 행한 경우에 한정하여 의무를 부담

O X 확 인 문 제

소속공인중개사가 확인·설명서에 서명 및 날인의무를 이행하지 아니한 경우 500만원 이하의 과태료 부과사유에 해당한다.
( )

정답 (×)
소속공인중개사가 확인·설명서에 서명 및 날인의무를 이행하지 아니한 경우 자격정지사유에 해당한다.

01 공인중개사법령상 개업공인중개사 甲의 중개대상물 확인·설명에 관한 설명으로 <u>틀린</u> 것은? (다툼이 있으면 판례에 따름) ·34회

① 甲은 중개가 완성되어 거래계약서를 작성하는 때에 중개대상물 확인·설명서를 작성하여 거래당사자에게 교부해야 한다.

② 甲은 중개대상물에 근저당권이 설정된 경우, 실제의 피담보채무액을 조사·확인하여 설명할 의무가 있다.

③ 甲은 중개대상물의 범위 외의 물건이나 권리 또는 지위를 중개하는 경우에도 선량한 관리자의 주의로 권리관계 등을 조사·확인하여 설명할 의무가 있다.

④ 甲은 자기가 조사·확인하여 설명할 의무가 없는 사항이라도 중개의뢰인이 계약을 맺을지를 결정하는 데 중요한 것이라면 그에 관해 그릇된 정보를 제공해서는 안 된다.

⑤ 甲이 성실·정확하게 중개대상물의 확인·설명을 하지 않거나 설명의 근거자료를 제시하지 않은 경우 500만원 이하의 과태료 부과사유에 해당한다.

해설 ② 甲은 중개대상물에 근저당권이 설정된 경우, '채권최고액'을 조사·확인하여 설명할 의무가 있다.

정답 ②

02 공인중개사법령상 '중개대상물의 확인·설명사항'과 '전속중개계약에 따라 부동산거래정보망에 공개해야 할 중개대상물에 관한 정보'에 공통으로 규정된 것을 모두 고른 것은? ·32회

㉠ 공법상의 거래규제에 관한 사항
㉡ 벽면 및 도배의 상태
㉢ 일조·소음의 환경조건
㉣ 취득 시 부담해야 할 조세의 종류와 세율

① ㉠, ㉡

② ㉢, ㉣

③ ㉠, ㉡, ㉢

④ ㉡, ㉢, ㉣

⑤ ㉠, ㉡, ㉢, ㉣

해설 ③ 취득 시 부담해야 할 조세의 종류와 세율은 중개대상물의 확인·설명사항에 해당하지만, 전속중개계약에 따라 부동산거래정보망에 공개해야 할 중개대상물에 관한 정보에는 해당하지 않는다.

> ➕ 이 경우 ⓒ의 벽면 및 도배의 상태는 확인·설명사항과 전속중개계약에
> 따라 부동산거래정보망에 공개하여야 하는 공통적 사항이다. 하지만, 바
> 닥면은 확인·설명사항에는 포함되지만 공개사항에는 포함되지 않는다.
>
> 정답 ③

제4절 거래계약서의 작성

•24회 •25회 •26회 •27회 •28회 •29회 •31회 •33회

> **법 제26조 【거래계약서의 작성 등】** ① 개업공인중개사는 중개대상물에 관하여 중개
> 가 완성된 때에는 대통령령으로 정하는 바에 따라 거래계약서를 작성하여 거래당사자에
> 게 교부하고 대통령령으로 정하는 기간 동안 그 원본, 사본 또는 전자문서를 보존하여야
> 한다. 다만, 거래계약서가 공인전자문서센터에 보관된 경우에는 그러하지 아니하다.
> ② 제25조 제4항의 규정은 제1항에 따른 거래계약서의 작성에 관하여 이를 준용한다.
> ③ 개업공인중개사는 제1항에 따라 거래계약서를 작성하는 때에는 거래금액 등 거래
> 내용을 거짓으로 기재하거나 서로 다른 둘 이상의 거래계약서를 작성하여서는 아니
> 된다.

1 거래계약서의 작성 관련 의무

(1) 거래계약서의 작성의무

개업공인중개사(법인인 개업공인중개사의 경우는 대표자, 분사무소의 경우는 책
임자를 말한다)는 중개대상물에 관하여 중개가 완성된 때에는 거래계약서를
작성하여 거래당사자에게 교부하여야 한다(법 제26조 제1항). 거래계약은 거
래당사자 간의 의사의 합치로 성립되는 것이지, 거래계약서를 작성하여야 계
약이 성립되는 것은 아니다. 거래계약서를 작성하는 것은 계약의 성립이나
그 계약내용을 기록해 둠으로써 후일 분쟁이 발생할 때 증거로 제공하는 데
그 목적이 있다. 따라서 중개가 완성된 경우 개업공인중개사에게 거래계약서
작성의무를 부과하고 있다.

(2) 거래계약서의 성실작성의무

개업공인중개사는 거래계약서를 작성하는 때에는 거래금액 등 거래내용을
거짓으로 기재하거나 서로 다른 둘 이상의 거래계약서를 작성하여서는 아
니 된다(법 제26조 제3항). 소속공인중개사가 작성하는 때에도 또한 같다.

2 거래계약서의 서식

국토교통부장관은 개업공인중개사가 작성하는 거래계약서의 표준이 되는 서식을 정하여 그 사용을 권장할 수 있다(영 제22조 제3항). 현재 거래계약서의 표준서식(시행규칙 별지 서식을 말한다)은 정해진 바 없다.

3 거래계약서의 필요적 기재사항

개업공인중개사가 작성하는 거래계약서에는 다음의 사항을 기재하여야 한다(영 제22조 제1항). 개업공인중개사는 중개의뢰인의 요구가 있다 하더라도 필요적 기재사항을 빠트리고 기재하여서는 아니 된다.

> ① 거래당사자의 인적사항
> ② 물건의 표시
> ③ 계약일
> ④ 거래금액·계약금액 및 그 지급일자 등 지급에 관한 사항
> ⑤ 물건의 인도일시
> ⑥ 권리이전의 내용
> ⑦ 계약의 조건이나 기한이 있는 경우에는 그 조건 또는 기한
> ⑧ 중개대상물 확인·설명서 교부일자
> ⑨ 그 밖의 약정내용

4 거래계약서의 서명 및 날인

(1) 서명 및 날인의무자

거래계약서에는 개업공인중개사가 서명 및 날인하여야 하고 해당 중개행위를 한 소속공인중개사가 있는 경우에는 해당 중개행위를 한 소속공인중개사도 개업공인중개사와 함께 서명 및 날인하여야 한다(법 제26조 제2항, 제25조 제4항 후단). 소속공인중개사의 경우 모든 소속공인중개사가 서명 및 날인의무가 있는 것이 아니며, 해당 중개행위를 한 소속공인중개사에 한정하여 개업공인중개사와 함께 서명 및 날인하여야 할 의무가 있는 것이다. 이는 개업공인중개사뿐만 아니라 중개행위에 관여한 소속공인중개사에 대하여도 그 책임을 묻고자 함이다.

(2) 서명 및 날인의무의 내용

거래계약서에는 거래 계약당사자 간의 분쟁을 예방하고 개업공인중개사의 중개업무를 표준화하기 위하여 '서명 및 날인' 모두 이행하여야 한다. 따라서 서명만 하였거나 날인만 한 경우에는 법령을 위반한 것이므로 행정처분 (개업공인중개사는 업무정지처분, 소속공인중개사는 자격정지처분)을 받을 수 있다(대판 2009.2.12, 2008두16698).

(3) 2인 이상의 개업공인중개사가 공동으로 중개를 완성한 경우

2인 이상의 개업공인중개사가 공동으로 중개를 완성한 경우에는 중개에 관여한 개업공인중개사는 모두 거래계약서에 서명 및 날인하여야 한다.

(4) 법인 및 법인의 분사무소의 경우

법인인 경우에는 대표자가 거래계약서에 서명 및 날인하여야 한다. 다만, 법인의 분사무소에서 작성하는 거래계약서에는 책임자가 서명 및 날인하여야 하며, 이 경우 대표자는 서명 및 날인의무가 없다.

(5) 소속공인중개사가 작성한 경우

소속공인중개사가 거래계약서를 작성한 경우에는 소속공인중개사와 개업공인중개사가 함께 서명 및 날인하여야 한다.

(6) 중개보조원의 경우

중개보조원은 해당 중개업무를 보조한 경우라 하더라도 거래계약서에 서명 및 날인할 의무가 없다. 그러나 이 법상 중개보조원의 서명 및 날인행위를 금지하지는 않는다.

5 거래계약서의 보존

개업공인중개사는 중개대상물에 관하여 중개가 완성된 때에는 거래계약서를 작성하여 거래당사자에게 교부하고 5년 동안 그 원본, 사본 또는 전자문서를 보존하여야 한다. 다만, 거래계약서가 공인전자문서센터에 보관된 경우에는 그러하지 아니하다(법 제26조 제1항, 영 제22조 제2항).

O X 확 인 문 제

법인의 분사무소에서 거래계약이 체결된 경우 법인의 대표자가 서명 및 날인하여야 한다.

( )

정답 (×)

법인의 분사무소에서 거래계약이 체결된 경우 분사무소 책임자가 서명 및 날인하여야 한다. 법인의 대표자는 서명 및 날인의무가 없다.

6 위반 시 제재

1. 개업공인중개사

(1) 상대적 등록취소처분
등록관청은 개업공인중개사가 거래계약서에 거래금액 등 거래내용을 거짓으로 기재하거나 서로 다른 둘 이상의 거래계약서를 작성한 경우에는 등록을 취소할 수 있다(법 제38조 제2항 제7호).

(2) 업무정지처분
등록관청은 개업공인중개사가 적정하게 거래계약서를 작성·교부하지 않거나 5년간 보존하지 아니한 경우, 거래계약서에 서명 및 날인을 하지 아니한 경우에는 업무정지처분을 할 수 있다(법 제39조 제1항 제8호·제9호).

2. 소속공인중개사

시·도지사는 소속공인중개사가 거래계약서에 거래금액 등 거래내용을 거짓으로 기재하거나 서로 다른 둘 이상의 거래계약서를 작성한 경우, 해당 중개행위를 하였음에도 거래계약서에 서명 및 날인을 하지 아니한 경우에는 자격정지처분을 할 수 있다(법 제36조 제1항 제5호·제6호).

▪▪ 각종 서식 비교

구 분	전속중개계약서	확인·설명서	거래계약서
법적 성질	중개의뢰내용의 서면화	확인·설명내용의 서면화	거래내용의 서면화
법정서식	있 음	있 음	없 음
교부대상자	중개의뢰인 일방	거래당사자 쌍방	거래당사자 쌍방
보존기간	3년	3년	5년
작성시기	전속중개계약 체결 시	중개가 완성되어 거래계약서를 작성하는 때	중개가 완성된 때
작성부수	2부	3부	3부

기출&예상 문제

공인중개사법령상 개업공인중개사의 거래계약서 작성 등에 관한 설명으로 옳은 것은?

• 33회

① 개업공인중개사가 국토교통부장관이 정하는 거래계약서 표준서식을 사용하지 아니한 경우, 시·도지사는 그 자격을 취소해야 한다.

② 중개대상물 확인·설명서 교부일자는 거래계약서에 기재해야 하는 사항이다.

③ 하나의 거래계약에 대하여 서로 다른 둘 이상의 거래계약서를 작성한 경우, 시·도지사는 3개월의 범위 안에서 그 업무를 정지해야 한다.

④ 중개행위를 한 소속공인중개사가 거래계약서를 작성하는 경우, 그 소속공인중개사가 거래계약서에 서명 및 날인하여야 하며 개업공인중개사는 서명 및 날인의무가 없다.

⑤ 거래계약서가 「전자문서 및 전자거래 기본법」에 따른 공인전자문서센터에 보관된 경우 3년간 그 사본을 보존해야 한다.

> **해설** ① 국토교통부장관은 개업공인중개사가 작성하는 거래계약서의 표준이 되는 서식을 정하여 그 사용을 권장할 수 있다(영 제22조 제3항). 표준서식 사용 여부는 의무가 아니라 권장사항이므로, 표준서식을 사용하지 아니하였다 하여 제재할 수 없다. 따라서 개업공인중개사가 국토교통부장관이 정하는 거래계약서 표준서식을 사용하지 아니한 경우, 시·도지사는 그 자격을 취소해야 한다는 지문은 틀린 지문이 된다.
>
> ③ 등록관청은 개업공인중개사가 거래계약서에 거래금액 등 거래내용을 거짓으로 기재하거나 서로 다른 둘 이상의 거래계약서를 작성한 경우에는 등록을 취소할 수 있다(법 제38조 제2항 제7호).
>
> ④ 중개행위를 한 소속공인중개사가 거래계약서를 작성하는 경우, 소속공인중개사와 개업공인중개사가 함께 서명 및 날인하여야 한다.
>
> ⑤ 개업공인중개사는 중개대상물에 관하여 중개가 완성된 때에는 거래계약서를 작성하여 거래당사자에게 교부하고 5년 동안 그 원본, 사본 또는 전자문서를 보존하여야 한다. 다만, 거래계약서가 공인전자문서센터에 보관된 경우에는 그러하지 아니하다(법 제26조 제1항, 영 제22조 제2항).

정답 ②

① 단체를 구성하여 특정 중개대상물에 대하여 (　　)를 제한하거나 단체 구성원 이외의 자와 (　　)를 제한하는 행위도 금지행위에 해당한다.

② 안내문, 온라인 커뮤니티 등을 이용하여 특정 개업공인중개사등에 대한 중개의뢰를 제한하거나 제한을 유도하는 행위도 금지행위에 (　　).

③ 직접 거래에서의 중개의뢰인에는 중개대상물의 (　　)뿐만 아니라 중개대상물의 소유자의 대리인이나 그 거래에 관하여 사무의 처리를 위탁받은 (　　)도 포함된다.

④ (　　)은 이 법 및 다른 법률에 특별한 규정이 있는 경우를 제외하고는 그 업무상 알게된 비밀을 누설하여서는 아니 된다.

⑤ 개업공인중개사가 작성한 확인·설명서는 (　　)에게 교부하고 그 원본, 사본 또는 전자문서를 (　　)간 보존하여야 한다.

⑥ 개업공인중개사는 중개물건의 확인 또는 설명을 위하여 필요한 경우 중개대상물의 (　　)중개의뢰인, (　　)중개의뢰인 등에게 중개대상물의 상태에 관한 자료를 요구할 수 있다.

⑦ 소속공인중개사가 중개대상물 확인·설명서를 작성한 경우에는 소속공인중개사와 개업공인중개사가 함께 (　　)하여야 한다.

⑧ 개업공인중개사는 주택의 임대차계약을 체결하려는 중개의뢰인에게 (　　)부여기관에 정보제공을 요청할 수 있다는 사항, 임대인이 납부하지 아니한 (　　) 및 (　　)의 열람을 신청할 수 있다는 사항에 대하여 설명하여야 한다.

⑨ (　　)은 개업공인중개사가 작성하는 거래계약서의 표준이 되는 서식을 정하여 그 사용을 권장할 수 있다.

⑩ 등록관청은 개업공인중개사가 거래계약서에 거래금액 등 거래내용을 거짓으로 기재하거나 서로 다른 둘 이상의 거래계약서를 작성한 경우에는 (　　)할 수 있다.

> 정답　**1** 중개, 공동중개　**2** 해당한다　**3** 소유자, 수임인　**4** 개업공인중개사등　**5** 거래당사자, 3년
> **6** 매도, 임대　**7** 서명 및 날인　**8** 확정일자, 국세, 지방세　**9** 국토교통부장관　**10** 등록을 취소

나는 깊게 파기 위해
넓게 파기 시작했다.

– 스피노자(Baruch de Spinoza)

07 | 손해배상책임과 반환채무이행 보장

10개년 출제문항 수

25회	26회	27회	28회	29회
1	1	1	1	1

30회	31회	32회	33회	34회
1	1	2	1	2

↳ 총 40문제 中 평균 약 1.2문제 출제

학습전략

• 손해배상책임을 위해 개업공인중개사의 종별에 따른 최소 업무보증설정 금액, 공탁금 회수제한, 다시 가입 및 보전규정에 대하여 학습하여야 합니다.

• 반환채무이행보장제도에서 예치명의자, 예치기관 등을 학습하여야 합니다.

제1절 · 손해배상책임과 업무보증설정

• 25회 • 26회 • 27회 • 28회 • 29회 • 31회 • 32회 • 33회 • 34회

> **법 제30조【손해배상책임의 보장】** ① 개업공인중개사는 중개행위를 하는 경우 고의 또는 과실로 인하여 거래당사자에게 재산상의 손해를 발생하게 한 때에는 그 손해를 배상할 책임이 있다.
>
> ② 개업공인중개사는 자기의 중개사무소를 다른 사람의 중개행위의 장소로 제공함으로써 거래당사자에게 재산상의 손해를 발생하게 한 때에는 그 손해를 배상할 책임이 있다.
>
> ③ 개업공인중개사는 업무를 개시하기 전에 제1항 및 제2항에 따른 손해배상책임을 보장하기 위하여 대통령령으로 정하는 바에 따라 보증보험 또는 제42조에 따른 공제에 가입하거나 공탁을 하여야 한다.
>
> ④ 제3항에 따라 공탁한 공탁금은 개업공인중개사가 폐업 또는 사망한 날부터 3년 이내에는 이를 회수할 수 없다.
>
> ⑤ 개업공인중개사는 중개가 완성된 때에는 거래당사자에게 손해배상책임의 보장에 관한 다음 각 호의 사항을 설명하고 관계 증서의 사본을 교부하거나 관계 증서에 관한 전자문서를 제공하여야 한다.
>
> 1. 보장금액
> 2. 보증보험회사, 공제사업을 행하는 자, 공탁기관 및 그 소재지
> 3. 보장기간

1 개업공인중개사의 손해배상책임

1. 규정의 취지

개업공인중개사는 중개행위를 하는 경우 고의 또는 과실 등으로 인하여 거래당사자에게 재산상 손해를 발생하게 한 때에는 그 손해를 배상할 책임이 있다(법 제30조 제1항). 개업공인중개사는 「민법」 제750조 규정에 의한 손해배상책임은 별론으로 하더라도 이 법상 그 손해를 배상할 책임이 있다. 「공인중개사법」은 이러한 손해배상책임을 보장하기 위한 수단으로서 개업공인중개사로 하여금 중개업무를 개시하기 전에 보증보험, 공제 또는 공탁의 방법으로 업무보증을 설정하게 함으로써 중개의뢰인을 보호하고 개업공인중개사의 책임성을 확보하고 있다.

2. 손해배상책임의 내용

(1) 원칙(과실책임) – 개업공인중개사의 고의·과실에 의한 책임

개업공인중개사는 중개행위를 하는 경우 고의 또는 과실로 인하여 거래당사자에게 재산상의 손해를 발생하게 한 때에는 그 손해를 배상할 책임이 있다(법 제30조 제1항). 개업공인중개사의 손해배상책임이 인정되기 위해서는 다음의 인과관계가 있어야 한다.

① **중개행위가 있었을 것** : 개업공인중개사의 중개행위와 관련된 행위로 인하여 손해가 발생되어야 한다. 중개행위란 중개대상물에 관하여 매매 등 거래행위를 알선함에 부수되는 모든 행위를 말한다. 즉, 중개대상물을 조사·확인하거나 매수인에게 중개대상물의 현장을 안내하거나 매수인 등 권리취득 중개의뢰인에게 해당 부동산에 관하여 설명하거나 중개대상물 확인·설명서 및 거래계약서를 작성하는 행위 등을 의미한다. 그러나 중개행위가 아닌 행위로 인해 발생한 재산상의 손해 또는 개업공인중개사가 아닌 자의 행위로 인해 발생한 재산적 손해는 이 법에 따른 책임을 물을 수 없다.

② **고의 또는 과실이 있을 것** : 개업공인중개사가 중개행위와 관련하여 자신의 고의 또는 과실이 있어야 한다. 고의뿐만 아니라 경과실(추상적 경과실을 의미한다) 및 중과실에 의한 재산상의 손해에 대하여도 손해배상책임이 있다.

③ **재산상의 손해가 발생할 것** : 재산상의 손해가 발생하여야 한다. 따라서 정신적 손해에 대해서는 이 법에 따른 책임을 물을 수 없다(대판 2007.2.8, 2005다55008).

(2) 예외(무과실책임)

① **중개사무소 제공에 따른 책임** : 개업공인중개사는 자기의 중개사무소를 다른 사람의 중개행위의 장소로 제공함으로써 거래당사자에게 재산상 손해를 발생하게 한 때에는 그 손해를 배상할 책임이 있다(법 제30조 제2항). 중개사무소를 타인에게 제공한 경우 중개의뢰인은 등록된 중개사무소라는 공신력을 믿게 되므로, 이 개업공인중개사의 중개사무소를 보고 거래한 중개의뢰인이 피해를 입을 경우 손해를 배상하는 것은 당연하다고 할 것이다. 이 경우 장소를 제공한 개업공인중개사의 고의나 과실은 묻지 않고 손해배상책임을 묻고 있으므로 무과실책임이다.

② **고용인의 업무상 행위에 따른 책임** : 개업공인중개사가 고용한 고용인의 업무상 행위는 그를 고용한 개업공인중개사의 행위로 간주되므로 고용인이 고의·과실로 인하여 거래당사자에게 재산상 손해를 발생시킨 경우 개업공인중개사는 고용인과 연대하여 손해를 배상하여야 할 책임이 있다.

3. 손해배상책임의 범위

(1) 재산적 손해

이 법상의 손해배상책임은 재산상 손해에 대해서만 적용되는 것이므로 거래당사자는 정신적 손해(비재산적 손해)에 대하여는 「민법」에 의하여 별도로 청구하여야 할 것이며, 개업공인중개사등이 아닌 제3자가 중개행위를 하여 재산상 손해를 발생하게 한 때에는 이 법 규정에 따른 손해배상책임을 물을 수 없다(대판 2007.11.15, 2007다44156). 따라서 「민법」에 따라 제3자에게 손해배상을 청구하여야 할 것이다.

(2) 배상책임의 범위

개업공인중개사의 손해배상책임의 범위는 개업공인중개사가 설정한 업무보증금액 범위 내로 제한되는 것이 아니라 발생한 손해 전부이다. 따라서 거래당사자는 그 손해액이 업무보증금액을 초과한 경우에는 초과한 금액에 대하여도 개업공인중개사에게 추가로 청구하여 받을 수 있다. 업무보증금으로의 배상은 재산상 손해만 해당되므로 정신적 손해는 업무보증금으로 배상받을 수 없다.

판 례

- 부동산 매매계약 체결을 중개하고 계약체결 후 계약금 및 중도금 지급에도 관여한 개업공인중개사가 잔금 중 일부를 횡령한 경우, 이는 개업공인중개사가 중개행위를 하는 경우 거래당사자에게 재산상 손해를 발생하게 한 경우에 해당한다 할 것이므로 개업공인중개사는 그 손해를 배상할 책임이 있다 (대판 2005.10.7, 2005다32197).

- 임대차계약을 알선한 개업공인중개사가 계약체결 후에도 보증금의 지급, 목적물의 인도, 확정일자의 취득 등과 같은 거래당사자의 계약상 의무의 실현에 관여함으로써 계약상 의무가 원만하게 이행되도록 주선할 것이 예정되어 있는 때에는 그러한 개업공인중개사의 행위는 객관적·외형적으로 보아 사회통념상 거래의 알선·중개를 위한 행위로서 중개행위의 범주에 포함된다 (대판 2007.2.8, 2005다55008).

- 중개보조원이 중개사무소에서 중개의뢰인에게 계약서를 허위로 작성해 주고 전세금을 편취한 죄로 징역형을 선고받은 경우 개업공인중개사에게 책임을 물을 수 있고 공제금 지급을 신청할 수 있다(국토교통부 유권해석 58370 – 466, 2000.3.27.).

- 개업공인중개사가 자신의 중개사무소를 다른 사람의 중개행위의 장소로 제공하여 장소를 제공받은 자가 임대차계약을 중개하면서 거래당사자로부터 종전 임차인에게 종전 보증금을 전달하여 달라는 부탁을 받고 그 금원을 횡령한 경우 중개사무소를 제공한 개업공인중개사는 중개사무소를 제공받은 자와 연대하여 배상할 책임이 있다(대판 2000.12.22, 2000다48098).

- 중개사무소를 동업으로 운영하는 경우 다른 동업자는 그 업무집행의 동업자인 동시에 사용자의 지위에 있다 할 것이므로, 업무집행과정에서 발생한 사고에 대하여 서로 사용자로서의 손해배상책임이 있다(대판 2006.3.10, 2005다65562).

2 업무보증의 설정

1. 업무보증설정의 취지

개업공인중개사가 중개업무를 수행하는 과정에서 고의 또는 과실 등으로 인하여 거래당사자에게 손해를 발생시킨 경우에 그 손해를 배상해야 할 의무가 있지만, 개업공인중개사가 손해를 배상할 자력이 없다 하여 배상을 하지 못한다면 그 피해는 고스란히 거래당사자가 입게 될 수 있다. 따라서 이 법에서는 개업공인중개사의 손해배상책임을 보장함으로써 거래당사자를 보호하고 개업공인중개사의 공신력을 제고하기 위하여 개업공인중개사에 대하여 업무를 개시하기 전에 업무보증설정을 강제하고 있다. 그 실효성을 확보하기 위하여 등록관청에 대하여 업무보증설정을 하기 전까지 등록증을 교부하지 못하게 함으로써, 개업공인중개사는 등록증을 교부받기 전에는 업무를 개시할 수 없도록 하였다.

2. 업무보증의 설정 및 신고

개업공인중개사는 중개업무를 개시하기 전에 손해배상책임을 보장하기 위한 수단으로서 업무보증을 설정하여 그 증명서류를 갖추어 등록관청에 신고하여야 한다(법 제30조 제3항). 다른 법률의 규정에 따라 중개업을 할 수 있는 법인도 또한 같다. 다만, 보증을 한 보증보험회사, 공제사업자 또는 공탁기관(이하 '보증기관'이라 한다)이 보증사실을 등록관청에 직접 통보한 경우에는 신고를 생략할 수 있다(영 제24조 제2항). 증명서류(전자문서를 포함한다)라 함은 보증보험증서 사본, 공제증서 사본, 공탁증서 사본 등을 말한다. 업무보증설정신고를 받은 등록관청은 지체 없이 등록증을 교부하여야 한다.

3. 업무보증의 설정방법

개업공인중개사는 종별을 불문하고 손해배상책임을 보장하기 위하여 대통령령으로 정하는 바에 의하여 보증보험·공제에 가입하거나 공탁기관에 공탁 중 하나를 선택하여 보증을 설정하여야 한다. 보증보험·공제 또는 공탁에 가입한 개업공인중개사가 고의·과실에 의하여 재산상 손해가 발생한 경우 업무보증설정 한도 내에서 보증보험회사·공제사업자 또는 공탁기관이 중개의뢰인에게 보증금을 지급하게 된다. 업무보증의 설정방법은 다음의 세 가지 중에서 선택할 수 있다.

(1) 보증보험가입

보증보험이란 개업공인중개사의 손해배상책임을 보장하는 책임보험의 일
종으로 보증보험회사와 개업공인중개사가 체결한 보험계약으로 개업공인
중개사는 소정의 요율에 따른 보험료를 납부하고 업무보증을 설정할 수 있
다. 보증보험은 개업공인중개사가 중개행위를 하는 경우 고의 또는 과실로
인하여 거래당사자에게 입힌 재산상의 손해를 보상하기 위하여 체결된 이른
바 타인을 위한 손해보험계약의 성질을 갖는다(대판 1999.3.9, 98다61913).

(2) 공제가입

공인중개사협회에서 운영하는 공제에 가입하는 방법으로 업무보증을 설정
하는 것을 말하며 공제의 효력은 보증보험과 동일하다. 공제제도는 손해배
상책임을 보증하는 보증보험적 성격을 가진다(대판 1995.9.29, 94다47261).
공인중개사협회에서는 비영리사업으로서 회원 간의 상호 부조를 목적으로
개업공인중개사의 손해배상책임을 보장하기 위해 공제사업을 하고 있으
며, 현재 대부분의 개업공인중개사는 협회의 공제에 가입하여 업무보증을
설정하고 있다. 보증보험과 공제는 자동차보험과 같은 일반 보험과는 차이
가 있음에 유의해야 한다. 즉, 부동산 중개사고가 발생하여 보증보험회사
및 공제사업자인 협회에서 손해배상금을 중개의뢰인에게 지급한 경우, 개
업공인중개사에 대해 구상권을 행사하므로 최종적인 금전적 손해부담은
결국 개업공인중개사가 지게 된다. 따라서 개업공인중개사는 손해배상책
임이 발생하지 않도록 성실하고 세심한 중개활동을 하여야 하며, 고용인을
철저하게 관리·감독하여야 한다.

(3) 공탁설정

공탁이란 중개의뢰인에게 재산상 손해가 발생한 경우 그 손해의 배상을 담
보하기 위해 개업공인중개사가 자신의 금전 혹은 유가증권을 공탁기관인
법원에 담보공탁을 하는 것을 말한다. 개업공인중개사가 업무보증으로 공
탁을 한 경우 공탁금은 개업공인중개사가 **폐업 또는 사망한 날부터 3년 이내**
에는 이를 회수할 수 없다(법 제30조 제4항).

O X 확 인 문 제

공탁금은 개업공인중개사가 폐
업 또는 사망한 날부터 5년 이내
에는 이를 회수할 수 없다.

( )

정답 (×)

공탁금은 개업공인중개사가 폐
업 또는 사망한 날부터 3년 이내
에는 이를 회수할 수 없다.

4. 보증설정금액

(1) 법인인 개업공인중개사

법인인 개업공인중개사는 4억원 이상의 보증을 설정해야 한다. 다만, 분사무소를 두는 경우에는 분사무소마다 2억원 이상을 추가로 설정하여야 한다(영 제24조 제1항 제1호).

(2) 개인인 개업공인중개사(법인이 아닌 개업공인중개사)

공인중개사인 개업공인중개사와 부칙 제6조 제2항에 규정된 개업공인중개사는 2억원 이상을 설정하여야 한다(영 제24조 제1항 제2호).

(3) 다른 법률에 따라 부동산중개업을 할 수 있는 자

다른 법률에 따라 부동산중개업을 할 수 있는 자가 부동산중개업을 하려는 경우에는 중개업무를 개시하기 전에 보장금액 2천만원 이상의 보증을 보증기관에 설정하고 그 증명서류를 갖추어 등록관청에 신고해야 한다(영 제24조 제3항).

■■ 보증의 설정방법 및 금액 정리

개업공인중개사 종별	방 법	금 액
법인인 개업공인중개사		4억원 이상(분사무소는 2억원 이상 추가 설정)
개인인 개업공인중개사	• 보증보험	2억원 이상
다른 법률에 따라 부동산중개업을 할 수 있는 자	• 공제 • 공탁	2천만원 이상

5. 보증의 변경

업무보증을 설정한 개업공인중개사가 그 보증을 다른 보증으로 변경하고자 하는 경우에는 이미 설정한 보증의 효력이 있는 기간 중에 다른 보증을 설정하고 그 증명서류를 갖추어 등록관청에 신고하여야 한다(영 제25조 제1항).

■ 공인중개사법 시행규칙 [별지 제25호 서식] 〈개정 2014.7.29.〉

손해배상책임보증 [   ] 설정   신고서
[   ] 변경

※ 해당하는 곳의 [   ]란에 ∨표를 하시기 바랍니다.

접수일	접수번호	처리기간 즉시

개업 공인중개사	종 별	[ ] 법인 [ ] 공인중개사 [ ] 법 제7638호 부칙 제6조 제2항에 따른 개업공인중개사	
	성명(대표자)		생년월일
	주소(체류지)		
	전화번호		

중개사무소	명칭		등록번호
	소재지		
	전화번호		

보 증	[ ] 보증보험 [ ] 공제 [ ] 공탁	보증기관	설정일
		보장금액	보장기간
변경 전 보증내용			
변경 사유			

「공인중개사법 시행령」 제24조 제2항 및 제25조에 따라 위와 같이 신고합니다.

년   월   일

신고인 :   (서명 또는 인)

시장·군수·구청장   귀하

첨부서류	보증보험증서 사본, 공제증서 사본 또는 공탁증서 사본	수수료 없음

변경신고 시 작성방법

1. '보증'란에는 변경 후 보증내용을 적습니다.
2. '변경 전 보증내용'란에는 변경 전의 보증내용을 적습니다.

처리절차

신고서 작성	→	접수	→	검토	→	결재	→	완료
신청인		시·군·구 (부동산중개업 담당 부서)		시·군·구 (부동산중개업 담당 부서)		시·군·구 (부동산중개업 담당 부서)		시·군·구 (부동산중개업 담당 부서)

210mm×297mm[백상지 80g/㎡(재활용품)]

6. 보증의 재설정

(1) 기간만료에 따른 재설정

보증보험의 기간 또는 공제기간이 만료되어 다시 보증을 설정하여야 하는 경우에는 해당 보증기간 만료일까지 다시 보증을 설정하고 그 증명서류를 갖추어 등록관청에 신고하여야 한다(영 제25조 제2항). 다만, 위의 경우 보증기관이 보증사실을 등록관청에 직접 통보한 경우에는 신고를 생략할 수 있다. 다시 보증을 설정할 경우 보증보험가입, 공제가입, 공탁기관에 공탁 중 하나를 선택하여 보증을 설정할 수 있다.

(2) 손해배상에 따른 재설정

보증보험금 또는 공제금으로 손해를 배상한 경우에는 배상 후 15일 이내에 다시 보증을 설정하고 그 증명서류를 갖추어 등록관청에 신고하여야 한다(영 제26조 제2항). 다만, 보증기관이 보증의 재설정 사실을 등록관청에 직접 통보한 경우에는 신고를 생략할 수 있다. 다시 보증을 설정할 경우 보증보험가입, 공제가입, 공탁기관에 공탁 중 하나를 선택하여 보증을 설정할 수 있다.

7. 관계 증서 사본 등의 교부

개업공인중개사는 중개가 완성된 때에는 거래당사자에게 손해배상책임의 보장에 관한 다음의 사항을 설명하고, 관계 증서 사본을 교부하거나 관계 증서에 관한 전자문서를 제공하여야 한다(법 제30조 제5항). 거래당사자에게 설명할 사항은 다음과 같다.

> ① 보장금액
> ② 보증보험회사, 공제사업을 행하는 자, 공탁기관 및 그 소재지
> ③ 보장기간

8. 손해배상금의 지급

(1) 업무보증금 지급청구

① 중개의뢰인이 손해배상금으로 보증보험금·공제금 또는 공탁금을 지급받고자 하는 경우에는 그 중개의뢰인과 개업공인중개사 간의 손해배상 합의서, 화해조서 또는 확정된 법원의 판결문 사본 그 밖에 이에 준하는 효력이 있는 서류를 첨부하여 보증기관에 손해배상금의 지급을 청구하여야 한다(영 제26조 제1항).

② 보증기관은 개업공인중개사가 설정한 보증금액의 범위 안에서 재산상의 손해만 배상책임을 진다. 또한 손해발생의 원인인 중개행위 당시의 보증기관과 업무보증금 지급청구 당시의 보증기관이 다를 경우 손해발생원인인 중개행위 당시의 보증기관이 손해배상책임을 진다.

③ 보증기관은 이 법상 개업공인중개사의 재산상 손해배상책임에 대하여 과실뿐만 아니라 고의에 의한 경우에도 손해배상 지급을 거절할 수 없다. 공제규정에 공제가입자인 개업공인중개사의 고의에 의한 사고의 경우까지 공제금을 지급하도록 규정되어 있는 것이 공제규정의 본질에 반하는 것도 아니고 「상법」 제659조의 취지에 어긋난다고 볼 수 없기 때문이다(대판 1995.9.29, 94다47261).

④ 만약 개업공인중개사가 발생시킨 재산상의 손해가 설정된 보증한도를 초과한 경우에는 손해를 입은 거래당사자는 업무보증설정금액까지는 업무보증금으로 변제받을 수 있지만, 나머지 초과금액은 일반 민사소송절차에 따라 개업공인중개사에게 청구할 수 있을 것이다.

(2) 손해배상 후의 재설정 및 보전

개업공인중개사가 보증보험금·공제금 또는 공탁금으로 손해배상을 한 때에는 15일 이내에 보증보험 또는 공제에 다시 가입하거나 공탁금 중 부족하게 된 금액을 보전하여야 한다(영 제26조 제2항).

① **보증보험금 또는 공제금으로 손해배상을 한 경우** : 보증보험금 또는 공제금으로 손해배상을 한 경우라면, 설령 그 손해배상금액이 업무보증설정금액에 미달하는 금액이더라도 잔여 업무보증설정금액 및 잔여 보증기간 모두 소멸하는 것이므로 손해배상 후 15일 이내에 의무적 설정금액만큼 다시 설정하여야 한다. 보증기관은 손해배상한 금액에 대하여 개업공인중개사에게 구상권을 행사할 수 있다.

② **공탁금으로 손해배상을 한 경우** : 공탁으로 손해배상을 한 경우라면 개업공인중개사는 손해배상 후 부족하게 된 금액을 보전하여야 할 것이다. 여기서 부족하게 된 금액이란 공탁금을 지급함으로 인하여 업무보증설정 한도액에 부족하게 된 금액을 의미하므로, 반드시 출금된 금액과 부족하게 된 금액이 항상 일치하는 것은 아니다. 그러나 공탁금으로 손해배상 후 공탁금 중 부족하게 된 금액이 없는 경우에는 보전의무가 없다. 공탁기관은 지급한 공탁금에 대한 구상권을 행사할 수 없다는 점에서 보증보험, 공제와는 다르다고 할 수 있다.

O X 확 인 문 제

손해를 입은 거래당사자는 업무보증설정금액까지는 업무보증금으로 변제받을 수 있지만, 나머지 초과금액은 보증기관에 청구할 수 없다. ( )

정답 (○)

O X 확 인 문 제

개업공인중개사는 보증보험금·공제금 또는 공탁금으로 손해배상을 한 때에는 30일 이내에 보증보험 또는 공제에 다시 가입하거나 공탁금 중 부족하게 된 금액을 보전해야 한다. • 28회
( )

정답 (×)

15일 이내에 보증보험 또는 공제에 다시 가입하거나 공탁금 중 부족하게 된 금액을 보전하여야 한다.

O X 확 인 문 제

업무보증기관은 지급한 손해배상금에 대한 구상권을 개업공인중개사에게 행사할 수 있으며, 이는 보증보험, 공제, 공탁 모두 적용된다. ( )

정답 (×)

업무보증기관은 지급한 손해배상금에 대한 구상권을 개업공인중개사에게 행사할 수 있으며, 이는 보증보험과 공제에 적용되고, 공탁의 경우 적용되지 않는다.

9. 업무보증규정 위반에 대한 제재

(1) 행정처분

손해배상책임을 보장하기 위한 조치, 즉 업무보증을 설정하지 아니하고 업무를 개시한 경우에는 등록관청은 등록을 취소할 수 있다.

(2) 행정질서벌

중개가 완성된 때에 거래당사자에게 손해배상책임에 관한 사항을 설명하지 않거나 관계 증서의 사본 또는 관계 증서에 관한 전자문서를 교부하지 아니한 경우에는 100만원 이하의 과태료에 처한다.

기출&예상 문제

01 공인중개사법령상 공인중개사인 개업공인중개사 甲의 손해배상책임의 보장에 관한 설명으로 틀린 것은? ·34회

① 甲은 업무를 시작하기 전에 손해배상책임을 보장하기 위한 조치를 하여야 한다.

② 甲은 2억원 이상의 금액을 보장하는 보증보험 또는 공제에 가입하거나 공탁을 해야 한다.

③ 甲은 보증보험금·공제금 또는 공탁금으로 손해배상을 한 때에는 15일 이내에 보증보험 또는 공제에 다시 가입하거나 공탁금 중 부족하게 된 금액을 보전해야 한다.

④ 甲이 손해배상책임을 보장하기 위한 조치를 이행하지 아니하고 업무를 개시한 경우는 업무정지사유에 해당하지 않는다.

⑤ 甲은 자기의 중개사무소를 다른 사람의 중개행위의 장소로 제공함으로써 거래당사자에게 재산상의 손해를 발생하게 한 때에는 그 손해를 배상할 책임이 있다.

해설 ④ 甲이 손해배상책임을 보장하기 위한 조치를 이행하지 아니하고 업무를 개시한 경우는 법 제38조 제2항 상대적 등록취소에 해당한다. 이 경우 등록취소가 내려지지 않는다면 6개월의 업무정지사유에 해당한다.

정답 ④

---

02 공인중개사법령상 (   )에 들어갈 숫자가 큰 것부터 작은 것 순으로 옳게 나열된 것은?
· 33회

- 개업공인중개사가 공제금으로 손해배상을 한 때에는 (㉠)일 이내에 공제에 다시 가입해야 한다.
- 개업공인중개사가 등록한 인장을 변경한 경우 변경일부터 (㉡)일 이내에 그 변경된 인장을 등록관청에 등록해야 한다.
- 개업공인중개사는 중개사무소를 이전한 때에는 이전한 날부터 (㉢)일 이내에 국토교통부령으로 정하는 바에 따라 등록관청에 이전사실을 신고해야 한다.

① ㉠ - ㉢ - ㉡   ② ㉡ - ㉠ - ㉢
③ ㉡ - ㉢ - ㉠   ④ ㉢ - ㉠ - ㉡
⑤ ㉢ - ㉡ - ㉠

해설
- 개업공인중개사가 공제금으로 손해배상을 한 때에는 (㉠ 15)일 이내에 공제에 다시 가입해야 한다.
- 개업공인중개사가 등록한 인장을 변경한 경우 변경일부터 (㉡ 7)일 이내에 그 변경된 인장을 등록관청에 등록해야 한다.
- 개업공인중개사는 중개사무소를 이전한 때에는 이전한 날부터 (㉢ 10)일 이내에 국토교통부령으로 정하는 바에 따라 등록관청에 이전사실을 신고해야 한다.

정답 ①

제2절　계약금등의 반환채무이행의 보장

· 24회 · 29회 · 30회 · 34회

법 제31조【계약금등의 반환채무이행의 보장】 ① 개업공인중개사는 거래의 안전을 보장하기 위하여 필요하다고 인정하는 경우에는 거래계약의 이행이 완료될 때까지 계약금·중도금 또는 잔금(이하 이 조에서 '계약금등'이라 한다)을 개업공인중개사 또는 대통령령으로 정하는 자의 명의로 금융기관, 제42조에 따라 공제사업을 하는 자 또는 「자본시장과 금융투자업에 관한 법률」에 따른 신탁업자 등에 예치하도록 거래당사자에게 권고할 수 있다.

② 제1항에 따라 계약금등을 예치한 경우 매도인·임대인 등 계약금등을 수령할 수 있는 권리가 있는 자는 해당 계약을 해제한 때에 계약금등의 반환을 보장하는 내용의 금융기관 또는 보증보험회사가 발행하는 보증서를 계약금등의 예치명의자에게 교부하고 계약금등을 미리 수령할 수 있다.

③ 제1항에 따라 예치한 계약금등의 관리·인출 및 반환절차 등에 관하여 필요한 사항은 대통령령으로 정한다.

1 계약금등의 예치권고

(1) 개업공인중개사는 거래의 안전을 보장하기 위하여 필요하다고 인정하는 경우에는 거래계약의 이행이 완료될 때까지 계약금·중도금 또는 잔금(이하 '계약금등'이라 한다)을 개업공인중개사 또는 대통령령으로 정하는 자의 명의로 금융기관, 법 제42조에 따라 공제사업을 하는 자 또는 「자본시장과 금융투자업에 관한 법률」에 따른 신탁업자 등에 예치하도록 거래당사자에게 권고할 수 있다(법 제31조 제1항).

(2) 개업공인중개사는 거래당사자에게 계약금등을 예치하도록 권고할 수 있으나, 예치할 것을 권고하여야 할 의무는 없다.

(3) 개업공인중개사가 예치를 권고하더라도 거래당사자는 예치의무가 없다.

(4) 거래당사자는 계약금등을 예치하였더라도 거래계약에 대하여 해제등을 할 수 있다.

2 계약금등을 예치하는 경우 예치명의자 등

1. 예치기간 및 예치금

(1) 예치기간

예치는 거래계약의 이행이 완료될 때까지 예치하여야 한다. 즉, 예치기간은 계약금등을 수령할 권리가 있는 매도인 등이 정상적으로 권리이전에 필요한 서류를 매수인 등에게 제공함으로써 이행의 절차가 완료될 때까지이다.

(2) 예치금

예치금의 범위에는 계약금, 중도금뿐만 아니라 잔금도 해당하며, 계약금, 중도금, 잔금의 전부 또는 일부를 예치하는 것도 가능하다.

2. 예치명의자 및 예치기관

(1) 예치명의자

이 법상 예치명의자가 될 수 있는 자는 다음에 규정된 자로 한정되어 있다 (법 제31조 제1항, 영 제27조 제1항).

> ① 개업공인중개사
> ② 「은행법」에 따른 은행
> ③ 「보험업법」에 따른 보험회사
> ④ 「자본시장과 금융투자업에 관한 법률」에 따른 신탁업자
> ⑤ 「우체국예금·보험에 관한 법률」에 따른 체신관서
> ⑥ 법 제42조의 규정에 따라 공제사업을 하는 자
> ⑦ 부동산거래계약의 이행을 보장하기 위하여 계약금·중도금 또는 잔금(이하
>   '계약금등'이라 한다) 및 계약 관련 서류를 관리하는 업무를 수행하는 전문회사

(2) 예치기관

이 법상 예치기관이 될 수 있는 자는 다음과 같이 예시되어 있다(법 제31조 제1항).

> ① 금융기관
> ② 제42조에 따라 공제사업을 하는 자
> ③ 「자본시장과 금융투자업에 관한 법률」에 따른 신탁업자
> ④ 기타 등(체신관서, 보험회사 등)

3 예치된 계약금등의 사전수령

계약금등을 예치한 경우 매도인·임대인 등 계약금등을 수령할 수 있는 권리가 있는 자는 해당 계약을 해제한 때 계약금등의 반환을 보장하는 내용의 금융기관 또는 보증보험회사가 발행하는 보증서를 계약금등의 예치명의자에게 교부하고 계약금등을 미리 수령할 수 있다(법 제31조 제2항).

OX 확인문제

공탁금을 예치받는 법원도 예치명의자에 해당한다. ·24회
( )

정답 (×)
법원은 예치명의자에 해당하지 않는다.

OX 확인문제

체신관서는 계약금등의 예치명의자, 예치기관 모두 될 수 있다.
( )

정답 (○)

OX 확인문제

계약금등을 사전에 수령하는 경우 보증서 발행기관은 금융기관 또는 보험회사이며, 이 보증서를 예치기관에 교부하고 미리 수령할 수 있다. ( )

정답 (×)
계약금등을 사전에 수령하는 경우 보증서 발행기관은 금융기관 또는 보증보험회사이며, 이 보증서를 예치명의자에 교부하고 미리 수령할 수 있다.

4 개업공인중개사 명의로 예치·관리 시의 의무

1. 실비 등의 약정

개업공인중개사는 거래당사자가 계약금등을 개업공인중개사의 명의로 금융기관 등에 예치할 것을 의뢰하는 경우에는 계약이행의 완료 또는 계약해제등의 사유로 인한 계약금등의 인출에 대한 거래당사자의 동의방법, 법 제32조 제3항의 규정에 따른 반환채무이행보장에 소요되는 실비 그 밖에 거래안전을 위하여 필요한 사항을 약정하여야 한다(영 제27조 제2항). 이를 위반한 경우에는 업무정지처분을 받을 수 있다.

2. 분리관리 및 사전인출 금지

개업공인중개사는 계약금등을 자기 명의로 금융기관 등에 예치하는 경우에는 자기 소유의 예치금과 분리하여 관리될 수 있도록 하여야 하며, 예치된 계약금등은 거래당사자의 동의 없이 인출하여서는 아니 된다(영 제27조 제3항). 이를 위반한 경우에는 업무정지처분을 받을 수 있다.

3. 예치금지급보장의 조치

개업공인중개사는 계약금등을 자기 명의로 금융기관 등에 예치하는 경우에는 그 계약금등을 거래당사자에게 지급할 것을 보장하기 위하여 예치대상이 되는 계약금등에 해당하는 금액을 보장하는 보증보험 또는 법 제42조의 규정에 따른 공제에 가입하거나 공탁을 하여야 하며, 거래당사자에게 관계 증서의 사본을 교부하거나 관계 증서에 관한 전자문서를 제공하여야 한다(영 제27조 제4항). 이를 위반한 경우에는 업무정지처분을 받을 수 있다.

O X 확 인 문 제

금융기관에 예치하는 데 소요되는 실비는 특별한 약정이 없는 한 매도인이 부담한다. • 23회
( )

정답 (×)
금융기관에 예치하는 데 소요되는 실비는 특별한 약정이 없는 한 매수인이 부담한다.

O X 확 인 문 제

개업공인중개사 명의로 금융기관에 예치하는 경우 개업공인중개사는 예치된 계약금이 자기 소유의 예치금과 분리하여 관리될 수 있도록 해야 한다. • 23회
( )

정답 (○)

01 공인중개사법령상 계약금등을 예치하는 경우 예치명의자가 될 수 있는 자를 모두 고른 것은? • 34회

㉠ 「보험업법」에 따른 보험회사
㉡ 「자본시장과 금융투자업에 관한 법률」에 따른 투자중개업자
㉢ 「자본시장과 금융투자업에 관한 법률」에 따른 신탁업자
㉣ 「한국지방재정공제회법」에 따른 한국지방재정공제회

① ㉠
② ㉠, ㉢
③ ㉠, ㉡, ㉢
④ ㉡, ㉢, ㉣
⑤ ㉠, ㉡, ㉢, ㉣

해설 ② 「공인중개사법」상 예치명의자가 될 수 있는 자는 다음에 규정된 자로 한정되어 있다(법 제31조 제1항, 영 제27조 제1항).

> 1. 개업공인중개사
> 2. 「은행법」에 따른 은행
> 3. 「보험업법」에 따른 보험회사
> 4. 「자본시장과 금융투자업에 관한 법률」에 따른 신탁업자
> 5. 「우체국예금·보험에 관한 법률」에 따른 체신관서
> 6. 법 제42조의 규정에 따라 공제사업을 하는 자
> 7. 부동산거래계약의 이행을 보장하기 위하여 계약금·중도금 또는 잔금(이하 '계약금등'이라 한다) 및 계약 관련 서류를 관리하는 업무를 수행하는 전문회사

정답 ②

02 공인중개사법령상 계약금등의 반환채무이행의 보장 등에 관한 설명으로 틀린 것은? • 30회

① 개업공인중개사는 거래의 안전을 보장하기 위하여 필요하다고 인정하는 경우, 계약금등을 예치하도록 거래당사자에게 권고할 수 있다.
② 예치대상은 계약금·중도금 또는 잔금이다.
③ 「보험업법」에 따른 보험회사는 계약금등의 예치명의자가 될 수 있다.
④ 개업공인중개사는 거래당사자에게 「공인중개사법」에 따른 공제사업을 하는 자의 명의로 계약금등을 예치하도록 권고할 수 없다.
⑤ 개업공인중개사는 계약금등을 자기 명의로 금융기관 등에 예치하는 경우 자기 소유의 예치금과 분리하여 관리될 수 있도록 하여야 한다.

해설 ④ 개업공인중개사는 거래의 안전을 보장하기 위하여 필요하다고 인정하는 경우에는 거래계약의 이행이 완료될 때까지 계약금·중도금 또는 잔금을 개업공인중개사 또는 다음에 해당하는 자의 명의로 금융기관, 공제사업을 하는 자, 신탁업자 등에 예치하도록 거래당사자에게 권고할 수 있다(법 제31조 제1항, 영 제27조 제1항).

1. 개업공인중개사
2. 「은행법」에 따른 은행
3. 「보험업법」에 따른 보험회사
4. 「자본시장과 금융투자업에 관한 법률」에 따른 신탁업자
5. 「우체국예금·보험에 관한 법률」에 따른 체신관서
6. 법 제42조의 규정에 따라 공제사업을 하는 자
7. 부동산거래계약의 이행을 보장하기 위하여 계약금·중도금 또는 잔금 (이하 '계약금등'이라 한다) 및 계약 관련 서류를 관리하는 업무를 수행하는 전문회사

정답 ④

CHAPTER 07 빈출키워드 CHECK!

① 개업공인중개사는 자기의 (   )를 다른 사람의 중개행위의 장소로 제공함으로써 거래 당사자에게 재산상 손해를 발생하게 한 때에는 그 손해를 배상할 책임이 있다.

② 개업공인중개사는 (   )하기 전에 손해배상책임을 보장하기 위한 수단으로서 업무보증을 설정하여야 한다.

③ 개업공인중개사가 공탁한 공탁금은 폐업 또는 사망한 날부터 (   ) 이내에는 회수할수 없다.

④ 다른 법률에 따라 부동산중개업을 할 수 있는 자가 부동산중개업을 하고자 하는 때에는 중개업무를 개시하기 전에 (   ) 이상의 보증을 설정하고 그 증명서류를 갖추어 등록관청에 신고하여야 한다.

⑤ 개업공인중개사가 보증보험금·공제금 또는 공탁금으로 손해배상을 한 때에는 (   ) 이내에 보증보험 또는 공제에 다시 가입하거나 공탁금 중 부족하게 된 금액을 보전하여야 한다.

⑥ 중개가 완성된 때에 거래당사자에게 손해배상책임에 관한 사항을 설명하지 않거나 관계 증서의 사본 또는 관계 증서에 관한 전자문서를 교부하지 아니한 경우에는 (   ) 이하의 과태료에 처한다.

⑦ 개업공인중개사는 거래의 안전을 보장하기 위하여 필요하다고 인정하는 경우에는 거래계약의 이행이 완료될 때까지 계약금·중도금 또는 잔금을 (   ) 또는 대통령령으로 정하는 자의 명의로 금융기관, 공제사업을 하는 자 또는 신탁업자 등에 예치하도록 거래당사자에게 (   )할 수 있다.

⑧ 계약금등을 예치한 경우 매도인·임대인 등 계약금등을 수령할 수 있는 권리가 있는 자는 해당 계약을 해제한 때 계약금등의 반환을 보장하는 내용의 (   ) 또는 (   )가 발행하는 보증서를 계약금등의 예치명의자에게 교부하고 계약금등을 미리 수령할 수 있다.

⑨ 개업공인중개사는 계약금등을 (   )로 금융기관 등에 예치하는 경우에는 자기 소유의 예치금과 분리하여 관리될 수 있도록 하여야 하며, 예치된 계약금등은 거래당사자의 동의 없이 인출하여서는 아니 된다.

⑩ 개업공인중개사는 계약금등을 자기 명의로 금융기관 등에 예치하는 경우에는 그 계약금등을 거래당사자에게 지급할 것을 보장하기 위하여 예치대상이 되는 (   )을 보장하는 보증보험 또는 공제에 가입하거나 공탁을 하여야 한다.

정답   **1** 중개사무소   **2** 중개업무를 개시   **3** 3년   **4** 2천만원   **5** 15일   **6** 100만원   **7** 개업공인중개사, 권고   **8** 금융기관, 보증보험회사   **9** 자기 명의   **10** 계약금등에 해당하는 금액

08 | 중개보수

▌10개년 출제문항 수

25회	26회	27회	28회	29회
1	2	1	2	2

30회	31회	32회	33회	34회
	2		3	1

↳ 총 40문제 中 평균 약 1.4문제 출제

▌학습전략

- 중개보수의 요율체계, 계산방법 등에 관하여 학습하여야 합니다.
- 실비의 종류 및 실비 지급자에 대하여 학습하여야 합니다.

제1절 중개보수 일반

1. 중개보수

개업공인중개사의 보수는 중개보수와 실비 두 가지가 있다. 중개보수란 중개대상물에 대한 중개완성에 대한 대가를 말하며, 중개완성 시 거래당사자 쌍방으로부터 각각 받는다. 그러나 이 법상 중개대상물이 아닌 물건(예 상가권리금 등)을 알선·중개하였거나 또는 이 법상 중개대상물이라 하더라도 알선·중개를 한 것이 아닌 경우(예 주택 및 상가의 분양대행 등)에는 이 법상 중개보수규정을 적용하지 아니하며, 그 보수는 개업공인중개사와 중개의뢰인 간의 약정으로 정한다. 「공인중개사법」상 중개업이란 다른 사람의 의뢰에 의하여 일정한 보수를 받고 중개를 업으로 하는 것이므로, 개업공인중개사는 자신의 중개에 의해 거래가 성립되면 중개의뢰인으로부터 소정의 중개보수를 받을 수 있다. 비록 중개보수에 관한 약정을 별도로 하지 않았다 하더라도 개업공인중개사는 「상법」상 상인의 지위를 가지므로 중개보수청구권이 발생한다는 것이 판례의 입장이다.

2. 실 비

개업공인중개사는 중개대상물의 권리관계 등의 확인 및 계약금등의 예치 및 관리에 소요되는 실비를 받을 수 있다. 실비는 중개대상물의 권리관계 등의 확인 및 계약금등의 예치 및 관리에 소요되는 실비 두 가지 이외의 실비는 받을 수 없다. 따라서 부동산 거래신고 등 그 밖의 업무를 수행하는 과정에서 비용이 지출된다 하더라도 이 법에 규정된 실비 이외의 것은 받을 수 없다.

3. 중개보수 및 실비의 범위

개업공인중개사는 법정범위 내에서 중개보수 및 실비를 받아야 한다. 이를 초과하여 받은 경우 이는 이 법상 금지행위에 해당되어 행정처분 및 행정형벌의 제재를 받을 수 있다. 주의할 점은 이 법은 개업공인중개사가 보수를 받은 경우 중개보수 및 실비의 영수증의 작성·교부·보존에 관한 규정이 없으므로 영수증의 작성·교부·보존에 관한 이 법상의 의무는 없다.

| 제2절 | **중개보수** |

• 24회 • 25회 • 26회 • 27회 • 28회 • 29회 • 31회 • 33회 • 34회

> **법 제32조【중개보수 등】** ① 개업공인중개사는 중개업무에 관하여 중개의뢰인으로부터 소정의 보수를 받는다. 다만, 개업공인중개사의 고의 또는 과실로 인하여 중개의뢰인간의 거래행위가 무효·취소 또는 해제된 경우에는 그러하지 아니하다.
> ② 개업공인중개사는 중개의뢰인으로부터 제25조 제1항에 따른 중개대상물의 권리관계 등의 확인 또는 제31조에 따른 계약금등의 반환채무이행보장에 소요되는 실비를 받을 수 있다.
> ③ 제1항에 따른 보수의 지급시기는 대통령령으로 정한다.
> ④ 주택(부속토지를 포함한다. 이하 이 항에서 같다)의 중개에 대한 보수와 제2항에 따른 실비의 한도 등에 관하여 필요한 사항은 국토교통부령으로 정하는 범위 안에서 특별시·광역시·도 또는 특별자치도(이하 '시·도'라 한다)의 조례로 정하고, 주택 외의 중개대상물의 중개에 대한 보수는 국토교통부령으로 정한다.

1 중개보수

1. 중개보수의 의의

'중개보수'라 함은 중개의뢰를 받은 개업공인중개사가 거래당사자 간의 부동산에 대한 거래계약을 체결시킨 것에 대한 반대급부로서 중개완성의 대가를 말한다. 이러한 중개보수는 중개계약 체결 시에 그 지급에 관한 약정을 하지 않았더라도 중개가 완성되면 받을 수 있다(대판 1995.4.21, 94다36643).

 판례

> • **유상임을 명시하지 아니한 경우 보수청구권**
> 개업공인중개사는 상인의 자격을 갖는 것으로, 개업공인중개사의 중개보수는 상인의 자격으로 당연히 존재하는 상인의 보수로 인정되므로, 중개계약에서 유상임을 명시하지 않더라도 중개보수청구권은 인정된다(대판 1995.4.21, 94다36643).

2. 중개보수청구권

(1) 중개보수청구권의 발생

중개보수청구권은 중개계약 체결 시에 발생한다. 그러나 중개완성 전에는 행사할 수 없으므로 정지조건부 권리라 하겠다.

(2) 중개보수청구권의 행사

중개가 완성되어야 중개보수청구권을 행사할 수 있다. 그러나 중개보수청구권을 행사하기 위해서는 중개계약이 존재하여야 하며, 개업공인중개사 등의 중개행위에 의하여 거래계약이 성립되어야 한다. 중개보수청구권은 중개계약 시에 발생하지만, 중개보수청구권의 행사는 계약의 성립을 전제로 하는 정지조건부적 성질을 가지므로 중개보수청구권을 행사하기 위해서는 다음의 요건이 필요하다.

① **중개계약의 존재** : 중개계약이 존재하여야 한다. 중개계약은 구두에 의한 것이든지 서면에 의한 것이든지 그 형식은 불문하며, 거래계약이 체결될 때까지 존속하여야 한다. 중개계약이 없었다면 개업공인중개사는 거래계약을 성사시켰다 하더라도 중개보수를 청구할 수 없다.

② **개업공인중개사의 중개행위에 의한 거래계약의 성립** : 개업공인중개사의 중개행위에 의하여 거래계약이 성립되어야 한다. 즉, 중개행위와 거래계약의 성립 간에는 인과관계가 있어야 한다. 다수의 개업공인중개사에게 중개의뢰를 하는 일반중개계약이 성립된 경우 먼저 거래계약을 성립시킨 개업공인중개사만 중개보수를 청구할 수 있다. 개업공인중개사가 아무리 현장을 안내하고 중개에 노력하여도 당사자 간에 거래계약이 성립하지 않으면 중개보수를 청구할 수 없다. 그러나 판례는 개업공인중개사가 가격을 절충해 주는 등 매매계약 성립에 결정적인 기여를 하였으나 거래당사자 쌍방이 개업공인중개사를 배제한 상태에서 거래계약을 체결하였다면 이는 신의성실의 원칙에 반하는 행위이므로 중개보수를 청구할 수 있다고 판시하고 있다. 이 법상 중개보수청구권 행사에 관한 시효규정은 없다. 「민법」 제162조에 의하면 채권의 소멸시효는 10년이지만, 변호사, 변리사, 공증인, 공인회계사 및 법무사의 직무에 관한 채권은 3년간 행사하지 아니하면 소멸시효가 완성된다고 규정하고 있으므로 개업공인중개사의 중개보수청구권을 직무채권으로 본다면 소멸시효는 3년이 된다.

(3) 중개보수청구권의 소멸

개업공인중개사는 중개업무에 관하여 중개의뢰인으로부터 소정의 중개보수를 받는다. 다만, 개업공인중개사의 고의 또는 과실로 인하여 그 거래계약이 무효·취소 또는 해제된 경우에는 그러하지 아니하다(법 제32조 제1항). 이 경우 이미 받은 중개보수는 반환하여야 하고, 그 외 개업공인중개사의 고의 또는 과실로 인하여 중개의뢰인에게 재산상의 손해를 발생시켰다면 손해배상책임을 부담하게 될 것이다.

2 중개보수의 범위

중개보수는 거래금액에 소정의 요율을 곱하여 산출한 금액을 중개보수로 받되, 한도액이 있는 경우에는 한도액 범위 안에서 실제 산출된 금액을 중개의뢰인 쌍방으로부터 각각 받는다. 또한 개업공인중개사는 소정의 중개보수 이외에 「부가가치세법」 규정에 따라 부가가치세를 별도로 받을 수 있다. 중개보수의 한도규정은 중개보수 약정 중 소정의 한도액을 초과하는 부분에 대하여는 사법상 효력을 제한함으로써 국민생활의 편익을 증진하고자 함에 그 목적이 있으므로 그 한도액을 초과하는 부분은 무효이다(대판 2002.9.4, 2000다54406).

1. 주택인 중개대상물

(1) 근거법률

주택(부속토지를 포함한다. 이하 같다)의 중개에 대한 중개보수에 관하여 필요한 사항은 국토교통부령으로 정하는 범위 안에서 특별시·광역시·도 또는 특별자치도(이하 '시·도'라 한다)의 조례로 정한다(법 제32조 제4항).

(2) 중개보수의 범위

국토교통부령에 따르면 주택의 중개에 대한 중개보수는 중개의뢰인 쌍방으로부터 각각 받되, 그 일방으로부터 받을 수 있는 한도는 다음의 표와 같으며, 그 금액은 법 제32조 제4항에 따라 시·도의 조례로 정하는 요율 한도 이내에서 중개의뢰인과 개업공인중개사가 서로 협의하여 결정한다(규칙 제20조 제1항).

■ 공인중개사법 시행규칙 [별표 1] 〈신설 2021.10.19.〉

주택 중개보수 상한요율(제20조 제1항 관련)

거래내용	거래금액	상한요율	한도액
1. 매매·교환	5천만원 미만	1천분의 6	25만원
	5천만원 이상 2억원 미만	1천분의 5	80만원
	2억원 이상 9억원 미만	1천분의 4	
	9억원 이상 12억원 미만	1천분의 5	
	12억원 이상 15억원 미만	1천분의 6	
	15억원 이상	1천분의 7	
2. 임대차 등	5천만원 미만	1천분의 5	20만원
	5천만원 이상 1억원 미만	1천분의 4	30만원
	1억원 이상 6억원 미만	1천분의 3	
	6억원 이상 12억원 미만	1천분의 4	
	12억원 이상 15억원 미만	1천분의 5	
	15억원 이상	1천분의 6	

(3) 중개대상물의 소재지와 중개사무소의 소재지가 다른 경우

개업공인중개사는 중개사무소의 소재지를 관할하는 시·도의 조례에서 정한 기준에 따라 중개보수 및 실비를 받아야 한다(규칙 제20조 제3항).

(4) 분사무소에서 중개를 완성시킨 경우

분사무소의 소재지를 관할하는 시·도의 조례로 정한 기준에 따라 중개보수 및 실비를 받아야 한다.

2. 주택 외의 중개대상물(토지, 상가 등)

(1) 근거법률

주택 외의 중개대상물의 중개에 대한 중개보수는 국토교통부령으로 정한다(법 제32조 제4항 후단).

(2) 중개보수의 범위

주택 외의 중개대상물에 대한 중개보수는 다음의 구분에 따른다.

① 오피스텔로서 다음의 요건을 모두 갖춘 경우 중개의뢰인 쌍방으로부터 각각 받되 매매·교환은 1천분의 5, 임대차 등은 1천분의 4의 요율범위에서 중개보수를 결정한다.

> ㉠ 전용면적이 85m² 이하일 것
> ㉡ 상·하수도 시설이 갖추어진 전용입식 부엌, 전용수세식 화장실 및 목욕시설(전용수세식 화장실에 목욕시설을 갖춘 경우를 포함한다)을 갖출 것

② 위 ①의 요건에 따른 오피스텔 이외의 중개대상물은 중개의뢰인 쌍방으로부터 각각 받되, 거래금액의 1천분의 9 이내에서 중개의뢰인과 개업공인중개사가 서로 협의하여 결정한다.

(3) 중개의뢰인과 개업공인중개사의 협의

주택 외의 중개대상물은 중개보수에 관하여는 시·도의 조례를 적용하는 것이 아니므로 주택 외의 중개대상물의 소재지와 중개사무소의 소재지가 다르거나, 분사무소에서 중개를 완성시킨 경우를 불문하고 국토교통부령이 정하는 범위 안에서 중개의뢰인과 개업공인중개사가 서로 협의하여 거래당사자 쌍방으로부터 각각 받는다.

(4) 중개보수의 초과 금지

또한 개업공인중개사는 주택 외의 중개대상물에 대하여 국토교통부령에서 규정된 범위 안에서 실제 자기가 받고자 하는 중개보수의 상한요율을 중개보수·실비의 요율 및 한도액 표에 명시하여야 하며, 이를 초과하여 중개보수를 받아서는 아니 된다(규칙 제20조 제7항).

PART 1

O X 확 인 문 제

일정한 요건을 갖춘 오피스텔의 임대차 등은 1천분의 8의 요율범위에서 중개보수를 받을 수 있다.
( )

정답 (×)
일정한 요건을 갖춘 오피스텔의 임대차 등은 1천분의 4의 요율범위에서 중개보수를 받으면 된다.

08 중개보수

3. 복합건물

건축물 중 주택의 면적이 2분의 1 이상인 경우에는 주택의 중개보수 규정을 적용하고, 주택의 면적이 2분의 1 미만인 경우에는 주택 외의 중개보수 규정을 적용한다(규칙 제20조 제6항).

기출&예상 문제

A시에 중개사무소를 둔 개업공인중개사 甲은 B시에 소재하는 乙 소유의 오피스텔(건축법령상 업무시설로 전용면적 80m²이고, 상·하수도 시설이 갖추어진 전용입식 부엌, 전용수세식 화장실 및 목욕시설을 갖춤)에 대하여, 이를 매도하려는 乙과 매수하려는 丙의 의뢰를 받아 매매계약을 중개하였다. 이 경우 공인중개사법령상 甲이 받을 수 있는 중개보수 및 실비에 관한 설명으로 옳은 것을 모두 고른 것은?　　　　　　•33회

　㉠ 甲이 乙로부터 받을 수 있는 실비는 A시가 속한 시·도의 조례에서 정한 기준에 따른다.
　㉡ 甲이 丙으로부터 받을 수 있는 중개보수의 상한요율은 거래금액의 1천분의 5이다.
　㉢ 甲은 乙과 丙으로부터 각각 중개보수를 받을 수 있다.
　㉣ 주택(부속토지 포함)의 중개에 대한 보수 및 실비 규정을 적용한다.

① ㉣　　　　　　　　　　　　② ㉠, ㉢
③ ㉡, ㉣　　　　　　　　　　④ ㉠, ㉡, ㉢
⑤ ㉠, ㉡, ㉢, ㉣

해설 ㉣ 오피스텔로서 다음의 요건을 모두 갖춘 경우 매매·교환은 1천분의 5, 임대차 등은 1천분의 4의 요율범위에서 중개보수를 결정한다.

　　1. 전용면적이 85m² 이하일 것
　　2. 상·하수도 시설이 갖추어진 전용입식 부엌, 전용수세식 화장실 및 목욕시설(전용수세식 화장실에 목욕시설을 갖춘 경우를 포함한다)을 갖출 것

정답 ④

---

3 중개보수의 계산방법

중개보수는 거래금액에 소정의 요율을 곱하여 산출한 금액을 거래당사자로부터 각각 받되, 한도액이 있는 경우에는 한도액 범위 안에서 실제 산출된 금액을 거래당사자 쌍방으로부터 받는다.

> **➕ 보충** **산출액과 한도액의 비교**
>
> 거래금액 × 중개보수 요율(%) = 산출액(한도액 범위 안에서 실제 산출된 금액만 인정한다)
> 1. 산출액 > 한도액 ⇨ 한도액을 인정한다.
> 2. 산출액 < 한도액 ⇨ 산출액을 인정한다.
> 3. 산출액 = 한도액 ⇨ 산출액(한도액)을 인정한다.

1. 매 매

매매계약은 매매대금이 거래금액이 된다. 분양권 전매를 중개한 경우의 거래금액은 이미 납입한 금액(계약금, 중도금 등)을 거래금액으로 하지만, 다만 프리미엄까지 중개한 경우에는 이미 납입한 금액에 프리미엄을 합산한 금액을 거래금액으로 한다(대판 2005.5.27, 2004도62).

2. 매매계약을 포함한 점유개정

동일한 중개대상물에 대하여 동일한 당사자 간에 매매를 포함한 둘 이상의 거래가 동일한 기회에 이루어지는 경우에는 매매계약에 관한 거래금액만을 적용한다(규칙 제20조 제5항 제3호).

3. 전세 및 임대차

(1) 전세의 경우

전세인 경우에는 전세금이 거래금액이 된다.

(2) 임대차의 경우

임대차의 경우에는 임대차 보증금액을 거래금액으로 한다. 다만, 임대차 중 보증금 외에 차임이 있는 경우에는 월 단위의 차임액에 100을 곱한 금액을 보증금에 합산한 금액을 거래금액으로 한다. 그러나 이와 같이 산정하여 합산한 금액이 5천만원 미만인 경우에는 월 단위의 차임액에 70을 곱한 금액을 보증금에 합산한 금액을 거래금액으로 한다(규칙 제20조 제5항 제1호).

O X 확 인 문 제

동일한 중개대상물에 대하여 동일한 당사자 간에 매매와 임대차가 동일 기회에 이루어지는 경우, 매매계약과 임대차계약의 거래금액을 합산한 금액을 기준으로 중개보수를 산정한다. • 23회

( )

정답 (×)
매매계약에 관한 거래금액을 적용하여 중개보수를 산정한다.

O X 확 인 문 제

임대차 중 보증금 외에 차임이 있는 경우에는 월 단위의 차임액에 100을 곱한 금액을 보증금에 합산한 금액을 거래금액으로 하며, 합산한 금액이 5천만원인 경우 70으로 다시 환산하여야 한다.

( )

정답 (×)
5천만원 미만인 경우에 70을 곱하여 계산하므로, 합산한 금액이 5천만원인 경우에는 100을 곱하여 계산하면 된다.

(3) 무형의 재산적 가치 포함 여부

영업용 건물의 영업시설, 비품 등 유형물이나 거래처, 신용, 영업상의 노하우 또는 점포위치에 따른 영업상의 이점 등 무형의 재산적 가치(상가의 권리금을 말한다)는 거래금액에 포함하지 않으며, 권리금을 수수하도록 중개한 것은 이 법상의 중개행위에 해당하지 아니한다(대판 2006.9.22, 2005도6054).

(4) 분양권을 전매한 경우

기납입금액과 프리미엄을 합산한 금액을 기준금액으로 하여 중개보수를 산출하여야 한다.

4. 교 환

교환계약의 경우에는 교환대상 중개대상물 중 거래금액이 큰 중개대상물의 가액을 거래금액으로 한다(규칙 제20조 제5항 제2호).

 판례

- **공인중개사가 중개대상물에 대한 계약이 완료되지 않을 경우에도 중개행위에 상응하는 보수를 지급하기로 약정할 수 있는지 여부**

  공인중개사가 중개대상물에 대한 계약이 완료되지 않을 경우에도 중개행위에 상응하는 보수를 지급하기로 약정할 수 있다. 이 경우 당사자의 약정에서 보수액을 산정하는 구체적인 기준을 정하지 않았으면 중개의뢰 경위, 중개사건처리 경과와 난이도, 중개에 들인 기간과 노력의 정도, 의뢰인이 중개로 얻는 구체적 이익, 중개대상물의 가액, 그 밖에 변론에 나타난 여러 사정을 고려하여 보수를 정해야 하고, 약정에서 특정 보수액이 정해졌다면 신의성실의 원칙, 형평의 원칙 등을 고려하여 합리적이라고 인정되는 범위 내의 보수만을 청구할 수 있다. 이러한 보수는 계약이 완료되었을 경우에 적용되었을 부동산 중개보수 제한에 관한 「공인중개사법」 제32조 제4항과 같은 법 시행규칙 제20조 제1항·제4항에 따른 한도를 초과할 수는 없다고 보아야 한다(대판 2021.7.29, 2017다243723).

- **한도를 초과한 중개보수를 받은 경우**

  「공인중개사법」 및 같은 법 시행규칙 소정의 상한을 초과하는 중개보수약정은 반사회적이거나 반도덕적으로 보아야 할 것인 점 등을 종합하여 보면 중개보수약정 중 소정의 한도액을 초과하는 부분에 대한 사법상의 효력을 제한함으로써 국민생활의 편의를 증진하고자 함에 그 목적이 있는 것이므로 이른바, 강행법규에 속하는 것으로서 그 한도액을 초과하는 부분은 무효라고 보아야 한다(대판 2002.9.4, 2000다54406).

4 중개보수의 지급시기

중개보수의 지급시기는 개업공인중개사와 중개의뢰인 간의 약정에 따르되, 약정이 없을 때에는 중개대상물의 거래대금 지급이 완료된 날로 한다(영 제27조의2).

제3절 실 비

•27회

1 실비청구권

개업공인중개사는 중개의뢰인으로부터 법 제25조 제1항에 따른 중개대상물의 권리관계 등의 확인 또는 법 제31조에 따른 계약금등의 반환채무이행보장에 소요되는 실비를 받을 수 있다(법 제32조 제2항).

2 실비의 한도

(1) 실비의 한도 등에 관하여 필요한 사항은 국토교통부령으로 정하는 범위 안에서 특별시·광역시·도 또는 특별자치도(이하 '시·도'라 한다)의 조례로 정한다(법 제32조 제4항).

(2) 중개대상물의 소재지와 중개사무소의 소재지가 다른 경우에는 그 사무소의 소재지를 관할하는 시·도의 조례로 정한 기준에 따라 실비를 받아야 한다(규칙 제20조 제3항).

3 실비의 부담자

1. 권리관계 등의 확인에 소요된 비용

중개대상물의 권리관계 등 확인에 드는 비용은 개업공인중개사가 영수증 등을 첨부하여 매도·임대 그 밖의 권리를 이전하고자 하는 중개의뢰인에게 청구할 수 있다(법 제32조 제2항, 규칙 제20조 제2항).

2. 계약금 등의 반환채무이행보장에 소요된 비용

계약금 등의 반환채무이행보장에 드는 비용은 개업공인중개사가 영수증 등을 첨부하여 매수·임차 그 밖의 권리를 취득하고자 하는 중개의뢰인에게 청구할 수 있다(법 제32조 제2항, 규칙 제20조 제2항).

4 실비의 지불시기

「공인중개사법」에는 실비의 지불시기에 관한 규정을 두고 있지 않다. 따라서 시·도의 조례에 특별한 규정이 없다면 실비의 지불시기는 중개의뢰인과 개업공인중개사 간의 약정으로 정할 수 있다.

O X 확 인 문 제

실비의 지불시기는 거래계약이 체결되는 시점에서 청구 가능하다고 「공인중개사법」상 규정하고 있다.   ( )

정답 (×)

「공인중개사법」상 실비의 지불시기에 관한 규정을 두고 있지 않으므로, 중개의뢰인과 개업공인중개사 간의 약정으로 정할 수 있다.

기출&예상 **문제**

01 A시에 중개사무소를 둔 개업공인중개사가 A시에 소재하는 주택(부속토지 포함)에 대하여 아래와 같이 매매와 임대차계약을 동시에 중개하였다. 공인중개사법령상 개업공인중개사가 甲으로부터 받을 수 있는 중개보수의 최고한도액은?   • 34회

〈계약에 관한 사항〉
1. 계약당사자 : 甲(매도인, 임차인)과 乙(매수인, 임대인)
2. 매매계약
   1) 매매대금 : 2억 5천만원
   2) 매매계약에 대하여 합의된 중개보수 : 160만원
3. 임대차계약
   1) 임대보증금 : 1천만원
   2) 월차임 : 30만원
   3) 임대기간 : 2년

〈A시 중개보수 조례 기준〉
1. 거래금액 2억원 이상 9억원 미만(매매·교환) : 상한요율 0.4%
2. 거래금액 5천만원 미만(임대차 등) : 상한요율 0.5%(한도액 20만원)

① 100만원   ② 115만 5천원
③ 120만원   ④ 160만원
⑤ 175만 5천원

해설 ① 계약당사자, 즉 매매계약의 당사자와 임대차계약의 당사자가 동일하므로 매매계약에 관한 거래금액만을 적용하면 된다. 따라서 매매대금이 2억 5천만원이고 중개보수요율이 0.4%이므로 2억 5천만원 × 0.4% = 100만원이 된다.

정답 ①

02 개업공인중개사 甲이 乙의 일반주택을 6천만원에 매매를 중개한 경우와 甲이 위 주택을 보증금 1천 5백만원, 월차임 30만원, 계약기간 2년으로 임대차를 중개한 경우를 비교했을 때, 甲이 乙에게 받을 수 있는 중개보수 최고한도액의 차이는? •27회

〈중개보수 상한요율〉
1. 매매 : 거래금액 5천만원 이상 2억원 미만은 0.5%
2. 임대차 : 거래금액 5천만원 미만은 0.5%,
        5천만원 이상 1억원 미만은 0.4%

① 0원   ② 75,000원
③ 120,000원   ④ 180,000원
⑤ 225,000원

해설 • 매매에 관한 중개보수 : 6천만원 × 0.5% = 30만원
   • 임대차에 관한 중개보수 : 1,500만원 + (30만원 × 70) = 3,600만원 ⇨ 3,600만원 × 0.5% =18만원이다.
   • 매매의 중개보수 최고한도액 30만원과 임대차의 중개보수 최고한도액 18만원의 차이는 12만원이 된다.

정답 ③

❶ 판례에 의하면, 중개보수는 (   )에서 유상임을 명시하지 않더라도 중개보수청구권은 인정된다고 한다.

❷ 주택의 중개에 대한 중개보수의 한도는 국토교통부령으로 정하며, 그 금액은 (   )로 정하는 요율 한도 이내에서 중개의뢰인과 개업공인중개사가 서로 협의하여 결정한다.

❸ 토지의 중개보수는 거래금액의 (   ) 범위 안에서 중개의뢰인과 개업공인중개사가 서로 협의하여 거래당사자 쌍방으로부터 각각 받는다.

❹ 건축물 중 주택의 면적이 (   ) 이상인 경우에는 주택의 중개보수 요율을 적용하고, 주택의 면적이 (   ) 미만인 경우에는 주택 외의 중개보수 요율을 적용한다.

❺ 매매계약은 매매대금이 거래금액이 된다. 분양권 전매를 중개한 경우의 거래금액은 이미 납입한 금액을 거래금액으로 한다. 다만, (   )까지 중개한 경우에는 이미 납입한 금액에 (   )을 합산한 금액을 거래금액으로 한다.

❻ 임대차의 경우에는 임대차 보증금액을 거래금액으로 한다. 다만, 임대차 중 보증금 외에 차임이 있는 경우에는 월 단위의 차임액에 (   )을 곱한 금액을 보증금에 합산한 금액을 거래금액으로 한다.

❼ 교환계약의 경우에는 교환대상 중개대상물 중 (   ) 중개대상물의 가액을 거래금액으로 한다.

❽ 중개대상물인 주택의 소재지와 중개사무소의 소재지가 다른 경우에는 그 (   )의 소재지를 관할하는 시·도의 조례로 정한 기준에 따라 실비를 받아야 한다.

❾ 중개대상물의 권리관계 등 확인에 드는 비용은 개업공인중개사가 영수증 등을 첨부하여 매도·임대 그 밖의 권리를 (   )하고자 하는 중개의뢰인에게 청구할 수 있다.

❿ 계약금등의 반환채무이행보장에 드는 비용은 개업공인중개사가 영수증 등을 첨부하여 매수·임차 그 밖의 권리를 (   )하고자 하는 중개의뢰인에게 청구할 수 있다.

정답 **1** 중개계약   **2** 시·도의 조례   **3** 1천분의 9   **4** 2분의 1, 2분의 1   **5** 프리미엄, 프리미엄
6 100   **7** 거래금액이 큰   **8** 중개사무소   **9** 이전   **10** 취득

09 | 공인중개사협회 및 교육·보칙·신고센터 등

▌10개년 출제문항 수

25회	26회	27회	28회	29회
6	2	4	2	2

30회	31회	32회	33회	34회
5	1	2	2	2

↳ 총 40문제 中 평균 약 2.8문제 출제

▌학습전략

• 공인중개사협회의 설립규정, 공제사업에 관하여 학습하여야 합니다.

• 교육의 종류 및 대상자, 포상금 지급사유 및 내용, 부동산거래질서교란행위 신고센터에 관하여 학습하여야 합니다.

제1절 협 회

• 24회 • 25회 • 27회 • 29회 • 30회 • 32회 • 33회 • 34회

법 제41조【협회의 설립】 ① 개업공인중개사인 공인중개사(부칙 제6조 제2항에 따라 이 법에 의한 중개사무소의 개설등록을 한 것으로 보는 자를 포함한다)는 그 자질향상 및 품위유지와 중개업에 관한 제도의 개선 및 운용에 관한 업무를 효율적으로 수행하기 위하여 공인중개사협회(이하 '협회'라 한다)를 설립할 수 있다.

② 협회는 법인으로 한다.

③ 협회는 회원 300인 이상이 발기인이 되어 정관을 작성하여 창립총회의 의결을 거친 후 국토교통부장관의 인가를 받아 그 주된 사무소의 소재지에서 설립등기를 함으로써 성립한다.

④ 협회는 정관으로 정하는 바에 따라 시·도에 지부를, 시(구가 설치되지 아니한 시와 특별자치도의 행정시를 말한다)·군·구에 지회를 둘 수 있다.

⑤ 협회의 설립 및 설립인가의 신청 등에 관하여 필요한 사항은 대통령령으로 정한다.

영 제30조【협회의 설립】 ① 법 제41조 제1항의 규정에 따른 공인중개사협회(이하 '협회'라 한다)를 설립하고자 하는 때에는 발기인이 작성하여 서명·날인한 정관에 대하여 회원 600인 이상이 출석한 창립총회에서 출석한 회원 과반수의 동의를 얻어 국토교통부장관의 설립인가를 받아야 한다.

② 제1항에 따른 창립총회에는 서울특별시에서는 100인 이상, 광역시·도 및 특별자치도에서는 각각 20인 이상의 회원이 참여하여야 한다.

③ 협회의 설립인가신청에 필요한 서류는 국토교통부령으로 정한다.

법 제42조【공제사업】 ① 협회는 제30조에 따른 개업공인중개사의 손해배상책임을 보장하기 위하여 공제사업을 할 수 있다.

② 협회는 제1항에 따른 공제사업을 하고자 하는 때에는 공제규정을 제정하여 국토교통부장관의 승인을 얻어야 한다. 공제규정을 변경하고자 하는 때에도 또한 같다.

③ 제2항의 공제규정에는 대통령령으로 정하는 바에 따라 공제사업의 범위, 공제계약의 내용, 공제금, 공제료, 회계기준 및 책임준비금의 적립비율 등 공제사업의 운용에 관하여 필요한 사항을 정하여야 한다.

④ 협회는 공제사업을 다른 회계와 구분하여 별도의 회계로 관리하여야 하며, 책임준비금을 다른 용도로 사용하고자 하는 경우에는 국토교통부장관의 승인을 얻어야 한다.

⑤ 협회는 대통령령으로 정하는 바에 따라 매년도의 공제사업 운용실적을 일간신문·협회보 등을 통하여 공제계약자에게 공시하여야 한다.

법 제42조의2【운영위원회】 ① 제42조 제1항에 따른 공제사업에 관한 사항을 심의하고 그 업무집행을 감독하기 위하여 협회에 운영위원회를 둔다.

② 운영위원회의 위원은 협회의 임원, 중개업·법률·회계·금융·보험·부동산 분야 전문가, 관계 공무원 및 그 밖에 중개업 관련 이해관계자로 구성하되, 그 수는 19명 이내로 한다.

③ 운영위원회의 구성과 운영에 필요한 세부사항은 대통령령으로 정한다.

법 제42조의3【조사 또는 검사】 「금융위원회의 설치 등에 관한 법률」에 따른 금융감독원의 원장은 국토교통부장관의 요청이 있는 경우에는 공제사업에 관하여 조사 또는 검사를 할 수 있다.

법 제42조의4【공제사업 운영의 개선명령】 국토교통부장관은 협회의 공제사업 운영이 적정하지 아니하거나 자산상황이 불량하여 중개사고 피해자 및 공제가입자 등의 권익을 해칠 우려가 있다고 인정하면 다음 각 호의 조치를 명할 수 있다.

1. 업무집행방법의 변경
2. 자산예탁기관의 변경
3. 자산의 장부가격의 변경
4. 불건전한 자산에 대한 적립금의 보유
5. 가치가 없다고 인정되는 자산의 손실 처리
6. 그 밖에 이 법 및 공제규정을 준수하지 아니하여 공제사업의 건전성을 해할 우려가 있는 경우 이에 대한 개선명령

법 제42조의5【임원에 대한 제재 등】 국토교통부장관은 협회의 임원이 다음 각 호의 어느 하나에 해당하여 공제사업을 건전하게 운영하지 못할 우려가 있는 경우 그 임원에 대한 징계·해임을 요구하거나 해당 위반행위를 시정하도록 명할 수 있다.

1. 제42조 제2항에 따른 공제규정을 위반하여 업무를 처리한 경우
2. 제42조의4에 따른 개선명령을 이행하지 아니한 경우
3. 제42조의6에 따른 재무건전성 기준을 지키지 아니한 경우

법 제42조의6【재무건전성의 유지】 협회는 공제금 지급능력과 경영의 건전성을 확보하기 위하여 다음 각 호의 사항에 관하여 대통령령으로 정하는 재무건전성 기준을 지켜야 한다.

1. 자본의 적정성에 관한 사항
2. 자산의 건전성에 관한 사항
3. 유동성의 확보에 관한 사항

법 제43조【민법의 준용】 협회에 관하여 이 법에 규정된 것 외에는 「민법」 중 사단법인에 관한 규정을 적용한다.

법 제44조【지도·감독 등】 ① 국토교통부장관은 협회와 그 지부 및 지회를 지도·감독하기 위하여 필요한 때에는 그 업무에 관한 사항을 보고하게 하거나 자료의 제출 그 밖에 필요한 명령을 할 수 있으며, 소속 공무원으로 하여금 그 사무소에 출입하여 장부·서류 등을 조사 또는 검사하게 할 수 있다.

② 제1항에 따라 출입·검사 등을 하는 공무원은 국토교통부령으로 정하는 증표를 지니고 상대방에게 이를 내보여야 한다.

1 협회의 설립

1. 협회의 설립목적 및 설립·가입

(1) 설립목적

개업공인중개사인 공인중개사(부칙 제6조 제2항에 따라 이 법에 의한 중개사무소의 개설등록을 한 것으로 보는 자를 포함한다)는 그 자질향상 및 품위유지와 중개업에 관한 제도의 개선 및 운용에 관한 업무를 효율적으로 수행하기 위하여 공인중개사협회(이하 '협회'라 한다)를 설립할 수 있다(법 제41조 제1항).

(2) 설립·가입

개업공인중개사의 협회의 설립 및 가입은 자유이며, 협회설립의 수에 대한 제한도 없다. 따라서 복수의 협회설립이 가능하며, 복수의 협회가입도 가능하다 할 것이다.

2. 협회의 법적 성격

(1) 법 인

협회는 법인으로 한다(법 제41조 제2항). 따라서 협회는 설립등기를 함으로써 성립한다. 그런데 협회는 그 설립등기를 하기 전에 먼저 국토교통부장관의 인가를 받아야만 설립등기를 할 수 있으므로 결국 협회설립은 인가주의에 속한다고 할 것이다.

(2) 사법인·비영리사단법인

협회는 개인인 개업공인중개사를 회원으로 하는 사법인이자 개업공인중개사의 자질향상 및 품위유지 등을 목적으로 설립한 비영리의 사단법인에 속한다.

O X 확 인 문 제

개업공인중개사는 자동으로 협회의 회원이 된다. ( )

정답 (×)

협회의 회원가입 여부는 임의사항이다.

O X 확 인 문 제

협회의 설립은 허가주의를 채택하고 있다. ( )

정답 (×)

협회의 설립은 인가주의를 채택하고 있다.

(3) 「민법」의 준용

협회에 관하여 이 법에 규정된 사항 이외에는 「민법」 중 사단법인에 관한 규정을 적용한다(법 제43조).

3. 협회의 설립절차

협회는 회원 300인 이상이 발기인이 되어 정관을 작성하여 창립총회의 의결을 거친 후 국토교통부장관의 인가를 받아 그 주된 사무소의 소재지에서 설립등기를 함으로써 성립한다(법 제41조 제3항).

(1) 발기인 모임(정관작성)

협회를 설립하고자 하는 자는 회원 300인 이상이 발기인이 되어 정관을 작성하여 서명·날인하여야 한다. 정관이란 협회의 근본규칙을 의미한다.

(2) 창립총회(정관동의)

① 협회를 설립하고자 하는 자는 발기인이 작성하여 서명·날인한 정관에 대하여 600인 이상의 회원이 출석한 창립총회에서 출석한 회원 과반수의 동의를 얻어야 한다(영 제30조 제1항).

② 창립총회에는 서울특별시에서는 100인 이상, 광역시·도 및 특별자치도에서는 각각 20인 이상의 회원이 참여하여야 한다(영 제30조 제2항).

(3) 설립인가

① 창립총회에서 정관에 관하여 동의를 거친 다음에는 주무관청인 국토교통부장관에게 설립인가를 받아야 한다(영 제30조 제1항).

② 공인중개사협회의 설립인가를 신청할 때에 제출하여야 하는 서류는 「국토교통부 및 그 소속청 소관 비영리법인의 설립 및 감독에 관한 규칙」에서 규정한 서류로 한다. 이 경우 '설립허가신청서'는 이를 '설립인가신청서'로 본다(규칙 제26조).

(4) 설립등기

국토교통부장관의 협회설립의 인가를 받은 후 그 주된 사무소의 소재지에서 설립등기를 함으로써 협회는 성립한다(법 제41조 제3항).

기출&예상 문제

「공인중개사법 시행령」 제30조(협회의 설립)의 내용이다. (   )에 들어갈 숫자를 올바르게 나열한 것은?　• 30회

- 공인중개사협회를 설립하고자 하는 때에는 발기인이 작성하여 서명·날인한 정관에 대하여 회원 (　㉠　)인 이상이 출석한 창립총회에서 출석한 회원 과반수의 동의를 얻어 국토교통부장관의 설립인가를 받아야 한다.
- 창립총회에는 서울특별시에서는 (　㉡　)인 이상, 광역시·도 및 특별자치도에서는 각각 (　㉢　)인 이상의 회원이 참여하여야 한다.

①　㉠: 300,　㉡: 50,　㉢: 20
②　㉠: 300,　㉡: 100,　㉢: 50
③　㉠: 600,　㉡: 50,　㉢: 20
④　㉠: 600,　㉡: 100,　㉢: 20
⑤　㉠: 800,　㉡: 50,　㉢: 50

해설　④ 협회를 설립하고자 하는 자는 발기인이 작성하여 서명·날인한 정관에 대하여 (㉠ 600)인 이상의 회원이 출석한 창립총회에서 출석한 회원 과반수의 동의를 얻어 국토교통부장관의 설립인가를 받아야 한다(영 제30조 제1항). 창립총회에는 서울특별시에서는 (㉡ 100)인 이상, 광역시·도 및 특별자치도에서는 각각 (㉢ 20)인 이상의 회원이 참여하여야 한다(영 제30조 제2항).

정답　④

2 협회의 조직

협회는 주된 사무소, 지부, 지회로 구성되어 있다. 협회는 정관으로 정하는 바에 따라 시·도에 지부를, 시(구가 설치되지 아니한 시와 특별자치도의 행정시를 말한다)·군·구에 지회를 둘 수 있다(법 제41조 제4항). 협회가 지부를 설치한 때에는 시·도지사에게, 지회를 설치한 때에는 등록관청에 신고하여야 한다(영 제32조 제2항).

3 총회 의결내용의 보고

협회는 총회의 의결내용을 지체 없이 국토교통부장관에게 보고하여야 한다(영 제32조 제1항).

O X 확 인 문 제

협회가 지회를 설치한 때에는 시·도지사에게 신고하여야 한다.　• 27회　(　)

정답 (×)
협회가 지회를 설치한 때에는 등록관청에 신고하여야 한다.

O X 확 인 문 제

협회는 총회의 의결내용을 지체 없이 국토교통부장관에게 보고하여야 한다. • 27회　(　)

정답 (○)

4 협회의 업무

1. 협회업무의 구분

(1) 고유업무

협회는 협회 설립목적을 달성하기 위하여 다음의 업무를 수행할 수 있다 (영 제31조).

① 회원의 품위유지를 위한 업무
② 부동산중개제도의 연구·개선에 관한 업무
③ 회원의 자질향상을 위한 지도 및 교육·연수에 관한 업무
④ 회원의 윤리헌장 제정 및 그 실천에 관한 업무
⑤ 부동산 정보제공에 관한 업무
⑥ 법 제42조의 규정에 따른 공제사업. 이 경우 공제사업은 비영리사업으로서 회원 간의 상호부조를 목적으로 한다.
⑦ 그 밖에 협회의 설립목적 달성을 위하여 필요한 업무

(2) 수탁업무

① 실무교육, 업무교육, 직무교육 등 교육업무
② 시험시행기관으로부터 위탁받을 수 있는 공인중개사 시험시행에 관한 업무

O X 확 인 문 제

협회는 고유업무로서 실무교육 업무, 시험시행에 관한 업무를 수행한다. ( )

정답 (×)

협회는 수탁업무로서 실무교육업 무, 시험시행에 관한 업무를 수행 한다.

2. 협회의 공제사업

(1) 공제사업의 임의성

협회는 개업공인중개사의 손해배상책임을 보장하기 위하여 공제사업을 할 수 있다(법 제42조 제1항). 공제사업은 비영리사업으로서 회원 간의 상호부조를 목적으로 한다.

(2) 공제사업의 범위

협회가 할 수 있는 공제사업의 범위는 다음과 같다(영 제33조).

① 개업공인중개사의 손해배상책임을 보장하기 위한 공제기금의 조성 및 공제금의 지급에 관한 사업
② 공제사업의 부대업무로서 공제규정으로 정하는 사업

(3) 공제규정

① **공제규정의 제정** : 협회가 공제사업을 하고자 하는 때에는 공제규정을 제정하여 국토교통부장관의 승인을 얻어야 한다. 공제규정을 변경하고자 하는 때에도 또한 같다(법 제42조 제2항).

② **공제규정의 기준** : 공제규정에는 대통령령으로 정하는 바에 따라 공제사업의 범위, 공제계약의 내용, 공제금, 공제료, 회계기준 및 책임준비금의 적립비율 등 공제사업의 운용에 관하여 필요한 사항을 정하여야 한다(법 제42조 제3항). 공제규정에는 다음의 사항을 정하여야 한다(영 제34조).

> ㉠ **공제계약의 내용** : 협회의 공제책임, 공제금, 공제료, 공제기간, 공제금의 청구와 지급절차, 구상 및 대위권, 공제계약의 실효 그 밖에 공제계약에 필요한 사항을 정한다. 이 경우 공제료는 공제사고 발생률, 보증보험료 등을 종합적으로 고려하여 결정한 금액으로 한다.
> ㉡ **회계기준** : 공제사업을 손해배상기금과 복지기금으로 구분하여 각 기금별 목적 및 회계원칙에 부합되는 세부기준을 정한다.
> ㉢ **책임준비금의 적립비율** : 공제사고 발생률 및 공제금 지급액 등을 종합적으로 고려하여 정하되, 공제료 수입액의 100분의 10 이상으로 정한다.

(4) 공제사업의 관리

협회는 공제사업을 다른 회계와 구분하여 별도의 회계로 관리하여야 한다(법 제42조 제4항).

(5) 책임준비금의 전용

협회가 책임준비금을 다른 용도로 사용하고자 하는 경우에는 국토교통부장관의 승인을 얻어야 한다(법 제42조 제4항).

(6) 운용실적의 공시

협회는 매 연도의 공제사업 운용실적을 매 회계연도 종료 후 3개월 이내에 일간신문 또는 협회보에 공시하고 협회의 인터넷 홈페이지에 게시해야 한다. 협회가 공시할 사항은 다음과 같다(영 제35조).

> ① 결산서인 요약 재무상태표, 손익계산서 및 감사보고서
> ② 공제료 수입액, 공제금 지급액, 책임준비금 적립액
> ③ 그 밖에 공제사업의 운용과 관련된 참고사항

(7) 조사 또는 검사

「금융위원회의 설치 등에 관한 법률」에 따른 금융감독원의 원장은 국토교통부장관의 요청이 있는 경우에는 공제사업에 관하여 조사 또는 검사를 할 수 있다(법 제42조의3).

(8) 운영위원회

① 공제사업에 관한 사항을 심의하고 그 업무집행을 감독하기 위하여 협회에 운영위원회를 둔다.

② 운영위원회의 위원은 협회의 임원, 중개업·법률·회계·금융·보험·부동산 분야 전문가, 관계 공무원 및 그 밖에 중개업 관련 이해관계자로 구성하되, 그 수는 19명 이내로 한다.

③ 운영위원회의 구성과 운영에 필요한 세부사항은 다음과 같다(영 제35조의2 제1항 내지 제10항).

> ㉠ 법 제42조의2에 따른 운영위원회(이하 '운영위원회'라 한다)는 공제사업에 관하여 다음의 사항을 심의하며 그 업무집행을 감독한다.
> ⓐ 사업계획·운영 및 관리에 관한 기본 방침
> ⓑ 예산 및 결산에 관한 사항
> ⓒ 차입금에 관한 사항
> ⓓ 주요 예산집행에 관한 사항
> ⓔ 공제약관·공제규정의 변경과 공제와 관련된 내부규정의 제정·개정 및 폐지에 관한 사항
> ⓕ 공제금, 공제가입금, 공제료 및 그 요율에 관한 사항
> ⓖ 정관으로 정하는 사항
> ⓗ 그 밖에 위원장이 필요하다고 인정하여 회의에 부치는 사항
> ㉡ 운영위원회는 성별을 고려하여 다음의 사람으로 구성한다. 이 경우 ⓑ와 ⓒ에 해당하는 위원의 수는 전체 위원 수의 3분의 1 미만으로 한다.
> ⓐ 국토교통부장관이 소속 공무원 중에서 지명하는 사람 1명
> ⓑ 협회의 회장
> ⓒ 협회 이사회가 협회의 임원 중에서 선임하는 사람
> ⓓ 다음의 어느 하나에 해당하는 사람으로서 협회의 회장이 추천하여 국토교통부장관의 승인을 받아 위촉하는 사람
>   i) 대학 또는 정부출연연구기관에서 부교수 또는 책임연구원 이상으로 재직하고 있거나 재직하였던 사람으로서 부동산 분야 또는 법률·회계·금융·보험 분야를 전공한 사람
>   ii) 변호사·공인회계사 또는 공인중개사의 자격이 있는 사람
>   iii) 금융감독원 또는 금융기관에서 임원 이상의 직에 있거나 있었던 사람

iv) 공제조합 관련 업무에 관한 학식과 경험이 풍부한 사람으로서 해당 업무에 5년 이상 종사한 사람

v) 「소비자기본법」 제29조에 따라 등록한 소비자단체 및 같은 법 제33조에 따른 한국소비자원의 임원으로 재직 중인 사람

ⓒ 위 ⓛ의 ⓒ와 ⓓ에 따른 위원의 임기는 2년으로 하되 1회에 한정하여 연임할 수 있으며, 보궐위원의 임기는 전임자 임기의 남은 기간으로 한다.

ⓔ 운영위원회에는 위원장과 부위원장 각각 1명을 두되, 위원장 및 부위원장은 위원 중에서 각각 호선(互選)한다.

ⓜ 운영위원회의 위원장은 운영위원회의 회의를 소집하며 그 의장이 된다.

ⓗ 운영위원회의 부위원장은 위원장을 보좌하며, 위원장이 부득이한 사유로 그 직무를 수행할 수 없을 때에는 그 직무를 대행한다.

ⓢ 운영위원회의 회의는 재적위원 과반수의 출석으로 개의(開議)하고, 출석위원 과반수의 찬성으로 심의사항을 의결한다.

ⓞ 운영위원회의 사무를 처리하기 위하여 간사 및 서기를 두되, 간사 및 서기는 공제업무를 담당하는 협회의 직원 중에서 위원장이 임명한다.

ⓩ 간사는 회의 때마다 회의록을 작성하여 다음 회의에 보고하고 이를 보관하여야 한다.

ⓣ 위 ⓖ부터 ⓩ까지에 규정된 사항 외에 운영위원회의 운영에 필요한 사항은 운영위원회의 심의를 거쳐 위원장이 정한다.

(9) 공제사업 운영의 개선명령

국토교통부장관은 협회의 공제사업 운영이 적정하지 아니하거나 자산상황이 불량하여 중개사고 피해자 및 공제가입자 등의 권익을 해칠 우려가 있다고 인정하면 다음의 조치를 명할 수 있다(법 제42조의4).

① 업무집행방법의 변경
② 자산예탁기관의 변경
③ 자산의 장부가격의 변경
④ 불건전한 자산에 대한 적립금의 보유
⑤ 가치가 없다고 인정되는 자산의 손실 처리
⑥ 그 밖에 이 법 및 공제규정을 준수하지 아니하여 공제사업의 건전성을 해할 우려가 있는 경우 이에 대한 개선명령

(10) 임원에 대한 제재 등

국토교통부장관은 협회의 임원이 다음의 어느 하나에 해당하여 공제사업을 건전하게 운영하지 못할 우려가 있는 경우 그 임원에 대한 징계·해임을 요구하거나 해당 위반행위를 시정하도록 명할 수 있다(법 제42조의5).

① 공제규정을 위반하여 업무를 처리한 경우
② 개선명령을 이행하지 아니한 경우
③ 재무건전성 기준을 지키지 아니한 경우

(11) 재무건전성의 유지

협회는 공제금 지급능력과 경영의 건전성을 확보하기 위하여 다음의 사항에 관하여 재무건전성 기준을 지켜야 한다(법 제42조의6).

① 자본의 적정성에 관한 사항
② 자산의 건전성에 관한 사항
③ 유동성의 확보에 관한 사항

✅ 참고 **재무건전성의 기준(영 제35조의3)**

1. 재무건전성 기준의 준수
   협회는 다음의 재무건전성 기준을 모두 준수하여야 한다.
   ① 지급여력비율은 100분의 100 이상을 유지할 것
   ② 구상채권 등 보유자산의 건전성을 정기적으로 분류하고 대손충당금을 적립할 것
2. 지급여력비율
   지급여력비율은 ①에 따른 지급여력금액을 ②에 따른 지급여력기준금액으로 나눈 비율로 하며, 지급여력금액과 지급여력기준금액은 다음과 같다.
   ① **지급여력금액** : 자본금, 대손충당금, 이익잉여금 그 밖에 이에 준하는 것으로서 국토교통부장관이 정하는 금액을 합산한 금액에서 영업권, 선급비용 등 국토교통부장관이 정하는 금액을 뺀 금액
   ② **지급여력기준금액** : 공제사업을 운영함에 따라 발생하게 되는 위험을 국토교통부장관이 정하는 방법에 따라 금액으로 환산한 것
3. 세부기준
   국토교통부장관은 위 1. 및 2.에 따른 재무건전성 기준에 관하여 필요한 세부기준을 정할 수 있다.

5 협회에 대한 지도·감독

1. 국토교통부장관의 지도·감독상 명령

① 국토교통부장관은 협회와 그 지부 및 지회를 지도·감독하기 위하여 필요한 때에는 그 업무에 관한 사항을 보고하게 하거나 자료의 제출 그 밖에 필요한 명령을 할 수 있으며, 소속 공무원으로 하여금 그 사무소에 출입하여 장부·서류 등을 조사 또는 검사하게 할 수 있다(법 제44조 제1항).

② 협회(주된 사무소)뿐만 아니라 지부 및 지회에 대한 지도·감독상 명령도 국토교통부장관이 행한다.

2. 출입·검사 시 공무원의 증표

협회 사무소에 출입하여 장부·서류 등을 조사 또는 검사하는 공무원은 국토교통부령으로 정하는 증표를 지니고 상대방에게 이를 내보여야 한다(법 제44조 제2항). '국토교통부령으로 정하는 증표'라 함은 공무원증 및 별지 제27호 서식의 공인중개사협회조사·검사증명서를 말한다(규칙 제27조).

6 협회에 대한 제재

국토교통부장관은 협회가 다음의 사유 중 하나에 해당된 경우에는 500만원 이하의 과태료에 처한다.

① 공제사업 운용실적을 공시하지 아니한 자
② 공제업무의 개선명령을 이행하지 아니한 자
③ 임원에 대한 징계·해임의 요구를 이행하지 아니하거나 시정명령을 이행하지 아니한 자
④ 국토교통부장관의 요청이 있는 경우로서 금융감독원장의 공제사업에 관한 조사 또는 검사에 관한 규정을 위반한 자
⑤ 법 제44조 제1항에 따른 보고, 자료의 제출, 조사 또는 검사를 거부·방해 또는 기피하거나 그 밖의 명령을 이행하지 아니하거나 거짓으로 보고 또는 자료 제출을 한 자

O X 확 인 문 제

지부 및 지회에 대한 지도·감독상 명령은 시·도지사, 등록관청이 행한다. ( )

정답 (×)
지부 및 지회에 대한 지도·감독상 명령은 국토교통부장관이 행한다.

O X 확 인 문 제

국토교통부장관의 요청이 있는 경우로서 금융감독원장의 공제사업에 관한 조사 또는 검사에 관한 규정을 위반한 협회는 100만원 이하의 과태료의 대상이 된다. ( )

정답 (×)
국토교통부장관의 요청이 있는 경우로서 금융감독원장의 공제사업에 관한 조사 또는 검사에 관한 규정을 위반한 협회는 500만원 이하의 과태료의 대상이 된다.

■▪ 협회 관련 행정사항 정리

구 분	내 용	관할 행정청
인가사항	협회의 설립	국토교통부장관
보고사항	총회의 의결내용	국토교통부장관
신고사항	지부를 설치한 때	시·도지사
	지회를 설치한 때	등록관청
승인사항	공제규정의 제정 및 변경	국토교통부장관
	책임준비금의 전용	

기출&예상 문제

01 공인중개사법령상 공인중개사협회(이하 '협회'라 함) 및 공제사업에 관한 설명으로 옳은 것은?   • 34회

① 협회는 총회의 의결내용을 10일 이내에 시·도지사에게 보고하여야 한다.

② 협회는 매 회계연도 종료 후 3개월 이내에 공제사업 운용실적을 일간신문에 공시하거나 협회의 인터넷 홈페이지에 게시해야 한다.

③ 협회의 창립총회를 개최할 경우 특별자치도에서는 10인 이상의 회원이 참여하여야 한다.

④ 공제규정에는 책임준비금의 적립비율을 공제료 수입액의 100분의 5 이상으로 정한다.

⑤ 협회는 공제사업을 다른 회계와 구분하여 별도의 회계로 관리하여야 한다.

해설 ① 협회는 총회의 의결내용을 지체 없이 국토교통부장관에게 보고하여야 한다.
② 협회는 매 회계연도 종료 후 3개월 이내에 공제사업 운용실적을 일간신문 또는 협회보에 공시하고 협회의 인터넷 홈페이지에 게시해야 한다.
③ 창립총회에는 서울특별시에서는 100인 이상, 광역시·도 및 특별자치도에서는 각각 20인 이상의 회원이 참여하여야 한다.
④ 책임준비금의 적립비율은 공제사고 발생률 및 공제금 지급액 등을 종합적으로 고려하여 정하되, 공제료 수입액의 100분의 10 이상으로 정한다.

정답 ⑤

02 공인중개사법령상 공인중개사협회(이하 '협회'라 함)의 공제사업에 관한 설명으로 틀린 것은?　　　　　•33회

① 협회는 공제사업을 다른 회계와 구분하여 별도의 회계로 관리해야 한다.

② 공제규정에서 정하는 책임준비금의 적립비율은 공제료 수입액의 100분의 20 이상으로 한다.

③ 국토교통부장관은 협회의 자산상황이 불량하여 공제 가입자의 권익을 해칠 우려가 있다고 인정하면 자산예탁기관의 변경을 명할 수 있다.

④ 국토교통부장관은 협회의 자산상황이 불량하여 중개사고 피해자의 권익을 해칠 우려가 있다고 인정하면 불건전한 자산에 대한 적립금의 보유를 명할 수 있다.

⑤ 협회는 대통령령으로 정하는 바에 따라 매년도의 공제사업 운용실적을 일간신문·협회보 등을 통하여 공제계약자에게 공시해야 한다.

> **해설** ② 책임준비금의 적립비율은 공제사고 발생률 및 공제금 지급액 등을 종합적으로 고려하여 정하되, 공제료 수입액의 100분의 10 이상으로 정한다(영 제34조 제3호).
>
> 　　　　　　　　　　　　　　　　　　　　　　　　　　　　　　　**정답** ②

제2절 교육

•24회 •25회 •26회 •27회 •28회 •29회 •31회 •34회

법 제34조【개업공인중개사등의 교육】 ① 제9조에 따라 중개사무소의 개설등록을 신청하려는 자(법인의 경우에는 사원·임원을 말하며, 제13조 제3항에 따라 분사무소의 설치신고를 하려는 경우에는 분사무소의 책임자를 말한다)는 등록신청일(분사무소 설치신고의 경우에는 신고일을 말한다) 전 1년 이내에 시·도지사가 실시하는 실무교육(실무수습을 포함한다)을 받아야 한다. 다만, 다음 각 호의 어느 하나에 해당하는 자는 그러하지 아니하다.

1. 폐업신고 후 1년 이내에 중개사무소의 개설등록을 다시 신청하려는 자
2. 소속공인중개사로서 고용관계 종료신고 후 1년 이내에 중개사무소의 개설등록을 신청하려는 자

② 소속공인중개사는 제15조 제1항에 따른 고용신고일 전 1년 이내에 시·도지사가 실시하는 실무교육을 받아야 한다. 다만, 다음 각 호의 어느 하나에 해당하는 자는 그러하지 아니하다.

1. 고용관계 종료신고 후 1년 이내에 고용신고를 다시 하려는 자
2. 개업공인중개사로서 폐업신고를 한 후 1년 이내에 소속공인중개사로 고용신고를 하려는 자

③ 중개보조원은 제15조 제1항에 따른 고용신고일 전 1년 이내에 시·도지사 또는 등록관청이 실시하는 직무교육을 받아야 한다. 다만, 고용관계 종료신고 후 1년 이내에 고용신고를 다시 하려는 자는 그러하지 아니하다.

④ 제1항 및 제2항에 따른 실무교육을 받은 개업공인중개사 및 소속공인중개사는 실무교육을 받은 후 2년마다 시·도지사가 실시하는 연수교육을 받아야 한다.

⑤ 국토교통부장관은 제1항부터 제4항까지의 규정에 따라 시·도지사가 실시하는 실무교육, 직무교육 및 연수교육의 전국적인 균형유지를 위하여 필요하다고 인정하면 해당 교육의 지침을 마련하여 시행할 수 있다.

⑥ 제1항부터 제5항까지의 규정에 따른 교육 및 교육지침에 관하여 필요한 사항은 대통령령으로 정한다.

법 제34조의2【개업공인중개사등에 대한 교육비 지원 등】 ① 국토교통부장관, 시·도지사 및 등록관청은 개업공인중개사등이 부동산 거래사고 예방 등을 위하여 교육을 받는 경우에는 대통령령으로 정하는 바에 따라 필요한 비용을 지원할 수 있다.

② 국토교통부장관, 시·도지사 및 등록관청은 필요하다고 인정하면 대통령령으로 정하는 바에 따라 개업공인중개사등의 부동산 거래사고 예방을 위한 교육을 실시할 수 있다.

1 실무교육

(1) 실무교육의 대상자

① **중개사무소의 개설등록을 신청하려는 자** : 중개사무소의 개설등록을 신청하려는 자(법인의 경우에는 사원·임원을 말하며, 분사무소의 설치신고를 하려는 경우에는 분사무소의 책임자를 말한다)는 등록신청일(분사무소 설치신고의 경우에는 신고일을 말한다) 전 1년 이내에 시·도지사가 실시하는 실무교육(실무수습을 포함한다)을 받아야 한다. 다만, 다음의 어느 하나에 해당하는 자는 그러하지 아니하다(법 제34조 제1항).

> ㉠ 폐업신고 후 1년 이내에 중개사무소의 개설등록을 다시 신청하려는 자
> ㉡ 소속공인중개사로서 고용관계 종료신고 후 1년 이내에 중개사무소의 개설등록을 신청하려는 자

② **소속공인중개사** : 소속공인중개사는 고용신고일 전 1년 이내에 시·도지사가 실시하는 실무교육을 받아야 한다. 다만, 다음의 어느 하나에 해당하는 자는 그러하지 아니하다(법 제34조 제2항).

> ㉠ 고용관계 종료신고 후 1년 이내에 고용신고를 다시 하려는 자
> ㉡ 개업공인중개사로서 폐업신고를 한 후 1년 이내에 소속공인중개사로 고용신고를 하려는 자

O X 확 인 문 제

실무교육을 실시하려는 경우 교육실시기관은 교육일 7일 전까지 교육의 일시·장소·내용 등을 대상자에게 통지해야 한다.
• 25회   (   )

정답 (×)
실무교육은 사전통지에 관한 규정이 없다.

(2) 실무교육의 내용 및 시간(영 제28조 제1항)

① 교육내용 : 개업공인중개사 및 소속공인중개사의 직무수행에 필요한 법률지식, 부동산중개 및 경영실무, 직업윤리 등
② 교육시간 : 28시간 이상 32시간 이하

2 연수교육

(1) 연수교육의 대상자

실무교육을 받은 개업공인중개사 및 소속공인중개사는 실무교육을 받은 후 2년마다 시·도지사가 실시하는 연수교육을 받아야 한다(법 제34조 제4항).

(2) 연수교육의 내용 및 시간(영 제28조 제3항)

① 교육내용 : 부동산중개 관련 법·제도의 변경사항, 부동산중개 및 경영실무, 직업윤리 등
② 교육시간 : 12시간 이상 16시간 이하

(3) 연수교육 실시의 통지

시·도지사는 연수교육을 실시하려는 경우 실무교육 또는 연수교육을 받은 후 2년이 되기 2개월 전까지 연수교육의 일시·장소·내용 등을 대상자에게 통지하여야 한다(영 제28조 제4항).

3 직무교육

(1) 직무교육의 대상자

중개보조원은 고용신고일 전 1년 이내에 시·도지사 또는 등록관청이 실시하는 직무교육을 받아야 한다. 다만, 고용관계 종료신고 후 1년 이내에 고용신고를 다시 하려는 자는 그러하지 아니하다(법 제34조 제3항).

(2) 직무교육의 내용 및 시간(영 제28조 제2항)

① 교육내용 : 중개보조원의 직무수행에 필요한 직업윤리 등
② 교육시간 : 3시간 이상 4시간 이하

4 교육의 지침

(1) 교육지침의 시행목적

국토교통부장관은 시·도지사가 실시하는 실무교육, 직무교육 및 연수교육의 전국적인 균형유지를 위하여 필요하다고 인정하면 해당 교육의 지침을 마련하여 시행할 수 있다(법 제34조 제5항).

(2) 교육지침의 내용

교육 및 교육지침에 관하여 필요한 사항은 대통령령으로 정한다(법 제34조 제6항). 교육지침에는 다음의 사항이 포함되어야 한다(영 제28조 제5항).

① 교육의 목적
② 교육대상
③ 교육과목 및 교육시간
④ 강사의 자격
⑤ 수강료
⑥ 수강신청, 출결(出缺) 확인, 교육평가, 교육수료증 발급 등 학사 운영 및 관리
⑦ 그 밖에 균형 있는 교육의 실시에 필요한 기준과 절차

5 거래사고 예방교육 등

(1) 비용의 지원

국토교통부장관, 시·도지사 및 등록관청은 개업공인중개사등이 부동산 거래사고 예방 등을 위하여 교육을 받는 경우에는 대통령령으로 정하는 바에 따라 필요한 비용을 지원할 수 있다(법 제34조의2 제1항). 이 경우 개업공인중개사등에 대한 부동산 거래사고 예방 등의 교육을 위하여 지원할 수 있는 비용은 다음과 같다(영 제28조의2 제1항).

① 교육시설 및 장비의 설치에 필요한 비용
② 교육자료의 개발 및 보급에 필요한 비용
③ 교육 관련 조사 및 연구에 필요한 비용
④ 교육실시에 따른 강사비

(2) 교육의 실시

국토교통부장관, 시·도지사 및 등록관청은 필요하다고 인정하면 대통령령으로 정하는 바에 따라 개업공인중개사등의 부동산 거래사고 예방을 위한 교육을 실시할 수 있다(법 제34조의2 제2항). 이 경우 국토교통부장관, 시·도지사 및 등록관청은 부동산 거래질서를 확립하고, 부동산 거래사고로 인한 피해를 방지하기 위하여 부동산 거래사고 예방을 위한 교육을 실시하려는 경우에는 교육일 10일 전까지 교육일시·교육장소 및 교육내용, 그 밖에 교육에 필요한 사항을 공고하거나 교육대상자에게 통지하여야 한다(영 제28조의2 제2항).

O X 확 인 문 제

국토교통부장관, 시·도지사 및 등록관청은 필요하다고 인정하면 개업공인중개사등의 부동산 거래사고 예방을 위한 교육을 실시하여야 한다. ( )

정답 (×)

국토교통부장관, 시·도지사 및 등록관청은 필요하다고 인정하면 개업공인중개사등의 부동산 거래사고 예방을 위한 교육을 실시할 수 있다.

기출&예상 문제

01 공인중개사법령상 개업공인중개사등의 교육 등에 관한 설명으로 옳은 것은? ·34회

① 폐업신고 후 400일이 지난 날 중개사무소의 개설등록을 다시 신청하려는 자는 실무교육을 받지 않아도 된다.

② 중개보조원의 직무수행에 필요한 직업윤리에 대한 교육시간은 5시간이다.

③ 시·도지사는 연수교육을 실시하려는 경우 실무교육 또는 연수교육을 받은 후 2년이 되기 2개월 전까지 연수교육의 일시·장소·내용 등을 대상자에게 통지하여야 한다.

④ 부동산중개 및 경영실무에 대한 교육시간은 36시간이다.

⑤ 시·도지사가 부동산 거래사고 예방을 위한 교육을 실시하려는 경우에는 교육일 7일 전까지 교육일시·교육장소 및 교육내용을 교육대상자에게 통지하여야 한다.

해설 ① 폐업신고 후 1년 이내에 중개사무소의 개설등록을 다시 신청하려는 자는 실무교육을 이수하지 않아도 된다. 따라서 폐업신고 후 400일이 지난 날 중개사무소의 개설등록을 다시 신청하려는 자는 실무교육을 받아야 한다.

② 중개보조원의 직무수행에 필요한 직업윤리에 대한 직무교육시간은 3시간 이상 4시간 이내이므로 5시간은 틀린 지문이 된다.

④ 부동산중개 및 경영실무에 대한 교육은 실무교육과 연수교육의 내용이다. 이 경우 실무교육이라면 28시간 이상 32시간 이내로 하며, 연수교육이라면 12시간 이상 16시간 이내로 한다. 따라서 36시간은 틀린 지문이 된다.

⑤ 국토교통부장관, 시·도지사 및 등록관청은 부동산 거래질서를 확립하고, 부동산 거래사고로 인한 피해를 방지하기 위하여 부동산 거래사고 예방을 위한 교육을 실시하려는 경우에는 교육일 10일 전까지 교육일시·교육장소 및 교육내용 그 밖에 교육에 필요한 사항을 공고하거나 교육대상자에게 통지하여야 한다.

정답 ③

02 공인중개사법령상 개업공인중개사등의 교육에 관한 설명으로 옳은 것은? (단, 다른 법률의 규정은 고려하지 않음) • 31회

① 중개사무소 개설등록을 신청하려는 법인의 공인중개사가 아닌 사원은 실무교육 대상이 아니다.

② 개업공인중개사가 되려는 자의 실무교육시간은 26시간 이상 32시간 이하이다.

③ 중개보조원이 받는 실무교육에는 부동산 중개 관련 법·제도의 변경사항이 포함된다.

④ 국토교통부장관, 시·도지사, 등록관청은 개업공인중개사등에 대한 부동산 거래사고 예방 등의 교육을 위하여 교육 관련 연구에 필요한 비용을 지원할 수 있다.

⑤ 소속공인중개사는 2년마다 국토교통부장관이 실시하는 연수교육을 받아야 한다.

> **해설** ① 중개사무소 개설등록을 신청하려는 법인의 공인중개사가 아닌 사원도 실무교육 대상이다. 법인의 등록기준으로 대표자, 임원 또는 사원 및 분사무소의 책임자는 실무교육을 받아야 한다.
> ② 개업공인중개사가 되려는 자의 실무교육시간은 28시간 이상 32시간 이하이다.
> ③ 중개보조원이 받는 교육은 직무교육이며, 교육내용에는 중개보조원의 직무수행에 필요한 직업윤리 등이 포함된다.
> ⑤ 소속공인중개사는 2년마다 시·도지사가 실시하는 연수교육을 받아야 한다.
>
> **정답** ④

제3절 업무위탁

> **법 제45조【업무위탁】** 국토교통부장관, 시·도지사 또는 등록관청은 대통령령으로 정하는 바에 따라 그 업무의 일부를 협회 또는 대통령령으로 정하는 기관에 위탁할 수 있다.

1 업무위탁의 의의

국토교통부장관, 시·도지사 또는 등록관청은 대통령령으로 정하는 바에 따라 그 업무의 일부를 협회 또는 대통령령으로 정하는 기관에 위탁할 수 있다(법 제45조).

2 위탁업무의 종류

1. 교육에 관한 업무위탁

(1) 교육업무의 위탁

시·도지사는 실무교육, 직무교육 및 연수교육에 관한 업무를 위탁할 수 있다. 시·도지사는 교육에 관한 업무를 위탁하는 때에는 다음의 기관 또는 단체 중 국토교통부령으로 정하는 인력 및 시설을 갖춘 기관 또는 단체를 지정하여 위탁하여야 한다(영 제36조 제1항).

> ① 부동산 관련 학과가 개설된 「고등교육법」에 따른 학교(대학, 산업대학, 교육대학, 전문대학, 원격대학, 기술대학, 각종 학교)
> ② 협회
> ③ 「공공기관의 운영에 관한 법률」에 따른 공기업 또는 준정부기관

(2) 교육기관의 인력 및 시설 기준(규칙 제27조의2)

> ① 교육과목별로 다음의 어느 하나에 해당하는 사람을 강사로 확보할 것
> 　㉠ 교육과목과 관련된 분야의 박사학위 소지자
> 　㉡ 「고등교육법」에 따른 학교에서 전임강사 이상으로 교육과목과 관련된 과목을 2년 이상 강의한 경력이 있는 사람
> 　㉢ 교육과목과 관련된 분야의 석사학위를 취득한 후 연구 또는 실무 경력이 3년 이상인 사람
> 　㉣ 변호사 자격이 있는 사람으로서 실무 경력이 2년 이상인 사람
> 　㉤ 7급 이상의 공무원으로 6개월 이상 부동산중개업 관련 업무를 담당한 경력이 있는 사람
> 　㉥ 그 밖에 공인중개사·감정평가사·주택관리사·건축사·공인회계사·법무사 또는 세무사 등으로서 부동산 관련 분야에 근무한 경력이 3년 이상인 사람
> ② 면적이 50m² 이상인 강의실을 1개소 이상 확보할 것

(3) 관보의 고시

시·도지사가 교육업무를 위탁한 때에는 위탁받은 기관의 명칭·대표자 및 소재지와 위탁업무의 내용 등을 관보에 고시하여야 한다(영 제36조 제3항).

2. 시험시행에 관한 업무위탁

(1) 시험시행업무의 위탁

시험시행기관장은 시험의 시행에 관한 업무를 다음의 기관 또는 단체에 위탁할 수 있다(영 제36조 제2항).

> ① 협회
> ②「공공기관의 운영에 관한 법률」에 따른 공기업, 준정부기관

(2) 관보의 고시

시험시행기관장은 공인중개사 시험시행에 관한 업무를 위탁한 때에는 위탁받은 기관의 명칭·대표자 및 소재지와 위탁업무의 내용 등을 관보에 고시하여야 한다(영 제36조 제3항).

제4절　포상금

• 24회 • 25회 • 26회 • 27회 • 28회 • 30회 • 32회 • 33회

> **법 제46조 【포상금】** ① 등록관청은 다음 각 호의 어느 하나에 해당하는 자를 등록관청, 수사기관이나 제47조의2에 따른 부동산거래질서교란행위 신고센터에 신고 또는 고발한 자에 대하여 대통령령으로 정하는 바에 따라 포상금을 지급할 수 있다.
> 1. 제9조에 따른 중개사무소의 개설등록을 하지 아니하고 중개업을 한 자
> 2. 거짓이나 그 밖의 부정한 방법으로 중개사무소의 개설등록을 한 자
> 3. 중개사무소등록증 또는 공인중개사자격증을 다른 사람에게 양도·대여하거나 다른 사람으로부터 양수·대여받은 자
> 4. 제18조의2 제3항을 위반하여 표시·광고를 한 자
> 5. 제33조 제1항 제8호 또는 제9호에 따른 행위를 한 자
> 6. 제33조 제2항을 위반하여 개업공인중개사등의 업무를 방해한 자
> ② 제1항에 따른 포상금의 지급에 소요되는 비용은 대통령령으로 정하는 바에 따라 그 일부를 국고에서 보조할 수 있다.
>
> **영 제36조의2 【포상금】** ① 법 제46조 제1항의 규정에 따른 포상금은 1건당 50만원으로 한다.
> ② 제1항의 규정에 따른 포상금은 법 제46조 제1항 각 호의 어느 하나에 해당하는 자가 행정기관에 의하여 발각되기 전에 등록관청이나 수사기관에 신고 또는 고발한 자에게 그 신고 또는 고발사건에 대하여 검사가 공소제기 또는 기소유예의 결정을 한 경우에 한하여 지급한다.
> ③ 법 제46조 제2항의 규정에 따라 포상금의 지급에 소요되는 비용 중 국고에서 보조할 수 있는 비율은 100분의 50 이내로 한다.
> ④ 그 밖에 포상금의 지급방법 및 절차 등에 관하여 필요한 사항은 국토교통부령으로 정한다.

규칙 제28조【포상금의 지급】 ① 영 제36조의2에 따른 포상금을 지급받으려는 자는 별지 제28호 서식의 포상금지급신청서를 등록관청에 제출해야 한다.

② 제1항의 규정에 따라 포상금지급신청서를 제출받은 등록관청은 그 사건에 관한 수사기관의 처분내용을 조회한 후 포상금의 지급을 결정하고, 그 결정일부터 1월 이내에 포상금을 지급하여야 한다.

③ 등록관청은 하나의 사건에 대하여 2인 이상이 공동으로 신고 또는 고발한 경우에는 영 제36조의2 제1항에 따른 포상금을 균등하게 배분하여 지급한다. 다만, 포상금을 지급받을 자가 배분방법에 관하여 미리 합의하여 포상금의 지급을 신청한 경우에는 그 합의된 방법에 따라 지급한다.

④ 등록관청은 하나의 사건에 대하여 2건 이상의 신고 또는 고발이 접수된 경우에는 최초로 신고 또는 고발한 자에게 포상금을 지급한다.

1 포상금의 지급권자 및 지급대상자

등록관청은 다음의 어느 하나에 해당하는 자가 행정기관에 의하여 발각되기 전에 등록관청, 수사기관이나 부동산거래질서교란행위 신고센터에 신고 또는 고발한 자에게 대통령령으로 정하는 바에 따라 포상금을 지급할 수 있다(법 제46조 제1항).

① 중개사무소의 개설등록을 하지 아니하고 중개업을 한 자
② 거짓이나 그 밖의 부정한 방법으로 중개사무소의 개설등록을 한 자
③ 중개사무소등록증을 다른 사람에게 양도·대여하거나 다른 사람으로부터 양수·대여받은 자
④ 공인중개사자격증을 다른 사람에게 양도·대여하거나 다른 사람으로부터 양수·대여받은 자
⑤ 개업공인중개사가 아닌 자는 중개대상물에 대한 표시·광고를 하여서는 아니 된다는 규정을 위반한 자
⑥ 부당한 이익을 얻거나 제3자에게 부당한 이익을 얻게 할 목적으로 거짓으로 거래가 완료된 것처럼 꾸미는 등 중개대상물의 시세에 부당한 영향을 주거나 줄 우려가 있는 행위
⑦ 단체를 구성하여 특정 중개대상물에 대하여 중개를 제한하거나 단체 구성원 이외의 자와 공동중개를 제한하는 행위
⑧ 안내문, 온라인 커뮤니티 등을 이용하여 특정 개업공인중개사등에 대한 중개의뢰를 제한하거나 제한을 유도하는 행위
⑨ 안내문, 온라인 커뮤니티 등을 이용하여 중개대상물에 대하여 시세보다 현저하게 높게 표시·광고 또는 중개하는 특정 개업공인중개사등에게만 중개의뢰를 하도록 유도함으로써 다른 개업공인중개사등을 부당하게 차별하는 행위

OX확인문제

중개사무소의 명칭을 표시하지 아니하고 중개대상물의 표시·광고를 한 자를 신고한 자는 포상금 지급대상에 해당한다.
• 28회 ( )

정답 (×)
중개사무소의 명칭을 표시하지 아니하고 중개대상물의 표시·광고를 한 자는 포상금 지급사유에 해당하지 않는다.

⑩ 안내문, 온라인 커뮤니티 등을 이용하여 특정 가격 이하로 중개를 의뢰하지 아니하도록 유도하는 행위

⑪ 정당한 사유 없이 개업공인중개사등의 중개대상물에 대한 정당한 표시·광고행위를 방해하는 행위

⑫ 개업공인중개사등에게 중개대상물을 시세보다 현저하게 높게 표시·광고하도록 강요하거나 대가를 약속하고 시세보다 현저하게 높게 표시·광고하도록 유도하는 행위

2 포상금액 및 국고보조비율

(1) 포상금액

포상금은 1건당 50만원으로 한다(영 제36조의2 제1항).

(2) 국고보조비율

포상금의 지급에 소요되는 비용은 그 일부를 국고에서 보조할 수 있다(법 제46조 제2항). 포상금의 지급에 소요되는 비용 중 국고에서 보조할 수 있는 비율은 100분의 50 이내로 한다(영 제36조의2 제3항).

3 포상금의 지급조건 및 절차

포상금의 지급방법 및 절차 등에 관하여 필요한 사항은 국토교통부령으로 정한다(영 제36조의2 제4항).

1. 지급조건

포상금의 지급은 신고 또는 고발의 대상자가 행정기관에 의하여 발각되기 전에 등록관청, 수사기관이나 부동산거래질서교란행위 신고센터에 신고 또는 고발한 자에게 그 신고 또는 고발사건에 대하여 검사가 공소제기 또는 기소유예의 결정을 한 경우에 한정하여 지급한다(영 제36조의2 제2항).

2. 지급절차

(1) 포상금지급신청서의 제출

포상금을 지급받으려는 자는 별지 제28호 서식의 포상금지급신청서를 등록관청에 제출해야 한다(규칙 제28조 제1항).

(2) 포상금의 지급

포상금지급신청서를 제출받은 등록관청은 그 사건에 관한 수사기관의 처분내용을 조회한 후 포상금의 지급을 결정하고, 그 결정일로부터 1개월 이내에 포상금을 지급하여야 한다(규칙 제28조 제2항).

3. 지급방법

(1) 1인의 단독신고·고발

등록관청은 하나의 사건에 대하여 1인이 단독으로 신고 또는 고발한 경우에는 그 신고 또는 고발한 자에게 50만원을 지급한다.

(2) 2인 이상의 공동신고·고발

등록관청은 하나의 사건에 대하여 2인 이상이 공동으로 신고 또는 고발한 경우에는 포상금을 균등하게 배분하여 지급한다. 다만, 포상금을 지급받을 자가 배분방법에 관하여 미리 합의하여 포상금의 지급을 신청한 경우에는 그 합의된 방법에 따라 지급한다(규칙 제28조 제3항).

(3) 2건 이상의 신고·고발

등록관청은 하나의 사건에 대하여 2건 이상의 신고 또는 고발이 접수된 경우에는 최초로 신고 또는 고발한 자에게 포상금을 지급한다(규칙 제28조 제4항).

공인중개사법령상 포상금을 지급받을 수 있는 신고 또는 고발의 대상을 모두 고른 것은?

• 33회

㉠ 중개대상물의 매매를 업으로 하는 행위를 한 자
㉡ 공인중개사자격증을 다른 사람으로부터 대여받은 자
㉢ 해당 중개대상물의 거래상의 중요사항에 관하여 거짓된 언행으로 중개의뢰인의 판단을 그르치게 하는 행위를 한 자

① ㉠   ② ㉡   ③ ㉠, ㉢
④ ㉡, ㉢   ⑤ ㉠, ㉡, ㉢

해설 ② 등록관청은 다음의 어느 하나에 해당하는 자가 행정기관에 의하여 발각되기 전에 등록관청, 수사기관이나 부동산거래질서교란행위 신고센터에 신고 또는 고발한 자에게 대통령령으로 정하는 바에 따라 포상금을 지급할 수 있다 (법 제46조 제1항).

> 1. 중개사무소의 개설등록을 하지 아니하고 중개업을 한 자
> 2. 거짓이나 그 밖의 부정한 방법으로 중개사무소의 개설등록을 한 자
> 3. 중개사무소등록증을 다른 사람에게 양도·대여하거나 다른 사람으로부터 양수·대여받은 자
> 4. 공인중개사자격증을 다른 사람에게 양도·대여하거나 다른 사람으로부터 양수·대여받은 자
> 5. 개업공인중개사가 아닌 자는 중개대상물에 대한 표시·광고를 하여서는 아니 된다는 규정을 위반한 자
> 6. 부당한 이익을 얻거나 제3자에게 부당한 이익을 얻게 할 목적으로 거짓으로 거래가 완료된 것처럼 꾸미는 등 중개대상물의 시세에 부당한 영향을 주거나 줄 우려가 있는 행위
> 7. 단체를 구성하여 특정 중개대상물에 대하여 중개를 제한하거나 단체 구성원 이외의 자와 공동중개를 제한하는 행위
> 8. 안내문, 온라인 커뮤니티 등을 이용하여 특정 개업공인중개사등에 대한 중개의뢰를 제한하거나 제한을 유도하는 행위
> 9. 안내문, 온라인 커뮤니티 등을 이용하여 중개대상물에 대하여 시세보다 현저하게 높게 표시·광고 또는 중개하는 특정 개업공인중개사등에게만 중개의뢰를 하도록 유도함으로써 다른 개업공인중개사등을 부당하게 차별하는 행위
> 10. 안내문, 온라인 커뮤니티 등을 이용하여 특정 가격 이하로 중개를 의뢰하지 아니하도록 유도하는 행위
> 11. 정당한 사유 없이 개업공인중개사등의 중개대상물에 대한 정당한 표시·광고행위를 방해하는 행위
> 12. 개업공인중개사등에게 중개대상물을 시세보다 현저하게 높게 표시·광고하도록 강요하거나 대가를 약속하고 시세보다 현저하게 높게 표시·광고하도록 유도하는 행위

따라서 ㉠㉢은 부동산거래질서교란행위가 아니므로 포상금지급사유에 해당하지 않는다.

정답 ②

제5절   행정수수료 등

• 25회 • 27회 • 30회

법 제47조 【수수료】 ① 다음 각 호의 어느 하나에 해당하는 자는 해당 지방자치단체의 조례로 정하는 바에 따라 수수료를 납부하여야 한다. 다만, 공인중개사자격시험을 제4조 제2항의 규정에 따라 국토교통부장관이 시행하는 경우 제1호에 해당하는 자는 국토교통부장관이 결정·공고하는 수수료를 납부하여야 한다.

1. 제4조에 따른 공인중개사자격시험에 응시하는 자
2. 제5조 제3항에 따라 공인중개사자격증의 재교부를 신청하는 자
3. 제9조 제1항에 따라 중개사무소의 개설등록을 신청하는 자
4. 제11조 제2항에 따라 중개사무소등록증의 재교부를 신청하는 자
5. 제13조 제3항에 따라 분사무소설치의 신고를 하는 자
6. 제13조 제5항에 따라 분사무소설치신고확인서의 재교부를 신청하는 자

② 제4조에 따른 공인중개사자격시험 또는 제5조 제3항에 따른 공인중개사자격증 재교부업무를 제45조의 규정에 따라 위탁한 경우에는 해당 업무를 위탁받은 자가 위탁한 자의 승인을 얻어 결정·공고하는 수수료를 각각 납부하여야 한다.

영 제37조의2 【고유식별정보의 처리】 국토교통부장관, 시·도지사 또는 등록관청(법 제45조 및 제47조의2 제4항에 따라 국토교통부장관, 시·도지사 또는 등록관청의 업무를 위탁받은 자를 포함한다)은 다음 각 호의 사무를 수행하기 위하여 불가피한 경우 「개인정보 보호법 시행령」 제19조 제1호 또는 제4호에 따른 주민등록번호 또는 외국인등록번호가 포함된 자료를 처리할 수 있다.

1. 법 제4조 및 이 영 제8조에 따른 공인중개사 응시원서 접수에 관한 사무
2. 법 제5조에 따른 자격증의 교부에 관한 사무
3. 법 제9조에 따른 중개사무소의 개설등록에 관한 사무
4. 법 제10조에 따른 등록의 결격사유에 관한 사무
5. 법 제11조에 따른 등록증의 교부에 관한 사무
6. 법 제13조에 따른 분사무소의 설치신고에 관한 사무
7. 법 제15조에 따른 개업공인중개사의 고용인의 신고에 관한 사무
8. 법 제16조에 따른 인장의 등록에 관한 사무
9. 법 제24조에 따른 부동산거래정보망의 설치·운영자 지정 및 부동산거래정보망의 이용 등에 관한 운영규정의 승인에 관한 사무
10. 삭제 〈2014.7.28.〉
11. 다음 각 호의 사항과 관련된 법 제37조에 따른 감독상의 명령 등에 관한 사무
    가. 법 제22조에 따른 일반중개계약
    나. 법 제23조에 따른 전속중개계약
    다. 법 제25조에 따른 중개대상물 확인·설명
    라. 법 제26조에 따른 거래계약서의 작성
    마. 법 제30조에 따른 손해배상책임의 보장
12. 법 제46조에 따른 포상금에 관한 사무
13. 법 제47조의2에 따른 부동산거래질서교란행위 신고센터의 업무에 관한 사무

> **영 제37조의3 【규제의 재검토】** 국토교통부장관은 다음 각 호의 사항에 대하여 다음 각 호의 기준일을 기준으로 3년마다(매 3년이 되는 해의 기준일과 같은 날 전까지를 말한다) 그 타당성을 검토하여 개선 등의 조치를 해야 한다.
> 1. 제17조에 따른 중개업에 부수되는 업무 : 2023년 1월 1일
> 2. 제28조 제1항부터 제3항까지에 따른 교육의 내용 및 시간 : 2023년 1월 1일

1 행정수수료

1. 지방자치단체의 조례로 정하는 수수료

다음의 어느 하나에 해당하는 자는 해당 지방자치단체의 조례로 정하는 바에 따라 수수료를 납부하여야 한다(법 제47조 제1항).

> ① 시·도지사가 시행하는 공인중개사자격시험에 응시하는 자
> ② 공인중개사자격증의 재교부를 신청하는 자
> ③ 중개사무소의 개설등록을 신청하는 자
> ④ 중개사무소등록증의 재교부를 신청하는 자
> ⑤ 분사무소설치의 신고를 하는 자
> ⑥ 분사무소설치신고확인서의 재교부를 신청하는 자

2. 국토교통부장관이 결정·공고하는 수수료

국토교통부장관이 시행하는 공인중개사자격시험에 응시하고자 하는 자는 국토교통부장관이 결정·공고하는 수수료를 각각 납부하여야 한다(법 제47조 제1항 후단).

3. 업무를 위탁받은 자가 결정·공고하는 수수료

공인중개사자격시험 또는 공인중개사자격증 재교부업무를 위탁한 경우 공인중개사자격시험에 응시하고자 하는 자 또는 공인중개사자격증의 재교부 신청을 하는 자는 해당 업무를 위탁받은 자가 업무를 위탁한 자의 승인을 얻어 결정·공고하는 수수료를 각각 납부하여야 한다(법 제47조 제2항).

2 고유식별정보의 처리

국토교통부장관, 시·도지사 또는 등록관청(업무위탁의 규정에 따라 국토교통부장관, 시·도지사 또는 등록관청의 업무를 위탁받은 자를 포함한다)은 다음의 사무를 수행하기 위하여 불가피한 경우 「개인정보 보호법 시행령」에 따른 주민등록번호 또는 외국인등록번호가 포함된 자료를 처리할 수 있다(영 제37조의2).

① 공인중개사 응시원서 접수에 관한 사무
② 자격증의 교부에 관한 사무
③ 중개사무소의 개설등록에 관한 사무
④ 등록의 결격사유에 관한 사무
⑤ 등록증의 교부에 관한 사무
⑥ 분사무소의 설치신고에 관한 사무
⑦ 개업공인중개사의 고용인의 신고에 관한 사무
⑧ 인장의 등록에 관한 사무
⑨ 부동산거래정보망의 설치·운영자 지정 및 부동산거래정보망의 이용 등에 관한 운영규정의 승인에 관한 사무
⑩ 다음의 사항과 관련된 감독상의 명령 등에 관한 사무
　㉠ 일반중개계약
　㉡ 전속중개계약
　㉢ 중개대상물 확인·설명
　㉣ 거래계약서의 작성
　㉤ 손해배상책임의 보장
⑪ 포상금에 관한 사무
⑫ 부동산거래질서교란행위 신고센터의 업무에 관한 사무

3 규제의 재검토

(1) 국토교통부장관은 다음의 사항에 대하여 다음의 기준일을 기준으로 3년마다(매 3년이 되는 해의 기준일과 같은 날 전까지를 말한다) 그 타당성을 검토하여 개선 등의 조치를 해야 한다(영 제37조의3).

① 중개업에 부수되는 업무 : 2023년 1월 1일
② 개업공인중개사등의 교육의 내용 및 시간 : 2023년 1월 1일

(2) 국토교통부장관은 다음의 사항에 대하여 다음의 기준일을 기준으로 3년마다(매 3년이 되는 해의 기준일과 같은 날 전까지를 말한다) 그 타당성을 검토하여 개선 등의 조치를 하여야 한다(규칙 제29조).

> ① 중개보수 및 실비의 한도 등 : 2017년 1월 1일
> ② 자격정지의 기준 : 2017년 1월 1일
> ③ 업무정지의 기준 : 2017년 1월 1일

기출&예상 문제

공인중개사법령상 조례가 정하는 바에 따라 수수료를 납부해야 하는 경우를 모두 고른 것은?
• 30회

> ㉠ 분사무소설치신고확인서의 재교부 신청
> ㉡ 국토교통부장관이 시행하는 공인중개사자격시험 응시
> ㉢ 중개사무소의 개설등록 신청
> ㉣ 분사무소설치의 신고

① ㉠, ㉡
② ㉠, ㉡, ㉣
③ ㉠, ㉢, ㉣
④ ㉡, ㉢, ㉣
⑤ ㉠, ㉡, ㉢, ㉣

해설 ③ 다음의 어느 하나에 해당하는 자는 해당 지방자치단체의 조례로 정하는 바에 따라 수수료를 납부하여야 한다(법 제47조 제1항). 따라서 ㉠㉢㉣은 이에 해당한다. 하지만 ㉡의 경우 국토교통부장관이 시행하는 공인중개사자격시험에 응시하고자 하는 자는 국토교통부장관이 결정·공고하는 수수료를 납부하여야 한다(법 제47조 제1항 후단).

> 1. 시·도지사가 시행하는 공인중개사자격시험에 응시하는 자
> 2. 공인중개사자격증의 재교부를 신청하는 자
> 3. 중개사무소의 개설등록을 신청하는 자
> 4. 중개사무소등록증의 재교부를 신청하는 자
> 5. 분사무소설치의 신고를 하는 자
> 6. 분사무소설치신고확인서의 재교부를 신청하는 자

정답 ③

제6절 부동산거래질서교란행위 신고센터의 설치·운영

법 제47조의2【부동산거래질서교란행위 신고센터의 설치·운영】 ① 국토교통부장관은 부동산 시장의 건전한 거래질서를 조성하기 위하여 부동산거래질서교란행위 신고센터(이하 이 조에서 '신고센터'라 한다)를 설치·운영할 수 있다.

② 누구든지 부동산중개업 및 부동산 시장의 건전한 거래질서를 해치는 다음 각 호의 어느 하나에 해당하는 행위(이하 이 조에서 '부동산거래질서교란행위'라 한다)를 발견하는 경우 그 사실을 신고센터에 신고할 수 있다.

1. 제7조부터 제9조까지, 제18조의4 또는 제33조 제2항을 위반하는 행위
2. 제48조 제2호에 해당하는 행위
3. 개업공인중개사가 제12조 제1항, 제13조 제1항·제2항, 제14조 제1항, 제15조 제3항, 제17조, 제18조, 제19조, 제25조 제1항, 제25조의3 또는 제26조 제3항을 위반하는 행위
4. 개업공인중개사등이 제12조 제2항, 제29조 제2항 또는 제33조 제1항을 위반하는 행위
5. 「부동산 거래신고 등에 관한 법률」 제3조, 제3조의2 또는 제4조를 위반하는 행위

③ 신고센터는 다음 각 호의 업무를 수행한다.

1. 부동산거래질서교란행위 신고의 접수 및 상담
2. 신고사항에 대한 확인 또는 시·도지사 및 등록관청 등에 신고사항에 대한 조사 및 조치 요구
3. 신고인에 대한 신고사항 처리 결과 통보

④ 국토교통부장관은 제2항에 따른 신고센터의 업무를 대통령령으로 정하는 기관에 위탁할 수 있다.

⑤ 제1항에 따라 설치된 신고센터의 운영 및 신고방법 등에 관한 사항은 대통령령으로 정한다.

1 부동산거래질서교란행위 신고센터의 설치·운영 목적

국토교통부장관은 부동산 시장의 건전한 거래질서를 조성하기 위하여 부동산거래질서교란행위 신고센터(이하 '신고센터'라 한다)를 설치·운영할 수 있다.

2 부동산거래질서교란행위의 내용

누구든지 부동산중개업 및 부동산 시장의 건전한 거래질서를 해치는 다음의 어느 하나에 해당하는 행위(이하 '부동산거래질서교란행위')를 발견하는 경우 그 사실을 신고센터에 신고할 수 있다(법 제47조의2 제2항).

(1) 공인중개사, 공인중개사가 아닌 자, 누구든지, 중개보조원 등을 대상으로 하는 부동산거래질서교란행위

제7조【자격증 대여 등의 금지】 ① 공인중개사는 다른 사람에게 자기의 성명을 사용하여 중개업무를 하게 하거나 자기의 공인중개사자격증을 양도 또는 대여하여서는 아니 된다.

② 누구든지 다른 사람의 공인중개사자격증을 양수하거나 대여받아 이를 사용하여서는 아니 된다.

③ 누구든지 제1항 및 제2항에서 금지한 행위를 알선하여서는 아니 된다.

제8조【유사명칭의 사용금지】 공인중개사가 아닌 자는 공인중개사 또는 이와 유사한 명칭을 사용하지 못한다.

제9조【중개사무소의 개설등록】 ① 중개업을 영위하려는 자는 국토교통부령으로 정하는 바에 따라 중개사무소(법인의 경우에는 주된 중개사무소를 말한다)를 두려는 지역을 관할하는 시장(구가 설치되지 아니한 시의 시장과 특별자치도 행정시의 시장을 말한다. 이하 같다)·군수 또는 구청장(이하 '등록관청'이라 한다)에게 중개사무소의 개설등록을 하여야 한다.

② 공인중개사(소속공인중개사는 제외한다) 또는 법인이 아닌 자는 제1항에 따라 중개사무소의 개설등록을 신청할 수 없다.

③ 제1항에 따라 중개사무소 개설등록의 기준은 대통령령으로 정한다.

제18조의4【중개보조원의 고지의무】 중개보조원은 현장안내 등 중개업무를 보조하는 경우 중개의뢰인에게 본인이 중개보조원이라는 사실을 미리 알려야 한다.

제33조【금지행위】 ② 누구든지 시세에 부당한 영향을 줄 목적으로 다음 각 호의 어느 하나의 방법으로 개업공인중개사등의 업무를 방해해서는 아니 된다.

1. 안내문, 온라인 커뮤니티 등을 이용하여 특정 개업공인중개사등에 대한 중개의뢰를 제한하거나 제한을 유도하는 행위
2. 안내문, 온라인 커뮤니티 등을 이용하여 중개대상물에 대하여 시세보다 현저하게 높게 표시·광고 또는 중개하는 특정 개업공인중개사등에게만 중개의뢰를 하도록 유도함으로써 다른 개업공인중개사등을 부당하게 차별하는 행위
3. 안내문, 온라인 커뮤니티 등을 이용하여 특정 가격 이하로 중개를 의뢰하지 아니하도록 유도하는 행위
4. 정당한 사유 없이 개업공인중개사등의 중개대상물에 대한 정당한 표시·광고 행위를 방해하는 행위
5. 개업공인중개사등에게 중개대상물을 시세보다 현저하게 높게 표시·광고하도록 강요하거나 대가를 약속하고 시세보다 현저하게 높게 표시·광고하도록 유도하는 행위

제48조【벌칙】 다음 각 호의 어느 하나에 해당하는 자는 3년 이하의 징역 또는 3천만원 이하의 벌금에 처한다.

2. 거짓이나 그 밖의 부정한 방법으로 중개사무소의 개설등록을 한 자

(2) 개업공인중개사를 대상으로 하는 부동산거래질서교란행위

제12조 【이중등록의 금지 등】 ① 개업공인중개사는 이중으로 중개사무소의 개설등록을 하여 중개업을 할 수 없다.

② 개업공인중개사등은 다른 개업공인중개사의 소속공인중개사·중개보조원 또는 개업공인중개사인 법인의 사원·임원이 될 수 없다.

제13조 【중개사무소의 설치기준】 ① 개업공인중개사는 그 등록관청의 관할 구역 안에 중개사무소를 두되, 1개의 중개사무소만을 둘 수 있다.

② 개업공인중개사는 천막 그 밖에 이동이 용이한 임시 중개시설물을 설치하여서는 아니 된다.

제14조 【개업공인중개사의 겸업제한 등】 ① 법인인 개업공인중개사는 다른 법률에 규정된 경우를 제외하고는 중개업 및 다음 각 호에 규정된 업무와 제2항에 규정된 업무 외에 다른 업무를 함께 할 수 없다.

1. 상업용 건축물 및 주택의 임대관리 등 부동산의 관리대행
2. 부동산의 이용·개발 및 거래에 관한 상담
3. 개업공인중개사를 대상으로 한 중개업의 경영기법 및 경영정보의 제공
4. 상업용 건축물 및 주택의 분양대행
5. 그 밖에 중개업에 부수되는 업무로서 대통령령으로 정하는 업무

제15조 【개업공인중개사의 고용인의 신고 등】 ③ 개업공인중개사가 고용할 수 있는 중개보조원의 수는 개업공인중개사와 소속공인중개사를 합한 수의 5배를 초과하여서는 아니 된다.

제17조 【중개사무소등록증 등의 게시】 개업공인중개사는 중개사무소등록증·중개보수표 그 밖에 국토교통부령으로 정하는 사항을 해당 중개사무소 안의 보기 쉬운 곳에 게시하여야 한다.

제18조 【명칭】 ① 개업공인중개사는 그 사무소의 명칭에 '공인중개사사무소' 또는 '부동산중개'라는 문자를 사용하여야 한다.

② 개업공인중개사가 아닌 자는 '공인중개사사무소', '부동산중개' 또는 이와 유사한 명칭을 사용하여서는 아니 된다.

③ 개업공인중개사가 「옥외광고물 등의 관리와 옥외광고산업 진흥에 관한 법률」 제2조 제1호에 따른 옥외광고물을 설치하는 경우 중개사무소등록증에 표기된 개업공인중개사(법인의 경우에는 대표자, 법인 분사무소의 경우에는 제13조 제4항의 규정에 따른 신고확인서에 기재된 책임자를 말한다)의 성명을 표기하여야 한다.

④ 제3항의 규정에 따른 개업공인중개사 성명의 표기방법 등에 관하여 필요한 사항은 국토교통부령으로 정한다.

⑤ 등록관청은 제1항부터 제3항까지의 규정을 위반한 사무소의 간판 등에 대하여 철거를 명할 수 있다. 이 경우 그 명령을 받은 자가 철거를 이행하지 아니하는 경우에는 「행정대집행법」에 의하여 대집행을 할 수 있다.

제19조 【중개사무소등록증 대여 등의 금지】 ① 개업공인중개사는 다른 사람에게 자기의 성명 또는 상호를 사용하여 중개업무를 하게 하거나 자기의 중개사무소등록증을 양도 또는 대여하는 행위를 하여서는 아니 된다.

② 누구든지 다른 사람의 성명 또는 상호를 사용하여 중개업무를 하거나 다른 사람의 중개사무소등록증을 양수 또는 대여받아 이를 사용하는 행위를 하여서는 아니 된다.

③ 누구든지 제1항 및 제2항에서 금지한 행위를 알선하여서는 아니 된다.

제25조【중개대상물의 확인·설명】 ① 개업공인중개사는 중개를 의뢰받은 경우에는 중개가 완성되기 전에 다음 각 호의 사항을 확인하여 이를 해당 중개대상물에 관한 권리를 취득하고자 하는 중개의뢰인에게 성실·정확하게 설명하고, 토지대장 등본 또는 부동산종합증명서, 등기사항증명서 등 설명의 근거자료를 제시하여야 한다.
1. 해당 중개대상물의 상태·입지 및 권리관계
2. 법령의 규정에 의한 거래 또는 이용제한사항
3. 그 밖에 대통령령으로 정하는 사항

제25조의3【임대차중개 시의 설명의무】 개업공인중개사는 주택의 임대차계약을 체결하려는 중개의뢰인에게 다음 각 호의 사항을 설명하여야 한다.
1. 「주택임대차보호법」 제3조의6 제4항에 따라 확정일자부여기관에 정보제공을 요청할 수 있다는 사항
2. 「국세징수법」 제109조 제1항·제2항 및 「지방세징수법」 제6조 제1항·제3항에 따라 임대인이 납부하지 아니한 국세 및 지방세의 열람을 신청할 수 있다는 사항

제26조【거래계약서의 작성 등】 ③ 개업공인중개사는 제1항에 따라 거래계약서를 작성하는 때에는 거래금액 등 거래내용을 거짓으로 기재하거나 서로 다른 둘 이상의 거래계약서를 작성하여서는 아니 된다.

제29조【개업공인중개사등의 기본윤리】 ② 개업공인중개사등은 이 법 및 다른 법률에 특별한 규정이 있는 경우를 제외하고는 그 업무상 알게 된 비밀을 누설하여서는 아니 된다. 개업공인중개사등이 그 업무를 떠난 후에도 또한 같다.

제33조【금지행위】 ① 개업공인중개사등은 다음 각 호의 행위를 하여서는 아니 된다.
1. 제3조에 따른 중개대상물의 매매를 업으로 하는 행위
2. 제9조에 따른 중개사무소의 개설등록을 하지 아니하고 중개업을 영위하는 자인 사실을 알면서 그를 통하여 중개를 의뢰받거나 그에게 자기의 명의를 이용하게 하는 행위
3. 사례·증여 그 밖의 어떠한 명목으로도 제32조에 따른 보수 또는 실비를 초과하여 금품을 받는 행위
4. 해당 중개대상물의 거래상의 중요사항에 관하여 거짓된 언행 그 밖의 방법으로 중개의뢰인의 판단을 그르치게 하는 행위
5. 관계 법령에서 양도·알선 등이 금지된 부동산의 분양·임대 등과 관련 있는 증서 등의 매매·교환 등을 중개하거나 그 매매를 업으로 하는 행위
6. 중개의뢰인과 직접 거래를 하거나 거래당사자 쌍방을 대리하는 행위
7. 탈세 등 관계 법령을 위반할 목적으로 소유권보존등기 또는 이전등기를 하지 아니한 부동산이나 관계 법령의 규정에 의하여 전매 등 권리의 변동이 제한된 부동산의 매매를 중개하는 등 부동산투기를 조장하는 행위
8. 부당한 이익을 얻거나 제3자에게 부당한 이익을 얻게 할 목적으로 거짓으로 거래가 완료된 것처럼 꾸미는 등 중개대상물의 시세에 부당한 영향을 주거나 줄 우려가 있는 행위
9. 단체를 구성하여 특정 중개대상물에 대하여 중개를 제한하거나 단체 구성원 이외의 자와 공동중개를 제한하는 행위

(3) 「부동산 거래신고 등에 관한 법률」상 부동산거래질서교란행위

제3조【부동산거래의 신고】 ① 거래당사자는 다음 각 호의 어느 하나에 해당하는 계약을 체결한 경우 그 실제 거래가격 등 대통령령으로 정하는 사항을 거래계약의 체결일부터 30일 이내에 그 권리의 대상인 부동산등(권리에 관한 계약의 경우에는 그 권리의 대상인 부동산을 말한다)의 소재지를 관할하는 시장(구가 설치되지 아니한 시의 시장 및 특별자치시장과 특별자치도 행정시의 시장을 말한다)·군수 또는 구청장(이하 '신고관청'이라 한다)에게 공동으로 신고하여야 한다. 다만, 거래당사자 중 일방이 국가, 지방자치단체, 대통령령으로 정하는 자의 경우(이하 '국가등'이라 한다)에는 국가등이 신고를 하여야 한다.
1. 부동산의 매매계약
2. 「택지개발촉진법」, 「주택법」 등 대통령령으로 정하는 법률에 따른 부동산에 대한 공급계약
3. 다음 각 목의 어느 하나에 해당하는 지위의 매매계약
　　가. 제2호에 따른 계약을 통하여 부동산을 공급받는 자로 선정된 지위
　　나. 「도시 및 주거환경정비법」 제74조에 따른 관리처분계획의 인가 및 「빈집 및 소규모주택 정비에 관한 특례법」 제29조에 따른 사업시행계획인가로 취득한 입주자로 선정된 지위
② 제1항에도 불구하고 거래당사자 중 일방이 신고를 거부하는 경우에는 국토교통부령으로 정하는 바에 따라 단독으로 신고할 수 있다.
③ 「공인중개사법」 제2조 제4호에 따른 개업공인중개사(이하 '개업공인중개사'라 한다)가 같은 법 제26조 제1항에 따라 거래계약서를 작성·교부한 경우에는 제1항에도 불구하고 해당 개업공인중개사가 같은 항에 따른 신고를 하여야 한다. 이 경우 공동으로 중개를 한 경우에는 해당 개업공인중개사가 공동으로 신고하여야 한다.
④ 제3항에도 불구하고 개업공인중개사 중 일방이 신고를 거부한 경우에는 제2항을 준용한다.
⑤ 제1항부터 제4항까지에 따라 신고를 받은 신고관청은 그 신고내용을 확인한 후 신고인에게 신고필증을 지체 없이 발급하여야 한다.
⑥ 부동산등의 매수인은 신고인이 제5항에 따른 신고필증을 발급받은 때에 「부동산등기 특별조치법」 제3조 제1항에 따른 검인을 받은 것으로 본다.
⑦ 제1항부터 제6항까지에 따른 신고의 절차와 그 밖에 필요한 사항은 국토교통부령으로 정한다.

제3조의2【부동산거래의 해제등 신고】 ① 거래당사자는 제3조에 따라 신고한 후 해당 거래계약이 해제, 무효 또는 취소(이하 '해제등'이라 한다)된 경우 해제등이 확정된 날부터 30일 이내에 해당 신고관청에 공동으로 신고하여야 한다. 다만, 거래당사자 중 일방이 신고를 거부하는 경우에는 국토교통부령으로 정하는 바에 따라 단독으로 신고할 수 있다.
② 개업공인중개사가 제3조 제3항에 따라 신고를 한 경우에는 제1항에도 불구하고 개업공인중개사가 같은 항에 따른 신고(공동으로 중개를 한 경우에는 해당 개업공인중개사가 공동으로 신고하는 것을 말한다)를 할 수 있다. 다만, 개업공인중개사 중 일방이 신고를 거부한 경우에는 제1항 단서를 준용한다.

③ 제1항 및 제2항에 따른 신고의 절차와 그 밖에 필요한 사항은 국토교통부령으로 정한다.

제4조 【금지행위】 누구든지 제3조 또는 제3조의2에 따른 신고에 관하여 다음 각 호의 어느 하나에 해당하는 행위를 하여서는 아니 된다.

1. 개업공인중개사에게 제3조에 따른 신고를 하지 아니하게 하거나 거짓으로 신고하도록 요구하는 행위
2. 제3조 제1항 각 호의 어느 하나에 해당하는 계약을 체결한 후 같은 조에 따른 신고 의무자가 아닌 자가 거짓으로 같은 조에 따른 신고를 하는 행위
3. 거짓으로 제3조 또는 제3조의2에 따른 신고를 하는 행위를 조장하거나 방조하는 행위
4. 제3조 제1항 각 호의 어느 하나에 해당하는 계약을 체결하지 아니하였음에도 불구하고 거짓으로 같은 조에 따른 신고를 하는 행위
5. 제3조에 따른 신고 후 해당 계약이 해제등이 되지 아니하였음에도 불구하고 거짓으로 제3조의2에 따른 신고를 하는 행위

3 부동산거래질서교란행위 신고센터의 운영

(1) 신고센터의 업무

신고센터는 다음의 업무를 수행한다(법 제47조의2 제3항).

① 부동산거래질서교란행위 신고의 접수 및 상담
② 신고사항에 대한 확인 또는 시·도지사 및 등록관청 등에 신고사항에 대한 조사 및 조치 요구
③ 신고인에 대한 신고사항 처리 결과 통보

(2) 부동산거래질서교란행위의 신고

① 부동산거래질서교란행위 신고센터(이하 '신고센터'라 한다)에 앞의 **2** 에 따른 부동산거래질서교란행위(이하 '부동산거래질서교란행위'라 한다)를 신고하려는 자는 다음의 사항을 서면(전자문서를 포함한다)으로 제출해야 한다(영 제37조 제1항).

㉠ 신고인 및 피신고인의 인적사항
㉡ 부동산거래질서교란행위의 발생일시·장소 및 그 내용
㉢ 신고내용을 증명할 수 있는 증거자료 또는 참고인의 인적사항
㉣ 그 밖에 신고 처리에 필요한 사항

② 신고센터는 신고받은 사항에 대해 보완이 필요한 경우 기간을 정하여 신고인에게 보완을 요청할 수 있다(영 제37조 제2항).

③ 신고센터는 앞의 ①에 따라 제출받은 신고사항에 대해 시·도지사 및 등록관청 등에 조사 및 조치를 요구해야 한다. 다만, 다음의 어느 하나에 해당하는 경우에는 국토교통부장관의 승인을 받아 접수된 신고사항의 처리를 종결할 수 있다(영 제37조 제3항).

> ㉠ 신고내용이 명백히 거짓인 경우
> ㉡ 신고인이 신고센터의 보완요청에 대해 보완을 하지 않은 경우
> ㉢ 신고사항의 처리결과를 통보받은 사항에 대하여 정당한 사유 없이 다시 신고한 경우로서 새로운 사실이나 증거자료가 없는 경우
> ㉣ 신고내용이 이미 수사기관에서 수사 중이거나 재판이 계속 중이거나 법원의 판결에 의해 확정된 경우

④ 신고센터의 요구를 받은 시·도지사 및 등록관청 등은 신속하게 조사 및 조치를 완료하고, 완료한 날부터 10일 이내에 그 결과를 신고센터에 통보해야 한다(영 제37조 제4항).

⑤ 신고센터는 위 ④에 따라 시·도지사 및 등록관청 등으로부터 처리 결과를 통보받은 경우 신고인에게 신고사항 처리 결과를 통보해야 한다(영 제37조 제5항).

⑥ 신고센터는 매월 10일까지 직전 달의 신고사항 접수 및 처리 결과 등을 국토교통부장관에게 제출해야 한다(영 제37조 제6항).

(3) 업무의 위탁

① 국토교통부장관은 신고센터의 업무를 「한국부동산원법」에 따른 한국부동산원(이하 '한국부동산원'이라 한다)에 위탁한다(영 제37조 제7항).

② 한국부동산원은 신고센터의 업무 처리방법, 절차 등에 관한 운영규정을 정하여 국토교통부장관의 승인을 받아야 한다. 이를 변경하려는 경우에도 또한 같다(영 제37조 제8항).

❶ 공인중개사협회의 설립은 국토교통부장관의 (   )를 받아 설립등기를 하여야 성립한다.

❷ 협회는 회원 (   ) 이상이 발기인이 되어 정관을 작성하여 창립총회의 의결을 거친 후 국토교통부장관의 (   )를 받아 그 주된 사무소의 소재지에서 설립등기를 함으로써 성립한다.

❸ 창립총회에는 서울특별시에서는 (   ) 이상, 광역시·도 및 특별자치도에서는 각각 (   ) 이상의 회원이 참여하여야 한다.

❹ 협회가 지부를 설치한 때에는 (   )에게, 지회를 설치한 때에는 (   )에 신고하여야 한다.

❺ 협회는 총회의 의결내용을 (   ) 국토교통부장관에게 (   )하여야 한다.

❻ 협회가 공제사업을 하고자 하는 때에는 공제규정을 제정하여 국토교통부장관의 (   )을 얻어야 한다. 공제규정을 변경하고자 하는 때에도 또한 같다.

❼ 협회는 매 연도의 공제사업 운용실적을 매 회계연도 종료 후 (   ) 이내에 일간신문 또는 협회보에 공시하고 협회의 인터넷 홈페이지에 게시하여야 한다.

❽ 「금융위원회의 설치 등에 관한 법률」에 따른 (   )은 국토교통부장관의 요청이 있는 경우에는 공제사업에 관하여 조사 또는 검사를 할 수 있다.

❾ (   )은 중개보조원을 대상으로 하며, 교육시간은 3시간 이상 4시간 이하로 한다.

❿ 포상금의 지급에 소요되는 비용 중 국고에서 보조할 수 있는 비율은 (   ) 이내로 한다.

정답   **1** 인가   **2** 300인, 인가   **3** 100인, 20인   **4** 시·도지사, 등록관청   **5** 지체 없이, 보고
      6 승인   **7** 3개월   **8** 금융감독원의 원장   **9** 직무교육   **10** 100분의 50

10 | 지도·감독 및 행정처분

▮ 10개년 출제문항 수

25회	26회	27회	28회	29회
4	5	3	3	5
30회	31회	32회	33회	34회
3	3	8	3	3

↳ 총 40문제 中 평균 약 4문제 출제

▮ 학습전략

- 행정처분의 종류 및 처분대상자에 대하여 학습하여야 합니다.
- 등록취소, 업무정지, 자격취소, 자격정지 사유와 처분절차 규정에 관해 학습하여야 합니다.

제1절 감독상 명령

> **법 제37조【감독상의 명령 등】** ① 국토교통부장관, 시·도지사 및 등록관청(법인인 개업공인중개사의 분사무소 소재지의 시장·군수 또는 구청장을 포함한다. 이하 이 조에서 같다)은 다음 각 호의 어느 하나의 경우에는 개업공인중개사 또는 거래정보사업자에 대하여 그 업무에 관한 사항을 보고하게 하거나 자료의 제출 그 밖에 필요한 명령을 할 수 있으며, 소속 공무원으로 하여금 중개사무소(제9조에 따른 중개사무소의 개설등록을 하지 아니하고 중개업을 하는 자의 사무소를 포함한다)에 출입하여 장부·서류 등을 조사 또는 검사하게 할 수 있다.
>
> 1. 삭제 〈2009.4.1.〉
> 2. 삭제 〈2009.4.1.〉
> 3. 부동산투기 등 거래동향의 파악을 위하여 필요한 경우
> 4. 이 법 위반행위의 확인, 공인중개사의 자격취소·정지 및 개업공인중개사에 대한 등록취소·업무정지 등 행정처분을 위하여 필요한 경우
>
> ② 제1항에 따라 출입·검사 등을 하는 공무원은 국토교통령으로 정하는 증표를 지니고 상대방에게 이를 내보여야 한다.
>
> ③ 국토교통부장관, 시·도지사 및 등록관청은 불법 중개행위 등에 대한 단속을 하는 경우 필요한 때에는 제41조에 따른 공인중개사협회 및 관계 기관에 협조를 요청할 수 있다. 이 경우 공인중개사협회는 특별한 사정이 없으면 이에 따라야 한다.

1 감독관청 및 감독대상자

국토교통부장관, 시·도지사 및 등록관청(법인인 개업공인중개사의 분사무소 소재지의 시장·군수 또는 구청장을 포함한다)은 개업공인중개사 또는 거래정보사업자에 대하여 그 업무에 관한 사항을 보고하게 하거나 자료의 제출 그 밖에 필요한 명령을 할 수 있으며, 소속 공무원으로 하여금 중개사무소(제9조에 따른 중개사무소의 개설등록을 하지 아니하고 중개업을 하는 자의 사무소를 포함한다)에 출입하여 장부·서류 등을 조사 또는 검사하게 할 수 있다(법 제37조 제1항).

1. 감독관청

① 국토교통부장관
② 시·도지사(특별시장·광역시장·도지사·특별자치도지사)
③ 등록관청(법인인 개업공인중개사의 분사무소 소재지의 시장·군수 또는 구청장을 포함한다)

2. 감독대상자

① 개업공인중개사(무등록중개업자를 포함한다)
② 거래정보사업자

➕ 협회에 대해서는 국토교통부장관이 감독상 필요한 명령을 할 수 있다.

2 감독상 명령을 할 수 있는 경우

(1) 부동산투기 등 거래동향의 파악을 위하여 필요한 경우

(2) 이 법 위반행위의 확인, 공인중개사의 자격취소·정지 및 개업공인중개사에 대한 등록취소·업무정지 등 행정처분을 위하여 필요한 경우

3 감독상 명령의 방법

1. 보고·자료의 제출

감독관청은 개업공인중개사 또는 거래정보사업자에 대하여 그 업무에 관한 사항을 보고하게 하거나 자료의 제출 그 밖에 필요한 명령을 할 수 있으며, 소속 공무원으로 하여금 중개사무소(무등록중개업자의 사무소를 포함한다)에 출입하여 장부·서류 등을 조사 또는 검사하게 할 수 있다(법 제37조 제1항).

2. 증표의 제시

중개사무소(무등록중개업자의 사무소를 포함한다)에 출입·검사 등을 하는 공무원은 증표를 지니고 상대방에게 이를 내보여야 한다(법 제37조 제2항). '증표'라 함은 공무원증 및 중개사무소 조사·검사증명서(별지 제26호 서식)를 말한다(규칙 제23조).

3. 협조의 요청

국토교통부장관, 시·도지사 및 등록관청은 불법 중개행위 등에 대한 단속을 하는 경우 필요한 때에는 법 제41조에 따른 공인중개사협회 및 관계 기관에 협조를 요청할 수 있다. 이 경우 공인중개사협회는 특별한 사정이 없으면 이에 따라야 한다(법 제37조 제3항).

4 위반 시 제재

업무의 보고, 자료의 제출, 조사 또는 검사를 거부·방해 또는 기피하거나 그 밖의 명령을 이행하지 아니하거나 거짓으로 보고 또는 자료제출을 한 경우, 등록관청은 개업공인중개사에 대하여 6개월 범위 안에서 업무정지처분을 할 수 있고, 국토교통부장관은 거래정보사업자에 대하여 500만원 이하의 과태료를 부과한다(법 제39조 제1항 제10호, 제51조 제2항 제6호).

O X 확 인 문 제

지도·감독상의 명령에 위반한 개업공인중개사, 공인중개사협회, 거래정보사업자는 500만원 이하의 과태료의 대상이 된다.
(   )

정답 (×)
지도·감독상의 명령에 위반한 개업공인중개사는 업무정지의 대상이 되며, 공인중개사협회와 거래정보사업자는 500만원 이하의 과태료의 대상이 된다.

1 행정처분의 의의 등

(1) 의 의

행정상 의무위반에 대한 행정청의 제재를 행정처분이라 한다.

(2) 행정처분의 권한

등록관청은 개업공인중개사에 대하여 등록취소 및 업무정지처분의 권한이 있고, 자격증을 교부한 시·도지사는 공인중개사에 대하여 자격취소 및 자격정지처분의 권한이 있으며, 국토교통부장관은 거래정보사업자에 대하여 지정취소처분의 권한이 있다. 이러한 행정처분의 권한은 각 행정청에 속하는 고유·전속적인 권한이다.

(3) 행정처분의 대상

중개업무에 종사하고 있지 아니한 단순 공인중개사도 행정처분의 대상이 되지만, 중개보조원 및 공인중개사자격이 없는 법인인 개업공인중개사의 사원·임원, 무등록중개업자는 행정처분의 대상이 될 수 없다.

(4) 청문의 실시

등록관청이 등록취소처분을 하고자 하거나, 시·도지사가 자격취소처분을 하고자 하거나, 국토교통부장관이 지정취소처분을 하고자 하는 때에는 원칙적으로 청문을 실시하여야 한다. 그러나 개업공인중개사에 대한 업무정지처분 및 소속공인중개사에 대한 자격정지처분을 하고자 하는 때에는 청문을 실시하지 않는다.

(5) 제척기간

행정처분 중 업무정지처분에 대하여는 업무정지사유가 발생한 날부터 3년이 경과한 때에는 이를 할 수 없도록 제척기간규정을 두고 있다(법 제39조 제3항). 이는 업무정지에만 있는 제도이다.

> **➕ 보충 청 문**
>
> 1. 청문의 의의
>   청문이란 행정청이 어떠한 처분을 하기에 앞서 당사자 등의 의견을 직접 듣고, 증거를 조사하는 절차를 말한다. 청문의 제도적 의이는 처분의 적법성을 획보하고 부당한 처분을 예방하는 데 있다.

O X 확 인 문 제

행정처분 중 제척기간 3년 규정을 두고 있는 것은 등록취소와 업무정지처분이다. ( )

정답 (×)
행정처분 중 3년의 제척기간 규정을 두고 있는 것은 업무정지처분이다.

2. **청문권자 및 청문대상**
   등록관청이 중개사무소의 개설등록을 취소하고자 하는 경우, 시·도지사가 공인중개사의 자격을 취소하고자 하는 경우, 국토교통부장관이 거래정보사업자의 지정을 취소하고자 하는 경우에는 사전에 청문을 실시하여야 한다.

3. **청문절차**
   ① **청문서의 통지** : 청문을 실시하고자 하는 경우에 청문이 시작되는 날부터 10일 전까지 처분의 내용 및 근거, 의견제출의 뜻 등을 기재한 사항을 당사자 등에게 통지하여야 한다.
   ② **청문의 생략** : 다음의 경우에는 청문에 대한 통지를 하지 않고 처분을 할 수 있다.
   • 공공의 안전 또는 복리를 위하여 긴급히 처분을 할 필요가 있는 경우
   • 법령 등에서 요구된 자격이 없거나 없어지게 된 사실이 법원의 재판 등에 의하여 객관적으로 증명된 경우
   • 해당 처분의 성질상 의견청취가 현저히 곤란하거나 불필요하다고 인정될 만한 사유가 있는 경우
   • 당사자가 의견진술의 기회를 포기한다는 뜻을 명백히 표시한 경우

4. **청문 없는 처분의 효력**
   정당한 사유 없이 청문을 거치지 않고 행한 처분은 중요한 절차상의 하자로서 원칙적으로 무효로 보아야 할 것이다.

5. **청문대상이 아닌 처분**
   업무정지처분 및 자격정지처분은 이 법상 청문사유가 아니다.

▪▪ 행정처분의 요약

처분권자	대상자	처분내용	처분성격	사전절차	사후절차
등록관청	개업 공인중개사	등록취소	기속취소	청 문	7일 이내에 등록증 반납
			재량취소		
		업무정지	재량처분	(의견제출)	없 음
교부 시·도지사	공인 중개사	자격취소	기속취소	청 문	7일 이내에 자격증 반납, 5일 이내에 국토교통부장관과 다른 시·도지사에게 통보
	소속 공인중개사	자격정지	재량처분	(의견제출)	사후절차는 없음. 단, 등록관청은 자격정지 해당 사실을 시·도지사에게 지체 없이 통보
국토교통부장관	거래정보사업자	지정취소	재량취소	청 문	없 음

O X 확 인 문 제

행정처분 중 자격취소는 기속적 행정처분이며, 지정취소는 재량적 행정처분이다. ( )

정답 (○)

2 개업공인중개사에 대한 행정처분

1. 개 요

(1) 등록취소와 업무정지

등록관청의 개업공인중개사에 대한 행정처분은 등록취소와 업무정지 두 가지가 있다.

① **등록취소** : 등록취소는 등록의 효력을 소멸시키는 행위로서, 일정한 사유에 해당될 경우 등록관청이 반드시 등록을 취소하여야 하는 '절대적(필요적) 등록취소사유'와 재량적 판단에 따라 등록취소처분을 할 수 있는 '상대적(임의적·재량적) 등록취소사유'로 나누어진다.

② **업무정지** : 6개월 범위 내에서 부과되는 업무정지는 재량적 행정처분 사유이다.

(2) 청문실시 여부

등록취소처분을 하고자 하는 등록관청은 청문을 실시하여야 한다. 다만, 개업공인중개사의 사망, 법인의 해산으로 등록취소처분을 하고자 하는 경우에는 청문을 실시하지 아니한다. 등록취소와 달리 업무정지처분을 하고자 하는 등록관청은 사전에 청문을 실시하지 않는다. 단지, 「행정절차법」 상 사전에 의견제출 기회는 부여한다.

(3) 행정처분의 효력

① 등록취소사유에 해당되어도 등록취소처분이 행해지기 전까지는 등록의 효력이 소멸되지 않음을 주의하여야 한다. 업무정지처분은 등록관청이 개업공인중개사에 대하여 일정기간 동안 중개업무를 할 수 없도록 하는 행정처분이다. 등록이 취소되면 등록의 효력이 상실되지만, 업무정지처분을 받더라도 폐업을 하지 않는 한 등록의 효력이 상실되는 것은 아니다.

② 업무정지처분기간 중에 있는 개업공인중개사는 자신의 중개업무뿐만 아니라 다른 개업공인중개사의 중개업무도 할 수 없다. 또한, 업무정지처분기간 중에 있는 개업공인중개사는 폐업을 하더라도 업무정지기간이 경과되어야 중개업무에 종사할 수 있다. 업무정지처분기간 중에 중개업무를 한 경우에는 등록관청은 개업공인중개사의 등록을 취소하여야 한다.

2. 절대적 등록취소처분 · 24회 · 25회 · 26회 · 27회 · 28회 · 29회 · 30회 · 32회 · 33회

> **법 제38조【등록의 취소】** ① 등록관청은 개업공인중개사가 다음 각 호의 어느 하나에 해당하는 경우에는 중개사무소의 개설등록을 취소하여야 한다.
> 1. 개인인 개업공인중개사가 사망하거나 개업공인중개사인 법인이 해산한 경우
> 2. 거짓이나 그 밖의 부정한 방법으로 중개사무소의 개설등록을 한 경우
> 3. 제10조 제1항 제2호부터 제6호까지 또는 같은 항 제11호·제12호에 따른 결격사유에 해당하게 된 경우. 다만, 같은 항 제12호에 따른 결격사유에 해당하는 경우로서 그 사유가 발생한 날부터 2개월 이내에 그 사유를 해소한 경우에는 그러하지 아니하다.
> 4. 제12조 제1항의 규정을 위반하여 이중으로 중개사무소의 개설등록을 한 경우
> 5. 제12조 제2항의 규정을 위반하여 다른 개업공인중개사의 소속공인중개사·중개보조원 또는 개업공인중개사인 법인의 사원·임원이 된 경우
> 5의2. 제15조 제3항을 위반하여 중개보조원을 고용한 경우
> 6. 제19조 제1항의 규정을 위반하여 다른 사람에게 자기의 성명 또는 상호를 사용하여 중개업무를 하게 하거나 중개사무소등록증을 양도 또는 대여한 경우
> 7. 업무정지기간 중에 중개업무를 하거나 자격정지처분을 받은 소속공인중개사로 하여금 자격정지기간 중에 중개업무를 하게 한 경우
> 8. 최근 1년 이내에 이 법에 의하여 2회 이상 업무정지처분을 받고 다시 업무정지처분에 해당하는 행위를 한 경우
> ③ 등록관청은 제1항 제2호부터 제8호까지 및 제2항 각 호의 사유로 중개사무소의 개설등록을 취소하고자 하는 경우에는 청문을 실시하여야 한다.
> ④ 제1항 또는 제2항에 따라 중개사무소의 개설등록이 취소된 자는 국토교통부령으로 정하는 바에 따라 중개사무소등록증을 등록관청에 반납하여야 한다.

등록관청은 개업공인중개사가 다음의 어느 하나에 해당하는 경우에는 중개사무소의 개설등록을 취소하여야 한다(법 제38조 제1항). 이때 등록관청은 등록취소처분에 앞서 청문을 실시하여야 한다. 다만, 개업공인중개사가 사망하거나 법인이 해산한 경우에는 청문을 실시하지 않는다(동조 제3항).

(1) 개인인 개업공인중개사가 사망하거나 개업공인중개사인 법인이 해산한 경우

개업공인중개사가 사망하거나 개업공인중개사인 법인이 해산한 경우에는 등록취소처분이 없더라도 즉시 등록의 효력이 소멸된다. 그러나 행정상의 통일성을 유지하기 위하여 등록취소처분을 하여야 한다.

(2) 거짓이나 그 밖의 부정한 방법으로 중개사무소의 개설등록을 한 경우

(3) 개업공인중개사가 등록 등 결격사유에 해당하게 된 경우

이 법 제10조의 12가지 결격사유 중 다음의 7가지 결격사유에 해당하는 경우에만 반드시 등록취소를 하여야 한다. 다음의 7가지 사유에 해당되어 등록이 취소되어도 중개사무소의 등록만 취소될 뿐 등록취소 후 중개사무소 개설등록 제한기간인 3년이 적용되는 것은 아니다.

> ① 피성년후견인, 피한정후견인 선고를 받은 경우
> ② 파산선고를 받은 경우
> ③ 금고 이상의 실형의 선고를 받은 경우
> ④ 금고 이상의 형의 집행유예선고를 받은 경우
> ⑤ 공인중개사 자격이 취소된 경우
> ⑥ 이 법에 위반하여 300만원 이상의 벌금형의 선고를 받은 경우
> ⑦ 법인의 사원 또는 임원 중 결격사유에 해당하는 자가 있는 경우. 다만, 그 결격사유가 발생한 날부터 2개월 이내에 그 사유를 해소한 경우에는 그러하지 아니하다.

(4) 이중으로 중개사무소의 개설등록을 한 경우

(5) 둘 이상의 중개사무소에 소속한 경우

개업공인중개사가 다른 개업공인중개사의 소속공인중개사·중개보조원 또는 개업공인중개사인 법인의 사원·임원이 된 경우를 말한다.

(6) 개업공인중개사와 소속공인중개사를 합한 수의 5배를 초과하여 중개보조원을 고용한 경우

(7) 등록증을 양도·대여한 경우

다른 사람에게 자기의 성명 또는 상호를 사용하여 중개업무를 하게 하거나 중개사무소등록증을 양도 또는 대여한 경우이다.

(8) 업무정지기간 중에 중개업무를 하거나 자격정지처분을 받은 소속공인중개사로 하여금 자격정지기간 중에 중개업무를 하게 한 경우

(9) 최근 1년 이내에 이 법에 의하여 2회 이상 업무정지처분을 받고 다시 업무정지처분에 해당하는 행위를 한 경우

O X 확 인 문 제

자격정지처분을 받은 소속공인중개사로 하여금 자격정지기간 중에 중개업무를 하게 한 경우 개설등록을 반드시 취소하여야 한다.
• 24회 ( )

정답 (○)

O X 확 인 문 제

최근 1년 이내에 「공인중개사법」에 의하여 2회 업무정지처분, 1회 과태료처분을 받고 다시 업무정지처분에 해당하는 행위를 한 경우 절대적 등록취소사유에 해당한다. • 27회 ( )

정답 (○)

기출&예상 문제

공인중개사법령상 등록관청이 중개사무소의 개설등록을 취소하여야 하는 사유로 명시되지 <u>않은</u> 것은? ·33회

① 개업공인중개사가 업무정지기간 중에 중개업무를 한 경우
② 개인인 개업공인중개사가 사망한 경우
③ 개업공인중개사가 이중으로 중개사무소의 개설등록을 한 경우
④ 개업공인중개사가 천막 그 밖에 이동이 용이한 임시 중개시설물을 설치한 경우
⑤ 개업공인중개사가 최근 1년 이내에 이 법에 의하여 2회 이상 업무정지처분을 받고 다시 업무정지처분에 해당하는 행위를 한 경우

해설 ④ 개업공인중개사가 천막 그 밖에 이동이 용이한 임시 중개시설물을 설치한 경우 등록관청은 중개사무소의 개설등록을 취소할 수 있다(법 제38조 제2항 제3호).

정답 ④

3. 임의적(상대적) 등록취소처분 ·24회 ·25회 ·26회 ·27회 ·28회 ·34회

법 제38조【등록의 취소】 ② 등록관청은 개업공인중개사가 다음 각 호의 어느 하나에 해당하는 경우에는 중개사무소의 개설등록을 취소할 수 있다.
1. 제9조 제3항에 따른 등록기준에 미달하게 된 경우
2. 제13조 제1항의 규정을 위반하여 둘 이상 중개사무소를 둔 경우
3. 제13조 제2항의 규정을 위반하여 임시 중개시설물을 설치한 경우
4. 제14조 제1항의 규정을 위반하여 겸업을 한 경우
5. 제21조 제2항의 규정을 위반하여 계속하여 6개월을 초과하여 휴업한 경우
6. 제23조 제3항의 규정을 위반하여 중개대상물에 관한 정보를 공개하지 아니하거나 중개의뢰인의 비공개 요청에도 불구하고 정보를 공개한 경우
7. 제26조 제3항의 규정을 위반하여 거래계약서에 거래금액 등 거래내용을 거짓으로 기재하거나 서로 다른 둘 이상의 거래계약서를 작성한 경우
8. 제30조 제3항에 따른 손해배상책임을 보장하기 위한 조치를 이행하지 아니하고 업무를 개시한 경우
9. 제33조 제1항 각 호에 규정된 금지행위를 한 경우
10. 최근 1년 이내에 이 법에 의하여 3회 이상 업무정지 또는 과태료의 처분을 받고 다시 업무정지 또는 과태료의 처분에 해당하는 행위를 한 경우(제1항 제8호에 해당하는 경우는 제외한다)
11. 개업공인중개사가 조직한 사업자단체(독점규제 및 공정거래에 관한 법률 제2조 제2호의 사업자단체를 말한다. 이하 같다) 또는 그 구성원인 개업공인중개사가 「독점규제 및 공정거래에 관한 법률」 제51조를 위반하여 같은 법 제52조 또는 제53조에 따른 처분을 최근 2년 이내에 2회 이상 받은 경우

> ③ 등록관청은 제1항 제2호부터 제8호까지 및 제2항 각 호의 사유로 중개사무소의 개설등록을 취소하고자 하는 경우에는 청문을 실시하여야 한다.
> ④ 제1항 또는 제2항에 따라 중개사무소의 개설등록이 취소된 자는 국토교통부령으로 정하는 바에 따라 중개사무소등록증을 등록관청에 반납하여야 한다.

등록관청은 개업공인중개사가 다음의 어느 하나에 해당하는 경우에는 중개사무소의 개설등록을 취소할 수 있다(법 제38조 제2항). 따라서 다음의 사유에 해당하는 경우에는 등록을 취소하거나 업무정지처분을 할 수 있다(법 제39조 제1항 제11호). 등록관청이 중개사무소의 개설등록을 취소하고자 하는 경우에는 청문을 실시하여야 한다(법 제38조 제3항).

(1) 등록기준에 미달하게 된 경우

등록기준에 미달되어 등록취소처분을 받더라도 등록의 결격사유는 구성하지 않으므로 등록기준을 갖추어 다시 중개업등록을 신청할 수 있다.

(2) 둘 이상 중개사무소를 둔 경우

(3) 천막 등 임시 중개시설물을 설치한 경우

(4) 법인인 개업공인중개사가 법 제14조 제1항의 겸업제한을 위반한 경우

(5) 6개월을 초과하여 휴업한 경우

(6) 정보공개의무에 위반한 경우

전속중개계약을 체결한 개업공인중개사가 중개대상물에 관한 정보를 공개하지 아니하거나 중개의뢰인의 비공개 요청에도 불구하고 정보를 공개한 경우이다.

(7) 거래계약서에 거래금액 등 거래내용을 거짓으로 기재하거나 서로 다른 둘 이상의 거래계약서를 작성한 경우

(8) 손해배상책임을 보장하기 위한 조치를 이행하지 아니하고 업무를 개시한 경우

(9) 법 제33조 제1항에 규정된 금지행위를 한 경우

① 중개대상물의 매매를 업으로 하는 행위

② 무등록중개업자인 사실을 알면서 그를 통하여 중개를 의뢰받거나 그에게 자기의 명의를 이용하게 하는 행위

③ 사례·증여 그 밖의 어떠한 명목으로도 법정중개보수 또는 실비를 초과하여 금품을 받는 행위

④ 해당 중개대상물의 거래상의 중요사항에 관하여 거짓된 언행 그 밖의 방법으로 중개의뢰인의 판단을 그르치게 하는 행위

⑤ 양도·알선 등이 금지된 부동산의 분양·임대 등과 관련 있는 증서 등의 매매·교환 등을 중개하거나 증서의 매매를 업으로 하는 행위

⑥ 중개의뢰인과 직접 거래를 하거나 거래당사자 쌍방을 대리하는 행위

⑦ 탈세 등 관계 법령을 위반할 목적으로 소유권보존등기 또는 이전등기를 하지 아니한 부동산이나, 관계 법령의 규정에 의하여 전매 등 권리의 변동이 제한된 부동산의 매매를 중개하는 등 부동산투기를 조장하는 행위

⑧ 부당한 이익을 얻거나 제3자에게 부당한 이익을 얻게 할 목적으로 거짓으로 거래가 완료된 것처럼 꾸미는 등 중개대상물의 시세에 부당한 영향을 주거나 줄 우려가 있는 행위

⑨ 단체를 구성하여 특정 중개대상물에 대하여 중개를 제한하거나 단체 구성원 이외의 자와 공동중개를 제한하는 행위

(10) 최근 1년 이내에 이 법에 의하여 3회 이상 업무정지 또는 과태료의 처분을 받고 다시 업무정지 또는 과태료의 처분에 해당하는 행위를 한 경우(단, '절대적 등록취소처분 중 (8)'의 사유에 해당하는 경우는 제외한다)

(11) 개업공인중개사가 조직한 사업자단체 또는 그 구성원인 개업공인중개사가 「독점규제 및 공정거래에 관한 법률」 제51조를 위반하여 같은 법 제52조(시정조치) 또는 제53조(과징금)에 따른 처분을 최근 2년 이내에 2회 이상 받은 경우

> 「독점규제 및 공정거래에 관한 법률」 제51조 【사업자단체의 금지행위】 ① 사업자단체는 다음 각 호의 어느 하나에 해당하는 행위를 하여서는 아니 된다.
> 1. 제40조(부당한 공동행위의 금지) 제1항 각 호의 행위로 부당하게 경쟁을 제한하는 행위
> 2. 일정한 거래분야에서 현재 또는 장래의 사업자 수를 제한하는 행위
> 3. 구성사업자(사업자단체의 구성원인 사업자를 말한다. 이하 같다)의 사업내용 또는 활동을 부당하게 제한하는 행위
> 4. 사업자에게 제45조(불공정거래행위의 금지) 제1항에 따른 불공정거래행위 또는 제46조(재판매가격 유지행위의 금지)에 따른 재판매가격 유지행위를 하게 하거나 이를 방조하는 행위

O X 확 인 문 제

최근 1년 이내에 「공인중개사법」에 의하여 3회 과태료처분을 받고 다시 업무정지에 해당하는 행위를 한 경우 상대적 등록취소사유에 해당한다. •27회　　　(　　)

정답 (○)

기출&예상 문제

공인중개사법령상 개업공인중개사에게 금지되어 있는 행위를 모두 고른 것은?

• 28회

ㄱ. 다른 사람에게 자기의 상호를 사용하여 중개업무를 하게 하는 행위
ㄴ. 중개업을 하려는 공인중개사에게 중개사무소등록증을 대여하는 행위
ㄷ. 공인중개사를 고용하여 중개업무를 보조하게 하는 행위

① ㄴ
② ㄷ
③ ㄱ, ㄴ
④ ㄱ, ㄷ
⑤ ㄱ, ㄴ, ㄷ

해설 ③ 「공인중개사법」 제38조 제1항 제6호, 동법 제35조 제1항 제2호의 규정에 의하면 다른 사람에게 자신의 성명을 사용하여 중개업무를 하게 한 경우 절대적 등록취소, 자격취소사유에 해당한다. 또한 동법 제38조 제1항 제6호의 규정에 의하면, 중개사무소의 등록증을 양도 또는 대여한 경우 절대적 등록취소사유에 해당한다. 그러므로 금지되어 있는 행위는 ㄱㄴ이다.

정답 ③

4. 업무정지처분 • 24회 • 25회 • 26회 • 28회 • 29회 • 32회 • 34회

법 제39조 【업무의 정지】 ① 등록관청은 개업공인중개사가 다음 각 호의 어느 하나에 해당하는 경우에는 6개월의 범위 안에서 기간을 정하여 업무의 정지를 명할 수 있다. 이 경우 법인인 개업공인중개사에 대하여는 법인 또는 분사무소별로 업무의 정지를 명할 수 있다.

1. 제10조 제2항의 규정을 위반하여 같은 조 제1항 제1호부터 제11호까지의 어느 하나에 해당하는 자를 소속공인중개사 또는 중개보조원으로 둔 경우. 다만, 그 사유가 발생한 날부터 2개월 이내에 그 사유를 해소한 경우에는 그러하지 아니하다.
2. 제16조의 규정을 위반하여 인장등록을 하지 아니하거나 등록하지 아니한 인장을 사용한 경우

3. 제23조 제2항의 규정을 위반하여 국토교통부령으로 정하는 전속중개계약서에 의하지 아니하고 전속중개계약을 체결하거나 계약서를 보존하지 아니한 경우

4. 제24조 제7항의 규정을 위반하여 중개대상물에 관한 정보를 거짓으로 공개하거나 거래정보사업자에게 공개를 의뢰한 중개대상물의 거래가 완성된 사실을 해당 거래정보사업자에게 통보하지 아니한 경우

5. 삭제 〈2014.1.28.〉

6. 제25조 제3항의 규정을 위반하여 중개대상물 확인·설명서를 교부하지 아니하거나 보존하지 아니한 경우

7. 제25조 제4항의 규정을 위반하여 중개대상물 확인·설명서에 서명 및 날인을 하지 아니한 경우

8. 제26조 제1항의 규정을 위반하여 적정하게 거래계약서를 작성·교부하지 아니하거나 보존하지 아니한 경우

9. 제26조 제2항의 규정을 위반하여 거래계약서에 서명 및 날인을 하지 아니한 경우

10. 제37조 제1항에 따른 보고, 자료의 제출, 조사 또는 검사를 거부·방해 또는 기피하거나 그 밖의 명령을 이행하지 아니하거나 거짓으로 보고 또는 자료제출을 한 경우

11. 제38조 제2항 각 호의 어느 하나에 해당하는 경우

12. 최근 1년 이내에 이 법에 의하여 2회 이상 업무정지 또는 과태료의 처분을 받고 다시 과태료의 처분에 해당하는 행위를 한 경우

13. 개업공인중개사가 조직한 사업자단체 또는 그 구성원인 개업공인중개사가 「독점규제 및 공정거래에 관한 법률」 제51조를 위반하여 같은 법 제52조 또는 제53조에 따른 처분을 받은 경우

14. 그 밖에 이 법 또는 이 법에 의한 명령이나 처분을 위반한 경우

② 제1항에 따른 업무의 정지에 관한 기준은 국토교통부령으로 정한다.

③ 제1항의 규정에 따른 업무정지처분은 같은 항 각 호의 어느 하나에 해당하는 사유가 발생한 날부터 3년이 경과한 때에는 이를 할 수 없다.

등록관청은 개업공인중개사가 다음의 어느 하나에 해당하는 경우에는 6개월의 범위 안에서 기간을 정하여 업무의 정지를 명할 수 있다. 이 경우 법인인 개업공인중개사에 대하여는 법인 또는 분사무소별로 업무의 정지를 명할 수 있다(법 제39조 제1항). 업무정지처분은 그 사유가 발생한 날부터 3년이 지난 때에는 업무정지처분을 할 수 없다(동조 제3항).

(1) 결격사유에 해당하는 자를 소속공인중개사 또는 중개보조원으로 둔 경우. 다만, 그 사유가 발생한 날부터 2개월 이내에 그 사유를 해소한 경우에는 그러하지 아니하다.

(2) 인장등록·변경등록을 하지 아니하거나 등록하지 아니한 인장을 사용한 경우

O X 확 인 문 제

甲이 미성년자를 중개보조원으로 고용한 날부터 45일 만에 고용관계를 해소한 경우, 이를 이유로 업무정지처분을 할 수 있다.
• 26회 ( )

정답 (×)

결격사유에 해당하는 사유가 발생한 날부터 2개월 이내에 해소한 경우이므로 업무정지의 대상이 되지 않는다.

OX 확인문제

국토교통부령으로 정하는 전속
중개계약서에 의하지 아니하고
전속중개계약서를 체결한 경우
개설등록을 취소할 수 있다.
• 26회   (   )

정답 (×)
전속중개계약서에 의하지 아니
하고 전속중개계약서를 체결한
경우 업무정지사유에 해당한다.

OX 확인문제

개업공인중개사가 부동산거래정
보망에 중개대상물에 관한 정보
를 거짓으로 공개한 경우 업무정
지사유에 해당한다. • 25회

                              (   )

정답 (○)

(3) 전속중개계약을 체결한 개업공인중개사가 전속중개계약서에 의하지 아니하고 전속중개계약을 체결하거나 계약서를 3년간 보존하지 아니한 경우

(4) 개업공인중개사가 부동산거래정보망에 중개대상물에 관한 정보를 거짓으로 공개하거나 거래정보사업자에게 공개를 의뢰한 중개대상물의 거래가 완성된 사실을 해당 거래정보사업자에게 통보하지 아니한 경우

(5) 중개대상물 확인·설명서를 교부하지 아니하거나 3년간 보존하지 아니한 경우

(6) 중개대상물 확인·설명서에 서명 및 날인을 하지 아니한 경우

(7) 거래계약서의 필요적 기재사항 등에 대하여 적정하게 거래계약서를 작성·교부하지 아니하거나 5년간 보존하지 아니한 경우

(8) 거래계약서에 서명 및 날인을 하지 아니한 경우

(9) 행정관청의 감독상 명령과 관련하여 보고, 자료의 제출, 조사 또는 검사를 거부·방해 또는 기피하거나 그 밖의 명령을 이행하지 아니하거나 거짓으로 보고 또는 자료제출을 한 경우

(10) 상대(임의)적 등록취소처분 사유(법 제38조 제2항)에 해당하는 경우
상대적 등록취소사유에 해당하는 위반행위라 하더라도 위반 정도가 경미한 경우에는 등록취소처분 대신 업무정지처분을 할 수 있다.

(11) 최근 1년 이내에 이 법에 의하여 2회 이상 업무정지 또는 과태료의 처분을 받고 다시 과태료의 처분에 해당하는 행위를 한 경우

(12) 개업공인중개사가 조직한 사업자단체 또는 그 구성원인 개업공인중개사가 「독점규제 및 공정거래에 관한 법률」 제51조를 위반하여 같은 법 제52조 (시정조치) 또는 제53조(과징금)에 따른 처분을 받은 경우

(13) 그 밖에 이 법 또는 이 법에 의한 명령이나 처분에 위반한 경우
이 법에서 정한 개업공인중개사에 대한 업무정지처분 사유는 열거사항이 아닌 예시적인 규정이므로 이 외에도 이 법령을 위반한 경우로서 절대적 등록취소 및 과태료처분 사유가 아닌 경우에는 업무정지처분이 가능하다.

즉, 고용인의 고용 및 해고사실을 신고하지 않거나, 개업공인중개사의 명의로 계약금등을 예치하는 경우에 개업공인중개사가 자기 소유 예치금과 분리하여 관리하지 않거나 거래당사자의 동의 없이 예치된 계약금등을 미리 인출하는 경우 등이 이에 해당할 것이다.

(14) 부칙 제6조 제2항에 규정된 개업공인중개사가 업무지역을 위반한 경우

부칙 제6조 제2항에 규정된 자가 중개사무소 관할 시·도 이외에 소재한 중개대상물을 중개한 경우에는 업무정지처분의 대상이 된다(부칙 제6조 제6항·제7항).

> **✔ 참고 자료제공의 요청**
>
> 국토교통부장관, 시·도지사 및 등록관청은 '업무정지처분 중 **(12)**'에 따라 처분하고자 하는 경우에는 미리 공정거래위원회에 처분과 관련된 자료의 제공을 요청할 수 있으며 공정거래위원회는 특별한 사유가 없으면 이에 따라야 한다(법 제39조의2).

O X 확 인 문 제

부칙 규정에 의한 개업공인중개사가 사무소명칭표시의무를 위반하거나 업무지역범위 규정을 위반한 경우 업무정지의 대상이 된다.   (   )

정답 (×)

부칙 규정에 의한 개업공인중개사가 사무소명칭표시의무를 위반한 경우 100만원 이하의 과태료의 대상이 되며, 업무지역범위 규정을 위반한 경우 업무정지의 대상이 된다.

■ 공인중개사법 시행규칙 [별표 4] 〈개정 2023.7.28.〉

개업공인중개사 업무정지의 기준(제25조 관련)

1. 일반기준

가. 제2호 카목 및 타목에서 기간의 계산은 위반행위에 대하여 업무정지처분 또는 과태료 부과처분을 받은 날과 그 처분 후 다시 같은 위반행위를 하여 적발된 날을 기준으로 한다.

나. 위반행위가 둘 이상인 경우에는 각 업무정지기간을 합산한 기간을 넘지 않는 범위에서 가장 무거운 처분기준의 2분의 1의 범위에서 가중한다. 다만, 가중하는 경우에도 총 업무정지기간은 6개월을 넘을 수 없다.

다. 등록관청은 다음의 어느 하나에 해당하는 경우에는 제2호의 개별기준에 따른 업무정지기간의 2분의 1 범위에서 줄일 수 있다.

　1) 위반행위가 사소한 부주의나 오류 등 과실로 인한 것으로 인정되는 경우

　2) 위반행위자가 법 위반행위를 시정하거나 해소하기 위하여 노력한 사실이 인정되는 경우

　3) 그 밖에 위반행위의 동기와 결과, 위반 정도 등을 고려하여 업무정지기간을 줄일 필요가 있다고 인정되는 경우

라. 등록관청은 다음의 어느 하나에 해당하는 경우에는 제2호의 개별기준에 따라 업무정지기간의 2분의 1 범위에서 그 기간을 늘릴 수 있다. 다만, 법 제39조 제1항에 따라 6개월을 넘을 수 없다.

　1) 위반행위의 내용·정도가 중대하여 소비자 등에게 미치는 피해가 크다고 인정되는 경우

　2) 그 밖에 위반행위의 동기와 결과, 위반 정도 등을 고려하여 업무정지기간을 늘릴 필요가 있다고 인정되는 경우

마. 나목부터 라목까지에 따라 업무정지기간을 늘리거나 줄이는 경우 업무정지기간 1개월은 30일로 본다.

2. 개별기준

위반행위	근거 법조문	업무정지기간
가. 법 제10조 제2항을 위반하여 같은 조 제1항 제1호부터 제11호까지의 어느 하나에 해당하는 자를 소속공인중개사 또는 중개보조원으로 둔 경우. 다만, 그 사유가 발생한 날부터 2개월 이내에 그 사유를 해소한 경우는 제외한다.	법 제39조 제1항 제1호	업무정지 6개월
나. 법 제16조를 위반하여 인장등록을 하지 않거나 등록하지 않은 인장을 사용한 경우	법 제39조 제1항 제2호	업무정지 3개월
다. 법 제23조 제2항을 위반하여 별지 제15호 서식의 전속중개계약서에 따르지 않고 전속중개계약을 체결하거나 계약서를 보존하지 않은 경우	법 제39조 제1항 제3호	업무정지 3개월
라. 법 제24조 제7항을 위반하여 중개대상물에 관한 정보를 거짓으로 공개한 경우	법 제39조 제1항 제4호	업무정지 6개월
마. 법 제24조 제7항을 위반하여 거래정보사업자에게 공개를 의뢰한 중개대상물의 거래가 완성된 사실을 그 거래정보사업자에게 통보하지 않은 경우	법 제39조 제1항 제4호	업무정지 3개월
바. 법 제25조 제3항을 위반하여 중개대상물 확인·설명서를 교부하지 않거나 보존하지 않은 경우	법 제39조 제1항 제6호	업무정지 3개월
사. 법 제25조 제4항을 위반하여 중개대상물 확인·설명서에 서명·날인을 하지 않은 경우	법 제39조 제1항 제7호	업무정지 3개월
아. 법 제26조 제1항을 위반하여 적정하게 거래계약서를 작성·교부하지 않거나 보존하지 않은 경우	법 제39조 제1항 제8호	업무정지 3개월
자. 법 제26조 제2항을 위반하여 거래계약서에 서명·날인을 하지 않은 경우	법 제39조 제1항 제9호	업무정지 3개월
차. 법 제37조 제1항에 따른 보고, 자료의 제출, 조사 또는 검사를 거부·방해 또는 기피하거나 그 밖의 명령을 이행하지 않거나 거짓으로 보고 또는 자료제출을 한 경우	법 제39조 제1항 제10호	업무정지 3개월
카. 법 제38조 제2항 각 호의 어느 하나를 최근 1년 이내에 1회 위반한 경우	법 제39조 제1항 제11호	업무정지 6개월
타. 최근 1년 이내에 이 법에 따라 2회 이상 업무정지 또는 과태료의 처분을 받고 다시 과태료의 처분에 해당하는 행위를 한 경우	법 제39조 제1항 제12호	업무정지 6개월
파. 개업공인중개사가 조직한 사업자단체 또는 그 구성원인 개업공인중개사가 「독점규제 및 공정거래에 관한 법률」 제26조를 위반하여 같은 법 제27조 또는 제28조에 따른 처분을 받은 경우	법 제39조 제1항 제13호	
1) 「독점규제 및 공정거래에 관한 법률」 제26조 제1항 제1호를 위반하여 같은 법 제27조에 따른 처분을 받은 경우		업무정지 3개월
2) 「독점규제 및 공정거래에 관한 법률」 제26조 제1항 제1호를 위반하여 같은 법 제28조에 따른 처분을 받은 경우 또는 같은 법 제27조와 제28조에 따른 처분을 동시에 받은 경우		업무정지 6개월
3) 「독점규제 및 공정거래에 관한 법률」 제26조 제1항 제2호 또는 제4호를 위반하여 같은 법 제27조에 따른 처분을 받은 경우		업무정지 1개월

4)「독점규제 및 공정거래에 관한 법률」제26조 제1항 제2 호 또는 제4호를 위반하여 같은 법 제28조에 따른 처분을 받은 경우 또는 같은 법 제27조와 제28조에 따른 처분을 동시에 받은 경우		업무정지 2개월
5)「독점규제 및 공정거래에 관한 법률」제26조 제1항 제3 호를 위반하여 같은 법 제27조에 따른 처분을 받은 경우		업무정지 2개월
6)「독점규제 및 공정거래에 관한 법률」제26조 제1항 제3 호를 위반하여 같은 법 제28조에 따른 처분을 받은 경우 또는 같은 법 제27조와 제28조에 따른 처분을 동시에 받은 경우		업무정지 4개월
하. 법률 제7638호 부동산중개업법 전부개정법률 부칙 제6조 제6항에 규정된 업무지역의 범위를 위반하여 중개행위를 한 경우	법률 제7638호 부동산중개업법 전부개정법률 부칙 제6조 제7항	업무정지 3개월
거. 그 밖에 이 법 또는 이 법에 따른 명령이나 처분을 위반한 경우로서 위 1.부터 14.까지에 해당하지 않는 경우	법 제39조 제1항 제14호	업무정지 1개월

기출&예상 문제

공인중개사법령상 공인중개사인 개업공인중개사 甲의 손해배상책임의 보장에 관한 설명으로 틀린 것은?
• 34회

① 甲은 업무를 시작하기 전에 손해배상책임을 보장하기 위한 조치를 하여야 한다.

② 甲은 2억원 이상의 금액을 보장하는 보증보험 또는 공제에 가입하거나 공탁을 해야 한다.

③ 甲은 보증보험금·공제금 또는 공탁금으로 손해배상을 한 때에는 15일 이내에 보증보험 또는 공제에 다시 가입하거나 공탁금 중 부족하게 된 금액을 보전해야 한다.

④ 甲이 손해배상책임을 보장하기 위한 조치를 이행하지 아니하고 업무를 개시한 경우는 업무정지사유에 해당하지 않는다.

⑤ 甲은 자기의 중개사무소를 다른 사람의 중개행위의 장소로 제공함으로써 거래당사자에게 재산상의 손해를 발생하게 한 때에는 그 손해를 배상할 책임이 있다.

해설 ④ 甲이 손해배상책임을 보장하기 위한 조치를 이행하지 아니하고 업무를 개시한 경우는 법 제38조 제2항 상대적 등록취소에 해당한다. 이 경우 등록취소가 부과되지 않는다면 6개월의 업무정지사유에 해당한다.

정답 ④

5. 재등록개업공인중개사에 대한 행정처분

• 24회 • 25회 • 26회 • 27회 • 29회 • 31회 • 32회 • 33회 • 34회

> **법 제40조【행정제재처분효과의 승계 등】** ① 개업공인중개사가 제21조에 따른 폐업신고 후 제9조에 따라 다시 중개사무소의 개설등록을 한 때에는 폐업신고 전의 개업공인중개사의 지위를 승계한다.
> ② 제1항의 경우 폐업신고 전의 개업공인중개사에 대하여 제39조 제1항 각 호, 제51조 제1항 각 호, 같은 조 제2항 각 호 및 같은 조 제3항 각 호의 위반행위를 사유로 행한 행정처분의 효과는 그 처분일부터 1년간 다시 중개사무소의 개설등록을 한 자(이하 이 조에서 '재등록개업공인중개사'라 한다)에게 승계된다.
> ③ 제1항의 경우 재등록개업공인중개사에 대하여 폐업신고 전의 제38조 제1항 각 호, 같은 조 제2항 각 호 및 제39조 제1항 각 호의 위반행위에 대한 행정처분을 할 수 있다. 다만, 다음 각 호의 어느 하나에 해당하는 경우는 제외한다.
> 1. 폐업신고를 한 날부터 다시 중개사무소의 개설등록을 한 날까지의 기간(이하 제2호에서 '폐업기간'이라 한다)이 3년을 초과한 경우
> 2. 폐업신고 전의 위반행위에 대한 행정처분이 업무정지에 해당하는 경우로서 폐업기간이 1년을 초과한 경우
> ④ 제3항에 따라 행정처분을 하는 경우에는 폐업기간과 폐업의 사유 등을 고려하여야 한다.
> ⑤ 개업공인중개사인 법인의 대표자에 관하여는 제1항부터 제4항까지를 준용한다. 이 경우 '개업공인중개사'는 '법인의 대표자'로 본다.

(1) 폐업 전 지위의 승계(재등록개업공인중개사)

개업공인중개사가 폐업신고 후 다시 중개사무소의 개설등록을 한 때에는 폐업신고 전의 개업공인중개사의 지위를 승계한다(법 제40조 제1항). 이는 개업공인중개사가 등록취소나 업무정지 등 행정상 제재사유에 해당하는 위반행위를 하고 행정처분을 회피할 목적으로 고의로 폐업하였다 다시 등록을 하였더라도 폐업 전의 위반행위에 대하여도 행정처분을 할 수 있도록 한 것이다. 또한, 폐업 전에 업무정지처분이나 과태료처분을 받은 것도 일정기간 동안은 재등록한 개업공인중개사가 승계하도록 함으로써 폐업 후 재등록한 이후 위법행위를 한 경우, 폐업 전에 받은 행정처분을 고려하여 더 가중된 행정처분을 할 수 있도록 하였다. 폐업 후 재등록한 개업공인중개사가 폐업 전의 지위를 승계하는 사항은 두 가지가 있다. 그 하나는 폐업 전에 받았던 행정처분효과를 승계하는 것이고, 또 하나는 폐업 전에 위반했던 행위를 승계하는 것이다.

(2) 행정처분효과의 승계

폐업신고 전의 개업공인중개사에 대한 업무정지처분 사유나, 과태료처분 사유로 행한 행정처분(업무정지처분·과태료처분)의 **효과**는 그 처분일로부터 1년간 다시 중개사무소의 개설등록을 한 자(이하 '재등록개업공인중개사'라 한다)에게 승계한다(법 제40조 제2항). 따라서 업무정지처분이나 과태료처분을 받은 개업공인중개사가 폐업신고 후 다시 등록을 하여 중개업을 하던 중 업무정지처분 또는 과태료처분에 해당하는 위법행위를 한 경우에는 폐업 전에 받았던 처분(업무정지처분, 과태료처분) 중에서 처분일로부터 1년 이내의 사항은 현재 위반행위에 합산하여 더 가중된 행정처분을 할 수 있다.

(3) 위반행위의 승계

① 재등록개업공인중개사에 대하여 폐업신고 전의 제38조 제1항(절대적 등록취소), 같은 조 제2항(임의적 등록취소) 및 제39조 제1항(업무정지를 명할 수 있는 사유)의 위반행위에 대한 행정처분을 할 수 있다. 다만, 다음의 어느 하나에 해당하는 경우는 제외한다(법 제40조 제3항).

> ㉠ 폐업신고를 한 날부터 다시 중개사무소의 개설등록을 한 날까지의 기간 (폐업기간)이 3년을 초과한 경우
> ㉡ 폐업신고 전의 위반행위에 대한 행정처분이 업무정지에 해당하는 경우로서 폐업기간이 1년을 초과한 경우

② 폐업 전의 위반행위를 사유로 재등록한 개업공인중개사에 대하여 행정처분(등록취소처분·업무정지처분)을 함에 있어서는 폐업기간과 폐업의 사유 등을 고려하여야 한다(법 제40조 제4항).

③ **재등록개업공인중개사에 대한 등록취소의 경우 결격기간**: 원래 등록이 취소된 자의 결격사유기간은 3년이다. 그러나 폐업 전 위반행위를 원인으로 재등록개업공인중개사의 등록이 취소된 경우에는 등록취소 후 3년에서 폐업기간을 공제한 기간이 결격사유기간이 된다(법 제10조 제1항 제8호).

(4) 규정의 준용

개업공인중개사인 법인의 대표자에 관하여는 위 **(1)**부터 **(3)**까지를 준용한다. 이 경우 '개업공인중개사'는 '법인의 대표자'로 본다.

6. 개업공인중개사에 대한 행정처분 후의 조치

(1) 등록취소처분에 따른 후속조치 및 효과

① **등록증의 반납** : 등록취소처분을 받은 자는 등록취소처분을 받은 날부터 7일 이내에 등록관청에 중개사무소등록증을 반납하여야 한다(규칙 제24조 제1항). 법인이 해산함으로써 등록이 취소된 경우에는 그 법인의 대표자이었던 자가 등록취소처분을 받은 날부터 7일 이내에 등록관청에 중개사무소등록증을 반납하여야 한다(동조 제2항). 그러나 개업공인중개사가 사망함으로써 등록이 취소된 경우에는 등록증반납 규정이 없다.

② **등록 등의 결격사유에 해당** : 등록취소처분을 받은 자는 3년간 등록 등의 결격사유에 해당된다. 다만, 개업공인중개사가 등록 등의 결격사유에 해당되어 등록취소처분을 받은 경우에는 이를 적용하지 아니한다.

③ **처분의 통보** : 등록취소처분을 하였더라도 등록관청이 국토교통부장관이나 시·도지사 등에 등록취소처분한 사실을 통보하지는 않는다. 그러나 다음 달 10일까지 공인중개사협회에 통보하여야 한다.

(2) 업무정지처분에 따른 후속조치 및 효과

① 업무정지처분을 받은 자는 등록증반납의무는 없다.

② 업무정지처분기간 중에 있는 자는 자신의 중개업무뿐만 아니라 다른 개업공인중개사의 중개업무도 할 수 없다. 이를 위반한 경우에는 등록이 취소된다. 업무정지처분기간 중에 있는 개업공인중개사는 폐업을 하더라도 업무정지기간이 경과하여야 중개업무에 종사할 수 있다.

③ 업무정지처분을 하였더라도 등록관청이 국토교통부장관이나 시·도지사 등에 업무정지처분한 사실을 통보하지는 않는다. 그러나 다음 달 10일까지 공인중개사협회에 통보하여야 한다.

01 공인중개사법령상 행정제재처분효과의 승계 등에 관한 설명으로 옳은 것은?
• 34회

① 폐업신고한 개업공인중개사의 중개사무소에 다른 개업공인중개사가 중개사무소를 개설등록한 경우 그 지위를 승계한다.

② 중개대상물에 관한 정보를 거짓으로 공개한 사유로 행한 업무정지처분의 효과는 그 처분에 대한 불복기간이 지난 날부터 1년간 다시 중개사무소의 개설등록을 한 자에게 승계된다.

③ 폐업신고 전의 위반행위에 대한 행정처분이 업무정지에 해당하는 경우로서 폐업기간이 6개월인 경우 재등록 개업공인중개사에게 그 위반행위에 대해서 행정처분을 할 수 없다.

④ 재등록 개업공인중개사에 대하여 폐업신고 전의 업무정지에 해당하는 위반행위를 이유로 행정처분을 할 때 폐업기간과 폐업의 사유는 고려하지 않는다.

⑤ 개업공인중개사가 2022.4.1. 과태료부과처분을 받은 후 폐업신고를 하고 2023.3.2. 다시 중개사무소의 개설등록을 한 경우 그 처분의 효과는 승계된다.

해설 ① 폐업신고한 개업공인중개사의 중개사무소에 다른 개업공인중개사가 중개사무소를 개설등록한 경우 그 지위는 승계되지 않는다.

② 중개대상물에 관한 정보를 거짓으로 공개한 사유로 행한 업무정지처분의 효과는 그 처분일로부터 1년간 다시 중개사무소의 개설등록을 한 자에게 승계된다.

③ 폐업신고 전의 위반행위에 대한 행정처분이 업무정지에 해당하는 경우로서 폐업기간이 6개월인 경우 재등록 개업공인중개사에게 그 위반행위에 대해서 행정처분을 할 수 있다.

④ 재등록 개업공인중개사에 대하여 폐업신고 전의 업무정지에 해당하는 위반행위를 이유로 행정처분을 할 때 폐업기간과 폐업의 사유 등을 고려하여야 한다.

정답 ⑤

02 공인중개사법령상 행정제재처분효과의 승계 등에 관한 설명으로 옳은 것을 모두 고른 것은? • 33회

㉠ 폐업신고 전에 개업공인중개사에게 한 업무정지처분의 효과는 그 처분일부터 2년간 재등록 개업공인중개사에게 승계된다.

㉡ 폐업기간이 2년을 초과한 재등록 개업공인중개사에 대해 폐업신고 전의 중개사무소 업무정지사유에 해당하는 위반행위를 이유로 행정처분을 할 수 없다.

㉢ 폐업신고 전에 개업공인중개사에게 한 과태료부과처분의 효과는 그 처분일부터 10개월된 때에 재등록을 한 개업공인중개사에게 승계된다.

㉣ 폐업기간이 3년 6개월이 지난 재등록 개업공인중개사에게 폐업신고 전의 중개사무소 개설등록 취소사유에 해당하는 위반행위를 이유로 개설등록취소처분을 할 수 없다.

① ㉠
② ㉠, ㉣
③ ㉡, ㉢
④ ㉡, ㉢, ㉣
⑤ ㉠, ㉡, ㉢, ㉣

해설 ㉠ 폐업신고 전의 개업공인중개사에 대한 업무정지처분 사유나, 과태료처분 사유로 행한 행정처분(업무정지처분·과태료처분)의 효과는 그 처분일로부터 1년간 다시 중개사무소의 개설등록을 한 자(이하 '재등록개업공인중개사'라 한다)에게 승계한다(법 제40조 제2항). 따라서 "폐업신고 전에 개업공인중개사에게 한 업무정지처분의 효과는 그 처분일부터 1년간 재등록 개업공인중개사에게 승계된다."로 하여야 옳은 지문이 된다.

정답 ④

3 공인중개사에 대한 행정처분

법 제35조【자격의 취소】 ① 시·도지사는 공인중개사가 다음 각 호의 어느 하나에 해당하는 경우에는 그 자격을 취소하여야 한다.

1. 부정한 방법으로 공인중개사의 자격을 취득한 경우
2. 제7조 제1항의 규정을 위반하여 다른 사람에게 자기의 성명을 사용하여 중개업무를 하게 하거나 공인중개사자격증을 양도 또는 대여한 경우
3. 제36조에 따른 자격정지처분을 받고 그 자격정지기간 중에 중개업무를 행한 경우(다른 개업공인중개사의 소속공인중개사·중개보조원 또는 법인인 개업공인중개사의 사원·임원이 되는 경우를 포함한다)

4. 이 법 또는 공인중개사의 직무와 관련하여 「형법」 제114조, 제231조, 제234조, 제347조, 제355조 또는 제356조를 위반하여 금고 이상의 형(집행유예를 포함한다)을 선고받은 경우

② 시·도지사는 제1항에 따라 공인중개사의 자격을 취소하고자 하는 경우에는 청문을 실시하여야 한다.

③ 제1항에 따라 공인중개사의 자격이 취소된 자는 국토교통부령으로 정하는 바에 따라 공인중개사자격증을 시·도지사에게 반납하여야 한다.

④ 분실 등의 사유로 인하여 제3항에 따라 공인중개사자격증을 반납할 수 없는 자는 제3항에도 불구하고 자격증 반납을 대신하여 그 이유를 기재한 사유서를 시·도지사에게 제출하여야 한다.

법 제36조【자격의 정지】 ① 시·도지사는 공인중개사가 소속공인중개사로서 업무를 수행하는 기간 중에 다음 각 호의 어느 하나에 해당하는 경우에는 6개월의 범위 안에서 기간을 정하여 그 자격을 정지할 수 있다.

1. 제12조 제2항의 규정을 위반하여 둘 이상의 중개사무소에 소속된 경우
2. 제16조의 규정을 위반하여 인장등록을 하지 아니하거나 등록하지 아니한 인장을 사용한 경우
3. 제25조 제1항의 규정을 위반하여 성실·정확하게 중개대상물의 확인·설명을 하지 아니하거나 설명의 근거자료를 제시하지 아니한 경우
4. 제25조 제4항의 규정을 위반하여 중개대상물 확인·설명서에 서명 및 날인을 하지 아니한 경우
5. 제26조 제2항의 규정을 위반하여 거래계약서에 서명 및 날인을 하지 아니한 경우
6. 제26조 제3항의 규정을 위반하여 거래계약서에 거래금액 등 거래내용을 거짓으로 기재하거나 서로 다른 둘 이상의 거래계약서를 작성한 경우
7. 제33조 제1항 각 호에 규정된 금지행위를 한 경우

② 등록관청은 공인중개사가 제1항 각 호의 어느 하나에 해당하는 사실을 알게 된 때에는 지체 없이 그 사실을 시·도지사에게 통보하여야 한다.

③ 제1항에 따른 자격정지의 기준은 국토교통부령으로 정한다.

1. 개 요

(1) 처분의 종류 및 성격

① **처분의 종류** : 공인중개사에 대한 행정처분은 자격취소처분과 자격정지처분 두 가지가 있다. 자격취소처분은 공인중개사 자격이 있는 자는 모두 그 대상이 될 수 있으나, 자격정지처분은 소속공인중개사만 그 대상이 된다.

② **처분의 성격** : 자격취소사유에 해당되면 반드시 그 자격을 취소하여야 하는 기속행위의 성질이 있으나, 자격정지사유에 해당한 때에는 자격정지처분을 하지 않을 수도 있는 재량행위의 성질이 있다.

③ **처분의 효력** : 자격취소사유에 해당되어도 취소처분이 행해지기 전까지는 공인중개사 자격의 효력이 소멸되지 않는다. 자격정지처분은 시·도지사가 소속공인중개사에 대하여 일정기간 동안 중개업무를 할 수 없도록 하는 행정처분이다.

④ **청문의 실시 여부** : 자격취소처분을 하고자 하는 시·도지사는 청문을 실시하여야 한다(법 제35조 제2항). 그러나 자격정지처분을 하고자 하는 때에는 사전에 청문을 실시하지 않는다. 다만, 「행정절차법」상 사전에 의견제출의 기회는 부여한다.

(2) 처분권자

공인중개사의 자격취소처분 또는 자격정지처분은 그 공인중개사자격증을 교부한 시·도지사가 행한다(영 제29조 제1항). 자격증을 교부한 시·도지사와 공인중개사 사무소 소재지를 관할하는 시·도지사가 서로 다른 경우에는 공인중개사 사무소의 소재지를 관할하는 시·도지사가 자격취소처분 및 자격정지처분에 필요한 절차를 모두 이행한 후 자격증을 교부한 시·도지사에게 통보하여야 한다(동조 제2항). 결국 최종적인 자격취소 및 자격정지처분은 증거조사 결과를 통보받은 공인중개사자격증을 교부한 시·도지사가 행한다.

2. 자격취소처분 · 24회 · 26회 · 27회 · 28회 · 29회 · 30회 · 31회 · 33회 · 34회

시·도지사는 공인중개사가 다음의 어느 하나에 해당하는 경우에는 공인중개사 자격을 취소하여야 한다(법 제35조 제1항). 시·도지사가 공인중개사 자격취소처분을 하고자 하는 경우에는 청문을 실시하여야 한다(동조 제2항).

① 부정한 방법으로 자격을 취득한 경우

② 공인중개사가 다른 사람에게 자기의 성명을 사용하여 중개업무를 하게 하거나 다른 사람에게 자격증을 양도 또는 대여한 경우

③ **자격정지기간 중에 중개업무를 한 경우** : 자격정지처분을 받고 자격정지기간 중에 있는 소속공인중개사가 중개업무를 하거나 그 기간 중에 다른 개업공인중개사의 소속공인중개사 또는 법인의 사원·임원이 되는 경우

O X 확 인 문 제

자격취소처분은 중개사무소의 소재지를 관할하는 시·도지사가 한다. · 26회 ( )

정답 (×)

자격취소처분은 공인중개사자격증을 교부한 시·도지사가 한다.

O X 확 인 문 제

부정한 방법으로 공인중개사 자격을 취득한 경우 자격취소사유에 해당하며, 1년 이하의 징역 또는 1천만원 이하의 벌금에 처해진다. · 27회 ( )

정답 (×)

시·도지사는 공인중개사가 부정한 방법으로 자격을 취득한 경우 공인중개사 자격을 취소하여야 한다.

O X 확 인 문 제

다른 사람의 공인중개사자격증을 양수하여 이를 사용하는 행위도 이 법상 '자격증 대여 등의 금지' 내용에 해당한다. · 28회 ( )

정답 (○)

④ 이 법 또는 공인중개사의 직무와 관련하여 다음의 「형법」 규정을 위반하여 금고 이상형(집행유예 포함)을 선고받은 경우

> ㉠ 제114조 : 범죄단체 등의 조직
> ㉡ 제231조 : 사무서 등의 위조·변조
> ㉢ 제234조 : 위조사문서 등의 행사
> ㉣ 제347조 : 사기
> ㉤ 제355조 : 횡령·배임
> ㉥ 제356조 : 업무상 횡령과 배임

■ **자격취소의 절차**

> 1. 자격증을 교부한 시·도지사와 공인중개사의 사무소를 관할하는 시·도지사가 서로 다른 경우에는 공인중개사 사무소의 소재지를 관할하는 시·도지사가 자격취소처분에 관한 필요한 절차를 모두 이행한 후 자격증을 교부한 시·도지사에게 통보하여야 한다.
> 2. 공인중개사의 자격취소처분을 한 시·도지사는 5일 이내에 이를 국토교통부장관과 다른 시·도지사에게 통보해야 한다.

3. 자격정지처분 •24회 •25회 •26회 •27회 •28회 •29회 •30회 •31회 •32회 •34회

시·도지사는 공인중개사가 소속공인중개사로서 업무를 수행하는 기간 중에 다음의 어느 하나에 해당하는 경우에는 6개월의 범위 안에서 기간을 정하여 그 자격을 정지할 수 있다(법 제36조 제1항).

(1) 둘 이상의 중개사무소에 소속된 경우

(2) 인장등록을 하지 아니하거나 등록하지 아니한 인장을 사용한 경우

(3) 성실·정확하게 중개대상물의 확인·설명을 하지 아니하거나 설명의 근거자료를 제시하지 아니한 경우

(4) 해당 중개업무를 수행한 경우 중개대상물 확인·설명서에 서명 및 날인을 하지 아니한 경우

(5) 해당 중개업무를 수행한 경우 거래계약서에 서명 및 날인을 하지 아니한 경우

(6) 거래계약서에 거래금액 등 거래내용을 거짓으로 기재하거나 서로 다른 둘 이상의 거래계약서를 작성한 경우

(7) 법 제33조 제1항에 규정된 금지행위를 한 경우

① 중개대상물의 매매를 업으로 하는 행위
② 무등록중개업자인 사실을 알면서 그를 통하여 중개를 의뢰받거나 그에게 자기의 명의를 이용하게 하는 행위
③ 사례·증여 그 밖의 어떠한 명목으로도 중개보수 또는 실비를 초과하여 금품을 받는 행위
④ 해당 중개대상물의 거래상의 중요사항에 관하여 거짓된 언행 그 밖의 방법으로 중개의뢰인의 판단을 그르치게 하는 행위
⑤ 양도·알선 등이 금지된 부동산의 분양·임대 등과 관련 있는 증서 등의 매매·교환 등을 중개하거나 증서의 매매를 업으로 하는 행위
⑥ 중개의뢰인과 직접 거래를 하거나 거래당사자 쌍방을 대리하는 행위
⑦ 탈세를 목적으로 소유권보존등기 또는 이전등기를 하지 아니한 부동산이나, 법령의 규정에 의하여 전매 등 권리의 변동이 제한된 부동산의 매매를 중개하는 등 부동산투기를 조장하는 행위
⑧ 부당한 이익을 얻거나 제3자에게 부당한 이익을 얻게 할 목적으로 거짓으로 거래가 완료된 것처럼 꾸미는 등 중개대상물의 시세에 부당한 영향을 주거나 줄 우려가 있는 행위
⑨ 단체를 구성하여 특정 중개대상물에 대하여 중개를 제한하거나 단체 구성원 이외의 자와 공동중개를 제한하는 행위

■ 자격정지의 기준

자격정지의 기준은 국토교통부령으로 정한다(법 제36조 제3항). 자격정지의 기준은 [별표 3]과 같다(규칙 제22조 제1항). 자격정지처분을 하는 시·도지사는 위반행위의 동기·결과 및 횟수 등을 참작하여 자격정지기간의 2분의 1의 범위 안에서 가중 또는 감경할 수 있다. 이 경우 가중하여 처분하는 때에도 자격정지 기간은 6개월을 초과할 수 없다(규칙 제22조 제2항).

■▪ **자격정지의 절차**

> 1. 등록관청은 공인중개사가 자격정지처분에 해당하는 사실을 알게 된 때에는 지체 없이 그 사실을 시·도지사에게 통보하여야 한다.
> 2. 자격증을 교부한 시·도지사와 공인중개사의 사무소를 관할하는 시·도지사가 서로 다른 경우에는 공인중개사 사무소의 소재지를 관할하는 시·도지사가 자격정지처분에 관한 필요한 절차를 모두 이행한 후 자격증을 교부한 시·도지사에게 통보하여야 한다.

4. 공인중개사에 대한 행정처분 후의 조치

(1) 자격취소처분에 따른 후속조치 및 효과

① **자격증의 반납** : 공인중개사 자격이 취소된 자는 자격취소처분을 받은 날부터 7일 이내에 그 공인중개사자격증을 교부한 시·도지사에게 공인중개사자격증을 반납하여야 한다(법 제35조 제3항, 규칙 제21조).

O X 확 인 문 제

중개대상물의 확인·설명의 근거자료를 제시하지 않은 경우 3개월의 자격정지사유에 해당한다. •26회 ( )

정답 (○)

O X 확 인 문 제

시·도지사가 공인중개사의 자격정지처분을 한 경우에 다른 시·도지사에게 통지해야 하는 규정은 없다. •27회 ( )

정답 (○)

O X 확 인 문 제

등록관청은 공인중개사가 자격정지처분사유에 해당하는 사실을 알게 된 때에는 지체 없이 그 사실을 시·도지사에게 통보해야 한다. •22회 ( )

정답 (○)

다만, 자격증의 분실 등의 사유로 공인중개사자격증을 반납할 수 없는 자는 자격증 반납을 대신하여 그 이유를 기재한 사유서를 시·도지사에 게 제출하여야 한다(법 제35조 제4항). 이 경우 사유서를 거짓으로 제출 하여서는 아니 된다. 자격취소처분을 받은 날부터 7일 이내에 자격증 을 반납하지 않거나, 분실·훼손으로 인하여 자격증을 반납하지 못할 경우에 반납할 수 없는 사유서를 제출하지 않거나, 거짓으로 반납할 수 없는 사유서를 제출한 경우에는 100만원 이하의 과태료에 처한다(법 제51조 제3항 제6호).

② **응시자격의 결격사유** : 공인중개사 자격이 취소된 자는 자격이 취소된 후 3년간은 공인중개사 자격시험에 응시할 수 없다(법 제6조).

③ **등록 등의 결격사유** : 공인중개사 자격이 취소된 자는 등록 등의 결격 사유에 해당되므로 자격취소처분을 받은 후 3년간은 중개사무소의 등 록뿐만 아니라 중개보조원, 법인의 사원·임원이 될 수 없다(법 제10조).

④ **공인중개사인 개업공인중개사의 등록취소처분** : 공인중개사인 개업공 인중개사가 자격취소처분을 받으면 등록 등의 결격사유에 해당하므로 중개사무소의 개설등록이 취소된다. 그러나 이 경우 등록 등의 결격기 간은 등록취소 후 3년이 아니라 공인중개사 자격취소 후 3년임을 주의 하여야 한다.

⑤ **취소사실의 통보** : 공인중개사의 자격취소처분을 한 시·도지사는 5일 이내에 이를 국토교통부장관과 다른 시·도지사에게 통보해야 한다(영 제29조 제3항).

(2) 자격정지처분에 따른 후속조치 및 효과

① 자격정지처분을 받은 자는 자격증반납의무가 없다.

② 자격정지처분을 받은 자는 그 기간 중에는 중개업무에 종사할 수 없게 된다. 만약 소속공인중개사가 자격정지기간 중에 업무를 수행하거나 다른 개업공인중개사의 소속공인중개사 또는 법인의 사원·임원이 되는 경우에는 시·도지사는 공인중개사 자격을 취소하여야 한다(법 제35조 제1항 제3호).

③ 등록관청은 공인중개사가 자격정지처분에 해당하는 사실을 알게 된 때 에는 지체 없이 그 사실을 시·도지사에게 통보하여야 한다(법 제36조 제2항). 그러나 공인중개사의 자격정지처분을 하였더라도 시·도지사는 그 사실을 국토교통부장관과 다른 시·도지사에게 통보할 의무가 없다.

10 지도·감독 및 행정처분

O X 확 인 문 제

공인중개사의 자격취소처분을 한 시·도지사는 그 사실을 지체 없 이 국토교통부장관과 다른 시· 도지사에게 통보해야 한다.
( )

정답 (×)

공인중개사의 자격취소처분을 한 시·도지사는 그 사실을 5일 이내 에 국토교통부장관과 다른 시· 도지사에게 통보해야 한다.

01 공인중개사법령상 소속공인중개사의 규정 위반행위 중 자격정지 기준이 6개월에 해당하는 것을 모두 고른 것은? • 34회

㉠ 2 이상의 중개사무소에 소속된 경우
㉡ 거래계약서에 서명·날인을 하지 아니한 경우
㉢ 등록하지 아니한 인장을 사용한 경우
㉣ 확인·설명의 근거자료를 제시하지 아니한 경우

① ㉠   ② ㉠, ㉢   ③ ㉡, ㉢
④ ㉠, ㉡, ㉣   ⑤ ㉡, ㉢, ㉣

해설 ① ㉠이 6개월에 해당하며, ㉡㉢㉣은 3개월에 해당한다.

> 1. 둘 이상의 중개사무소에 소속된 경우 : 6개월
> 2. 인장등록을 하지 아니하거나 등록하지 아니한 인장을 사용한 경우 : 3개월
> 3. 성실·정확하게 중개대상물의 확인·설명을 하지 아니하거나 설명의 근거자료를 제시하지 아니한 경우 : 3개월
> 4. 해당 중개업무를 수행한 경우 중개대상물 확인·설명서에 서명 및 날인을 하지 아니한 경우 : 3개월
> 5. 해당 중개업무를 수행한 경우 거래계약서에 서명 및 날인을 하지 아니한 경우 : 3개월
> 6. 거래계약서에 거래금액 등 거래내용을 거짓으로 기재하거나 서로 다른 둘 이상의 거래계약서를 작성한 경우 : 6개월
> 7. 법 제33조 제1항에 규정된 금지행위를 한 경우 : 6개월

정답 ①

02 공인중개사법령상 공인중개사의 자격취소 등에 관한 설명으로 **틀린** 것은? • 34회 수정

① 공인중개사의 자격취소처분은 청문을 거쳐 중개사무소의 개설등록증을 교부한 시·도지사가 행한다.
② 공인중개사가 자격정지처분을 받은 기간 중에 법인인 개업공인중개사의 임원이 되는 경우 시·도지사는 그 자격을 취소하여야 한다.
③ 자격취소처분을 받아 공인중개사자격증을 반납하려는 자는 그 처분을 받은 날부터 7일 이내에 반납해야 한다.
④ 시·도지사는 공인중개사의 자격취소처분을 한 때에는 5일 이내에 이를 국토교통부장관에게 통보해야 한다.
⑤ 분실로 인하여 공인중개사자격증을 반납할 수 없는 자는 자격증 반납을 대신하여 그 이유를 기재한 사유서를 시·도지사에게 제출하여야 한다.

해설 ① 공인중개사의 자격취소처분은 청문을 거쳐 공인중개사자격증을 교부한 시·도지사가 행한다.

정답 ①

03 공인중개사법령상 공인중개사의 자격취소에 관한 설명으로 <u>틀린</u> 것은?

• 33회 수정

① 시·도지사는 공인중개사가 이 법을 위반하여 300만원 이상 벌금형의 선고를 받은 경우에는 그 자격을 취소해야 한다.

② 공인중개사의 자격이 취소된 자는 공인중개사자격증을 교부한 시·도지사에게 반납해야 한다.

③ 시·도지사는 공인중개사의 자격취소처분을 한 때에는 5일 이내에 이를 국토교통부장관과 다른 시·도지사에게 통보해야 한다.

④ 시·도지사는 공인중개사의 자격을 취소하고자 하는 경우에는 청문을 실시해야 한다.

⑤ 시·도지사는 공인중개사가 부정한 방법으로 공인중개사의 자격을 취득한 경우에는 그 자격을 취소해야 한다.

해설 ① 시·도지사는 공인중개사가 다음의 어느 하나에 해당하는 경우에는 공인중개사 자격을 취소하여야 한다(법 제35조 제1항).

> 1. 부정한 방법으로 자격을 취득한 경우
> 2. 공인중개사가 다른 사람에게 자기의 성명을 사용하여 중개업무를 하게 하거나 다른 사람에게 자격증을 양도 또는 대여한 경우
> 3. 자격정지기간 중에 중개업무를 한 경우 ⇨ 자격정지처분을 받고 자격정지기간 중에 있는 소속공인중개사가 중개업무를 하거나 그 기간 중에 다른 개업공인중개사의 소속공인중개사 또는 법인인 개업공인중개사의 사원·임원이 되는 경우
> 4. 이 법 또는 공인중개사의 직무와 관련하여 「형법」 규정을 위반하여 금고 이상의 형(집행유예를 포함한다)을 선고받은 경우

위 4가지 경우에 '이 법을 위반하여 300만원 이상 벌금형의 선고를 받은 경우'는 없으므로 이는 자격취소사유가 아니다. 다만, '이 법을 위반하여 300만원 이상의 벌금형의 선고를 받고 3년이 지나지 아니한 자'는 「공인중개사법」 제10조 결격사유에 해당한다.

정답 ①

4 거래정보사업자에 대한 지정취소

법 제24조【부동산거래정보망의 지정 및 이용】⑤ 국토교통부장관은 거래정보사업자가 다음 각 호의 어느 하나에 해당하는 경우에는 그 지정을 취소할 수 있다.
1. 거짓이나 그 밖의 부정한 방법으로 지정을 받은 경우
2. 제3항의 규정을 위반하여 운영규정의 승인 또는 변경승인을 받지 아니하거나 운영규정을 위반하여 부동산거래정보망을 운영한 경우
3. 제4항의 규정을 위반하여 정보를 공개한 경우

1. 처분권자 및 지정취소의 사유 ·25회 ·26회 ·28회 ·31회

국토교통부장관은 거래정보사업자가 다음의 어느 하나에 해당하는 경우에는 그 지정을 취소할 수 있다(법 제24조 제5항). 국토교통부장관이 거래정보사업자 지정을 취소하고자 하는 경우에는 청문을 실시하여야 한다. 다만, 개인인 거래정보사업자의 사망, 법인인 거래정보사업자의 해산으로 지정을 취소하는 경우에는 청문을 실시하지 아니한다(법 제24조 제6항).

① 거짓이나 그 밖의 부정한 방법으로 지정을 받은 경우
② 운영규정의 승인 또는 변경승인을 받지 아니하거나 운영규정에 위반하여 부동산거래정보망을 운영한 경우
③ 거래정보사업자가 개업공인중개사로부터 공개를 의뢰받은 중개대상물의 정보 이외의 정보를 부동산거래정보망에 공개하거나, 의뢰받은 내용과 다르게 정보를 공개하거나, 개업공인중개사에 따라 차별적으로 정보를 공개한 경우
④ 정당한 사유 없이 지정받은 날부터 1년 이내에 부동산거래정보망을 설치·운영하지 아니한 경우
⑤ 개인인 거래정보사업자의 사망 또는 법인인 거래정보사업자의 해산 그 밖의 사유로 부동산거래정보망의 계속적인 운영이 불가능한 경우

2. 지정취소의 후속조치 및 효과

(1) 지정취소처분을 받은 자는 거래정보사업자지정서를 반납해야 할 의무가 없다.

(2) 거래정보사업자 지정취소처분을 한 국토교통부장관은 그 사실을 다른 행정기관에 통보할 의무는 없다.

O X 확 인 문 제

개인인 거래정보사업자의 사망, 법인인 거래정보사업자의 해산으로 지정을 취소하는 경우에도 청문을 실시하여야 한다.
( )

정답 (×)
개인인 거래정보사업자의 사망, 법인인 거래정보사업자의 해산으로 지정을 취소하는 경우에는 청문을 실시하지 않는다.

O X 확 인 문 제

국토교통부장관은 정당한 사유 없이 지정받은 날부터 1년 이내에 부동산거래정보망을 설치·운영하지 아니한 경우 거래정보사업자의 지정을 취소하여야 한다.
( )

정답 (×)
국토교통부장관은 정당한 사유 없이 지정받은 날부터 1년 이내에 부동산거래정보망을 설치·운영하지 아니한 경우 거래정보사업자의 지정을 취소할 수 있다.

① 자격정지처분을 받은 소속공인중개사로 하여금 자격정지기간 중에 중개업무를 하게 한 개업공인중개사의 경우 등록관청은 중개사무소의 개설등록을 (   ).

② 최근 1년 이내에 이 법에 의하여 2회 이상 업무정지처분을 받고 다시 업무정지처분에 해당하는 행위를 한 경우 (   ) 등록취소사유에 해당한다.

③ 법인인 개업공인중개사가 법 제14조의 겸업제한 규정을 위반한 경우 등록관청은 중개사무소의 개설등록을 (   ).

④ 최근 (   ) 이내에 이 법에 의하여 (   ) 이상 업무정지 또는 과태료의 처분을 받고 다시 업무정지 또는 과태료의 처분에 해당하는 행위를 한 경우 상대적 등록취소사유에 해당한다.

⑤ 법인인 개업공인중개사에 대하여는 법인 또는 분사무소별로 (   )를 명할 수 있다.

⑥ 등록관청이 업무정지처분을 함에 있어서는 위반행위의 동기·결과 및 횟수 등을 참작하여 업무정지기간의 (   )의 범위 안에서 가중 또는 감경할 수 있다. 이 경우 가중하여 처분하는 때에도 업무정지기간은 (   )을 초과할 수 없다.

⑦ 공인중개사의 자격취소처분을 한 시·도지사는 (   ) 이내에 이를 국토교통부장관과 다른 시·도지사에게 통보해야 한다.

⑧ 등록관청은 공인중개사가 자격정지처분에 해당하는 사실을 알게 된 때에는 (   ) 그 사실을 시·도지사에게 통보하여야 한다.

⑨ 자격증을 교부한 시·도지사와 공인중개사의 사무소를 관할하는 시·도지사가 서로 다른 경우에는 공인중개사 (   )의 소재지를 관할하는 시·도지사가 자격정지처분에 관한 필요한 절차를 모두 이행한 후 (   )을 교부한 시·도지사에게 통보하여야 한다.

⑩ 개인인 거래정보사업자의 사망, 법인인 거래정보사업자의 해산으로 지정을 취소하는 경우에는 (   )을 실시하지 아니한다.

정답   **1** 취소하여야 한다   **2** 절대적   **3** 취소할 수 있다   **4** 1년, 3회   **5** 업무의 정지   **6** 2분의 1,
6개월   **7** 5일   **8** 지체 없이   **9** 사무소, 자격증   **10** 청문

11 | 벌칙(행정벌)

▌10개년 출제문항 수

25회	26회	27회	28회	29회
1	1	2	2	2

30회	31회	32회	33회	34회
1	2	1	1	1

↳ 총 40문제 中 평균 약 1.4문제 출제

▌학습전략

• 행정형벌의 종류 및 부과대상자에 대해 학습하여야 합니다.

• 징역 또는 벌금 사유, 과태료 사유에 대해 학습하여야 합니다.

제1절 　총 설

OX 확인문제

행정벌은 행정형벌과 행정질서
벌로 구성된다. 　　(　)

정답 (○)

「공인중개사법」을 위반한 경우에는 행정처분을 받을 뿐만 아니라 행정벌을 받을 수 있다. 행정벌은 행정형벌과 행정질서벌로 구분된다. 행정형벌은 법을 위반하여 법익을 침해한 자에 대하여 법원이 징역형 또는 벌금형을 과하는 것이고, 행정질서벌은 법을 위반한 자가 법익을 침해한 것은 아니지만 법익 침해를 예방하기 위하여 행정청이 일정금액의 과태료를 과하는 것이다. 행정처분과 행정형벌은 병과할 수 있으나, 「공인중개사법」상 행정처분과 행정질서벌은 원칙적으로 병과할 수 없으며, 행정형벌과 행정질서벌도 병과할 수 없다.

▪▪ 행정벌의 구분

구 분	종 류	대상자	처분기관	성 격
행정형벌	3년 이하 징역 또는 3천만원 이하 벌금	개업공인중개사등, 무등록중개업자, 거래정보사업자, 공인중개사, 일반인	법 원	재량
	1년 이하 징역 또는 1천만원 이하 벌금			
행정질서벌	500만원 이하 과태료	거래정보사업자, 협회, 정보통신서비스 제공자	국토교통부 장관	재량
		개업공인중개사, 소속공인중개사 (연수교육의무 위반)	시·도지사	

	개업공인중개사 (확인·설명의무 위반)	등록관청
100만원 이하 과태료	공인중개사(자격증 반납 위반)	시·도지사
	개업공인중개사(등록증 반납 위반 등)	등록관청

법 제48조 【벌칙】 다음 각 호의 어느 하나에 해당하는 자는 3년 이하의 징역 또는 3천만원 이하의 벌금에 처한다.

1. 제9조에 따른 중개사무소의 개설등록을 하지 아니하고 중개업을 한 자
2. 거짓이나 그 밖의 부정한 방법으로 중개사무소의 개설등록을 한 자
3. 제33조 제1항 제5호부터 제9호까지의 규정을 위반한 자
4. 제33조 제2항 각 호의 규정을 위반한 자

법 제49조 【벌칙】 ① 다음 각 호의 어느 하나에 해당하는 자는 1년 이하의 징역 또는 1천만원 이하의 벌금에 처한다.

1. 제7조 제1항 또는 제2항을 위반하여 다른 사람에게 자기의 성명을 사용하여 중개업무를 하게 하거나 공인중개사자격증을 양도·대여한 자 또는 다른 사람의 공인중개사자격증을 양수·대여받은 자
1의2. 제7조 제3항을 위반하여 같은 조 제1항 및 제2항에서 금지한 행위를 알선한 자
2. 제8조의 규정을 위반하여 공인중개사가 아닌 자로서 공인중개사 또는 이와 유사한 명칭을 사용한 자
3. 제12조의 규정을 위반하여 이중으로 중개사무소의 개설등록을 하거나 둘 이상의 중개사무소에 소속된 자
4. 제13조 제1항의 규정을 위반하여 둘 이상의 중개사무소를 둔 자
5. 제13조 제2항의 규정을 위반하여 임시 중개시설물을 설치한 자
5의2. 제15조 제3항을 위반하여 중개보조원을 고용한 자
6. 제18조 제2항의 규정을 위반하여 개업공인중개사가 아닌 자로서 '공인중개사사무소', '부동산중개' 또는 이와 유사한 명칭을 사용한 자
6의2. 제18조의2 제3항을 위반하여 개업공인중개사가 아닌 자로서 중개업을 하기 위하여 중개대상물에 대한 표시·광고를 한 자
7. 제19조 제1항 또는 제2항을 위반하여 다른 사람에게 자기의 성명 또는 상호를 사용하여 중개업무를 하게 하거나 중개사무소등록증을 다른 사람에게 양도·대여한 자 또는 다른 사람의 성명·상호를 사용하여 중개업무를 하거나 중개사무소등록증을 양수·대여받은 자
7의2. 제19조 제3항을 위반하여 같은 조 제1항 및 제2항에서 금지한 행위를 알선한 자
8. 제24조 제4항의 규정을 위반하여 정보를 공개한 자
9. 제29조 제2항의 규정을 위반하여 업무상 비밀을 누설한 자
10. 제33조 제1항 제1호부터 제4호까지의 규정을 위반한 자

> • 중개대상물의 매매를 업으로 하는 자
> • 무등록중개업자인 사실을 알면서 그를 통하여 중개를 의뢰받거나 그에게 자기의 명의를 이용하게 하는 자
> • 사례·증여 그 밖의 어떠한 명목으로도 보수 또는 실비를 초과하여 금품을 받은 자
> • 해당 중개대상물의 거래상의 중요사항에 관하여 거짓된 언행 그 밖의 방법으로 중개의뢰인의 판단을 그르치게 하는 자

② 제29조 제2항의 규정에 위반한 자는 피해자의 명시한 의사에 반하여 벌하지 아니한다.

법 제50조【양벌규정】소속공인중개사·중개보조원 또는 개업공인중개사인 법인의 사원·임원이 중개업무에 관하여 제48조 또는 제49조의 규정에 해당하는 위반행위를 한 때에는 그 행위자를 벌하는 외에 그 개업공인중개사에 대하여도 해당 조에 규정된 벌금형을 과한다. 다만, 그 개업공인중개사가 그 위반행위를 방지하기 위하여 해당 업무에 관하여 상당한 주의와 감독을 게을리하지 아니한 경우에는 그러하지 아니하다.

법 제51조【과태료】① 삭제 〈2014.1.28.〉

② 다음 각 호의 어느 하나에 해당하는 자에게는 500만원 이하의 과태료를 부과한다.

1. 제18조의2 제4항 각 호를 위반하여 부당한 표시·광고를 한 자

1의2. 정당한 사유 없이 제18조의3 제2항의 요구에 따르지 아니하여 관련 자료를 제출하지 아니한 자

1의3. 정당한 사유 없이 제18조의3 제3항의 요구에 따르지 아니하여 필요한 조치를 하지 아니한 자

1의4. 제18조의4를 위반하여 중개의뢰인에게 본인이 중개보조원이라는 사실을 미리 알리지 아니한 사람 및 그가 소속된 개업공인중개사. 다만, 개업공인중개사가 그 위반행위를 방지하기 위하여 해당 업무에 관하여 상당한 주의와 감독을 게을리하지 아니한 경우는 제외한다.

1의5. 제24조 제3항을 위반하여 운영규정의 승인 또는 변경승인을 얻지 아니하거나 운영규정의 내용을 위반하여 부동산거래정보망을 운영한 자

1의6. 제25조 제1항을 위반하여 성실·정확하게 중개대상물의 확인·설명을 하지 아니하거나 설명의 근거자료를 제시하지 아니한 자

2. 삭제 〈2014.1.28.〉

3. 삭제 〈2014.1.28.〉

4. 삭제 〈2014.1.28.〉

5. 삭제 〈2014.1.28.〉

5의2. 제34조 제4항에 따른 연수교육을 정당한 사유 없이 받지 아니한 자

6. 제37조 제1항에 따른 보고, 자료의 제출, 조사 또는 검사를 거부·방해 또는 기피하거나 그 밖의 명령을 이행하지 아니하거나 거짓으로 보고 또는 자료제출을 한 거래정보사업자

7. 제42조 제5항을 위반하여 공제사업 운용실적을 공시하지 아니한 자

8. 제42조의4에 따른 공제업무의 개선명령을 이행하지 아니한 자

8의2. 제42조의5에 따른 임원에 대한 징계·해임의 요구를 이행하지 아니하거나 시정명령을 이행하지 아니한 자

9. 제42조의3 또는 제44조 제1항에 따른 보고, 자료의 제출, 조사 또는 검사를 거부·방해 또는 기피하거나 그 밖의 명령을 이행하지 아니하거나 거짓으로 보고 또는 자료제출을 한 자

10. 삭제 〈2014.1.28.〉

③ 다음 각 호의 어느 하나에 해당하는 자에게는 100만원 이하의 과태료를 부과한다.

1. 제17조를 위반하여 중개사무소등록증 등을 게시하지 아니한 자

2. 제18조 제1항 또는 제3항을 위반하여 사무소의 명칭에 '공인중개사사무소', '부동산중개'라는 문자를 사용하지 아니한 자 또는 옥외광고물에 성명을 표기하지 아니하거나 거짓으로 표기한 자

2의2. 제18조의2 제1항 또는 제2항을 위반하여 중개대상물의 중개에 관한 표시·광고를 한 자

3. 제20조 제1항을 위반하여 중개사무소의 이전신고를 하지 아니한 자

4. 제21조 제1항을 위반하여 휴업, 폐업, 휴업한 중개업의 재개 또는 휴업기간의 변경신고를 하지 아니한 자

5. 제30조 제5항을 위반하여 손해배상책임에 관한 사항을 설명하지 아니하거나 관계 증서의 사본 또는 관계 증서에 관한 전자문서를 교부하지 아니한 자

6. 제35조 제3항 또는 제4항을 위반하여 공인중개사자격증을 반납하지 아니하거나 공인중개사자격증을 반납할 수 없는 사유서를 제출하지 아니한 자 또는 거짓으로 공인중개사자격증을 반납할 수 없는 사유서를 제출한 자

7. 제38조 제4항을 위반하여 중개사무소등록증을 반납하지 아니한 자

④ 삭제 〈2014.1.28.〉

⑤ 제2항 및 제3항에 따른 과태료는 대통령령으로 정하는 바에 따라 다음 각 호의 자가 각각 부과·징수한다.

1. 제2항 제1호의2·제1호의3·제1호의5, 제6호부터 제8호까지, 제8호의2 및 제9호의 경우 : 국토교통부장관

2. 제2항 제5호의2 및 제3항 제6호의 경우 : 시·도지사

3. 삭제 〈2014.1.28.〉

4. 제2항 제1호·제1호의4·제1호의6, 제3항 제1호·제2호·제2호의2, 제3호부터 제5호까지 및 제7호의 경우 : 등록관청

제2절   행정형벌

• 24회 • 25회 • 26회 • 27회 • 28회 • 29회 • 31회 • 33회

행정형벌은 행정상의 의무를 위반함으로써 행정목적을 침해하는 행위를 한 자에게 법원이 징역형 또는 벌금형을 과하는 형벌을 말한다. 이 법에 위반하여 직접적으로 행정형벌이 과해지면 등록 등의 결격사유에 해당되어 일정기간 동안 중개업무에 종사할 수 없다.

1 3년 이하의 징역 또는 3천만원 이하의 벌금

다음의 어느 하나에 해당하는 자는 3년 이하의 징역 또는 3천만원 이하의 벌금에 처한다(법 제48조).

① 중개사무소의 개설등록을 하지 아니하고 중개업을 한 자

② 거짓이나 그 밖의 부정한 방법으로 중개사무소의 개설등록을 한 자

③ 관계 법령에서 양도·알선 등이 금지된 부동산의 분양·임대 등과 관련 있는 증서 등의 매매·교환 등을 중개하거나 그 매매를 업으로 하는 행위

④ 중개의뢰인과 직접 거래를 하거나 거래당사자 쌍방을 대리하는 행위

⑤ 탈세 등 관계 법령을 위반할 목적으로 소유권보존등기 또는 이전등기를 하지 아니한 부동산이나 관계 법령의 규정에 의하여 전매 등 권리의 변동이 제한된 부동산의 매매를 중개하는 등 부동산투기를 조장하는 행위

⑥ 부당한 이익을 얻거나 제3자에게 부당한 이익을 얻게 할 목적으로 거짓으로 거래가 완료된 것처럼 꾸미는 등 중개대상물의 시세에 부당한 영향을 주거나 줄 우려가 있는 행위

⑦ 단체를 구성하여 특정 중개대상물에 대하여 중개를 제한하거나 단체 구성원 이외의 자와 공동중개를 제한하는 행위

⑧ 안내문, 온라인 커뮤니티 등을 이용하여 특정 개업공인중개사등에 대한 중개의뢰를 제한하거나 제한을 유도하는 행위

⑨ 안내문, 온라인 커뮤니티 등을 이용하여 중개대상물에 대하여 시세보다 현저하게 높게 표시·광고 또는 중개하는 특정 개업공인중개사등에게만 중개의뢰를 하도록 유도함으로써 다른 개업공인중개사등을 부당하게 차별하는 행위

⑩ 안내문, 온라인 커뮤니티 등을 이용하여 특정 가격 이하로 중개를 의뢰하지 아니하도록 유도하는 행위

⑪ 정당한 사유 없이 개업공인중개사등의 중개대상물에 대한 정당한 표시·광고 행위를 방해하는 행위

⑫ 개업공인중개사등에게 중개대상물을 시세보다 현저하게 높게 표시·광고 하도록 강요하거나 대가를 약속하고 시세보다 현저하게 높게 표시·광고 하도록 유도하는 행위

2 1년 이하의 징역 또는 1천만원 이하의 벌금

다음의 어느 하나에 해당하는 자는 1년 이하의 징역 또는 1천만원 이하의 벌금에 처한다(법 제49조 제1항).

① 다른 사람에게 자기의 성명을 사용하여 중개업무를 하게 하거나 공인중개사자격증을 양도·대여한 자 또는 다른 사람의 공인중개사자격증을 양수·대여받은 자

② 누구든지 앞의 ①에서 금지한 행위를 알선한 자

③ 공인중개사가 아닌 자로서 공인중개사 또는 이와 유사한 명칭을 사용한 자

④ 이중으로 중개사무소의 개설등록을 하거나 둘 이상의 중개사무소에 소속된 자

⑤ 둘 이상의 중개사무소를 둔 자

⑥ 임시 중개시설물을 설치한 자

⑦ 개업공인중개사와 소속공인중개사를 합한 수의 5배를 초과하여 중개보조원을 고용한 경우

⑧ 개업공인중개사가 아닌 자로서 '공인중개사사무소', '부동산중개' 또는 이와 유사한 명칭을 사용한 자

⑨ 개업공인중개사가 아닌 자로서 중개업을 하기 위하여 중개대상물에 대한 표시·광고를 한 자

⑩ 다른 사람에게 자기의 성명 또는 상호를 사용하여 중개업무를 하게 하거나 중개사무소등록증을 다른 사람에게 양도·대여한 자 또는 다른 사람의 성명·상호를 사용하여 중개업무를 하거나 중개사무소등록증을 양수·대여받은 자

⑪ 누구든지 위 ⑩에서 금지한 행위를 알선한 자

⑫ 개업공인중개사로부터 공개를 의뢰받은 중개대상물의 정보에 한정하여 이를 부동산거래정보망에 공개하여야 하며, 의뢰받은 내용과 다르게 정보를 공개하거나 어떠한 방법으로든지 개업공인중개사에 따라 정보가 차별적으로 공개되도록 하여서는 아니 된다는 규정을 위반하여 정보를 공개한 거래정보사업자

⑬ 이 법 및 다른 법률에 특별한 규정이 있는 경우를 제외하고는 그 업무상 알게 된 비밀을 누설하여서는 아니 되며, 이 규정을 위반하여 업무상 비밀을 누설한 자(단, 이 규정에 위반한 자는 피해자의 명시한 의사에 반하여 벌하지 아니한다)

⑭ 중개대상물의 매매를 업으로 하는 자

⑮ 중개사무소의 개설등록을 하지 아니하고 중개업을 영위하는 자인 사실을 알면서 그를 통하여 중개를 의뢰받거나 그에게 자기의 명의를 이용하게 한 자

⑯ 사례·증여 그 밖의 어떠한 명목으로도 법정보수 또는 실비를 초과하여 금품을 받은 자

PART 1

O X 확 인 문 제

이동이 용이한 임시 중개시설물을 설치한 개업공인중개사는 1년 이하의 징역 또는 1천만원 이하의 벌금형에 해당한다. • 25회
( )

정답 (○)

O X 확 인 문 제

개업공인중개사로부터 공개를 의뢰받지 아니한 중개대상물의 정보를 부동산거래정보망에 공개한 거래정보사업자는 1년 이하의 징역 또는 1천만원 이하의 벌금형에 해당한다. • 28회 ( )

정답 (○)

O X 확 인 문 제

사례의 명목으로 보수 또는 실비를 초과하여 금품을 받는 행위는 3년 이하의 징역 또는 3천만원 이하의 벌금형에 해당한다.
• 26회 ( )

정답 (×)
사례의 명목으로 보수 또는 실비를 초과하여 금품을 받는 행위는 1년 이하의 징역 또는 1천만원 이하의 벌금형에 해당한다.

11 벌칙(행정벌)

⑰ 해당 중개대상물의 거래상의 중요사항에 관하여 거짓된 언행 그 밖의 방법으로 중개의뢰인의 판단을 그르치게 하는 자

3 양벌규정

1. 내 용

소속공인중개사·중개보조원 또는 개업공인중개사인 법인의 사원·임원이 중개업무에 관하여 이 법 제48조 또는 제49조의 규정에 해당하는 위반행위를 한 때에는 그 행위자를 벌하는 외에 그 개업공인중개사에 대하여도 해당 조에 규정된 벌금형을 과한다. 다만, 그 개업공인중개사가 그 위반행위를 방지하기 위하여 해당 업무에 관하여 상당한 주의와 감독을 게을리하지 아니한 경우에는 그러하지 아니하다(법 제50조). 이는 형사책임의 원칙인 자기책임주의에 대한 예외규정으로서 개업공인중개사의 직원에 대한 지도·감독상의 형사책임을 규정한 것이다.

2. 양벌규정 적용의 효과

고용인의 위법행위로 인하여 개업공인중개사가 받을 수 있는 형벌은 징역형이 아니라 벌금형이다. 특히 개업공인중개사에게 과해지는 벌금형이라는 것은 고용인과 동일한 법정 벌금형에 해당한다는 의미이지 선고형량이 같다는 것은 아니므로, 고용인의 벌금액과 개업공인중개사의 벌금액이 항상 동일한 것은 아니다. 등록 등 결격사유의 하나인 '이 법을 위반하여 300만원 이상의 벌금형의 선고를 받고 3년이 지나지 아니한 자'에 이 법 제50조 양벌규정으로 인하여 300만원 이상의 벌금형을 선고받은 개업공인중개사는 포함되지 아니하므로, 양벌규정으로 300만원 이상의 벌금형을 선고받은 개업공인중개사는 결격사유에 해당하지 아니한다. 따라서 이 경우 개업공인중개사는 벌금만 납부하면 되고 등록이 취소되지 않는다. 그 밖에 이 법에 의하여 징역형을 선고받아야 공인중개사의 자격이 취소되므로, 고용인 등의 업무상 위법행위로 인해 그를 고용한 개업공인중개사가 300만원 이상의 벌금형을 선고받더라도 개업공인중개사의 공인중개사 자격이 취소될 가능성은 전혀 없다.

O X 확 인 문 제

개업공인중개사가 양벌규정으로 인하여 300만원 이상의 벌금형을 선고받은 경우 결격사유에 해당하므로 등록이 취소되며, 이 경우 3년간 중개업에 종사할 수 없다. ( )

정답 (×)

개업공인중개사가 양벌규정으로 인하여 300만원 이상의 벌금형을 선고받은 경우 결격사유에 해당하지 않으므로 등록이 취소되는 일은 없다.

공인중개사법령상 3년 이하의 징역 또는 3천만원 이하의 벌금에 처해지는 개업공인중개사등의 행위가 <u>아닌</u> 것은? • 33회

① 관계 법령에서 양도가 금지된 부동산의 분양과 관련 있는 증서의 매매를 중개하는 행위
② 법정 중개보수를 초과하여 수수하는 행위
③ 중개의뢰인과 직접 거래를 하는 행위
④ 거래당사자 쌍방을 대리하는 행위
⑤ 단체를 구성하여 특정 중개대상물에 대하여 중개를 제한하는 행위

해설 ② 법정 중개보수를 초과하여 수수하는 행위는 1년 이하의 징역 또는 1천만원 이하의 벌금사유에 해당한다(법 제49조 제1항 제10호).

정답 ②

제3절 행정질서벌

• 24회 • 25회 • 26회 • 27회 • 28회 • 29회 • 30회 • 31회 • 34회

행정질서벌은 직접적으로 행정목적을 침해하는 데까지 이르지는 않고 단지 간접적으로 행정상 질서에 장애를 줄 위험성이 있는 행위에 대하여 행정청(국토교통부장관, 시·도지사, 등록관청)이 과태료를 부과하는 것이다.

1 500만원 이하의 과태료

다음의 어느 하나에 해당하는 위반행위를 한 자에 대하여 500만원 이하의 과태료를 부과한다(법 제51조 제2항).

(1) 개업공인중개사

① **개업공인중개사가 다음의 부당한 표시·광고행위를 한 경우**

> ㉠ 중개대상물이 존재하지 않아서 실제로 거래를 할 수 없는 중개대상물에 대한 표시·광고를 한 경우
> ㉡ 중개대상물의 가격 등 내용을 사실과 다르게 거짓으로 표시·광고하거나 사실을 과장되게 하는 표시·광고를 한 경우

O X 확 인 문 제

중개대상물의 가격 등 내용을 사실과 다르게 거짓으로 표시·광고하거나 사실을 과장되게 하는 표시·광고를 한 경우 100만원 이하의 과태료 사유에 해당한다. ( )

정답 (×)
500만원 이하의 과태료 사유에 해당한다.

ⓒ 그 밖에 표시·광고의 내용이 부동산거래질서를 해치거나 중개의뢰인에게 피해를 줄 우려가 있는 것으로서 다음에서 정하는 내용의 표시·광고를 한 경우

ⓐ 중개대상물이 존재하지만 실제로 중개의 대상이 될 수 없는 중개대상물에 대한 표시·광고

ⓑ 중개대상물이 존재하지만 실제로 중개할 의사가 없는 중개대상물에 대한 표시·광고

ⓒ 중개대상물의 입지조건, 생활여건, 가격 및 거래조건 등 중개대상물 선택에 중요한 영향을 미칠 수 있는 사실을 빠뜨리거나 은폐·축소하는 등의 방법으로 소비자를 속이는 표시·광고

② 개업공인중개사가 법 제25조 제1항을 위반하여 성실·정확하게 중개대상물의 확인·설명을 하지 아니하거나 설명의 근거자료를 제시하지 아니한 경우

(2) 정보통신서비스 제공자

① 국토교통부장관이 표시·광고가 관련 규정을 준수하였는지 여부를 모니터링하기 위하여 필요한 때에는 정보통신서비스 제공자에게 관련 자료의 제출을 요구할 수 있다. 이 경우 관련 자료의 제출을 요구받은 정보통신서비스 제공자가 정당한 사유 없이 요구에 따르지 아니하여 관련 자료를 제출하지 아니한 경우

② 국토교통부장관은 모니터링 결과에 따라 정보통신서비스 제공자에게 이 법 위반이 의심되는 표시·광고에 대한 확인 또는 추가정보의 게재 등 필요한 조치를 요구할 수 있다. 이 경우 필요한 조치를 요구받은 정보통신서비스 제공자가 정당한 사유 없이 요구에 따르지 아니하여 필요한 조치를 하지 아니한 경우

(3) 거래정보사업자

① 운영규정의 승인 또는 변경승인을 얻지 아니하거나 운영규정의 내용을 위반하여 부동산거래정보망을 운영한 경우

② 법 제37조 제1항에 따른 보고, 자료의 제출, 조사 또는 검사를 거부·방해 또는 기피하거나 그 밖의 명령을 이행하지 아니하거나 거짓으로 보고 또는 자료제출을 한 경우

(4) 협회

> ① 공제사업 운용실적을 공시하지 아니한 경우
> ② 공제업무의 개선명령을 이행하지 아니한 경우
> ③ 임원에 대한 징계·해임의 요구를 이행하지 아니하거나 시정명령을 이행하지 아니한 경우
> ④ 국토교통부장관의 요청이 있는 경우로서 금융감독원장의 공제사업에 관한 조사 또는 검사에 관한 규정을 위반한 경우
> ⑤ 법 제44조 제1항에 따른 보고, 자료의 제출, 조사 또는 검사를 거부·방해 또는 기피하거나 그 밖의 명령을 이행하지 아니하거나 거짓으로 보고 또는 자료제출을 한 경우

(5) 개업공인중개사, 소속공인중개사

실무교육을 받은 후 2년마다 시·도지사가 실시하는 연수교육을 받아야 한다는 규정을 위반한 경우

(6) 개업공인중개사, 중개보조원

중개의뢰인에게 본인이 중개보조원이라는 사실을 미리 알리지 아니한 사람 및 그가 소속된 개업공인중개사. 다만, 개업공인중개사가 그 위반행위를 방지하기 위하여 해당 업무에 관하여 상당한 주의와 감독을 게을리하지 아니한 경우는 제외한다.

2 100만원 이하의 과태료

다음의 어느 하나에 해당하는 자에게는 100만원 이하의 과태료를 부과한다 (법 제51조 제3항).

① 중개사무소등록증 등을 게시하지 아니한 자
② 사무소의 명칭에 '공인중개사사무소', '부동산중개'라는 문자를 사용하지 아니한 자 또는 옥외광고물에 성명을 표기하지 아니하거나 거짓으로 표기한 자
③ 개업공인중개사가 의뢰받은 중개대상물에 대하여 표시·광고를 하는 경우로서 중개사무소, 개업공인중개사에 관한 사항 등을 명시하여야 하며, 중개보조원에 관한 사항은 명시해서는 아니 된다는 규정을 위반하여 표시·광고한 경우

개업공인중개사가 인터넷을 이용하여 중개대상물에 대한 표시·광고를 하는 때에는 중개대상물의 종류별로 소재지, 면적, 가격 등의 사항을 명시하여야 한다는 규정을 위반하여 표시·광고한 경우 100만원 이하의 과태료 사유에 해당한다.　　(　)

정답 (○)

OX 확인문제

거래당사자에게 손해배상책임의 보장에 관한 사항을 설명하지 않은 경우 과태료의 부과권자는 시·도지사이다. • 27회　　(　)

정답 (×)

거래당사자에게 손해배상책임의 보장에 관한 사항을 설명하지 않은 경우 과태료의 부과권자는 등록관청이다.

OX 확인문제

개업공인중개사가 아닌 자로서 중개업을 하기 위하여 중개대상물에 대한 표시·광고를 한 자는 과태료 부과대상이 아니다. • 28회
　　(　)

정답 (○)

④ 개업공인중개사가 인터넷을 이용하여 중개대상물에 대한 표시·광고를 하는 때에는 중개대상물의 종류별로 소재지, 면적, 가격 등의 사항을 명시하여야 한다는 규정을 위반하여 표시·광고한 경우

⑤ 중개사무소의 이전신고를 하지 아니한 자

⑥ 휴업, 폐업, 휴업한 중개업의 재개 또는 휴업기간의 변경신고를 하지 아니한 자

⑦ 손해배상책임에 관한 사항을 설명하지 아니하거나 관계 증서의 사본 또는 관계 증서에 관한 전자문서를 교부하지 아니한 자

⑧ 공인중개사자격증을 반납하지 아니하거나 공인중개사자격증을 반납할 수 없는 사유서를 제출하지 아니한 자 또는 거짓으로 공인중개사자격증을 반납할 수 없는 사유서를 제출한 자

⑨ 중개사무소등록증을 반납하지 아니한 자

⑩ 법 제7638호 부칙 제6조 제2항에 규정된 개업공인중개사가 사무소의 명칭에 '공인중개사사무소'의 문자를 사용한 경우

■ 공인중개사법 시행령 [별표 2] 〈개정 2023.10.18.〉

과태료 부과기준(제38조 제1항 관련)

1. 일반기준

가. 부과권자는 다음의 어느 하나에 해당하는 경우에는 제2호의 개별기준에 따른 과태료 금액의 2분의 1 범위에서 그 금액을 줄일 수 있다.

1) 위반행위가 사소한 부주의나 오류 등 과실로 인한 것으로 인정되는 경우

2) 위반행위자가 법 위반행위를 시정하거나 해소하기 위하여 노력한 사실이 인정되는 경우

3) 그 밖에 위반행위의 정도, 동기와 그 결과 등을 고려하여 과태료 금액을 줄일 필요가 있다고 인정되는 경우

나. 부과권자는 다음의 어느 하나에 해당하는 경우에는 제2호의 개별기준에 따른 과태료의 2분의 1 범위에서 그 금액을 늘릴 수 있다. 다만, 법 제51조 제2항·제3항 및 법률 제7638호 부동산중개업법 전부개정법률 부칙 제6조 제5항에 따른 과태료 금액의 상한을 넘을 수 없다.

1) 위반행위의 내용·정도가 중대하여 소비자 등에게 미치는 피해가 크다고 인정되는 경우

2) 그 밖에 위반행위의 동기와 결과, 위반 정도 등을 고려하여 과태료 금액을 늘릴 필요가 있다고 인정되는 경우

2. 개별기준

위반행위	근거 법조문	과태료 금액
가. 법 제18조의2 제4항 각 호를 위반하여 부당한 표시·광고를 한 경우	법 제51조 제2항 제1호	
1) 중개대상물이 존재하지 않아서 실제로 거래를 할 수 없는 중개대상물에 대한 표시·광고를 한 경우		500만원
2) 중개대상물의 가격 등 내용을 사실과 다르게 거짓으로 표시·광고하거나 사실을 과장되게 하는 표시·광고를 한 경우		300만원
3) 중개대상물이 존재하지만 실제로 중개의 대상이 될 수 없는 중개대상물에 대한 표시·광고를 한 경우		400만원
4) 중개대상물이 존재하지만 실제로 중개할 의사가 없는 중개대상물에 대한 표시·광고를 한 경우		250만원
5) 중개대상물의 입지조건, 생활여건, 가격 및 거래조건 등 중개대상물 선택에 중요한 영향을 미칠 수 있는 사실을 빠트리거나 은폐·축소하는 등의 방법으로 소비자를 속이는 표시·광고를 한 경우		300만원

위반행위	근거 법조문	과태료 금액
나. 정당한 사유 없이 법 제18조의3 제2항의 요구에 따르지 않아 관련 자료를 제출하지 않은 경우	법 제51조 제2항 제1호의2	500만원
다. 정당한 사유 없이 법 제18조의3 제3항의 요구에 따르지 않아 필요한 조치를 하지 않은 경우	법 제51조 제2항 제1호의3	500만원
라. 법 제18조의4를 위반하여 중개의뢰인에게 본인이 중개보조원이라는 사실을 미리 알리지 않은 사람 및 그가 소속된 개업공인중개사. 다만, 개업공인중개사가 그 위반행위를 방지하기 위해 해당 업무에 관하여 상당한 주의와 감독을 게을리하지 않은 경우는 제외한다.	법 제51조 제2항 제1호의4	500만원
마. 법 제24조 제3항을 위반하여 운영규정의 승인 또는 변경승인을 얻지 않거나 운영규정의 내용을 위반하여 부동산거래정보망을 운영한 경우	법 제51조 제2항 제1호의5	400만원
바. 법 제25조 제1항을 위반하여 성실·정확하게 중개대상물의 확인·설명을 하지 않거나 설명의 근거자료를 제시하지 않은 경우	법 제51조 제2항 제1호의6	
1) 성실·정확하게 중개대상물의 확인·설명은 했으나 설명의 근거자료를 제시하지 않은 경우		250만원
2) 중개대상물 설명의 근거자료는 제시했으나 성실·정확하게 중개대상물의 확인·설명을 하지 않은 경우		250만원
3) 성실·정확하게 중개대상물의 확인·설명을 하지 않고, 설명의 근거자료를 제시하지 않은 경우		500만원
사. 법 제34조 제4항에 따른 연수교육을 정당한 사유 없이 받지 않은 경우	법 제51조 제2항 제5호의2	
1) 법 위반상태의 기간이 1개월 이내인 경우		20만원
2) 법 위반상태의 기간이 1개월 초과 3개월 이내인 경우		30만원
3) 법 위반상태의 기간이 3개월 초과 6개월 이내인 경우		50만원
4) 법 위반상태의 기간이 6개월 초과인 경우		100만원
아. 거래정보사업자가 법 제37조 제1항에 따른 보고, 자료의 제출, 조사 또는 검사를 거부·방해 또는 기피하거나 그 밖의 명령을 이행하지 않거나 거짓으로 보고 또는 자료제출을 한 경우	법 제51조 제2항 제6호	200만원
자. 법 제42조 제5항을 위반하여 공제사업 운용실적을 공시하지 않은 경우	법 제51조 제2항 제7호	300만원
차. 법 제42조의4에 따른 공제업무의 개선명령을 이행하지 않은 경우	법 제51조 제2항 제8호	400만원
카. 법 제42조의5에 따른 임원에 대한 징계·해임의 요구를 이행하지 않거나 시정명령을 이행하지 않은 경우	법 제51조 제2항 제8호의2	400만원
타. 법 제42조의3 또는 제44조 제1항에 따른 보고, 자료의 제출, 조사 또는 검사를 거부·방해 또는 기피하거나 그 밖의 명령을 이행하지 않거나 거짓으로 보고 또는 자료제출을 한 경우	법 제51조 제2항 제9호	200만원
파. 법 제17조를 위반하여 중개사무소등록증 등을 게시하지 않은 경우	법 제51조 제3항 제1호	30만원
하. 법 제18조 제1항 또는 제3항을 위반하여 사무소의 명칭에 '공인중개사사무소', '부동산중개'라는 문자를 사용하지 않은 경우 또는 옥외 광고물에 성명을 표기하지 않거나 거짓으로 표기한 경우	법 제51조 제3항 제2호	50만원
거. 법 제18조의2 제1항 또는 제2항을 위반하여 중개대상물의 중개에 관한 표시·광고를 한 경우	법 제51조 제3항 제2호의2	50만원
너. 법 제20조 제1항을 위반하여 중개사무소의 이전신고를 하지 않은 경우	법 제51조 제3항 제3호	30만원

더. 법 제21조 제1항을 위반하여 휴업, 폐업, 휴업한 중개업의 재개 또는 휴업기간의 변경 신고를 하지 않은 경우	법 제51조 제3항 제4호	20만원
러. 법 제30조 제5항을 위반하여 손해배상책임에 관한 사항을 설명하지 않거나 관계 증서의 사본 또는 관계 증서에 관한 전자문서를 교부하지 않은 경우	법 제51조 제3항 제5호	30만원
머. 법 제35조 제3항 또는 제4항을 위반하여 공인중개사자격증을 반납하지 않거나 공인중개사자격증을 반납할 수 없는 사유서를 제출하지 않은 경우 또는 거짓으로 공인중개사자격증을 반납할 수 없는 사유서를 제출한 경우	법 제51조 제3항 제6호	30만원
버. 법 제38조 제4항을 위반하여 중개사무소등록증을 반납하지 않은 경우	법 제51조 제3항 제7호	50만원
서. 법률 제7638호 부동산중개업법 전부개정법률 부칙 제6조 제3항을 위반하여 사무소의 명칭에 '공인중개사사무소'의 문자를 사용한 경우	법률 제7638호 부동산중개업법 전부개정법률 부칙 제6조 제5항	50만원

01 공인중개사법령상 규정 위반으로 과태료가 부과되는 경우 과태료 부과 기준에서 정하는 금액이 가장 적은 경우는? ·34회

① 휴업한 중개업의 재개신고를 하지 않은 경우
② 중개사무소등록증을 게시하지 않은 경우
③ 중개사무소의 이전신고를 하지 않은 경우
④ 연수교육을 정당한 사유 없이 받지 않은 기간이 50일인 경우
⑤ 손해배상책임의 보장에 관한 사항을 설명하지 않은 경우

해설 ① ①은 20만원의 과태료를 부과하고, 나머지는 30만원의 과태료를 부과한다. 「공인중개사법 시행령」 [별표 2]에 의하면 과태료금액은 다음과 같다.

> 1. 휴업한 중개업의 재개신고를 하지 않은 경우 : 20만원
> 2. 중개사무소등록증을 게시하지 않은 경우 : 30만원
> 3. 중개사무소의 이전신고를 하지 않은 경우 : 30만원
> 4. 연수교육을 정당한 사유 없이 받지 않은 기간이 50일인 경우 : 30만원
> 5. 손해배상책임의 보장에 관한 사항을 설명하지 않은 경우 : 30만원

정답 ①

02 공인중개사법령상 개업공인중개사의 행위 중 과태료 부과대상이 <u>아닌</u> 것은? ·32회

① 중개대상물의 거래상의 중요사항에 관해 거짓된 언행으로 중개의뢰인의 판단을 그르치게 한 경우
② 휴업신고에 따라 휴업한 중개업을 재개하면서 등록관청에 그 사실을 신고하지 않은 경우
③ 중개대상물에 관한 권리를 취득하려는 중개의뢰인에게 해당 중개대상물의 권리관계를 성실·정확하게 확인·설명하지 않은 경우
④ 인터넷을 이용하여 중개대상물에 대한 표시·광고를 하면서 중개대상물의 종류별로 가격 및 거래형태를 명시하지 않은 경우
⑤ 연수교육을 정당한 사유 없이 받지 않은 경우

해설 ① 중개대상물의 거래상의 중요사항에 관해 거짓된 언행으로 중개의뢰인의 판단을 그르치게 한 경우 「공인중개사법」 제38조 제2항 제9호에 해당하므로 상대적 등록취소사유에 해당한다.
　② 휴업신고에 따라 휴업한 중개업을 재개하면서 등록관청에 그 사실을 신고하지 않은 경우 ⇨ 100만원 이하의 과태료
　③ 중개대상물에 관한 권리를 취득하려는 중개의뢰인에게 해당 중개대상물의 권리관계를 성실·정확하게 확인·설명하지 않은 경우 ⇨ 500만원 이하의 과태료
　④ 인터넷을 이용하여 중개대상물에 대한 표시·광고를 하면서 중개대상물의 종류별로 가격 및 거래형태를 명시하지 않은 경우 ⇨ 100만원 이하의 과태료
　⑤ 연수교육을 정당한 사유 없이 받지 않은 경우 ⇨ 500만원 이하의 과태료

정답 ①

❶ 안내문, 온라인 커뮤니티 등을 이용하여 특정 개업공인중개사등에 대한 중개의뢰를 제한하거나 제한을 유도하는 행위는 (   ) 이하의 징역 또는 (   ) 이하의 벌금형의 대상이다.

❷ 중개의뢰인과 (   )를 하거나 거래당사자 쌍방을 대리하는 행위를 한 자는 3년 이하의 징역 또는 3천만원 이하의 벌금형에 처한다.

❸ 개업공인중개사등에게 중개대상물을 시세보다 현저하게 높게 표시·광고하도록 강요하거나 대가를 약속하고 시세보다 현저하게 높게 표시·광고하도록 유도하는 행위는 (   ) 이하의 징역 또는 (   ) 이하의 벌금형에 해당한다.

❹ 개업공인중개사가 개업공인중개사와 소속공인중개사를 합한 수의 5배를 초과하여 중개보조원을 고용한 경우 (   ) 이하의 징역 또는 (   ) 이하의 벌금형에 해당한다.

❺ 중개사무소의 개설등록을 하지 아니하고 중개업을 영위하는 자인 사실을 알면서 그를 통하여 중개를 의뢰받거나 그에게 자기의 명의를 이용하게 하는 행위를 한 자는 (   ) 이하의 징역 또는 (   ) 이하의 벌금형에 해당한다.

❻ 공인중개사협회가 임원에 대한 징계·해임의 요구를 이행하지 아니하거나 시정명령을 이행하지 아니한 경우 (   ) 이하의 과태료 사유에 해당한다.

❼ 중개의뢰인에게 본인이 중개보조원이라는 사실을 미리 알리지 아니한 사람 및 그가 소속된 개업공인중개사는 (   ) 이하의 과태료 사유에 해당한다.

❽ 개업공인중개사 및 소속공인중개사가 실무교육을 받은 후 2년마다 시·도지사가 실시하는 (   )을 받아야 한다는 규정을 위반한 경우 500만원 이하의 과태료 사유에 해당한다.

❾ 공인중개사자격증을 반납하지 아니하거나 공인중개사자격증을 반납할 수 없는 사유서를 제출하지 아니한 자 또는 거짓으로 공인중개사자격증을 반납할 수 없는 사유서를 제출한 자에 대한 과태료 부과권자는 (   )이다.

❿ 개업공인중개사가 의뢰받은 중개대상물에 대하여 표시·광고를 하는 경우로서 중개사무소, 개업공인중개사에 관한 사항 등을 명시하여야 하며, 중개보조원에 관한 사항은 명시해서는 아니 된다는 규정을 위반하여 표시·광고한 경우 (   ) 이하의 과태료 사유에 해당한다.

| 정답 | **1** 3년, 3천만원   **2** 직접 거래   **3** 3년, 3천만원   **4** 1년, 1천만원   **5** 1년, 1천만원   **6** 500만원 |
| | **7** 500만원   **8** 연수교육   **9** 시·도지사   **10** 100만원 |

12 | 부동산 거래신고 등에 관한 법률

▌10개년 출제문항 수

25회	26회	27회	28회	29회
2	3	3	5	4

30회	31회	32회	33회	34회
7	5	6	9	8

└▸ 총 40문제 中 평균 약 5.2문제 출제

▌학습전략

• 부동산 거래신고, 주택 임대차계약 신고, 외국인등의 부동산 취득 규정, 토지거래허가구역에 관해 학습하여야 합니다.

• 각 내용의 신고대상, 신고기간, 제재 등에 관해 학습하여야 합니다.

제1절 총 칙

• 24회 • 25회 • 26회 • 27회 • 28회 • 29회 • 30회 • 31회 • 32회

> **법 제1조【목적】** 이 법은 부동산 거래 등의 신고 및 허가에 관한 사항을 정하여 건전하고 투명한 부동산 거래질서를 확립하고 국민경제에 이바지함을 목적으로 한다.
>
> **법 제2조【정의】** 이 법에서 사용하는 용어의 뜻은 다음과 같다.
> 1. '부동산'이란 토지 또는 건축물을 말한다.
> 2. '부동산등'이란 부동산 또는 부동산을 취득할 수 있는 권리를 말한다.
> 3. '거래당사자'란 부동산등의 매수인과 매도인을 말하며, 제4호에 따른 외국인등을 포함한다.
> 3의2. '임대차계약당사자'란 부동산등의 임대인과 임차인을 말하며, 제4호에 따른 외국인등을 포함한다.
> 4. '외국인등'이란 다음 각 목의 어느 하나에 해당하는 개인·법인 또는 단체를 말한다.
>   가. 대한민국의 국적을 보유하고 있지 아니한 개인
>   나. 외국의 법령에 따라 설립된 법인 또는 단체
>   다. 사원 또는 구성원의 2분의 1 이상이 가목에 해당하는 자인 법인 또는 단체
>   라. 업무를 집행하는 사원이나 이사 등 임원의 2분의 1 이상이 가목에 해당하는 자인 법인 또는 단체
>   마. 가목에 해당하는 사람이나 나목에 해당하는 법인 또는 단체가 자본금의 2분의 1 이상이나 의결권의 2분의 1 이상을 가지고 있는 법인 또는 단체
>   바. 외국 정부
>   사. 대통령령으로 정하는 국제기구

1. 제정목적

이 법은 부동산 거래 등의 신고 및 허가에 관한 사항을 정하여 건전하고 투명한 부동산 거래질서를 확립하고 국민경제에 이바지함을 목적으로 한다.

2. 용어의 정의

이 법에서 사용하는 용어의 뜻은 다음과 같다.

(1) 부동산

토지 또는 건축물을 말한다.

(2) 부동산등

부동산 또는 부동산을 취득할 수 있는 권리를 말한다.

(3) 거래당사자

부동산등의 매수인과 매도인을 말하며, 외국인등을 포함한다.

(4) 임대차계약당사자

부동산등의 임대인과 임차인을 말하며, 외국인등을 포함한다.

(5) 외국인등

다음의 어느 하나에 해당하는 개인·법인 또는 단체를 말한다.

① 대한민국의 국적을 보유하고 있지 아니한 개인
② 외국의 법령에 따라 설립된 법인 또는 단체
③ 사원 또는 구성원의 2분의 1 이상이 대한민국의 국적을 보유하고 있지 아니한 법인 또는 단체
④ 업무를 집행하는 사원이나 이사 등 임원의 2분의 1 이상이 대한민국의 국적을 보유하고 있지 아니한 법인 또는 단체
⑤ 대한민국의 국적을 보유하고 있지 아니한 사람이나 외국의 법령에 따라 설립된 법인 또는 단체가 자본금의 2분의 1 이상이나 의결권의 2분의 1 이상을 가지고 있는 법인 또는 단체
⑥ 외국 정부
⑦ 대통령령으로 정하는 국제기구
 ㉠ 국제연합과 그 산하기구·전문기구
 ㉡ 정부 간 기구
 ㉢ 준정부 간 기구
 ㉣ 비정부 간 국제기구

• 26회 • 28회 • 29회 • 31회 • 32회 • 33회 • 34회

법 제3조【부동산 거래의 신고】 ① 거래당사자는 다음 각 호의 어느 하나에 해당하는 계약을 체결한 경우 그 실제 거래가격 등 대통령령으로 정하는 사항을 거래계약의 체결일부터 30일 이내에 그 권리의 대상인 부동산등(권리에 관한 계약의 경우에는 그 권리의 대상인 부동산을 말한다)의 소재지를 관할하는 시장(구가 설치되지 아니한 시의 시장 및 특별자치시장과 특별자치도 행정시의 시장을 말한다)·군수 또는 구청장(이하 '신고관청'이라 한다)에게 공동으로 신고하여야 한다. 다만, 거래당사자 중 일방이 국가, 지방자치단체, 대통령령으로 정하는 자의 경우(이하 '국가등'이라 한다)에는 국가등이 신고를 하여야 한다.

1. 부동산의 매매계약
2. 「택지개발촉진법」, 「주택법」 등 대통령령으로 정하는 법률에 따른 부동산에 대한 공급계약
3. 다음 각 목의 어느 하나에 해당하는 지위의 매매계약
   가. 제2호에 따른 계약을 통하여 부동산을 공급받는 자로 선정된 지위
   나. 「도시 및 주거환경정비법」 제74조에 따른 관리처분계획의 인가 및 「빈집 및 소규모주택 정비에 관한 특례법」 제29조에 따른 사업시행계획인가로 취득한 입주자로 선정된 지위

② 제1항에도 불구하고 거래당사자 중 일방이 신고를 거부하는 경우에는 국토교통부령으로 정하는 바에 따라 단독으로 신고할 수 있다.

③ 「공인중개사법」 제2조 제4호에 따른 개업공인중개사(이하 '개업공인중개사'라 한다)가 같은 법 제26조 제1항에 따라 거래계약서를 작성·교부한 경우에는 제1항에도 불구하고 해당 개업공인중개사가 같은 항에 따른 신고를 하여야 한다. 이 경우 공동으로 중개를 한 경우에는 해당 개업공인중개사가 공동으로 신고하여야 한다.

④ 제3항에도 불구하고 개업공인중개사 중 일방이 신고를 거부한 경우에는 제2항을 준용한다.

⑤ 제1항부터 제4항까지에 따라 신고를 받은 신고관청은 그 신고내용을 확인한 후 신고인에게 신고필증을 지체 없이 발급하여야 한다.

⑥ 부동산 등의 매수인은 신고인이 제5항에 따른 신고필증을 발급받은 때에 「부동산 등기 특별조치법」 제3조 제1항에 따른 검인을 받은 것으로 본다.

⑦ 제1항부터 제6항까지에 따른 신고의 절차와 그 밖에 필요한 사항은 국토교통부령으로 정한다.

1. 신고의무자 및 신고대상

(1) 신고의무자

① 거래당사자는 아래 **(2)**의 어느 하나에 해당하는 계약을 체결한 경우 그 실제 거래가격 등 대통령령으로 정하는 사항을 거래계약의 체결일부터 30일 이내에 그 권리의 대상인 **부동산등**(권리에 관한 계약의 경우에는 그 권리의 대상인 부동산을 말한다)의 소재지를 **관할하는 시장**(구가 설치되지 아니한 시의 시장 및 특별자치시장과 특별자치도 행정시의 시장을 말한다)·**군수 또는 구청장**(이하 '신고관청'이라 한다)에게 공동으로 신고하여야 한다. 다만, 거래당사자 중 일방이 국가, 지방자치단체, 「공공기관의 운영에 관한 법률」에 따른 공공기관, 「지방공기업법」에 따른 지방직영기업·지방공사 또는 지방공단의 경우(이하 '국가등'이라 한다)에는 국가등이 신고를 하여야 한다.

② 부동산거래계약을 체결하고 해당 거래계약을 신고하려는 거래당사자는 부동산거래계약 신고서에 공동으로 서명 또는 날인하여 신고관청에 제출하여야 한다.

(2) 부동산 거래신고대상인 계약

① 부동산의 매매계약
② 「택지개발촉진법」, 「주택법」 등 다음의 법률에 따른 부동산에 대한 공급계약
  ㉠ 「건축물의 분양에 관한 법률」
  ㉡ 「공공주택 특별법」
  ㉢ 「도시개발법」
  ㉣ 「도시 및 주거환경정비법」
  ㉤ 「빈집 및 소규모주택 정비에 관한 특례법」
  ㉥ 「산업입지 및 개발에 관한 법률」
  ㉦ 「주택법」
  ㉧ 「택지개발촉진법」
③ 다음의 어느 하나에 해당하는 지위의 매매계약
  ㉠ 「택지개발촉진법」, 「주택법」 등에 따른 부동산에 대한 공급계약을 통하여 부동산을 공급받는 자로 선정된 지위
  ㉡ 「도시 및 주거환경정비법」에 따른 관리처분계획의 인가 및 「빈집 및 소규모주택 정비에 관한 특례법」에 따른 사업시행계획인가로 취득한 입주자로 선정된 지위

2. 부동산 거래신고사항

(1) 공통 신고사항

① 거래당사자의 인적사항
② 계약 체결일, 중도금 지급일 및 잔금 지급일
③ 거래대상 부동산등(부동산을 취득할 수 있는 권리에 관한 계약의 경우에는 그 권리의 대상인 부동산을 말한다)의 소재지·지번·지목 및 면적
④ 거래대상 부동산등의 종류(부동산을 취득할 수 있는 권리에 관한 계약의 경우에는 그 권리의 종류를 말한다)
⑤ 실제 거래가격
⑥ 계약의 조건이나 기한이 있는 경우에는 그 조건 또는 기한
⑦ 매수인이 국내에 주소 또는 거소(잔금 지급일부터 60일을 초과하여 거주하는 장소를 말한다)를 두지 않을 경우(매수인이 외국인인 경우로서 출입국관리법 제31조에 따른 외국인등록을 하거나 재외동포의 출입국과 법적 지위에 관한 법률 제6조에 따른 국내거소신고를 한 경우에는 그 체류기간 만료일이 잔금 지급일부터 60일 이내인 경우를 포함한다)에는 위탁관리인의 인적사항
⑧ 개업공인중개사가 거래계약서를 작성·교부한 경우에는 다음의 사항
　㉠ 개업공인중개사의 인적사항
　㉡ 개업공인중개사가 「공인중개사법」 제9조에 따라 개설등록한 중개사무소의 상호·전화번호 및 소재지

(2) 법인이 주택의 거래계약을 체결하는 경우

① **법인의 현황에 관한 다음의 사항**(거래당사자 중 국가등이 포함되어 있거나 거래계약이 택지개발촉진법, 주택법 등 대통령령으로 정하는 법률에 따른 부동산에 대한 공급계약 또는 택지개발촉진법, 주택법 등 대통령령으로 정하는 법률에 따른 계약을 통하여 부동산을 공급받는 자로 선정된 지위에 해당하는 경우는 제외)

　㉠ 법인의 등기현황
　㉡ 법인과 거래상대방 간의 관계가 다음의 어느 하나에 해당하는지 여부
　　ⓐ **거래상대방이 개인인 경우** : 그 개인이 해당 법인의 임원이거나 법인의 임원과 친족관계가 있는 경우
　　ⓑ **거래상대방이 법인인 경우** : 거래당사자인 매도법인과 매수법인의 임원 중 같은 사람이 있거나 거래당사자인 매도법인과 매수법인의 임원간 친족관계가 있는 경우

➕ 법인이 법인의 현황에 관한 위의 내용을 신고해야 하는 경우에는 부동산거래계약 신고서를 제출할 때 법인 주택거래계약 신고서(이하 '법인 신고서'라 한다)를 신고관청에 함께 제출해야 한다.

② **주택 취득 목적 및 취득 자금 등에 관한 다음의 사항**(법인이 주택의 매수자인 경우만 해당)

> ㉠ 거래대상인 주택의 취득목적
> ㉡ 거래대상 주택의 취득에 필요한 자금의 조달계획 및 지급방식. 이 경우 투기과열지구에 소재하는 주택의 거래계약을 체결한 경우에는 자금의 조달계획을 증명하는 서류로서 국토교통부령으로 정하는 서류를 첨부해야 한다.
> ㉢ 임대 등 거래대상 주택의 이용계획

(3) 법인 외의 자가 실제 거래가격이 6억원 이상인 주택을 매수하거나 투기과열지구 또는 조정대상지역에 소재하는 주택을 매수하는 경우(매수인 중 국가등이 포함되어 있는 경우는 제외)

> ① 거래대상 주택의 취득에 필요한 자금의 조달계획 및 지급방식. 이 경우 투기과열지구에 소재하는 주택의 거래계약을 체결한 경우 매수자는 자금의 조달계획을 증명하는 서류로서 국토교통부령으로 정하는 서류를 첨부해야 한다.
> ② 거래대상 주택에 매수자 본인이 입주할지 여부, 입주 예정 시기 등 거래대상 주택의 이용계획

(4) 법인이 주택을 매수하여 자금조달계획 등을 신고하는 경우 또는 법인 외의 자가 위 **(3)**에 따른 주택을 매수하여 자금조달계획 등을 신고해야 하는 경우에는 신고서를 제출할 때 매수인이 단독으로 서명 또는 날인한 자금조달·입주계획서를 신고관청에 함께 제출해야 한다. 이 경우 투기과열지구에 소재하는 주택거래계약을 체결하는 경우에는 자금조달·입주계획서에 다음의 서류를 첨부해야 한다.

> **➕보충** **자금조달·입주계획서에 첨부하여야 하는 서류**
>
> 위 **(2)**의 ②의 ㉡, **(3)**의 ①에서 국토교통부령으로 정하는 서류란 다음의 서류를 말한다. 이 경우 자금조달·입주계획서의 제출일을 기준으로 주택취득에 필요한 자금의 대출이 실행되지 않았거나 본인 소유 부동산의 매매계약이 체결되지 않은 경우 등 항목별 금액 증명이 어려운 경우에는 그 사유서를 첨부해야 한다.
> 1. 자금조달·입주계획서에 **금융기관 예금액** 항목을 적은 경우 : 예금잔액증명서 등 예금금액을 증명할 수 있는 서류
> 2. 자금조달·입주계획서에 **주식·채권 매각대금** 항목을 적은 경우 : 주식거래내역서 또는 예금잔액증명서 등 주식·채권 매각금액을 증명할 수 있는 서류
> 3. 자금조달·입주계획서에 **증여·상속** 항목을 적은 경우 : 증여세·상속세 신고서 또는 납세증명서 등 증여 또는 상속받은 금액을 증명할 수 있는 서류

4. 자금조달·입주계획서에 현금 등 그 밖의 자금 항목을 적은 경우 : 소득금액 증명원 또는 근로소득 원천징수영수증 등 소득을 증명할 수 있는 서류
5. 자금조달·입주계획서에 부동산 처분대금 등 항목을 적은 경우 : 부동산 매매계약서 또는 부동산 임대차계약서 등 부동산 처분 등에 따른 금액을 증명할 수 있는 서류
6. 자금조달·입주계획서에 금융기관 대출액 합계 항목을 적은 경우 : 금융거래 확인서, 부채증명서 또는 금융기관 대출신청서 등 금융기관으로부터 대출받은 금액을 증명할 수 있는 서류
7. 자금조달·입주계획서에 임대보증금 항목을 적은 경우 : 부동산 임대차계약서
8. 자금조달·입주계획서에 회사지원금·사채 또는 그 밖의 차입금 항목을 적은 경우 : 금전을 빌린 사실과 그 금액을 확인할 수 있는 서류

➕ 〈비고〉
1. '개업공인중개사'란 「공인중개사법」 제2조 제4호의 개업공인중개사를 말한다.
2. '위탁관리인'이란 법 제6조에 따른 신고내용의 조사와 관련하여 국토교통부장관 또는 신고관청이 발송하는 서류의 수령을 매수인으로부터 위탁받은 사람을 말한다.
3. '법인'이란 「부동산등기법」 제49조 제1항 제2호의 부동산등기용등록번호를 부여 받은 법인으로 「상법」에 따른 법인을 말한다.
4. '주택'이란 「건축법 시행령」 별표 1 제1호 또는 제2호의 단독주택 또는 공동주택 (공관 및 기숙사는 제외한다)을 말하며, 단독주택 또는 공동주택을 취득할 수 있는 권리에 관한 계약의 경우에는 그 권리를 포함한다.
5. '국가등'이란 법 제3조 제1항 단서의 국가등을 말한다.
6. '친족관계'란 「국세기본법」 제2조 제20호 가목의 친족관계를 말한다.
7. '투기과열지구'란 「주택법」 제63조에 따라 지정된 투기과열지구를 말한다.
8. '조정대상지역'이란 「주택법」 제63조의2에 따라 지정된 조정대상지역을 말한다.
9. '수도권등'이란 「수도권정비계획법」에 따른 수도권, 광역시(인천광역시는 제외한다) 및 세종특별자치시를 말한다.
10. 부동산 거래를 신고하기 전에 부동산 거래대금이 모두 지급된 경우에는 별표 1 제2호부터 제5호까지의 규정에 따른 자금의 조달계획은 자금의 조달방법으로 한다.
11. 다음의 토지거래는 별표 1 제4호 및 제5호의 적용대상에서 제외한다.
① 매수인이 국가등이거나 매수인에 국가등이 포함되어 있는 토지거래
② 법 제11조 제1항에 따라 허가를 받아야 하는 토지거래
12. 별표 1 제4호 및 제5호에 따른 거래가격의 산정방법은 다음과 같다.
① 1회의 토지거래계약으로 매수하는 토지가 둘 이상인 경우에는 매수한 각각의 토지가격을 모두 합산할 것
② 신고대상 토지거래계약 체결일부터 역산하여 1년 이내에 매수한 다른 토지 (신고대상 토지거래계약에 따라 매수한 토지와 서로 맞닿은 토지로 한정하며, 신고대상 토지거래계약에 따라 토지를 지분으로 매수한 경우에는 해당 토지의 나머지 지분과 그 토지와 서로 맞닿은 토지나 토지의 지분으로 한다. 이하 이 목에서 같다)가 있는 경우에는 그 토지가격을 거래가격에 합산할 것. 다만, 토지거래계약 체결일부터 역산하여 1년 이내에 매수한 다른 토지에 대한 거래신고를 한 때 별표 1 제4호 및 제5호의 신고사항을 제출한 경우에는 합산하지 않는다.
③ 「건축법」 제22조 제2항에 따른 사용승인을 받은 건축물이 소재하는 필지(筆地)가격은 거래가격에서 제외할 것

■: 주택 매수 시 – 자금조달계획서 및 입주계획서

```
1. 자금계획서, 입주계획서 ⇨ ┌ 규제지역(투기·조정) ⇨ 모든 거래(개인, 법인)
                          └ 비규제지역 ⇨ ┌ 개인 ⇨ 6억원 이상
                                         └ 법인 ⇨ 모든 거래
2. 자금조달 증빙서류 ⇨ 투기과열지구 ⇨ 모든 거래(개인, 법인)
```

(5) 토지를 매수하는 경우

실제 거래가격이 수도권 등에 소재하는 토지의 경우 1억원 이상, 수도권 등 이외의 지역에 소재하는 토지의 경우 6억원 이상인 토지를 매수하는 경우(매수인이 국가등이거나 매수인에 국가등이 포함되어 있는 토지거래, 토지거래허가를 받아야 하는 토지거래는 제외한다) 다음의 내용을 신고하여야 한다.

① 거래대상 토지의 취득에 필요한 자금의 조달계획
② 거래대상 토지의 이용계획

(6) 토지를 지분으로 매수하는 경우

수도권 등에 소재하는 토지를 지분으로 매수하는 경우 모든 거래, 수도권 등 이외의 지역에 소재하는 토지의 경우 실제 거래가격이 6억원 이상인 토지를 지분으로 매수하는 경우(매수인이 국가등이거나 매수인에 국가등이 포함되어 있는 토지거래, 토지거래허가를 받아야 하는 토지거래는 제외한다) 다음의 내용을 신고하여야 한다.

① 거래대상 토지의 취득에 필요한 자금의 조달계획
② 거래대상 토지의 이용계획

■: 토지 – 자금조달 및 토지이용계획서

```
1. 토지매수 ⇨ ┌ 수도권 등에 소재하는 토지 ⇨ 1억원 이상
             └ 수도권 등 외의 지역에 소재하는 토지 ⇨ 6억원 이상
2. 토지지분매수 ⇨ ┌ 수도권 등에 소재하는 토지 ⇨ 모든 거래
                 └ 수도권 등 외의 지역에 소재하는 토지 ⇨ 6억원 이상
```

(7) 자금의 조달계획 및 토지의 이용계획을 신고해야 하는 경우에는 신고서를 제출할 때 매수인이 단독으로 서명 또는 날인한 토지취득자금 조달 및 토지이용계획서(이하 '자금조달·토지이용계획서'라 한다)를 신고관청에 함께 제출해야 한다.

(8) 법인신고서 등의 별도 제출

법인 또는 매수인이 법인신고서, 자금조달·입주계획서, 투기과열지구에 소재하는 주택이므로 자금조달·입주계획서에 첨부되는 증명서류 또는 금액증명이 어려운 경우 첨부되는 사유서 및 자금조달·토지이용계획서(이하 '법인신고서등'이라 한다)를 부동산거래계약 신고서와 분리하여 제출하기를 희망하는 경우 법인 또는 매수인은 법인신고서등을 거래계약의 체결일부터 30일 이내에 별도로 제출할 수 있다.

(9) 법인 또는 매수인 외의 자가 법인신고서 등을 제출하는 경우

부동산거래계약을 신고하려는 자 중 법인 또는 매수인 외의 자가 법인신고서등을 제출하는 경우 법인 또는 매수인은 부동산거래계약을 신고하려는 자에게 거래계약의 체결일부터 25일 이내에 법인신고서등을 제공해야 하며, 이 기간 내에 제공하지 않은 경우에는 법인 또는 매수인이 별도로 법인신고서 또는 자금조달·입주계획서를 제출해야 한다.

(10) 매수인의 외국인등록 사실증명, 국내거소신고 사실증명

매수인이 「출입국관리법」에 따른 외국인등록을 하였거나 「재외동포의 출입국과 법적 지위에 관한 법률」에 따른 국내거소신고를 한 경우에는 제신고서를 제출할 때 「출입국관리법 시행규칙」의 서식인 외국인등록 사실증명 또는 「재외동포의 출입국과 법적 지위에 관한 법률 시행규칙」의 서식인 국내거소신고 사실증명을 신고관청에 함께 제출해야 한다.

(11) 증명서의 제시

신고 또는 제출을 하려는 사람은 주민등록증, 운전면허증, 여권 등 본인의 신분을 증명할 수 있는 증명서(이하 '신분증명서'라 한다)를 신고관청에 보여 줘야 한다.

(12) 신고필증의 발급

신고관청은 부동산거래계약 신고서(법인신고서등을 제출해야 하는 경우에는 법인신고서등을 포함한다)가 제출된 때에 부동산거래계약 신고필증(이하 '부동산거래 신고필증'이라 한다)을 발급한다.

(13) 신고서 제출 간주

부동산거래계약 관련 정보시스템(이하 '부동산거래계약시스템'이라 한다)을 통하여 부동산거래계약을 체결한 경우에는 부동산거래계약이 체결된 때에 부동산거래계약 신고서를 제출한 것으로 본다.

3. 신고방법 및 절차

(1) 거래당사자 간 직접 거래한 경우

① 거래당사자가 공동으로 신고하여야 하나, 거래당사자 중 일방이 신고를 거부하는 경우에는 단독으로 신고할 수 있다.

② 거래당사자 중 일방이 신고를 거부하는 경우 부동산거래계약을 신고하려는 자는 부동산거래계약 신고서에 단독으로 서명 또는 날인한 후 다음의 서류를 첨부하여 신고관청에 제출해야 한다. 이 경우 신고관청은 단독신고 사유에 해당하는지 여부를 확인해야 한다.

> ㉠ 부동산거래계약서 사본
> ㉡ 단독신고사유서

③ 단독으로 부동산거래계약을 신고하려는 국가등은 부동산거래계약 신고서에 단독으로 서명 또는 날인하여 신고관청에 제출해야 한다.

(2) 개업공인중개사의 중개로 거래한 경우

① 「공인중개사법」에 따른 개업공인중개사가 거래계약서를 작성·교부한 경우에는 해당 개업공인중개사가 신고를 하여야 한다. 이 경우 공동으로 중개를 한 경우에는 해당 개업공인중개사가 공동으로 신고하여야 한다.

② 부동산거래계약을 신고하려는 개업공인중개사는 부동산거래계약 신고서에 서명 또는 날인하여 신고관청에 제출하여야 한다. 이 경우 공동으로 중개를 한 경우에는 해당 개업공인중개사가 공동으로 서명 또는 날인하여야 한다.

③ 공동으로 중개한 경우 개업공인중개사가 공동으로 신고를 하여야 하지만 일방이 신고를 거부한 경우에는 위 **(1)**의 ② 내용을 준용한다.

(3) 신고필증의 교부

신고를 받은 신고관청은 그 신고내용을 확인한 후 신고인에게 신고필증을 지체 없이 발급하여야 한다.

(4) 검인의 의제

부동산등의 매수인은 신고인이 신고필증을 발급받은 때에 「부동산등기 특별조치법」 제3조 제1항에 따른 검인을 받은 것으로 본다.

부동산거래계약 신고서

※ 뒤쪽의 유의사항·작성방법을 읽고 작성하시기 바라며, [ ]에는 해당하는 곳에 ∨표를 합니다. (앞쪽)

접수번호	접수일시	처리기간	지체 없이

① 매도인	성명(법인명)		주민등록번호(법인·외국인등록번호)		국적
	주소(법인 소재지)			거래지분 비율 (분의)	
	전화번호		휴대전화번호		

② 매수인	성명(법인명)		주민등록번호(법인·외국인등록번호)		국적
	주소(법인 소재지)			거래지분 비율 (분의)	
	전화번호		휴대전화번호		
	③ 법인신고서등	[ ] 제출 [ ] 별도 제출 [ ] 해당 없음			
	외국인의 부동산등 매수용도	[ ] 주거용(아파트) [ ] 주거용(단독주택) [ ] 주거용(그 밖의 주택) [ ] 레저용 [ ] 상업용 [ ] 공업용 [ ] 그 밖의 용도			
	위탁관리인 (국내에 주소 또는 거소가 없는 경우)	성명	주민등록번호		
		주소			
		전화번호	휴대전화번호		

개업 공인중개사	성명(법인명)	주민등록번호(법인·외국인등록번호)
	전화번호	휴대전화번호
	상호	등록번호
	사무소 소재지	

거래대상	종류	④ [ ] 토지 [ ] 건축물 ( ) [ ] 토지 및 건축물 ( )			
		⑤ [ ] 공급계약 [ ] 전매 [ ] 분양권 [ ] 입주권	[ ] 준공 전 [ ] 준공 후 [ ] 임대주택 분양전환		
	⑥ 소재지/지목/면적	소재지			
		지목	토지면적 m²	토지 거래지분 (분의)	
		대지권 비율 (분의)	건축물면적 m²	건축물 거래지분 (분의)	
	⑦ 계약대상 면적	토지 m²	건축물 m²		
	⑧ 물건별 거래가격	공급계약 또는 전매	분양가격 원	발코니 확장 등 선택비용 원	추가 지급액 등 원

⑨ 총 실제 거래가격 (전체)	합계 원	계약금	원	계약 체결일	
		중도금	원	중도금 지급일	
		잔 금	원	잔금 지급일	

⑩ 종전 부동산	소재지/지목/면적	소재지			
		지목	토지면적 m²	토지 거래지분 (분의)	
		대지권 비율 (분의)	건축물면적 m²	건축물 거래지분 (분의)	
	계약대상 면적	토지 m²	건축물 m²	건축물 유형 ( )	
	거래금액	합계 원	추가 지급액 등 원	권리가격 원	
		계약금 원	중도금 원	잔금 원	

⑪ 계약의 조건 및 참고사항

「부동산 거래신고 등에 관한 법률」 제3조 제1항부터 제4항까지 및 같은 법 시행규칙 제2조 제1항부터 제4항까지의 규정에 따라 위와 같이 부동산거래계약 내용을 신고합니다.

년 월 일

	매도인 :	(서명 또는 인)
신고인	매수인 :	(서명 또는 인)
	개업공인중개사 :	(서명 또는 인)
	(개업공인중개사가 중개 시)	

시장·군수·구청장 귀하

210mm×297mm[백상지(80g/m²) 또는 중질지(80g/m²)]

| 첨부서류 | 1. 부동산거래계약서 사본(부동산 거래신고 등에 관한 법률 제3조 제2항 또는 제4항에 따라 단독으로 부동산거래의 신고를 하는 경우에만 해당합니다) |
| | 2. 단독신고사유서(부동산 거래신고 등에 관한 법률 제3조 제2항 또는 제4항에 따라 단독으로 부동산거래의 신고를 하는 경우에만 해당합니다) |

유의사항

1. 「부동산 거래신고 등에 관한 법률」 제3조 및 같은 법 시행령 제3조의 실제 거래가격은 매수인이 매수한 부동산을 양도하는 경우 「소득세법」 제97조 제1항·제7항 및 같은 법 시행령 제163조 제11항 제2호에 따라 취득 당시의 실제 거래가격으로 보아 양도차익이 계산될 수 있음을 유의하시기 바랍니다.

2. 거래당사자 간 직접거래의 경우에는 공동으로 신고서에 서명 또는 날인을 하여 거래당사자 중 일방이 신고서를 제출하고, 중개거래의 경우에는 개업공인중개사가 신고서를 제출해야 하며, 거래당사자 중 일방이 국가 및 지자체, 공공기관인 경우(국가등)에는 국가등이 신고해야 합니다.

3. 부동산거래계약 내용을 기간 내에 신고하지 않거나, 거짓으로 신고하는 경우 「부동산 거래신고 등에 관한 법률」 제28조 제1항부터 제3항까지의 규정에 따라 과태료가 부과되며, 신고한 계약이 해제, 무효 또는 취소가 된 경우 거래당사자는 해제등이 확정된 날로부터 30일 이내에 같은 법 제3조의2에 따라 신고를 해야 합니다.

4. 담당 공무원은 「부동산 거래신고 등에 관한 법률」 제6조에 따라 거래당사자 또는 개업공인중개사에게 거래계약서, 거래대금지급 증명 자료 등 관련 자료의 제출을 요구할 수 있으며, 이 경우 자료를 제출하지 않거나, 거짓으로 자료를 제출하거나, 그 밖의 필요한 조치를 이행하지 않으면 같은 법 제28조 제1항 또는 제2항에 따라 과태료가 부과됩니다.

5. 거래대상의 종류가 공급계약(분양) 또는 전매계약(분양권, 입주권)인 경우 ⑧ 물건별 거래가격 및 ⑨ 총 실제거래가격에 부가가치세를 포함한 금액을 적고, 그 외의 거래대상의 경우 부가가치세를 제외한 금액을 적습니다.

6. '거래계약의 체결일'이란 거래당사자가 구체적으로 특정되고, 거래목적물 및 거래대금 등 거래계약의 중요 부분에 대하여 거래당사자가 합의한 날을 말합니다. 이 경우 합의와 더불어 계약금의 전부 또는 일부를 지급한 경우에는 그 지급일을 거래계약의 체결일로 보되, 합의한 날이 계약금의 전부 또는 일부를 지급한 날보다 앞서는 것이 서면 등을 통해 인정되는 경우에는 합의한 날을 거래계약의 체결일로 봅니다.

작성방법

1. ①·② 거래당사자가 다수인 경우 매도인 또는 매수인의 주소란에 ⑥의 거래대상별 거래지 분을 기준으로 각자의 거래지분 비율(매도인과 매수인의 거래지분 비율은 일치해야 합니다) 을 표시하고, 거래당사자가 외국인인 경우 거래당사자의 국적을 반드시 적어야 하며, 외국 인이 부동산등을 매수하는 경우 매수용도란의 주거용(아파트), 주거용(단독주택), 주거용(그 밖의 주택), 레저용, 상업용, 공장용, 그 밖의 용도 중 하나에 ∨표시를 합니다.

2. ③ '법인신고서등'란은 별지 제1호의2 서식의 법인 주택 거래계약 신고서, 별지 제1호의3 서식의 주택취득자금 조달 및 입주계획서, 제2조 제7항 각 호의 구분에 따른 서류, 같은 항 후단에 따른 사유서 및 별지 제1호의4 서식의 토지취득자금 조달 및 토지이용계획서를 이 신고서와 함께 제출하는지 또는 별도로 제출하는지를 ∨표시하고, 그 밖의 경우에는 해당 없음에 ∨표시를 합니다.

3. ④ 부동산 매매의 경우 '종류'란에는 토지, 건축물 또는 토지 및 건축물(복합부동산의 경우) 에 ∨표시를 하고, 해당 부동산이 '건축물' 또는 '토지 및 건축물'인 경우에는 (   )에 건축물 의 종류를 '아파트, 연립, 다세대, 단독, 다가구, 오피스텔, 근린생활시설, 사무소, 공장' 등 「건축법 시행령」 별표 1에 따른 용도별 건축물의 종류를 적습니다.

4. ⑤ 공급계약은 시행사 또는 건축주 등이 최초로 부동산을 공급(분양)하는 계약을 말하며, 준공 전과 준공 후 계약 여부에 따라 ∨표시를 하고, '임대주택 분양전환'은 임대주택사업자(법 인으로 한정)가 임대기한이 완료되어 분양전환하는 주택인 경우에 ∨표시합니다. 전매는 부 동산을 취득할 수 있는 권리의 매매로서, '분양권' 또는 '입주권'에 ∨표시를 합니다.

5. ⑥ 소재지는 지번(아파트 등 집합건축물의 경우에는 동·호수)까지, 지목/면적은 토지대장상 의 지목·면적, 건축물대장상의 건축물 면적(집합건축물의 경우 호수별 전용면적, 그 밖의 건축물의 경우 연면적), 등기사항증명서상의 대지권 비율, 각 거래대상의 토지와 건축물에 대한 거래지분을 정확하게 적습니다.

6. ⑦ '계약대상 면적'란에는 실제 거래면적을 계산하여 적되, 건축물면적은 집합건축물의 경우 전용면적을 적고, 그 밖의 건축물의 경우 연면적을 적습니다.

7. ⑧ '물건별 거래가격'란에는 각각의 부동산별 거래가격을 적습니다. 최초 공급계약(분양) 또 는 전매계약(분양권, 입주권)의 경우 분양가격, 발코니 확장 등 선택비용 및 추가 지급액 등 (프리미엄 등 분양가격을 초과 또는 미달하는 금액)을 각각 적습니다. 이 경우 각각의 비용 에 부가가치세가 있는 경우 부가가치세를 포함한 금액으로 적습니다.

8. ⑨ '총 실제 거래가격'란에는 전체 거래가격(둘 이상의 부동산을 함께 거래하는 경우 각각의 부동산별 거래가격의 합계 금액)을 적고, 계약금/중도금/잔금 및 그 지급일을 적습니다.

9. ⑩ 종전 부동산'란은 입주권 매매의 경우에만 작성하고, 거래금액란에는 추가 지급액 등(프 리미엄 등 분양가격을 초과 또는 미달하는 금액) 및 권리가격, 합계 금액, 계약금, 중도금, 잔금을 적습니다.

10. ⑪ '계약의 조건 및 참고사항'란은 부동산거래계약 내용에 계약조건이나 기한을 붙인 경우, 거래와 관련한 참고내용이 있을 경우에 적습니다.

11. 다수의 부동산, 관련 필지, 매도·매수인, 개업공인중개사 등 기재사항이 복잡한 경우에는 다른 용지에 작성하여 간인 처리한 후 첨부합니다.

12. 소유권이전등기 신청은 「부동산등기 특별조치법」 제2조 제1항 각 호의 구분에 따른 날부터 60일 이내에 신청해야 하며, 이를 이행하지 않는 경우에는 같은 법 제11조에 따라 과태료 가 부과될 수 있으니 유의하시기 바랍니다.

처리절차

| 신고서 작성
(인터넷, 방문신고) | → | 접수 | → | 신고처리 | → | 신고필증 발급 |

신고인   처리기관 : 시·군·구(담당 부서)

■ 부동산 거래신고 등에 관한 법률 시행규칙 [별지 제1호의2 서식] 〈신설 2020.10.27.〉 부동산거래관리시스템(rtms.molit.go.kr)에서도 신청할 수 있습니다.

법인 주택 거래계약 신고서

※ 색상이 어두운 난은 신청인이 적지 않으며, [ ]에는 해당되는 곳에 ∨표시를 합니다.

접수번호		접수일시		처리기간	

구 분	[ ] 매도인 [ ] 매수인				
제출인 (법인)	법인명(등기사항전부증명서상 상호)		법인등록번호		
			사업자등록번호		
	주소(법인 소재지)		(휴대)전화번호		

① 법인 등기현황	자본금 원	② 등기임원(총 인원) 명
	회사성립연월일	법인등기기록 개설 사유(최종)
	③ 목적상 부동산 매매업(임대업) 포함 여부 [ ] 포함 [ ] 미포함	④ 사업의 종류 업태 ( ) 종목 ( )
⑤ 거래상대방 간 특수관계 여부	법인 임원과의 거래 여부 [ ] 해당 [ ] 미해당	관계(해당하는 경우만 기재)
	매도·매수법인 임원 중 동일인 포함 여부 [ ] 해당 [ ] 미해당	관계(해당하는 경우만 기재)
	친족관계 여부 [ ] 해당 [ ] 미해당	관계(해당하는 경우만 기재)
⑥ 주택 취득목적		

「부동산 거래신고 등에 관한 법률 시행령」 별표 1 제2호 가목 및 같은 법 시행규칙 제2조 제5항에 따라 위와 같이 법인 주택 거래계약 신고서를 제출합니다.

년   월   일

제출인   (서명 또는 인)

시장·군수·구청장 귀하

유의사항

이 서식은 부동산거래계약 신고서 접수 전에는 제출할 수 없으니 별도 제출하는 경우에는 미리 부동산거래계약 신고서의 제출 여부를 신고서 제출자 또는 신고관청에 확인하시기 바랍니다.

작성방법

1. ① '법인 등기현황'에는 법인등기사항전부증명서(이하 '등기부'라 합니다)상 각 해당 항목을 작성해야 하며, 해당되는 거래당사자가 다수인 경우 각 법인별로 작성해야 합니다.
2. ② '등기임원'에는 등기부 '임원에 관한 사항'란에 등재되어 있는 대표이사 등 임원의 총 인원을 적습니다.
3. ③ '목적상 부동산 매매업(임대업) 포함 여부'에는 등기부 '목적'란에 현재 부동산 매매업(임대업) 등재 여부를 확인하여 해당 난에 ∨표시를 합니다.
4. ④ '사업의 종류'에는 사업자등록증이 있는 경우 사업의 종류에 해당하는 내용을 적고, 사업자 미등록 또는 사업의 종류가 없는 비영리법인인 경우 인허가 목적 등을 적습니다.
5. ⑤ '거래상대방 간 특수관계 여부'에는 법인과 거래상대방 간의 관계가 다음 각 목의 어느 하나에 해당하는지 여부를 확인하여 해당 난에 ∨표시를 하고, '해당'에 ∨표시를 한 경우 그 구체적 관계를 적습니다. 이 경우 특수관계가 여러 개인 경우 해당되는 관계를 모두 적습니다.
   가. 거래상대방이 개인인 경우 : 그 개인이 해당 법인의 임원이거나 법인의 임원과 「국세기본법」 제2조 제20호 가목의 친족관계가 있는 경우
   나. 거래상대방이 법인인 경우 : 거래당사자인 매도법인과 매수법인의 임원 중 같은 사람이 있거나 거래당사자인 매도법인과 매수법인의 임원 간 「국세기본법」 제2조 제20호 가목의 친족관계에 있는 경우
6. ⑥ '주택 취득 목적'은 주택을 취득하는 법인이 그 목적을 간략하게 적습니다.

210mm×297mm[백상지(80g/m²) 또는 중질지(80g/m²)]

■ 부동산 거래신고 등에 관한 법률 시행규칙 [별지 제1호의3 서식] 〈개정 2022.2.28.〉 부동산거래관리시스템(rtms.molit.go.kr)에서도 신청할 수 있습니다.

주택취득자금 조달 및 입주계획서

※ 색상이 어두운 난은 신청인이 적지 않으며, [ ]에는 해당되는 곳에 ∨표시를 합니다. (앞쪽)

접수번호	접수일시	처리기간

제출인 (매수인)	성명(법인명)		주민등록번호(법인·외국인등록번호)	
	주소(법인 소재지)		(휴대)전화번호	

① 자금 조달계획	자기 자금	② 금융기관 예금액 <div align=right>원</div>		③ 주식·채권 매각대금 <div align=right>원</div>	
		④ 증여·상속 <div align=right>원</div>		⑤ 현금 등 그 밖의 자금 <div align=right>원</div>	
		[ ] 부부 [ ] 직계존비속(관계 :) [ ] 그 밖의 관계( )		[ ] 보유 현금 [ ] 그 밖의 자산(종류 :)	
		⑥ 부동산 처분대금 등 <div align=right>원</div>		⑦ 소계 <div align=right>원</div>	
	차입금 등	⑧ 금융기관 대출액 합계 <div align=right>원</div>	주택담보대출 <div align=right>원</div>		
			신용대출 <div align=right>원</div>		
			그 밖의 대출 (대출 종류 :) <div align=right>원</div>		
		기존 주택 보유 여부(주택담보대출이 있는 경우만 기재) [ ] 미보유 [ ] 보유 (건)			
		⑨ 임대보증금 <div align=right>원</div>		⑩ 회사지원금·사채 <div align=right>원</div>	
		⑪ 그 밖의 차입금 <div align=right>원</div>		⑫ 소계	
		[ ] 부부 [ ] 직계존비속(관계 :) [ ] 그 밖의 관계( )		<div align=right>원</div>	
	⑬ 합계			<div align=right>원</div>	

⑭ 조달자금 지급방식	총 거래금액	<div align=right>원</div>
	⑮ 계좌이체 금액	<div align=right>원</div>
	⑯ 보증금·대출 승계 금액	<div align=right>원</div>
	⑰ 현금 및 그 밖의 지급방식 금액	<div align=right>원</div>
	지급 사유 ( )	

⑱ 입주 계획	[ ] 본인입주 [ ] 본인 외 가족입주 (입주 예정 시기 : 년 월)	[ ] 임대 (전·월세)	[ ] 그 밖의 경우 (재건축 등)

「부동산 거래신고 등에 관한 법률 시행령」 별표 1 제2호 나목, 같은 표 제3호 가목 전단, 같은 호 나목 및 같은 법 시행규칙 제2조 제6항·제7항·제9항·제10항에 따라 위와 같이 주택취득자금 조달 및 입주계획서를 제출합니다.

년   월   일

제출인 (서명 또는 인)

시장·군수·구청장 귀하

유의사항

1. 제출하신 주택취득자금 조달 및 입주계획서는 국세청 등 관계기관에 통보되어, 신고내역 조사 및 관련 세법에 따른 조사 시 참고자료로 활용됩니다.
2. 주택취득자금 조달 및 입주계획서(첨부서류 제출대상인 경우 첨부서류를 포함합니다)를 계약체결일부터 30일 이내에 제출하지 않거나 거짓으로 작성하는 경우 「부동산 거래신고 등에 관한 법률」 제28조 제2항 또는 제3항에 따라 과태료가 부과되오니 유의하시기 바랍니다.
3. 이 서식은 부동산거래계약 신고서 접수 전에는 제출이 불가하오니 별도 제출하는 경우에는 미리 부동산거래계약 신고서의 제출 여부를 신고서 제출자 또는 신고관청에 확인하시기 바랍니다

210mm×297mm[백상지(80g/m²) 또는 중질지(80g/m²)]

첨부서류	투기과열지구에 소재하는 주택의 거래계약을 체결한 경우에는 다음 각 호의 구분에 따른 서류를 첨부해야 합니다. 이 경우 주택취금자금 조달 및 입주계획서의 제출일을 기준으로 주택취득에 필요한 자금의 대출이 실행되지 않았거나 본인 소유 부동산의 매매계약이 체결되지 않은 경우 등 항목별 금액 증명이 어려운 경우에는 그 사유서를 첨부해야 합니다. 1. 금융기관 예금액 항목을 적은 경우 : 예금잔액증명서 등 예금금액을 증명할 수 있는 서류 2. 주식·채권 매각대금 항목을 적은 경우 : 주식거래내역서 또는 예금잔액증명서 등 주식·채권 매각금액을 증명할 수 있는 서류 3. 증여·상속 항목을 적은 경우 : 증여세·상속세 신고서 또는 납세증명서 등 증여 또는 상속받은 금액을 증명할 수 있는 서류 4. 현금 등 그 밖의 자금 항목을 적은 경우 : 소득금액증명원 또는 근로소득 원천징수영수증 등 소득을 증명할 수 있는 서류 5. 부동산 처분대금 등 항목을 적은 경우 : 부동산 매매계약서 또는 부동산 임대차계약서 등 부동산 처분 등에 따른 금액을 증명할 수 있는 서류 6. 금융기관 대출액 합계 항목을 적은 경우 : 금융거래확인서, 부채증명서 또는 금융기관 대출신청서 등 금융기관으로부터 대출받은 금액을 증명할 수 있는 서류 7. 임대보증금 항목을 적은 경우 : 부동산 임대차계약서 8. 회사지원금·사채 또는 그 밖의 차입금 항목을 적은 경우 : 금전을 빌린 사실과 그 금액을 확인할 수 있는 서류

작성방법

1. ① '자금조달계획'에는 해당 주택의 취득에 필요한 자금의 조달계획(부동산 거래신고를 하기 전에 부동산 거래대금이 모두 지급된 경우에는 조달방법)을 적고, 매수인이 다수인 경우 각 매수인별로 작성해야 하며, 각 매수인별 금액을 합산한 총 금액과 거래신고된 주택거래금액이 일치해야 합니다.

2. ②~⑥에는 자기자금을 종류별로 구분하여 중복되지 않게 적습니다.

3. ② '금융기관 예금액'에는 금융기관에 예치되어 있는 본인명의의 예금(적금 등)을 통해 조달하려는 자금을 적습니다.

4. ③ '주식·채권 매각대금'에는 본인 명의 주식·채권 및 각종 유가증권 매각 등을 통해 조달하려는 자금을 적습니다.

5. ④ '증여·상속'에는 가족 등으로부터 증여받거나 상속받아 조달하는 자금을 적고, 자금을 제공한 자와의 관계를 해당 난에 ∨표시를 하며, 부부 외의 경우 해당 관계를 적습니다.

6. ⑤ '현금 등 그 밖의 자금'에는 현금으로 보유하고 있는 자금 및 자기자금 중 다른 항목에 포함되지 않는 그 밖의 본인 자산을 통해 조달하려는 자금(금융기관 예금액 외의 각종 금융상품 및 간접투자상품을 통해 조달하려는 자금 포함)을 적고, 해당 자금이 보유하고 있는 현금일 경우 '보유 현금'에 ∨표시를 하고, 현금이 아닌 경우 '그 밖의 자산'에 ∨표시를 하고 자산의 종류를 적습니다.

7. ⑥ '부동산 처분대금 등'에는 본인 소유 부동산의 매도, 기존 임대보증금 회수 등을 통해 조달하려는 자금 또는 재건축·재개발 시 발생한 종전 부동산 권리가액 등을 적습니다.

8. ⑦ '소계'에는 ②∼⑥의 합계액을 적습니다.

9. ⑧∼⑪에는 자기자금을 제외한 차입금 등을 종류별로 구분하여 중복되지 않게 적습니다.

10. ⑧ '금융기관 대출액 합계'에는 금융기관으로부터 대출을 통해 조달하려는 자금 또는 매도인의 대출금 승계 자금을 적고, 주택담보대출·신용대출인 경우 각 해당 난에 대출액을 적으며, 그 밖의 대출인 경우 대출액 및 대출 종류를 적습니다. 또한 주택담보 대출액이 있는 경우 '기존 주택 보유 여부'의 해당 난에 ∨표시를 합니다. 이 경우 기존 주택은 신고하려는 거래계약 대상인 주택은 제외하고, 주택을 취득할 수 있는 권리와 주택을 지분으로 보유하고 있는 경우는 포함하며, '기존 주택 보유 여부' 중 '보유'에 ∨표시를 한 경우에는 기존 주택 보유 수(지분으로 보유하고 있는 경우에는 각 건별로 계산합니다)를 적습니다.

11. ⑨ '임대보증금'에는 취득 주택의 신규 임대차계약 또는 매도인으로부터 승계한 임대차계약의 임대보증금 등 임대를 통해 조달하는 자금을 적습니다.

12. ⑩ '회사지원금·사채'에는 금융기관 외의 법인, 개인사업자로부터 차입을 통해 조달하려는 자금을 적습니다.

13. ⑪ '그 밖의 차입금'에는 ⑧∼⑩에 포함되지 않는 차입금 등을 적고, 자금을 제공한 자와의 관계를 해당 난에 ∨표시를 하고 부부 외의 경우 해당 관계를 적습니다.

14. ⑫에는 ⑧∼⑪의 합계액을, ⑬에는 ⑦과 ⑫의 합계액을 적습니다.

15. ⑭ '조달자금 지급방식'에는 조달한 자금을 매도인에게 지급하는 방식 등을 각 항목별로 적습니다.

16. ⑮ '계좌이체 금액'에는 금융기관 계좌이체로 지급했거나 지급 예정인 금액 등 금융기관을 통해서 자금지급 확인이 가능한 금액을 적습니다.

17. ⑯ '보증금·대출 승계 금액'에는 종전 임대차계약 보증금 또는 대출금 승계 등 매도인으로부터 승계했거나 승계 예정인 자금의 금액을 적습니다.

18. ⑰ '현금 및 그 밖의 지급방식 금액'에는 ⑮, ⑯ 외의 방식으로 지급했거나 지급 예정인 금액을 적고 계좌이체가 아닌 현금(수표) 등의 방식으로 지급하는 구체적인 사유를 적습니다.

19. ⑱ '입주 계획'에는 해당 주택의 거래계약을 체결한 이후 첫 번째 입주자 기준(다세대, 다가구 등 2세대 이상인 경우에는 해당 항목별 중복하여 적습니다)으로 적으며, '본인입주'란 매수자 및 주민등록상 동일 세대원이 함께 입주하는 경우를, '본인 외 가족입주'란 매수자와 주민등록상 세대가 분리된 가족이 입주하는 경우를 말하며, 이 경우에는 입주 예정 시기 연월을 적습니다. 또한 재건축 추진 또는 멸실 후 신축 등 해당 주택에 입주 또는 임대하지 않는 경우 등에는 '그 밖의 경우'에 ∨표시를 합니다.

■ 부동산 거래신고 등에 관한 법률 시행규칙 [별지 제1호의4 서식] 〈개정 2023.8.22.〉 부동산거래관리시스템(rtms.molit. go.kr)에서도 신고할 수 있습니다.

토지취득자금 조달 및 토지이용계획서

※ 색상이 어두운 난은 신청인이 적지 않으며, [ ]에는 해당되는 곳에 ∨표시를 합니다. (앞쪽)

접수번호	접수일시	처리기간

제출인 (매수인)	성명(법인명)		주민등록번호(법인·외국인등록번호)	
	주소(법인소재지)		(휴대)전화번호	

① 대상 토지		토지 소재지				면 적	거래금액
	1	시/군	동/읍/면	리	번지	㎡	원
	2	시/군	동/읍/면	리	번지	㎡	원
	3	시/군	동/읍/면	리	번지	㎡	원

② 자금 조달계획	자기 자금	③ 금융기관 예금액 원		④ 주식·채권 매각대금 원
		⑤ 증여·상속 원		⑥ 현금 등 그 밖의 자금 원
		[ ] 부부 [ ] 직계존비속(관계 :) [ ] 그 밖의 관계( )		[ ] 보유 현금 [ ] 그 밖의 자산(종류 :)
		⑦ 부동산 처분대금 등 원		⑧ 토지보상금 원
		⑨ 소계		원

	차입금 등	⑩ 금융기관 대출액 합계 원	토지담보대출	원
			신용대출	원
			그 밖의 대출	원
			(대출 종류 :)	
		⑪ 그 밖의 차입금 원	⑫ 소계	
		[ ] 부부 [ ] 직계존비속(관계 :) [ ] 그 밖의 관계( )		원
	⑬ 합계			원

⑭ 토지이용계획

「부동산 거래신고 등에 관한 법률 시행령」 별표 1 제4호·제5호 및 같은 법 시행규칙 제2조 제8항부터 제10항까지의 규정에 따라 위와 같이 토지취득자금 조달 및 토지이용계획서를 제출합니다.

년 월 일

제출인 (서명 또는 인)

시장·군수·구청장 귀하

유의사항

1. 제출하신 토지취득자금 조달 및 토지이용계획서는 국세청 등 관계기관에 통보되어, 신고내역 조사 및 관련 세법에 따른 조사 시 참고자료로 활용됩니다.
2. 토지취득자금 조달 및 토지이용계획서를 계약체결일부터 30일 이내에 제출하지 않거나 거짓으로 작성하는 경우 「부동산 거래신고 등에 관한 법률」 제28조 제2항 또는 제3항에 따라 과태료가 부과되니 유의하시기 바랍니다.
3. 이 서식은 부동산거래계약 신고서 접수 전에는 제출할 수 없으니 별도 제출하는 경우에는 미리 부동산거래계약 신고서의 제출 여부를 신고서 제출자 또는 신고관청에 확인하시기 바랍니다.

210mm×297mm[백상지(80g/㎡) 또는 중질지(80g/㎡)]

작성방법

1. ① '대상 토지'란에는 신고대상 토지거래계약에 따라 취득하는 토지에 대하여 필지별로 소재지와 면적, 거래금액을 적되, 「부동산 거래신고 등에 관한 법률 시행령」 별표 1 비고 제11호에 따라 거래가격을 합산하여 신고해야 하는 토지가 있는 경우에는 이를 포함하여 적습니다.

2. ② '자금조달계획'란에는 해당 토지의 취득에 필요한 자금의 조달계획(부동산 거래신고를 하기 전에 부동산 거래대금이 모두 지급된 경우에는 조달방법)을 적고, 매수인이 다수인 경우 각 매수인별로 작성해야 하며, 각 매수인별 금액을 합산한 총 금액과 거래신고된 토지거래금액이 일치해야 합니다.

3. ③~⑧란에는 자기자금을 종류별로 구분하여 중복되지 않게 적습니다.

4. ③ '금융기관 예금액'란에는 금융기관에 예치되어 있는 본인명의의 예금(적금 등)을 통해 조달하려는 자금을 적습니다.

5. ④ '주식·채권 매각대금'란에는 본인 명의의 주식·채권 및 각종 유가증권 매각 등을 통해 조달하려는 자금을 적습니다.

6. ⑤ '증여·상속'란에는 가족 등으로부터 증여받거나 상속받아 조달하는 자금을 적고, 자금을 제공한 자와의 관계를 해당 난에 ∨표시를 하며, 부부 외의 경우 그 관계를 적습니다.

7. ⑥ '현금 등 그 밖의 자금'란에는 현금으로 보유하고 있는 자금 및 자기자금 중 다른 항목에 포함되지 않는 그 밖의 본인 자산을 통해 조달하려는 자금(금융기관 예금액 외의 각종 금융상품 및 간접투자상품을 통해 조달하려는 자금 포함)을 적고, 해당 자금이 보유하고 있는 현금일 경우 '보유 현금'에 ∨표시를 하며, 현금이 아닌 경우 '그 밖의 자산'에 ∨표시를 하고 자산의 종류를 적습니다.

8. ⑦ '부동산 처분대금 등'란에는 본인 소유 부동산의 처분을 통해 조달하려는 자금을 적습니다.

9. ⑧ '토지보상금'란에는 「공익사업을 위한 토지 등의 취득 및 보상에 관한 법률」 등에 따른 공익사업 등의 시행으로 토지를 양도하거나 토지가 수용되어 지급받는 보상금 중 조달하려는 자금을 적으며, 토지보상금을 지급받은 후 금융기관에 예탁하거나 현금으로 보유하고 있더라도 ⑧란에 적습니다.

10. ⑨ '소계'란에는 ③~⑧란의 합계액을 적으며, 대상 토지가 둘 이상인 경우에는 ①란 각 필지별 거래금액 중 자기자금을 합산한 금액과 일치해야 합니다.

11. ⑩란 및 ⑪란에는 자기자금을 제외한 차입금 등을 종류별로 구분하여 중복되지 않게 적습니다.

12. ⑩ '금융기관 대출액 합계'란에는 금융기관으로부터 대출을 통해 조달하려는 자금을 적고, 토지담보대출·신용대출인 경우 각 해당 난에 대출액을 적으며, 그 밖의 대출인 경우 대출액 및 대출 종류를 적습니다.

13. ⑪ '그 밖의 차입금'란에는 ⑩란에 포함되지 않는 차입금 등을 적고, 자금을 제공한 자와의 관계를 해당 난에 ∨표시를 하며, 부부 외의 경우 그 관계를 적습니다.

14. ⑫란에는 ⑩란과 ⑪란의 합계액을 적으며, 대상 토지가 둘 이상인 경우에는 ①란 각 필지별 거래금액 중 차입금 등을 합산한 금액과 일치해야 합니다.

15. ⑬란에는 ⑨란과 ⑫란의 합계액을 적되, 대상 토지가 둘 이상인 경우에는 ①란 각 필지별 거래금액을 합산한 금액과 일치해야 합니다.

16. ⑭란에는 해당 토지의 이용계획(예시 : 농업경영, 산림경영, 건축물 건축, 도로 이용, 현상보존 등)을 간략하게 적습니다.

■ 부동산 거래신고 등에 관한 법률 시행규칙 [별지 제2호 서식] 〈개정 2023.8.22.〉

접수번호	제 호	접수일

부동산거래계약 신고필증

매도인	성명(법인명)		생년월일(법인·외국인등록번호)	국적
	주소(법인소재지)			거래지분 비율 (분의)
	전화번호		휴대전화번호	

매수인	성명(법인명)		생년월일(법인·외국인등록번호)	국적
	주소(법인소재지)			거래지분 비율 (분의)
	전화번호		휴대전화번호	
	위탁관리인	성명	생년월일	
		주소		
		전화번호	휴대전화번호	

개업 공인중개사	성명(법인명)	생년월일(법인·외국인등록번호)
	전화번호	휴대전화번호
	상호	등록번호
	사무소 소재지	

거래대상	종류	[ ] 토지 [ ] 건축물 ( ) [ ] 토지 및 건축물 ( ) [ ] 공급계약 [ ] 전매 [ ] 분양권 [ ] 입주권	[ ] 준공 전 [ ] 준공 후 [ ] 임대주택 분양전환
	소재지/지목/면적	소재지	
		지목	토지면적 m²	토지 거래지분 (분의)
		대지권 비율 (분의)	건축물면적 m²	건축물 거래지분 (분의)
	계약대상 면적	토지 m²	건축물 m²	
	물건별 거래가격	거래금액 원		
		공급계약 또는 전매	분양가격 원	발코니 확장 등 선택비용 원	추가 지급액 등 원

총 실제 거래가격 (전체)	합계 원	계약금	원	계약 체결일	
		중도금	원	중도금 지급일	
		잔 금	원	잔금 지급일	

계약의 조건 및 참고사항	

「부동산 거래신고 등에 관한 법률」 제3조 제5항 및 같은 법 시행규칙 제2조 제13항에 따라 부동산거래계약 신고필증을 발급합니다.

년   월   일

시장·군수·구청장   [직인]   [QR코드]

관리번호 제	호

유의사항

1. 입주권 거래신고의 경우에는 입주권 거래가격이 표시된 신고필증과 종전 토지 거래가격이 표시된 신고필증 등 2부가 발급됩니다. 소유권을 이전하려는 부동산의 종류에 맞는 신고필증을 부동산등기 신청서에 첨부하고, 「부동산등기 특별조치법」 제2조 제1항 각 호의 구분에 따른 날부터 60일 이내에 소유권이전등기 신청을 하시기 바랍니다.
2. 신고한 거래계약이 해제, 무효 또는 취소된 경우 「부동산 거래신고 등에 관한 법률」 제3조의2에 따라 해제 등이 확정된 날부터 30일 이내에 거래계약을 신고한 관청에 거래당사자가 공동으로 신고해야 합니다.

위·변조 방지 표시 홀로그램

210mm×297mm[백상지(80g/m²) 또는 중질지(80g/m²)]

4. 부동산거래신고서 등의 제출대행

(1) 거래당사자·법인·매수인의 위임

거래당사자 또는 법인 또는 매수인의 위임을 받은 사람은 부동산거래계약 신고서 등의 제출을 대행할 수 있다. 이 경우 부동산거래계약 신고서 등의 제출을 대행하는 사람은 신분증명서를 신고관청에 보여주고, 다음의 서류를 함께 제출해야 한다.

> ① 신고서 등의 제출을 위임한 거래당사자가 서명 또는 날인한 위임장(거래당사자가 법인인 경우에는 법인인감을 날인한 위임장)
> ② 신고서 등의 제출을 위임한 거래당사자의 신분증명서 사본

(2) 개업공인중개사의 위임

개업공인중개사의 위임을 받은 소속공인중개사는 부동산거래계약 신고서 등의 제출을 대행할 수 있다. 이 경우 소속공인중개사는 신분증명서를 신고관청에 보여줘야 한다.

5. 금지행위

누구든지 신고에 관하여 다음의 어느 하나에 해당하는 행위를 하여서는 아니 된다.

> ① 개업공인중개사에게 부동산 거래신고를 하지 아니하게 하거나 거짓으로 신고하도록 요구하는 행위
> ② 신고 의무자가 아닌 자가 거짓으로 부동산거래의 신고를 하는 행위
> ③ 거짓으로 부동산 거래신고 또는 부동산거래의 해제등 신고를 하는 행위를 조장하거나 방조하는 행위
> ④ 부동산 거래신고 대상인 계약을 체결하지 아니하였음에도 불구하고 거짓으로 부동산 거래신고를 하는 행위
> ⑤ 부동산 거래신고 후 해당 계약이 해제등이 되지 아니하였음에도 불구하고 거짓으로 부동산거래 해제등의 신고를 하는 행위

6. 신고내용의 검증 등

(1) 부동산거래가격 검증체계의 구축·운영

국토교통부장관은 신고받은 내용, 「부동산 가격공시에 관한 법률」에 따라 공시된 토지 및 주택의 가액 그 밖의 부동산 가격정보를 활용하여 부동산거래가격 검증체계를 구축·운영하여야 한다. 국토교통부장관은 법 제5조 제1항에 따른 부동산거래가격 검증체계(이하 '검증체계'라 한다)의 구축·운영을 위하여 다음의 사항에 관한 자료를 제출할 것을 신고관청에 요구할 수 있다.

> ① 신고가격의 적정성 검증결과
> ② 신고내용의 조사결과
> ③ 그 밖에 검증체계의 구축·운영을 위하여 필요한 사항

(2) 신고관청의 적정성 검증

신고관청은 신고를 받은 경우 부동산거래가격 검증체계를 활용하여 그 적정성을 검증하여야 한다.

(3) 검증결과의 통보

신고관청은 검증 결과를 해당 부동산의 소재지를 관할하는 세무관서의 장에게 통보하여야 하며, 통보받은 세무관서의 장은 해당 신고내용을 국세 또는 지방세 부과를 위한 과세자료로 활용할 수 있다.

7. 신고내용의 조사 등

(1) 자료제출의 요구 등

신고관청은 검증 등의 결과에 따라 신고받은 내용이 누락되어 있거나 정확하지 아니하다고 판단하는 경우 또는 신고받은 내용의 확인을 위하여 필요한 때에는 신고인에게 신고내용을 보완하게 하거나 신고한 내용의 사실 여부를 확인하기 위하여 소속 공무원으로 하여금 거래당사자 또는 개업공인중개사에게 거래계약서, 거래대금 지급을 증명할 수 있는 자료 등 관련 자료의 제출을 요구하는 등 필요한 조치를 취할 수 있다.

① 국토교통부장관 또는 신고관청(이하 '조사기관'이라 한다)은 신고내용을 조사하기 위하여 거래당사자 또는 개업공인중개사에게 다음의 자료를 제출하도록 요구할 수 있다.

> ⊙ 거래계약서 사본
> ⓛ 거래대금의 지급을 확인할 수 있는 입금표 또는 통장 사본
> ⓒ 매수인이 거래대금의 지급을 위하여 다음의 행위를 하였음을 증명할 수 있는 자료
>   ⓐ 대출
>   ⓑ 정기예금 등의 만기수령 또는 해약
>   ⓒ 주식·채권 등의 처분
> ⓔ 매도인이 매수인으로부터 받은 거래대금을 예금 외의 다른 용도로 지출한 경우 이를 증명할 수 있는 자료
> ⓜ 그 밖에 신고내용의 사실 여부를 확인하기 위하여 필요한 자료

② 자료제출의 요구는 요구 사유, 자료의 범위와 내용, 제출기한 등을 명시한 서면으로 하여야 한다.

③ 위 ① 및 ②에서 규정한 사항 외에 신고내용의 조사에 필요한 세부사항은 국토교통부장관이 정한다.

(2) 조사결과의 보고

신고내용을 조사한 경우 신고관청은 조사 결과를 시·도지사에게 보고하여야 하며, 시·도지사는 이를 매월 1회 국토교통부장관에게 보고(전자문서에 의한 보고 또는 부동산정보체계에 입력하는 것을 포함한다)하여야 한다.

(3) 신고내용의 조사

위 **(1)**의 규정에도 불구하고 국토교통부장관은 부동산 거래신고, 부동산 거래 해제등 신고 또는 외국인등의 부동산 취득·보유신고에 따라 신고받은 내용의 확인을 위하여 필요한 때에는 신고내용조사를 직접 또는 신고관청과 공동으로 실시할 수 있다.

(4) 관계 행정기관의 장에 대한 자료 요구

국토교통부장관 및 신고관청은 신고내용조사를 위하여 국세·지방세에 관한 자료, 소득·재산에 관한 자료 등 다음의 자료를 관계 행정기관의 장에게 요청할 수 있다. 이 경우 요청을 받은 관계 행정기관의 장은 정당한 사유가 없으면 그 요청에 따라야 한다.

> ① 「부동산등기법」 제2조 제1호에 따른 등기부
> ② 「공간정보의 구축 및 관리 등에 관한 법률」 제2조 제19호에 따른 지적공부
> ③ 「주택임대차보호법」 제3조의6 제2항에 따른 확정일자부
> ④ 「건축법」 제38조에 따른 건축물대장

⑤ 「공인중개사법」 제35조, 제36조, 제38조 및 제39조에 따른 공인중개사의 자격취소, 자격정지, 등록취소 및 업무정지에 관한 자료

⑥ 조사대상인 법인의 「법인세법」에 따른 비사업용 토지에 대한 양도차익 신고 자료. 다만, 납부내역은 제외한다.

⑦ 법 제5조 제3항에 따라 신고내용을 통보받은 세무관서의 장이 그 내용을 과세자료로 활용하여 실제 거래가격이 거짓으로 신고된 사실을 확인한 자료

⑧ 「주민등록법」 제30조 제1항에 따른 주민등록전산정보자료

⑨ 「가족관계의 등록 등에 관한 법률」 제11조 제6항에 따른 등록전산정보자료

⑩ 「국적법」 제14조에 따른 국적 이탈 신고 및 같은 법 제16조에 따른 국적상실 신고에 관한 자료

⑪ 「출입국관리법」 제12조·제28조에 따른 외국인의 입국심사·출국심사에 관한 자료 중 출입국기록 및 같은 법 제31조에 따른 외국인등록에 관한 자료

⑫ 「재외동포의 출입국과 법적 지위에 관한 법률」 제6조에 따른 외국국적동포의 국내거소신고에 관한 자료

⑬ 「재외국민등록법」 제6조 및 제10조에 따른 재외국민등록부

⑭ 법률 제8435호 「가족관계의 등록 등에 관한 법률」 부칙 제4조에 따른 제적부 등에 관한 자료

⑮ 「공공주택 특별법」 제49조 제6항에 따른 임대차계약 신고에 관한 자료

⑯ 「민간임대주택에 관한 특별법」 제60조에 따른 임대주택정보체계에 등록된 자료 중 임대차계약에 관한 자료

⑰ 「주거급여법」 제17조에 따른 정보시스템에서 보유하고 있는 자료 중 같은 법 제10조 제1항 제1호 및 제11조 제1항 제1호에 관한 자료

⑱ 「국민건강보험법」 제109조 제2항부터 제4항까지의 규정에 따른 외국인에 관한 정보로서 다음 각 목의 구분에 따른 자료

⑦ 법 제3조, 제3조의2 및 제8조에 따라 신고를 하는 사람이 직장가입자나 직장가입자의 피부양자인 경우 : 직장가입자와 그 피부양자 간의 관계에 관한 자료

⑥ 법 제3조, 제3조의2 및 제8조에 따라 신고를 하는 사람이 지역가입자인 경우 : 해당 지역가입자와 그 지역가입자가 속한 세대의 구성원 간의 관계에 관한 자료

(5) 신고내용이 법률에 위반된 경우

국토교통부장관 및 신고관청은 신고내용조사 결과 그 내용이 이 법 또는 「주택법」, 「공인중개사법」, 「상속세 및 증여세법」 등 다른 법률을 위반하였다고 판단되는 때에는 이를 수사기관에 고발하거나 관계 행정기관에 통보하는 등 필요한 조치를 할 수 있다.

01 부동산 거래신고 등에 관한 법령상 부동산거래계약 신고서의 작성 방법으로 틀린 것은?
• 34회

① 관련 필지 등 기재사항이 복잡한 경우에는 다른 용지에 작성하여 간인 처리한 후 첨부한다.
② '거래대상'의 '종류' 중 '공급계약'은 시행사 또는 건축주등이 최초로 부동산을 공급(분양)하는 계약을 말한다.
③ '계약대상 면적'란에는 실제 거래면적을 계산하여 적되, 집합건축물이 아닌 건축물의 경우 건축물면적은 연면적을 적는다.
④ '거래대상'의 '종류' 중 '임대주택 분양전환'은 법인이 아닌 임대주택사업자가 임대기한이 완료되어 분양전환하는 주택인 경우에 ∨표시를 한다.
⑤ 전매계약(분양권, 입주권)의 경우 '물건별 거래가격'란에는 분양가격, 발코니 확장 등 선택비용 및 추가 지급액 등을 각각 적되, 각각의 비용에 대한 부가가치세가 있는 경우 이를 포함한 금액으로 적는다.

> **해설** ④ 「부동산 거래신고 등에 관한 법률 시행규칙」 별지 제1호 서식에 의하면 공급계약은 시행사 또는 건축주등이 최초로 부동산을 공급(분양)하는 계약을 말하며, 준공 전과 준공 후 계약 여부에 따라 ∨표시하고, '임대주택 분양전환'은 임대주택사업자(법인으로 한정)가 임대기한이 완료되어 분양전환하는 주택인 경우에 ∨표시한다. 전매는 부동산을 취득할 수 있는 권리의 매매로서, '분양권' 또는 '입주권'에 ∨표시를 한다.
>
> **정답** ④

02 부동산 거래신고 등에 관한 법령상 부동산 매매계약의 거래신고에 관한 설명으로 틀린 것은? (단, 거래당사자는 모두 자연인이고, 공동중개는 고려하지 않음)
• 34회

① 신고할 때는 실제 거래가격을 신고해야 한다.
② 거래당사자 간 직접 거래의 경우 매도인이 거래신고를 거부하면 매수인이 단독으로 신고할 수 있다.
③ 거래신고 후에 매도인이 매매계약을 취소하면 매도인이 단독으로 취소를 신고해야 한다.
④ 개업공인중개사가 매매계약의 거래계약서를 작성·교부한 경우에는 그 개업공인중개사가 신고를 해야 한다.
⑤ 개업공인중개사가 매매계약을 신고한 경우에 그 매매계약이 해제되면 그 개업공인중개사가 해제를 신고할 수 있다.

> **해설** ③ 거래당사자는 부동산 거래신고를 한 후 해당 거래계약이 해제, 무효 또는 취소(이하 '해제등'이라 한다)된 경우 해제등이 확정된 날부터 30일 이내에 해당 신고관청에 공동으로 신고하여야 한다.
>
> **정답** ③

03 부동산 거래신고 등에 관한 법령상 부동산거래계약 신고서 작성에 관한 설명으로 **틀린** 것은? • 33회

① 거래당사자가 외국인인 경우 거래당사자의 국적을 반드시 적어야 한다.

② '계약대상 면적'란에는 실제 거래면적을 계산하여 적되, 건축물면적은 집합건축물의 경우 전용면적을 적는다.

③ '종전 부동산'란은 입주권 매매의 경우에만 작성한다.

④ '계약의 조건 및 참고사항'란은 부동산거래계약 내용에 계약조건이나 기한을 붙인 경우, 거래와 관련한 참고내용이 있을 경우에 적는다.

⑤ 거래대상의 종류가 공급계약(분양)인 경우 물건별 거래가격 및 총 실제거래가격에 부가가치세를 제외한 금액을 적는다.

> **해설** ⑤ 최초 공급계약(분양) 또는 전매계약(분양권, 입주권)의 경우 분양가격, 발코니 확장 등 선택비용 및 추가 지불액(프리미엄 등 분양가격을 초과 또는 미달하는 금액)을 각각 적는다. 이 경우 각각의 비용에 부가가치세가 있는 경우 부가가치세를 포함한 금액으로 적는다.
>
> **정답** ⑤

8. 해제등의 신고

(1) 거래당사자는 부동산 거래신고를 한 후 해당 거래계약이 해제, 무효 또는 취소(이하 '해제등'이라 한다)된 경우 해제등이 확정된 날부터 30일 이내에 해당 신고관청에 공동으로 신고하여야 한다. 다만, 거래당사자 중 일방이 신고를 거부하는 경우에는 단독으로 신고할 수 있다.

(2) 개업공인중개사가 거래계약서를 작성·교부하여 부동산 거래신고를 개업공인중개사가 한 경우에는 개업공인중개사가 30일 이내에 해제등의 신고(공동으로 중개를 한 경우에는 해당 개업공인중개사가 공동으로 신고하는 것을 말한다)를 할 수 있다. 다만, 개업공인중개사 중 일방이 신고를 거부한 경우에는 단독으로 신고할 수 있다.

(3) 부동산거래계약의 해제등을 신고하려는 거래당사자 또는 개업공인중개사는 별지 제4호 서식의 부동산거래계약 해제등 신고서(이하 '부동산거래계약 해제등 신고서'라 한다)에 공동으로 서명 또는 날인하여 신고관청에 제출해야 한다. 이 경우 거래당사자 중 일방이 국가등인 경우 국가등이 단독으로 서명 또는 날인하여 신고관청에 제출할 수 있다.

(4) 단독으로 부동산거래계약의 해제등을 신고하려는 자는 부동산거래계약 해제등 신고서에 단독으로 서명 또는 날인한 후 다음의 서류를 첨부하여 신고관청에 제출해야 한다. 이 경우 신고관청은 단독신고 사유에 해당하는지 여부를 확인해야 한다.

> ① 확정된 법원의 판결문 등 해제등이 확정된 사실을 입증할 수 있는 서류
> ② 단독신고사유서

(5) 신고를 받은 신고관청은 그 내용을 확인한 후 부동산거래계약 해제등 확인서를 신고인에게 지체 없이 발급해야 한다.

(6) 부동산거래계약시스템을 통하여 부동산거래계약 해제등을 한 경우에는 부동산거래계약 해제등이 이루어진 때에 부동산거래계약 해제등 신고서를 제출한 것으로 본다.

■ 부동산 거래신고 등에 관한 법률 시행규칙 [별지 제4호 서식] 〈개정 2020.2.27.〉　부동산거래관리시스템(rtms.molit. go.kr)에서도 신청할 수 있습니다.

부동산거래계약 해제등 신고서

※ 뒤쪽의 작성방법을 읽고 작성하시기 바라며, [ ]에는 해당하는 곳에 ∨표를 합니다.　(앞쪽)

접수번호		접수일시		처리기간	지체 없이

신고인	구분 [ ] 매도인　　　[ ] 매수인　　[ ] 개업공인중개사　　[ ] 대리인	
	성명(법인명)　　　　　　　　　(서명 또는 인)	주민등록번호(법인·외국인등록번호)
	주소(법인 소재지)	
	전화번호	휴대전화번호

신고 사항	매도인	성명(법인명)	주민등록번호(법인·외국인등록번호)
		주소(법인 소재지)	
		전화번호	휴대전화번호
	매수인	성명(법인명)	주민등록번호(법인·외국인등록번호)
		주소(법인 소재지)	
		전화번호	휴대전화번호
	신고필증 관리번호		
	계약 체결일	년　　월　　일	거래계약 해제등의 사유 발생일	년　　월　　일
	부동산 소재지		
	거래계약 해제등의 사유	구분 [ ] 해제　　[ ] 무효　　[ ] 취소	
		사유	

「부동산 거래신고 등에 관한 법률」 제3조의2 및 같은 법 시행규칙 제4조 제1항·제2항에 따라 위와 같이 부동산거래계약 해제등의 내용을 신고합니다.

년　　　　월　　　　일

신고인　매도인 :　　　　　　　　　　　　　　　　(서명 또는 인)
　　　　매수인 :　　　　　　　　　　　　　　　　(서명 또는 인)
　　　　개업공인중개사 :　　　　　　　　　　　　(서명 또는 인)
　　　　(개업공인중개사 중개 시)

시장·군수·구청장 귀하

210mm×297mm[백상지(80g/㎡) 또는 중질지(80g/㎡)]

첨부서류	1. 확정된 법원의 판결문 등 해제등이 확정된 사실을 입증할 수 있는 서류(부동산 거래신고 등에 관한 법률 제3조의2 제1항 단서 또는 같은 조 제2항 단서 및 같은 법 시행규칙 제4조 제2항에 따라 단독으로 부동산거래계약 해제등 신고를 하는 경우에만 해당합니다) 2. 단독신고사유서(부동산 거래신고 등에 관한 법률 제3조의2 제1항 단서 또는 같은 조 제2항 단서 및 같은 법 시행규칙 제4조 제2항에 따라 단독으로 부동산거래계약 해제등 신고를 하는 경우에만 해당합니다)

유의사항

거래계약이 해제등이 되지 않았음에도 불구하고 거짓으로 「부동산 거래신고 등에 관한 법률」 제3조의2에 따른 해제등 신고를 하는 경우 같은 법 제28조 제1항 제2호에 따라 3천만원 이하의 과태료가 부과되오니 유의하시기 바랍니다.

작성방법

1. 신고인이 매도인 또는 매수인인 경우 신고사항의 매도인 또는 매수인란에는 중복하여 적을 필요가 없습니다.
2. 신고인의 서명 또는 날인은 거래당사자 모두가 신고내용을 확인한 후 서명 또는 날인해야 합니다.
3. 부동산 소재지는 동·호 등의 상세주소까지 적어야 합니다.
4. 다수 부동산, 관련 필지, 매도인·매수인, 개업공인중개사 등 기재사항이 복잡한 경우에는 다른 용지에 작성하여 간인 처리한 후 첨부합니다.

처리절차

이 신고서는 아래와 같이 처리됩니다.

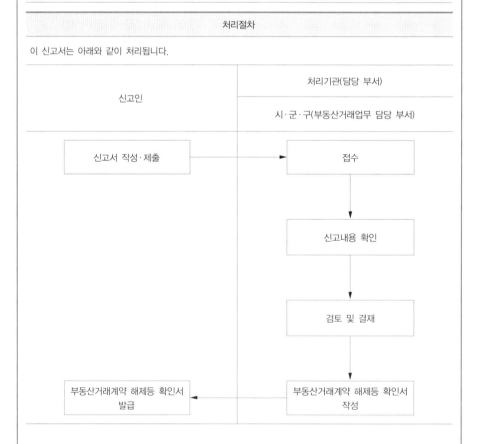

■ 부동산 거래신고 등에 관한 법률 시행규칙 [별지 제5호 서식] 〈개정 2020.2.27.〉

부동산거래계약 해제등 확인서

<table>
<tr><td rowspan="4">신고인</td><td colspan="3">구분
　　　[ ] 매도인　　　[ ] 매수인　　　[ ] 개업공인중개사　　　[ ] 대리인</td></tr>
<tr><td colspan="2">성명(법인명)</td><td>생년월일(법인·외국인등록번호)</td></tr>
<tr><td colspan="3">주소(법인 소재지)</td></tr>
<tr><td colspan="2">전화번호</td><td>휴대전화번호</td></tr>
<tr><td rowspan="13">신고
사항</td><td rowspan="3">매도인</td><td>성명(법인명)</td><td>생년월일(법인·외국인등록번호)</td></tr>
<tr><td colspan="2">주소(법인 소재지)</td></tr>
<tr><td>전화번호</td><td>휴대전화번호</td></tr>
<tr><td rowspan="3">매수인</td><td>성명(법인명)</td><td>생년월일(법인·외국인등록번호)</td></tr>
<tr><td colspan="2">주소(법인 소재지)</td></tr>
<tr><td>전화번호</td><td>휴대전화번호</td></tr>
<tr><td>신고필증
관리번호</td><td colspan="2"></td></tr>
<tr><td>계약 체결일</td><td>　년　　월　　일</td><td>거래계약
해제등의
사유 발생일　　　　　년　　월　　일</td></tr>
<tr><td>부동산
소재지</td><td colspan="2"></td></tr>
<tr><td rowspan="2">거래계약
해제등의
사유</td><td colspan="2">구분
　　　[ ] 해제　　[ ] 무효　　[ ] 취소</td></tr>
<tr><td colspan="2">사유</td></tr>
</table>

「부동산 거래신고 등에 관한 법률」 제3조의2 및 같은 법 시행규칙 제4조 제3항에 따라 부동산거래계약 해제등 확인서를 발급합니다.

　　　　　　　　　　　　　　　　　　　　　　　　　　　　　년　　　　월　　　　일

시장 · 군수 · 구청장　[직인]

210mm×297mm[백상지(80g/m²) 또는 중질지(80g/m²)]

9. 정정신청 및 변경신고

(1) 정정신청

① **정정신청 사유** : 거래당사자 또는 개업공인중개사는 부동산거래계약 신고내용 중 다음의 어느 하나에 해당하는 사항이 잘못 기재된 경우에는 신고관청에 신고내용의 정정을 신청할 수 있다.

> ㉠ 거래당사자의 주소·전화번호 또는 휴대전화번호
> ㉡ 거래지분 비율
> ㉢ 개업공인중개사의 전화번호·상호 또는 사무소 소재지
> ㉣ 거래대상 건축물의 종류
> ㉤ 거래대상 부동산등(부동산을 취득할 수 있는 권리에 관한 계약의 경우에는 그 권리의 대상인 부동산을 말한다)의 지목, 면적, 거래지분 및 대지권 비율

② 정정신청을 하려는 거래당사자 또는 개업공인중개사는 발급받은 부동산거래 신고필증에 정정사항을 표시하고 해당 정정 부분에 서명 또는 날인을 하여 신고관청에 제출하여야 한다. 다만, 거래당사자의 주소·전화번호 또는 휴대전화번호를 정정하는 경우에는 해당 거래당사자 일방이 단독으로 서명 또는 날인하여 정정을 신청할 수 있다.

③ 정정신청을 받은 신고관청은 정정사항을 확인한 후 지체 없이 해당 내용을 정정하고, 정정사항을 반영한 부동산거래 신고필증을 재발급해야 한다.

(2) 변경신고

① **변경신고 사유** : 거래당사자 또는 개업공인중개사는 부동산거래계약 신고내용 중 다음의 어느 하나에 해당하는 사항이 변경된 경우에는 「부동산등기법」에 따른 부동산에 관한 등기신청 전에 신고관청에 신고내용의 변경을 신고할 수 있다.

> ㉠ 거래지분 비율
> ㉡ 거래지분
> ㉢ 거래대상 부동산등의 면적
> ㉣ 계약의 조건 또는 기한
> ㉤ 거래가격
> ㉥ 중도금·잔금 및 지급일

    ◈ 공동매수의 경우 일부 매수인의 변경(매수인 중 일부가 제외되는 경우만 해당한다)

    ◉ 거래대상 부동산등이 다수인 경우 일부 부동산등의 변경(거래대상 부동산등 중 일부가 제외되는 경우만 해당한다)

    ㉧ 위탁관리인의 성명, 주민등록번호, 주소 및 전화번호(휴대전화번호 포함)

② 변경신고를 하는 거래당사자 또는 개업공인중개사는 부동산거래계약 변경신고서에 서명 또는 날인하여 신고관청에 제출하여야 한다. 다만, 부동산등의 면적 변경이 없는 상태에서 거래가격이 변경된 경우에는 거래계약서 사본 등 그 사실을 증명할 수 있는 서류를 첨부하여야 한다.

③ 다음에 해당하는 계약인 경우 변경신고사항인 거래가격 중 분양가격 및 선택품목은 거래당사자 일방이 단독으로 변경신고를 할 수 있다. 이 경우 거래계약서 사본 등 그 사실을 증명할 수 있는 서류를 첨부하여야 한다.

㉠ 「택지개발촉진법」, 「주택법」 등 다음의 법률에 따른 부동산에 대한 공급계약
    ⓐ 「건축물의 분양에 관한 법률」
    ⓑ 「공공주택 특별법」
    ⓒ 「도시개발법」
    ⓓ 「도시 및 주거환경정비법」
    ⓔ 「빈집 및 소규모주택 정비에 관한 특례법」
    ⓕ 「산업입지 및 개발에 관한 법률」
    ⓖ 「주택법」
    ⓗ 「택지개발촉진법」
㉡ 다음의 어느 하나에 해당하는 지위의 매매계약
    ⓐ 「택지개발촉진법」, 「주택법」 등에 따른 부동산에 대한 공급계약을 통하여 부동산을 공급받는 자로 선정된 지위
    ⓑ 「도시 및 주거환경정비법」에 따른 관리처분계획의 인가 및 「빈집 및 소규모주택 정비에 관한 특례법」에 따른 사업시행계획인가로 취득한 입주자로 선정된 지위

---

④ 변경신고를 받은 신고관청은 변경사항을 확인한 후 지체 없이 해당 내용을 변경하고, 변경사항을 반영한 부동산거래 신고필증을 재발급하여야 한다.

부동산 거래신고 등에 관한 법령상 부동산거래계약 신고내용의 정정신청 사항이 <u>아닌</u> 것은? · 30회

① 거래대상 건축물의 종류
② 개업공인중개사의 성명·주소
③ 거래대상 부동산의 면적
④ 거래지분 비율
⑤ 거래당사자의 전화번호

해설 ② 거래당사자 또는 개업공인중개사는 부동산거래계약 신고내용 중 다음의 어느 하나에 해당하는 사항이 잘못 기재된 경우에는 신고관청에 신고내용의 정정을 신청할 수 있다. 따라서 개업공인중개사의 성명·주소는 포함되지 않는다.

1. 거래당사자의 주소·전화번호 또는 휴대전화번호
2. 거래지분 비율
3. 개업공인중개사의 전화번호·상호 또는 사무소 소재지
4. 거래대상 건축물의 종류
5. 거래대상 부동산등(부동산을 취득할 수 있는 권리에 관한 계약의 경우에는 그 권리의 대상인 부동산을 말한다)의 지목, 면적, 거래지분 및 대지권 비율

정답 ②

■ 부동산 거래신고 등에 관한 법률 시행규칙 [별지 제3호 서식] 〈개정 2023.8.22.〉　부동산거래관리시스템(rtms.molit.go.kr)에서도 신청할 수 있습니다.

부동산거래계약 변경 신고서

※ 뒤쪽의 유의사항·작성방법을 읽고 작성하시기 바라며, [ ]에는 해당하는 곳에 ∨표를 합니다. (앞쪽)

접수번호		접수일시		처리기간	즉시

① 부동산 소재지		

② 신고인	구분	[ ] 매도인　　[ ] 매수인　　[ ] 개업공인중개사　　[ ] 대리인	
	성명(법인명)	주민등록번호(법인·외국인등록번호)	
	주소(법인소재지)		
	전화번호	휴대전화번호	

③ 변경 항목	변경 전		변경 후	
④ [ ] 거래지분 비율	분의　(　　　)		분의　(　　　)	
[ ] 거래 지분	[ ] 토지 [ ] 건축물	분의	[ ] 토지 [ ] 건축물	분의
[ ] 계약대상 면적	토지:　　　㎡ 건축물:　　　㎡		토지:　　　㎡ 건축물:　　　㎡	
[ ] 계약 조건 또는 기한				
[ ] 거래가격	거래가격		거래가격	
	분양가격		분양가격	
	발코니 확장 등 선택비용		발코니 확장 등 선택비용	
	추가 지급액 등		추가 지급액 등	
[ ] 중도금 및 지급일	중도금 : 지급일 :		중도금 : 지급일 :	
[ ] 잔금 및 지급일	잔금 : 지급일 :		잔금 : 지급일 :	
⑤ [ ] 매수인 변경				
⑥ [ ] 계약대상 부동산 등의 변경				
⑦ [ ] 위탁관리인 변경				

「부동산 거래신고 등에 관한 법률 시행규칙」 제3조 제3항부터 제5항까지의 규정에 따라 위와 같이 부동산거래계약 변경내용을 신고합니다.

년　　월　　일

② 신고인
매도인 :　　　　(서명 또는 인)
매수인 :　　　　(서명 또는 인)
개업공인중개사 :　　　　(서명 또는 인)
(개업공인중개사 중개 시)

시장·군수·구청장 귀하

210mm×297mm[백상지(80g/㎡) 또는 중질지(80g/㎡)]

첨부서류	그 사실을 증명할 수 있는 거래 계약서 사본(부동산등의 면적 변경이 없는 상태에서 거래 가격이 변경된 경우 또는 분양가격 및 선택품목을 거래당사자 일방이 단독으로 변경신고하는 경우에만 해당합니다)	수수료 없음
담당 공무원 확인사항	부동산거래계약 신고필증	

유의사항

「부동산 거래신고 등에 관한 법률」 제3조 및 같은 법 시행령 제3조의 실제 거래가격은 매수인이 매수한 부동산을 양도하는 경우 「소득세법」 제97조 제1항·제7항 및 같은 법 시행령 제163조 제11항 제2호에 따라 취득 당시의 실제 거래가격으로 보아 양도차익이 계산될 수 있음을 유의하시기 바랍니다.

작성방법

① 부동산 소재지는 동·호 등의 상세주소까지 적습니다.
② 매도인, 매수인 또는 개업공인중개사가 부동산거래계약 변경신청을 할 수 있고, 신고인란에는 거래당사자 간 거래인 경우에는 거래당사자가 서명 또는 날인하며, 중개거래인 경우는 개업공인중개사만 서명 또는 날인을 합니다.
③ 변경하려는 각 항목 앞의 [ ]에 ∨표시를 하고, 변경 전·후의 내용을 적습니다.
④ 거래지분 비율란의 괄호 안에는 거래 지분이 변경되는 자의 성명을 적습니다.
⑤ 매수인 변경란에는 공동매수의 경우 계약의 해제등을 한 매수인의 성명과 계약을 이행하는 다른 매수인의 거래 지분 변경 내용을 구체적으로 적되, 매수인을 추가하거나 교체하는 경우는 제외합니다.
⑥ 계약대상 부동산 등의 변경란에는 다수의 부동산 등을 거래하는 경우 계약의 해제등을 한 계약대상 부동산 등의 지번 등 내용을 구체적으로 적되, 계약대상 부동산 등을 추가하거나 교체하는 경우는 제외합니다.
⑦ 위탁관리인의 인적사항이 변경되는 경우, 변경 전·후 위탁관리인의 성명, 주민등록번호, 주소, 전화번호(휴대전화번호를 포함한다) 등을 구체적으로 적습니다.
※ 개업공인중개사가 다수이거나 변경 항목 등이 복잡한 경우에는 다른 용지에 작성하여 간인 처리한 후 첨부할 수 있습니다.

처리절차

※ 이 신고서는 아래와 같이 처리됩니다.

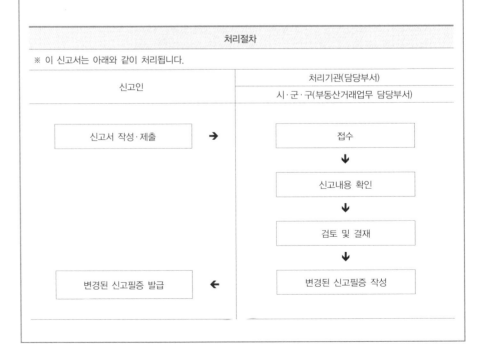

신고인	처리기관(담당부서) 시·군·구(부동산거래업무 담당부서)
신고서 작성·제출 →	접수 ↓ 신고내용 확인 ↓ 검토 및 결재 ↓ 변경된 신고필증 작성
변경된 신고필증 발급 ←	

| 제3절 | 주택 임대차계약의 신고 |

• 32회 • 34회

1. 주택 임대차계약의 신고

(1) 주택 임대차계약의 신고

임대차계약당사자는 주택(주택임대차보호법 제2조에 따른 주택을 말하며, 주택을 취득할 수 있는 권리를 포함한다. 이하 같다)에 대하여 보증금이 6천만원을 초과하거나 월차임이 30만원을 초과하는 주택 임대차계약(계약을 갱신하는 경우로서 보증금 및 차임의 증감 없이 임대차 기간만 연장하는 계약은 제외한다)을 체결한 경우 그 보증금 또는 차임 등 다음의 **(2)** 신고사항에서 정하는 사항을 임대차계약의 체결일부터 30일 이내에 주택 소재지를 관할하는 신고관청에 공동으로 신고하여야 한다. 다만, 임대차계약당사자 중 일방이 국가등인 경우에는 국가등이 신고하여야 한다. 국가등이 주택 임대차계약을 신고하려는 경우에는 임대차 신고서에 단독으로 서명 또는 날인해 신고관청에 제출해야 한다.

(2) 주택 임대차 신고사항

① 임대차계약당사자의 인적사항
   ㉠ **자연인인 경우** : 성명, 주소, 주민등록번호(외국인인 경우에는 외국인등록번호를 말한다) 및 연락처
   ㉡ **법인인 경우** : 법인명, 사무소 소재지, 법인등록번호 및 연락처
   ㉢ **법인 아닌 단체인 경우** : 단체명, 소재지, 고유번호 및 연락처
② 임대차 목적물(주택을 취득할 수 있는 권리에 관한 계약인 경우에는 그 권리의 대상인 주택을 말한다)의 소재지, 종류, 임대 면적 등 임대차 목적물 현황
③ 보증금 또는 월차임
④ 계약 체결일 및 계약 기간
⑤ 계약갱신요구권의 행사 여부(계약을 갱신한 경우만 해당한다)

(3) 신고대상지역

① 주택 임대차계약의 신고는 임차가구 현황 등을 고려하여 대통령령으로 정하는 지역에 적용한다.
② 주택 임대차계약의 신고지역은 특별자치시·특별자치도·시·군(광역시 및 경기도의 관할구역에 있는 군으로 한정한다)·구(자치구를 말한다)를 말한다.

(4) 신고방법 및 절차

① **원칙**(공동신고) : 주택 임대차계약을 신고하려는 임대차계약당사자는 주택 임대차계약 신고서(이하 '임대차 신고서'라 한다)에 공동으로 서명 또는 날인해 신고관청에 제출해야 한다.

> **⊕ 보충** **공동신고의 의제**
>
> 임대차계약당사자 일방이 임대차 신고서에 단독으로 서명 또는 날인한 후 다음의 서류 등을 첨부해 신고관청에 제출한 경우에는 임대차계약당사자가 공동으로 임대차 신고서를 제출한 것으로 본다.
> 1. 주택 임대차계약서(계약서를 작성한 경우만 해당한다)
> 2. 입금증, 주택 임대차계약과 관련된 금전거래내역이 적힌 통장 사본 등 주택 임대차계약 체결 사실을 입증할 수 있는 서류 등(주택 임대차계약서를 작성하지 않은 경우만 해당한다)
> 3. 「주택임대차보호법」 제6조의3에 따른 계약갱신요구권을 행사한 경우 이를 확인할 수 있는 서류 등

② **예외**(단독신고)

    ㉠ 임대차계약당사자 중 일방이 신고를 거부하는 경우에는 국토교통부령으로 정하는 바에 따라 단독으로 신고할 수 있다.

    ㉡ 단독으로 주택 임대차계약을 신고하려는 임대차계약당사자는 임대차 신고서에 서명 또는 날인한 후 다음의 서류 등과 단독신고사유서를 첨부해 신고관청에 제출해야 한다.

> ⓐ 주택 임대차계약서(계약서를 작성한 경우만 해당한다)
> ⓑ 입금증, 주택 임대차계약과 관련된 금전거래내역이 적힌 통장사본 등 주택 임대차계약 체결 사실을 입증할 수 있는 서류 등(주택 임대차 계약서를 작성하지 않은 경우만 해당한다)
> ⓒ 「주택임대차보호법」 제6조의3에 따른 계약갱신요구권을 행사한 경우 이를 확인할 수 있는 서류 등

    ㉢ 신고를 받은 신고관청은 단독신고 사유에 해당하는지를 확인해야 한다.

③ **주택 임대차계약서 제출 시 임대차 신고서 제출의 의제**

    ㉠ 임대차계약당사자 일방 또는 임대차계약당사자의 위임을 받은 사람이 임대차 신고사항이 모두 적혀 있고 임대차계약당사자의 서명이나 날인이 되어 있는 주택 임대차계약서를 신고관청에 제출하면 임대차계약당사자가 공동으로 임대차 신고서를 제출한 것으로 본다.

ⓛ 부동산거래계약시스템을 통해 주택 임대차계약을 체결한 경우에는 임대차계약당사자가 공동으로 임대차 신고서를 제출한 것으로 본다.

④ **국가등이 신고하는 경우** : 임대차계약당사자 중 일방이 국가등인 경우에는 국가등이 신고하여야 한다. 국가등이 주택 임대차계약을 신고하려는 경우에는 임대차 신고서에 단독으로 서명 또는 날인해 신고관청에 제출해야 한다.

⑤ **신분증명서 제시** : 신고하려는 자는 신분증명서를 신고관청에 보여줘야 한다.

⑥ **주택 임대차계약 신고서등의 제출 대행**

ⓖ 임대차계약당사자의 위임을 받은 사람은 임대차 신고서등(임대차 변경 신고서 및 임대차 해제 신고서를 포함한다)의 작성·제출 및 정정신청을 대행할 수 있다.

ⓛ 이 경우 임대차 신고서등의 작성·제출 및 정정신청을 대행하는 사람은 임대차 신고서등의 작성·제출 및 정정신청을 위임한 임대차계약당사자가 서명 또는 날인한 위임장(임대차계약당사자가 법인인 경우에는 법인인감을 날인한 위임장)과 신분증명서 사본을 함께 제출해야 한다. 임대차 신고서등의 제출을 대행하는 사람은 신분증명서를 신고관청에 보여줘야 한다.

(5) 신고필증의 발급

주택 임대차계약의 신고를 받은 신고관청은 신고사항의 누락 여부 등을 확인한 후 지체 없이 주택 임대차계약 신고필증(이하 '임대차 신고필증'이라 한다)을 내줘야 한다.

(6) 권한의 위임

신고관청은 주택 임대차계약의 신고의 사무에 대한 해당 권한의 일부를 그 지방자치단체의 조례로 정하는 바에 따라 읍·면·동장 또는 출장소장에게 위임할 수 있다.

■ 부동산 거래신고 등에 관한 법률 시행규칙 [별지 제5호의2 서식] 〈신설 2021.6.1.〉 부동산거래관리시스템(rtms.molit. go.kr)에서도 신청할 수 있습니다.

주택 임대차계약 신고서

※ 뒤쪽의 유의사항·작성방법을 읽고 작성하시기 바라며, [ ]에는 해당하는 곳에 ∨표를 합니다. (앞쪽)

접수번호		접수일시		처리기간	지체 없이

① 임대인	성명(법인·단체명)		주민등록번호(법인·외국인등록·고유번호)	
	주소(법인·단체 소재지)			
	전화번호		휴대전화번호	

② 임차인	성명(법인·단체명)		주민등록번호(법인·외국인등록·고유번호)	
	주소(법인·단체 소재지)			
	전화번호		휴대전화번호	

③ 임대 목적물 현황	종 류	아파트 [ ] 연립 [ ] 다세대 [ ] 단독 [ ] 다가구 [ ] 오피스텔 [ ] 고시원 [ ] 그 밖의 주거용 [ ]	
	④ 소재지(주소)		
	건물명( ) 동 층 호		
	⑤ 임대 면적(m²)	m² 방의 수(칸)	칸

임대 계약내용	⑥ 신규 계약 [ ]	임대료	보증금	원
			월 차임	원
		계약 기간	년 월 일 ~ 년 월 일	
		체결일	년 월 일	
	⑦ 갱신 계약 [ ]	종전 임대료	보증금	원
			월 차임	원
		갱신 임대료	보증금	원
			월 차임	원
		계약 기간	년 월 일 ~ 년 월 일	
		체결일	년 월 일	
	⑧ 「주택임대차보호법」 제6조의3에 따른 계약갱신요구권 행사 여부	[ ] 행사 [ ] 미행사		

「부동산 거래신고 등에 관한 법률」 제6조의2 및 같은 법 시행규칙 제6조의2에 따라 위와 같이 주택 임대차 계약 내용을 신고합니다.

년 월 일

신고인

임대인 : (서명 또는 인)
임차인 : (서명 또는 인)
제출인 : (서명 또는 인)
(제출 대행 시)

시장·군수·구청장(읍·면·동장·출장소장) 귀하

첨부서류	1. 주택 임대차계약서(부동산 거래신고 등에 관한 법률 제6조의5 제3항에 따른 확정일자를 부여받으려는 경우 및 부동산 거래신고 등에 관한 법률 시행규칙 제6조의2 제3항·제5항·제9항에 따른 경우만 해당합니다) 2. 입금표·통장사본 등 주택 임대차계약 체결 사실을 입증할 수 있는 서류 등(주택 임대차계약서를 작성하지 않은 경우만 해당합니다) 및 계약갱신요구권 행사 여부를 확인할 수 있는 서류 등 3. 단독신고사유서(부동산 거래신고 등에 관한 법률 제6조의2 제3항 및 같은 법 시행규칙 제6조의2 제5항에 따라 단독으로 주택 임대차 신고서를 제출하는 경우만 해당합니다)

유의사항

1. 「부동산 거래신고 등에 관한 법률」 제6조의2 제1항 및 같은 법 시행규칙 제6조의2 제1항에 따라 주택 임대차계약당사자는 이 신고서에 공동으로 서명 또는 날인해 계약당사자 중 일방이 신고서를 제출해야 하고, 계약당사자 중 일방이 국가, 지방자치단체, 공공기관, 지방직영기업, 지방공사 또는 지방공단인 경우(국가등)에는 국가등이 신고해야 합니다.
2. 주택 임대차계약의 당사자가 다수의 임대인 또는 임차인인 경우 계약서에 서명 또는 날인한 임대인 및 임차인 1명의 인적사항을 적어 제출할 수 있습니다.
3. 「부동산 거래신고 등에 관한 법률 시행규칙」 제6조의2 제3항에 따라 주택 임대차계약당사자 일방이 이 신고서에 주택 임대차계약서 또는 입금증, 주택 임대차계약과 관련된 금전거래내역이 적힌 통장 사본 등 주택 임대차계약 체결 사실을 입증할 수 있는 서류 등(주택 임대차계약서를 작성하지 않은 경우만 해당합니다), 「주택임대차보호법」 제6조의3에 따른 계약갱신요구권 행사 여부를 확인할 수 있는 서류 등을 제출하는 경우에는 계약당사자가 공동으로 신고한 것으로 봅니다.
4. 「부동산 거래신고 등에 관한 법률 시행규칙」 제6조의2 제9항에 따라 신고인이 같은 조 제1항 각 호의 사항이 모두 적힌 주택 임대차계약서를 신고관청에 제출하면 주택 임대차계약 신고서를 제출하지 않아도 됩니다. 이 경우 신고관청에서 주택 임대차계약서로 주택 임대차 신고서 작성 항목 모두를 확인할 수 없으면 주택 임대차계약 신고서의 제출을 요구할 수 있습니다.
5. 「부동산 거래신고 등에 관한 법률 시행규칙」 제6조의5에 따라 주택 임대차계약당사자로부터 신고서의 작성 및 제출을 위임받은 자는 제출인란에 서명 또는 날인해 제출해야 합니다.
6. 주택 임대차계약의 내용을 계약 체결일부터 30일 이내에 신고하지 않거나, 거짓으로 신고하는 경우 「부동산 거래신고 등에 관한 법률」 제28조 제5항 제3호에 따라 100만원 이하의 과태료가 부과됩니다.
7. 신고한 주택 임대차계약의 보증금, 차임 등 임대차 가격이 변경되거나 임대차계약이 해제된 경우에도 변경 또는 해제가 확정된 날부터 30일 이내에 「부동산 거래신고 등에 관한 법률」 제6조의3에 따라 신고해야 합니다.

작성방법

① · ② 임대인 및 임차인의 성명·주민등록번호 등 인적사항을 적으며, 주택 임대차계약의 당사자가 다수의 임대인 또는 임차인인 경우 계약서에 서명 또는 날인한 임대인 및 임차인 1명의 인적사항을 적어 제출할 수 있습니다.
③ 임대 목적물 현황의 종류란에는 임대차 대상인 주택의 종류에 ∨표시를 하고, 주택의 종류를 모를 경우 건축물대장(인터넷 건축행정시스템 세움터에서 무료 열람 가능)에 적힌 해당 주택의 용도를 참고합니다.
④ 소재지(주소)란에는 임대차 대상 주택의 소재지(주소)를 적고, 건물명이 있는 경우 건물명(예 : ○○아파트, ○○빌라, 다가구건물명 등)을 적으며, 동·층·호가 있는 경우 이를 적고, 구분등기가 되어 있지 않은 다가구주택 및 고시원 등의 일부를 임대한 경우에도 동·층·호를 적습니다.
⑤ 임대 면적란에는 해당 주택의 건축물 전체에 대해 임대차계약을 체결한 경우 집합건축물은 전용면적을 적고, 그 밖의 건축물은 연면적을 적습니다. 건축물 전체가 아닌 일부를 임대한 경우에는 임대차계약 대상 면적만 적고 해당 면적을 모르는 경우에는 방의 수(칸)를 적습니다.
⑥ · ⑦ 신고하는 주택 임대차계약이 신규 계약 또는 갱신 계약 중 해당하는 하나에 ∨표시를 하고, 보증금 또는 월 차임(월세) 금액을 각각의 란에 적으며, 임대차계약 기간과 계약 체결일을 각각의 란에 적습니다.
⑧ 갱신 계약란에 ∨표시를 한 경우 임차인이 「주택임대차보호법」 제6조의3에 따른 계약갱신요구권을 행사했는지를 '행사' 또는 '미행사'에 ∨표시를 합니다.
※ 같은 임대인과 임차인이 소재지(주소)가 다른 다수의 주택에 대한 임대차계약을 일괄하여 체결한 경우에도 임대 목적물별로 각각 주택 임대차 신고서를 작성해 제출해야 합니다.

처리절차

신고서 작성 (인터넷, 방문신고)	→	접수	→	신고처리	→	주택 임대차계약 신고필증 발급
신고인		처리기관 : 시·군·구(읍·면·동장·출장소) 담당 부서				

210mm×297mm[백상지(80g/m²) 또는 중질지(80g/m²)]

■ 부동산 거래신고 등에 관한 법률 시행규칙 [별지 제5호의3 서식] 〈신설 2021.6.1.〉

주택 임대차계약 신고필증

관리번호 제 호	접수번호 제 호	접수완료일	확정일자번호 제 호

임대인	성명(법인·단체명)		생년월일(법인·고유번호)	
	주소(법인·단체 소재지)			
	전화번호		휴대전화번호	

임차인	성명(법인·단체명)		생년월일(법인·고유번호)	
	주소(법인·단체 소재지)			
	전화번호		휴대전화번호	

임대 목적물 현황	종 류				
	소재지 (주소)				
	건물명( )		동	층	호
	임대 면적(m²)	m²	방의 수(칸)		칸

임대 계약내용	( ) 계약	임대료	보증금	원	변경 보증금	원
			월 차임	원	변경 월 차임	원
		계약 기간	년 월 일 ~ 년 월 일			
		체결일		변경 계약 체결일		
		계약갱신요구권 행사 여부				

「부동산 거래신고 등에 관한 법률」 제6조의2 제4항, 제6조의3 제3항 및 같은 법 시행규칙 제6조의2 제7항, 제6조의3 제3항 및 제6조의4 제3항에 따라 주택 임대차 계약 신고필증을 발급합니다.

년 월 일

시장·군수·구청장
(읍·면·동장·출장소장)

직인

210mm×297mm[백상지(80g/m²) 또는 중질지(80g/m²)]

2. 주택 임대차계약의 변경 및 해제 신고

(1) 주택 임대차계약의 변경 및 해제 신고

임대차계약당사자는 주택 임대차계약 신고를 한 후 해당 주택 임대차계약의 보증금, 차임 등 임대차 가격이 변경되거나 임대차계약이 해제된 때에는 변경 또는 해제가 확정된 날부터 30일 이내에 해당 신고관청에 공동으로 신고하여야 한다. 다만, 임대차계약당사자 중 일방이 국가등인 경우에는 국가등이 신고하여야 한다.

> ■■ 공동신고의 의제(주택 임대차신고 규정 준용)
>
> 1. 임대차계약당사자 일방이 임대차 변경 신고서 또는 해제 신고서에 단독으로 서명 또는 날인한 후 주택 임대차 변경 계약서 또는 주택 임대차 해제 합의서 등을 첨부해 신고관청에 제출한 경우에는 임대차계약당사자가 공동으로 임대차 변경 신고서 또는 임대차 해제 신고서를 제출한 것으로 본다.
> 2. 부동산거래계약시스템을 통해 주택 임대차계약을 해제한 경우에는 임대차계약당사자가 공동으로 임대차 해제 신고서를 제출한 것으로 본다.

(2) 변경 또는 해제 신고의 방법 및 절차

① **원칙**(공동신고) : 주택 임대차 가격의 변경 또는 주택 임대차계약의 해제를 신고하려는 임대차계약당사자는 주택 임대차계약 변경 신고서(이하 '임대차 변경 신고서'라 한다) 또는 주택 임대차계약 해제 신고서(이하 '임대차 해제 신고서'라 한다)에 공동으로 서명 또는 날인해 신고관청에 제출해야 한다.

② **예외**(단독신고) : 임대차계약당사자 중 일방이 신고를 거부하는 경우에는 단독으로 신고할 수 있다. 국가등이 주택 임대차 변경계약 또는 주택 임대차계약 해제 합의를 신고하려는 경우에는 임대차 변경 신고서 또는 해제 신고서에 단독으로 서명 또는 날인해 신고관청에 제출해야 한다.

  ㉠ 임대차계약당사자 중 일방이 신고를 거부해 단독으로 변경 또는 해제 신고를 하려는 자는 임대차 변경 신고서 또는 임대차 해제 신고서에 단독으로 서명 또는 날인한 후 다음의 서류를 첨부해 신고관청에 제출해야 한다.

ⓐ **변경신고 시** : 단독신고사유서와 주택 임대차 변경 계약서 또는 임대차 가격이 변경된 사실을 입증할 수 있는 서류 등

ⓑ **해제신고 시** : 단독신고사유서와 주택 임대차계약 해제 합의서 또는 주택 임대차계약이 해제된 사실을 입증할 수 있는 서류 등

ⓛ 신고를 받은 신고관청은 단독신고사유에 해당하는지를 확인해야 한다.

③ **신고서 제출의 대행** : 임대차계약당사자의 위임을 받은 사람은 임대차 변경 신고서 및 임대차 해제 신고서의 작성·제출 및 정정신청을 대행할 수 있다. 임대차 변경 신고서 및 임대차 해제 신고서의 작성·제출을 대행하는 사람은 임대차 변경 신고서 및 임대차 해제 신고서의 작성·제출을 위임한 임대차계약당사자가 서명 또는 날인한 위임장(임대차계약당사자가 법인인 경우에는 법인인감을 날인한 위임장)과 신분증명서 사본을 함께 제출해야 한다.

④ **신분증명서의 제시** : 주택 임대차계약의 변경 및 해제 신고를 하려는 자는 신분증명서를 신고관청에 보여줘야 한다.

(3) 신고필증 또는 해제 확인서의 발급

신고관청은 신고사항의 누락 여부 등을 확인한 후 지체 없이 변경사항을 반영한 임대차 신고필증 또는 주택 임대차계약 해제 확인서를 내줘야 한다.

(4) 권한의 위임

신고관청은 주택 임대차계약의 변경 및 해제 신고 사무에 대한 해당 권한의 일부를 그 지방자치단체의 조례로 정하는 바에 따라 읍·면·동장 또는 출장소장에게 위임할 수 있다.

■ 부동산 거래신고 등에 관한 법률 시행규칙 [별지 제5호의4 서식] 〈신설 2021.6.1.〉 부동산거래관리시스템(rtms.molit.go.kr)에서도 신청할 수 있습니다.

주택 임대차계약 변경 신고서

※ 뒤쪽의 유의사항·작성방법을 읽고 작성하시기 바랍니다. (앞쪽)

접수번호	접수일시	처리기간	지체 없이.

① 신고필증 관리번호			

② 임대인	성명(법인·단체명)		주민등록번호(법인·외국인등록·고유번호)	
	주소(법인·단체 소재지)			
	전화번호		휴대전화번호	

③ 임차인	성명(법인·단체명)		주민등록번호(법인·외국인등록·고유번호)	
	주소(법인·단체 소재지)			
	전화번호		휴대전화번호	

소재지 (주소)	

④ 계약 기간	년 월 일 ~ 년 월 일

⑤ 기존 임대료	보증금	원
	월 차임	원

⑥ 변경 임대료	보증금	원
	월 차임	원

⑦ 변경 계약 체결일	년 월 일

「부동산 거래신고 등에 관한 법률」 제6조의3 및 같은 법 시행규칙 제6조의3에 따라 위와 같이 주택 임대차 가격 변경 내역을 신고합니다.

년 월 일

임대인 : (서명 또는 인)

임차인 : (서명 또는 인)

신고인

제출인 : (서명 또는 인)
(제출 대행 시)

시장·군수·구청장(읍·면·동장·출장소장) 귀하

첨부서류	1. 주택 임대차 변경 계약서(부동산 거래신고 등에 관한 법률 제6조의5 제3항에 따른 확정일자를 부여받으려는 경우 및 같은 법 시행규칙 제6조의3 제4항에서 준용하는 제6조의2 제3항·제9항에 따른 경우에만 해당합니다) 2. 임대차 가격이 변경된 사실을 입증할 수 있는 서류 등(부동산 거래신고 등에 관한 법률 시행규칙 제6조의3 제4항에서 준용하는 제6조의2 제3항에 따라 단독으로 신고하는 경우로서 주택 임대차 변경 계약서를 제출하지 않는 경우만 해당합니다) 3. 단독신고사유서(부동산 거래신고 등에 관한 법률 제6조의3 제2항 및 같은 법 시행규칙 제6조의3 제2항에 따라 단독으로 주택 임대차계약 변경신고를 하는 경우만 해당합니다)

유의사항

1. 「부동산 거래신고 등에 관한 법률」 제6조의3 제1항 및 같은 법 시행규칙 제6조의3 제1항에 따라 주택 임대차계약당사자는 이 신고서에 공동으로 서명 또는 날인해 계약당사자 중 일방 또는 1명이 신고서를 제출해야 하고, 계약당사자 중 일방이 국가, 지방자치단체, 공공기관, 지방직영기업, 지방공사 또는 지방공단인 경우(국가등)에는 국가등이 신고해야 합니다.
2. 주택 임대차계약의 당사자가 다수의 임대인 또는 임차인인 경우 계약서에 서명 또는 날인한 임대인 및 임차인 1명의 인적사항을 적어 제출할 수 있습니다.
3. 「부동산 거래신고 등에 관한 법률 시행규칙」 제6조의3 제4항에서 준용하는 제6조의2 제3항에 따라 주택 임대차계약당사자 일방이 이 신고서에 주택 임대차 변경 계약서 또는 주택 임대차계약이 변경된 사실을 입증할 수 있는 서류 등(주택 임대차 변경 계약서를 작성하지 않은 경우만 해당합니다)을 첨부해 제출하는 경우에는 계약당사자가 공동으로 신고한 것으로 봅니다.
4. 「부동산 거래신고 등에 관한 법률 시행규칙」 제6조의5에 따라 주택 임대차계약당사자로부터 주택 임대차계약 변경 신고서의 작성 및 제출을 위임받은 자는 제출인란에 서명 또는 날인해 제출해야 합니다.
5. 「부동산 거래신고 등에 관한 법률 시행규칙」 제6조의3 제4항에서 준용하는 제6조의2 제9항에 따라 신고인이 변경사항이 모두 적힌 주택 임대차 변경 계약서를 신고관청에 제출하면 주택 임대차계약 변경 신고서를 제출하지 않아도 됩니다. 이 경우 신고관청에서 주택 임대차 변경 계약서로 임대차 가격 변경 사항 모두를 확인할 수 없으면 주택 임대차계약 변경 신고서의 제출을 요구할 수 있습니다.
6. 임대차 가격의 변경이 확정된 날부터 30일 이내에 신고하지 않거나, 거짓으로 신고하는 경우 「부동산 거래신고 등에 관한 법률」 제28조 제5항 제3호에 따라 100만원 이하의 과태료가 부과됩니다.

작성방법

① 신고필증 관리번호란에는 종전의 주택 임대차계약 신고에 따라 발급받은 주택 임대차계약 신고필증에 적힌 관리번호를 적습니다.
②·③ 임대인 및 임차인의 성명·주민등록번호 등 인적사항을 적으며, 주택 임대차계약의 당사자가 다수의 임대인 또는 임차인인 경우 계약서에 서명 또는 날인한 임대인 및 임차인 1명의 인적사항을 적어 제출할 수 있습니다.
④ 계약 기간란에는 종전에 신고한 주택 임대차계약의 계약 기간을 적습니다.
⑤·⑥ 기존 임대료란에는 종전에 신고한 임대료를 적고, 변경 임대료란에는 변경된 임대료를 적습니다.
⑦ 변경 계약 체결일란에는 주택 임대차 가격의 변경이 확정된 날짜를 적습니다.
※ 같은 임대인과 임차인이 소재지(주소)가 다른 다수의 주택에 대해 일괄하여 체결한 임대차계약의 가격이 변경된 경우에도 종전에 신고한 임대목적물 건별로 각각 주택 임대차계약 변경 신고서를 작성해 제출해야 합니다.

처리절차

210mm×297mm[백상지(80g/m²) 또는 중질지(80g/m²)]

■ 부동산 거래신고 등에 관한 법률 시행규칙 [별지 제5호의5 서식] 〈신설 2021.6.1.〉 부동산거래관리시스템(rtms.molit. go.kr)에서도 신청할 수 있습니다.

주택 임대차계약 해제 신고서

※ 뒤쪽의 유의사항·작성방법을 읽고 작성하시기 바랍니다. (앞쪽)

접수번호		접수일시		처리기간	지체 없이

① 신고필증 관리번호		

② 임대인	성명(법인·단체명)		주민등록번호(법인·외국인등록·고유번호)
	주소(법인·단체 소재지)		
	전화번호		휴대전화번호

③ 임차인	성명(법인·단체명)		주민등록번호(법인·외국인등록·고유번호)
	주소(법인·단체 소재지)		
	전화번호		휴대전화번호

소재지 (주소)	

④ 계약 기간	년 월 일 ~ 년 월 일

계약 체결일	년 월 일	해제 사유 발생일	년 월 일

⑤ 해제 사유	년 월 일

「부동산 거래신고 등에 관한 법률」 제6조의3 및 같은 법 시행규칙 제6조의3에 따라 위와 같이 주택 임대차계약 해제 내역을 신고합니다.

년 월 일

임대인 : (서명 또는 인)

임차인 : (서명 또는 인)

신고인

제출인 : (서명 또는 인)
(제출 대행 시)

시장·군수·구청장(읍·면·동장·출장소장) 귀하

첨부서류	1. 주택 임대차계약 해제 합의서(부동산 거래신고 등에 관한 법률 시행규칙 제6조의3 제4항에서 준용하는 제6조의2 제3항·제9항에 따른 경우만 해당합니다) 2. 주택 임대차계약이 해제된 사실을 입증할 수 있는 서류 등(부동산 거래신고 등에 관한 법률 시행규칙 제6조의3 제2항에 따라 단독으로 신고하는 경우로서 주택 임대차계약 해제 합의서를 제출하지 않는 경우만 해당합니다) 3. 단독신고사유서(부동산 거래신고 등에 관한 법률 제6조의3 제2항 및 같은 법 시행규칙 제6조의3 제2항에 따라 단독으로 주택 임대차계약 해제 신고를 하는 경우만 해당합니다)

12 부동산 거래신고 등에 관한 법률

유의사항

1. 「부동산 거래신고 등에 관한 법률」 제6조의3 제1항 및 같은 법 시행규칙 제6조의3 제1항에 따라 주택 임대차계약당사자는 이 신고서에 공동으로 서명 또는 날인해 계약당사자 중 일방 또는 1명이 신고서를 제출해야 하고, 계약당사자 중 일방이 국가, 지방자치단체, 공공기관, 지방직영기업, 지방공사 또는 지방공단인 경우(국가등)에는 국가등이 신고해야 합니다.

2. 주택 임대차계약의 당사자가 다수의 임대인 또는 임차인인 경우 계약서에 서명 또는 날인한 임대인 및 임차인 1명의 인적사항을 적어 제출할 수 있습니다.

3. 「부동산 거래신고 등에 관한 법률 시행규칙」 제6조의3 제4항에서 준용하는 제6조의2 제3항에 따라 주택 임대차계약당사자 일방이 이 신고서에 주택 임대차계약 해제 합의서 또는 주택 임대차계약이 해제된 사실을 입증할 수 있는 서류 등(주택 임대차 해제 합의서를 작성하지 않은 경우만 해당합니다)을 첨부해 제출하는 경우에는 계약당사자가 공동으로 신고한 것으로 봅니다.

4. 「부동산 거래신고 등에 관한 법률 시행규칙」 제6조의5에 따라 주택 임대차계약 해제 신고서의 작성 및 제출을 주택 임대차계약당사자로부터 위임받은 자는 제출인란에 서명 또는 날인해 제출해야 합니다.

5. 「부동산 거래신고 등에 관한 법률 시행규칙」 제6조의3 제4항에서 준용하는 제6조의2 제9항에 따라 신고인이 주택 임대차 해제 합의서를 신고관청에 제출하면 주택 임대차계약 해제 신고서를 제출하지 않아도 됩니다. 이 경우 신고관청에서 주택 임대차 해제 합의서로 주택 임대차계약 해제 사실을 확인할 수 없으면 주택 임대차 해제 신고서의 제출을 요구할 수 있습니다.

6. 주택 임대차계약의 해제가 확정된 날부터 30일 이내에 신고하지 않거나, 거짓으로 신고하는 경우 「부동산 거래신고 등에 관한 법률」 제28조 제5항 제3호에 따라 100만원 이하의 과태료가 부과됩니다.

작성방법

① 신고필증 관리번호란에는 종전의 주택 임대차계약 신고에 따라 발급받은 신고필증에 적힌 관리번호를 적습니다.

②·③ 임대인·임차인의 성명·주민등록번호 등 인적사항을 적으며, 주택 임대차계약의 당사자가 다수의 임대인 또는 임차인인 경우 계약서에 서명 또는 날인한 임대인 및 임차인 1명의 인적사항을 적어 제출할 수 있습니다.

④ 계약 기간란에는 종전에 신고한 주택 임대차계약의 계약 기간을 적습니다.

⑤ 해제 사유란에는 해제 사유를 간략히 적습니다.

※ 동일한 임대인과 임차인이 소재지(주소)가 다른 다수의 주택에 대해 일괄하여 체결한 임대차계약이 해제된 경우에도 종전에 신고한 임대목적물 건별로 각각 주택 임대차계약 해제 신고서를 작성해 제출해야 합니다.

처리절차

210mm×297mm[백상지(80g/㎡) 또는 중질지(80g/㎡)]

주택 임대차계약 해제 확인서

신고필증 관리번호	

	성명(법인·단체명)	생년월일(법인·고유번호)
임대인	주소(법인·단체 소재지)	
	전화번호	휴대전화번호

	성명(법인·단체명)	생년월일(법인·고유번호)
임차인	주소(법인·단체 소재지)	
	전화번호	휴대전화번호

계약 체결일	년 월 일	해제 사유 발생일	년 월 일
주택 소재지			
해제 사유			

「부동산 거래신고 등에 관한 법률」 제6조의3 및 같은 법 시행규칙 제6조의3 제3항에 따라 위와 같이 주택
임대차계약 해제 확인서를 발급합니다.

년   월   일

시장·군수·구청장
(읍·면·동장·출장소장)

직인

3. 주택 임대차계약 신고내용의 정정

(1) 정정신청 사유

임대차계약당사자는 주택 임대차 신고사항 또는 주택 임대차계약 변경신고의 내용이 잘못 적힌 경우에는 신고관청에 신고내용의 정정을 신청할 수 있다.

(2) 정정신청 방법

① **원칙**(공동신청) : 정정신청을 하려는 임대차계약당사자는 임대차 신고 필증에 정정사항을 표시하고 해당 정정부분에 공동으로 서명 또는 날인한 후 주택 임대차계약서 또는 주택 임대차 변경계약서를 첨부해 신고관청에 제출해야 한다.

② **예외**(단독신청)

㉠ 임대차계약당사자 중 일방이 단독으로 신청할 수 있다.

㉡ 단독으로 정정신청을 하려는 자는 신고필증에 단독으로 서명 또는 날인한 후 다음의 서류를 첨부해 신고관청에 제출해야 한다.

> ⓐ 주택 임대차계약서(계약서를 작성한 경우만 해당한다)
> ⓑ 입금증, 주택 임대차계약과 관련된 금전거래내역이 적힌 통장 사본 등 주택 임대차계약 체결 사실을 입증할 수 있는 서류 등(주택 임대차 계약서를 작성하지 않은 경우만 해당한다)
> ⓒ 「주택임대차보호법」 제6조의3에 따른 계약갱신요구권을 행사한 경우 이를 확인할 수 있는 서류 등

㉢ 임대차계약당사자 일방이 단독으로 서명 또는 날인한 후 정정신청을 한 경우에는 임대차계약당사자가 공동으로 주택 임대차계약 신고 내용 정정신청을 한 것으로 본다.

③ **정정신청의 대행** : 임대차계약당사자의 위임을 받은 사람은 정정신청을 대행할 수 있다. 이 경우 정정신청을 대행하는 사람은 신분증명서를 신고관청에 보여줘야 하며, 정정신청을 위임한 임대차계약당사자의 자필서명이 있는 위임장과 신분증명서 사본을 함께 제출해야 한다.

④ **신분증명서의 제시** : 정정신청을 하려는 자는 신분증명서를 신고관청에 보여줘야 한다.

(3) 신고필증의 발급

정정신청을 받은 신고관청은 정정할 사항을 확인한 후 지체 없이 해당 내용을 정정하고, 정정사항을 반영한 임대차 신고필증을 신청인에게 다시 내줘야 한다.

4. 주택 임대차계약 신고에 대한 준용규정

(1) 주택 임대차계약 신고의 금지행위에 관하여는 부동산 거래신고의 금지행위규정을 준용한다.

(2) 주택 임대차계약 신고내용의 검증에 관하여는 부동산 거래신고내용의 검증규정을 준용한다.

(3) 주택 임대차계약 신고내용의 조사 등에 관하여는 부동산 거래신고내용의 조사 등에 관한 규정을 준용한다.

5. 다른 법률에 따른 신고 등의 의제

(1) 전입신고를 한 경우 주택 임대차계약 신고 의제

임차인이 「주민등록법」에 따라 전입신고를 하는 경우 이 법에 따른 주택 임대차계약의 신고를 한 것으로 본다. 이 경우 주택 임대차계약서 또는 임대차 신고서(주택 임대차계약서를 작성하지 않은 경우로 한정한다)를 제출해야 한다.

(2) 임대사업자의 주택 임대차계약의 신고 또는 변경신고 의제

「공공주택 특별법」에 따른 공공주택사업자 및 「민간임대주택에 관한 특별법」에 따른 임대사업자는 관련 법령에 따른 주택 임대차계약의 신고 또는 변경신고를 하는 경우 이 법에 따른 주택 임대차계약의 신고 또는 변경신고를 한 것으로 본다.

(3) 확정일자부여 의제

주택 임대차계약의 신고, 주택 임대차계약의 변경 및 해제에 따른 신고에 대한 접수를 완료한 때에는 「주택임대차보호법」에 따른 확정일자를 부여한 것으로 본다(임대차계약서가 제출된 경우로 한정한다). 이 경우 신고관청은 「주택임대차보호법」에 따라 확정일자부를 작성하거나 「주택임대차보호법」의 확정일자부여기관에 신고사실을 통보하여야 한다.

01 甲이 서울특별시에 있는 자기 소유의 주택에 대해 임차인 乙과 보증금 3억원의 임대차계약을 체결하는 경우, 「부동산 거래신고 등에 관한 법률」에 따른 신고에 관한 설명으로 옳은 것을 모두 고른 것은? (단, 甲과 乙은 자연인임) • 34회

㉠ 보증금이 증액되면 乙이 단독으로 신고해야 한다.
㉡ 乙이 「주민등록법」에 따라 전입신고를 하는 경우 주택 임대차계약의 신고를 한 것으로 본다.
㉢ 임대차계약서를 제출하면서 신고를 하고 접수가 완료되면 「주택임대차보호법」에 따른 확정일자가 부여된 것으로 본다.

① ㉠
② ㉡
③ ㉠, ㉡
④ ㉡, ㉢
⑤ ㉠, ㉡, ㉢

해설 ④ 임대차계약당사자는 주택(주택임대차보호법 제2조에 따른 주택을 말하며, 주택을 취득할 수 있는 권리를 포함한다. 이하 같다)에 대하여 보증금이 6천만원을 초과하거나 월차임이 30만원을 초과하는 주택 임대차계약(계약을 갱신하는 경우로서 보증금 및 차임의 증감 없이 임대차 기간만 연장하는 계약은 제외한다)을 체결한 경우 임대차계약의 체결일부터 30일 이내에 주택 소재지를 관할하는 신고관청에 공동으로 신고하여야 한다. 따라서 보증금이 증액된 경우 공동으로 신고하여야 한다.

정답 ④

02 개업공인중개사 甲이 A도 B시 소재의 X주택에 관한 乙과 丙 간의 임대차계약 체결을 중개하면서 「부동산 거래신고 등에 관한 법률」에 따른 주택 임대차계약의 신고에 관하여 설명한 내용의 일부이다. ( )에 들어갈 숫자를 바르게 나열한 것은? (X주택은 주택임대차보호법의 적용대상이며, 乙과 丙은 자연인임) • 32회

보증금이 (㉠)천만원을 초과하거나 월차임이 (㉡)만원을 초과하는 주택 임대차계약을 신규로 체결한 계약당사자는 그 보증금 또는 차임 등을 임대차계약의 체결일부터 (㉢)일 이내에 주택 소재지를 관할하는 신고관청에 공동으로 신고해야 한다.

① ㉠: 3, ㉡: 30, ㉢: 60
② ㉠: 3, ㉡: 50, ㉢: 30
③ ㉠: 6, ㉡: 30, ㉢: 30
④ ㉠: 6, ㉡: 30, ㉢: 60
⑤ ㉠: 6, ㉡: 50, ㉢: 60

해설 ③ 임대차계약당사자는 주택(주택임대차보호법 제2조에 따른 주택을 말하며, 주택을 취득할 수 있는 권리를 포함한다)에 대하여 보증금이 (㉠ 6)천만원을 초과하거나 월차임이 (㉡ 30)만원을 초과하는 주택 임대차계약을 체결한 경우 그 보증금 또는 차임 등을 임대차계약의 체결일부터 (㉢ 30)일 이내에 주택 소재지를 관할하는 신고관청에 공동으로 신고하여야 한다(부동산 거래신고 등에 관한 법률 제6조의2 제1항).

정답 ③

제4절 외국인등의 부동산 취득 등에 관한 특례

• 25회 • 26회 • 28회 • 29회 • 30회 • 32회 • 33회 • 34회

법 제7조【상호주의】 국토교통부장관은 대한민국국민, 대한민국의 법령에 따라 설립된 법인 또는 단체나 대한민국정부에 대하여 자국(自國) 안의 토지의 취득 또는 양도를 금지하거나 제한하는 국가의 개인·법인·단체 또는 정부에 대하여 대통령령으로 정하는 바에 따라 대한민국 안의 토지의 취득 또는 양도를 금지하거나 제한할 수 있다. 다만, 헌법과 법률에 따라 체결된 조약의 이행에 필요한 경우에는 그러하지 아니하다.

법 제8조【외국인등의 부동산 취득·보유 신고】 ① 외국인등이 대한민국 안의 부동산등을 취득하는 계약(제3조 제1항 각 호에 따른 계약은 제외한다)을 체결하였을 때에는 계약체결일부터 60일 이내에 대통령령으로 정하는 바에 따라 신고관청에 신고하여야 한다.

② 외국인등이 상속·경매 그 밖에 대통령령으로 정하는 계약 외의 원인으로 대한민국 안의 부동산등을 취득한 때에는 부동산등을 취득한 날부터 6개월 이내에 대통령령으로 정하는 바에 따라 신고관청에 신고하여야 한다.

③ 대한민국 안의 부동산등을 가지고 있는 대한민국국민이나 대한민국의 법령에 따라 설립된 법인 또는 단체가 외국인등으로 변경된 경우 그 외국인등이 해당 부동산등을 계속보유하려는 경우에는 외국인등으로 변경된 날부터 6개월 이내에 대통령령으로 정하는 바에 따라 신고관청에 신고하여야 한다.

법 제9조【외국인등의 토지거래허가】 ① 제3조 및 제8조에도 불구하고 외국인등이 취득하려는 토지가 다음 각 호의 어느 하나에 해당하는 구역·지역 등에 있으면 토지를 취득하는 계약(이하 '토지취득계약'이라 한다)을 체결하기 전에 대통령령으로 정하는 바에 따라 신고관청으로부터 토지취득의 허가를 받아야 한다. 다만, 제11조에 따라 토지거래계약에 관한 허가를 받은 경우에는 그러하지 아니하다.

1. 「군사기지 및 군사시설 보호법」 제2조 제6호에 따른 군사기지 및 군사시설 보호구역 그 밖에 국방목적을 위하여 외국인등의 토지취득을 특별히 제한할 필요가 있는 지역으로서 대통령령으로 정하는 지역

2. 「문화재보호법」 제2조 제3항에 따른 지정문화재와 이를 위한 보호물 또는 보호구역

2의2. 「자연유산의 보존 및 활용에 관한 법률」에 따라 지정된 천연기념물·명승 및 시·도자연유산과 이를 위한 보호물 또는 보호구역 〈2024.3.22. 시행〉

3. 「자연환경보전법」 제2조 제12호에 따른 생태·경관보전지역
4. 「야생생물 보호 및 관리에 관한 법률」 제27조에 따른 야생생물 특별보호구역
② 신고관청은 관계 행정기관의 장과 협의를 거쳐 외국인등이 제1항 각 호의 어느 하나에 해당하는 구역·지역 등의 토지를 취득하는 것이 해당 구역·지역 등의 지정목적 달성에 지장을 주지 아니한다고 인정하는 경우에는 제1항에 따른 허가를 하여야 한다.
③ 제1항을 위반하여 체결한 토지취득계약은 그 효력이 발생하지 아니한다.

1. 상호주의

국토교통부장관은 대한민국국민, 대한민국의 법령에 따라 설립된 법인 또는 단체나 대한민국정부에 대하여 자국(自國) 안의 토지의 취득 또는 양도를 금지하거나 제한하는 국가의 개인·법인·단체 또는 정부에 대하여 대통령령으로 정하는 바에 따라 대한민국 안의 토지의 취득 또는 양도를 금지하거나 제한할 수 있다. 다만, 헌법과 법률에 따라 체결된 조약의 이행에 필요한 경우에는 그러하지 아니하다.

2. 외국인등의 부동산 취득·보유 신고

(1) 계약에 의한 취득신고

외국인등이 대한민국 안의 부동산등을 취득하는 계약(부동산 거래신고대상 계약을 한 경우는 제외한다)을 체결하였을 때에는 계약체결일부터 60일 이내에 신고관청에 신고하여야 한다.

(2) 계약 외의 원인에 의한 취득신고

외국인등이 상속·경매 그 밖에 다음에 해당하는 계약 외의 원인으로 대한민국 안의 부동산등을 취득한 때에는 부동산등을 취득한 날부터 6개월 이내에 신고관청에 신고하여야 한다.

① 「공익사업을 위한 토지 등의 취득 및 보상에 관한 법률」 및 그 밖의 법률에 따른 환매권의 행사
② 법원의 확정판결
③ 법인의 합병
④ 건축물의 신축·증축·개축·재축

(3) 계속보유의 신고

대한민국 안의 부동산등을 가지고 있는 대한민국국민이나 대한민국의 법령에 따라 설립된 법인 또는 단체가 외국인등으로 변경된 경우 그 외국인등이 해당 부동산등을 계속보유하려는 경우에는 외국인등으로 변경된 날부터 6개월 이내에 신고관청에 신고하여야 한다.

(4) 신고의 방법

부동산등의 취득 또는 계속보유에 관한 신고를 하려는 외국인등은 외국인 부동산등 취득·계속보유 신고서에 서명 또는 날인한 후 다음의 구분에 따른 서류를 첨부하여 신고관청에 제출하여야 한다.

① 부동산등 취득신고를 하는 경우 : 취득 원인에 따른 다음의 서류
  ㉠ 증여의 경우 : 증여계약서
  ㉡ 상속의 경우 : 상속인임을 증명할 수 있는 서류
  ㉢ 경매의 경우 : 경락결정서
  ㉣ 환매권 행사의 경우 : 환매임을 증명할 수 있는 서류
  ㉤ 법원의 확정판결의 경우 : 확정판결문
  ㉥ 법인의 합병의 경우 : 합병사실을 증명할 수 있는 서류
② 부동산등 계속보유신고를 하는 경우 : 대한민국국민이나 대한민국의 법령에 따라 설립된 법인 또는 단체가 외국인등으로 변경되었음을 증명할 수 있는 서류
③ 신고를 받은 신고관청은 「전자정부법」에 따라 행정정보의 공동이용을 통해 건축물대장, 토지등기사항증명서 및 건물등기사항증명서를 확인해야 한다.
④ 신고를 받은 신고관청은 제출된 첨부서류를 확인한 후 외국인 부동산 등 취득·계속보유 신고확인증을 발급하여야 한다.
⑤ 외국인등의 위임을 받은 사람은 외국인 부동산등 취득·계속보유 신고서의 작성 및 제출을 대행할 수 있다. 이 경우 다음의 서류를 함께 제출하여야 한다.
  ㉠ 신고서 제출을 위임한 외국인등의 서명 또는 날인이 있는 위임장
  ㉡ 신고서 제출을 위임한 외국인등의 신분증명서 사본
⑥ 부동산등 취득·계속보유 신고를 하려는 사람 또는 외국인등의 위임을 받고 신고를 대행하려는 사람은 본인의 신분증명서를 신고관청에 보여주어야 한다.

3. 외국인등의 토지거래허가

(1) 허가대상 토지

외국인등이 취득하려는 토지가 다음의 어느 하나에 해당하는 구역·지역 등에 있으면 토지취득계약을 체결하기 전에 신고관청으로부터 토지취득의 허가를 받아야 한다. 다만, 토지거래허가구역에서 토지거래계약에 관한 허가를 받은 경우에는 그러하지 아니하다.

> ① 「군사기지 및 군사시설 보호법」에 따른 군사기지 및 군사시설 보호구역, 그 밖에 국방목적을 위하여 외국인등의 토지취득을 특별히 제한할 필요가 있는 지역으로서 국방목적상 필요한 다음의 어느 하나에 해당하는 지역으로서 국방부장관 또는 국가정보원장의 요청이 있는 경우에 국토교통부장관이 관계 중앙행정기관의 장과 협의한 후 「국토의 계획 및 이용에 관한 법률」에 따른 중앙도시계획위원회의 심의를 거쳐 고시하는 지역을 말한다.
>   ⊙ 섬지역
>   ⓒ 「국방·군사시설사업에 관한 법률」에 따른 군부대주둔지와 그 인근지역
>   ⓒ 「통합방위법」에 따른 국가중요시설과 그 인근지역
> ② 「문화재보호법」에 따른 지정문화재와 이를 위한 보호물 또는 보호구역
> ③ 「자연유산의 보존 및 활용에 관한 법률」에 따라 지정된 천연기념물·명승 및 시·도자연유산과 이를 위한 보호물 또는 보호구역 〈2024.3.22. 시행〉
> ④ 「자연환경보전법」에 따른 생태·경관보전지역
> ⑤ 「야생생물 보호 및 관리에 관한 법률」에 따른 야생생물 특별보호구역

(2) 허가의 절차 및 방법

① 토지취득의 허가를 받으려는 외국인등은 신청서에 토지거래계약당사자 간의 합의서를 첨부하여 신고관청에 제출하여야 한다.

② 신고관청은 관계 행정기관의 장과 협의를 거쳐 외국인등이 토지를 취득하는 것이 해당 구역·지역 등의 지정목적 달성에 지장을 주지 아니한다고 인정하는 경우에는 허가를 하여야 한다.

③ 토지취득허가규정을 위반하여 체결한 토지취득계약은 그 효력이 발생하지 아니한다.

④ 신고관청은 신청서를 받은 날부터 다음의 구분에 따른 기간 안에 허가 또는 불허가처분을 하여야 한다.

> ⊙ 「군사기지 및 군사시설 보호법」에 따른 군사기지 및 군사시설 보호구역 : 30일
> ⓒ 이외 지역 : 15일

⑤ 신고관청은 군사기지 및 군사시설 보호구역 그 밖에 국방목적을 위하여 외국인등의 토지취득을 특별히 제한할 필요가 있는 지역으로서 대통령령으로 정하는 지역에 대한 토지취득의 허가 여부를 결정하기 위해 국방부장관 또는 국가정보원장 등 관계 행정기관의 장과 협의하려는 경우에는 신청서 등 국토교통부령으로 정하는 서류를 해당 관계 행정기관의 장에게 보내야 한다.

⑥ 신고관청은 외국인이 법 제3조에 따른 부동산거래 신고한 내용, 법 제8조에 따른 신고한 내용 및 법 제9조에 따른 허가내용을 매 분기 종료일부터 1개월 이내에 특별시장·광역시장·도지사 또는 특별자치도지사에게 제출(전자문서에 의한 제출을 포함한다)하여야 한다. 다만, 특별자치시장은 직접 국토교통부장관에게 제출하여야 한다.

⑦ ⑥에 따른 신고내용 및 허가내용을 제출받은 특별시장·광역시장·도지사 또는 특별자치도지사는 제출받은 날부터 1개월 이내에 그 내용을 국토교통부장관에게 제출하여야 한다.

⑧ **(1)**부터 **(2)**의 ① ~ ⑦에서 규정한 사항 외에 외국인등의 토지취득허가의 절차 및 방법 등에 관하여 필요한 사항은 국토교통부령으로 정한다.

⑨ 토지취득의 허가신청을 하려는 외국인등은 외국인 토지취득 허가신청서에 서명 또는 날인한 후 토지거래계약당사자 간의 합의서를 첨부하여 신고관청에 제출해야 한다.

⑩ 신청을 받은 신고관청은 「전자정부법」에 따라 행정정보의 공동이용을 통해 토지등기사항증명서를 확인해야 한다.

⑪ 신청을 받은 신고관청은 제출된 첨부서류를 확인한 후 외국인 토지취득 허가증을 발급해야 한다.

(3) 외국인등의 위임

① 외국인등의 위임을 받은 사람은 외국인 토지취득 허가신청서의 작성 및 제출을 대행할 수 있다. 이 경우 다음의 서류를 함께 제출해야 한다.

> ㉠ 신청서 제출을 위임한 외국인등의 서명 또는 날인이 있는 위임장
> ㉡ 신청서 제출을 위임한 외국인등의 신분증명서 사본

② 토지취득의 허가신청을 하려는 사람 또는 외국인등의 위임을 받고 신고를 대행하려는 사람은 본인의 신분증명서를 신고관청에 보여주어야 한다.

(4) 군사기지 및 군사시설보호구역에 대한 토지취득허가

신고관청은 군사기지 및 군사시설보호구역에 대한 토지취득의 허가 여부를 결정하기 위해 국방부장관 또는 국가정보원장 등 관계 행정기관의 장과 협의하려는 경우에는 신청서 등 다음의 서류를 해당 관계 행정기관의 장에게 보내야 한다.

① 외국인 토지취득 허가신청서
② 토지거래계약당사자 간의 합의서

■ 부동산 거래신고 등에 관한 법률 시행규칙 [별지 제6호 서식] 〈개정 2023.10.6.〉   부동산거래관리시스템(rtms.molit.go.kr)에서도 신청할 수 있습니다.

[ ] 외국인 부동산등 취득 신고서
[ ] 외국인 부동산등 계속보유 신고서

※ 뒤쪽의 유의사항·작성방법을 읽고 작성하시기 바라며, [ ]에는 해당하는 곳에 ∨표를 합니다.   (앞쪽)

접수번호		접수일시		처리기간	즉시

신고인	성명(법인명)		외국인(법인)등록번호	
	국적		① 국적 취득일자	
	생년월일(법인 설립일자)		(휴대)전화번호	
	② 주소(법인소재지)		(거래지분 : 분의)	

신고 사항	③ 취득 원인		④ 상세 원인		
	⑤ 원인 발생일자		⑥ 취득가액(원)		
	⑦ 종류	[ ] 토지 [ ] 건축물 [ ] 토지 및 건축물			
		[ ] 공급계약 [ ] 전매	[ ] 분양권 [ ] 입주권	[ ] 준공 전 [ ] 준공 후	
	⑧ 소재지				
	⑨ 토지	(지목 :)/(취득면적 : m²)/(지분 : 분의) (대지권비율 : 분의)			
	⑩ 건축물	(용도 :)/(취득면적 : m²)/(지분 : 분의)			
	⑪ 취득 용도				

「부동산 거래신고 등에 관한 법률」 제8조, 같은 법 시행령 제5조 제1항 및 같은 법 시행규칙 제7조 제1항에 따라 위와 같이 신고합니다.

년   월   일

신고인   (서명 또는 인)

시장·군수·구청장 귀하

첨부서류	뒤쪽 참조	수수료 없음

210mm×297mm[백상지(80g/m²) 또는 중질지(80g/m²)]

신고인 제출서류	부동산등 취득 신고의 경우	다음의 구분에 따른 서류 1. 증여의 경우 : 증여계약서 2. 상속의 경우 : 상속인임을 증명할 수 있는 서류 3. 경매의 경우 : 경락결정서 4. 환매권 행사의 경우 : 환매임을 증명할 수 있는 서류 5. 법원의 확정판결의 경우 : 확정판결문 6. 법인의 합병의 경우 : 합병사실을 증명할 수 있는 서류
	부동산등 계속보유 신고의 경우	대한민국국민이나 대한민국의 법령에 따라 설립된 법인 또는 단체가 외국인등으로 변경 되었음을 증명할 수 있는 서류
담당 공무원 확인사항	1. 건축물대장 2. 토지등기사항증명서 3. 건물등기사항증명서	

유의사항

1. 신고서를 제출할 때에는 여권 등 신고인의 신분을 확인할 수 있는 신분증명서를 제시해야 하고, 전자문서로 신고할 때에는 전자인증의 방법으로 신고인의 신분을 확인하게 됩니다.
2. 전자문서로 신고를 할 때에는 증명서류를 첨부해야 하고 첨부가 곤란한 경우에는 그 사본을 우편 또는 팩스로 신고관청에 따로 제출해야 합니다.
   * 이 경우 신고확인증은 제출된 서류를 확인한 후 지체 없이 송부합니다.

작성방법

① '국적 취득일자'란은 토지 계속보유 신고의 경우에는 반드시 적어야 합니다.
② '주소'란의 거래지분에는 공동 취득한 경우의 소유지분을 적습니다.
③ '취득 원인'란에는 계약, 계약 외, 계속보유 중에서 하나를 적습니다.
④ '상세 원인'란에는 매매, 교환, 증여, 상속, 경매, 환매권 행사, 법원의 확정판결, 법인의 합병, 신축 등, 국적 변경 중에서 하나를 적습니다.
⑤ '원인 발생일자'란에는 계약 체결일, 증여 결정일, 상속일(피상속인의 사망일), 경락결정일, 환매계약일, 확정 판결일, 합병일, 사용승인일, 국적변경일 중에서 하나를 적습니다.
⑥ 증여, 상속 등에 따라 취득가액 산출이 곤란한 경우에는 신고 원인 발생 연도의 공시지가 등을 참고하여 적을 수 있으며, 참고할 수 있는 가격이 없는 경우 '취득가액'란의 작성을 생략할 수 있습니다.
⑦ '종류'란에는 토지, 건축물 또는 토지 및 건축물(복합부동산의 경우) 해당란에 ∨표시합니다. 공급계약은 시행사 또는 건축주 등이 최초로 부동산을 공급(분양)하는 계약이고, 전매는 부동산을 취득할 수 있는 권리의 매매를 말하며 이 경우에는 해당란에 ∨표시를 하고, 세부항목 분양권, 입주권, 준공 전, 준공 후 각 해당란에도 ∨표시를 합니다.
⑧ '소재지'란에는 부동산의 소재지·지번(아파트 등 집합건물인 경우에는 동·호수까지)을 적습니다.
⑨ '토지'란에는 법정 지목, 취득면적을 정확하게 적고, 지분 또는 집합건물 대지권을 취득하는 경우에는 지분 또는 대지권 비율을 적습니다.
⑩ '건축물'란에는 아파트, 단독주택 등 「건축법 시행령」 별표 1에 따른 용도별 건축물의 종류와 취득면적을 정확하게 적고, 지분을 취득하는 경우에는 지분을 적습니다.
⑪ '취득 용도'란에는 주거용(아파트), 주거용(단독주택), 주거용(그 밖의 주택), 레저용, 상업용, 공장용 그 밖의 용도 중에서 하나를 적고, 취득 용도가 정해지지 않은 경우에는 현재의 용도를 적습니다.
※ 부동산, 관계 필지 등이 다수인 경우에는 다른 용지에 작성하여 간인 처리한 후 첨부합니다.

처리절차

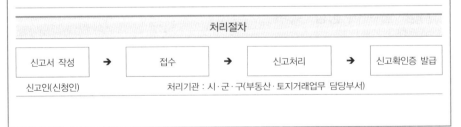

신고인(신청인)　　　　　　　　　　처리기관 : 시·군·구(부동산·토지거래업무 담당부서)

■ 부동산 거래신고 등에 관한 법률 시행규칙 [별지 제7호 서식] 〈개정 2023.10.6.〉

제   호

[ ] 외국인 부동산등 취득 신고확인증
[ ] 외국인 부동산등 계속보유 신고확인증

신고인	성명(법인명)		외국인(법인)등록번호	
	국적		국적 취득일자	
	생년월일(법인 설립일자)		(휴대)전화번호	
	주소(법인소재지)		(거래지분 : 분의)	
신고 사항	취득 원인		상세 원인	
	원인 발생일자		취득가액(원)	
	종 류	[ ] 토지 [ ] 건축물 [ ] 토지 및 건축물		
		[ ] 공급계약 [ ] 전매	[ ] 분양권 [ ] 입주권	[ ] 준공 전 [ ] 준공 후
	소재지			
	토지	(지목 :)/(취득면적 : m²)/(지분 : 분의) (대지권비율 : 분의)		
	건축물	(용도 :)/(취득면적 : m²)/(지분 : 분의)		
	취득 용도			

「부동산 거래신고 등에 관한 법률 시행규칙」 제7조 제3항에 따라 위와 같이 외국인 부동산등 취득(계속보유)
신고확인증을 발급합니다.

년   월   일

시장·군수·구청장   [직인]

210mm×297mm[백상지(80g/m²) 또는 중질지(80g/m²)]

■ 부동산 거래신고 등에 관한 법률 시행규칙 [별지 제7호의2 서식] 〈신설 2023.10.6.〉 부동산거래관리시스템(rtms.molit.go.kr)에서도 신청할 수 있습니다.

외국인 토지취득 허가신청서

※ 뒤쪽의 유의사항·작성방법을 읽고 작성하시기 바라며, [ ]에는 해당하는 곳에 ∨표를 합니다. (앞쪽)

접수번호	접수일시	처리기간	15일[법 제9조 제1항 제1호에 따른 구역·지역은 30일(30일 연장 가능)]

신청인	성명(법인명)		외국인(법인)등록번호
	(한글)　　　　(영문)		
	국적		여권번호
	생년월일(법인 설립일자)		(휴대)전화번호
			전자우편 주소 　　　　　　@
	① 주소(법인소재지)		

신청 사항	② 취득 상세원인								
	③ 취득 예정가액(원)								

신청 사항	④ 토지에 관한 사항	소재지	지 번	지 목		취득면 적 (m²)	지 분	용도지역· 용도지구
				법 정	현 실			
	토지 이용 현황	⑤ 토지의 정착물에 관한 사항(종류, 내용 등)						
		⑥ 그 밖의 이용현황						
	⑦ 취득 용도							

「부동산 거래신고 등에 관한 법률」 제9조 제1항, 같은 법 시행령 제6조 제1항 및 같은 법 시행규칙 제7조의2 제1항에 따라 위와 같이 허가를 신청합니다.

년　　　　월　　　　일

신청인　　　　　　　　　　　(서명 또는 인)

시장·군수·구청장 귀하

첨부서류	뒤쪽 참조	수수료 없음

210mm×297mm[백상지(80g/m²) 또는 중질지(80g/m²)]

신청인 제출서류	토지거래계약당사자 간의 합의서
담당 공무원 확인사항	토지등기사항증명서

유의사항

1. 허가신청서를 제출할 때에는 여권 등 신청인의 신분을 확인할 수 있는 신분증명서를 제시해야 하고, 전자문서로 신청할 때에는 전자인증의 방법으로 신청인의 신분을 확인하게 됩니다.
2. 전자문서로 허가신청을 할 때에는 증명서류를 첨부해야 하고, 첨부가 곤란한 경우에는 그 사본을 우편 또는 팩스로 허가관청에 따로 제출해야 합니다.

작성방법

① '주소'란은 실제 거주 중인 주소를 적되, 실제 거주자가 외국에 소재하는 경우 현지어로 적습니다. 또한, 법인의 주소는 대한민국에 법인의 사무소 또는 법인을 대표할 수 있는 자가 있는 경우 해당 사무소나 사람의 주소를 적고, 그렇지 않은 경우 법인등기부에 기재된 소재지를 적습니다.
② '취득 상세원인'란에는 매매, 교환, 증여 등의 계약원인을 적습니다.
③ 증여, 상속 등에 따라 취득 예정가액 산출이 곤란한 경우에는 신고 원인 발생 연도와 공시지가 등을 참고하여 적을 수 있으며, 참고할 수 있는 가격이 없는 경우 '취득 예정가액'란의 작성을 생략할 수 있습니다.
④ '토지에 관한 사항'란에는 토지의 소재지, 지번, 법정 지목, 현실 지목 및 취득면적을 정확하게 적고, 지분 또는 집합건물 대지권을 취득하는 경우에는 지분 또는 대지권 비율을 적습니다.
⑤ '토지의 정착물에 관한 사항'란에는 건축물 및 공작물의 경우에는 연면적·구조·사용년수 등을, 입목의 경우에는 수종·본수·수령 등을 적습니다.
⑥ '그 밖의 이용현황'란에는 토지의 정착물에 관한 사항 외 나대지, 도로, 임야 등 토지이용현황을 적습니다.
⑦ '취득 용도'란에는 주거용(아파트), 주거용(단독주택), 주거용(그 밖의 주택), 레저용, 상업용, 공장용, 농업용, 임업용, 그 밖의 용도 중에서 하나를 적고, 취득 용도가 정해지지 않은 경우에는 현재의 용도를 적습니다.
※ 부동산, 관계 필지 등이 다수인 경우에는 다른 용지에 작성하여 간인 처리한 후 첨부합니다.

처리절차

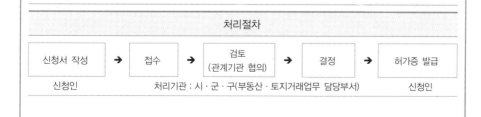

신청서 작성	→	접수	→	검토 (관계기관 협의)	→	결정	→	허가증 발급
신청인		처리기관 : 시·군·구(부동산·토지거래업무 담당부서)						신청인

PART 1

12 부동산 거래신고 등에 관한 법률

■ 부동산 거래신고 등에 관한 법률 시행규칙 [별지 제7호의3 서식] 〈신설 2023.10.6.〉

제   호

외국인 토지취득 허가증

신청인	성명(법인명) (한글) (영문)	외국인(법인)등록번호
	국적	여권번호
	생년월일(법인 설립일자)	(휴대)전화번호
		전자우편 주소 @
	주소(법인소재지)	

신청 사항	취득 상세원인							
	취득 예정가액(원)							

신청 사항	토지에 관한 사항	소재지	지 번	지 목		취득 면적 (m²)	지 분	용도지역· 용도지구
---	---	---	---	법 정	현 실			
		토지 이용 현황	토지의 정착물에 관한 사항(종류, 내용 등)					
			그 밖의 이용현황					
	취득 용도							

「부동산 거래신고 등에 관한 법률 시행령」 제6조 제1항 및 같은 법 시행규칙 제7조의2 제3항에 따라 위와 같이 허가합니다.

년   월   일

시장·군수·구청장   직인

210mm×297mm[백상지(80g/m²) 또는 중질지(80g/m²)]

기출&예상 문제

01 부동산 거래신고 등에 관한 법령상 국내 토지를 외국인이 취득하는 것에 관한 설명이다. (   )에 들어갈 숫자로 옳은 것은? (단, 상호주의에 따른 제한은 고려하지 않음) ·34회

- 외국인이 토지를 매수하는 계약을 체결하면 계약체결일부터 (㉠)일 이내에 신고해야 한다.
- 외국인이 토지를 증여받는 계약을 체결하면 계약체결일부터 (㉡)일 이내에 신고해야 한다.
- 외국인이 토지를 상속받으면 취득일부터 (㉢)개월 이내에 신고해야 한다.

① ㉠ : 30, ㉡ : 30, ㉢ : 3   ② ㉠ : 30, ㉡ : 30, ㉢ : 6
③ ㉠ : 30, ㉡ : 60, ㉢ : 6   ④ ㉠ : 60, ㉡ : 30, ㉢ : 3
⑤ ㉠ : 60, ㉡ : 60, ㉢ : 6

해설 • 외국인이 토지를 매수하는 계약을 체결하면 계약체결일부터 (㉠ 30)일 이내에 신고해야 한다.
  – 외국인등이 매매계약을 체결한 경우 부동산 거래신고대상이며, 이 경우 계약체결일부터 30일 이내에 신고하여야 한다.
• 외국인이 토지를 증여받는 계약을 체결하면 계약체결일부터 (㉡ 60)일 이내에 신고해야 한다.
  – 외국인등이 대한민국 안의 부동산등을 취득하는 계약(부동산 거래신고대상 계약을 한 경우는 제외한다)을 체결하였을 때에는 계약체결일부터 60일 이내에 신고관청에 신고하여야 한다.
• 외국인이 토지를 상속받으면 취득일부터 (㉢ 6)개월 이내에 신고해야 한다.
  – 외국인등이 상속·경매 그 밖에 다음에 해당하는 계약 외의 원인으로 대한민국 안의 부동산등을 취득한 때에는 부동산등을 취득한 날부터 6개월 이내에 신고관청에 신고하여야 한다.

정답 ③

02 부동산 거래신고 등에 관한 법령상 외국인등에 해당되는 것을 모두 고른 것은?

• 33회

㉠ 국제연합의 전문기구
㉡ 대한민국의 국적을 보유하고 있지 아니한 개인
㉢ 외국의 법령에 따라 설립된 법인
㉣ 비정부 간 국제기구
㉤ 외국 정부

① ㉠, ㉡
② ㉡, ㉢, ㉤
③ ㉠, ㉡, ㉢, ㉤
④ ㉠, ㉢, ㉣, ㉤
⑤ ㉠, ㉡, ㉢, ㉣, ㉤

해설 ⑤ 외국인등이란 다음에 해당하는 개인·법인 또는 단체를 말한다(법 제2조).

1. 대한민국의 국적을 보유하고 있지 아니한 개인
2. 외국의 법령에 따라 설립된 법인 또는 단체
3. 사원 또는 구성원의 2분의 1 이상이 대한민국의 국적을 보유하고 있지 아니한 법인 또는 단체
4. 업무를 집행하는 사원이나 이사 등 임원의 2분의 1 이상이 대한민국의 국적을 보유하고 있지 아니한 법인 또는 단체
5. 대한민국의 국적을 보유하고 있지 아니한 사람이나 외국의 법령에 따라 설립된 법인 또는 단체가 자본금의 2분의 1 이상이나 의결권의 2분의 1 이상을 가지고 있는 법인 또는 단체
6. 외국 정부
7. 대통령령으로 정하는 국제기구
    ⓐ 국제연합과 그 산하기구·전문기구
    ⓑ 정부 간 기구
    ⓒ 준정부 간 기구
    ⓓ 비정부 간 국제기구

따라서 ㉠㉡㉢㉣㉤ 모두 해당한다.

정답 ⑤

03 부동산 거래신고 등에 관한 법령상 외국인등의 부동산 취득 등에 관한 설명으로 옳은 것을 모두 고른 것은? •31회

ㄱ 국제연합도 외국인등에 포함된다.
ㄴ 외국인등이 대한민국 안의 부동산에 대한 매매계약을 체결하였을 때에는 계약체결일부터 60일 이내에 신고관청에 신고하여야 한다.
ㄷ 외국인이 상속으로 대한민국 안의 부동산을 취득한 때에는 부동산을 취득한 날부터 1년 이내에 신고관청에 신고하여야 한다.
ㄹ 외국인이 「수도법」에 따른 상수원보호구역에 있는 토지를 취득하려는 경우 토지취득계약을 체결하기 전에 신고관청으로부터 토지취득의 허가를 받아야 한다.

① ㄱ
② ㄱ, ㄹ
③ ㄴ, ㄷ
④ ㄱ, ㄴ, ㄹ
⑤ ㄱ, ㄴ, ㄷ, ㄹ

해설 ㄴ 외국인등이 대한민국 안의 부동산에 대한 매매계약을 체결하였을 때에는 계약체결일부터 30일 이내에 신고관청에 부동산 거래신고를 하여야 하며, 이 경우 부동산 거래신고를 하면 외국인등이 계약체결일부터 60일 이내에 신고관청에 신고하여야 하는 내용은 의제된다.
ㄷ 외국인이 상속으로 대한민국 안의 부동산을 취득한 때에는 부동산을 취득한 날부터 6개월 이내에 신고관청에 신고하여야 한다.
ㄹ 외국인등이 취득하려는 토지가 다음에 해당하는 구역·지역 등에 있으면 토지취득계약을 체결하기 전에 신고관청으로부터 토지취득의 허가를 받아야 한다. 「수도법」에 따른 상수원보호구역에 있는 토지를 취득하려는 경우는 허가대상에 포함되지 않는다.

1. 「군사기지 및 군사시설 보호법」에 따른 군사기지 및 군사시설 보호구역 그 밖에 국방목적을 위하여 외국인등의 토지취득을 특별히 제한할 필요가 있는 지역으로서 국방목적상 필요한 다음의 어느 하나에 해당하는 지역으로서 국방부장관 또는 국가정보원장의 요청이 있는 경우에 국토교통부장관이 관계 중앙행정기관의 장과 협의한 후 「국토의 계획 및 이용에 관한 법률」에 따른 중앙도시계획위원회의 심의를 거쳐 고시하는 지역
   ⓐ 섬지역
   ⓑ 「국방·군사시설사업에 관한 법률」에 따른 군부대주둔지와 그 인근지역
   ⓒ 「통합방위법」에 따른 국가중요시설과 그 인근지역
2. 「문화재보호법」에 따른 지정문화재와 이를 위한 보호물 또는 보호구역
3. 「자연유산의 보존 및 활용에 관한 법률」에 따라 지정된 천연기념물·명승 및 시·도자연유산과 이를 위한 보호물 또는 보호구역
4. 「자연환경보전법」에 따른 생태·경관보전지역
5. 「야생생물 보호 및 관리에 관한 법률」에 따른 야생생물 특별보호구역

정답 ①

토지거래허가구역 등

법 제10조【토지거래허가구역의 지정】 ① 국토교통부장관 또는 시·도지사는 국토의 이용 및 관리에 관한 계획의 원활한 수립과 집행, 합리적인 토지 이용 등을 위하여 토지의 투기적인 거래가 성행하거나 지가(地價)가 급격히 상승하는 지역과 그러한 우려가 있는 지역으로서 대통령령으로 정하는 지역에 대해서는 다음 각 호의 구분에 따라 5년 이내의 기간을 정하여 제11조 제1항에 따른 토지거래계약에 관한 허가구역(이하 '허가구역'이라 한다)으로 지정할 수 있다. 이 경우 국토교통부장관 또는 시·도지사는 대통령령으로 정하는 바에 따라 허가대상자(외국인등을 포함한다. 이하 이 조에서 같다), 허가대상 용도와 지목 등을 특정하여 허가구역을 지정할 수 있다. 〈2023.4.18. 시행〉

1. 허가구역이 둘 이상의 시·도의 관할구역에 걸쳐 있는 경우 : 국토교통부장관이 지정
2. 허가구역이 동일한 시·도 안의 일부지역인 경우 : 시·도지사가 지정. 다만, 국가가 시행하는 개발사업 등에 따라 투기적인 거래가 성행하거나 지가가 급격히 상승하는 지역과 그러한 우려가 있는 지역 등 대통령령으로 정하는 경우에는 국토교통부장관이 지정할 수 있다.

② 국토교통부장관 또는 시·도지사는 제1항에 따라 허가구역을 지정하려면 「국토의 계획 및 이용에 관한 법률」 제106조에 따른 중앙도시계획위원회(이하 '중앙도시계획위원회'라 한다) 또는 같은 법 제113조 제1항에 따른 시·도도시계획위원회(이하 '시·도도시계획위원회'라 한다)의 심의를 거쳐야 한다. 다만, 지정기간이 끝나는 허가구역을 계속하여 다시 허가구역으로 지정하려면 중앙도시계획위원회 또는 시·도도시계획위원회의 심의 전에 미리 시·도지사(국토교통부장관이 허가구역을 지정하는 경우만 해당한다) 및 시장·군수 또는 구청장의 의견을 들어야 한다.

③ 국토교통부장관 또는 시·도지사는 제1항에 따라 허가구역으로 지정한 때에는 지체 없이 허가대상자, 허가대상 용도와 지목 등 대통령령으로 정하는 사항을 공고하고, 그 공고 내용을 국토교통부장관은 시·도지사를 거쳐 시장·군수 또는 구청장에게 통지하고, 시·도지사는 국토교통부장관, 시장·군수 또는 구청장에게 통지하여야 한다. 〈2023.4.18. 개정〉

④ 제3항에 따라 통지를 받은 시장·군수 또는 구청장은 지체 없이 그 공고내용을 그 허가구역을 관할하는 등기소의 장에게 통지하여야 하며, 지체 없이 그 사실을 7일 이상 공고하고, 그 공고내용을 15일간 일반이 열람할 수 있도록 하여야 한다.

⑤ 허가구역의 지정은 제3항에 따라 허가구역의 지정을 공고한 날부터 5일 후에 그 효력이 발생한다.

⑥ 국토교통부장관 또는 시·도지사는 허가구역의 지정 사유가 없어졌다고 인정되거나 관계 시·도지사, 시장·군수 또는 구청장으로부터 받은 허가구역의 지정 해제 또는 축소 요청이 이유 있다고 인정되면 지체 없이 허가구역의 지정을 해제하거나 지정된 허가구역의 일부를 축소하여야 한다.

⑦ 제6항에 따른 해제 또는 축소의 경우에는 제2항 본문, 제3항 및 제4항을 준용한다.

1. 토지거래허가구역의 지정

(1) 허가구역 및 지정권자

국토교통부장관 또는 시·도지사는 국토의 이용 및 관리에 관한 계획의 원활한 수립과 집행, 합리적인 토지 이용 등을 위하여 토지의 투기적인 거래가 성행하거나 지가(地價)가 급격히 상승하는 지역과 그러한 우려가 있는 지역으로서 다음에 해당하는 지역에 대해서는 5년 이내의 기간을 정하여 토지거래계약에 관한 허가구역으로 지정할 수 있다. 이 경우 국토교통부장관 또는 시·도지사는 대통령령으로 정하는 바에 따라 허가대상자(외국인등을 포함한다), 허가대상 용도와 지목 등을 특정하여 허가구역을 지정할 수 있다.

① **허가구역**

> ㉠ 「국토의 계획 및 이용에 관한 법률」에 따른 광역도시계획, 도시·군기본계획, 도시·군관리계획 등 토지이용계획이 새로 수립되거나 변경되는 지역
> ㉡ 법령의 제정·개정 또는 폐지나 그에 따른 고시·공고로 인하여 토지이용에 대한 행위제한이 완화되거나 해제되는 지역
> ㉢ 법령에 따른 개발사업이 진행 중이거나 예정되어 있는 지역과 그 인근 지역
> ㉣ 그 밖에 국토교통부장관 또는 시·도지사가 투기우려가 있다고 인정하는 지역 또는 관계 행정기관의 장이 특별히 투기가 성행할 우려가 있다고 인정하여 국토교통부장관 또는 시·도지사에게 요청하는 지역

② **허가구역의 지정권자**

> ㉠ 허가구역이 둘 이상의 시·도의 관할구역에 걸쳐 있는 경우 : 국토교통부장관이 지정할 수 있다.
> ㉡ 허가구역이 동일한 시·도 안의 일부지역인 경우 : 시·도지사가 지정할 수 있다. 다만, 국가가 시행하는 개발사업 등에 따라 투기적인 거래가 성행하거나 지가가 급격히 상승하는 지역과 그러한 우려가 있는 지역 등 다음의 요건을 모두 충족하는 경우는 국토교통부장관이 지정할 수 있다.

> > ⓐ 국가 또는 「공공기관의 운영에 관한 법률」에 따른 공공기관이 관련 법령에 따른 개발사업을 시행하는 경우일 것
> > ⓑ 해당 지역의 지가변동률 등이 인근지역 또는 전국 평균에 비하여 급격히 상승하거나 상승할 우려가 있는 경우일 것

(2) 허가구역의 지정

국토교통부장관 또는 시·도지사는 허가대상자(외국인등을 포함), 허가대상 용도와 지목 등을 특정하여 허가구역을 지정할 수 있다.

> ① 허가대상자 : 지가변동률 및 거래량 등을 고려할 때 투기우려가 있다고 인정되는 자
> ② 허가대상 용도 : 다음에 해당하는 토지 중 투기우려가 있다고 인정되는 토지의 용도
>   ⊙ 나대지
>   ○ 「건축법」 제2조 제2항에 해당하는 건축물의 용도로 사용되는 부지
> ③ 허가대상 지목 : 투기우려가 있다고 인정되는 「공간정보의 구축 및 관리 등에 관한 법률」에 따른 지목

(3) 지정 및 재지정

국토교통부장관 또는 시·도지사는 허가구역을 지정하려면 「국토의 계획 및 이용에 관한 법률」에 따른 중앙도시계획위원회 또는 시·도도시계획위원회의 심의를 거쳐야 한다. 다만, 지정기간이 끝나는 허가구역을 계속하여 다시 허가구역으로 지정하려면 중앙도시계획위원회 또는 시·도도시계획위원회의 심의 전에 미리 시·도지사(국토교통부장관이 허가구역을 지정하는 경우만 해당한다) 및 시장·군수 또는 구청장의 의견을 들어야 한다.

(4) 공고 및 통지

국토교통부장관 또는 시·도지사는 앞의 (1)에 따라 허가구역으로 지정한 때에는 지체 없이 허가대상자, 허가대상 용도와 지목 등 다음의 사항을 공고하고, 그 공고내용을 국토교통부장관은 시·도지사를 거쳐 시장·군수 또는 구청장에게 통지하고, 시·도지사는 국토교통부장관, 시장·군수 또는 구청장에게 통지하여야 한다.

> ① 토지거래계약에 관한 허가구역(이하 '허가구역'이라 한다)의 지정기간
> ② 허가대상자, 허가대상 용도와 지목
> ③ 허가구역 내 토지의 소재지·지번·지목·면적 및 용도지역
> ④ 허가구역에 대한 축척 5만분의 1 또는 2만5천분의 1의 지형도
> ⑤ 허가 면제대상 토지면적

(5) 공고 및 열람

(4)의 통지를 받은 시장·군수 또는 구청장은 지체 없이 그 공고내용을 그 허가구역을 관할하는 등기소의 장에게 통지하여야 하며, 지체 없이 그 사실을 7일 이상 공고하고, 그 공고내용을 15일간 일반이 열람할 수 있도록 하여야 한다.

(6) 효력의 발생

허가구역의 지정은 허가구역의 지정을 공고한 날부터 5일 후에 그 효력이 발생한다.

(7) 지정의 해제 및 허가구역의 축소

① 국토교통부장관 또는 시·도지사는 허가구역의 지정사유가 없어졌다고 인정되거나 관계 시·도지사, 시장·군수 또는 구청장으로부터 받은 허가구역의 지정 해제 또는 축소 요청이 이유 있다고 인정되면 지체 없이 허가구역의 지정을 해제하거나 지정된 허가구역의 일부를 축소하여야 한다.

② 허가구역의 해제 또는 축소의 경우에는 앞의 **(3)** 본문, **(4)**, **(5)**의 내용을 준용한다.

2. 허가구역 내 토지거래에 대한 허가

(1) 토지거래계약의 허가

① **허가의 대상** : 허가구역에 있는 토지에 관한 소유권·지상권(소유권·지상권의 취득을 목적으로 하는 권리를 포함한다)을 이전하거나 설정(대가를 받고 이전하거나 설정하는 경우만 해당한다)하는 계약(예약을 포함한다. 이하 '토지거래계약'이라 한다)을 체결하려는 당사자는 공동으로 시장·군수 또는 구청장의 허가를 받아야 한다. 허가받은 사항을 변경하려는 경우에도 또한 같다. 허가관청은 허가증을 발급한 경우에는 해당 토지의 소재지·지번·지목 및 이용목적을 해당 기관의 인터넷 홈페이지에 게재하여야 한다.

O X 확 인 문 제

허가구역의 지정은 그 지정을 공고한 날부터 5일 후에 그 효력이 발생한다. • 28회   (   )

정답 (○)

② **허가의 면제** : 다음의 어느 하나에 해당하는 경우에는 허가를 필요로 하지 않는다.

> ㉠ 경제 및 지가의 동향과 거래단위면적 등을 종합적으로 고려하여 용도별 면적 이하의 토지에 대한 토지거래계약을 체결하려는 경우
> ㉡ 토지거래계약을 체결하려는 당사자 또는 그 계약의 대상이 되는 토지가 허가대상자, 허가대상 용도와 지목 등 공고된 사항에 해당하지 아니하는 경우

③ **허가의 신청** : 토지거래계약의 허가를 받으려는 자는 공동으로 다음의 사항을 기재한 신청서에 국토교통부령으로 정하는 서류를 첨부하여 허가관청에 제출하여야 한다.

㉠ 허가신청서 기재사항

> ⓐ 당사자의 성명 및 주소(법인인 경우에는 법인의 명칭 및 소재지와 대표자의 성명 및 주소)
> ⓑ 토지의 지번·지목·면적·이용현황 및 권리설정현황
> ⓒ 토지의 정착물인 건축물·공작물 및 입목 등에 관한 사항
> ⓓ 이전 또는 설정하려는 권리의 종류
> ⓔ 계약예정금액
> ⓕ 토지의 이용에 관한 계획
> ⓖ 토지를 취득(토지에 관한 소유권·지상권 또는 소유권·지상권의 취득을 목적으로 하는 권리를 이전하거나 설정하는 것을 말한다)하는 데 필요한 자금조달계획

㉡ 첨부서류

> ⓐ 토지이용계획서(농지법에 따라 농지취득자격증명을 발급받아야 하는 농지의 경우에는 농업경영계획서를 말한다)
> ⓑ 토지취득자금조달계획서

④ **변경허가의 신청** : 토지거래계약 변경허가를 받으려는 자는 공동으로 다음의 사항을 기재한 신청서에 다음의 서류를 첨부하여 허가관청에 제출하여야 한다.

㉠ 변경허가신청서 기재사항

> ⓐ 당사자의 성명 및 주소(법인인 경우에는 법인의 명칭 및 소재지와 대표자의 성명 및 주소)
> ⓑ 토시의 지번·지목·면적·이용현황 및 권리설정현황

ⓒ 토지의 정착물인 건축물·공작물 및 입목 등에 관한 사항

ⓓ 토지거래계약 허가번호

ⓔ 변경내용

ⓕ 변경사유

ⓛ 첨부서류

ⓐ 토지이용에 관한 계획을 변경하는 경우 : 토지이용계획서(농지법에 따라 농지취득자격증명을 발급받아야 하는 농지의 경우에는 농업경영계획서를 말한다)

ⓑ 계약예정금액을 변경하려는 경우 : 토지취득자금조달계획서

⑤ **토지등기사항증명서의 확인** : 허가관청은 「전자정부법」에 따른 행정정보의 공동이용을 통하여 토지등기사항증명서를 확인하여야 한다.

⑥ 허가신청서 또는 변경허가신청서를 받은 허가관청은 지체 없이 필요한 조사를 하고 신청서를 받은 날부터 15일 이내에 허가·변경허가 또는 불허가처분을 하여야 한다. 허가관청은 토지거래계약에 관하여 필요한 조사를 하는 경우에는 허가를 신청한 토지에 대한 현황을 파악할 수 있는 사진을 촬영·보관하여야 한다.

(2) 토지거래계약허가 면제대상 토지면적

경제 및 지가의 동향과 거래단위면적 등을 종합적으로 고려하여 다음에서 정하는 용도별 면적 이하의 토지에 대한 토지거래계약에 관하여는 허가가 필요하지 아니하다.

① 국토교통부장관 또는 시·도지사가 허가구역을 지정할 당시 해당 지역에서의 거래실태 등을 고려하여 다음의 면적으로 하는 것이 타당하지 아니하다고 인정하여 해당 기준면적의 10% 이상 300% 이하의 범위에서 따로 정하여 공고한 경우에는 그에 따른다.

ⓞ 「국토의 계획 및 이용에 관한 법률」에 따른 도시지역 : 다음의 세부 용도지역별 구분에 따른 면적

ⓐ 주거지역 : 60m²

ⓑ 상업지역 : 150m²

ⓒ 공업지역 : 150m²

ⓓ 녹지지역 : 200m²

ⓔ 위 ⓐ부터 ⓓ까지의 구분에 따른 용도지역의 지정이 없는 구역 : 60m²

ⓛ 도시지역 외의 지역 : 250m². 다만, 농지(농지법에 따른 농지를 말한다)의 경우에는 500m²로 하고, 임야의 경우에는 1천m²로 한다.

② 면적을 산정할 때 일단(一團)의 토지이용을 위하여 토지거래계약을 체결한 날부터 1년 이내에 일단의 토지 일부에 대하여 토지거래계약을 체결한 경우에는 그 일단의 토지 전체에 대한 거래로 본다.

③ 허가구역 지정 당시 기준면적을 초과하는 토지가 허가구역 지정 후에 분할(국토의 계획 및 이용에 관한 법률에 따른 도시·군계획사업의 시행 등 공공목적으로 인한 분할은 제외한다)로 기준면적 이하가 된 경우 분할된 해당 토지에 대한 분할 후 최초의 토지거래계약은 기준면적을 초과하는 토지거래계약으로 본다. 허가구역 지정 후 해당 토지가 공유지분으로 거래되는 경우에도 또한 같다.

(3) 토지이용계획 등에 포함할 사항

허가를 받으려는 자는 그 허가신청서에 계약내용과 그 토지의 이용계획, 취득자금 조달계획 등을 적어 시장·군수 또는 구청장에게 제출하여야 한다. 이 경우 토지이용계획, 취득자금 조달계획 등에 포함되어야 할 사항은 다음과 같다. 다만, 시장·군수 또는 구청장에게 제출한 취득자금 조달계획이 변경된 경우에는 취득토지에 대한 등기일까지 시장·군수 또는 구청장에게 그 변경사항을 제출할 수 있다.

① **토지를 주거용·복지시설용·사업용 건축물 또는 공작물을 건축**(신축·증축·개축 또는 재축만 해당한다)**하는 데 이용하는 경우 또는 그 밖의 형질변경을 수반하는 용도로 이용하는 경우**

> ㉠ 토지의 개발 및 이용계획(착공일·준공일 등 추진일정을 포함한다)
> ㉡ 소요자금의 개략적인 산출내역

② **토지를 축산업 또는 어업용으로 이용하고자 하는 경우**

> ㉠ 토지의 개발 및 이용계획(착공일·준공일 등 추진일정을 포함한다)
> ㉡ 시설의 설치 또는 기계·기구의 구입이 필요한 경우에는 그 내역 및 설치·구입 일정
> ㉢ 소요자금의 개략적인 산출내역

③ 토지를 임업용으로 이용하고자 하는 경우

> ㉠ 토지에 대한 2년 이상의 산림경영계획(반기별로 구체적인 작업일정을 포함하여야 한다)
> ㉡ 소요자금의 개략적인 산출내역

④ 토지를 앞의 ①부터 ③까지 외의 용도로 이용하고자 하는 경우

> ㉠ 토지의 이용 및 관리계획(필요한 경우 추진일정을 포함한다)
> ㉡ 소요자금의 개략적인 산출내역

⑤ 앞의 ①의 ㉠ 및 ②의 ㉠에 따른 토지의 개발 및 이용계획 중 착공일은 토지를 취득한 날부터 2년을 초과하지 아니하는 범위 내에서만 정할 수 있다. 이 경우 관계 법령에 따른 허가·인가·승인 또는 심의 등에 소요되는 기간은 산입하지 아니한다.

(4) 시장·군수 또는 구청장은 앞의 **(3)**에 따른 허가신청서를 받으면 「민원 처리에 관한 법률」에 따른 처리기간에 허가 또는 불허가의 처분을 하고, 그 신청인에게 허가증을 발급하거나 불허가처분 사유를 서면으로 알려야 한다. 다만, 선매협의(先買協議) 절차가 진행 중인 경우에는 위의 기간 내에 그 사실을 신청인에게 알려야 한다.

(5) 「민원 처리에 관한 법률」에 따른 처리기간에 허가증의 발급 또는 불허가처분 사유의 통지가 없거나 선매협의 사실의 통지가 없는 경우에는 그 기간이 끝난 날의 다음 날에 허가가 있는 것으로 본다. 이 경우 시장·군수 또는 구청장은 지체 없이 신청인에게 허가증을 발급하여야 한다.

(6) 허가를 받지 아니하고 체결한 토지거래계약은 그 효력이 발생하지 아니한다.

(7) 허가대상 토지의 면적 산정방법에 관하여 필요한 사항은 대통령령으로 정한다.

01 부동산 거래신고 등에 관한 법령상 토지거래허가구역 내의 토지매매에 관한 설명으로 옳은 것을 모두 고른 것은? (단, 법령상 특례는 고려하지 않으며, 다툼이 있으면 판례에 따름) • 34회

ⓐ 허가를 받지 아니하고 체결한 매매계약은 그 효력이 발생하지 않는다.
ⓑ 허가를 받기 전에 당사자는 매매계약상 채무불이행을 이유로 계약을 해제할 수 있다.
ⓒ 매매계약의 확정적 무효에 일부 귀책사유가 있는 당사자도 그 계약의 무효를 주장할 수 있다.

① ㉠

② ㉡

③ ㉠, ㉢

④ ㉡, ㉢

⑤ ㉠, ㉡, ㉢

해설 ㉡ 「국토의 계획 및 이용에 관한 법률」상 토지거래허가구역 내의 토지에 관한 매매계약은 관할관청으로부터 허가받기 전의 상태에서는 법률상 미완성의 법률행위로서 이른바 유동적 무효의 상태에 있어 그 계약내용에 따른 본래적 효력은 발생하지 아니하므로, 관할관청의 거래허가를 받아 매매계약이 소급하여 유효한 계약이 되기 전까지 양쪽 당사자는 서로 소유권의 이전이나 대금의 지급과 관련하여 어떠한 내용의 이행청구를 할 수 없으며, 일방 당사자는 상대방의 매매계약 내용에 따른 채무불이행을 이유로 하여 계약을 해제할 수도 없다(대판 2010.5.13, 2009다92685).

㉢ 토지거래허가를 받지 아니하여 유동적 무효상태에 있는 계약이라고 하더라도 일단 거래허가신청을 하여 불허되었다면 특별한 사정이 없는 한, 불허된 때로부터는 그 거래계약은 확정적으로 무효가 된다고 보아야 하고, 거래허가신청을 하지 아니하여 유동적 무효인 상태에 있던 거래계약이 확정적으로 무효가 된 경우에는 거래계약이 확정적으로 무효로 됨에 있어서 귀책사유가 있는 자라고 하더라도 그 계약의 무효를 주장하는 것이 신의칙에 반한다고 할 수는 없다(이 경우 상대방은 그로 인한 손해의 배상을 청구할 수는 있다)(대판 1995.2.28, 94다51789).

정답 ③

02 부동산 거래신고 등에 관한 법령상 토지거래허가구역 등에 관한 설명으로 틀린 것은? (단, 거래당사자는 모두 대한민국 국적의 자연인임)

• 34회

① 허가구역의 지정은 그 지정을 공고한 날부터 7일 후에 그 효력이 발생한다.

② 허가구역에 있는 토지거래에 대한 처분에 이의가 있는 자는 그 처분을 받은 날부터 1개월 이내에 시장·군수 또는 구청장에게 이의를 신청할 수 있다.

③ 허가구역에 있는 토지에 관하여 사용대차계약을 체결하는 경우에는 토지거래허가를 받을 필요가 없다.

④ 허가관청은 허가신청서를 받은 날부터 15일 이내에 허가 또는 불허가 처분을 하여야 한다.

⑤ 허가신청에 대하여 불허가처분을 받은 자는 그 통지를 받은 날부터 1개월 이내에 시장·군수 또는 구청장에게 해당 토지에 관한 권리의 매수를 청구할 수 있다.

해설 ① 허가구역의 지정은 허가구역의 지정을 공고한 날부터 5일 후에 그 효력이 발생한다.

정답 ①

03 부동산 거래신고 등에 관한 법령상 토지거래허가 등에 관한 설명으로 옳은 것은 모두 몇 개인가?

• 33회

• 농지에 대하여 토지거래계약허가를 받은 경우에는 「농지법」에 따른 농지전용허가를 받은 것으로 본다.

• 국세의 체납처분을 하는 경우에는 '허가구역 내 토지거래에 대한 허가'의 규정을 적용한다.

• 시장·군수는 토지 이용의무기간이 지난 후에도 이행강제금을 부과할 수 있다.

• 토지의 소유권자에게 부과된 토지 이용에 관한 의무는 그 토지에 관한 소유권의 변동과 동시에 그 승계인에게 이전한다.

① 0개   ② 1개
③ 2개   ④ 3개
⑤ 4개

• 농지에 대하여 토지거래계약허가를 받은 경우에는 「농지법」 제8조에 따른 농지취득자격증명을 받은 것으로 본다.
• 국세 및 지방세의 체납처분 또는 강제집행을 하는 경우에는 '허가구역 내 토지거래에 대한 허가'의 규정을 적용하지 아니한다.
• 시장·군수 또는 구청장은 토지 이용의무기간이 지난 후에는 이행강제금을 부과할 수 없다.

정답 ②

■ 부동산 거래신고 등에 관한 법률 시행규칙 [별지 제9호 서식]

온나라 부동산정보통합포털(onnara. go.kr)에서도 신청할 수 있습니다.

토지거래계약허가 신청서

※ 뒤쪽의 유의사항·작성방법을 읽고 작성하시기 바라며, 색상이 어두운 란은 신청인이 작성하지 않습니다.

(앞쪽)

접수번호	접수일시	처리기간	15일

매도인	① 성명(법인명)	② 주민등록번호(법인·외국인등록번호)
	③ 주소(법인 소재지)	(휴대)전화번호
매수인	④ 성명(법인명)	⑤ 주민등록번호(법인·외국인등록번호)
	⑥ 주소(법인 소재지)	(휴대)전화번호

⑦ 허가신청하는 권리		[ ] 소유권 　 [ ] 지상권						

토지에 관한 사항	번호	⑧ 소재지	⑨ 지번	지 목		⑫ 면적 (m²)	⑬ 용도지역· 용도지구	⑭ 이용 현황
				⑩ 법정	⑪ 현실			
	1 2 3							
	⑮ 권리설정현황							

토지의 정착물에 관한 사항	번호	⑯ 종류		⑰ 정착물의 내용	이전 또는 설정에 관한 권리	
					⑱ 종류	⑲ 내용
	1 2 3					

이전 또는 설정하는 권리의 내용에 관한 사항	번호	⑳ 소유권의 이전 또는 설정의 형태	그 밖의 권리의 경우		㉓ 특기사항
			㉑ 존속기간	㉒ 지대(연액)	
	1 2 3				

계약예정금액에 관한 사항	번호	토 지				정착물		㉚ 예정금액합계(원) (㉗+㉙)
		㉔ 지목 (현실)	㉕ 면적 (m²)	㉖ 단가 (원/m²)	㉗ 예정 금액(원)	㉘ 종류	㉙ 예정 금액(원)	
	1 2 3							
		계	평 균	계		계		계

「부동산 거래신고 등에 관한 법률」 제11조 제1항, 같은 법 시행령 제9조 제1항 및 같은 법 시행규칙 제9조에 따라 위와 같이 허가를 신청합니다.

년　　　월　　　일

매도인　　　　　　　　　　(서명 또는 인)
매수인　　　　　　　　　　(서명 또는 인)

시장·군수·구청장 귀하

신청인 제출서류	1. 「부동산 거래신고 등에 관한 법률 시행규칙」 제11조 제1항 각 호의 사항을 적은 토지이용계획서(농지법 제8조에 따라 농지취득자격증명을 발급받아야 하는 농지의 경우에는 같은 조 제2항에 따른 농업경영계획서를 말합니다) 2. 「부동산 거래신고 등에 관한 법률 시행규칙」 제9조 제2항에 따른 별지 제10호 서식의 토지취득자금조달계획서	수수료 없음
담당 공무원 확인사항	토지등기사항증명서	

210mm×297mm[백상지(80g/m²) 또는 중질지(80g/m²)]

유의사항

1. 「부동산 거래신고 등에 관한 법률」 제11조 제1항에 따른 허가를 받지 아니하고 체결한 토지거래계약은 그 효력을 발생하지 아니합니다.

2. 「부동산 거래신고 등에 관한 법률」 제11조 제1항에 따라 허가 또는 변경허가를 받지 아니하고 토지거래계약을 체결하거나 거짓, 그 밖의 부정한 방법으로 토지거래계약허가를 받은 자는 2년 이하의 징역 또는 계약체결 당시의 개별공시지가에 따른 해당 토지가격의 100분의 30에 상당하는 금액 이하의 벌금이 부과됩니다.

3. 「부동산 거래신고 등에 관한 법률」 제11조 제1항에 따라 토지거래계약허가를 받아 취득한 토지를 허가받은 목적대로 이용하지 아니한 경우에는 토지 취득가액의 100분의 10의 범위 안에서 이행강제금이 부과됩니다.

※ 허가 신청사항이 많은 경우에는 다른 용지에 작성하여 간인 처리한 후 첨부할 수 있습니다.

작성방법

1. ①·④란에는 법인인 경우는 법인의 명칭을 기재합니다.

2. ⑦란에는 해당하는 권리에 ∨표시합니다.

3. ⑩·⑪란에는 전·답·대·잡종지·임야 등으로 기재합니다.

4. ⑰란에는 건축물 및 공작물의 경우에는 연면적·구조·사용연수 등을, 입목의 경우에는 수종·본수·수령 등을 기재합니다.

5. ⑱·⑲란에는 권리가 이전 또는 설정되는 정착물의 종류와 내용을 기재합니다.

6. ⑳란에는 매매·교환 등의 등기원인의 구분에 따라 기재합니다.

처리절차

※ 이 신청서는 아래와 같이 처리됩니다.

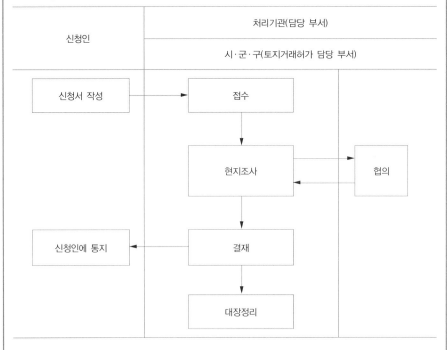

■ 부동산 거래신고 등에 관한 법률 시행규칙 [별지 제10호 서식] 〈개정 2022.2.28.〉

토지취득자금 조달계획서

제출인 (매수인)	성명(법인명)		주민등록번호(법인·외국인등록번호)	
	주소(법인 소재지)		(휴대)전화번호	

① 자기자금	② 금융기관 예금액 원		③ 주식·채권 매각대금 원	
	④ 증여·상속 원		⑤ 현금 등 그 밖의 자금 원	
	[ ] 부부 [ ] 직계존비속(관계 :) [ ] 그 밖의 관계( )		[ ] 보유 현금 [ ] 그 밖의 자산(종류 :)	
	⑥ 부동산 처분대금 등 원		⑦ 토지보상금 원	
	⑧ 소계 원			

⑨ 차입금 등	⑩ 금융기관 대출액 합계 원	토지담보대출		원
		신용대출		원
		그 밖의 대출	(대출 종류 :)	원
	⑪ 그 밖의 차입금 원	⑫ 소계		원

⑬ 합계	원

「부동산 거래신고 등에 관한 법률」 제11조 제1항, 같은 법 시행령 제9조 제1항 및 같은 법 시행규칙 제9조 제2항 제2호에 따라 위와 같이 토지취득자금 조달계획을 제출합니다.

년   월   일

제출인   (서명 또는 인)

시장·군수·구청장 귀하

유의사항

1. ① '자기자금'란에는 자기자금을 종류별로 구분하여 중복되지 않게 적습니다.
2. ② '금융기관 예금액'란에는 금융기관에 예치되어 있는 본인명의의 예금(적금 등)을 통해 조달하려는 자금을 적습니다.
3. ③ '주식·채권 매각대금'란에는 본인 명의의 주식·채권 및 각종 유가증권 매각 등을 통해 조달하려는 자금을 적습니다.
4. ④ '증여·상속'란에는 가족 등으로부터 증여 받거나 상속받아 조달하는 자금을 적고, 자금을 제공한 자와의 관계를 해당 난에 ∨표시를 하며, 부부 외의 경우 그 관계를 적습니다.
5. ⑤ '현금 등 그 밖의 자금'란에는 현금으로 보유하고 있는 자금 및 자기자금 중 다른 항목에 포함되지 않는 그 밖의 본인 자산을 통해 조달하려는 자금(금융기관 예금액 외의 각종 금융상품 및 간접투자상품을 통해 조달하려는 자금 포함)을 적고, 해당 자금이 보유하고 있는 현금일 경우 '보유 현금'에 ∨표시를 하며, 현금이 아닌 경우 '그 밖의 자산'에 ∨표시를 하고 자산의 종류를 적습니다.
6. ⑥ '부동산 처분대금 등'란에는 본인 소유 부동산의 처분을 통해 조달하려는 자금을 적습니다.
7. ⑦ '토지보상금'란에는 「공익사업을 위한 토지 등의 취득 및 보상에 관한 법률」 등에 따른 공익사업 등의 시행으로 토지를 양도하거나 토지가 수용되어 지급받는 보상금 중 조달하려는 자금을 적으며, 토지보상금을 지급받은 후 금융기관에 예탁하거나 현금으로 보유하고 있더라도 ⑦란에 기재합니다.
8. ⑧ '소계'란에는 ②~⑦란의 합계액을 적습니다.
9. ⑩란 및 ⑪란에는 자기자금을 제외한 차입금 등을 종류별로 구분하여 중복되지 않게 적습니다.
10. ⑩ '금융기관 대출액 합계'란에는 금융기관으로부터 대출을 통해 조달하려는 자금을 적고, 토지담보대출·신용대출인 경우 각 해당 난에 대출액을 적으며, 그 밖의 대출인 경우 대출액 및 대출 종류를 적습니다.
11. ⑪ '그 밖의 차입금'란에는 ⑩란에 포함되지 않는 차입금 등을 적고, 자금을 제공한 자와의 관계를 해당 난에 ∨표시를 하고 부부 외의 경우 그 관계를 적습니다.
12. ⑫란에는 ⑩란 및 ⑪란의 합계액을, ⑬란에는 ⑧란과 ⑫란의 합계액을 적습니다.

210mm×297mm[백상지(80g/m²) 또는 중질지(80g/m²)]

3. 허가기준

시장·군수 또는 구청장은 허가신청이 다음의 어느 하나에 해당하는 경우를 제외하고는 허가하여야 한다.

(1) 토지거래계약을 체결하려는 자의 토지이용목적이 다음의 어느 하나에 해당되지 아니하는 경우

① 자기의 거주용 주택용지로 이용하려는 경우

② 허가구역을 포함한 지역의 주민을 위한 복지시설 또는 편익시설로서 관할 시장·군수 또는 구청장이 확인한 시설의 설치에 이용하려는 경우

③ **허가구역에 거주하는 농업인·임업인·어업인 또는 다음에 해당하는 자가 그 허가구역에서 농업·축산업·임업 또는 어업을 경영하기 위하여 필요한 경우**

　㉠ 농업인등으로서 본인이 거주하는 특별시·광역시(광역시의 관할구역에 있는 군은 제외)·특별자치시·특별자치도·시 또는 군(광역시의 관할구역에 있는 군 포함)에 소재하는 토지를 취득하려는 사람

> ⓐ 「농업·농촌 및 식품산업 기본법」에 따른 농업인
> ⓑ 「수산업·어촌 발전 기본법」에 따른 어업인
> ⓒ 「임업 및 산촌 진흥촉진에 관한 법률」에 따른 임업인

　㉡ 농업인등으로서 본인이 거주하는 주소지로부터 30km 이내에 소재하는 토지를 취득하려는 사람

　㉢ 다음의 어느 하나에 해당하는 농업인등으로서 협의양도하거나 수용된 날부터 3년 이내에 협의양도하거나 수용된 농지를 대체하기 위하여 본인이 거주하는 주소지로부터 80km 안에 소재하는 농지[행정기관의 장이 관계 법령에서 정하는 바에 따라 구체적인 대상을 정하여 대체농지의 취득을 알선하는 경우를 제외하고는 종전의 토지가액(부동산 가격공시에 관한 법률에 따른 개별공시지가를 기준으로 하는 가액) 이하인 농지로 한정]를 취득하려는 사람

> ⓐ 「공익사업을 위한 토지 등의 취득 및 보상에 관한 법률」 또는 그 밖의 법령에 따라 공익사업용으로 농지를 협의양도하거나 농지가 수용된 사람(실제 경작자로 한정한다)

ⓑ 앞의 ⓐ에 해당하는 농지를 임차하거나 사용차(使用借)하여 경작하던 사람으로서「공익사업을 위한 토지 등의 취득 및 보상에 관한 법률」에 따른 농업의 손실에 대한 보상을 받은 사람

㉣ 앞의 ㉠부터 ㉢까지에 해당하지 아니하는 자로서 그 밖에 거주지·거주기간 등에 관하여 다음의 요건을 갖춘 자

　ⓐ 농업을 영위하기 위하여 토지를 취득하려는 경우 :「농지법」에 따른 농지취득자격증명을 발급받았거나 그 발급요건에 적합한 사람으로서 다음의 어느 하나에 해당하는 사람

　　ⅰ) 다음의 요건을 모두 충족하는 사람

> • 세대주를 포함한 세대원(세대주와 동일한 세대별 주민등록표상에 등재되어 있지 아니한 세대주의 배우자와 미혼인 직계비속을 포함하되, 세대주 또는 세대원 중 취학·질병요양·근무지 이전 또는 사업상 형편 등 불가피한 사유로 인하여 해당 지역에 거주하지 아니하는 자는 제외한다) 전원이 해당 토지가 소재하는 지역[특별시·광역시(광역시의 관할구역에 있는 군은 제외한다)·특별자치시·특별자치도·시 또는 군(광역시의 관할구역에 있는 군을 포함한다)을 말한다]에 주민등록이 되어 있을 것
> • 세대주를 포함한 세대원 전원이 실제로 해당 토지가 소재하는 지역에 거주할 것

　　ⅱ) 해당 토지가 소재하는 지역 또는 그와 연접한 지역에 사무소가 있는 농업법인(농지법에 따른 농업법인을 말한다)

　ⓑ 축산업·임업 또는 어업을 영위하기 위하여 토지를 취득하려는 경우 : 다음의 어느 하나에 해당하는 사람

　　ⅰ) 다음의 요건을 모두 충족하는 사람

> • 세대주를 포함한 세대원 전원이 해당 토지가 소재하는 지역에 주민등록이 되어 있을 것
> • 세대주를 포함한 세대원 전원이 실제로 해당 토지가 소재하는 지역에 거주할 것
> • 축산업·임업 또는 어업을 자영할 수 있을 것

　　ⅱ) 해당 토지가 소재하는 지역 또는 그와 연접한 지역에 사무소가 있는 농업법인

iii) 해당 토지가 소재하는 지역 또는 그와 연접한 지역에 사무소가 있는 어업법인(농어업경영체 육성 및 지원에 관한 법률에 따른 어업법인을 말한다)

④ 「공익사업을 위한 토지 등의 취득 및 보상에 관한 법률」이나 그 밖의 법률에 따라 토지를 수용하거나 사용할 수 있는 사업을 시행하는 자가 그 사업을 시행하기 위하여 필요한 경우

⑤ 허가구역을 포함한 지역의 건전한 발전을 위하여 필요하고 관계 법률에 따라 지정된 지역·지구·구역 등의 지정목적에 적합하다고 인정되는 사업을 시행하는 자나 시행하려는 자가 그 사업에 이용하려는 경우

⑥ 허가구역의 지정 당시 그 구역이 속한 특별시·광역시·특별자치시·시(제주특별자치도 설치 및 국제자유도시 조성을 위한 특별법 제10조 제2항에 따른 행정시를 포함한다)·군 또는 인접한 특별시·광역시·특별자치시·시·군에서 사업을 시행하고 있는 자가 그 사업에 이용하려는 경우나 그 자의 사업과 밀접한 관련이 있는 사업을 하는 자가 그 사업에 이용하려는 경우

⑦ **허가구역이 속한 특별시·광역시·특별자치시·시 또는 군에 거주하고 있는 자의 일상생활과 통상적인 경제활동에 필요한 것 등으로서 허가구역이 속한 특별시·광역시·특별자치시·시 또는 군에 거주하고 있는 자가 다음의 어느 하나에서 정하는 용도에 이용하려는 경우**

　㉠ 「공익사업을 위한 토지 등의 취득 및 보상에 관한 법률」 또는 그 밖의 법령에 따라 농지 외의 토지를 공익사업용으로 협의양도하거나 수용된 사람이 그 협의양도하거나 수용된 날부터 3년 이내에 그 허가구역에서 협의양도하거나 수용된 토지에 대체되는 토지(종전의 토지가액 이하인 토지로 한정한다)를 취득하려는 경우

　㉡ 관계 법령에 따라 개발·이용행위가 제한되거나 금지된 토지로서 다음에 해당하는 토지에 대하여 현상 보존의 목적으로 토지를 취득하려는 경우

> ⓐ 나대지·잡종지 등의 토지(임야 및 농지는 제외한다)로서 「건축법」에 따른 건축허가의 제한 등 관계 법령에 따라 건축물 또는 공작물의 설치행위가 금지되는 토지
> ⓑ 나대지·잡종지 등의 토지로서 「국토의 계획 및 이용에 관한 법률」에 따른 개발행위허가의 제한 등 관계 법령에 따라 형질변경이 금지되거나 제한되는 토지
> ⓒ 「국토의 계획 및 이용에 관한 법률」에 따른 도시·군계획시설에 편입되어 있는 토지로서 그 사용·수익이 제한되는 토지

ⓒ 「민간임대주택에 관한 특별법」에 따른 임대사업자 등 관계 법령에 따라 임대사업을 할 수 있는 자가 임대사업을 위하여 건축물과 그에 딸린 토지를 취득하려는 경우

(2) 토지거래계약을 체결하려는 자의 토지이용목적이 다음의 어느 하나에 해당되는 경우

① 「국토의 계획 및 이용에 관한 법률」에 따른 도시·군계획이나 그 밖에 토지의 이용 및 관리에 관한 계획에 맞지 아니한 경우

② 생태계의 보전과 주민의 건전한 생활환경 보호에 중대한 위해(危害)를 끼칠 우려가 있는 경우

(3) 그 면적이 그 토지의 이용목적에 적합하지 아니하다고 인정되는 경우

4. 이의신청

(1) 토지거래허가처분에 이의가 있는 자는 그 처분을 받은 날부터 1개월 이내에 시장·군수 또는 구청장에게 이의를 신청할 수 있다.

(2) 이의신청을 받은 시장·군수 또는 구청장은 「국토의 계획 및 이용에 관한 법률」에 따른 시·군·구도시계획위원회의 심의를 거쳐 그 결과를 이의신청인에게 알려야 한다.

O X 확 인 문 제

토지거래허가처분에 이의가 있는 자는 그 처분을 받은 날부터 15일 이내에 시장·군수 또는 구청장에게 이의를 신청할 수 있다.
( )

정답 (×)
토지거래허가처분에 이의가 있는 자는 그 처분을 받은 날부터 1개월 이내에 시장·군수 또는 구청장에게 이의를 신청할 수 있다.

12 부동산 거래신고 등에 관한 법률

■ 부동산 거래신고 등에 관한 법률 시행규칙 [별지 제4호 서식] 〈개정 2022.3.30.〉　　　정부24(www.gov.kr)에서도
　　　신청할 수 있습니다.

이의신청서

※ 색상이 어두운 란은 신청인이 작성하지 않습니다.

접수번호		접수일시		처리기간		2개월

신청인	성명(법인명)			생년월일(법인·외국인등록번호)		
	주소(법인 소재지)			(휴대)전화번호		

토지의 표시	번 호	소재지	지 번	지 목	면적(m²)	권리의 종류	예정금액
	1 2 3						

정착물의 표시	종 류	내 용	예정금액
			원

불허가사유	

이의신청내용	
이의신청사유	(필요 시 관계증빙서 첨부)

「부동산 거래신고 등에 관한 법률」 제13조 제1항 및 같은 법 시행규칙 제14조에 따라　　年　　月　　日
불허가처분된 토지거래계약 허가신청에 대하여 위와 같이 이의를 신청합니다.

년　　　　　월　　　　　일

신청인　　　　　　　　(서명 또는 인)

시장·군수·구청장 귀하

처리절차

신청서 작성	→	접수	→	도시계획위원회 심의	→	결정	→	신청인에 통지
신청인		처리기관 : 시·군·구(토지거래허가 담당 부서)						

210mm×297mm[백상지(80g/m²) 또는 중질지(80g/m²)]

5. 국가등의 토지거래계약에 관한 특례 등

(1) 국가등의 토지거래계약

당사자의 한쪽 또는 양쪽이 국가, 지방자치단체, 「한국토지주택공사법」에 따른 한국토지주택공사(이하 '한국토지주택공사'라 한다) 그 밖에 다음에서 정하는 공공기관 또는 공공단체인 경우에는 그 기관의 장이 시장·군수 또는 구청장과 협의할 수 있고, 그 협의가 성립된 때에는 그 토지거래계약에 관한 허가를 받은 것으로 본다. 이 경우 「국유재산법」에 따른 총괄청 또는 중앙관서의 장 등이 국유재산종합계획에 따라 국유재산을 취득하거나 처분하는 경우로서 허가기준에 적합하게 취득하거나 처분한 후 허가관청에 그 내용을 통보한 때에는 협의가 성립된 것으로 본다.

① 「한국농수산식품유통공사법」에 따른 한국농수산식품유통공사
② 「대한석탄공사법」에 따른 대한석탄공사
③ 「한국토지주택공사법」에 따른 한국토지주택공사
④ 「한국관광공사법」에 따른 한국관광공사
⑤ 「한국농어촌공사 및 농지관리기금법」에 따른 한국농어촌공사
⑥ 「한국도로공사법」에 따른 한국도로공사
⑦ 「한국석유공사법」에 따른 한국석유공사
⑧ 「한국수자원공사법」에 따른 한국수자원공사
⑨ 「한국전력공사법」에 따른 한국전력공사
⑩ 「한국철도공사법」에 따른 한국철도공사
⑪ 「산림조합법」에 따른 산림조합 및 산림조합중앙회
⑫ 「농업협동조합법」에 따른 농업협동조합·축산업협동조합 및 농업협동조합중앙회
⑬ 「수산업협동조합법」에 따른 수산업협동조합 및 수산업협동조합중앙회
⑭ 「중소기업진흥에 관한 법률」에 따른 중소벤처기업진흥공단
⑮ 「한국은행법」에 따른 한국은행
⑯ 「지방공기업법」에 따른 지방공사와 지방공단
⑰ 「공무원연금법」에 따른 공무원연금공단
⑱ 「인천국제공항공사법」에 따른 인천국제공항공사
⑲ 「국민연금법」에 따른 국민연금공단
⑳ 「사립학교교직원 연금법」에 따른 사립학교교직원연금공단
㉑ 「한국자산관리공사 설립 등에 관한 법률」에 따른 한국자산관리공사(이하 '한국자산관리공사'라 한다)
㉒ 「항만공사법」에 따른 항만공사

(2) 토지거래허가규정을 적용하지 않는 경우

다음의 경우에는 토지거래허가규정을 적용하지 아니한다.

① 「공익사업을 위한 토지 등의 취득 및 보상에 관한 법률」에 따른 토지의 수용

② 「민사집행법」에 따른 경매

③ **그 밖에 다음에서 정하는 경우**

> ⓐ 「공익사업을 위한 토지 등의 취득 및 보상에 관한 법률」에 따라 토지를 협의취득·사용하거나 환매하는 경우
> ⓑ 「국유재산법」에 따른 국유재산종합계획에 따라 국유재산을 일반경쟁입찰로 처분하는 경우
> ⓒ 「공유재산 및 물품 관리법」에 따른 공유재산의 관리계획에 따라 공유재산을 일반경쟁입찰로 처분하는 경우
> ⓓ 「도시 및 주거환경정비법」에 따른 관리처분계획 또는 「빈집 및 소규모주택 정비에 관한 특례법」에 따른 사업시행계획에 따라 분양하거나 보류지 등을 매각하는 경우
> ⓔ 「도시개발법」에 따른 조성토지 등의 공급계획에 따라 토지를 공급하는 경우, 환지 예정지로 지정된 종전 토지를 처분하는 경우, 환지처분을 하는 경우 또는 체비지 등을 매각하는 경우
> ⓕ 「주택법」에 따른 사업계획의 승인을 받아 조성한 대지를 공급하는 경우 또는 주택(부대시설 및 복리시설을 포함하며, 주택과 주택 외의 시설을 동일 건축물로 건축하여 공급하는 경우에는 그 주택 외의 시설을 포함한다)을 공급하는 경우
> ⓖ 「택지개발촉진법」에 따라 택지를 공급하는 경우
> ⓗ 「산업입지 및 개발에 관한 법률」에 따른 산업단지개발사업 또는 준산업단지를 개발하기 위한 사업으로 조성된 토지를 사업시행자(사업시행자로부터 분양에 관한 업무를 위탁받은 산업단지관리공단을 포함한다)가 분양하는 경우
> ⓘ 「농어촌정비법」에 따른 환지계획에 따라 환지처분을 하는 경우 또는 농지 등의 교환·분할·합병을 하는 경우
> ⓙ 「농어촌정비법」에 따른 사업시행자가 농어촌정비사업을 시행하기 위하여 농지를 매입하는 경우
> ⓚ 「상법」, 「채무자 회생 및 파산에 관한 법률」의 절차에 따라 법원의 허가를 받아 권리를 이전하거나 설정하는 경우
> ⓛ 국세 및 지방세의 체납처분 또는 강제집행을 하는 경우
> ⓜ 국가 또는 지방자치단체가 법령에 따라 비상재해 시 필요한 응급조치를 위하여 권리를 이전하거나 설정하는 경우
> ⓝ 「한국농어촌공사 및 농지관리기금법」에 따라 한국농어촌공사가 농지의 매매·교환 및 분할을 하는 경우

ⓞ「부동산 거래신고 등에 관한 법률」에 따라 외국인등이 토지취득의 허가를 받은 경우

ⓟ 한국자산관리공사가 「한국자산관리공사 설립 등에 관한 법률」에 따라 토지를 취득하거나 경쟁입찰을 거쳐서 매각하는 경우 또는 한국자산관리공사에 매각이 의뢰되어 3회 이상 공매하였으나 유찰된 토지를 매각하는 경우

ⓠ「국토의 계획 및 이용에 관한 법률」 또는 「개발제한구역의 지정 및 관리에 관한 특별조치법」에 따라 매수청구된 토지를 취득하는 경우

ⓡ「신행정수도 후속대책을 위한 연기·공주지역 행정중심복합도시 건설을 위한 특별법」, 「혁신도시 조성 및 발전에 관한 특별법」 또는 「기업도시개발 특별법」에 따라 조성된 택지 또는 주택을 공급하는 경우

ⓢ「건축물의 분양에 관한 법률」에 따라 건축물을 분양하는 경우

ⓣ「산업집적활성화 및 공장설립에 관한 법률」에 따라 지식산업센터를 분양하는 경우

ⓤ 법령에 따라 조세·부담금 등을 토지로 물납하는 경우

6. 선 매

(1) 선매대상 토지 및 선매자

시장·군수 또는 구청장은 토지거래계약에 관한 허가신청이 있는 경우 다음에 해당하는 토지에 대하여 국가, 지방자치단체, 한국토지주택공사 그밖에 다음에서 정하는 공공기관 또는 공공단체가 그 매수를 원하는 경우에는 이들 중에서 해당 토지를 매수할 자[이하 '선매자(先買者)'라 한다]를 지정하여 그 토지를 협의 매수하게 할 수 있다.

① **선매대상 토지**

ㄱ 공익사업용 토지
ㄴ 토지거래계약허가를 받아 취득한 토지를 그 이용목적대로 이용하고 있지 아니한 토지

② **선매자**

ㄱ「한국농수산식품유통공사법」에 따른 한국농수산식품유통공사
ㄴ「대한석탄공사법」에 따른 대한석탄공사
ㄷ「한국토지주택공사법」에 따른 한국토지주택공사
ㄹ「한국관광공사법」에 따른 한국관광공사
ㅁ「한국농어촌공사 및 농지관리기금법」에 따른 한국농어촌공사
ㅂ「한국도로공사법」에 따른 한국도로공사

ⓢ 「한국석유공사법」에 따른 한국석유공사

ⓞ 「한국수자원공사법」에 따른 한국수자원공사

ⓩ 「한국전력공사법」에 따른 한국전력공사

ⓒ 「한국철도공사법」에 따른 한국철도공사

(2) 선매지정의 통지

시장·군수 또는 구청장은 앞의 ①의 ㉠, ㉡에 해당하는 토지에 대하여 토지거래계약 허가신청이 있는 경우에는 그 신청이 있는 날부터 1개월 이내에 선매자를 지정하여 토지소유자에게 알려야 하며, 선매자는 지정통지를 받은 날부터 1개월 이내에 그 토지소유자와 선매협의를 끝내야 한다.

(3) 선매협의

선매자(先買者)로 지정된 자는 지정통지를 받은 날부터 15일 이내에 매수가격 등 선매조건을 기재한 서면을 토지소유자에게 통지하여 선매협의를 하여야 하며, 지정통지를 받은 날부터 1개월 이내에 거래계약서 사본(선매협의가 이루어진 경우로 한정한다)을 첨부하여 선매협의조서를 허가관청에 제출하여야 한다.

(4) 토지매수의 가격

선매자가 토지를 매수할 때의 가격은 「감정평가 및 감정평가사에 관한 법률」에 따라 감정평가법인등이 감정평가한 감정가격을 기준으로 하되, 토지거래계약 허가신청서에 적힌 가격이 감정가격보다 낮은 경우에는 허가신청서에 적힌 가격으로 할 수 있다.

(5) 선매협의가 이루어지지 않는 경우

시장·군수 또는 구청장은 선매협의가 이루어지지 아니한 경우에는 지체 없이 허가 또는 불허가의 여부를 결정하여 통보하여야 한다.

■ 부동산 거래신고 등에 관한 법률 시행규칙 [별지 제15호 서식]

선매협의조서

선매자	기관명		
	주소(법인 소재지)		(휴대)전화번호
	선매자 지정일자		

토지 소유자	성명(법인명)				생년월일(법인 · 외국인등록번호)	
	주소(법인 소재지)				(휴대)전화번호	

토지의 표시	소재지	지 번	지 목	면적 (m²)	허가신청금액 (원)	권리의 종류 (취득일)
						(. . .)

정착물의 표시	종 류	내 용	허가신청금액(원)

선매자 제시조건	가 격		지급조건	

선매협의 내용	[ ] 1차 협의내용 [ ] 2차 협의내용 [ ] 협의결과 　(협의 성립 시에는 가격 및 조건을 기재하고 계약서 사본을 첨부하여야 하며, 협의 불성립 　시에는 그 이유를 기재하여야 함)

「부동산 거래신고 등에 관한 법률 시행령」 제14조 및 같은 법 시행규칙 제15조에 따라 선매협의조서를 제출합니다.

년　　　　월　　　　일

선매자　　　　　　　　　(서명 또는 인)

시장 · 군수 · 구청장 귀하

처리절차

협의조서 작성	→	접수	→	현장조사 및 관계기관 협의	→	결정	→	신청인에 통지
신청인		처리기관 : 시 · 군 · 구(토지거래허가 담당 부서)						

210mm×297mm[백상지(80g/m²) 또는 중질지(80g/m²)]

7. 불허가처분 토지에 대한 매수청구

(1) 토지의 매수청구

허가신청에 대하여 불허가처분을 받은 자는 그 통지를 받은 날부터 1개월 이내에 시장·군수 또는 구청장에게 해당 토지에 관한 권리의 매수를 청구할 수 있다. 이 경우 토지의 매수청구를 하려는 자는 다음의 사항을 기재한 청구서를 허가관청에 제출하여야 한다.

> ① 토지에 관한 권리의 종류 및 내용
> ② 토지의 면적
> ③ 토지소유자의 성명 및 주소
> ④ 토지의 소재지·지번·지목·면적·용도지역 및 이용현황
> ⑤ 토지에 있는 공작물의 종류·내용 및 매수청구에 관계되는 권리
> ⑥ 토지에 소유자 외의 권리가 있는 경우에는 그 권리의 종류 및 내용, 권리자의 성명 및 주소

(2) 매수대상자

매수청구를 받은 시장·군수 또는 구청장은 국가, 지방자치단체, 한국토지주택공사, 다음에서 정하는 공공기관 또는 공공단체 중에서 매수할 자를 지정하여, 매수할 자로 하여금 예산의 범위에서 공시지가를 기준으로 하여 해당 토지를 매수하게 하여야 한다. 다만, 토지거래계약 허가 신청서에 적힌 가격이 공시지가보다 낮은 경우에는 허가 신청서에 적힌 가격으로 매수할 수 있다.

> ① 「한국농수산식품유통공사법」에 따른 한국농수산식품유통공사
> ② 「대한석탄공사법」에 따른 대한석탄공사
> ③ 「한국토지주택공사법」에 따른 한국토지주택공사
> ④ 「한국관광공사법」에 따른 한국관광공사
> ⑤ 「한국농어촌공사 및 농지관리기금법」에 따른 한국농어촌공사
> ⑥ 「한국도로공사법」에 따른 한국도로공사
> ⑦ 「한국석유공사법」에 따른 한국석유공사
> ⑧ 「한국수자원공사법」에 따른 한국수자원공사
> ⑨ 「한국전력공사법」에 따른 한국전력공사
> ⑩ 「한국철도공사법」에 따른 한국철도공사

■ 부동산 거래신고 등에 관한 법률 시행규칙 [별지 제16호 서식] 〈개정 2022.3.30.〉 온나라 부동산정보통합포털(onnara. go.kr), 정부24(www.gov.kr)에서도 신청할 수 있습니다.

토지매수청구서

※ 뒤쪽의 작성방법을 읽고 작성하시기 바라며, 색상이 어두운 란은 청구인이 작성하지 않습니다. (앞쪽)

접수번호	접수일시	처리기간
		1개월

매수 청구인	① 성명(법인명)						② 생년월일(법인 · 외국인등록번호)		
	③ 주소(법인 소재지)						(휴대)전화번호		

토지에 관한 사항	번호	④ 소재지	⑤ 지번	⑥ 주택지 표시	지 목		⑨ 면적 (m²)	⑩ 용도지역 · 용도지구	⑪ 이용현황
					⑦ 법정	⑧ 현실			
	1 2 3								

토지에 있는 공작물 등에 관한 사항	번호	⑫ 종류	⑬ 공작물 등의 내용	매수청구에 관계되는 권리	
				⑭ 종류	⑮ 내용
	1 2 3				

매수청구에 관계되는 토지의 권리에 관한 사항	번호	⑯ 종류	지상권 · 전세권 또는 임차권의 경우				㉑ 특기사항
			⑰ 존속기간	⑱ 잔존기간	⑲ 견고 · 비견고성	⑳ 지대 (연액 : 원)	
	1 2 3						

㉒ 소유권 외 권리자 성명 · 주소	

「부동산 거래신고 등에 관한 법률」 제16조 제1항, 같은 법 시행령 제15조 및 같은 법 시행규칙 제16조에 따라 위와 같이 토지에 관한 권리의 매수를 청구합니다.

년　　　월　　　일

매수청구인　　　　　　(서명 또는 인)

시장 · 군수 · 구청장 귀하

210mm×297mm[백상지(80g/m²) 또는 중질지(80g/m²)]

작성방법

1. 번호란에는 번호에 대응하여 매 필지별로 기재합니다.

2. ⑦·⑧란에는 전·답·잡종지·임야 등의 구분에 따라 기재합니다.

3. ⑬란에는 건축물 및 공작물의 경우에는 연면적·구조·사용연수 등을, 입목의 경우에는 수종·본수·수령 등을 기재합니다.

4. ⑮란에는 권리의 존속기간·임료 등을 기재합니다.

5. ㉑란에는 담보권설정(금액·기간·권리자 등) 등의 사항을 기재합니다.

6. ㉒란의 권리자가 법인인 경우에는 법인의 명칭 및 대표자의 성명을 기재합니다.

처리절차

※ 이 청구서는 아래와 같이 처리됩니다.

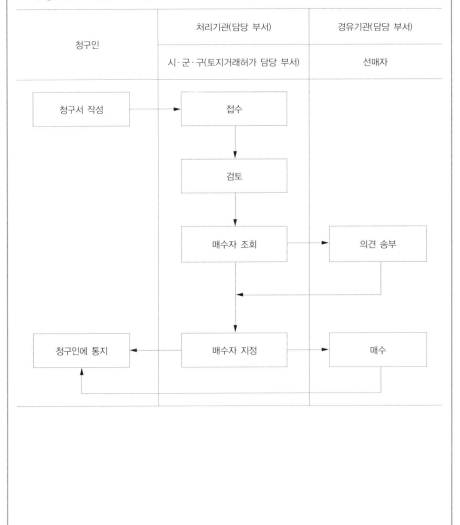

청구인	처리기관(담당 부서)	경유기관(담당 부서)
	시·군·구(토지거래허가 담당 부서)	선매자

청구서 작성 → 접수 → 검토 → 매수자 조회 → 의견 송부

매수자 조회 → 매수자 지정 → 매수

매수자 지정 → 청구인에 통지

기출&예상 문제

부동산 거래신고 등에 관한 법령에 대한 설명이다. (　)에 들어갈 숫자는? (단, 국토교통부장관 또는 시·도지사가 따로 정하여 공고한 경우와 종전 규정에 따라 공고된 면제대상 토지면적 기준은 고려하지 않음) •33회

> 경제 및 지가의 동향과 거래단위면적 등을 종합적으로 고려하여「국토의 계획 및 이용에 관한 법률」에 따른 도시지역 중 아래의 세부 용도지역별 면적 이하의 토지에 대한 토지거래계약허가는 필요하지 아니하다.
> • 주거지역 : (㉠)m²
> • 상업지역 : (㉡)m²
> • 공업지역 : (㉢)m²
> • 녹지지역 : (㉣)m²

① ㉠ : 60,　㉡ : 100,　㉢ : 100,　㉣ : 200
② ㉠ : 60,　㉡ : 150,　㉢ : 150,　㉣ : 200
③ ㉠ : 180,　㉡ : 180,　㉢ : 660,　㉣ : 500
④ ㉠ : 180,　㉡ : 200,　㉢ : 660,　㉣ : 200
⑤ ㉠ : 180,　㉡ : 250,　㉢ : 500,　㉣ : 1천

해설 ② 국토교통부장관 또는 시·도지사가 허가구역을 지정할 당시 해당 지역에서의 거래실태 등을 고려하여 다음의 면적으로 하는 것이 타당하지 않다고 인정하여 해당 기준면적의 10% 이상 300% 이하의 범위에서 따로 정하여 공고한 경우에는 그에 따른다(영 제9조 제1항). 기준면적에 관한 사항은 다음과 같다.

> 1. 「국토의 계획 및 이용에 관한 법률」에 따른 도시지역 : 다음의 세부 용도지역별 구분에 따른 면적
>   ㉠ 주거지역 : 60m²
>   ㉡ 상업지역 : 150m²
>   ㉢ 공업지역 : 150m²
>   ㉣ 녹지지역 : 200m²
>   ㉤ 위 ㉠부터 ㉣까지의 구분에 따른 용도지역의 지정이 없는 구역 : 60m²
> 2. 도시지역 외의 지역 : 250m². 다만, 농지(농지법에 따른 농지를 말한다)의 경우에는 500m²로 하고, 임야의 경우에는 1천m²로 한다.

정답 ②

8. 토지 이용에 관한 의무 등

(1) 허가목적대로 이용할 의무

토지거래계약을 허가받은 자는 다음에서 정하는 사유가 있는 경우 외에는 5년의 범위에서 일정한 기간 동안 그 토지를 허가받은 목적대로 이용하여야 한다.

① **허가목적대로 이용하지 않아도 되는 경우**

㉠ 토지를 취득한 후 「국토의 계획 및 이용에 관한 법률」 또는 관계 법령에 따라 용도지역 등 토지의 이용 및 관리에 관한 계획이 변경됨으로써 「국토의 계획 및 이용에 관한 법률」 또는 관계 법령에 따른 행위제한으로 인하여 당초의 목적대로 이용할 수 없게 된 경우

㉡ 토지를 이용하기 위하여 관계 법령에 따른 허가·인가 등을 신청하였으나 국가 또는 지방자치단체가 다음의 사유로 일정기간 허가·인가 등을 제한하는 경우로서 그 제한기간 내에 있는 경우

> ⓐ 「건축법」에 따른 건축허가의 제한으로 인하여 건축을 할 수 없는 경우
> ⓑ 건축자재의 수급조절 등을 위한 행정지도에 따라 착공 또는 시공이 제한된 경우

㉢ 허가기준에 맞게 당초의 이용목적을 변경하는 경우로서 허가관청의 승인을 받은 경우 : 토지 이용목적의 변경승인신청은 취득토지의 이용목적변경 승인신청서에 따르며, 토지의 이용에 관한 변경계획서를 첨부하여야 한다. 허가관청은 신청일부터 15일 이내에 승인 여부를 결정하여 신청인에게 서면으로 통지(전자문서에 의한 통지를 포함한다)하여야 한다.

㉣ 다른 법률에 따른 행위허가를 받아 허가기준에 맞게 당초의 이용목적을 변경하는 경우로서 해당 행위의 허가권자가 이용목적 변경에 관하여 허가관청과 협의를 한 경우

㉤ 「해외이주법」에 따라 이주하는 경우

㉥ 「병역법」 또는 「대체역의 편입 및 복무 등에 관한 법률」에 따라 복무하는 경우

㉦ 「자연재해대책법」에 따른 재해로 인하여 허가받은 목적대로 이행하는 것이 불가능한 경우

ⓞ 공익사업의 시행 등 토지거래계약허가를 받은 자에게 책임 없는 사유로 허가받은 목적대로 이용하는 것이 불가능한 경우

ⓩ 다음의 건축물을 취득하여 실제로 이용하는 자가 해당 건축물의 일부를 임대하는 경우

> ⓐ 「건축법 시행령」 [별표 1] 제1호의 단독주택[다중주택 및 공관(公館)은 제외한다]
> ⓑ 「건축법 시행령」 [별표 1] 제2호의 공동주택(기숙사는 제외한다)
> ⓒ 「건축법 시행령」 [별표 1] 제3호의 제1종 근린생활시설
> ⓓ 「건축법 시행령」 [별표 1] 제4호의 제2종 근린생활시설

ⓩ 「산업집적활성화 및 공장설립에 관한 법률」에 따른 공장을 취득하여 실제로 이용하는 자가 해당 공장의 일부를 임대하는 경우

ⓚ 토지거래계약허가를 받은 자가 요건을 모두 갖춘 경우

ⓣ 그 밖에 토지거래계약허가를 받은 자가 불가피한 사유로 허가받은 목적대로 이용하는 것이 불가능하다고 「국토의 계획 및 이용에 관한 법률」에 따른 시·군·구도시계획위원회에서 인정한 경우

② **허가목적대로 이용하여야 하는 기간**

㉠ 토지 취득일부터 2년

> ⓐ 자기의 거주용 주택용지로 이용하려는 경우
> ⓑ 허가구역을 포함한 지역의 주민을 위한 복지시설 또는 편익시설로서 관할 시장·군수 또는 구청장이 확인한 시설의 설치에 이용하려는 경우
> ⓒ 허가구역에 거주하는 농업인·임업인·어업인 또는 대통령령으로 정하는 자가 그 허가구역에서 농업·축산업·임업 또는 어업을 경영하기 위하여 필요한 경우

㉡ 토지 취득일부터 4년. 다만, 분양을 목적으로 허가를 받은 토지로서 개발에 착수한 후 토지 취득일부터 4년 이내에 분양을 완료한 경우에는 분양을 완료한 때에 4년이 지난 것으로 본다.

> ⓐ 「공익사업을 위한 토지 등의 취득 및 보상에 관한 법률」이나 그 밖의 법률에 따라 토지를 수용하거나 사용할 수 있는 사업을 시행하는 자가 그 사업을 시행하기 위하여 필요한 경우
> ⓑ 허가구역을 포함한 지역의 건전한 발전을 위하여 필요하고 관계 법률에 따라 지정된 지역·지구·구역 등의 지정목적에 적합하다고 인정되는 사업을 시행하는 자나 시행하려는 자가 그 사업에 이용하려는 경우

추가 토지거래계약허가를 받은 자가 다음의 요건을 모두 갖춘 경우

1. 토지거래계약허가를 받은 목적이 「주택법」 제2조 제1호의 주택(주택과 주택 외의 시설을 동일 건축물로 건축하는 경우를 포함한다) 또는 같은 조 제4호의 준주택을 건축·분양하는 것일 것
2. 토지거래계약허가를 받은 자가 「자본시장과 금융투자업에 관한 법률」 제8조 제7항에 따른 신탁업자에게 해당 토지의 개발, 담보 또는 분양관리를 하게 하는 내용으로 신탁계약을 체결할 것
3. 토지거래계약허가를 받은 자와 위 2.의 신탁업자가 위 1.의 목적으로 토지를 이용할 것

O X 확 인 문 제

자기의 거주용 주택용지로 이용할 목적으로 토지거래계약을 허가받은 자는 대통령령으로 정하는 사유가 있는 경우 외에는 토지 취득일부터 2년간 그 토지를 허가받은 목적대로 이용해야 한다.
• 28회   (   )

정답 (○)

ⓒ 허가구역의 지정 당시 그 구역이 속한 특별시·광역시·특별자치시·시(제주특별자치도 설치 및 국제자유도시 조성을 위한 특별법 제10조 제2항에 따른 행정시를 포함한다)·군 또는 인접한 특별시·광역시·특별자치시·시·군에서 사업을 시행하고 있는 자가 그 사업에 이용하려는 경우나 그 자의 사업과 밀접한 관련이 있는 사업을 하는 자가 그 사업에 이용하려는 경우

ⓒ **토지 취득일부터 2년** : 「공익사업을 위한 토지 등의 취득 및 보상에 관한 법률」 또는 그 밖의 법령에 따라 농지 외의 토지를 공익사업용으로 **협의양도**하거나 수용된 사람이 그 **협의양도**하거나 수용된 날부터 3년 이내에 그 허가구역에서 협의양도하거나 수용된 토지에 대체되는 토지(종전의 토지가액 이하인 토지로 한정한다)를 취득하려는 경우

ⓔ **토지 취득일부터 5년** : 관계 법령에 따라 개발·이용행위가 제한되거나 금지된 토지로서 국토교통부령으로 정하는 토지에 대하여 현상 보존의 목적으로 토지를 취득하려는 경우

ⓜ **토지 취득일부터 5년** : 위 ㉠부터 ㉣까지의 경우 외의 경우

(2) 토지의 개발·이용 등의 실태조사

시장·군수 또는 구청장은 토지거래계약을 허가받은 자가 허가받은 목적대로 이용하고 있는지 매년 1회 이상 토지의 개발 및 이용 등의 실태를 조사하여야 한다. 이 경우 토지의 개발 및 이용 등의 실태조사에 필요한 사항은 국토교통부장관이 정한다.

9. 이행강제금

(1) 이행명령

시장·군수 또는 구청장은 토지의 이용의무를 이행하지 아니한 자에 대하여는 상당한 기간을 정하여 토지의 이용의무를 이행하도록 명할 수 있다. 이 경우 이행명령은 문서로 하여야 하며, 이행기간은 3개월 이내로 정하여야 한다. 다만, 「농지법」을 위반하여 다음에 해당하는 사유로 이행강제금을 부과받은 경우에는 이용의무의 이행을 명하지 아니할 수 있다.

① 소유 농지를 자연재해·농지개량·질병 등 대통령령으로 정하는 정당한 사유 없이 자기의 농업경영에 이용하지 아니하거나 이용하지 아니하게 되었다고 시장(구를 두지 아니한 시의 시장을 말한다)·군수 또는 구청장이 인정한 경우

② 농지를 소유하고 있는 농업회사법인이 농업회사법인의 요건에 맞지 아니하게 된 후 3개월이 지난 경우
③ 농지를 취득한 자가 그 농지를 해당 목적사업에 이용하지 아니하게 되었다고 시장·군수 또는 구청장이 인정한 경우
④ 농지를 취득한 자가 자연재해·농지개량·질병 등 정당한 사유 없이 그 농지를 주말·체험영농에 이용하지 아니하게 되었다고 시장·군수 또는 구청장이 인정한 경우

(2) 이행강제금의 부과

① **이행강제금의 금액** : 시장·군수 또는 구청장은 이행명령이 정하여진 기간에 이행되지 아니한 경우에는 토지 취득가액의 100분의 10의 범위에서 다음에서 정하는 금액의 이행강제금을 부과한다.

> ㉠ 토지거래계약허가를 받아 토지를 취득한 자가 당초의 목적대로 이용하지 아니하고 방치한 경우 : 토지 취득가액의 100분의 10에 상당하는 금액
> ㉡ 토지거래계약허가를 받아 토지를 취득한 자가 직접 이용하지 아니하고 임대한 경우 : 토지 취득가액의 100분의 7에 상당하는 금액
> ㉢ 토지거래계약허가를 받아 토지를 취득한 자가 허가관청의 승인 없이 당초의 이용목적을 변경하여 이용하는 경우 : 토지 취득가액의 100분의 5에 상당하는 금액
> ㉣ 위 ㉠부터 ㉢까지에 해당하지 아니하는 경우 : 토지 취득가액의 100분의 7에 상당하는 금액

② **이행강제금의 반복 부과·징수** : 시장·군수 또는 구청장은 최초의 이행명령이 있었던 날을 기준으로 1년에 한 번씩 그 이행명령이 이행될 때까지 반복하여 이행강제금을 부과·징수할 수 있다.

③ 시장·군수 또는 구청장은 이용의무기간이 지난 후에는 이행강제금을 부과할 수 없다.

④ 시장·군수 또는 구청장은 이행명령을 받은 자가 그 명령을 이행하는 경우에는 새로운 이행강제금의 부과를 즉시 중지하되, 명령을 이행하기 전에 이미 부과된 이행강제금은 징수하여야 한다.

(3) 이의제기

① 이행강제금의 부과처분에 불복하는 자는 시장·군수 또는 구청장에게 이의를 제기할 수 있다.

② 이행강제금 부과처분을 받은 자는 이의를 제기하려는 경우에는 부과처분을 고지받은 날부터 30일 이내에 하여야 한다.

O X 확 인 문 제

토지의 이용의무를 이행하지 않아 이행명령을 받은 자가 그 명령을 이행하는 경우에는 새로운 이행강제금의 부과를 즉시 중지하고, 명령을 이행하기 전에 이미 부과된 이행강제금을 징수해서는 안 된다. •28회　　(　　)

정답 (×)
이미 부과된 이행강제금은 징수하여야 한다.

(4) 이행강제금 부과처분을 받은 자가 이행강제금을 납부기한까지 납부하지 아니한 경우에는 국세 체납처분의 예 또는 「지방행정제재·부과금의 징수 등에 관한 법률」에 따라 징수한다.

(5) 토지 취득가액은 실제 거래가격으로 한다. 다만, 실제 거래가격이 확인되지 아니하는 경우에는 취득 당시를 기준으로 가장 최근에 발표된 개별공시지가(부동산 가격공시에 관한 법률에 따른 개별공시지가를 말한다)를 기준으로 산정한다.

(6) 허가관청은 이행강제금을 부과하기 전에 이행기간 내에 이행명령을 이행하지 아니하면 이행강제금을 부과·징수한다는 뜻을 미리 문서로 계고(戒告)하여야 한다.

(7) 이행강제금을 부과하는 경우에는 이행강제금의 금액·부과사유·납부기한 및 수납기관, 이의제기방법 및 이의제기기관 등을 명시한 문서로 하여야 한다.

기출&예상 │ 문제

부동산 거래신고 등에 관한 법령상 이행강제금에 관한 설명이다. ( )에 들어갈 숫자로 옳은 것은? •33회

> 시장·군수는 토지거래계약허가를 받아 토지를 취득한 자가 당초의 목적대로 이용하지 아니하고 방치한 경우 그에 대하여 상당한 기간을 정하여 토지의 이용의무를 이행하도록 명할 수 있다. 그 의무의 이행기간은 (㉠)개월 이내로 정하여야 하며, 그 정해진 기간 내에 이행되지 않은 경우, 토지 취득가액의 100분의 (㉡)에 상당하는 금액의 이행강제금을 부과한다.

① ㉠ : 3, ㉡ : 7
② ㉠ : 3, ㉡ : 10
③ ㉠ : 6, ㉡ : 7
④ ㉠ : 6, ㉡ : 10
⑤ ㉠ : 12, ㉡ : 15

해설 ② 시장·군수 또는 구청장은 토지의 이용의무를 이행하지 아니한 자에 대하여는 상당한 기간을 정하여 토지의 이용의무를 이행하도록 명할 수 있다. 이 경우 이행명령은 문서로 하여야 하며, 이행기간은 (㉠ 3)개월 이내로 정하여야 한다. 시장·군수 또는 구청장은 이행명령이 정하여진 기간에 이행되지 아니한 경우에는 토지 취득가액의 100분의 (㉡ 10)의 범위에서 다음에서 정하는 금액의 이행강제금을 부과한다.

> 1. 토지거래계약허가를 받아 토지를 취득한 자가 당초의 목적대로 이용하지 아니하고 방치한 경우 : 토지 취득가액의 100분의 10에 상당하는 금액
> 2. 토지거래계약허가를 받아 토지를 취득한 자가 직접 이용하지 아니하고 임대한 경우 : 토지 취득가액의 100분의 7에 상당하는 금액
> 3. 토지거래계약허가를 받아 토지를 취득한 자가 허가관청의 승인 없이 당초의 이용목적을 변경하여 이용하는 경우 : 토지 취득가액의 100분의 5에 상당하는 금액
> 4. 위 1.부터 3.까지에 해당하지 아니하는 경우 : 토지 취득가액의 100분의 7에 상당하는 금액

정답 ②

10. 지가동향의 조사

국토교통부장관이나 시·도지사는 토지거래허가제도를 실시하거나 그 밖에 토지정책을 수행하기 위한 자료를 수집하기 위하여 대통령령으로 정하는 바에 따라 지가의 동향과 토지거래의 상황을 조사하여야 하며, 관계 행정기관이나 그 밖의 필요한 기관에 이에 필요한 자료를 제출하도록 요청할 수 있다. 이 경우 자료제출을 요청받은 기관은 특별한 사유가 없으면 요청에 따라야 한다.

(1) 국토교통부장관은 연 1회 이상 전국의 지가변동률을 조사하여야 한다.

(2) 국토교통부장관은 필요한 경우에는 「한국부동산원법」에 따른 한국부동산원의 원장으로 하여금 매월 1회 이상 지가동향, 토지거래상황 및 그 밖에 필요한 자료를 제출하게 할 수 있다. 이 경우 실비의 범위에서 그 소요 비용을 지원하여야 한다.

(3) 시·도지사는 관할구역의 지가동향 및 토지거래상황을 다음의 순서대로 조사하여야 하며, 그 결과 허가구역을 지정·축소하거나 해제할 필요가 있다고 인정하는 경우에는 국토교통부장관에게 그 구역의 지정·축소 또는 해제를 요청할 수 있다.

① **개황조사** : 관할구역 안의 토지거래상황을 파악하기 위하여 분기별로 1회 이상 개괄적으로 실시하는 조사

② **지역별 조사** : 위 ①의 개황조사를 실시한 결과 등에 따라 토지거래계약에 관한 허가구역의 지정요건을 충족시킬 수 있는 개연성이 높다고 인정되는 지역에 대하여 지가동향 및 토지거래상황을 파악하기 위하여 매월 1회 이상 실시하는 조사

③ **특별집중조사** : 지역별 조사를 실시한 결과 허가구역의 지정요건을 충족시킬 수 있는 개연성이 특히 높다고 인정되는 지역에 대하여 지가동향 및 토지거래상황을 파악하기 위하여 실시하는 조사

11. 다른 법률에 따른 인가·허가 등의 의제

(1) 농지에 대하여 토지거래계약 허가를 받은 경우에는 「농지법」 제8조에 따른 농지취득자격증명을 받은 것으로 본다. 이 경우 시장·군수 또는 구청장은 「농업·농촌 및 식품산업 기본법」 제3조 제5호에 따른 농촌(국토의 계획 및 이용에 관한 법률에 따른 도시지역의 경우에는 같은 법에 따른 녹지지역만 해당한다)의 농지에 대하여 토지거래계약을 허가하는 경우에는 농지취득자격증명의 발급요건에 적합한지를 확인하여야 하며, 허가한 내용을 농림축산식품부장관에게 통보하여야 한다.

(2) 토지거래허가신청에 의하여 허가증을 발급받은 경우에는 「부동산등기 특별조치법」 제3조에 따른 검인을 받은 것으로 본다.

12. 제재처분 등

국토교통부장관, 시·도지사, 시장·군수 또는 구청장은 다음의 어느 하나에 해당하는 자에게 허가취소 또는 그 밖에 필요한 처분을 하거나 조치를 명할 수 있다.

---

① 토지거래계약에 관한 허가 또는 변경허가를 받지 아니하고 토지거래계약 또는 그 변경계약을 체결한 자

② 토지거래계약에 관한 허가를 받은 자가 그 토지를 허가받은 목적대로 이용하지 아니한 자

③ 부정한 방법으로 토지거래계약에 관한 허가를 받은 자

---

13. 권리·의무의 승계 등

(1) 토지의 소유권자, 지상권자 등에게 발생되거나 부과된 권리·의무는 그 토지 또는 건축물에 관한 소유권이나 그 밖의 권리의 변동과 동시에 그 승계인에게 이전한다.

(2) 이 법 또는 이 법에 따른 명령에 의한 처분, 그 절차 및 그 밖의 행위는 그 행위와 관련된 토지 또는 건축물에 대하여 소유권이나 그 밖의 권리를 가진 자의 승계인에 대하여 효력을 가진다.

14. 청 문

국토교통부장관, 시·도지사, 시장·군수 또는 구청장은 토지거래계약 허가의 취소처분을 하려면 청문을 하여야 한다.

제6절 **부동산정보관리**

• 32회 • 33회

1. 부동산정책 관련 자료 등 종합관리

(1) 국토교통부장관 또는 시장·군수·구청장은 적절한 부동산정책의 수립 및 시행을 위하여 부동산 거래상황, 주택 임대차계약상황, 외국인 부동산 취득현황, 부동산 가격동향 등 이 법에 규정된 사항에 관한 정보를 종합적으로 관리하고, 이를 관련 기관·단체 등에 제공할 수 있다.

(2) 국토교통부장관 또는 시장·군수·구청장은 정보의 관리를 위하여 관계 행정기관이나 그 밖에 필요한 기관에 필요한 자료를 요청할 수 있다. 이 경우 관계 행정기관 등은 특별한 사유가 없으면 요청에 따라야 한다.

(3) 정보의 관리·제공 및 자료요청은 「개인정보 보호법」에 따라야 한다.

(4) 고유식별정보의 처리
국토교통부장관, 신고관청 및 허가관청은 다음의 사무를 수행하기 위하여 불가피한 경우 「개인정보 보호법 시행령」에 따른 주민등록번호, 여권번호 또는 외국인등록번호가 포함된 자료를 처리할 수 있다.

① 법 제3조에 따른 부동산 거래신고
② 법 제3조의2에 따른 부동산 거래의 해제등 신고
③ 법 제5조(법 제6조의4 제2항에서 준용하는 경우 포함)에 따른 신고내용의 검증
④ 법 제6조(법 제6조의4 제3항에서 준용하는 경우 포함)에 따른 신고내용의 조사 등
⑤ 법 제6조의2에 따른 주택 임대차계약의 신고
⑥ 법 제6조의3에 따른 주택 임대차계약의 변경 및 해제신고
⑦ 법 제8조에 따른 외국인등의 부동산 취득·보유 신고
⑧ 법 제9조에 따른 외국인등의 토지거래 허가
⑨ 법 제11조에 따른 허가구역 내 토지거래에 대한 허가
⑩ 법 제25조에 따른 부동산정보체계 운영

2. 부동산정보체계의 구축·운영

국토교통부장관은 효율적인 정보의 관리 및 국민편의 증진을 위하여 대통령령으로 정하는 바에 따라 부동산거래 및 주택 임대차의 계약·신고·허가·관리 등의 업무와 관련된 정보체계를 구축·운영할 수 있다.

(1) 관리대상 정보

국토교통부장관은 효율적인 정보의 관리 및 국민편의 증진을 위하여 다음의 정보를 관리할 수 있는 정보체계를 구축·운영할 수 있다.

① 부동산 거래신고 정보
② 검증체계 관련 정보
③ 주택 임대차계약 신고 정보
④ 주택 임대차계약의 변경 및 해제 신고 정보
⑤ 외국인등의 부동산 취득·보유 신고 자료 및 관련 정보
⑥ 토지거래계약의 허가 관련 정보
⑦ 「부동산등기 특별조치법」에 따른 검인 관련 정보
⑧ 부동산거래계약 등 부동산거래 관련 정보

(2) 국토교통부장관은 정보체계에 구축되어 있는 정보를 수요자에게 제공할 수 있다. 이 경우 정보체계 운영을 위하여 불가피한 사유가 있거나 개인정보의 보호를 위하여 필요하다고 인정할 때에는 제공하는 정보의 종류와 내용을 제한할 수 있다.

(3) 앞의 **(1)**과 **(2)**에서 규정한 사항 외에 정보체계의 구축·운영 및 이용에 필요한 사항은 국토교통부장관이 정한다.

(4) 권한의 위임

국토교통부장관의 권한은 그 일부를 시·도지사, 시장·군수 또는 구청장에게 위임할 수 있다.

(5) 업무의 위탁

국토교통부장관은 부동산거래가격 검증체계 구축·운영, 신고내용조사 및 부동산정보체계의 구축·운영업무를 부동산시장 관련 전문성이 있는 공공기관에 위탁할 수 있다. 즉, 국토교통부장관은 다음의 업무를 「한국부동산원법」에 따른 한국부동산원에 위탁한다.

> ① 부동산거래가격 검증체계의 구축·운영
> ② 신고내용의 조사업무
> ③ 부동산정보체계의 구축·운영

추가 **신고내용의 조사업무 중 다음의 업무**

1. 조사대상자의 선정
2. 법 제3조, 제3조의2 또는 제8조에 따라 제출한 자료 중 누락되었거나 정확하지 않은 자료 및 신고한 내용의 사실 여부를 확인하기 위한 자료의 제출 요구 및 접수
3. 위 2.에 따라 제출받은 자료의 적정성 검토
4. 위 1.부터 3.까지의 규정에 따른 업무를 수행하기 위하여 필요한 업무

3. 신고포상금의 지급 · 34회

(1) 포상금의 지급사유

시장·군수 또는 구청장은 다음의 어느 하나에 해당하는 자를 관계 행정기관이나 수사기관에 신고하거나 고발한 자에게 예산의 범위에서 포상금을 지급할 수 있다.

> ① 부동산등의 실제 거래가격을 거짓으로 신고한 자(신고의무자가 아닌 자가 거짓으로 신고를 한 경우를 포함한다)
> ② 신고대상에 해당하는 계약을 체결하지 아니하였음에도 불구하고 거짓으로 부동산 거래신고를 한 자
> ③ 신고 후 해당 계약이 해제등이 되지 아니하였음에도 불구하고 거짓으로 부동산거래의 해제등 신고를 한 자
> ④ 주택 임대차계약의 신고, 변경 및 해제신고 규정을 위반하여 주택 임대차계약의 보증금·차임 등 계약금액을 거짓으로 신고한 자
> ⑤ 토지거래허가 또는 변경허가를 받지 아니하고 토지거래계약을 체결한 자 또는 거짓이나 그 밖의 부정한 방법으로 토지거래계약허가를 받은 자
> ⑥ 토지거래계약허가를 받아 취득한 토지에 대하여 허가받은 목적대로 이용하지 아니한 자

(2) 포상금의 지급대상

① **지급해야 하는 사유** : 신고관청 또는 허가관청은 다음의 어느 하나에 해당하는 경우에는 앞의 **(1)**에 따른 포상금을 지급해야 한다.

> ㉠ 신고관청이 적발하기 전에 앞의 **(1)**의 ① ~ ④에 해당하는 자를 신고하고 이를 입증할 수 있는 증거자료를 제출한 경우로서 그 신고사건에 대하여 과태료가 부과된 경우
> ㉡ 허가관청 또는 수사기관이 적발하기 전에 앞의 **(1)**의 ⑤에 해당하는 자를 신고하거나 고발한 경우로서 그 신고 또는 고발사건에 대한 공소제기 또는 기소유예 결정이 있는 경우
> ㉢ 허가관청이 적발하기 전에 앞의 **(1)**의 ⑥에 해당하는 자를 신고한 경우로서 그 신고사건에 대한 허가관청의 이행명령이 있는 경우

② **지급하지 아니할 수 있는 사유** : 다음의 어느 하나에 해당하는 경우에는 포상금을 지급하지 아니할 수 있다.

> ㉠ 공무원이 직무와 관련하여 발견한 사실을 신고하거나 고발한 경우
> ㉡ 해당 위반행위를 하거나 위반행위에 관여한 자가 신고하거나 고발한 경우
> ㉢ 익명이나 가명으로 신고 또는 고발하여 신고인 또는 고발인을 확인할 수 없는 경우

(3) 비용의 충당

포상금의 지급에 드는 비용은 시·군이나 구의 재원으로 충당한다.

(4) 포상금의 지급기준

포상금은 신고 또는 고발 건별로 다음의 구분에 따라 지급한다.

① **부동산등의 실제 거래가격을 거짓으로 신고한 자**(신고의무자가 아닌 자가 거짓으로 신고한 경우 포함), **계약을 체결하지 아니하였음에도 불구하고 거짓으로 부동산 거래신고를 한 자, 주택 임대차계약의 신고, 변경 및 해제신고 규정을 위반하여 주택 임대차계약의 보증금·차임 등 계약금액을 거짓으로 신고한 자, 계약이 해제등이 되지 아니하였음에도 불구하고 거짓으로 부동산거래의 해제등 신고를 한 자에 따른 포상금의 경우** : 부과되는 과태료의 100분의 20에 해당하는 금액[부동산등의 실제 거래가격을 거짓으로 신고한 자(신고의무자가 아닌 자가 거짓으로 신고한 경우를 포함한다)의 경우 포상금의 지급한도액은 1천만원으로 한다]

② 토지거래허가 또는 변경허가를 받지 아니하고 토지거래계약을 체결한 자 또는 거짓이나 그 밖의 부정한 방법으로 토지거래계약허가를 받은 자, 토지거래계약허가를 받아 취득한 토지에 대하여 허가받은 목적대로 이용하지 아니한 자에 따른 포상금의 경우 : 50만원(이 경우 같은 목적을 위하여 취득한 일단의 토지에 대한 신고 또는 고발은 1건으로 본다)

(5) 포상금의 지급절차

① 포상금 지급사유에 해당하는 위반행위를 한 자를 신고하려는 자는 신고서 및 증거자료[부동산등의 실제 거래가격을 거짓으로 신고한 자(신고의무자가 아닌 자가 거짓으로 신고한 경우를 포함한다), 계약을 체결하지 아니하였음에도 불구하고 거짓으로 부동산 거래신고를 한 자, 계약이 해제등이 되지 아니하였음에도 불구하고 거짓으로 부동산거래의 해제등 신고를 한 자, 주택 임대차계약의 신고, 변경 및 해제신고 규정을 위반하여 주택 임대차계약의 보증금·차임 등 계약금액을 거짓으로 신고한 자의 경우로 한정한다]를 신고관청 또는 허가관청에 제출해야 한다.

② 수사기관은 토지거래허가 또는 변경허가를 받지 아니하고 토지거래계약을 체결한 자 또는 거짓이나 그 밖의 부정한 방법으로 토지거래계약허가를 받은 자에 대한 신고 또는 고발 사건을 접수하여 수사를 종료하거나 공소제기 또는 기소유예의 결정을 하였을 때에는 지체 없이 허가관청에 통보하여야 한다.

③ 신고서를 제출받거나 수사기관의 통보를 받은 신고관청 또는 허가관청은 포상금 지급 여부를 결정하고 이를 신고인 또는 고발인에게 알려야 한다.

④ 포상금 지급 결정을 통보받은 신고인 또는 고발인은 포상금 지급신청서를 작성하여 신고관청 또는 허가관청에 제출하여야 한다.

⑤ 신고관청 또는 허가관청은 신청서가 접수된 날부터 2개월 이내에 포상금을 지급하여야 한다.

⑥ 신고관청 또는 허가관청은 하나의 위반행위에 대하여 2명 이상이 공동으로 신고 또는 고발한 경우에는 포상금을 균등하게 배분하여 지급한다. 다만, 포상금을 지급받을 사람이 배분방법에 관하여 미리 합의하여 포상금의 지급을 신청한 경우에는 그 합의한 방법에 의한다.

⑦ 신고관청 또는 허가관청은 하나의 위반행위에 대하여 2명 이상이 각각 신고 또는 고발한 경우에는 최초로 신고 또는 고발한 사람에게 포상금을 지급한다.

⑧ 신고관청 또는 허가관청은 자체조사 등에 따라 포상금 지급사유에 해당하는 위반행위를 알게 된 때에는 지체 없이 그 내용을 부동산정보체계에 기록하여야 한다.

■ 부동산 거래신고 등에 관한 법률 시행규칙 [별지 제17호의3 서식] 〈신설 2017.5.30.〉 부동산거래관리시스템(rtms.molit. go.kr)에서도 신청할 수 있습니다.

포상금 지급신청서

※ 색상이 어두운 난은 신청인이 작성하지 아니하며, [ ]에는 해당하는 곳에 ∨표를 합니다.

접수번호		접수일시		처리기간	2개월
포상금 지급대상자	성명		생년월일(외국인등록번호)		
	주소		(휴대)전화번호		
포상금 수령의사	[ ] 수령　　　 [ ] 수령거부				
신고 포상액	(신고 또는 고발인이 2인 이상인 경우 포상금 배분방법에 합의한 경우 각각의 지급액)				
계좌번호					

　본인은 포상금 지급결정에 대하여 위와 같이 지급신청을 하오니 필요한 조치를 취하여 주시기 바랍니다.

년　　　월　　　일

포상금 지급대상자　　　　　　(서명 또는 인)

시장 · 군수 · 구청장 귀하

첨부서류	포상금 배분에 관한 합의 각서(2명 이상이 함께 신고 또는 고발하여 배분액에 관한 합의가 성립된 경우) 1부	수수료 없음

210mm×297mm[백상지(80g/m²) 또는 중질지(80g/m²)]

01 부동산 거래신고 등에 관한 법령상 포상금의 지급에 관한 설명으로 **틀린** 것을 모두 고른 것은? •34회

㉠ 가명으로 신고하여 신고인을 확인할 수 없는 경우에는 포상금을 지급하지 아니할 수 있다.
㉡ 신고관청에 포상금지급신청서가 접수된 날부터 1개월 이내에 포상금을 지급하여야 한다.
㉢ 신고관청은 하나의 위반행위에 대하여 2명 이상이 각각 신고한 경우에는 포상금을 균등하게 배분하여 지급한다.

① ㉠
② ㉠, ㉡
③ ㉠, ㉢
④ ㉡, ㉢
⑤ ㉠, ㉡, ㉢

해설 ㉡ 신고관청 또는 허가관청은 신청서가 접수된 날부터 2개월 이내에 포상금을 지급하여야 한다.
㉢ 신고관청 또는 허가관청은 하나의 위반행위에 대하여 2명 이상이 각각 신고 또는 고발한 경우에는 최초로 신고 또는 고발한 사람에게 포상금을 지급한다.
정답 ④

02 부동산 거래신고 등에 관한 법령상 신고포상금 지급대상에 해당하는 위반행위를 모두 고른 것은? •32회

㉠ 부동산 매매계약의 거래당사자가 부동산의 실제 거래가격을 거짓으로 신고하는 행위
㉡ 부동산 매매계약에 관하여 개업공인중개사에게 신고를 하지 않도록 요구하는 행위
㉢ 토지거래계약허가를 받아 취득한 토지를 허가받은 목적대로 이용하지 않는 행위
㉣ 부동산 매매계약에 관하여 부동산의 실제 거래가격을 거짓으로 신고하도록 조장하는 행위

① ㉠, ㉢
② ㉠, ㉣
③ ㉡, ㉣
④ ㉠, ㉡, ㉢
⑤ ㉡, ㉢, ㉣

4. 전자문서를 통한 신고 및 허가의 신청

(1) 법 및 이 영에 따른 신고 또는 신청 중 국토교통부령으로 정하는 사항은 전자문서를 제출하는 방법으로 할 수 있다.

(2) 전자문서로 제출하는 경우에는 「전자서명법」 제2조 제6호에 따른 인증서(서명자의 실지명의를 확인할 수 있는 것으로 한정한다)를 통한 본인확인의 방법으로 서명 또는 날인할 수 있다.

5. 업무의 전자적 처리

(1) 신고 또는 신청 중 다음의 사항은 전자문서를 제출하는 방법으로 할 수 있다.

> ① 부동산거래계약 신고서 및 법인신고서 등
> ② 정정신청을 하려는 거래당사자 또는 개업공인중개사가 발급받은 부동산거래신고필증(거래당사자의 주소·전화번호 또는 휴대전화번호의 정정신청의 경우는 제외한다)
> ③ 부동산거래계약 변경신고서(부동산등의 면적 변경이 없는 상태에서 거래가격이 변경된 경우는 제외한다)
> ④ 부동산거래계약의 해제등 신고서

⑤ 주택 임대차계약의 신고, 공동신고의제, 단독신고(첨부해야 하는 서류를 포함한다) 및 주택 임대차계약서

⑥ 주택 임대차계약의 변경신고서 및 해제신고서(첨부해야 하는 서류를 포함한다)

⑦ 정정사항을 표시한 임대차 신고필증(첨부해야 하는 주택 임대차계약서 등을 포함한다)

⑧ 임대차 신고서 등의 작성·제출 및 정정신청을 대행하는 사람이 신고관청에 제출하는 사항(위임장 등을 포함한다)

⑨ 외국인등의 부동산등 취득·계속보유 신고서 또는 외국인 토지 취득 허가신청서(첨부해야 하는 서류를 포함한다)

(2) 앞의 **(1)**에 따라 전자문서로 제출하는 경우에는 「전자서명법」 제2조 제6호에 따른 인증서(서명자의 실지명의를 확인할 수 있는 것으로 한정한다)를 통한 본인확인의 방법으로 서명 또는 날인할 수 있다.

(3) 앞의 **(1)**의 ⑨에 따른 첨부서류를 전자문서로 제출하기 곤란한 경우에는 신고일 또는 신청일부터 14일 이내에 우편 또는 팩스로 제출할 수 있다. 이 경우 신고관청 또는 허가관청은 별지 제7호 서식의 신고확인증 또는 허가증을 신고인에게 송부해야 한다.

(4) 전자문서를 접수하는 방법으로 제출할 수 있는 경우

다음의 어느 하나에 해당하는 신고서 또는 신청서는 신고관청 또는 허가관청에 전자문서를 접수하는 방법으로 제출할 수 있다.

① 토지거래계약 허가신청서 또는 토지거래계약 변경허가신청서

② 이의신청서

③ 토지매수청구서

④ 취득토지의 이용목적변경 승인신청서

• 32회 • 33회

1. 행정형벌

(1) 3년 이하의 징역 또는 3천만원 이하의 벌금

부당하게 재물이나 재산상 이득을 취득하거나 제3자로 하여금 이를 취득하게 할 목적으로 계약을 체결하지 아니하였음에도 불구하고 거짓으로 신고를 하거나, 계약이 해제등이 되지 아니하였음에도 불구하고 거짓으로 부동산 거래신고 또는 부동산 해제등 신고한 경우

(2) 2년 이하의 징역 또는 2천만원 이하의 벌금

외국인등이 허가를 받지 아니하고 토지취득계약을 체결하거나 부정한 방법으로 허가를 받아 토지취득계약을 체결한 경우

(3) 2년 이하의 징역 또는 계약체결 당시의 개별공시지가에 따른 해당 토지가격의 100분의 30에 해당하는 금액 이하의 벌금

토지거래허가구역 내에서 허가 또는 변경허가를 받지 아니하고 토지거래계약을 체결하거나, 속임수나 그 밖의 부정한 방법으로 토지거래계약 허가를 받은 경우

(4) 1년 이하의 징역 또는 1천만원 이하의 벌금

토지거래허가구역 내에서 허가취소, 처분 또는 조치명령을 위반한 경우

(5) 양벌규정

법인의 대표자나 법인 또는 개인의 대리인, 사용인, 그 밖의 종업원이 그 법인 또는 개인의 업무에 관하여 위 (1), (2), (3)의 위반행위를 하면 그 행위자를 벌하는 외에 그 법인 또는 개인에게도 해당 조문의 벌금형을 과(科)한다. 다만, 법인 또는 개인이 그 위반행위를 방지하기 위하여 해당 업무에 관하여 상당한 주의와 감독을 게을리하지 아니한 경우에는 그러하지 아니하다.

O X 확 인 문 제

토지거래허가구역 내에서 허가취소, 처분 또는 조치명령을 위반한 경우 2년 이하의 징역 또는 2천만원 이하의 벌금형에 해당한다.
( )

정답 (×)
토지거래허가구역 내에서 허가취소, 처분 또는 조치명령을 위반한 경우 1년 이하의 징역 또는 1천만원 이하의 벌금형에 해당한다.

2. 행정질서벌

(1) 3천만원 이하의 과태료

① 부동산 거래신고대상에 해당하는 계약을 체결하지 아니하였음에도 불구하고 거짓으로 부동산 거래신고를 하는 경우(3년 이하의 징역 또는 3천만원 이하의 벌금형을 부과받은 경우는 제외)
② 부동산 거래신고 후 해당 계약이 해제등이 되지 아니하였음에도 불구하고 거짓으로 부동산거래의 해제등 신고를 하는 경우(3년 이하의 징역 또는 3천만원 이하의 벌금형을 부과받은 경우는 제외)
③ 거래대금 지급을 증명할 수 있는 자료를 제출하지 아니하거나 거짓으로 제출한 자 또는 그 밖의 필요한 조치를 이행하지 아니한 자

(2) 500만원 이하의 과태료

① 부동산 거래신고를 하지 아니한 자(공동신고를 거부한 자를 포함한다)
② 부동산 거래의 해제등에 관한 신고를 하지 아니한 자(공동신고를 거부한 자를 포함한다)
③ 개업공인중개사에게 부동산 거래신고를 하지 아니하게 하거나 거짓으로 신고하도록 요구한 자
④ 거짓으로 부동산 거래신고를 하는 행위를 조장하거나 방조한 자
⑤ 거래대금 지급을 증명할 수 있는 자료 외의 자료를 제출하지 아니하거나 거짓으로 제출한 자

(3) 취득가액의 100분의 10 이하에 상당하는 금액의 과태료

계약을 체결한 후 부동산 거래신고를 거짓으로 한 자 또는 신고의무자가 아닌 자가 거짓으로 부동산 거래신고를 하는 행위를 한 경우

(4) 300만원 이하의 과태료

외국인등이 대한민국 안의 부동산등을 취득하는 계약을 체결하였을 때 계약체결일로부터 60일 이내에 신고관청에 신고를 하지 아니하거나 거짓으로 신고를 한 경우

(5) 100만원 이하의 과태료

> ① 외국인등이 상속·경매 그 밖의 계약 외의 원인으로 대한민국 안의 부동산 등을 취득한 때에 6개월 이내에 신고를 하지 아니하거나 거짓으로 신고한 경우
> ② 외국인등이 해당 부동산등을 계속 보유하려는 경우 6개월 이내에 계속보유 신고를 하지 아니하거나 거짓으로 신고한 경우
> ③ 임대차계약의 당사자가 주택 임대차계약의 신고, 변경 및 해제신고를 하지 아니하거나(공동신고를 거부한 자를 포함한다) 그 신고를 거짓으로 한 경우

(6) 과태료 부과사실의 통보

개업공인중개사에게 과태료를 부과한 신고관청은 부과일부터 10일 이내에 해당 개업공인중개사의 중개사무소(법인의 경우에는 주된 중개사무소를 말한다)를 관할하는 시장·군수 또는 구청장에게 과태료 부과사실을 통보하여야 한다.

(7) 과태료 부과기준(영 제20조 관련)

(1) ~ **(5)**에 따른 과태료의 부과기준은 별표 3(영 제20조 관련)과 같다.

■ 부동산 거래신고 등에 관한 법률 시행령 [별표 3] 〈개정 2023.10.4.〉

1. 일반기준

신고관청은 위반행위의 동기·결과 및 횟수 등을 고려하여 제2호의 개별기준에 따른 과태료의 2분의 1(법 제28조 제1항 및 제3항을 위반한 경우에는 5분의 1) 범위에서 그 금액을 늘리거나 줄일 수 있다. 다만, 늘리는 경우에도 과태료의 총액은 법 제28조 제1항부터 제5항까지에서 규정한 과태료의 상한을 초과할 수 없다.

2. 개별기준

가. 법 제28조 제1항 관련

위반행위	과태료
1) 법 제4조 제4호를 위반하여 거짓으로 법 제3조에 따라 신고한 경우	3,000만원
2) 법 제4조 제5호를 위반하여 거짓으로 법 제3조의2에 따라 신고한 경우	3,000만원
3) 법 제6조를 위반하여 거래대금 지급을 증명할 수 있는 자료를 제출하지 않거나 거짓으로 제출한 경우 또는 그 밖의 필요한 조치를 이행하지 않은 경우	
가) 신고가격이 1억 5천만원 이하인 경우	500만원
나) 신고가격이 1억 5천만원 초과 2억원 이하인 경우	700만원
다) 신고가격이 2억원 초과 2억 5천만원 이하인 경우	900만원
라) 신고가격이 2억 5천만원 초과 3억원 이하인 경우	1,100만원
마) 신고가격이 3억원 초과 3억 5천만원 이하인 경우	1,300만원
바) 신고가격이 3억 5천만원 초과 4억원 이하인 경우	1,500만원
사) 신고가격이 4억원 초과 4억 5천만원 이하인 경우	1,700만원
아) 신고가격이 4억 5천만원 초과 5억원 이하인 경우	1,900만원
자) 신고가격이 5억원 초과 6억원 이하인 경우	2,100만원
차) 신고가격이 6억원 초과 7억원 이하인 경우	2,300만원
카) 신고가격이 7억원 초과 8억원 이하인 경우	2,500만원
타) 신고가격이 8억원 초과 9억원 이하인 경우	2,700만원
파) 신고가격이 9억원 초과 10억원 이하인 경우	2,900만원
하) 신고가격이 10억원을 초과한 경우	3,000만원

비고

1) 부동산 매매계약의 신고가격이 시가표준액(지방세법 제4조에 따른 신고사유 발생연도의 시가표준액을 말한다) 미만인 경우에는 그 시가표준액을 신고가격으로 한다.
2) 부동산에 대한 공급계약 및 부동산을 취득할 수 있는 권리에 관한 계약의 신고가격이 해당 부동산등의 분양가격 미만인 경우에는 그 분양가격을 신고가격으로 한다.

나. 법 제28조 제2항 관련

위반행위	근거 법조문	과태료
1) 법 제3조 제1항부터 제4항까지 또는 제3조의2 제1항을 위반하여 같은 항에 따른 신고를 하지 않은 경우 (공동신고를 거부한 경우를 포함한다)	법 제28조 제2항 제1호 및 제1호의2	
가) 신고 해태기간이 3개월 이하인 경우		
(1) 실제 거래가격이 1억원 미만인 경우		10만원
(2) 실제 거래가격이 1억원 이상 5억원 미만인 경우		25만원
(3) 실제 거래가격이 5억원 이상인 경우		50만원
나) 신고 해태기간이 3개월을 초과하는 경우 또는 공동신고를 거부한 경우		
(1) 실제 거래가격이 1억원 미만인 경우		50만원
(2) 실제 거래가격이 1억원 이상 5억원 미만인 경우		200만원
(3) 실제 거래가격이 5억원 이상인 경우		300만원
2) 법 제4조 제1호를 위반하여 개업공인중개사에게 법 제3조에 따른 신고를 하지 않게 하거나 거짓으로 신고하도록 요구한 경우	법 제28조 제2항 제2호	400만원
3) 법 제4조 제3호를 위반하여 거짓으로 법 제3조에 따른 신고를 하는 행위를 조장하거나 방조한 경우	법 제28조 제2항 제3호	400만원
4) 법 제6조를 위반하여 거래대금 지급을 증명할 수 있는 자료 외의 자료를 제출하지 않거나 거짓으로 제출한 경우	법 제28조 제2항 제4호	500만원

비고

'신고 해태기간'이란 신고기간 만료일의 다음 날부터 기산하여 신고를 하지 않은 기간을 말한다. 다만, 다음의 사유가 있는 기간은 신고 해태기간에 산입하지 아니할 수 있다.

1) 천재지변 등 불가항력적인 경우

2) 천재지변 등에 준하는 그 밖의 사유로 신고의무를 이행하지 못한 상당한 사유가 있다고 인정되는 경우

다. 법 제28조 제3항 관련

위반행위	과태료
법 제3조 제1항부터 제4항까지 또는 제4조 제2호를 위반하여 그 신고를 거짓으로 한 경우	
1) 부동산등의 실제 거래가격 외의 사항을 거짓으로 신고한 경우	취득가액(실제 거래가격을 말한다. 이하 이 목에서 같다)의 100분의 2
2) 부동산등의 실제 거래가격을 거짓으로 신고한 경우	
가) 실제 거래가격과 신고가격의 차액이 실제 거래가격의 10퍼센트 미만인 경우	취득가액의 100분의 2
나) 실제 거래가격과 신고가격의 차액이 실제 거래가격의 10퍼센트 이상 20퍼센트 미만인 경우	취득가액의 100분의 4
다) 실제 거래가격과 신고가격의 차액이 실제 거래가격의 20퍼센트 이상 30퍼센트 미만인 경우	취득가액의 100분의 5
라) 실제 거래가격과 신고가격의 차액이 실제 거래가격의 30퍼센트 이상 40퍼센트 미만인 경우	취득가액의 100분의 7
마) 실제 거래가격과 신고가격의 차액이 실제 거래가격의 40퍼센트 이상 50퍼센트 미만인 경우	취득가액의 100분의 9
바) 실제 거래가격과 신고가격의 차액이 실제 거래가격의 50퍼센트 이상인 경우	취득가액의 100분의 10

라. 법 제28조 제4항 관련

위반행위	과태료
법 제8조 제1항에 따른 부동산등의 취득신고를 하지 않거나 거짓으로 신고한 경우	
1) 신고 해태기간이 3개월 이하인 경우	
가) 취득가액이 1억원 미만인 경우	10만원
나) 취득가액이 1억원 이상 5억원 미만인 경우	25만원
다) 취득가액이 5억원 이상인 경우	50만원
2) 신고 해태기간이 3개월을 초과하는 경우	
가) 취득가액이 1억원 미만인 경우	50만원
나) 취득가액이 1억원 이상 5억원 미만인 경우	200만원
다) 취득가액이 5억원 이상인 경우	300만원
3) 거짓으로 신고한 경우	300만원

비고
1) '신고 해태기간'이란 신고기간 만료일의 다음 날부터 기산하여 신고를 하지 않은 기간을 말한다. 다만, 다음의 사유가 기간은 신고 해태기간에 산입하지 아니할 수 있다.
   가) 천재지변 등 불가항력적인 경우
   나) 천재지변 등에 준하는 그 밖의 사유로 신고의무를 이행하지 못한 상당한 사유가 있다고 인정되는 경우
2) 취득가액은 신고서에 기재된 취득가액을 기준으로 한다. 다만, 취득가액이 시가표준액(지방세법 제4조에 따른 신고사유 발생연도의 시가표준액을 말한다) 미만인 경우 또는 신고서에 취득가액을 기재하지 않은 경우에는 그 시가표준액을 취득가액으로 한다.

마. 법 제28조 제5항 관련

위반행위	과태료
1) 법 제6조의2 또는 제6조의3에 따른 신고를 하지 않거나(공동 신고를 거부한 경우를 포함한다) 그 신고를 거짓으로 한 경우	
가) 신고하지 않은 기간이 3개월 이하인 경우	
(1) 계약금액이 1억원 미만인 경우	4만원
(2) 계약금액이 1억원 이상 3억원 미만인 경우	5만원
(3) 계약금액이 3억원 이상 5억원 미만인 경우	10만원
(4) 계약금액이 5억원 이상인 경우	15만원
나) 신고하지 않은 기간이 3개월 초과 6개월 이하인 경우	
(1) 계약금액이 1억원 미만인 경우	13만원
(2) 계약금액이 1억원 이상 3억원 미만인 경우	15만원
(3) 계약금액이 3억원 이상 5억원 미만인 경우	30만원
(4) 계약금액이 5억원 이상인 경우	45만원
다) 신고하지 않은 기간이 6개월 초과 1년 이하인 경우	
(1) 계약금액이 1억원 미만인 경우	21만원
(2) 계약금액이 1억원 이상 3억원 미만인 경우	30만원
(3) 계약금액이 3억원 이상 5억원 미만인 경우	50만원
(4) 계약금액이 5억원 이상인 경우	70만원
라) 신고하지 않은 기간이 1년 초과 2년 이하인 경우	
(1) 계약금액이 1억원 미만인 경우	24만원
(2) 계약금액이 1억원 이상 3억원 미만인 경우	40만원
(3) 계약금액이 3억원 이상 5억원 미만인 경우	60만원
(4) 계약금액이 5억원 이상인 경우	80만원
마) 신고하지 않은 기간이 2년을 초과한 경우 또는 공동신고를 거부한 경우	
(1) 계약금액이 1억원 미만인 경우	30만원
(2) 계약금액이 1억원 이상 3억원 미만인 경우	50만원
(3) 계약금액이 3억원 이상 5억원 미만인 경우	80만원
(4) 계약금액이 5억원 이상인 경우	100만원
바) 거짓으로 신고한 경우	100만원
2) 법 제8조 제2항에 따른 부동산등의 취득신고 또는 같은 조 제3항에 따른 계속보유 신고를 하지 않거나 거짓으로 신고한 경우	
가) 신고하지 않은 기간이 3개월 이하인 경우	
(1) 취득가액이 1억원 미만인 경우	5만원
(2) 취득가액이 1억원 이상 5억원 미만인 경우	10만원
(3) 취득가액이 5억원 이상인 경우	15만원
나) 신고하지 않은 기간이 3개월 초과 6개월 이하인 경우	
(1) 취득가액이 1억원 미만인 경우	15만원
(2) 취득가액이 1억원 이상 5억원 미만인 경우	30만원
(3) 취득가액이 5억원 이상인 경우	45만원

다) 신고하지 않은 기간이 6개월 초과 1년 이하인 경우
   (1) 취득가액이 1억원 미만인 경우   30만원
   (2) 취득가액이 1억원 이상 5억원 미만인 경우   50만원
   (3) 취득가액이 5억원 이상인 경우   70만원
라) 신고하지 않은 기간이 1년 초과 3년 이하인 경우
   (1) 취득가액이 1억원 미만인 경우   40만원
   (2) 취득가액이 1억원 이상 5억원 미만인 경우   60만원
   (3) 취득가액이 5억원 이상인 경우   80만원
마) 신고하지 않은 기간이 3년을 초과한 경우
   (1) 취득가액이 1억원 미만인 경우   50만원
   (2) 취득가액이 1억원 이상 5억원 미만인 경우   80만원
   (3) 취득가액이 5억원 이상인 경우   100만원
바) 거짓으로 신고한 경우   100만원

비고
1) '신고하지 않은 기간'이란 신고기간 만료일의 다음 날부터 기산하여 신고를 하지 않은 기간을 말한다. 다만, 다음의 사유가 있는 기간은 신고하지 않은 기간에 산입하지 않을 수 있다.
  가) 천재지변 등 불가항력적인 경우
  나) 천재지변 등에 준하는 그 밖의 사유로 신고의무를 이행하지 못한 상당한 사유가 있다고 인정되는 경우
2) 계약금액은 다음의 구분에 따른다.
  가) 보증금만 있는 경우 : 신고서에 기재된 보증금액
  나) 월 차임만 있는 경우 : 신고서에 기재된 월 차임액의 200배에 해당하는 금액
  다) 보증금과 월 차임이 모두 있는 경우: 신고서에 기재된 보증금액에 월 차임액의 200배에 해당하는 금액을 합산한 금액
3) 취득가액은 신고서에 기재된 취득가액을 기준으로 한다. 다만, 취득가액이 시가표준액(지방세법 제4조에 따른 신고사유 발생연도의 시가표준액을 말한다) 미만인 경우 또는 신고서에 취득가액을 기재하지 않은 경우에는 그 시가표준액을 취득가액으로 한다.

부동산 거래신고 등에 관한 법령상 2년 이하의 징역 또는 계약 체결 당시의 개별공시지가에 따른 해당 토지가격의 100분의 30에 해당하는 금액 이하의 벌금에 처해지는 자는? ·33회

① 신고관청의 관련 자료의 제출요구에도 거래대금 지급을 증명할 수 있는 자료를 제출하지 아니한 자
② 토지거래허가구역 내에서 토지거래계약허가를 받은 사항을 변경하려는 경우 변경허가를 받지 아니하고 토지거래계약을 체결한 자
③ 외국인이 경매로 대한민국 안의 부동산을 취득한 후 취득신고를 하지 아니한 자
④ 개업공인중개사에게 부동산거래신고를 하지 아니하게 한 자
⑤ 부동산의 매매계약을 체결한 후 신고 의무자가 아닌 자가 거짓으로 부동산거래신고를 하는 자

해설 ② 토지거래허가구역 내에서 허가 또는 변경허가를 받지 아니하고 토지거래계약을 체결하거나, 속임수나 그 밖의 부정한 방법으로 토지거래계약 허가를 받은 경우 2년 이하의 징역 또는 계약체결 당시의 개별공시지가에 따른 해당 토지가격의 100분의 30에 해당하는 금액 이하의 벌금사유에 해당한다.

정답 ②

(8) 자진신고자에 대한 감면 등

신고관청은 아래 ①의 ㉠에 해당하는 위반사실을 자진신고한 자에 대하여 과태료를 감경 또는 면제할 수 있다.

① **과태료 면제 사유** : 국토교통부장관 또는 신고관청(이하 '조사기관'이라 한다)의 조사가 시작되기 전에 자진신고한 자로서 다음의 요건을 모두 충족한 경우에는 과태료가 면제된다. 이 경우 조사가 시작된 시점은 조사기관이 거래당사자 또는 개업공인중개사등에게 자료제출 등을 요구하는 서면을 발송한 때로 한다.

㉠ 자진신고한 위반행위가 다음의 어느 하나에 해당할 것
   ⓐ 500만원 이하의 과태료
      ⅰ) 부동산 거래신고를 하지 아니한 경우(공동신고를 거부한 자를 포함한다)
      ⅱ) 부동산 거래의 해제등에 관한 신고를 하지 아니한 경우(공동신고를 거부한 자를 포함한다)
      ⅲ) 개업공인중개사에게 부동산 거래신고를 하지 아니하게 하거나 거짓으로 신고하도록 요구한 경우

iv) 거짓으로 부동산 거래신고 또는 해제등의 신고를 하는 행위를 조장하거나 방조하는 경우

➕ 위 ⅰ), ⅱ)는 법 제29조에서는 규정하고 있지만 시행령 제21조에서는 제외되어 있다.

ⓑ **취득가액의 100분의 10 이하에 상당하는 금액의 과태료** : 부동산 거래신고를 거짓으로 한 자 또는 신고의무자가 아닌 자가 거짓으로 부동산 거래신고를 하는 행위

ⓒ **300만원 이하의 과태료** : 외국인등이 부동산 취득신고를 하지 아니하거나 거짓으로 신고한 경우

ⓓ **100만원 이하의 과태료**

　ⅰ) 외국인등이 계약 외의 원인에 의한 취득의 신고를 하지 아니하거나 거짓으로 신고한 경우

　ⅱ) 외국인등이 토지의 계속보유신고를 하지 아니하거나 거짓으로 신고한 경우

　ⅲ) 임대차계약의 당사자가 주택 임대차계약의 신고, 변경 및 해제신고를 하지 아니하거나(공동신고를 거부한 자를 포함한다) 그 신고를 거짓으로 한 경우

ⓛ 신고관청에 단독(거래당사자 일방이 여러 명인 경우 그 일부 또는 전부가 공동으로 신고한 경우를 포함한다)으로 신고한 최초의 자일 것

ⓒ 위반사실 입증에 필요한 자료 등을 제공하는 등 조사가 끝날 때까지 성실하게 협조하였을 것

② **과태료 감경 사유** : 조사기관의 조사가 시작된 후 자진신고한 자로서 다음의 요건을 모두 충족한 경우 과태료의 100분의 50을 감경한다.

> ⓐ 위 ①의 ⓐ 및 ⓒ에 해당할 것
> ⓛ 조사기관이 허위신고 사실 입증에 필요한 증거를 충분히 확보하지 못한 상태에서 조사에 협조했을 것
> ⓒ 조사기관에 단독으로 신고한 최초의 자일 것

③ **감경·면제의 제외 사유** : 다음의 어느 하나에 해당하는 경우에는 과태료를 감경·면제하지 않는다.

> ⓐ 자진신고하려는 부동산등의 거래계약과 관련하여 「국세기본법」 또는 「지방세법」 등 관련 법령을 위반한 사실 등이 관계기관으로부터 조사기관에 통보된 경우
> ⓛ 자진신고한 날부터 과거 1년 이내에 자진신고를 하여 3회 이상 해당 신고관청에서 과태료의 감경 또는 면제를 받은 경우

④ **자진신고 시 제출서류** : 자진신고를 하려는 자는 자진신고서 및 위반행위를 입증할 수 있는 다음의 서류를 조사기관에 제출해야 한다.

> ㉠ 계약서, 거짓신고 합의서, 입출금 내역서 등 위반사실을 직접적으로 입증할 수 있는 자료
> ㉡ 진술서, 확인서, 그 밖에 위반행위를 할 것을 논의하거나 실행한 사실을 육하원칙에 따라 기술한 자료
> ㉢ 당사자 간 의사연락을 증명할 수 있는 전자우편, 통화기록, 팩스 수·발신 기록, 수첩 기재내용 등
> ㉣ 그 밖에 위반행위를 입증할 수 있는 자료

⑤ 앞의 ①부터 ④까지에서 규정한 사항 외에 자진신고자에 대한 과태료의 감경 또는 면제에 대한 세부운영절차 등은 국토교통부령으로 정한다.

⑥ 신고관청은 자진신고를 한 자에 대하여 과태료 감경 또는 면제 대상에 해당하는지 여부, 감경 또는 면제의 내용 및 사유를 통보하여야 한다.

⑦ 조사기관의 담당 공무원은 자진신고자 등의 신원이나 제보내용, 증거자료 등을 해당 사건의 처리를 위한 목적으로만 사용해야 하며 제3자에게 누설해서는 안 된다.

자진신고서

※ 색상이 어두운 란은 신고인이 작성하지 않으며, [　]에는 해당하는 곳에 ∨표를 합니다.

접수번호			접수일시(접수시간 포함)	

자진 신고인	성명(법인명)		생년월일(법인 · 외국인등록번호)	
	주소(법인 소재지)		(휴대)전화번호	

	신고필증 관리번호		신고필증 발급일	
기존 신고한 내용	매도인 (임대인)	성명(법인 · 단체명)	생년월일(법인 · 외국인등록 · 고유번호)	
	매수인 (임차인)	성명(법인 · 단체명)	생년월일(법인 · 외국인등록 · 고유번호)	
	개업 공인중개사	성명(법인명)	생년월일(법인 · 외국인등록 · 고유번호)	
	거래(임대) 부동산 유형	[　] 토지, [　] 건축물, [　] 토지 및 건축물, [　] 공급계약, [　] 분양권매매, [　] 입주권매매, [　] 주택 임대차계약		
	거래(임대) 부동산 내역			
	계약 체결일			
	거래가격 (보증금 · 월 차임)			

자진 신고할 내용	위반유형	[　] 가격 허위신고, [　] 가격 외 허위신고, [　] 미신고 · 허위신고 요구, [　] 허위신고 조장 · 방조, [　] 외국인등 취득 · 보유 미신고 · 허위신고
	위반경위 및 내용	(예시) 2016.6.16일 15시경 ○○공인중개사무소에서 매도인과 개업공인중개사가 매수인에게 분양권 전매 다운계약을 요구하여 분양권 거래가격이 실제로는 4억원(분양금액+프리미엄)이었으나, 3억 8천만원으로 다운계약서를 작성하고 공인중개사를 통한 거래임에도 당사자 간 직거래한 것으로 계약서를 작성하여 거래신고하였으며, 같은 장소에서 매도인은 매수인으로부터 2천만원을 현금으로 수령함

「부동산 거래신고 등에 관한 법률」 제29조, 같은 법 시행령 제21조 제3항 및 같은 법 시행규칙 제21조에 따라 위와 같이 법 위반행위를 자진신고하며, 귀 신고관청의 처분이 끝날 때까지 조사에 성실하게 협조할 것을 서약합니다.

년　　　　월　　　　일

신고인　　　　　　　　　　　　　　　(서명 또는 인)

국토교통부장관 또는 시장 · 군수 · 구청장 귀하

신고인 제출서류	1. 계약서, 거짓신고 합의서, 입출금내역서 등 위반사실을 직접적으로 입증할 수 있는 자료 2. 진술서, 확인서 그 밖에 위반행위를 할 것을 논의하거나 실행한 사실을 육하원칙에 따라 기술한 자료 3. 당사자 간 의사연락을 증명할 수 있는 전자우편, 통화기록, 팩스 수 · 발신 기록, 수첩 기재내용 등 4. 그 밖에 위반행위를 입증할 수 있는 자료	수수료 없음
담당 공무원 확인사항	부동산거래계약 신고필증	

210mm×297mm[백상지(80g/m²) 또는 중질지(80g/m²)]

❶ 거래당사자는 계약을 체결한 경우 그 실제 거래가격 등 대통령령이 정하는 사항을 거래계약의 체결일부터 (   ) 이내에 공동으로 신고하여야 한다.

❷ 거래당사자는 부동산 거래신고를 한 후 거래계약이 해제, 무효 또는 취소된 경우 해제등이 확정된 날부터 (   ) 이내에 해당 신고관청에 공동으로 신고하여야 한다.

❸ 거래가격, 중도금, 잔금 및 지급일은 (   )신고사항에 해당한다.

❹ 외국인등이 계약 외의 원인으로 대한민국 안의 부동산등을 취득한 때에는 부동산등을 취득한 날부터 (   ) 이내에 신고관청에 신고하여야 한다.

❺ 「자연환경보전법」에 따른 생태·경관보전지역은 외국인등의 (   )대상 토지에 해당한다.

❻ 국토교통부장관 또는 시·도지사는 (   ) 이내의 기간을 정하여 토지거래계약에 관한 허가구역으로 지정할 수 있다.

❼ 토지거래허가처분에 이의가 있는 자는 그 처분을 받은 날부터 (   ) 이내에 시장·군수 또는 구청장에게 이의를 신청할 수 있다.

❽ 매수청구를 받은 시장·군수·구청장은 매수할 자로 하여금 예산의 범위에서 (   )를 기준으로 하여 해당 토지를 매수하게 하여야 한다.

❾ 자기의 거주용 주택용지로 이용하려는 경우 (   )간은 허가목적대로 이용하여야 한다.

❿ 계약을 체결하지 아니하였음에도 불구하고 거짓으로 부동산 거래신고를 한 자도 (   )의 대상이 된다.

정답 **1** 30일 **2** 30일 **3** 변경 **4** 6개월 **5** 허가 **6** 5년 **7** 1개월 **8** 공시지가 **9** 2년
10 신고포상금

memo

memo

2024 공인중개사 2차 기본서 공인중개사법령 및 중개실무

발 행 일	2024년 1월 7일 초판
편 저 자	임선정
펴 낸 이	양형남
펴 낸 곳	(주)에듀윌
등록번호	제25100-2002-000052호
주 소	08378 서울특별시 구로구 디지털로34길 55
	코오롱싸이언스밸리 2차 3층

www.eduwill.net

대표전화 1600-6700

여러분의 작은 소리
에듀윌은 크게 듣겠습니다.

본 교재에 대한 여러분의 목소리를 들려주세요.
공부하시면서 어려웠던 점, 궁금한 점,
칭찬하고 싶은 점, 개선할 점, 어떤 것이라도 좋습니다.

에듀윌은 여러분께서 나누어 주신 의견을
통해 끊임없이 발전하고 있습니다.

에듀윌 도서몰 book.eduwill.net
• 부가학습자료 및 정오표: 에듀윌 도서몰 → 도서자료실
• 교재 문의: 에듀윌 도서몰 → 문의하기 → 교재(내용, 출간) / 주문 및 배송

2024

에듀윌 공인중개사

기본서 **2차**

공인중개사법령 및 중개실무 下

➕ 합격할 때까지 책임지는 개정법령 원스톱 서비스!

법령 개정이 잦은 공인중개사 시험. 일일이 찾아보지 마세요!
에듀윌에서는 필요한 개정법령만을 빠르게! 한번에! 제공해 드립니다.

에듀윌 도서몰 접속 (book.eduwill.net)	▶	우측 정오표 아이콘 클릭	▶	가테고리 공인중개사 설정 후 교재 검색

개정법령
확인하기

중개실무

최근 10개년 출제비중

19.2%

제34회 출제비중

20%

CHAPTER별 10개년 출제비중 & 출제키워드

CHAPTER	10개년 출제비중	BEST 출제키워드
01 중개실무 총설 및 중개의뢰접수	1.3%	중개실무의 의의·과정
02 중개대상물 조사 및 확인	36.4%	조사·확인 방법, 확인·설명서 작성
03 개별적 중개실무	62.3%	명의신탁, 「주택임대차보호법」, 「상가건물 임대차보호법」, 경매 절차, 대리등록

* 여러 CHAPTER의 개념을 묻는 복합문제이거나, 법률이 개정 및 제정된 경우 분류 기준에 따라 수치가 달라질 수 있습니다.

제35회 시험 학습전략

제34회 시험에서 PART 2 중개실무는 8문제 출제되었습니다. 특히 중개실무는 「민법」과 연계하여 출제되고 있으므로 해당 부분의 「민법」내용과 같이 학습하면 좋은 점수가 나올 것입니다. 이에 유념하여 정리해 두시기 바랍니다.

01 | 중개실무 총설 및 중개의뢰접수

▌10개년 출제문항 수

25회	26회	27회	28회	29회

30회	31회	32회	33회	34회
		1		

↳ 총 40문제 中 평균 약 0.1문제 출제

▌학습전략

• 거의 출제되지 않는 CHAPTER이지만 중개실무의 의의, 범위에 관해 학습하여야 합니다.

• 중개계약의 종류별 특징에 관해 학습하여야 합니다.

제1절 　**중개실무 총설**

• 32회

1 중개실무의 의의

중개실무란 개업공인중개사가 중개의뢰인으로부터 중개의뢰를 받는 것부터 시작하여 중개행위의 목적인 거래당사자 간의 거래계약체결까지 거래당사자에 대하여 행하는 일체의 업무를 말한다.

2 중개실무의 범위

(1) 중개실무의 범위에 포함되는 업무

중개실무의 범위는 중개의뢰를 받은 후부터 중개완성(거래계약체결을 말한다)까지 중개의뢰인을 상대로 하는 중개활동을 말한다. 중개실무의 범위에 중개완성 시 개업공인중개사에게 주어진 의무에 해당하는 거래계약서 작성, 중개대상물 확인·설명서의 작성 및 교부 등도 포함된다.

O X 확 인 문 제

중개실무는 거래계약의 체결로부터 등기완료시점까지이다.
(　　)

정답 (×)

중개실무는 중개의뢰를 받은 후부터 중개완성(거래계약체결)까지의 중개활동을 말한다.

(2) 중개실무의 범위에 포함되지 않는 업무

현실에서 개업공인중개사는 중개가 완성된 이후 거래당사자 간의 이행행위가 완료된 때(잔금지급 및 등기이전서류의 교부) 중개보수를 지급받는 것이 관행으로 되어 있어서 개업공인중개사의 중개실무 범위에 이행행위까지 포함되고 있는 것으로 혼동할 수 있으나, 원칙적으로 중개실무의 범위는 중개의뢰를 받은 후부터 중개완성(거래계약체결)까지임을 유의해야 한다. 따라서 중도금의 지급, 잔금의 지급, 소유권이전등기, 목적물의 이전 등 중개완성 후 거래당사자 간의 이행의 문제들은 중개실무에 해당하지 않는다.

판례

- 이행업무라 하더라도 거래계약을 알선한 개업공인중개사가 계약체결 후에도 중도금 및 잔금의 지급, 목적물의 인도와 같은 거래당사자의 이행의 문제에 관여함으로써 계약상 의무가 원만하게 이행되도록 주선할 것이 예정되어 있는 때에는 그러한 개업공인중개사의 행위는 객관적·외형적으로 보아 사회통념상 거래의 알선·중개를 위한 행위로서 중개행위의 범주에 포함된다 할 것이다(대판 2007.2.8, 2005다55008).

기출&예상 문제

공인중개사법령상 중개행위 등에 관한 설명으로 옳은 것은? (다툼이 있으면 판례에 따름)

• 32회

① 중개행위에 해당하는지 여부는 개업공인중개사의 행위를 객관적으로 보아 판단할 것이 아니라 개업공인중개사의 주관적 의사를 기준으로 판단해야 한다.
② 임대차계약을 알선한 개업공인중개사가 계약체결 후에도 목적물의 인도 등 거래당사자의 계약상 의무의 실현에 관여함으로써 계약상 의무가 원만하게 이행되도록 주선할 것이 예정되어 있는 경우, 그러한 개업공인중개사의 행위는 사회통념상 중개행위의 범주에 포함된다.
③ 소속공인중개사는 자신의 중개사무소 개설등록을 신청할 수 있다.
④ 개업공인중개사는 거래계약서를 작성하는 경우 거래계약서에 서명하거나 날인하면 된다.
⑤ 개업공인중개사가 국토교통부장관이 정한 거래계약서 표준서식을 사용하지 않는 경우 과태료부과처분을 받게 된다.

OX 확인 문제

중개실무의 범위에 물건의 인도, 소유권이전등기업무도 포함된다.
(   )

정답 (×)
중개실무의 범위에 물건의 인도, 소유권이전등기업무는 포함되지 않는다.

② 판례에 의하면, 이행업무라 하더라도 거래계약을 알선한 개업공인중개사가 계약체결 후에도 중도금 및 잔금의 지급, 목적물의 인도와 같은 거래당사자의 이행의 문제에 관여함으로써 계약상 의무가 원만하게 이행되도록 주선할 것이 예정되어 있는 때에는 그러한 개업공인중개사의 행위는 객관적·외형적으로 보아 사회통념상 거래의 알선·중개를 위한 행위로서 중개행위의 범주에 포함된다고 한다(대판 2007.2.8, 2005다55008).
① 중개행위에 해당하는지 여부는 개업공인중개사의 행위를 객관적으로 보아 사회통념상 거래의 알선, 중개를 위한 행위라고 인정되는지 여부에 의하여 결정하여야 한다(대판 2005.10.7, 2005다32197).
③ 소속공인중개사는 자신의 중개사무소 개설등록을 신청할 수 없다.
④ 개업공인중개사는 거래계약서를 작성하는 경우 거래계약서에 서명 및 날인하여야 한다.
⑤ 거래계약서 표준서식의 사용 여부는 임의사항이므로, 이를 사용하지 않은 경우에 대한 제재는 「공인중개사법」상 규정이 없다.

정답 ②

3 중개실무의 과정

중개활동의 목적은 거래계약의 체결에 있으므로 그 목적을 효과적으로 달성하기 위해서는 일정한 절차를 표준화하고, 그에 따라 업무를 처리하는 것이 능률적이고 효과적이다. 개업공인중개사가 중개의뢰를 받아 중개행위를 수행하는 중개실무과정은 다음과 같다.

(1) 중개의뢰의 접수

개업공인중개사의 중개활동은 중개의뢰인과 중개계약을 체결함으로써 시작된다. 이는 개업공인중개사가 의뢰인과의 상담을 통하여 부동산의 매매, 임대차 등의 의뢰를 받아 자신의 중개의뢰접수대장 등에 기재하는 행위라 볼 수 있다.

(2) 중개활동계획의 수립

부동산중개활동은 체계적이고 합리적인 계획을 수립하여야만 목표를 달성하기 용이하며 시행착오와 시간낭비를 줄일 수 있다.

(3) 중개대상물의 조사·확인 및 거래예정가격의 산정

개업공인중개사는 중개를 의뢰받은 때에는 중개대상물에 관한 기본적인
사항, 권리관계에 관한 사항 등 확인·설명하여야 하는 사항을 조사·확인
하여야 한다. 중개대상물에 대한 조사·확인은 중개대상물 확인·설명서 작
성의 근거가 될 뿐만 아니라 개업공인중개사의 손해배상책임의 근거가 되
므로 성실하고 정확하게 조사하여야 한다.

(4) 중개영업활동(판매활동)

조사·확인한 것을 바탕으로 본격적인 중개활동에 들어가는 단계이다. 이
과정에서 개업공인중개사는 중개의뢰인의 심리를 잘 파악하여 적절히 대
응하는 것이 필요하므로 AIDA 원리 등을 이용하여야 한다.

(5) 거래계약의 체결

개업공인중개사의 중개로 거래당사자 간에 거래에 대한 합의가 도출되어
거래계약이 체결된다. 거래계약이 체결되면 중개대상물 확인·설명서와 거
래계약서를 작성하여 양 당사자에게 교부하여야 한다. 특히 거래계약서에
는 거래내용과 양 당사자와 관련된 내용 등을 명확하게 확인하여 기재하여
야 한다.

■ 중개실무 절차도

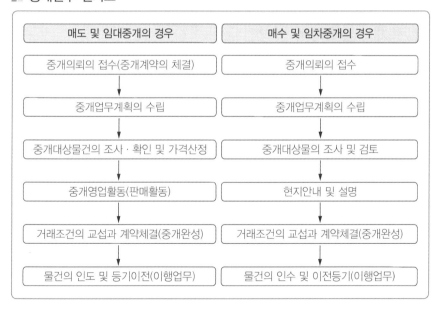

O X 확 인 문 제

중개대상물건의 조사·확인 및
가격산정은 매도 및 임대중개의
절차의 내용이다.　　(　)

정답 (○)

1 중개대상물의 수집(중개계약)

1. 중개대상물 수집의 중요성

개업공인중개사의 중개활동에 있어 중개대상물의 수집은 중개업의 시작이며, 그 여하에 따라 중개업의 지속적 발전이 결정된다. 중개계약의 체결은 유효한 중개업무의 시작이다. 따라서 유효한 중개계약이 없을 경우 중개가 완성되더라도 개업공인중개사는 중개보수를 청구할 수 없다.

2. 유효한 중개대상물의 요건

"훌륭한 중개계약과 중개대상물은 반쯤 팔린 물건이다(A Property well listed is half sold)."라는 미국 중개업계의 격언은 중개대상물의 양부가 중개활동 능률화에 미치는 영향이 얼마나 큰가를 말해준다. 유효한 중개계약이란 시세보다 상당히 저렴한 매도중개계약이나 역세권에 있는 상가 등의 수집이 해당될 것이다.

3. 중개대상물의 수집방법

(1) 직접수집방법

직접수집방법이란 개업공인중개사가 직접 중개대상물의 권리자에게 접근하여 중개대상물의 중개의뢰를 받는 것이다. 직접수집방법은 다음과 같다.

> ① 개업피로연 및 사교활동을 통한 수집
> ② 관혼상제 등 참석을 통한 수집
> ③ 호별 방문을 통한 수집
> ④ 전화를 통한 수집
> ⑤ DM을 통한 수집
> ⑥ 공지·공가 등의 조사
> ⑦ 과거 고객과의 유대관계 강화를 통한 지속적인 수집
> ⑧ 광고(신문, 잡지, 팸플릿 등)의 활용을 통한 수집

(2) 간접수집방법

간접수집방법이란 개업공인중개사와 중개의뢰인 사이에 유력한 제3자의 소개나 친지의 주선 등으로 중개대상물을 수집하는 방법을 말한다.

4. 부동산경기와 중개수집

(1) 하향시장의 경우

부동산경기가 하향일 경우 일반적으로 거래가 저조하고, 가격상승은 둔화·보합되거나 하락하는 것이 특징이다. 따라서 매수의뢰보다는 매도의뢰가 많다. 따라서 매도의뢰보다는 매수의뢰의 수집에 중점을 두어야 한다.

(2) 상향시장의 경우

상향시장의 경우 부동산의 수요가 증대하고 가격도 상승하게 된다. 이것은 일반적으로 수요의 증대로 인한 공급부족으로 나타나는 현상이므로, 개업공인중개사는 매도물건이나 임대물건 수집에 중점을 두어야 한다.

(3) 안정시장의 경우

안정시장이란 불황에 강한 유형의 시장으로서, 지하철역 부근 등 대체로 위치가 좋고 규모가 작은 주택이 해당한다. 불경기라 하여도 살기에 좋은 주택들은 거래가 끊임없이 이어지므로 이런 부동산은 경기에 큰 영향을 받지 않는다고 볼 수 있다. 이런 주거용 부동산을 다루는 개업공인중개사는 매도·매수의뢰 모두를 풍부하게 수집하여야 한다.

2 중개계약의 법적 성질

1. 민사중개계약

부동산중개계약은 민사중개계약이다. 부동산중개계약은 혼인중개계약, 직업소개계약과 함께 민사중개계약에 해당된다. 개업공인중개사의 중개영업행위도 상행위의 범주에 속하므로 「공인중개사법」 외에도 「상법」 총칙편과 상행위편의 일부 규정이 준용된다.

2. 낙성·불요식계약

부동산중개계약은 당사자 간의 청약과 승낙이라는 의사표시의 합치만으로 계약이 성립하는 낙성계약이고, 그 방식도 문서 또는 구두로 자유롭게 할 수 있는 불요식계약이다. 전속중개계약을 체결하는 경우에는 반드시 전속중개계약서를 작성하도록 하였지만 전속중개계약서를 작성하지 아니한 경우라도 중개의뢰인과 개업공인중개사 간에 전속중개계약체결에 대한 합의가 있다면 이는 전속중개계약이 체결된 것이므로 전속중개계약도 낙성·불요식계약인 것이다.

3. 유상·쌍무계약

부동산중개계약은 유상계약이다. 또한 중개계약은 개업공인중개사와 중개의뢰인이 서로 대가적 의무를 갖는 쌍무계약으로서의 성질을 가진다. 이 경우 개업공인중개사는 중개완성의무를 지는 것이 아니라 중개활동을 하는 경우 신의칙에 합당하게 선량한 관리자의 주의로서 중개활동을 해야 할 의무를 지는 것이고, 중개의뢰인은 중개가 완성된 경우에는 그 보수를 지불해야 할 의무를 지는 조건부적인 의무이다.

4. 위임 유사의 비전형계약

부동산중개계약은 「민법」이 규정하고 있는 15개의 전형계약 중 어디에도 속하지 않는 비전형계약(이를 '무명계약'이라고도 한다)이다. 중개계약의 법적 성질에 대하여 「공인중개사법」상 아무런 규정이 없지만, 개업공인중개사는 위임계약에서의 수임인과 유사한 입장에 있으므로, 중개계약은 위임계약과 가장 유사한 계약이다.

 판례

> **• 중개계약의 성질**
> 개업공인중개사와 중개의뢰인과의 법률관계는 「민법」상의 위임계약과 같으므로 개업공인중개사는 중개의뢰의 본지에 따라 <u>선량한 관리자의 주의로써 중개업무를 처리하여야 할 의무</u>가 있을 뿐만 아니라 <u>신의와 성실로써 공정하게 중개행위를 하여야 할 의무</u>를 부담하고 있다(대판 1993.5.11, 92다55350).

5. 기타(계속적·임의적·혼합적 계약)

부동산중개계약은 중개의뢰를 받은 후 중개완성까지 상당한 시간이 소요되므로 계속적 계약이고, 중개계약체결 여부는 개업공인중개사와 중개의뢰인의 자유재량에 따르게 되므로 임의적 계약이며, 「민법」상 계약 중 위임계약이나 도급계약의 내용이 혼합되어 있으므로 혼합계약으로서의 성질을 지닌다.

③ 중개계약의 종류별 특징

1. 일반중개계약

(1) 의 의
중개의뢰인이 불특정 다수의 개업공인중개사에게 경쟁적으로 중개를 의뢰하고 그중 가장 먼저 중개를 완성시킨 개업공인중개사가 보수청구권을 행사할 수 있는 계약이다.

(2) 특 징
① 일반중개계약은 「공인중개사법」에 명문의 규정(법 제22조)을 둔 중개계약으로서 우리나라의 일반적 관행으로 가장 많이 행하여지는 중개계약 형태이다.
② 중개계약서를 서면으로 작성할 의무가 없으므로 대부분 구두로 체결되어 개업공인중개사와 중개의뢰인 간의 분쟁발생이 많다. 따라서 법률관계가 복잡하다고 볼 수 있다.
③ 일반중개계약은 개업공인중개사의 중개보수 확보가 곤란하다. 즉, 개업공인중개사는 중개완성을 위하여 지출한 노력이나 시간비용 등에 대한 보상을 받을 수 없으며, 중개의뢰인이 직접 거래를 하거나 타 개업공인중개사가 거래를 완성한 경우 보수청구권을 행사할 수 없게 된다. 따라서 개업공인중개사는 최선의 노력을 다하지 않으며 책임의식이 희박하기 때문에 개업공인중개사의 적극적인 중개활동을 기대하기 어렵다.
④ 일반적으로 개업공인중개사는 중개대상물에 대한 정보공개를 꺼리고, 빨리 거래를 성사시켜 중개보수를 받으려고 하므로 거래가격이 정상적인 가격보다 낮게 형성될 가능성이 있다.
⑤ 일반중개계약은 개업공인중개사에게는 중개보수의 보장이 없고, 중개의뢰인은 개업공인중개사의 책임중개를 기대하기 어려우므로 개업공인중개사와 중개의뢰인 모두에게 불리한 계약이라고 할 수 있다.

O X 확 인 문 제

일반중개계약은 개업공인중개사와 중개의뢰인 모두에게 불리한 계약이다. ( )

정답 (○)

2. 독점중개계약

(1) 의 의

독점중개계약이란 특정한 개업공인중개사에게 독점적으로 중개의뢰를 하는 계약형태로서 일단 중개계약이 체결되면 중개의뢰받은 내용의 거래계약을 누가 성립시키느냐에 관계없이 독점중개계약을 한 개업공인중개사가 그 중개보수를 받게 된다. 독점중개계약은 이 법에 규정된 중개계약은 아니지만 이 법상 독점중개계약을 체결하는 것을 금지하는 규정이 없으므로 독점중개계약도 자유롭게 약정할 수 있다.

(2) 특 징

① 독점중개계약과 다른 중개계약의 특별한 차이점은 개업공인중개사에게 확실한 보수청구권이 보장되는 것이다. 독점중개계약에서는 독점중개의뢰인이 독점중개계약기간 내에 스스로 발견한 상대방과 거래계약을 체결하더라도 개업공인중개사에게 중개보수를 지급하여야 한다. 계약기간 안에 거래가 성사되면 보수를 보장받을 수 있으므로 개업공인중개사는 마음 놓고 돈과 노력을 들여 광고나 공개, 안내를 할 수 있다.

② 개업공인중개사가 독점판매권을 획득하면 최선의 노력을 다하므로 중개완성이 조기에 이루어질 가능성이 크다.

③ 국내에서는 거의 이루어지지 않고 있지만 미국에서는 일반적으로 행해지는 계약형태이며, 미국 부동산중개업협회(NAR)가 적극 권장하는 계약형태이다.

➕ 중개의뢰인 입장에서는 일반중개계약의 단점인 책임 있는 중개서비스를 기대할 수 없었던 점을 보완하는 중개계약이며, 개업공인중개사 입장에서는 자신의 노력에 대한 보수를 가장 확실하게 보장받을 수 있는 중개계약이므로 개업공인중개사의 중개활동 의욕을 고취시켜 중개물건에 대한 충분한 조사·확인, 적극적인 중개활동, 그리고 다른 개업공인중개사와의 긴밀한 협조 등을 통해 중개업의 기업화를 촉진시킬 수 있는 가장 이상적인 제도이다.

3. 전속중개계약

(1) 의 의

전속중개계약은 독점중개계약처럼 특정 개업공인중개사에게 독점적으로 중개를 의뢰하는 계약이지만, 중개의뢰인이 스스로 발견한 상대방과 직접 거래를 한 경우에는 중개보수를 청구할 수 없는 계약이다. 전속중개계약도 「공인중개사법」에 명문의 규정(법 제23조)을 둔 중개계약이다.

(2) 특 징

① 전속중개계약은 중개의뢰인이 스스로 발견한 상대방과 직접 거래했을 경우 개업공인중개사는 중개보수를 받을 수 없다(중개보수의 50%에 해당하는 금액의 범위 안에서 소요된 비용은 받을 수 있다).

② 독점중개계약이나 전속중개계약의 경우 한 사람에게만 독점적으로 중개권한이 부여되므로, 전속중개계약이 활성화되기 위해서는 부동산거래정보망의 활성화 등 정보공개의 의무화와 정보교환체계의 실용화가 필수적으로 전제되어야 한다.

4. 공동중개계약

(1) 의 의

공동중개계약은 독립된 형태로서 존재하지 아니하며, 독점중개계약이나 전속중개계약의 토대 위에서 거래계약의 성립을 위해 개업공인중개사의 단체나 부동산정보유통기구 등을 이용하여 중개되는 형태를 말한다. 부동산거래정보망을 통한 중개활동이 대표적인 사례이다. 공동중개계약은 독점중개계약의 변형 내지 단점을 보완한 것으로 볼 수 있다.

(2) 특 징

① 1인의 개업공인중개사에게만 중개권을 부여하는 독점중개계약이나 전속중개계약을 전제로 그 정보를 널리 공개하여 보다 쉽게 중개를 완성시키기 위해 개업공인중개사가 개업공인중개사 단체 또는 부동산유통센터 등에 거래의 알선을 의뢰하고 정보공개에 따라 매물 등의 정보를 알게 된 자와 이들과 함께 공동으로 거래를 알선하여 중개를 완성하는 계약이라고 볼 수 있다. 부동산거래정보망 등 정보유통기구 등을 매개로 하여 2인 이상의 개업공인중개사의 공동활동에 중개를 의뢰하는 형태이다.

② 공동중개계약은 여러 사람의 공동활동이 이루어지므로 시간과 비용이 절약되고 신속한 중개완성이 가능하며 중개업의 조직화와 능률화에 기여할 수 있는 이상적인 형태라 할 수 있다.

5. 순가중개계약

(1) 의 의

순가중개계약이란 중개의뢰인이 중개대상물의 매도·매수가격을 사전에 개업공인중개사에게 제시하고 그 금액을 초과하거나 미달하여 거래계약을 성립시킨 경우에 그 초과액·미달액 전액을 개업공인중개사의 중개보수로 취득하는 것을 인정하는 중개계약을 말한다.

(2) 특 징

O X 확 인 문 제

순가중개계약은 중개의뢰인과의 체결 자체가 「공인중개사법」상 금지행위에 해당한다.　(　　)

정답 (×)

순가중개계약은 체결 자체가 금지되지는 않지만, 법정보수한도를 초과하여 받은 경우 금지행위로 처벌의 대상이 될 수 있다.

① 순가중개계약은 중개보수가 지나치게 과다해지거나 중개수입의 확대를 목적으로 개업공인중개사와 중개의뢰인 간의 담합에 의한 가격조작 우려가 있다.

② 「공인중개사법」에 순가중개계약의 체결 자체를 금지한다는 명문규정은 없으나 순가중개계약은 금지행위에 해당될 수 있다. 개업공인중개사는 중개보수 또는 실비 외에는 어떤 명목으로든 법정보수한도를 초과해서 받을 수 없는데, 중개보수 또는 실비를 초과하여 금품을 받으면 이 법상 금지행위에 해당되기 때문이다(법 제33조 제1항).

④ 중개계약의 서면화·유형화 기능

우리나라에서는 부동산중개계약이 대부분 구두로 체결되고, 서면으로 작성하지 않는 경향이 있다. 이로 인하여 중개계약체결 여부 및 계약내용 등에 대한 분쟁이 끊임없이 발생하고 있다. 따라서 이와 같은 문제점을 해결하기 위해서 중개계약의 서면화·유형화가 요구되는 것이다. 중개계약이 서면화·유형화되면 다음과 같은 기능을 기대할 수 있다.

1. 기본적 내용의 확정기능

중개계약을 서면화·유형화함으로써 필수기재사항을 누락시키지 않고 내용의 정확성을 기할 수 있으므로 개업공인중개사와 중개의뢰인 간에 거래의 기본적인 내용을 확정하는 기능을 발휘할 수 있다.

2. 부동산투기에 대한 예방적 기능

부동산중개계약의 불명확성은 미등기 전매 등 음성적 거래를 조장할 가능성이 크다. 따라서 부동산중개계약의 명확화(전속중개계약서를 작성하는 경우가 이에 해당한다)는 개업공인중개사로 하여금 가격 등 정보를 공개하게 함으로써 유사부동산과의 비교가 용이하여 부동산투기를 예방할 수 있다.

3. 분쟁해결의 기능

부동산중개계약을 서면으로 작성하지 않는 경우에는 중개계약의 부존재를 주장하는 경우가 생길 뿐만 아니라 중개계약 자체를 인정한다 하여도 그 내용이 불명확한 경우가 많고, 개업공인중개사와 중개의뢰인 간의 분쟁의 원인이 되기도 한다. 따라서 중개계약을 서면화하여 계약내용을 명확히 함으로써 분쟁을 해소하고, 분쟁이 발생한 경우 용이하게 해결할 수 있다.

4. 유통시장의 정비·근대화 기능

시간이 흐를수록 더욱 복잡하게 증대되고 있는 부동산의 유통시장을 정비하고 근대화하기 위해 중개계약을 서면화·유형화함으로써 정보유통기구의 활성화를 도모하고 합리적인 시장기능을 확보할 수 있다.

5. 자주통제의 기능

중개계약은 원칙상 불요식계약이므로 구두로 하든 서면으로 하든 자유이나 이를 서면화·유형화함으로써 개업공인중개사와 중개의뢰인 간에 자주적 통제의 기능을 발휘할 수 있고, 부동산중개업에 대한 정부의 간섭을 배제하는 기능으로서의 효과도 있다고 볼 수 있다.

O X 확 인 문 제

중개계약의 서면화는 중개업에 관한 정부의 간섭을 강화하는 기능을 한다. ( )

정답 (×)

중개계약의 서면화는 중개업에 관한 정부의 간섭을 배제하는 기능을 한다.

5 중개계약의 종료

1. 중개계약기간의 경과

중개계약기간을 정한 중개계약의 경우에는 계약기간이 경과함으로써 자동적으로 종료된다. 중개계약기간을 정하지 아니한 경우에는 자유롭게 중개계약을 해지함으로써 중개계약이 종료된다. 일반중개계약을 체결한 경우 또는 전속중개계약을 체결한 경우 유효기간은 3개월을 원칙으로 한다. 그러나 당사자 간에 다른 약정이 있으면 이에 따르도록 하고 있다.

O X 확 인 문 제

전속중개계약기간의 유효기간이 만료되면 일반중개계약으로 전환된다. ( )

정답 (○)

2. 중개완성

중개의 궁극적인 목적은 거래계약체결, 즉 중개완성이다. 따라서 중개가 완성되면 중개계약은 종료된다. 이는 다른 개업공인중개사의 중개로 중개가 완성된 경우라도 중개계약은 종료된다.

3. 중개계약의 해지

「민법」상의 위임계약은 유상이든 무상이든 위임계약의 본질상 각 당사자는 언제든지 이를 해지할 수 있다(대판 1991.4.9, 90다18968). 중개계약은 「민법」상의 위임계약과 유사한 성질을 가지고 있다. 따라서 중개계약에 대한 해지의 자유가 인정되어 개업공인중개사와 중개의뢰인은 거래계약체결 이전에는 언제라도 일방적으로 중개계약을 해지할 수 있다. 중개계약을 해지하면 중개계약은 종료된다.

4. 중개의 불능

중개의 3요소는 중개의뢰인, 개업공인중개사, 중개대상물이다. 이러한 중개의 3요소 중 어느 하나라도 존재하지 아니할 경우에는 중개계약이 종료된다. 따라서 중개의뢰인이나 개업공인중개사의 사망이나 법인의 해산, 중개대상물의 멸실 그 밖에 파산선고를 받았을 경우에는 중개계약이 종료된다.

CHAPTER 01 빈출키워드 CHECK!

① 중개실무의 범위는 (   )를 받은 후부터 (   )까지의 중개의뢰인을 상대로 하는 중개활동을 말한다.

② 중개계약은 당사자 간의 청약과 승낙이라는 의사표시의 합치만으로 계약이 성립하는 (   )계약이고, 그 방식도 문서 또는 구두로 자유롭게 할 수 있는 (   )계약이다.

③ (   )은 「공인중개사법」에 명문의 규정을 둔 중개계약으로서 우리나라의 일반적 관행으로 가장 많이 행하여지는 중개계약 형태이다.

④ (   )이란 특정한 개업공인중개사에게 독점적으로 중개의뢰를 하는 계약형태로서 일단 중개계약이 체결되면 중개의뢰받은 내용의 거래계약을 누가 성립시키느냐에 관계없이 독점중개계약을 한 개업공인중개사가 그 중개보수를 받게 된다.

⑤ 전속중개계약은 독점중개계약처럼 특정 개업공인중개사에게 독점적으로 중개를 의뢰하는 계약이지만, 중개의뢰인이 (   )과 직접 거래를 한 경우에는 중개보수를 청구할 수 없는 계약이다.

⑥ (   )이란 개업공인중개사의 단체 또는 부동산거래센터 등에 중개를 의뢰하면서 2인 이상의 개업공인중개사들의 공동활동에 의하여 거래의 알선을 하도록 의뢰하는 계약이다.

⑦ (   )이란 중개의뢰인이 중개대상물의 매도·매수가격을 사전에 개업공인중개사에게 제시하고 그 금액을 초과하거나 미달하여 거래계약을 성립시킨 경우에 그 초과액·미달액 전액을 개업공인중개사의 중개보수로 취득하는 것을 인정하는 중개계약을 말한다.

정답	**1** 중개의뢰, 거래계약체결 **2** 낙성, 불요식 **3** 일반중개계약 **4** 독점중개계약 **5** 스스로 발견한 상대방 **6** 공동중개계약 **7** 순가중개계약

02 | 중개대상물 조사 및 확인

▌10개년 출제문항 수

25회	26회	27회	28회	29회
4	3	5	1	3

30회	31회	32회	33회	34회
3	1	2	3	3

↳ 총 40문제 中 평균 약 2.8문제 출제

▌학습전략

• 중개대상물의 조사 및 확인방법, 「장사 등에 관한 법률」 및 분묘기지권에 대해 학습하여야 합니다.

• 중개대상물 확인·설명서의 종류 및 기재사항에 관해 학습하여야 합니다.

제1절 총 설

1 중개대상물 조사·확인 및 설명의 법적 근거

「공인중개사법」상 개업공인중개사는 중개를 의뢰받은 경우에는 중개가 완성되기 전에 중개대상물의 상태, 입지 및 권리관계 등에 대하여 당해 중개대상물에 관한 권리를 취득하고자 하는 중개의뢰인에게 성실·정확하게 설명하고, 토지대장등본 또는 부동산종합증명서, 등기사항증명서 등 설명의 근거자료를 제시하여야 한다(법 제25조, 영 제21조). 개업공인중개사가 확인·설명해야 할 사항은 다음과 같다(영 제21조 제1항).

> ① 중개대상물의 종류, 소재지·지번, 지목·면적·용도·구조 및 건축연도 등 중개대상물에 관한 기본적인 사항
> ② 벽면·바닥면 및 도배의 상태 및 수도·전기·가스·소방·열공급·승강기 및 배수 등 시설물의 상태
> ③ 도로 및 대중교통수단과의 연계성, 시장·학교 등과의 근접성 등 입지조건과 일조·소음·진동 등 환경조건
> ④ 소유권·전세권·저당권·지상권 및 임차권 등 중개대상물의 권리관계에 관한 사항
> ⑤ 토지이용계획, 공법상 거래규제 및 이용제한에 관한 사항

⑥ 거래예정금액

⑦ 중개보수 및 실비의 금액과 그 산출내역

⑧ 중개대상물에 관한 권리를 취득함에 따라 부담하여야 할 조세의 종류 및 세율

2 중개대상물 조사·확인의 필요성

(1) 중개대상물의 조사·확인활동을 통하여 파악한 사실관계 및 법률관계 사항은 중개대상물 확인·설명의 기초자료이자 중개대상물 확인·설명서 작성의 근거가 되므로 중개대상물 조사·확인이 필요하다.

(2) 중개대상물을 조사·확인한 사항은 중개행위 시 고객을 설득하기 위한 자료로 활용된다. 따라서 중개대상물의 장점뿐만 아니라 단점(하자 여부)에 대한 조사·확인이 필요하다.

(3) 그 밖에도 개업공인중개사가 중개대상물 조사·확인활동을 성실히 수행함으로써 책임중개를 실현할 수 있을 뿐만 아니라, 중개사고의 발생을 예방할 수 있기 때문에 중개대상물의 조사·확인이 필요하다.

제2절 중개대상물 조사·확인 방법

• 27회

1 중개의뢰인을 통한 조사·확인

매도·임대의뢰를 받았을 때 및 중개활동 과정에서 개업공인중개사가 의뢰인으로부터 중개대상 부동산에 대한 기본적인 사항, 상태 등의 정보를 얻는 방법이다. 중개대상물에 대한 가장 정확한 정보를 가지고 있는 의뢰인이 제시한 자료는 후일 중개대상물에 대한 하자가 발생한 경우 책임소재를 명확히 밝히는 자료가 될 수 있다. 그러나 개업공인중개사가 요구하여 수집한 자료는 신뢰도가 떨어지며, 의뢰인이 자료를 거짓으로 제공하였어도 현행법상 의뢰인에게 책임을 지울 수 없으므로 최종적으로는 개업공인중개사가 직접 조사·확인하여야 한다.

2 개업공인중개사등의 직접조사

1. 공부를 통한 조사·확인

시·군·구청 및 읍·면·동주민센터와 같은 행정관청에 비치된 각종 공부는 그 작성목적에 따라 일정한 사항에 대해서 공적으로 증명하는 기능을 가지고 있으므로, 이 공부를 통하여 중개대상물의 기본적인 사항이나 권리관계 등을 조사하여야 한다.

(1) 등기사항증명서 – 권리관계에 관한 조사의 기준

토지, 건축물 등의 권리관계에 관한 사항은 토지 및 건물등기사항증명서를 통하여 조사·확인을 한다. 각종 대장에 기재된 것과 등기사항증명서에 기재된 권리관계가 일치하지 않을 경우에는 등기사항증명서에 기재된 사항을 기준으로 확인하여야 한다.

O X 확 인 문 제

권리관계는 등기사항증명서를 기준으로 하며, 사실관계는 지적공부를 기준으로 한다.   ( )

정답 (○)

(2) 토지대장(임야대장)·건축물대장 – 사실관계에 관한 조사의 기준

중개대상물의 소재지, 지목, 면적, 구조 등 중개대상물 자체에 관한 기본적인 사항은 토지대장·임야대장 등 지적공부와 건축물대장으로 확인할 수 있다. 등기사항증명서 표제부에도 부동산표시에 관한 사항이 기재되어 있으나 토지대장, 임야대장 및 건축물대장과 일치하지 않을 경우에는 토지대장, 임야대장 및 건축물대장을 기준으로 확인하여야 한다.

(3) 지적도(임야도) – 토지의 지형 및 경계에 관한 조사의 기준

토지의 지형 및 경계를 확인할 수 있는 공부는 지적도·임야도이다. 그 밖에도 토지의 위치파악은 지적도·임야도에 표시된 지번을 통하여 조사하는 것이 합리적이다. 지적도·임야도상의 경계와 실제 경계가 일치하지 않는 경우 특별한 사정이 없는 한 지적도·임야도상의 경계에 의하여 중개하여야 한다.

O X 확 인 문 제

지적도·임야도를 통해 토지의 지형, 경계, 지세 등을 확인할 수 있다.   ( )

정답 (×)

지적도·임야도를 통해 토지의 지형, 경계를 확인할 수 있으나, 지세는 확인할 수 없다.

(4) 토지이용계획확인서 – 공법상 거래규제 및 제한사항에 관한 조사의 기준

용도지역·지구 등의 지정내용과 그 지역·지구 등 안에서의 행위제한내용 등 공법상 제한에 관한 사항은 토지이용계획확인서를 통하여 조사·확인한다.

(5) 가족관계등록부 – 미성년자·법정대리인 등에 관한 조사의 기준

가족관계등록부란 가족관계 등록사항을 개인별로 입력·처리한 전산정보
자료를 말한다. 전산으로 관리되는 가족관계등록부를 통하여 개인의 가족
관계, 미성년자 여부, 법정혼인의 사실, 입양사실, 혼외자인 사실 등을 확
인할 수 있다. 가족관계등록부에 저장된 전산정보자료는 그 증명목적에 따
라 5종류(기본증명서, 가족관계증명서, 혼인관계증명서, 입양관계증명서, 친양
자입양관계증명서)의 증명서가 발급된다.

(6) 후견등기사항증명서 – 피성년후견인·피한정후견인 여부 조사의 기준

(7) 환지예정지 지정증명원 – 환지예정지에 대한 소재지·지목·면적 등의 조
사의 기준

O X 확인 문제

피성년후견인·피한정후견인 여
부는 가족관계증명서를 통하여
확인할 수 있다.   (   )

정답 (×)

피성년후견인·피한정후견인 여
부는 후견등기사항증명서를 통
하여 확인할 수 있다.

■▪ 각종 공부의 주요 조사·확인사항 비교표

관련 공부	주된 공시내용	주요 조사·확인사항	발급처	
토지·건물 등기사항 증명서	• 부동산의 표시사항 • 소유권과 제한사항 • 제한물권과 제한사항	• 갑구·을구의 우선순위 파악 • 갑구·을구의 권리제한 내용 • 건축물대장·토지대장과의 일치 여부 확인	소유자 확인 가능	법원·등기소
토지대장·임야대장	소유자, 소재지(지번으로 토지의 위치파악), 지목, 면적 등 사실관계에 관한 사항	• 등기사항증명서와의 일치 여부 확인 • 면적, 개별공시지가 확인		시·군·구청
건축물대장	소유자, 소재지, 면적(전용면적, 연면적, 건축면적), 구조, 용도, 건축연도, 설계자, 감리자, 시공자, 건폐율, 용적률 등	• 등기사항증명서와의 일치 여부 확인 • 용도의 일치 여부 확인 • 부속건축물의 동수, 면적 확인 • 도시계획사항(지역·지구·구역 기재)		
지적도·임야도	토지의 위치, 지목, 경계, 방향, 접면도로, 하천 등 주요 지형지물과의 거리, 지적 형태	• 실제현황과의 일치 여부 확인 • 토지의 위치, 경계, 지형 확인	소유자 확인 불가	
토지이용 계획확인서	공법상 이용제한, 거래규제의 기본적 사항 확인	• 용도지역·지구·구역 확인 • 개발제한 등 행위제한 내용 • 토지거래허가구역 여부 확인		
환지예정지 지정 증명원	환지예정지 거래 시 확인	환지예정지에 대한 지목·면적 확인		사업 시행청

무허가 건축물 관리대장	소재지, 면적	무허가건물에 대한 건축주 및 면적 등(건축주는 소유자로 추정·간주되지 않음)	시·군·구청
공시지가 확인원	거래예정가액 산정 시 참고	토지의 공시지가 확인	동주민 센터
가족관계 등록부	• 미성년자, 법정대리인 여부 • 법정혼인 여부	부모 및 직계 존·비속, 행위능력 유무, 혼인사실, 입양사실, 친양자 입양사실 확인	동주민 센터
후견등기 사항증명서	• 피성년후견인 여부 • 피한정후견인 여부	피성년후견인, 피한정후견인의 법정대리인인 성년후견인, 한정후견인 여부 확인	법원·등기소

2. 현장답사를 통한 조사·확인

(1) 공부로 확인할 수 없는 사항의 확인

① **중개대상물에 관한 기본적 사항** : 토지의 경우에는 지질·지세, 건물의 경우에는 건물의 부대시설과 건물의 방향, 구조상·기능상의 문제점 등을 공부로 확인할 수 없으므로 현장조사를 통하여 조사·확인하여야 한다.

② **중개대상물의 상태** : 도색·도배 등 중개대상물의 내·외부 상태, 수도·전기·가스·소방·열공급·승강기 및 배수 등 시설물 상태와 입지조건 및 환경조건으로서 도로 및 대중교통수단과의 연계성, 시장·학교 등과의 근접성 등 입지조건 및 일조·소음·진동 등 환경조건 등도 공부로는 확인할 수 없으므로 현장조사를 통하여 조사·확인하여야 한다.

③ **권리관계** : 법정지상권이나 유치권·분묘기지권·채석권·점유권·특수지역권 등은 등기를 요하지 않으므로 공부상으로는 확인할 수 없어서 반드시 현장답사를 통하여 확인하여야 한다. 그 밖에 부속물 및 종물과 같이 공시되지 아니한 중요시설과 물건의 소유관계도 현장답사를 통하여 확인하여야 한다.

④ **토지이용계획, 공법상의 거래규제 및 이용제한에 관한 사항** : 토지이용계획확인서상에 모든 공법상의 거래규제 및 이용제한 사항이 나타나는 것이 아니므로, 토지이용계획확인서상에 나타나 있지 않은 사항은 현장답사 및 관계 관청을 방문하여 그 제한내용을 관계 법규와 대조하여 확인하여야 한다.

(2) 공부와 실제의 일치 여부 확인

현장답사는 공부상 표시된 내용과 실제와의 일치 여부를 확인하기 위하여 필요한 것이다. 예를 들어, 토지 등은 그 지목이 공부와 실제가 다른 경우가 있으므로 그 일치 여부를 확인하여야 한다.

기출&예상 문제

공인중개사가 중개의뢰인에게 중개대상물에 대하여 설명한 내용으로 옳은 것을 모두 고른 것은? (다툼이 있으면 판례에 따름) ・27회

㉠ 토지의 소재지, 지목, 지형 및 경계는 토지대장을 통해 확인할 수 있다.
㉡ 분묘기지권은 등기사항증명서를 통해 확인할 수 없다.
㉢ 지적도상의 경계와 실제 경계가 일치하지 않는 경우 특별한 사정이 없는 한 실제 경계를 기준으로 한다.
㉣ 동일한 건물에 대하여 등기부상의 면적과 건축물대장의 면적이 다른 경우 건축물대장을 기준으로 한다.

① ㉠, ㉢   ② ㉡, ㉣
③ ㉠, ㉡, ㉢   ④ ㉠, ㉢, ㉣
⑤ ㉡, ㉢, ㉣

해설 ㉠ 토지의 소재지, 지목, 지형 및 경계의 내용 중 지형 및 경계는 토지대장을 통해 확인할 수 없으며, 지적도나 임야도를 통하여 확인하여야 한다.
㉢ 지적도상의 경계와 실제 경계가 일치하지 않는 경우 특별한 사정이 없는 한 지적도상의 경계를 기준으로 한다.

정답 ②

제3절 기본적인 사항의 조사·확인

1 중개대상물에 관한 기본적인 사항

1. 소재지

(1) 토지의 소재지

토지의 소재지는 토지대장을 통하여 리·동 또는 이에 준하는 지역으로서 지번을 설정하는 단위지역까지 확인하고, 그 뒤 지번을 확인하며, 토지가 수필지인 경우는 그 필지에 해당한 지번을 모두 확인하여야 한다.

(2) 건물의 소재지

건물의 소재지는 건축물대장을 통하여 조사하되, 동일 필지의 토지 및 건물이 중개대상물인 경우는 토지를 **(1)**과 같이 확인하고 난 후 위 지상건물을 확인하고 건물에 번호와 종류가 있는 때에는 그 번호를, 그리고 부속건물도 확인하여야 한다.

2. 면 적

(1) 토지의 면적

토지의 면적은 토지대장·임야대장에 의해 필지별로 확인한다. 용익물권 등의 설정은 1필의 토지의 일부나 건물의 일부에도 가능하므로 이 경우 그 일부를 특정하여야 한다.

(2) 건물의 면적

건물의 면적은 건축물대장에 의해 가옥번호에 따라 층별로 구분하여 확인한다. 건축물이 집합건축물일 경우는 전용면적으로 하며, 일반건축물일 경우는 연면적으로 하되 각 층별 면적을 확인하여야 한다.

(3) 면적의 확인방법

토지대장·임야대장·건축물관리대장에 기재된 대로 확인하되, 토지는 각 필지별로, 건물은 층별로 면적을 확인한다. 이때 대장과 등기사항증명서가 상이할 경우는 토지대장·임야대장의 기재에 의하고 이 사실을 적시하여야 하며, 실측하지 않을 경우에는 대장상 기재대로 중개한다는 취지로 설명하고 기재하여야만 차후 손해배상의 책임을 면할 수 있다.

(4) 환지예정지가 지정된 경우

토지구획정리사업 등에 의하여 환지예정지가 지정된 경우에는 환지예정지 지정증명원에 의해 그 면적을 확인하여야 한다. 이 경우 거래의 목적물은 법률적으로는 종전 토지가 되지만, 거래의 기준이 되는 것은 환지면적으로 하는 것이 보통이다.

(5) 면적환산방법

면적은 미터법인 m²의 형식으로 확인하지만, 관습법상의 단위인 평(坪), 단보, 정보 등의 단위가 사용되기도 한다. 1평은 약 3.3058m²이고, 1m²는 약 0.3025평이다. 면적환산방법은 다음과 같다.

> ① 평 = m² × 0.3025 또는 평 = m² × 121 / 400
> ② m² = 평 × 3.3058 또는 m² = 평 × 400 / 121
> ③ 1정(町) = 3,000평, 1단(段) = 300평, 1무(畝) = 30평

3. 지 목

(1) 지목이란 토지의 주된 이용목적과 용도에 따라 토지의 종류를 구분, 표시하는 명칭을 말하며 28개의 지목으로 구분되어 있다.

(2) 토지대장·임야대장에는 지목이 정식명칭으로 기재되어 있고, 지적도·임야도에는 지목이 부호로 표시되어 있으므로 지목은 지적도·임야도로도 확인할 수 있으나, 가장 정확한 확인은 토지대장 또는 임야대장으로 조사·확인한다.

(3) 지적공부상의 지목과 등기사항증명서상의 지목이 상이한 때에는 지적공부를 기준으로 우선하여 조사·확인하며, 공부상 지목과 실제의 이용상황이 불일치한 경우가 있으므로 현장답사를 통해 그 내용을 조사해야 한다.

(4) 환지 예정지의 경우 현재 대지로 조성 중이거나 대지인 경우가 많기 때문에 종전 토지의 지목은 별 의미가 없다고 볼 수 있다.

4. 경 계

(1) 경계란 지적도나 임야도 위에 지적측량에 의하여 지번별로 획정하여 등록한 선 또는 경계점좌표등록부에 등록된 좌표의 연결을 말한다.

(2) 소유권의 범위는 지적도·임야도에 등록된 경계선에 의해 확정된다.

(3) 경계는 지적도·임야도에 의하여 확인하고 현장답사로 타인의 불법점유 여부를 확인한다.

O X 확 인 문 제

지목은 토지대장에는 정식명칭으로 기재되며, 도면(지적도·임야도)에는 부호로 기재된다.
( )

정답 (○)

판 례

- **경계의 특정이 지적도에 의하는지 여부**

  어떤 토지가 지적공부상 1필의 토지로 등록되면 그 지적공부상의 경계가 현
  실의 경계와 다르다 하더라도 특별한 사정이 없는 한 그 경계는 지적공부상
  의 등록, 즉 지적도상의 경계에 의하여 특정되는 것이다(대판 1995.6.16, 94
  다4615).

- **측량오류에 의한 지적도의 효력**

  지적법에 의하여 어떤 토지가 지적공부에 1필지의 토지로 등록되면 그 토
  지의 소재, 지번, 지목, 지적 및 경계는 다른 특별한 사정이 없는 한 이
  등록으로써 특정되고 소유권의 범위는 현실의 경계와 관계없이 공부상의
  경계에 의하여 확정되는 것이나, 지적도를 작성함에 있어서 기점을 잘못 선
  택하는 등 기술적인 착오로 말미암아 지적도상의 경계선이 진실한 경계선과
  다르게 작성되었다는 등과 같은 특별한 사정이 있는 경우에는 그 토지의 경
  계는 실제의 경계에 의하여야 할 것이다(대판 1993.4.13, 92다52887).

- **개업공인중개사의 측량의무 여부**

  개업공인중개사가 중개대상물의 현황을 측량까지 하여 중개의뢰인에게 확
  인·설명할 의무는 없다(서울고법 1996.4.12, 95나46199).

- **매수인의 측량 등 의무 여부**

  토지매매에 있어서 특단의 사정이 없는 한 매수인에게 측량 또는 지적도와
  의 대조 등 방법으로 매매목적물이 지적도상의 그것과 정확히 일치하는지의
  여부를 미리 확인하여야 할 주의의무가 있다고 볼 수 없다(대판 1985.11.12,
  84다카2344).

5. 지 형

지형은 토지의 형상을 말하는데, 당해 토지의 유용성 내지 가격형성과 밀
접한 관계를 지니고 있다. 지형은 정방형, 장방형, 삼각형, 제형, 부정형으
로 분류한다. 일반적으로 주택지는 정방형이나 장방형이, 상가는 도로에
접한 부분이 많은 장방형이, 농지는 정방형이 유용성이 높다. 지형은 지적
도·임야도를 기준으로 조사한다.

6. 지세(地勢)

지세란 토지의 기울기, 즉 경사도를 말하는데, 주택지는 평지나 완만한 경사
지가 유리하고, 임야는 경사도의 완급에 따라 유용성이 크게 달라진다. 지
세는 공부로 조사할 수 없으므로 반드시 현장을 확인하여 조사하여야 한다.

7. 건축물의 구조

건축물의 주구조는 건축재료에 따라 철근콘크리트조, 철골철근콘크리트조, 철골조 등으로 분류하고 있다. 건축물의 주구조는 건축물대장으로 확인할 수 있으나, 실제 건물현황과 부합되지 않는 경우가 많으므로 현장답사를 병행하는 것이 바람직하다.

8. 건축연도

건축연도는 법정 내용연수를 기준으로 한 건축물의 경과기간에 따라 감가액 평가를 위해 중요하므로 건축물대장을 통해 확인한다. 건축물대장에는 허가일자·착공일자·사용승인일자가 기재되어 있다.

9. 건축물의 용도

건축물의 용도는 건축물대장으로 확인한다. 건축물대장에는 기본용도군만 표기하므로, 실제 용도 확인을 위해서는 현장답사를 병행하는 것이 바람직하다.

2 중개대상물의 벽면·바닥면·도배 및 각종 시설 상태에 관한 사항

현장답사를 통하여 중개대상물의 벽면의 균열 및 누수 여부를 조사하고, 바닥면의 수리가 필요한지 및 도배가 필요한지 여부와 수도·전기·가스·소방·열공급·승강기설비·배수 등의 상태와 오·폐수 및 쓰레기 처리가 잘 되는지를 확인하여야 한다.

3 입지조건 및 환경조건

현장답사를 통하여 도로 및 대중교통수단과의 연계성과 시장·학교 등과의 근접성 등 입지조건을 조사하고, 일조·소음·진동 및 비선호시설이 있는지 등도 확인하여야 한다.

4 권리관계에 대한 사항 ·25회 ·30회

1. 등기사항증명서를 통한 권리의 조사

개업공인중개사가 부동산의 매도나 임대의뢰를 받으면 먼저 등기사항증명서를 열람하거나 등본을 발급받아 소유자 및 가등기나 저당권 설정 여부 등을 확인하여야 한다.

■ 등기사항증명서의 구성과 확인사항 정리

장	구 성		기재사항	주요 확인사항
1장 (표제부)		등기번호란	토지·건물대지의 지번 기재	
	표 제 부	표시란	토지·건물의 등기 : 접수일자, 소재지, 면적, 지목, 구조, 용도 등 기재	부동산의 표시
		표기번호란	표시란의 등기순서 기재	
2장 (갑구)	순위번호란		사항란에 등기한 순서 기재	
	사항란		소유권 및 소유권제한사항(가등기·압류·가압류·가처분·환매특약등기·강제관리·경매·파산 등에 관한 등기)	소유권자 및 소유권에 관한 가압류 등 확인
3장 (을구)	순위번호란		사항란에 등기한 순서 기재	
	사항란		소유권 이외의 권리에 관한 사항 기재(지상권·지역권·전세권·저당권·임차권 등에 관한 권리)	소유권 외의 권리와 이들 권리에 관한 가압류 등 확인

2. 등기된 권리의 순위 파악

(1) 등기된 권리의 순위는 등기의 전후에 따른다. 따라서 등기접수번호를 기준으로 순위를 판단한다.

(2) 동구 간의 권리의 등기순위는 순위번호에 따르고, 별구 간의 권리의 등기순위는 접수번호를 기준으로 판단한다.

(3) 가등기는 순위보전의 효력이 있으므로 가등기에 기한 본등기 시 본등기의 순위는 가등기의 순위에 의한다.

3. 주의하여 판단할 등기

(1) 가등기의 분석

① 가등기는 청구권보전의 가등기와 담보가등기 두 가지가 있다.

② 담보가등기는 경매에서 저당권으로 취급받으므로 피담보채권액을 설명하고, 이에 대한 인수 여부를 약정하여 중개할 수 있을 것이다.

③ 통상적으로 가등기는 소유권이전청구권보전의 가등기를 의미한다. 소유권이전청구권보전의 가등기에 기한 본등기를 하면 그 효력은 가등기 시점으로 소급하여 가등기와 이에 기한 본등기 사이의 제3의 권리는 말소된다. 따라서 개업공인중개사는 가등기가 되어 있는 부동산을 중개할 때는 매수중개의뢰인에게 가등기가 된 사실과 가등기로 인한 위험성을 알려야 하며, 가능한 한 가등기를 말소하는 조건으로 거래가 되도록 조언을 해야 할 것이다.

(2) 가압류등기의 분석

가압류등기가 있는 부동산에 대한 거래를 알선하는 개업공인중개사는 이러한 등기가 있다는 사실을 알림은 물론 그 위험성에 대하여 설명하고, 가능한 한 계약금이나 중도금 등을 가압류등기 말소를 위한 변제 등에 사용하여 가압류등기를 말소하는 조건의 거래계약을 체결하도록 하거나 가압류채권액을 매수인이 인수하는 조건으로 계약을 체결하도록 하는 것이 바람직할 것이다.

(3) 압류등기의 분석

압류등기가 있는 부동산을 매수한 경우 추후 본압류에 터잡은 경매 실행으로 인해 소유권을 상실할 위험이 있으므로 그 압류가 해제될 것이 명백하지 않는 한 중개하지 않는 것이 바람직하다.

(4) 가처분등기의 분석

처분금지가처분등기가 되어 있는 부동산의 경우에는 가처분권리자의 승소판결이 확정되었을 때에는 가처분권리자는 가처분등기된 이후에 기입된 등기를 단독으로 말소할 수 있다. 따라서 거래대상 부동산권리에 대한 가처분등기가 있는 경우, 가처분등기를 말소하는 조건으로 또는 가처분등기가 있다는 사실과 가처분등기의 효력을 권리취득 중개의뢰인에게 충분히 설명한 후 거래계약을 체결해야 할 것이다.

O X 확 인 문 제

가압류, 가처분등기가 되어 있는 부동산은 중개의 대상이 되지 못한다.   (   )

정답 (×)

가압류, 가처분등기가 되어 있는 부동산도 중개의 대상이 된다.

(5) 경매등기의 분석

경매등기가 된 이후에 소유권을 취득한 부동산에 대한 권리는 경매가 종결되면 말소된다. 경매등기가 된 부동산도 중개대상물이 될 수는 있으나, 경매등기를 말소하지 않는 한 중개를 피해야 한다.

(6) 환매등기의 분석

환매등기된 부동산 소유권의 매수인은 등기사항증명서에 표시된 환매권자가 환매권을 행사할 경우 자신의 소유권등기가 말소될 가능성이 있다. 따라서 환매등기가 있는 부동산 역시 환매등기의 사실과 환매등기의 위험성을 권리취득 중개의뢰인에게 충분히 알렸음에도 불구하고 권리취득 중개의뢰인이 거래를 원할 경우, 고지 사실에 대한 객관적인 증거를 확보하여 거래사고의 책임에 대비해야 할 것이다.

4. 법정지상권

개업공인중개사는 등기사항증명서로 확인할 수 없는 권리도 조사·확인하여야 하는데 법정지상권, 분묘기지권, 유치권 등이 이에 해당한다.

(1) 의 의

법정지상권이란 토지와 그 지상의 건물이 동일인에게 속하고 있었으나, 경매 그 밖의 사유로 이들 토지와 그 지상건물이 각각 소유자를 달리하게 된 때에, 건물소유자에게 그의 건물소유를 위하여 그 건물의 대지 위에 법률상 당연히 인정되는 지상권을 말한다.

(2) 법정지상권의 종류

① **건물에 전세권이 설정된 경우의 법정지상권** : 대지와 건물이 동일한 소유자에 속한 경우에 건물에 전세권을 설정한 때에는 그 대지소유권의 특별승계인은 전세권설정자에 대하여 지상권을 설정한 것으로 본다. 그러나 지료는 당사자의 청구에 의하여 법원이 이를 정한다(민법 제305조 제1항).

② **저당권 실행을 위한 경매로 인한 법정지상권** : 저당물의 경매로 인하여 토지와 그 지상건물이 다른 소유자에 속한 경우에는 토지소유자는 건물소유자에 대하여 지상권을 설정한 것으로 본다. 그러나 지료는 당사자의 청구에 의하여 법원이 이를 정한다(민법 제366조). 토지에 저당권이 설정된 경우에는 저당권이 설정될 당시에 건물이 존재하여야 한다. 따라서 건물이 없는 토지에 저당권을 설정하고 그 후에 건물을 신축한 때에는 그 건물을 위하여 법정지상권은 성립하지 아니한다.

③ **가등기담보권의 실행에 의한 법정지상권** : 토지와 그 위의 건물이 동일한 소유자에게 속하는 경우 그 토지나 건물에 대하여 담보권의 실행을 통해 소유권을 취득하거나 담보가등기에 따른 본등기가 행하여진 경우에는 그 건물의 소유를 목적으로 그 토지 위에 지상권이 설정된 것으로 본다(가등기담보 등에 관한 법률 제10조).

④ **입목의 경매 등으로 인한 법정지상권** : 입목의 경매나 그 밖의 사유로 토지와 그 입목이 각각 다른 소유자에게 속하게 되는 경우에는 토지소유자는 입목소유자에 대하여 지상권을 설정한 것으로 본다(입목에 관한 법률 제6조).

⑤ **관습법상 법정지상권** : 관습법상의 법정지상권은 위 ① ~ ④를 제외한 경우로서 토지와 건물이 동일인에게 속하였다가 그중 어느 하나가 매각, 판결, 증여 등 일정한 원인으로 소유자를 달리하게 되는 경우 그 건물을 철거한다는 특약이 없으면 당연히 건물소유자에게 인정되는 지상권으로, 판례에 의하여 인정되는 지상권이다.

(3) 법정지상권의 존속기간

법정지상권의 존속기간은 성립 후 그 지상목적물의 종류에 따라 규정하고 있는 「민법」 제280조 제1항 소정의 각 기간으로 봄이 상당하고, 그 지상에 건립된 건물이 존속하는 한 법정지상권도 존속하는 것이라고는 할 수 없다. 법정지상권에 관한 규정은 강행규정이다. 따라서 저당권설정 당사자의 특약으로 법정지상권의 성립을 배제하지 못한다.

(4) 지 료

지료는 당사자의 청구에 의하여 법원이 이를 정한다(민법 제305조 제1항).

> **판 례**
>
> - 건물이 있는 토지에 저당권을 설정한 후에, 건물을 멸실시키고 재축하였을 경우에도 법정지상권은 성립한다. 다만, 이때의 그 지상권의 내용은 재축이 있기 전의 건물을 표준으로 해서 결정하여야 할 것이다(대판 1997.1.21, 96다40080).
> - 법정지상권이 성립되기 위해서는 토지와 건물 중 어느 하나가 처분될 당시에 토지와 그 지상건물이 동일인의 소유에 속하였으면 족하고 원시적으로 동일인의 소유였을 필요는 없다(대판 1995.7.28, 95다9075).
> - 법정지상권을 취득한 전 건물소유자가 법정지상권에 대하여 법정지상권설정등기를 경료하지 아니하고 건물을 제3자에게 양도하였다면 건물양수인은 법정지상권을 취득하지 못한다. 그러나 대지소유자는 건물양수인에게 건물 철거를 요구할 수 없다. 이 경우 법정지상권을 취득하지 못한 건물양수인은 건물양도인을 대위하여 대지소유자에 대하여 지상권설정등기를 양도인에게 해줄 것을 청구할 수 있다(대판 1988.9.27, 87다카279).
> - 법정지상권의 경우 당사자 사이에 지료에 관한 협의가 있었다거나 법원에 의하여 지료가 결정되었다는 아무런 입증이 없다면, 법정지상권자가 지료를 지급하지 않았다고 하더라도 지료지급을 지체한 것으로는 볼 수 없다(대판 2001.3.13, 99다17142).

5. 분묘기지권 · 24회 · 25회 · 29회 · 30회 · 32회 · 33회 · 34회

(1) 분묘기지권의 의의

분묘기지권이란 타인의 토지에 분묘를 설치한 자가 그 분묘를 수호하고 봉제사하기 위하여 타인 소유 토지를 사용하는 것을 내용으로 하는 지상권에 유사한 물권으로서 판례가 인정하는 권리이며 등기능력이 없는 권리이다.

(2) 분묘기지권의 성질

분묘기지권은 분묘가 설치된 지역의 타인 토지를 사용할 수 있는 권리이지 그 토지를 소유할 수 있는 권리가 아니다. 따라서 타인의 토지 위에 분묘를 설치 또는 소유하는 자는 다른 특별한 사정이 없는 한 그 분묘의 보존·관리에 필요한 범위 내에서만 타인의 토지를 점유하는 것이라고 할 것이고, 따라서 이 경우에는 점유의 성질상 소유의 의사가 추정되지 않는다고 할 것이다(대판 1997.3.28, 97다3651·3668).

(3) 분묘기지권에 따른 토지소유자의 토지사용의 제한

분묘의 기지인 토지가 분묘소유권자 아닌 다른 사람의 소유인 경우에 그 토지소유자가 분묘소유자에 대하여 분묘의 설치를 승낙 등을 함으로써 분묘기지권이 인정된 때에는 그 분묘의 기지에 대하여 분묘소유자를 위한 지상권 유사의 물권을 설정한 것으로 보아야 한다. 따라서 분묘기지권이 인정된 경우 그 토지소유자는 분묘의 수호·관리에 필요한 상당한 범위 내에서는 분묘기지가 된 토지부분에 대한 소유권의 행사가 제한될 수밖에 없는 것이다.

(4) 분묘기지권자

① 분묘기지권에는 분묘의 수호·관리권이 포함되어 있다.

② 제사주재자는 우선적으로 망인의 공동상속인들 사이의 협의에 의해 정하되, 협의가 이루어지지 않는 경우에는 제사주재자의 지위를 유지할 수 없는 특별한 사정이 있지 않은 한 장남(장남이 이미 사망한 경우에는 장남의 아들. 즉, 장손자)이 제사주재자가 되고 공동상속인들 중 아들이 없는 경우에는 망인의 장녀가 제사주재자가 된다(대판 전합체 2008.11.20, 2007다27670).

(5) 분묘기지권의 성립조건

① 시효취득에 의한 분묘기지권이 성립되기 위해서는 해당 분묘가 「장사 등에 관한 법률」(2001년 1월 13일 시행)이 시행되기 이전부터 설치되었어야 한다.

② 분묘는 장래의 묘소로서 설치하는 등 그 내부에 시신이 안장되어 있지 않거나 평장 또는 암장되어 있어 객관적으로 분묘로 인식할 수 있는 외형을 갖추고 있지 아니한 경우에는 분묘기지권이 인정되지 아니한다(대판 1991.10.25, 91다18040).

(6) 분묘기지권의 취득사유

① 토지소유자의 승낙을 얻어 그의 소유지 안에 분묘를 설치한 경우
② 타인 소유의 토지에 그의 승낙 없이 분묘를 설치한 경우에는 분묘설치를 한 때부터 20년간 평온·공연하게 그 분묘의 기지를 점유한 경우 인정된다. 따라서 토지를 매수·취득하여 점유를 개시함에 있어서 매수인이 인접 토지와의 경계선을 정확하게 확인해 보지 아니하고 착오로 인접 토지의 일부를 그가 매수·취득한 토지에 속하는 것으로 믿고서 점유하고 있다면 인접 토지의 일부에 대한 점유는 소유의 의사에 기한 것으로 보아야 하며, 이 경우 그 인접 토지의 점유방법이 분묘를 설치·관리하는 것이었다고 하여 점유자의 소유의사를 부정할 것은 아니다 (대판 2007.6.14, 2006다84423).

> **⊕ 보충 지료의 지급**
>
> 「장사 등에 관한 법률」 시행일 이전에 타인의 토지에 분묘를 설치한 다음 20년 간 평온·공연하게 그 분묘의 기지를 점유함으로써 분묘기지권을 시효로 취득하였더라도, 분묘기지권자는 토지소유자가 분묘기지에 관한 지료를 청구하면 그 청구한 날부터의 지료를 지급할 의무가 있다고 보아야 한다(대판 전합체 2021.4.29, 2017다228007).

③ 자기 소유의 토지에 분묘를 설치한 자가 후에 그 분묘기지에 대한 소유권을 보류하거나 또는 분묘도 함께 이전한다는 특약을 함이 없이 토지를 매매 등으로 처분하여 분묘의 소유자와 토지의 소유자가 다르게 된 경우

> **⊕ 보충 지료의 지급**
>
> 자기소유토지에 분묘를 설치한 사람이 그 토지를 양도하면서 분묘를 이장하겠다는 특약을 하지 않음으로써 분묘기지권을 취득한 경우 특별한 사정이 없는 한 분묘기지권자는 분묘기지권이 성립한 때부터 토지소유자에게 그 분묘의 기지에 대한 토지사용의 대가로서 지료를 지급할 의무가 있다(대판 2021.5.27, 2020다295892).

(7) 분묘기지권의 범위

① 분묘기지권은 분묘의 기지(봉분의 기저 부분만을 말한다)뿐만 아니라 그 분묘의 수호 및 제사에 필요한 범위 내에서 분묘의 기지 주위의 공지를 포함한 지역에까지 미치는 것이고, 그 확실한 범위는 각 구체적인 경우에 개별적으로 정하여야 할 것이다.

② 그러나 사성(무덤 뒤를 반달형으로 둘러쌓은 둔덕)이 조성되어 있다 하여 반드시 그 사성 부분을 포함한 지역에까지 분묘기지권이 미치는 것은 아니다(대판 1997.5.23, 95다29086).

③ 분묘기지권의 효력이 미치는 지역의 범위 내라고 할지라도 기존의 분묘 외에 새로운 분묘를 신설할 권능은 포함되지 아니하는 것이므로, 부부 중 일방이 먼저 사망하여 이미 그 분묘가 설치되고 그 분묘기지권이 미치는 범위 내에서 그 후에 사망한 다른 일방의 합장을 위하여 쌍분 형태뿐만 아니라 단분 형태의 분묘를 설치하는 것도 허용되지 않는다(대판 2001.8.21, 2001다28367).

(8) 분묘기지권의 존속기간

분묘기지권은 지상권에 유사한 일종의 물권으로, 그 존속기간에 관하여는 「민법」의 지상권에 관한 규정에 따를 것이 아니라, 당사자 사이에 약정이 있는 등 특별한 사정이 있으면 그에 따를 것이며, 그런 사정이 없는 경우에는 권리자가 분묘의 수호와 봉제사를 계속하고 그 분묘가 존속하고 있는 동안은 분묘기지권은 존속한다(대판 2009.5.14, 2009다1092).

(9) 분묘기지권의 소멸

① 분묘기지권은 분묘기지권을 포기하거나 분묘기지권의 효력이 미치지 아니하는 지역으로 이장 또는 폐장 또는 분묘가 멸실됨으로써 소멸한다.

② 분묘기지권이 소멸하는 분묘기지권 포기는 분묘의 기지에 대한 지상권 유사의 물권인 관습법상의 법정지상권이 점유를 수반하는 물권으로서 권리자가 의무자에 대하여 그 권리를 포기하는 의사표시를 하는 외에 점유까지도 포기하여야만 그 권리가 소멸하는 것은 아니다(대판 1992. 6.23, 92다14762).

③ 분묘가 멸실되면 분묘기지권은 소멸하는 것이 원칙이지만, 다만 분묘가 멸실된 경우라 하더라도 유골이 존재하여 분묘의 원상회복이 가능하여 일시적인 멸실에 불과한 경우라면 분묘기지권은 소멸하지 아니하고 존속한다(대판 2007.6.28, 2005다44114).

O X 확 인 문 제

분묘기지권의 효력이 미치는 범위는 분묘의 기지 자체에 한정된다. • 25회 ( )

정답 (×)

분묘의 수호 및 제사에 필요한 범위 내에서 분묘의 기지 주위의 공지를 포함한 지역에까지 미친다.

O X 확 인 문 제

분묘기지권은 특별한 사정이 없는 한, 분묘의 수호와 봉사가 계속되고 그 분묘가 존속하는 동안 인정된다. • 24회 ( )

정답 (○)

O X 확 인 문 제

유골이 존재하여 분묘의 원상회복이 가능하여 일시적인 멸실에 불과한 경우라도 분묘기지권은 소멸한다는 것이 판례의 입장이다. ( )

정답 (×)

유골이 존재하여 분묘의 원상회복이 가능하여 일시적인 멸실에 불과한 경우 분묘기지권은 소멸하지 않는다는 것이 판례의 입장이다.

개업공인중개사가 중개의뢰인에게 분묘가 있는 토지에 관하여 설명한 내용으로 틀린 것을 모두 고른 것은? (다툼이 있으면 판례에 따름) · 34회

- ㉠ 토지소유자의 승낙에 의하여 성립하는 분묘기지권의 경우 성립 당시 토지소유자와 분묘의 수호·관리자가 지료 지급의무의 존부에 관하여 약정을 하였다면 그 약정의 효력은 분묘기지의 승계인에게 미치지 않는다.
- ㉡ 분묘기지권은 지상권 유사의 관습상 물권이다.
- ㉢ 「장사 등에 관한 법률」 시행일(2001.1.13.) 이후 토지소유자의 승낙 없이 설치한 분묘에 대해서 분묘기지권의 시효취득을 주장할 수 있다.

① ㉠
② ㉢
③ ㉠, ㉢
④ ㉡, ㉢
⑤ ㉠, ㉡, ㉢

해설 ㉠ 분묘의 기지인 토지가 분묘의 수호·관리권자 아닌 다른 사람의 소유인 경우에 그 토지소유자가 분묘 수호·관리권자에 대하여 분묘의 설치를 승낙한 때에는 그 분묘의 기지에 관하여 분묘기지권을 설정한 것으로 보아야 한다. 이와 같이 승낙에 의하여 성립하는 분묘기지권의 경우 성립 당시 토지소유자와 분묘의 수호·관리자가 지료 지급의무의 존부나 범위 등에 관하여 약정을 하였다면 그 약정의 효력은 분묘기지의 승계인에 대하여도 미친다(대판 2021.9.16, 2017다271834·271841).

㉢ 「장사 등에 관한 법률」 시행일(2001.1.13.) 이후 토지소유자의 승낙 없이 설치한 분묘에 대해서 분묘기지권의 시효취득을 주장할 수 없다(대판 전합체 2021.4.29, 2017다228007).

정답 ③

6. 「장사 등에 관한 법률」 · 24회 · 27회 · 30회 · 34회

「장사 등에 관한 법률」은 장사(葬事)의 방법과 장사시설의 설치·조성 및 관리 등에 관한 사항을 정하여 보건위생상의 위해(危害)를 방지하고, 국토의 효율적 이용과 공공복리 증진에 이바지하는 것을 목적으로 한다. 이 법은 매장·화장 및 개장에 관한 사항 등을 규정함으로써 국토의 효율적인 이용에 이바지하기 위하여 2000년 1월 12일 제정되었고, 2001년 1월 13일부터 설치하는 장사시설에 관하여 적용된다. 국가가 설치·운영하는 장사시설(자연장지는 제외한다)에 대하여는 이 법을 적용하지 아니한다.

(1) 용어의 정의

이 법에서 사용하는 용어의 뜻은 다음과 같다.

① '매장'이란 시신(임신 4개월 이후에 죽은 태아를 포함한다)이나 유골을 땅에 묻어 장사(葬事)하는 것을 말한다.

② '화장'이란 시신이나 유골을 불에 태워 장사하는 것을 말한다.

③ '자연장(自然葬)'이란 화장한 유골의 골분(骨粉)을 수목·화초·잔디 등의 밑이나 주변에 묻어 장사하는 것을 말한다.

④ '개장'이란 매장한 시신이나 유골을 다른 분묘 또는 봉안시설에 옮기거나 화장 또는 자연장하는 것을 말한다.

⑤ '봉안'이란 유골을 봉안시설에 안치하는 것을 말한다.

⑥ '분묘'란 시신이나 유골을 매장하는 시설을 말한다.

⑦ '묘지'란 분묘를 설치하는 구역을 말한다.

⑧ '화장시설'이란 시신이나 유골을 화장하기 위한 화장로 시설(대통령령으로 정하는 부대시설을 포함한다)을 말한다.

⑨ '봉안시설'이란 유골을 안치(매장은 제외한다)하는 다음의 시설을 말한다.
　　㉠ 분묘의 형태로 된 봉안묘
　　㉡ 「건축법」 제2조 제1항 제2호의 건축물인 봉안당
　　㉢ 탑의 형태로 된 봉안탑
　　㉣ 벽과 담의 형태로 된 봉안담

⑩ 삭제 〈2015.1.28.〉

⑪ 삭제 〈2015.1.28.〉

⑫ 삭제 〈2015.1.28.〉

⑬ '자연장지(自然葬地)'란 자연장으로 장사할 수 있는 구역을 말한다.

⑭ '수목장림'이란 「산림자원의 조성 및 관리에 관한 법률」 제2조 제1호에 따른 산림에 조성하는 자연장지를 말한다.

⑮ '장사시설'이란 묘지·화장시설·봉안시설·자연장지 및 제28조의2, 제29조에 따른 장례식장을 말한다.

⑯ '연고자'란 사망한 자와 다음의 관계에 있는 자를 말하며, 연고자의 권리·의무는 다음의 순서로 행사한다. 다만, 순위가 같은 자녀 또는 직계비속이 2명 이상이면 최근친(最近親)의 연장자가 우선순위를 갖는다.
　　㉠ 배우자
　　㉡ 자녀
　　㉢ 부모
　　㉣ 자녀 외의 직계비속
　　㉤ 부모 외의 직계존속
　　㉥ 형제·자매
　　㉦ 사망하기 전에 치료·보호 또는 관리하고 있었던 행정기관 또는 치료·보호기관의 장으로서 대통령령으로 정하는 사람
　　㉧ 위 ㉠부터 ㉦까지에 해당하지 아니하는 자로서 시신이나 유골을 사실상 관리하는 자

(2) 묘지의 종류

① 묘지는 국가가 설치하는 묘지, 지방자치단체가 설치하는 공설묘지와 사인이 설치하는 사설묘지가 있다.

② 사설묘지는 개인묘지, 가족묘지, 종중·문중묘지, 법인묘지 네 종류의 묘지가 있다.

    ㉠ 개인묘지 : 1기의 분묘 또는 해당 분묘에 매장된 자와 배우자 관계였던 자의 분묘를 같은 구역 안에 설치하는 묘지로서 그 면적은 $30m^2$를 넘지 못한다.

    ㉡ 가족묘지 : 「민법」에 따라 친족관계였던 자의 분묘를 같은 구역 안에 설치하는 묘지로서 그 면적은 $100m^2$를 넘지 못한다.

    ㉢ 종중·문중묘지 : 종중이나 문중 구성원의 분묘를 같은 구역 안에 설치하는 묘지로서 그 면적은 1천m^2를 넘지 못한다.

    ㉣ 법인묘지 : 법인이 불특정 다수인의 분묘를 같은 구역 안에 설치하는 묘지로서 그 면적은 10만m^2 이상이어야 한다.

(3) 사설묘지의 설치

개인묘지는 설치 후 30일 이내에 그 사실을 특별자치시장·특별자치도지사·시장·군수·구청장에게 신고하여야 한다. 그러나 가족묘지, 종중·문중묘지, 법인묘지는 묘지를 설치하기 전에 시장 등으로부터 묘지설치허가를 받아야 한다.

(4) 사설묘지 설치기준

① 개인묘지

> ㉠ 분묘의 형태는 봉분, 평분 또는 평장으로 하되, 봉분의 높이는 지면으로부터 1m, 평분의 높이는 50cm 이하여야 한다.
> ㉡ 개인묘지는 지형·배수·토양 등을 고려하여 붕괴·침수의 우려가 없는 곳에 설치하여야 한다.
> ㉢ 석축과 인입도로의 계단을 설치할 때에는 붕괴의 우려가 없도록 하여야 하고, 법 제18조 제2항에 따른 개인묘지의 신고면적 안에서 설치하여야 한다.

ⓔ 개인묘지는 다음의 장소에 설치하여야 한다. 다만, 토지나 지형의 상황으로 보아 다음 시설의 기능이나 이용 등에 지장이 없는 경우로서 시장 등이 인정하는 경우에는 그러하지 아니하다.
  ⓐ 「도로법」 제2조의 도로, 「철도산업발전기본법」 제3조 제2호 가목의 철도의 선로, 「하천법」 제2조 제2호의 하천구역 또는 그 예정지역으로부터 200m 이상 떨어진 곳
  ⓑ 20호 이상의 인가밀집지역, 학교 그 밖에 공중이 수시로 집합하는 시설 또는 장소로부터 300m 이상 떨어진 곳

② 가족묘지

ⓖ 가족묘지는 가족당 1개소로 제한하되, 그 면적은 100m² 이하여야 한다.
ⓛ 분묘의 형태는 봉분, 평분 또는 평장으로 하되, 봉분의 높이는 지면으로부터 1m, 평분의 높이는 50cm 이하여야 한다.
ⓒ 가족묘지는 지형·배수·토양 등을 고려하여 붕괴·침수의 우려가 없는 곳에 설치하여야 한다.
ⓔ 석축과 인입도로의 계단 등은 붕괴의 우려가 없어야 하며, 가족묘지의 허가면적 안에서 설치하여야 한다.
ⓜ 가족묘지 중 분묘가 설치되지 아니한 지역은 잔디·화초·수목 등으로 녹화(綠化)하여야 한다.
ⓗ 가족묘지는 다음의 장소에 설치하여야 한다. 다만, 토지나 지형의 상황으로 보아 다음 시설의 기능이나 이용 등에 지장이 없는 경우로서 시장 등이 인정하는 경우에는 그러하지 아니하다.
  ⓐ 「도로법」 제2조의 도로, 「철도산업발전기본법」 제3조 제2호 가목의 철도의 선로, 「하천법」 제2조 제2호의 하천구역 또는 그 예정지역으로부터 200m 이상 떨어진 곳
  ⓑ 20호 이상의 인가밀집지역, 학교 그 밖에 공중이 수시로 집합하는 시설 또는 장소로부터 300m 이상 떨어진 곳

③ 종중·문중묘지

ⓖ 종중·문중묘지는 종중 또는 문중별로 각각 1개소에 한정하여 설치할 수 있으며, 그 면적은 1천m² 이하여야 한다.
ⓛ 분묘의 형태는 봉분, 평분 또는 평장으로 하되, 봉분의 높이는 지면으로부터 1m 이하, 평분의 높이는 50cm 이하여야 한다.
ⓒ 종중·문중묘지는 지형·배수·토양 등을 고려하여 붕괴·침수의 우려가 없는 곳에 설치하여야 한다.
ⓔ 석축과 인입도로의 계단 등은 붕괴의 우려가 없어야 하며, 종중·문중묘지의 허가면적 안에서 설치하여야 한다.
ⓜ 종중·문중묘지 중 분묘가 설치되지 아니한 지역은 잔디·화초·수목 등으로 녹화하여야 한다.

O X 확 인 문 제

가족묘지의 면적은 100m² 이하여야 한다. •24회　　( )

정답 (○)

O X 확 인 문 제

종중·문중묘지는 20호 이상의 인가밀집지역, 학교 그 밖에 공중이 수시로 집합하는 시설 또는 장소로부터 500m 이상 떨어진 곳에 설치하여야 한다. ( )

정답 (○)

O X 확 인 문 제

법인묘지의 면적은 10만㎡ 이내로 한다. ( )

정답 (×)
법인묘지의 면적은 10만㎡ 이상으로 한다.

ⓑ 종중·문중묘지는 다음의 장소에 설치하여야 한다. 다만, 토지나 지형의 상황으로 보아 다음 시설의 기능이나 이용 등에 지장이 없는 경우로서 시장 등이 인정하는 경우에는 그러하지 아니하다.
  ⓐ 「도로법」 제2조의 도로, 「철도산업발전기본법」 제3조 제2호 가목의 철도의 선로, 「하천법」 제2조 제2호의 하천구역 또는 그 예정지역으로부터 300m 이상 떨어진 곳
  ⓑ 20호 이상의 인가밀집지역, 학교 그 밖에 공중이 수시로 집합하는 시설 또는 장소로부터 500m 이상 떨어진 곳

④ **법인묘지**

ⓐ 법인묘지의 면적은 10만㎡ 이상으로 한다.
ⓛ 분묘의 형태는 봉분, 평분 또는 평장으로 하되, 봉분의 높이는 지면으로부터 1m 이하, 평분의 높이는 50cm 이하여야 한다.
ⓒ 법인묘지는 지형·배수·토양 등을 고려하여 붕괴·침수의 우려가 없는 곳에 설치하여야 한다.
ⓔ 법인묘지에는 폭 5m 이상의 도로와 그 도로로부터 각 분묘로 통하는 충분한 진출입로를 설치하고, 주차장을 마련하여야 한다.
ⓜ 묘지구역의 계곡이나 30도 이상의 급경사지역 및 배수로의 하단 부분에는 토사의 유출 및 유출 속도를 줄일 수 있는 침사지 또는 물 저장고를 설치하여야 한다.
ⓗ 법인묘지의 허가면적 중 주차장·관리시설 등 부대시설을 제외한 면적의 100분의 20 이상을 녹지공간으로 확보하여야 한다. 다만, 잔디로 조성된 평분인 경우에는 100분의 10 이상을 녹지공간으로 확보하여야 한다.
ⓢ 법인묘지는 다음의 장소에 설치하여야 한다. 다만, 토지나 지형의 상황으로 보아 위 시설의 기능이나 이용 등에 지장이 없는 경우로서 시장 등이 인정하는 경우에는 그러하지 아니하다.
  ⓐ 「도로법」 제2조의 도로, 「철도산업발전기본법」 제3조 제2호 가목의 철도의 선로, 「하천법」 제2조 제2호의 하천구역 또는 그 예정지역으로부터 300m 이상 떨어진 곳
  ⓑ 20호 이상의 인가밀집지역, 학교 그 밖에 공중이 수시로 집합하는 시설 또는 장소로부터 500m 이상 떨어진 곳

(5) 묘지설치의 금지

다음의 어느 하나에 해당하는 지역에는 묘지·화장시설·봉안시설 또는 자연장지를 설치·조성할 수 없다.

① 「국토의 계획 및 이용에 관한 법률」에 따른 녹지지역 중 묘지·화장시설·봉안시설·자연장지의 설치·조성이 제한되는 지역

② 「수도법」에 따른 상수원보호구역. 다만, 기존의 사원 경내에 설치하는 봉안시설 또는 대통령령으로 정하는 지역주민이 설치하거나 조성하는 일정규모 미만의 개인, 가족 및 종중·문중의 봉안시설 또는 자연장지인 경우에는 그러하지 아니하다.

③ 「문화재보호법」 및 「자연유산의 보존 및 활용에 관한 법률」에 따른 보호구역. 다만, 10만m² 미만의 자연장지로서 문화재청장의 허가를 받은 경우에는 그러하지 아니하다. 〈2024.3.22. 시행〉

④ 「국토의 계획 및 이용에 관한 법률」에 따른 주거지역·상업지역 및 공업지역. 다만, 다음의 어느 하나에 해당하는 지역은 제외한다.

> ㉠ 화장시설, 봉안시설 및 자연장지의 경우 : 국토의 계획 및 이용에 관한 법령에 따라 해당 시설을 설치·조성할 수 있는 지역
> ㉡ 개인·가족자연장지의 경우 : 「국토의 계획 및 이용에 관한 법률 시행령」 제30조 제1항 제1호의 주거지역 중 일반주거지역·준주거지역, 같은 항 제2호의 상업지역 중 일반상업지역·근린상업지역·유통상업지역 및 같은 항 제3호의 공업지역 중 일반공업지역·준공업지역

⑤ **다음의 수변구역 또는 특별대책지역**

> ㉠ 「한강수계 상수원수질개선 및 주민지원 등에 관한 법률」 제4조, 「낙동강수계 물관리 및 주민지원 등에 관한 법률」 제4조, 「금강수계 물관리 및 주민지원 등에 관한 법률」 제4조, 「영산강·섬진강수계 물관리 및 주민지원 등에 관한 법률」 제4조에 따라 지정·고시된 수변구역
> ㉡ 「환경정책기본법」 제38조에 따라 지정·고시된 특별대책지역[상수원 수질보전을 위한 지역에 공설묘지·법인묘지, 법 제15조 제4항에 따른 재단법인이 설치하는 10만m² 이상의 봉안묘·봉안탑·봉안담(벽과 담의 형태로 된 봉안시설을 말한다) 또는 이 영 제21조에 따라 법인이 10만m² 이상의 자연장지를 새로 설치·조성하는 경우만 해당한다]

⑥ 「도로법」에 따라 지정·고시된 접도구역

⑦ 「하천법」에 따라 결정·고시된 하천구역

⑧ 「농지법」에 따라 지정된 농업진흥지역

⑨ 「산림보호법」에 따른 산림보호구역. 다만, 생활환경보호구역, 경관보호구역 및 수원함양보호구역 중 다음의 요건을 모두 갖추어 수목장림을 설치·조성하는 경우는 제외한다.

> ㉠ 수목장림의 면적이 10만m² 미만일 것
> ㉡ 관리사무실, 유족편의시설, 공동분향단 및 주차장이 산림보호구역 밖에 설치되어 있을 것

⑩ 「산림자원의 조성 및 관리에 관한 법률」에 따른 채종림 등, 시험림 및 특별산림보호구역

⑪ 「국유림의 경영 및 관리에 관한 법률」에 따른 보전국유림. 다만, 자연장지는 보전국유림 내에 조성할 수 있다.

⑫ 「백두대간 보호에 관한 법률」에 따라 지정·고시된 백두대간보호지역

⑬ 「사방사업법」에 따라 지정·고시된 사방지(砂防地)

⑭ 「군사기지 및 군사시설 보호법」에 따라 지정된 군사기지 및 군사시설 보호구역과 「군사기밀 보호법」에 따라 설정된 군사보호구역. 다만, 국방부장관의 인정을 받거나 관할 부대장의 승인을 받은 경우에는 그러하지 아니하다.

⑮ 붕괴·침수 등으로 보건위생상 위해를 끼칠 우려가 있는 지역으로서 지방자치단체의 조례로 정하는 지역

(6) 묘지의 사전매매 등의 금지

공설묘지를 설치·관리하는 시·도지사와 시장·군수·구청장 또는 제14조에 따라 사설묘지를 설치·관리하는 자는 매장될 자가 사망하기 전에는 묘지의 매매·양도·임대·사용계약 등을 할 수 없다. 다만, 70세 이상인 자가 사용하기 위하여 매매 등을 요청하는 경우 등 대통령령으로 정하는 경우에는 그러하지 아니하다.

(7) 분묘의 설치

① **매장 등의 신고** : 매장 및 화장은 사망 또는 사산 후 24시간을 경과한 후가 아니면 이를 하지 못하며, 매장을 한 자는 매장 후 30일 이내에 매장지를 관할하는 특별자치시장·특별자치도지사·시장·군수·구청장에게 신고하여야 한다. 그러나 화장하고자 하는 자는 시장 등에게 사전신고를 하여야 한다.

② **분묘의 점유면적** : 공설묘지, 가족묘지, 종중·문중묘지 또는 법인묘지 안에 설치하는 분묘 1기 및 그 분묘의 상석·비석 등 시설물의 설치구역의 면적은 10m²(합장의 경우에는 15m²)를 초과할 수 없다.

구 분	개인묘지	가족묘지	종중·문중묘지	법인묘지
설 치	사후신고(30일 이내)	사전허가	사전허가	사전허가
관 청	특별자치시장, 특별자치도지사, 시장·군수·구청장	좌 동	좌 동	좌 동
면 적	30m² 이하	100m² 이하	1천m² 이하	10만m² 이상

③ **분묘의 설치기간** : 공설묘지 및 사설묘지에 설치된 분묘의 설치기간은 30년으로 한다. 합장분묘의 경우에는 합장된 날을 기준으로 산정한다. 다만, 설치기간이 경과한 분묘의 연고자가 시·도지사, 시장·군수·구청장 또는 법인묘지의 설치·관리를 허가받은 자에게 당해 설치기간의 연장을 신청하는 경우에는 1회에 한하여 그 설치기간을 30년으로 하여 연장하여야 한다. 시·도지사 또는 시장·군수·구청장은 관할구역 안의 묘지의 수급을 위하여 필요하다고 인정되는 때에는 조례가 정하는 바에 따라 5년 이상 30년 미만의 기간 내에서 분묘 설치기간의 연장기간을 단축할 수 있다.

④ **분묘의 철거** : 분묘의 연고자는 설치기간이 끝난 날부터 1년 이내에 당해 분묘에 설치된 시설물을 철거하고 매장된 유골을 화장 또는 봉안하여야 한다.

⑤ **타인의 토지 등에 설치된 분묘 등의 처리**

㉠ 토지소유자(점유자나 그 밖의 관리인을 포함한다), 묘지설치자 또는 연고자는 다음의 어느 하나에 해당하는 분묘에 대하여 보건복지부령으로 정하는 바에 따라 그 분묘를 관할하는 시장 등의 허가를 받아 분묘에 매장된 시신 또는 유골을 개장할 수 있다.

> ⓐ 토지소유자의 승낙 없이 해당 토지에 설치한 분묘
> ⓑ 묘지설치자 또는 연고자의 승낙 없이 해당 묘지에 설치한 분묘

㉡ 토지소유자, 묘지설치자 또는 연고자는 개장을 하려면 미리 3개월 이상의 기간을 정하여 그 뜻을 해당 분묘의 설치자 또는 연고자에게 알려야 한다. 다만, 해당 분묘의 연고자를 알 수 없으면 그 뜻을 공고하여야 하며, 공고기간 종료 후에도 분묘의 연고자를 알 수 없는 경우에는 화장한 후에 유골을 일정 기간 봉안하였다가 처리하여야 하고, 이 사실을 관할 시장 등에게 신고하여야 한다.

PART 2

02 중개대상물 조사 및 확인

O X 확인문제

공설묘지 및 사설묘지에 설치된 분묘의 설치기간은 10년으로 한다. ( )

정답 (×)

공설묘지 및 사설묘지에 설치된 분묘의 설치기간은 30년으로 한다.

O X 확인문제

분묘의 연고자는 설치기간이 종료된 후 6개월 이내에 당해 분묘에 설치된 시설물을 철거하고 매장된 유골을 화장 또는 봉안하여야 한다. ( )

정답 (×)

분묘의 연고자는 설치기간이 종료된 후 1년 이내에 당해 분묘에 설치된 시설물을 철거하고 매장된 유골을 화장 또는 봉안하여야 한다.

ⓒ 분묘의 연고자는 해당 토지소유자, 묘지설치자 또는 연고자에게 토지사용권이나 그 밖에 분묘의 보존을 위한 권리를 주장할 수 없다.

ⓔ 토지소유자 또는 자연장지 조성자의 승낙 없이 다른 사람 소유의 토지 또는 자연장지에 자연장을 한 자 또는 그 연고자는 당해 토지소유자 또는 자연장지 조성자에 대하여 토지사용권이나 그 밖에 자연장의 보존을 위한 권리를 주장할 수 없다.

ⓜ 봉안기간과 처리방법에 관한 사항은 대통령령으로 정하고, 통지·공고 및 신고에 관한 사항은 보건복지부령으로 정한다.

⑥ **무연분묘의 처리** : 시·도지사 또는 시장·군수·구청장은 일제 조사 결과 연고자가 없는 분묘(이하 '무연분묘'라 한다)에 매장된 시신 또는 유골을 화장하여 5년 동안 봉안할 수 있다. 다만, 국가 또는 사회에 공헌하였다고 인정되는 사람에 대해서는 특별자치시·특별자치도·시·군·구(자치구를 말한다)의 조례로 정하는 바에 따라 5년을 초과하여 봉안할 수 있다. 시장 등은 매장 또는 봉안의 기간이 끝났을 때에는 매장 또는 봉안이 되었던 유골을 화장(이미 화장된 유골은 제외한다)하여 장사시설 내 화장한 유골을 뿌릴 수 있는 시설에 뿌리거나 자연장하여야 한다.

(8) 자연장지의 조성

① 국가, 시·도지사 또는 시장·군수·구청장이 아닌 자는 다음의 구분에 따라 수목장림이나 그 밖의 자연장지(이하 '사설자연장지'라 한다)를 조성할 수 있다.

> ⓐ 개인·가족자연장지 : 면적이 100m² 미만인 것으로서 1구의 유골을 자연장하거나 「민법」에 따라 친족관계였던 자의 유골을 같은 구역 안에 자연장할 수 있는 구역
> ⓑ 종중·문중자연장지 : 종중이나 문중 구성원의 유골을 같은 구역 안에 자연장할 수 있는 구역
> ⓒ 법인 등 자연장지 : 법인이나 종교단체가 불특정 다수인의 유골을 같은 구역 안에 자연장할 수 있는 구역

② 개인자연장지를 조성한 자는 자연장지의 조성을 마친 후 30일 이내에 관할 시장 등에게 신고하여야 한다.

③ 가족자연장지 또는 종중·문중자연장지를 조성하려는 자는 관할 시장 등에게 신고하여야 한다.

④ 법인 등 자연장지를 조성하려는 자는 시장 등의 허가를 받아야 한다. 허가받은 사항을 변경하고자 하는 경우에도 또한 같다.

⑤ **사설자연장지의 설치기준**

　㉠ **개인·가족자연장지**

> ⓐ 개인·가족자연장지는 1개소만 조성할 수 있으며, 그 면적은 개인자연장지는 $30m^2$, 가족자연장지는 $100m^2$ 미만이어야 한다.
> ⓑ 개인·가족자연장지는 지형·배수·토양 등을 고려하여 붕괴·침수의 우려가 없는 곳에 조성하여야 한다.
> ⓒ 표지의 규격은 개별 또는 공동으로 하되, 개별표지의 면적은 $200cm^2$ 이하, 공동표지의 면적은 안치 및 예정 구수를 고려하여 알맞은 크기로 주위환경과 조화를 이루도록 하여야 한다.

　㉡ **종중·문중자연장지**

> ⓐ 종중·문중자연장지는 종중 또는 문중별로 각각 1개소만 조성할 수 있으며, 그 면적은 $2천m^2$ 이하여야 한다.
> ⓑ 자연장지는 지형·배수·토양 등을 고려하여 붕괴·침수의 우려가 없는 곳에 설치하여야 한다.
> ⓒ 표지의 규격은 개별 또는 공동으로 하되, 개별표지의 면적은 $200cm^2$ 이하, 공동표지의 면적은 안치 및 예정 구수를 고려하여 알맞은 크기로 주위환경과 조화를 이루도록 하여야 한다.

　㉢ **종교단체가 조성하는 자연장지**

> ⓐ 재단법인이 아닌 종교단체가 신도 및 그 가족관계에 있었던 자를 대상으로 조성하려 하는 자연장지는 1개소에 한하여 조성할 수 있으며, 그 면적은 $4만m^2$ 이하여야 한다.
> ⓑ 자연장지는 지형·배수·토양·경사도 등을 고려하여 붕괴·침수의 우려가 없는 곳에 조성하여야 한다.
> ⓒ 급경사지에 유골을 묻어서는 아니 된다. 다만, 기존의 묘지에 자연장지를 조성하는 경우에는 그러하지 아니하다.
> ⓓ 표지는 개별 또는 공동으로 하되, 개별표지의 면적은 $200cm^2$ 이하, 공동표지의 면적은 안치 구수 및 안치예정 구수를 고려하여 알맞은 크기로 주위환경과 조화를 이루도록 하여야 한다.
> ⓔ 관리사무실, 유족편의시설, 공동분향단, 그 밖의 필요한 시설과 폭 5m 이상의 진입로 및 주차장을 마련하여야 한다. 다만, 그 시설이 갖추어진 기존의 사원 경내에 조성하는 경우 및 $2천m^2$ 이하의 자연장지를 조성하는 경우에는 그러하지 아니하다.

O X 확 인 문 제

종중·문중자연장지는 종중 또는 문중별로 각각 1개소만 조성할 수 있으며, 그 면적은 $1천m^2$ 이하여야 한다.　(　　)

정답 (×)
종중·문중자연장지는 종중 또는 문중별로 각각 1개소만 조성할 수 있으며, 그 면적은 $2천m^2$ 이하여야 한다.

O X 확 인 문 제

종교단체가 조성하려 하는 자연장지는 1개소에 한하여 조성할 수 있으며, 그 면적은 $3만m^2$ 이하여야 한다.　(　　)

정답 (×)
종교단체가 조성하려 하는 자연장지는 1개소에 한하여 조성할 수 있으며, 그 면적은 $4만m^2$ 이하여야 한다.

O X 확인문제

공공법인 및 재단법인이 조성하는 자연장지는 4만m² 이상이어야 한다. ( )

정답 (×)

공공법인 및 재단법인이 조성하는 자연장지는 5만m² 이상이어야 한다.

② 공공법인 또는 재단법인이 조성하는 자연장지

ⓐ 공공법인 및 재단법인이 조성하는 자연장지는 5만m² 이상이어야 한다. 다만, 공공법인 또는 재단법인이 다음의 어느 하나에 해당하는 지구·구역 또는 지역에 조성하는 자연장지의 경우에는 그러하지 아니하다.
 i)「택지개발촉진법」제3조에 따라 지정된 택지개발예정지구
 ii) 기존 장사시설(법인묘지와 법인의 봉안시설만 해당한다) 내의 일정 구역
 iii) 기존 장사시설에 연접[장사시설과의 사이에 다른 소유자의 토지 및 시설물(아래 ⓔ에 따른 관리사무실 등의 시설은 제외한다)이 없고, 장사시설과 너비 20m 이상의 도로·하천·공원 등 지형지물에 의하여 분리되지 아니한 경우를 말한다]한 지역
ⓑ 자연장지는 지형·배수·토양·경사도 등을 고려하여 붕괴·침수의 우려가 없는 곳에 조성하여야 한다.
ⓒ 급경사지에 유골을 묻어서는 아니 된다. 다만, 기존의 묘지에 자연장지를 조성하는 경우에는 그러하지 아니하다.
ⓓ 표지의 규격은 개별 또는 공동으로 하되, 개별표지의 면적은 200cm² 이하, 공동표지의 면적은 안치 및 예정 구수를 고려하여 알맞은 크기로 주위환경과 조화를 이루도록 하여야 한다.
ⓔ 보행로, 안내표지판, 관리사무실, 유족편의시설, 공동분향단, 폭 5m 이상의 진입로와 주차장 및 그 밖에 필요한 시설을 설치하여야 한다. 이 경우 보행로 및 안내표지판은 자연장지 안에 설치하여야 한다.
ⓕ 위 ⓔ에도 불구하고 공공법인 또는 재단법인이 다음의 어느 하나에 해당하는 구역 또는 지역 등에 자연장지를 조성하는 경우로서 이미 위 ⓔ의 시설이 갖추어진 경우에는 해당 시설을 따로 설치하지 아니할 수 있다.
 i) 기존의 사원 경내
 ii) 기존의 장사시설 안의 일정 구역
 iii) 기존의 장사시설에 연접한 지역
ⓖ 자연장지구역의 계곡이나 30도 이상의 급경사지역 및 배수로의 하단 부분에는 토사의 유출 및 유출 속도를 줄일 수 있는 침사지 또는 물 저장고를 설치하여야 한다.

자연장지 중요내용 정리

구 분	개 인	가 족	종중·문중	종교단체	공공법인·재단법인
설 치	사후신고 (30일 이내)	사전신고	사전신고	사전허가	사전허가
관 청	특별자치시장, 특별자치도지사, 시장·군수·구청장	좌 동	좌 동	좌 동	좌 동
면 적	$30m^2$ 미만	$100m^2$ 미만	$2천m^2$ 이하	$4만m^2$ 이하	$5만m^2$ 이상

(9) 사설수목장림의 조성

① 개인 또는 가족수목장림

> ㉠ 개인 또는 가족수목장림은 1개소만 조성할 수 있으며, 그 면적은 $100m^2$ 미만이어야 한다.
> ㉡ 개인 또는 가족수목장림은 지형·배수·토양 등을 고려하여 붕괴·침수의 우려가 없는 곳에 조성하여야 한다.
> ㉢ 표지는 수목 1그루당 1개만 설치할 수 있으며, 표지의 면적은 $200cm^2$ 이하여야 한다.
> ㉣ 표지는 수목의 훼손 및 생육에 지장이 없도록 수목에 매다는 방법으로만 설치하여야 한다.

② 종중 또는 문중수목장림

> ㉠ 종중 또는 문중수목장림은 종중 또는 문중별로 각각 1개소만 조성할 수 있으며, 그 면적은 $2천m^2$ 이하여야 한다.
> ㉡ 종중 또는 문중수목장림은 지형·배수·토양 등을 고려하여 붕괴·침수의 우려가 없는 곳에 조성하여야 한다.
> ㉢ 표지는 수목 1그루당 1개만 설치할 수 있으며, 표지의 면적은 $200cm^2$ 이하여야 한다.
> ㉣ 표지는 수목의 훼손 및 생육에 지장이 없도록 수목에 매다는 방법으로만 설치하여야 한다.

③ 종교단체가 조성하는 수목장림

○ 재단법인이 아닌 종교단체가 신도 및 그 가족관계에 있었던 자를 대상으로 조성하려 하는 수목장림은 1개소만 조성할 수 있으며, 그 면적은 4만m² 이하여야 한다.

○ 수목장림은 지형·배수·토양·경사도 등을 고려하여 붕괴·침수의 우려가 없는 곳에 조성하여야 한다.

○ 급경사지에 유골을 묻어서는 아니 된다. 다만, 기존의 묘지에 수목장림을 조성하는 경우에는 그러하지 아니하다.

○ 표지는 수목 1그루당 1개만 설치할 수 있으며, 표지의 면적은 200cm² 이하여야 한다.

○ 표지는 수목의 훼손 및 생육에 지장이 없도록 수목에 매다는 방법으로만 설치하여야 한다.

○ 수목장림 구역 안에 보행로, 안내표지판, 관리사무실, 유족편의시설, 공동분향단, 주차장 그 밖에 필요한 시설을 설치해야 한다. 다만, 관리사무실, 유족편의시설, 공동분향단, 주차장 그 밖의 필요한 시설은 수목장림 구역 밖에 설치할 수 있다.

④ 공공법인 또는 재단법인이 조성하는 수목장림

○ 공공법인 또는 재단법인이 조성하는 수목장림은 5만m² 이상이어야 한다. 다만, 공공법인 또는 재단법인이 다음의 어느 하나에 해당하는 지구·구역 또는 지역에 조성하는 수목장림의 경우에는 그러하지 아니하다.

ⓐ 「택지개발촉진법」 제3조에 따라 지정된 택지개발예정지구

ⓑ 기존 장사시설 내의 일정 구역

ⓒ 기존 장사시설에 연접[장사시설과의 사이에 다른 소유자의 토지 및 시설물(아래 ⓗ 단서에 따른 관리사무실 등의 시설은 제외한다)이 없고, 장사시설과 너비 20m 이상의 도로·하천·공원 등 지형지물에 의하여 분리되지 아니한 경우를 말한다]한 지역

○ 수목장림은 지형·배수·토양·경사도 등을 고려하여 붕괴·침수의 우려가 없는 곳에 조성하여야 한다.

○ 급경사지에 유골을 묻어서는 아니 된다. 다만, 기존의 묘지에 수목장림을 조성하는 경우에는 그러하지 아니하다.

○ 표지는 수목 1그루당 1개만 설치할 수 있으며, 표지의 면적은 200cm² 이하여야 한다.

○ 표지는 수목의 훼손 및 생육에 지장이 없도록 수목에 매다는 방법으로만 설치하여야 한다.

ⓑ 수목장림 구역 안에 보행로, 안내표지판, 관리사무실, 유족편의시설, 공동분향단, 주차장 그 밖에 필요한 시설을 설치해야 한다. 다만, 관리사무실, 유족편의시설, 공동분향단, 주차장 그 밖의 필요한 시설은 수목장림 구역 밖에 설치할 수 있다.

ⓐ 수목장림 구역의 계곡이나 30도 이상의 급경사지역 및 배수로의 하단 부분에는 토사의 유출 및 유출 속도를 줄일 수 있는 침사지 또는 물 저장고를 설치하여야 한다.

(10) 사설봉안시설의 설치

① 개인 또는 가족봉안묘

ⓖ 개인 또는 가족봉안묘지는 1개소로 제한하며, 그 면적은 개인봉안묘의 경우 $10m^2$ 이하, 가족봉안묘의 경우 $30m^2$ 이하여야 한다.

ⓛ 개인 또는 가족봉안묘는 사원·묘지·화장시설이나 그 밖에 지방자치단체의 조례로 정하는 장소에 설치하여야 한다.

ⓒ 개인 또는 가족봉안묘는 지형·배수·토양 등을 고려하여 붕괴·침수의 우려가 없는 곳에 설치하여야 한다.

ⓔ 개인 또는 가족봉안묘는 유골을 위생적으로 안치할 수 있는 설비를 갖추되, 개폐가 가능하여야 한다.

ⓜ 석축과 인입도로의 계단 등은 붕괴의 우려가 없어야 하며, 위 ⓖ의 면적 안에서 설치할 수 있다.

② 종중 또는 문중봉안묘

ⓖ 종중 또는 문중봉안묘지는 1개소로 제한하며, 그 면적은 $100m^2$ 이하여야 한다.

ⓛ 종중 또는 문중봉안묘는 사원·묘지·화장시설이나 그 밖에 지방자치단체의 조례로 정하는 장소에 설치하여야 한다.

ⓒ 종중 또는 문중봉안묘는 지형·배수·토양 등을 고려하여 붕괴·침수의 우려가 없는 곳에 설치하여야 한다.

ⓔ 종중 또는 문중봉안묘는 유골을 위생적으로 안치할 수 있는 설비를 갖추되, 개폐가 가능하여야 한다.

ⓜ 석축과 인입도로의 계단 등은 붕괴의 우려가 없어야 하며, 위 ⓖ의 면적 안에서 설치할 수 있다.

ⓑ 위 ⓖ의 종중 또는 문중봉안묘지의 면적 중 봉안묘가 설치되지 아니한 지역은 잔디·화초·수목 등으로 녹화하여야 한다.

③ 종교단체가 설치하는 봉안묘

> ㉠ 재단법인이 아닌 종교단체가 신도 및 그 가족관계에 있었던 자를 대상으로 설치하려는 봉안묘지는 1개소로 제한하며, 그 면적은 500m² 이하이어야 한다. 다만, 아래 ㉫의 시설은 그 봉안묘지의 면적에 포함하지 아니한다.
> ㉡ 봉안묘는 사원·묘지·화장시설이나 그 밖에 지방자치단체의 조례로 정하는 장소에 설치하여야 한다.
> ㉢ 봉안묘는 지형·배수·토양 등을 고려하여 붕괴·침수의 우려가 없는 곳에 설치하여야 한다.
> ㉣ 봉안묘는 유골을 위생적으로 안치할 수 있는 설비를 갖추되, 개폐가 가능하여야 한다.
> ㉫ 관리사무실, 유족편의시설, 화장한 유골을 뿌릴 수 있는 시설 그 밖의 필요한 시설물과 주차장을 마련하여야 한다.
> ㉥ 석축과 인입도로의 계단 등은 붕괴의 우려가 없어야 하며, 위 ㉠의 면적 안에서 설치할 수 있다.
> ㉦ 봉안묘지의 면적 중 100분의 20 이상을 녹지공간으로 확보하여야 한다.

④ 재단법인이 설치하는 봉안묘

> ㉠ 봉안묘는 사원·묘지·화장시설이나 그 밖에 지방자치단체의 조례로 정하는 장소에 설치하여야 한다.
> ㉡ 봉안묘는 지형·배수·토양 등을 고려하여 붕괴·침수의 우려가 없는 곳에 설치하여야 한다.
> ㉢ 관리사무실, 유족편의시설, 화장한 유골을 뿌릴 수 있는 시설 그 밖의 필요한 시설물과 폭 5m 이상의 진입로 및 주차장을 마련하여야 한다. 다만, 기존의 묘지에 그 시설이 있는 경우에는 그러하지 아니하다.
> ㉣ 봉안묘는 유골을 위생적으로 안치할 수 있는 설비를 갖추되, 개폐가 가능하여야 한다.
> ㉫ 석축과 인입도로의 계단 등은 붕괴의 우려가 없어야 한다.
> ㉥ 봉안묘지의 면적 중 100분의 20 이상을 녹지공간으로 확보하여야 한다.

01 개업공인중개사가 묘지를 설치하고자 토지를 매수하려는 중개의뢰인에게 장사 등에 관한 법령에 관하여 설명한 내용으로 <u>틀린</u> 것은?

• 34회

① 가족묘지는 가족당 1개소로 제한하되, 그 면적은 100m² 이하여야 한다.

② 개인묘지란 1기의 분묘 또는 해당 분묘에 매장된 자와 배우자 관계였던 자의 분묘를 같은 구역 안에 설치하는 묘지를 말한다.

③ 법인묘지에는 폭 4m 이상의 도로와 그 도로로부터 각 분묘로 통하는 충분한 진출입로를 설치하여야 한다.

④ 화장한 유골을 매장하는 경우 매장 깊이는 지면으로부터 30cm 이상이어야 한다.

⑤ 「민법」에 따라 설립된 사단법인은 법인묘지의 설치허가를 받을 수 없다.

> **해설** ③ 「장사 등에 관한 법률」에 의하면 법인묘지에는 폭 5m 이상의 도로와 그 도로로부터 각 분묘로 통하는 충분한 진출입로를 설치하고, 주차장을 마련하여야 한다.
>
> **정답** ③

02 개업공인중개사가 묘소가 설치되어 있는 임야를 중개하면서 중개의뢰인에게 설명한 내용으로 <u>틀린</u> 것은? (다툼이 있으면 판례에 따름)

• 30회 수정

① 분묘가 1995년에 설치되었다 하더라도 「장사 등에 관한 법률」이 2001년에 시행되었기 때문에 분묘기지권을 시효취득할 수 없다.

② 암장되어 있어 객관적으로 인식할 수 있는 외형을 갖추고 있지 않은 묘소에는 분묘기지권이 인정되지 않는다.

③ 아직 사망하지 않은 사람을 위한 장래의 묘소인 경우 분묘기지권이 인정되지 않는다.

④ 분묘기지권이 시효취득된 경우 시효취득자는 토지소유자가 분묘기지에 관한 지료를 청구하면 그 청구한 날부터 지료를 지급할 의무가 있다.

⑤ 분묘기지권의 효력이 미치는 지역의 범위 내라고 할지라도 기존의 분묘 외에 새로운 분묘를 신설할 권능은 포함되지 않는다.

5 토지이용계획, 공법상의 이용제한 및 거래규제

개업공인중개사가 공법상의 이용제한 사항을 확인하기 위해서는 먼저 토지소재지를 관할하는 시·군·구청에서 발급하는 토지이용계획확인서를 발급받아 확인하여야 한다. 토지이용계획확인서는 중개대상 토지의 가격이나 용도에 대하여 큰 영향을 미치게 되는 공적 규제사항에 대한 것을 「토지이용규제기본법」에 근거하여 특별자치도지사·시장·군수·구청장이 토지소유자 또는 이해관계인의 신청에 의하여 발급하는 공적 문서이다. 그러나 토지이용계획확인서를 통하여 모든 공법상 이용제한 등을 확인할 수 있는 것은 아니다. 따라서 토지이용계획확인서를 통해 확인할 수 없는 것은 현장답사 및 해당 관청에 직접 문의 등을 통해 확인하여야 한다. 또한 토지이용계획확인서는 공법상 이용제한 등을 확인하는 서면이지 토지소유자 등 권리관계나 당해 토지의 지목·면적 등 물적 상태의 조사에 사용하는 서면이 아니다. 토지이용계획확인서로 확인되는 사항은 다음과 같다.

① 「국토의 계획 및 이용에 관한 법률」 그 밖에 다른 법률에 의한 지역·지구 등의 지정 내용
② 지역·지구 등의 행위제한 내용
③ 토지거래허가구역
④ 그 밖에 일반국민에게 그 지정내용을 알릴 필요가 있는 사항으로서 국토교통부령이 정하는 사항

1.「농지법」관련 규정 ·25회 ·27회 ·29회

(1) 농지의 개념

① 농지란 전·답, 과수원 그 밖에 그 법적 지목을 불문하고 실제로 농작물 경작지 또는 다년생 식물 재배지로 이용되는 토지 등을 말한다. 또한 「공간정보의 구축 및 관리 등에 관한 법률」에 의한 지목이 전·답·과수원이 아닌 토지(지목이 임야인 토지는 제외한다)로서 농작물 경작지 또는 다년생 식물 재배지로서 이용된 기간이 3년 이상인 토지와 「공간정보의 구축 및 관리 등에 관한 법률」에 의한 지목이 임야인 토지로서 산지전용허가를 받고 농작물의 경작 또는 다년생 식물의 재배에 이용되는 토지는 농지로 본다.

② 「초지법」에 따라 조성된 초지는 「농지법」상 농지에서 제외된다.

③ 농지를 취득하고자 하는 경우에는 농지취득자격증명을 첨부하여야 소유권이전등기를 할 수 있다.

(2) 농지의 소유

① 농지는 자기의 농업경영에 이용하거나 이용할 자가 아니면 이를 소유하지 못한다. 그러나 다음의 어느 하나에 해당하는 경우에는 자기의 농업경영에 이용하지 아니할지라도 농지를 소유할 수 있다. 다만, 소유 농지는 농업경영에 이용되도록 하여야 한다(ⓛ과 ⓒ은 제외).

> ㉠ 국가·지방자치단체가 농지를 소유하는 경우
> ㉡ 「초·중등교육법」 및 「고등교육법」에 따른 학교, 농림축산식품부령으로 정하는 공공단체·농업연구기관·농업생산자단체 또는 종묘나 그 밖의 농업 기자재 생산자가 그 목적사업을 수행하기 위하여 필요한 시험지·연구지·실습지·종묘생산지 또는 과수인공수분용 꽃가루 생산지로 쓰기 위하여 농림축산식품부령으로 정하는 바에 따라 농지를 취득하여 소유하는 경우
> ㉢ 주말·체험영농을 하려고 농업진흥지역 외의 농지를 소유하는 경우
> ㉣ 상속(상속인에게 한 유증을 포함한다)에 의하여 농지를 취득하여 소유하는 경우
> ㉤ 8년 이상 농업경영을 하던 사람이 이농한 후에도 이농 당시 소유하고 있던 농지를 계속 소유하는 경우
> ㉥ 담보농지를 취득하여 소유하는 경우
> ㉦ 농지전용허가를 받거나 농지전용신고를 한 자가 해당 농지를 소유하는 경우

ⓞ 농지전용협의를 완료한 농지를 소유하는 경우

ⓩ 「한국농어촌공사 및 농지관리기금법」에 따른 농지의 개발사업지구에 있는 농지로서 1천500m² 미만의 농지나 「농어촌정비법」에 따른 농지를 취득하여 소유하는 경우

ⓒ 농업진흥지역 밖의 농지 중 최상단부부터 최하단부까지의 평균경사율이 15% 이상인 농지로서 대통령령으로 정하는 농지를 소유하는 경우

ⓚ 다음의 어느 하나에 해당하는 경우

    ⓐ 「한국농어촌공사 및 농지관리기금법」에 따라 한국농어촌공사가 농지를 취득하여 소유하는 경우

    ⓑ 「농어촌정비법」에 따라 농지를 취득하여 소유하는 경우

    ⓒ 「공유수면 관리 및 매립에 관한 법률」에 따라 매립농지를 취득하여 소유하는 경우

    ⓓ 토지수용으로 농지를 취득하여 소유하는 경우

    ⓔ 농림축산식품부장관과 협의를 마치고 「공익사업을 위한 토지 등의 취득 및 보상에 관한 법률」에 따라 농지를 취득하여 소유하는 경우

    ⓕ 「공공토지의 비축에 관한 법률」에 해당하는 토지 중 공공토지비축심의위원회가 비축이 필요하다고 인정하는 토지로서 「국토의 계획 및 이용에 관한 법률」에 따른 계획관리지역과 자연녹지지역 안의 농지를 한국토지주택공사가 취득하여 소유하는 경우. 이 경우 그 취득한 농지를 전용하기 전까지는 한국농어촌공사에 지체 없이 위탁하여 임대하거나 무상사용하게 하여야 한다.

② 다음의 경우는 농지를 임대하거나 무상사용하게 하는 경우 자기의 농업경영에 이용하지 아니할지라도 임대하거나 무상사용하게 하는 기간 동안 농지를 계속 소유할 수 있다.

㉠ 국가나 지방자치단체의 소유 농지, 상속(유증을 포함한다)으로 소유하는 농지, 8년 이상 농업경영을 하던 사람이 이농(離農)한 후에도 계속 소유하던 농지 등을 임대하거나 무상사용하게 하는 경우

㉡ 농지이용증진사업 시행계획에 따라 농지를 임대하거나 무상사용하게 하는 경우

㉢ 질병, 징집, 취학, 선거에 따른 공직취임 그 밖의 부득이한 사유로 인하여 일시적으로 농업경영에 종사하지 아니하게 된 자가 소유하고 있는 농지를 임대하거나 무상사용하게 하는 경우

㉣ 60세 이상인 사람으로서 대통령령으로 정하는 사람이 소유하고 있는 농지 중에서 자기의 농업경영에 이용한 기간이 5년이 넘은 농지를 임대하거나 무상사용하게 하는 경우

    ⓜ 개인이 소유하고 있는 농지 중 3년 이상 소유한 농지를 주말·체험영농을 하려는 자에게 임대하거나 무상사용하게 하는 경우 또는 주말·체험영농을 하려는 자에게 임대하는 것을 업(業)으로 하는 자에게 임대하거나 무상사용하게 하는 경우

    ⓗ 농업법인이 소유하고 있는 농지를 주말·체험영농을 하려는 자에게 임대하거나 무상사용하게 하는 경우

    ⓢ 개인이 소유하고 있는 농지 중 3년 이상 소유한 농지를 한국농어촌공사나 그 밖에 대통령령으로 정하는 자에게 위탁하여 임대하거나 무상사용하게 하는 경우

(3) 농지소유의 제한

① 농업인은 원칙적으로 농지소유상한 제한이 없다.

② 비농업인은 일정한 면적 범위 내로 제한된다.

③ 상속에 의하여 농지를 취득한 사람으로서 농업경영을 하지 아니하는 사람은 그 상속농지 중에서 1만m² 이내의 것에 한하여 이를 소유할 수 있다. 다만, 이와 같은 농지를 한국농어촌공사 등에게 위탁하여 임대하거나 무상사용하게 하는 경우에는 소유상한을 초과할지라도 그 농지를 계속 소유할 수 있다.

④ 8년 이상 농업경영을 한 후 이농한 사람은 이농 당시의 소유농지 중에서 총 1만m²까지만 소유할 수 있다. 다만, 이와 같은 농지를 한국농어촌공사 등에게 위탁하여 임대하거나 무상사용하게 하는 경우에는 소유상한을 초과할지라도 그 농지를 계속 소유할 수 있다.

⑤ 주말·체험영농을 하려는 사람은 1천m² 미만의 농지에 한하여 이를 소유할 수 있다. 이 경우 면적계산은 그 세대원 전부가 소유하는 총면적으로 한다.

(4) 농지취득자격증명제

① **농지취득자격증명의 발급** : 농지를 취득하고자 하는 자는 농지의 소재지를 관할하는 시장·구청장·읍장·면장으로부터 농지취득자격증명을 발급받아야 한다. 농지취득자격증명은 농지를 취득하는 자가 그 소유권이전등기를 신청할 때에 첨부하여야 할 서류로서 농지를 취득하는 자에게 농지취득의 자격이 있다는 것을 증명하는 것일 뿐 농지취득의 원인이 되는 매매계약 등의 효력을 발생시키는 요건은 아니다(대판 2008.4.10, 2008도1033).

O X 확 인 문 제

상속에 의하여 농지를 취득한 사람으로서 농업경영을 하지 아니하는 자는 그 상속농지 중에서 3만m² 이내의 것에 한하여 이를 소유할 수 있다. ( )

정답 (×)

상속에 의하여 농지를 취득한 사람으로서 농업경영을 하지 아니하는 자는 그 상속농지 중에서 1만m² 이내의 것에 한하여 이를 소유할 수 있다.

O X 확 인 문 제

주말·체험영농을 하고자 하는 사람은 1만m² 미만의 농지에 한하여 이를 소유할 수 있다. ( )

정답 (×)

주말·체험영농을 하고자 하는 사람은 1천m² 미만의 농지에 한하여 이를 소유할 수 있다.

농지취득자격증명을 발급받으려는 자는 다음의 내용이 모두 포함된 농업경영계획서 또는 주말·체험영농계획서를 작성하고 농림축산식품부령으로 정하는 서류를 첨부하여 농지소재지를 관할하는 시·구·읍·면장에게 그 발급을 신청하여야 한다.

> ㉠ 취득 대상 농지의 면적(공유로 취득하려는 경우 공유 지분의 비율 및 각자가 취득하려는 농지의 위치도 함께 표시한다)
> ㉡ 취득 대상 농지에서 농업경영을 하는 데에 필요한 노동력 및 농업기계·장비·시설의 확보방안
> ㉢ 소유농지의 이용실태(농지소유자에게만 해당한다)
> ㉣ 농지취득자격증명을 발급받으려는 자의 직업·영농경력·영농거리

② **요건의 적합성 확인** : 시·구·읍·면장은 농지취득자격증명의 발급신청을 받은 때에는 그 신청을 받은 날부터 7일 이내에 다음의 요건에 적합한지의 여부를 확인하여 이에 적합한 경우에는 신청인에게 농지취득자격증명을 발급하여야 한다.

> ㉠ 취득요건에 적합할 것
> ㉡ 농업인이 아닌 개인이 주말·체험영농에 이용하고자 농지를 취득하는 경우에는 신청 당시 소유하고 있는 농지의 면적에 취득하려는 농지의 면적을 합한 면적이 농지의 소유상한 이내일 것
> ㉢ 농업경영계획서 또는 주말·체험영농계획서를 제출해야 하는 경우에는 그 계획서에 일정사항이 포함되어야 하고, 그 내용이 신청인의 농업경영 능력 등을 참작할 때 실현 가능하다고 인정될 것
> ㉣ 신청인이 소유농지의 전부를 타인에게 임대 또는 무상사용하게 하거나 농작업의 전부를 위탁하여 경영하고 있지 않을 것. 다만, 농지의 개발사업지구에 있는 농지로서 1,500㎡ 미만의 농지나 「농어촌정비법」에 따른 농지를 취득하여 소유하는 경우에 따라 농지를 취득하는 경우는 제외한다.
> ㉤ 신청 당시 농업경영을 하지 아니하는 자가 자기의 농업경영에 이용하고자 하여 농지를 취득하는 경우에는 해당 농지의 취득 후 농업경영에 이용하려는 농지의 총면적이 다음의 어느 하나에 해당할 것
>   ⓐ 고정식온실·버섯재배사·비닐하우스·축사 그 밖의 농업생산에 필요한 시설로서 농림축산식품부령으로 정하는 시설이 설치되어 있거나 설치하려는 농지의 경우 : 330㎡ 이상
>   ⓑ 곤충사육사가 설치되어 있거나 곤충사육사를 설치하려는 농지의 경우 : 165㎡ 이상
>   ⓒ 위 ⓐ 및 ⓑ 외의 농지이 경우 : 1천㎡ 이상

③ **농업경영계획서 작성의 면제사유** : 농업경영계획서 또는 주말·체험영 농계획서를 작성하지 아니하고 농지취득자격증명의 발급신청을 할 수 있는 경우에는 그 신청을 받은 날부터 4일 이내에 농지취득자격증명을 발급하여야 한다. 시·구·읍·면장은 농업경영계획서를 10년간 보존하여야 하며, 농업경영계획서 작성이 면제되는 경우는 다음과 같다.

> ㉠ 공공단체·농업연구기관·농업생산자단체 또는 종묘나 그 밖의 농업 기자재 생산자가 그 목적사업을 수행하기 위하여 필요한 시험지·연구지·실습지·종묘생산지 또는 과수인공수분용 꽃가루 생산지로 쓰기 위하여 농림축산식품부령으로 정하는 바에 따라 농지를 취득하여 소유하는 경우
> ㉡ 농지전용허가를 받거나 농지전용신고한 자가 농지를 소유하는 경우
> ㉢ 「한국농어촌공사 및 농지관리기금법」에 따른 농지의 개발사업지구에 있는 농지로서 1,500m² 미만의 농지나 「농어촌정비법」에 따른 농지를 취득하여 소유하는 경우
> ㉣ 농업진흥지역 밖의 농지 중 최상단부부터 최하단부까지의 평균경사율이 15% 이상인 농지로서 대통령령으로 정하는 농지를 소유하는 경우
> ㉤ 「공공토지의 비축에 관한 법률」에 해당하는 토지 중 공공토지비축심의위원회가 비축이 필요하다고 인정하는 토지로서 「국토의 계획 및 이용에 관한 법률」에 따른 계획관리지역과 자연녹지지역 안의 농지를 한국토지주택공사가 취득하여 소유하는 경우(이 경우 그 취득한 농지를 전용하기 전까지는 한국농어촌공사에 지체 없이 위탁하여 임대하거나 무상사용하게 하여야 한다)

④ **농지위원회의 심의를 거쳐야 하는 경우** : 시·구·읍·면장은 농지 투기가 성행하거나 성행할 우려가 있는 지역의 농지를 취득하려는 자 등 농림축산식품부령으로 정하는 자가 농지취득자격증명 발급을 신청한 경우 농지위원회의 심의를 거쳐야 한다. 농지위원회의 심의 대상의 경우에는 14일 이내에 신청인에게 농지취득자격증명을 발급하여야 한다. 농지위원회 심의를 거쳐야 하는 경우는 다음과 같다.

> ㉠ 「부동산 거래신고 등에 관한 법률」에 따라 지정된 허가구역에 있는 농지를 취득하려는 자
> ㉡ 취득대상 농지 소재지 관할 시·군·자치구 또는 연접한 시·군·자치구에 거주하지 않으면서 그 관할 시·군·자치구에 소재한 농지를 2022년 8월 18일 이후 처음으로 취득하려는 자
> ㉢ 1필지의 농지를 3인 이상이 공유로 취득하려는 경우 해당 공유자
> ㉣ 농업법인
> ㉤ 「출입국관리법」에 따라 등록한 외국인

ⓑ 「재외동포의 출입국과 법적 지위에 관한 법률」에 따라 국내거소신고를 한 외국국적동포

ⓢ 그 밖에 농업경영능력 등을 심사할 필요가 있다고 인정하여 시·군·자치구의 조례로 정하는 자

⊕ 보충 농지위원회 설치·구성 및 기능

1. **농지위원회의 설치**
   농지의 취득 및 이용의 효율적인 관리를 위해 시·구·읍·면에 각각 농지위원회를 둔다. 다만, 해당 지역 내의 농지가 농림축산식품부령으로 정하는 면적 이하이거나, 농지위원회의 효율적 운영을 위하여 필요한 경우 시·군의 조례로 정하는 바에 따라 그 행정구역 안에 권역별로 설치할 수 있다.

2. **농지위원회의 구성**
   농지위원회는 위원장 1명을 포함한 10명 이상 20명 이하의 위원으로 구성하며, 위원장은 위원 중에서 호선한다. 위원은 다음의 어느 하나에 해당하는 사람으로 구성한다.

   ① 해당 지역에서 농업경영을 하고 있는 사람
   ② 해당 지역에 소재하는 농업 관련 기관 또는 단체의 추천을 받은 사람
   ③ 비영리민간단체의 추천을 받은 사람
   ④ 농업 및 농지정책에 대하여 학식과 경험이 풍부한 사람

3. **분과위원회**
   농지위원회의 효율적 운영을 위하여 필요한 경우에는 각 10명 이내의 위원으로 구성되는 분과위원회를 둘 수 있다.

4. **농지위원회의 기능**

   ① 농지취득자격증명 심사에 관한 사항
   ② 농지전용허가를 받은 농지의 목적사업 추진상황에 관한 확인
   ③ 농지의 소유 등에 관한 조사 참여
   ④ 그 밖의 농지 관리에 관하여 농림축산식품부령으로 정하는 사항

⑤ **농지취득자격증명의 발급제한**

ⓖ 시·구·읍·면장은 농지취득자격증명을 발급받으려는 자가 농업경영계획서 또는 주말·체험영농계획서에 포함하여야 할 사항을 기재하지 아니하거나 첨부하여야 할 서류를 제출하지 아니한 경우 농지취득자격증명을 발급하여서는 아니 된다.

ⓛ 시·구·읍·면장은 1필지를 공유로 취득하려는 자가 시·군·구의 조례로 정한 수를 초과한 경우에는 농지취득자격증명을 발급하지 아니할 수 있다.

ⓒ 시·구·읍·면장은 영농조합법인 또는 농업회사법인이 해산명령 청구요건에 해당하는 것으로 인정하는 경우에는 농지취득자격증명을 발급하지 아니할 수 있다.

■ 농지법 시행규칙 [별지 제3호 서식] 〈개정 2022.5.18.〉

농지취득자격증명신청서

※ 뒤쪽의 유의사항을 참고하시기 바라며, [ ]에 해당되는 곳에 ∨표를 합니다.　　　　(3쪽 중 제1쪽)

접수번호		접수일시		처리기간	7일(농업경영계획서를 작성하지 않는 경우에는 4일, 농지위원회의 심의 대상인 경우에는 14일)

농지 취득자 (신청인)	① 성명(명칭)		② 주민등록번호 　(법인등록번호 · 외국인등록번호)	
	③ 주소			
	④ 전화번호			
	⑤ 취득자의 구분 　[ ] 농업인　[ ] 농업법인　[ ] 농업인이 아닌 개인　[ ] 그 밖의 법인			

취득 농지의 표시	⑥ 소재지					
	시 · 군	구 · 읍 · 면	리 · 동	⑦ 지번	⑧ 지목	⑨ 면적(m²)
	⑩ 농지구분					
	농업진흥지역		농업진흥지역 밖	영농여건 불리농지		
	농업진흥구역	농업보호구역				

⑪ 취득원인	
⑫ 취득목적	[ ] 농업경영　[ ] 주말 · 체험영농　[ ] 농지전용　[ ] 시험 · 연구 · 실습지용 등

「농지법」 제8조 제2항, 같은 법 시행령 제7조 제1항 및 같은 법 시행규칙 제7조 제1항 제2호에 따라 위와 같이 농지취득자격증명의 발급을 신청합니다.

　　　　　　　　　　　　　　　　　　　　　　　　　　　　　　　　년　　월　　일

　　　　　　　　　農지취득자(신청인)　　　　　　　　　　　　　　(서명 또는 인)

시장 · 구청장 · 읍장 · 면장 귀하

210mm×297mm(백상지 80g/m²)

첨부서류	1. 별지 제2호 서식의 농지취득인정서(법 제6조 제2항 제2호에 해당하는 경우만 해당합니다) 2. 별지 제4호 서식의 농업경영계획서(농지를 농업경영 목적으로 취득하는 경우만 해당합니다) 3. 별지 제4호의2 서식의 주말·체험영농계획서(법 제6조 제2항 제3호에 해당하는 경우만 해당합니다) 4. 농지임대차계약서 또는 농지사용대차계약서(농업경영을 하지 않는 자가 취득하려는 농지의 면적이 영 제7조 제2항 제5호 각 목의 어느 하나에 해당하지 않는 경우만 해당합니다) 5. 농지전용허가(다른 법률에 따라 농지전용허가가 의제되는 인가 또는 승인 등을 포함합니다)를 받거나 농지전용신고를 한 사실을 입증하는 서류(농지를 전용목적으로 취득하는 경우만 해당합니다)
담당 공무원 확인사항	1. 토지(임야)대장 2. 토지등기사항증명서 3. 법인등기사항증명서(신청인이 법인인 경우만 해당합니다) 4. 주민등록표등본 5. 농업경영체증명서(신청인이 농어업경영체 육성 및 지원에 관한 법률 제4조 제1항 제1호에 따라 농업경영체로 등록한 농업인인 경우만 해당합니다) 6. 표준재무제표증명(신청인이 농업법인인 경우만 해당합니다) 7. 사업자등록증명(신청인이 사업자등록을 한 경우만 해당합니다) 8. 외국인등록사실증명(신청인이 출입국관리법 제31조에 따라 등록한 외국인인 경우만 해당합니다) 9. 국내거소신고사실증명(신청인이 재외동포의 출입국과 법적 지위에 관한 법률 제6조에 따라 국내거소신고를 한 외국국적동포인 경우만 해당합니다)

수수료 : 「농지법 시행령」 제74조에 따름

행정정보 공동이용 동의서

본인은 이 건 업무처리와 관련하여 담당 공무원이 「전자정부법」 제36조 제1항에 따른 행정정보의 공동이용을 통하여 담당 공무원 확인사항 중 제4호부터 제9호까지의 서류를 확인하는 것에 동의합니다.
* 동의하지 않는 경우에는 신청인이 직접 해당 서류를 첨부해야 합니다.

신청인(대표자)   (서명 또는 인)

작성방법

①란은 법인의 경우 그 명칭 및 대표자의 성명을 적습니다.

⑤란은 다음 구분에 따라 농지취득자가 해당되는 란에 ∨표를 합니다.

　가. 신청 당시 농업경영에 종사하고 있는 개인은 '농업인'

　나. 농업회사법인·영농조합법인은 '농업법인'

　다. 농업경영 또는 주말·체험영농을 하려는 개인은 '농업인이 아닌 개인'

　라. 농업법인이 아닌 법인은 '그 밖의 법인'

⑧란은 공부상의 지목에 따라 전·답·과수원 등으로 구분하여 적습니다.

⑩란은 매 필지별로 농업진흥구역, 농업보호구역, 농업진흥지역 밖 등으로 구분하여 해당 란에 ∨표를 합니다.

⑪란은 매매·교환·경매·증여 등 취득원인의 구분에 따라 적습니다.

⑫란은 농업경영, 주말·체험영농, 농지전용, 시험·연구·실습지용 등 취득 후 이용목적의 구분에 따라 해당 란에 ∨표를 합니다.

※ 농지는 「농지법」 제6조 제1항에 따라 자기의 농업경영에 이용하거나 이용할 자가 아니면 소유하지 못하며, 같은 법 제23조 제1항 각 호에 해당하는 경우 외에는 농지를 임대하거나 무상사용하게 할 수 없습니다.

※ 거짓이나 그 밖의 부정한 방법으로 농지취득자격증명을 발급받은 경우 농지 처분명령, 이행강제금 부과, 벌칙 등의 대상이 될 수 있으므로 정확하게 기록해야 합니다.

업무처리 절차

| 신청서 작성 | → | 접수 | → | 확인·조사 | → | 검토 | → | 증명발급 (또는 신청서의 반려) |

신청인　　　　　　　　　　　처리기관(시·구·읍·면)

■ 농지법 시행규칙 [별지 제4호 서식] 〈개정 2022.5.18.〉

농업경영계획서

(3쪽 중 제1쪽)

① 취득 대상 농지에 관한 사항	소재지			지 번	지 목	면적 (m²)	공유 지분의 비율	영농 거리 (km)	농지의 현재 상태
	시·군	구·읍·면	리·동						
	계								

농업경영 노동력 확보 방안	② 취득자(취득 농업법인) 및 세대원(구성원)의 농업경영능력				
	취득자와의 관계	연 령	직 업	영농경력(년)	향후 농업경영 여부
	③ 취득농지의 농업경영에 필요한 노동력 확보방안				
	자기노동력		일부위탁		전부위탁(임대)

농업 기계·장비· 시설 확보 방안	④ 농업 기계·장비·시설의 보유현황		
	기계·장비·시설명	보유현황	시설면적(m²)
	⑤ 농업 기계·장비·시설의 보유계획		
	기계·장비·시설명	보유계획	시설면적(m²)

⑥ 소유농지 이용실태	소재지			지 번	지 목	면적 (m²)	주재배 작물 (축종명)	자기의 농업 경영 여부	취득 대상 농지와의 거리(km)
	시·군	구·읍·면	리·동						
	계								

210mm×297mm(백상지 80g/m²)

⑦ 연고자에 관한 사항	연고자 성명			관 계	

⑧ 농지취득자금 조달계획	자기자금		차입금 등		합 계	
		원		원		원

⑨ 영농계획에 관한 사항	주재배작물 (축종명)					
	영농착수 시기	년 월 일				
	수확 예정 시기	년 월 일				
	작업일정		작업 내용	참여 인원(명)	소요자금	자금조달방안
	합 계				천원	
	부터	까지			천원	
	부터	까지			천원	
	부터	까지			천원	
	부터	까지			천원	
	부터	까지			천원	
	부터	까지			천원	

⑩ 임차(예정) 농지 현황

소재지				지 번	지 목	면적 (m²)	주재배 (예정) 작물의 종류 (축종명)	임차 (예정) 여부
시·도	시·군	읍·면	리·동					

⑪ 공유로 취득하려는 경우 각자가 취득하려는 농지의 위치

「농지법」 제8조 제2항, 같은 법 시행령 제7조 제1항 및 같은 법 시행규칙 제7조 제1항 제3호에 따라 위와 같이 본인이 취득하려는 농지에 대한 농업경영계획서를 작성·제출합니다.

년 월 일

제출인 (서명 또는 인)

시장·구청장·읍장·면장 귀하

첨부서류	1. 「농업·농촌 및 식품산업 기본법 시행령」 제3조 제2항에 따라 발급된 농업인 확인서(신청인이 농어업경영체 육성 및 지원에 관한 법률 제4조 제1항 제1호에 따라 농업경영체로 등록하지 않은 농업인인 경우만 해당합니다) 2. 정관(신청인이 농업법인인 경우만 해당합니다) 3. 임원 명부와 업무집행권을 가진 자 중 3분의 1 이상이 농업인임을 확인할 수 있는 서류(신청인이 농업회사법인인 경우만 해당합니다) 4. 재직증명서·재학증명서 등 직업을 확인할 수 있는 서류(신청인이 농업인이 아닌 개인인 경우만 해당합니다) 5. 신청인을 포함하여 각자가 취득하려는 농지의 위치와 면적을 특정하여 구분소유하기로 하는 약정서 및 도면자료(신청인이 1필지의 농지를 공유로 취득하려는 공유자인 경우만 해당합니다)

작성방법

①란은 취득하려는 농지의 소재지·지번·지목, 면적, 공유로 취득하려는 경우 공유 지분의 비율을 적고, 거주지로부터 농지 소재지까지 일상적인 통행에 이용하는 도로에 따라 측정한 거리를 적습니다.

②란은 노동력을 제공할 수 있는 세대원(구성원)의 현황과 앞으로 영농참여 여부를 적습니다.

③란은 취득하려는 농지의 농업경영에 필요한 노동력을 확보하는 방안을 다음 구분에 따라 해당되는 난에 표시합니다.

　가. 같은 세대의 세대원의 노동력만으로 영농하려는 경우에는 자기노동력 란에 ○표

　나. 자기노동력만으로 부족하여 농작업의 일부를 남에게 위탁하려는 경우에는 일부위탁란에 ○표

　다. 자기노동력에 의하지 않고 농작업의 전부를 남에게 위탁하거나 임대하려는 경우에는 전부위탁(임대)란에 ○표

④란과 ⑤란은 농업경영에 필요한 농업 기계·장비·시설의 보유현황과 앞으로의 보유계획을 적습니다.

　가. 기계·장비·시설명란에는 보유한 농업 기계·장비·시설의 명칭과 보유계획이 있는 농업 기계·장비·시설의 명칭을 적습니다.

　나. 보유현황 및 보유계획란에는 수량을 적습니다.

　다. 시설면적(m^2)란에는 농지소재지에 시설(고정실온실, 버섯재배사, 비닐하우스, 축사, 곤충사육사 등)이 있거나 설치계획이 있는 경우 그 면적을 적습니다.

⑥란은 기존에 소유한 농지의 소재지·지번·지목·면적을 적고 취득하려는 농지와의 통행거리를 적습니다.

⑦란은 취득농지의 소재지에 거주하고 있는 연고자의 성명 및 관계를 적습니다.

⑧란은 다음의 구분에 따라 농지취득자금 조달계획을 적습니다. 다만, 농지를 취득하려는 자가 「부동산 거래신고 등에 관한 법률 시행규칙」 제2조 제8항부터 제10항까지의 규정에 따라 토지취득자금 조달 및 토지이용계획서를 제출하거나 「부동산 거래신고 등에 관한 법률 시행규칙」 제9조 제2항 제2호에 따라 토지취득자금 조달계획서를 제출하는 경우에는 ⑧란의 작성을 생략할 수 있습니다.

　가. 자기자금 : 금융기관 예금액, 주식·채권 매각대금, 증여·상속, 현금 등 그 밖의 자금, 부동산 처분대금 등, 토지보상금 등의 소계

　나. 차입금 등 : 금융기관 대출액 합계(토지담보대출, 신용대출, 그 밖의 대출), 그 밖의 차입금 등의 소계

⑨란은 영농계획에 관한 사항을 다음 각 목의 구분에 따라 적습니다.

　가. 주재배작물(축종명)란은 경작하려는 농작물 또는 재배하려는 다년생식물의 종류 등 농업경영 대상을 구체적으로 적습니다.

　나. 영농착수 시기란과 수확예정 시기란은 농지취득 후 경영착수일과 수확이 예정되는 시기를 구체적으로 적습니다.

　다. 작업일정란은 3년간의 작업 일정을 6개월 단위로 작업내용과 농업경영계획의 이행에 필요한 인력, 소요자금의 규모와 조달방안을 구체적으로 적습니다.

⑩란은 임차 중이거나 임차 예정인 농지에서의 영농상황과 계획을 적습니다.

⑪란은 공유로 취득하려는 경우 각자가 취득하려는 농지의 위치를 적습니다.

■ 농지법 시행규칙 [별지 제4호의2 서식] 〈신설 2022.5.18.〉

주말 · 체험영농계획서

(3쪽 중 제1쪽)

① 취득 대상 농지에 관한 사항	소재지			지 번	지 목	면적 (m²)	공유 지분의 비율	영농 거리 (km)	농지의 현재 상태
	시 · 군	구 · 읍 · 면	리 · 동						
	계								

주말 · 체험영농 노동력 확보 방안	② 취득자 및 세대원의 주말 · 체험영농능력				
	취득자와의 관계	연 령	직 업	영농경력(년)	향후 주말 · 체험 영농 여부
	③ 취득농지의 주말 · 체험영농에 필요한 노동력 확보방안				
	자기노동력		전부위탁(임대)		

농업 기계 · 장비 · 시설 확보 방안	④ 농업 기계 · 장비 · 시설의 보유현황		
	기계 · 장비 · 시설명	보유현황	시설면적(m²)
	⑤ 농업 기계 · 장비 · 시설의 보유계획		
	기계 · 장비 · 시설명	보유계획	시설면적(m²)

⑥ 소유농지 이용실태	소재지			지 번	지 목	면적 (m²)	주재배 작물 (축종명)	자기의 주말 · 체험영농 여부	취득 대상 농지와의 거리(km)
	시 · 군	구 · 읍 · 면	리 · 동						
	계								

210mm×297mm(백상지 80g/m²)

⑦ 농지취득자금 조달계획	자기자금	차입금 등	합 계
	원	원	원

⑧ 영농계획에 관한 사항	주재배작물 (축종명)	
	영농착수 시기	년 월 일
	수확 예정 시기	년 월 일

⑨ 임차(예정) 농지 현황								
소재지				지 번	지 목	면적 (m²)	주재배 (예정) 작물의 종류 (축종명)	임차 (예정) 여부
시·도	시·군	읍·면	리·동					

⑩ 공유로 취득하려는 경우 각자가 취득하려는 농지의 위치

「농지법」 제8조 제2항, 같은 법 시행령 제7조 제1항 및 같은 법 시행규칙 제7조 제1항 제3호의2에 따라 위와 같이 본인이 취득하려는 농지에 대한 주말·체험영농계획서를 작성·제출합니다.

년   월   일

제출인   (서명 또는 인)

시장·구청장·읍장·면장 귀하

첨부 서류	1. 재직증명서·재학증명서 등 직업을 확인할 수 있는 서류 2. 신청인을 포함하여 각자가 취득하려는 농지의 위치와 면적을 특정하여 구분소유하기로 하는 약정서 및 도면자료(신청인이 1필지의 농지를 공유로 취득하려는 공유자인 경우만 해당합니다)

작성방법

①란은 취득하려는 농지의 소재지·지번·지목, 면적, 공유로 취득하려는 경우 공유 지분의 비율을 적고, 거주지로부터 농지 소재지까지 일상적인 통행에 이용하는 도로에 따라 측정한 거리를 적습니다.

②란은 노동력을 제공할 수 있는 세대원의 현황과 앞으로 영농참여 여부를 적습니다.

③란은 취득하려는 농지의 주말·체험영농에 필요한 노동력을 확보하는 방안을 다음 구분에 따라 해당되는 난에 표시합니다.

　가. 같은 세대의 세대원의 노동력만으로 영농하려는 경우에는 자기노동력란에 ○표

　나. 자기노동력에 의하지 않고 농작업의 전부를 남에게 위탁하거나 임대하려는 경우에는 전부위탁(임대)란에 ○표

④란과 ⑤란은 주말·체험영농에 필요한 농업 기계·장비·시설의 보유현황과 앞으로의 보유계획을 적습니다.

　가. 기계·장비·시설명란에는 보유한 농업 기계·장비·시설의 명칭과 보유 계획이 있는 농업 기계·장비·시설의 명칭을 적습니다.

　나. 보유현황 및 보유계획란에는 수량을 적습니다.

　다. 시설면적(m^2)란에는 농지소재지에 시설(고정실온실, 버섯재배사, 비닐하우스, 축사, 곤충사육사 등)이 있거나 설치계획이 있는 경우 그 면적을 적습니다.

⑥란은 기존에 소유한 농지의 소재지·지번·지목·면적을 적고 취득하려는 농지와의 통행거리를 적습니다.

⑦란은 다음의 구분에 따라 농지취득자금 조달계획을 적습니다. 다만, 농지를 취득하려는 자가 「부동산 거래신고 등에 관한 법률 시행규칙」 제2조 제8항부터 제10항까지의 규정에 따라 토지취득자금 조달 및 토지이용계획서를 제출하거나 「부동산 거래신고 등에 관한 법률 시행규칙」 제9조 제2항 제2호에 따라 토지취득자금 조달계획서를 제출하는 경우에는 ⑦란의 작성을 생략할 수 있습니다.

　가. 자기자금 : 금융기관 예금액, 주식·채권 매각대금, 증여·상속, 현금 등 그 밖의 자금, 부동산 처분대금 등, 토지보상금 등의 소계

　나. 차입금 등 : 금융기관 대출액 합계(토지담보대출, 신용대출, 그 밖의 대출) 그 밖의 차입금 등의 소계

⑧란은 영농계획에 관한 사항을 다음 각 목의 구분에 따라 적습니다.

　가. 주재배작물(축종명)란은 경작하려는 농작물 또는 재배하려는 다년생식물의 종류 등 주말·체험영농 대상을 구체적으로 적습니다.

　나. 영농착수 시기란과 수확예정 시기란은 농지취득 후 영농착수일과 수확이 예정되는 시기를 구체적으로 적습니다.

⑨란은 임차 중이거나 임차 예정인 농지에서의 영농상황과 계획을 적습니다.

⑩란은 공유로 취득하려는 경우 각자가 취득하려는 농지의 위치를 적습니다.

■ 농지법 시행규칙 [별지 제5호 서식] 〈개정 2022.5.18.〉

제   호

농지취득자격증명

농지 취득자 (신청인)	성명(명칭)		주민등록번호 (법인등록번호·외국인등록번호)
	주소		
	전화번호		

취득 농지의 표시	소재지	지 번	지 목	면적(m²)	농지구분

취득 목적	

귀하의 농지취득자격증명신청에 대하여 「농지법」 제8조, 같은 법 시행령 제7조 제2항 및 같은 법 시행규칙 제7조 제6항에 따라 위와 같이 농지취득자격증명을 발급합니다.

년   월   일

시장·구청장·읍장·면장   [직인]

유의사항

1. 귀하께서 「농지법」 제6조에 따른 농지 소유 제한이나 같은 법 제7조에 따른 농지 소유 상한을 위반하여 농지를 소유할 목적으로 거짓이나 그 밖의 부정한 방법으로 이 증명서를 발급받으면 같은 법 제57조에 따라 5년 이하의 징역이나 해당 토지의 개별공시지가에 따른 토지가액에 해당하는 금액 이하의 벌금에 처해질 수 있습니다.

2. 귀하께서 취득하여 소유한 농지는 농업경영에 이용되도록 하여야 하며(농지법 제6조 제2항 제2호 및 제3호의 경우는 제외합니다), 취득한 해당 농지를 취득목적대로 이용하지 않을 경우에는 같은 법 제10조·제11조 제1항 또는 제63조에 따라 해당 농지를 처분해야 하거나 처분명령 또는 이행강제금이 부과될 수 있습니다.

3. 귀하께서 취득하여 소유한 농지는 「농지법」 제23조 제1항 각 호에 해당하는 경우 외에는 농지를 임대하거나 무상사용하게 할 수 없으며, 이를 위반할 경우 2천만원 이하의 벌금에 처해질 수 있습니다.

4. 농업법인의 경우 「농어업경영체 육성 및 지원에 관한 법률」 제19조의5에 따라 농지를 활용 또는 전용하여 「통계법」 제22조 제1항에 따라 통계청장이 고시하는 한국표준산업분류에 의한 부동산업(농어업경영체 육성 및 지원에 관한 법률에 따른 농어촌 관광휴양사업은 제외합니다)을 영위할 수 없습니다.

210mm×297mm(백상지 120g/m²)

(5) 농지취득자격증명 발급을 요하는 경우

① 매매, 증여, 경매·공매, 판결, 조서에 의하여 농지를 취득하는 경우
② 녹지지역 내 농지 중 도시계획사업에 필요하지 않은 농지의 경우
③ 사인이 국가 또는 지방자치단체의 농지를 소유하고자 하는 경우
④ 농지전용허가를 받거나 농지전용신고를 한 자가 당해 농지를 소유하는 경우, 시험지·연구지 등 목적으로 취득하는 경우, 영농여건 불리농지 등

(6) 농지취득자격증명 발급을 요하지 않는 경우

① 국가 또는 지방자치단체가 농지를 소유하는 경우
② 상속(상속인에게 한 유증을 포함한다)에 의하여 농지를 취득하여 소유하는 경우
③ 금융기관이 담보농지를 취득하여 소유하는 경우
④ 농지전용협의를 마친 농지를 소유하는 경우
⑤ 다음에 해당하는 경우
　㉠ 「한국농어촌공사 및 농지관리기금법」에 따라 한국농어촌공사가 농지를 취득하여 소유하는 경우
　㉡ 「농어촌정비법」에 따라 농지를 취득하여 소유하는 경우
　㉢ 「공유수면 관리 및 매립에 관한 법률」에 따라 매립농지를 취득하여 소유하는 경우
　㉣ 토지수용으로 농지를 취득하여 소유하는 경우
　㉤ 농림축산식품부장관과 협의를 마치고 「공익사업을 위한 토지 등의 취득 및 보상에 관한 법률」에 따라 농지를 취득하여 소유하는 경우
⑥ 농업법인의 합병으로 농지를 취득하는 경우
⑦ 공유농지의 분할 또는 다음의 사유로 농지를 취득하는 경우
　㉠ 시효의 완성으로 농지를 취득하는 경우
　㉡ 「징발재산 정리에 관한 특별조치법」, 「공익사업을 위한 토지 등의 취득 및 보상에 관한 법률」에 따른 환매권자가 환매권에 따라 농지를 취득하는 경우
　㉢ 「국가보위에 관한 특별조치법 제5조 제4항에 따른 동원대상지역 내의 토지의 수용·사용에 관한 특별조치령에 따라 수용·사용된 토지의 정리에 관한 특별조치법」에 따른 환매권자 등이 환매권 등에 따라 농지를 취득하는 경우
　㉣ 농지이용증진사업 시행계획에 따라 농지를 취득하는 경우

(7) 농지의 위탁경영

농지소유자는 다음의 어느 하나에 해당하는 경우 외에는 위탁경영을 할 수 없다.

① 「병역법」에 따라 징집 또는 소집된 경우
② 3개월 이상 국외 여행 중인 경우
③ 농업법인이 청산 중인 경우
④ 질병, 취학, 선거에 따른 공직 취임, 부상으로 3개월 이상의 치료가 필요한 경우, 교도소·구치소 또는 보호감호시설에 수용 중인 경우 또는 임신 중이거나 분만 후 6개월 미만인 경우 등의 사유로 자경할 수 없는 경우
⑤ 농지이용증진사업 시행계획에 따라 위탁경영하는 경우
⑥ 농업인이 자기 노동력이 부족하여 농작업의 일부를 위탁하는 경우

(8) 농지의 처분의무 및 처분명령

① **처분의무**: 농지소유자는 일정한 사유가 발생한 날부터 1년 이내에 해당 농지를 그 사유가 발생한 날 당시 세대를 같이 하는 세대원이 아닌 자, 그 밖에 농림축산식품부령으로 정하는 자에게 처분하여야 한다. 시장·군수·구청장은 농지의 처분의무가 생긴 농지의 소유자에게 처분대상농지, 처분의무기간 등을 구체적으로 밝혀 그 농지를 처분하여야 함을 알려야 한다.

② **처분명령**: 시장·군수·구청장은 다음의 어느 하나에 해당하는 경우 농지소유자에게 6개월 이내에 그 농지를 처분할 것을 명할 수 있다.

㉠ 거짓이나 그 밖의 부정한 방법으로 농지취득자격증명을 발급받아 농지를 소유한 것으로 시장·군수 또는 구청장이 인정한 경우
㉡ 처분의무 기간에 처분 대상 농지를 처분하지 아니한 경우
㉢ 농업법인이 부동산업을 영위한 것으로 시장·군수 또는 구청장이 인정한 경우

③ **이행강제금**

㉠ 시장·군수·구청장은 「감정평가 및 감정평가사에 관한 법률」에 따른 감정평가법인등이 감정평가한 감정가격 또는 「부동산 가격공시에 관한 법률」에 따른 개별공시지가(해당 토지의 개별공시지가가 없는 경우에는 표준지공시지가를 기준으로 산정한 금액을 말한다) 중 더 높은 가액의 100분의 25에 해당하는 이행강제금을 부과한다.

ⓛ 시장·군수 또는 구청장은 이행강제금을 부과하기 전에 이행강제금을 부과·징수한다는 뜻을 미리 문서로 알려야 한다.

ⓒ 시장·군수 또는 구청장은 최초로 처분명령을 한 날을 기준으로 하여 그 처분명령이 이행될 때까지 이행강제금을 매년 1회 부과·징수할 수 있다.

ⓔ 시장·군수 또는 구청장은 처분명령을 받은 자가 처분명령을 이행하면 새로운 이행강제금의 부과는 즉시 중지하되, 이미 부과된 이행강제금은 징수하여야 한다.

ⓜ 이행강제금 부과처분에 불복하는 자는 그 처분을 고지받은 날부터 30일 이내에 시장·군수 또는 구청장에게 이의를 제기할 수 있다.

④ **매수청구** : 농지소유자는 처분명령을 받으면 「한국농어촌공사 및 농지관리기금법」에 따른 한국농어촌공사에 그 농지의 매수를 청구할 수 있다. 한국농어촌공사는 매수청구를 받으면 「부동산 가격공시에 관한 법률」에 따른 공시지가를 기준으로 해당 농지를 매수할 수 있다.

이 경우 인근 지역의 실제 거래가격이 공시지가보다 낮으면 실제 거래가격을 기준으로 매수할 수 있다. 한국농어촌공사가 농지를 매수하는데에 필요한 자금은 「한국농어촌공사 및 농지관리기금법」에 따른 농지관리기금에서 융자한다.

(9) 농지의 임대차 또는 사용대차

① 농지소유자는 다음의 어느 하나에 해당하는 경우 외에는 농지를 임대하거나 무상사용하게 할 수 없다. 임대차(농업경영을 하려는 자에게 임대하는 경우만을 말한다)계약과 사용대차(농업경영을 하려는 자에게 무상사용하게 하는 경우만을 말한다)계약은 서면계약을 원칙으로 한다. 다만, 농지를 임차하거나 사용대차한 임차인 또는 사용대차인이 그 농지를 정당한 사유 없이 농업경영에 사용하지 아니할 때에는 시장·군수·구청장이 농림축산식품부령으로 정하는 바에 따라 임대차 또는 사용대차의 종료를 명할 수 있다.

> ㉠ 국가나 지방자치단체의 소유 농지, 상속(유증을 포함한다)으로 소유하는 농지, 8년 이상 농업경영을 하던 사람이 이농(離農)한 후에도 계속 소유하던 농지 등을 임대하거나 무상사용하게 하는 경우
> ㉡ 농지이용증진사업 시행계획에 따라 농지를 임대하거나 무상사용하게 하는 경우

ⓒ 질병, 징집, 취학, 선거에 따른 공직취임 그 밖에 부득이한 사유로 인하여 일시적으로 농업경영에 종사하지 아니하게 된 자가 소유하고 있는 농지를 임대하거나 무상사용하게 하는 경우

ⓡ 60세 이상인 사람으로서 자기의 농업경영에 이용한 기간이 5년이 넘은 농지를 임대하거나 무상사용하게 하는 경우

ⓜ 개인이 소유하고 있는 농지 중 3년 이상 소유한 농지를 주말·체험영농을 하려는 자에게 임대하거나 무상사용하게 하는 경우, 또는 주말·체험영농을 하려는 자에게 임대하는 것을 업(業)으로 하는 자에게 임대하거나 무상사용하게 하는 경우

ⓗ 농업법인이 소유하고 있는 농지를 주말·체험영농을 하려는 자에게 임대하거나 무상사용하게 하는 경우

ⓢ 개인이 소유하고 있는 농지 중 3년 이상 소유한 농지를 한국농어촌공사 등에게 위탁하여 임대하거나 무상사용하게 하는 경우

ⓞ **다음의 어느 하나에 해당하는 농지를 한국농어촌공사나 그 밖에 대통령령으로 정하는 자에게 위탁하여 임대하거나 무상사용하게 하는 경우**

    ⓐ 상속으로 농지를 취득한 사람으로서 농업경영을 하지 아니하는 사람이 소유상한을 초과하여 소유하고 있는 농지

    ⓑ 농업경영을 한 후 이농한 사람이 소유상한을 초과하여 소유하고 있는 농지

ⓩ 자경농지를 농림축산식품부장관이 정하는 이모작을 위하여 8개월 이내로 임대하거나 무상사용하게 하는 경우

ⓩ 대통령령으로 정하는 농지 규모화, 농작물 수급 안정 등을 목적으로 한 사업을 추진하기 위하여 필요한 자경농지를 임대하거나 무상사용하게 하는 경우

② **임대차기간**

   ㉠ 임대차기간은 3년 이상으로 하여야 한다. 다만, 다년생식물 재배지 등 대통령령으로 정하는 농지의 경우에는 5년 이상으로 하여야 한다.

   ㉡ 임대차기간을 정하지 아니하거나 위 ㉠에 따른 기간 미만으로 정한 경우에는 위 ㉠에 따른 기간으로 약정된 것으로 본다. 다만, 임차인은 위 ㉠에 따른 기간 미만으로 정한 임대차 기간이 유효함을 주장할 수 있다.

   ㉢ 임대인은 질병, 징집 등 다음의 불가피한 사유가 있는 경우에는 임대차기간을 3년 미만으로 정할 수 있다.

     ⓐ 질병, 징집, 취학의 경우
     ⓑ 선거에 의한 공직(公職)에 취임하는 경우

ⓒ 부상으로 3개월 이상의 치료가 필요한 경우

ⓓ 교도소·구치소 또는 보호감호시설에 수용 중인 경우

ⓔ 농업법인이 청산 중인 경우

ⓕ 농지전용허가(다른 법률에 따라 농지전용허가가 의제되는 인가·허가·승인 등을 포함한다)를 받았거나 농지전용신고를 하였으나 농지전용목적사업에 착수하지 않은 경우

　　ⓔ 임대차기간은 임대차계약을 연장 또는 갱신하거나 재계약을 체결하는 경우에도 동일하게 적용한다.

③ **임대차·사용대차 계약방법과 확인**

　　ⓐ 임대차계약(농업경영을 하려는 자에게 임대하는 경우만 해당한다)과 사용대차계약(농업경영을 하려는 자에게 무상사용하게 하는 경우만 해당한다)은 서면계약을 원칙으로 한다.

　　ⓑ 임대차계약은 그 등기가 없는 경우에도 임차인이 농지소재지를 관할하는 시·구·읍·면의 장의 확인을 받고, 해당 농지를 인도(引渡)받은 경우에는 그 다음 날부터 제3자에 대하여 효력이 생긴다.

　　ⓒ 시·구·읍·면의 장은 농지임대차계약 확인대장을 갖추어 두고, 임대차계약증서를 소지한 임대인 또는 임차인의 확인 신청이 있는 때에는 농림축산식품부령으로 정하는 바에 따라 임대차계약을 확인한 후 대장에 그 내용을 기록하여야 한다.

④ **임대차계약에 관한 조정 등**

　　ⓐ 임대차계약의 당사자는 임대차 기간, 임차료 등 임대차계약에 관하여 서로 협의가 이루어지지 아니한 경우에는 농지소재지를 관할하는 시장·군수 또는 자치구구청장에게 조정을 신청할 수 있다.

　　ⓑ 시장·군수 또는 자치구구청장은 조정의 신청이 있으면 지체 없이 농지임대차조정위원회를 구성하여 조정절차를 개시하여야 한다.

⑤ **묵시의 갱신** : 임대인이 임대차 기간이 끝나기 3개월 전까지 임차인에게 임대차계약을 갱신하지 아니한다는 뜻이나 임대차계약 조건을 변경한다는 뜻을 통지하지 아니하면 그 임대차 기간이 끝난 때에 이전의 임대차계약과 같은 조건으로 다시 임대차계약을 한 것으로 본다.

⑥ **임대인 지위의 승계** : 임대농지의 양수인은 「농지법」에 따른 임대인의 지위를 승계한 것으로 본다.

(10) 금지행위

누구든지 다음의 어느 하나에 해당하는 행위를 하여서는 아니 된다.

> ① 농지 소유 제한이나 농지 소유 상한에 대한 위반 사실을 알고도 농지를 소유
>   하도록 권유하거나 중개하는 행위
> ② 농지의 위탁경영 제한에 대한 위반 사실을 알고도 농지를 위탁경영하도록 권
>   유하거나 중개하는 행위
> ③ 농지의 임대차 또는 사용대차 제한에 대한 위반 사실을 알고도 농지 임대차
>   나 사용대차하도록 권유하거나 중개하는 행위
> ④ ①부터 ③까지의 행위와 그 행위가 행하여지는 업소에 대한 광고 행위

(11) 농지 소유의 세분화 방지

① 국가와 지방자치단체는 농업인이나 농업법인의 농지 소유가 세분화되
   는 것을 막기 위하여 농지를 어느 한 농업인 또는 하나의 농업법인이
   일괄적으로 상속·증여 또는 양도받도록 필요한 지원을 할 수 있다.

② 「농어촌정비법」에 따른 농업생산기반정비사업이 시행된 농지는 다음
   의 어느 하나에 해당하는 경우 외에는 분할할 수 없다.

> ㉠ 「국토의 계획 및 이용에 관한 법률」에 따른 도시지역의 주거지역·상업
>   지역·공업지역 또는 도시·군계획시설부지에 포함되어 있는 농지를 분
>   할하는 경우
> ㉡ 농지전용허가(다른 법률에 따라 농지전용허가가 의제되는 인가·허가·
>   승인 등을 포함한다)를 받거나 농지전용신고를 하고 전용한 농지를 분할
>   하는 경우
> ㉢ 분할 후의 각 필지의 면적이 2천m²를 넘도록 분할하는 경우
> ㉣ 농지의 개량, 농지의 교환·분합 등 대통령령으로 정하는 사유로 분할하
>   는 경우

③ 시장·군수 또는 구청장은 농지를 효율적으로 이용하고 농업생산성을
   높이기 위하여 통상적인 영농 관행 등을 감안하여 농지 1필지를 공유로
   소유하려는 자의 최대인원수를 7인 이하의 범위에서 시·군·구의 조례
   로 정하는 바에 따라 제한할 수 있다.

(12) 농지대장의 작성과 비치

① 시·구·읍·면의 장은 농지 소유 실태와 농지 이용 실태를 파악하여 이
   를 효율적으로 이용하고 관리하기 위하여 농지대장(農地臺帳)을 작성하
   여 갖추어 두어야 한다.

② 농지대장에는 농지의 소재지·지번·지목·면적·소유자·임대차정보·농업진흥지역 여부 등을 포함한다.

③ 시·구·읍·면의 장은 농지대장을 작성·정리하거나 농지 이용 실태를 파악하기 위하여 필요하면 해당 농지 소유자에게 필요한 사항을 보고하게 하거나 관계 공무원에게 그 상황을 조사하게 할 수 있다.

④ 시·구·읍·면의 장은 농지대장의 내용에 변동사항이 생기면 그 변동사항을 지체 없이 정리하여야 한다.

⑤ 농지대장에 적을 사항을 전산정보처리조직으로 처리하는 경우 그 농지대장 파일(자기 디스크나 자기테이프 그 밖에 이와 비슷한 방법으로 기록하여 보관하는 농지대장을 말한다)은 농지대장으로 본다.

⑥ 농지대장의 서식·작성·관리와 전산정보처리조직 등에 필요한 사항은 농림축산식품부령으로 정한다.

기출&예상 문제

개업공인중개사가 「농지법」에 대하여 중개의뢰인에게 설명한 내용으로 틀린 것은? (다툼이 있으면 판례에 따름) ・29회

① 경매로 농지를 매수하려면 매수신청 시에 농지취득자격증명서를 제출해야 한다.

② 개인이 소유하는 임대 농지의 양수인은 「농지법」에 따른 임대인의 지위를 승계한 것으로 본다.

③ 농지전용협의를 마친 농지를 취득하려는 자는 농지취득자격증명을 발급받을 필요가 없다.

④ 농지를 취득하려는 자가 농지에 대한 매매계약을 체결하는 등으로 농지에 관한 소유권이전등기청구권을 취득하였다면, 농지취득자격증명 발급신청권을 보유하게 된다.

⑤ 주말·체험영농을 목적으로 농지를 소유하려면 세대원 전부가 소유하는 총면적이 1천m² 미만이어야 한다.

해설 ① 경매로 농지를 매수하려면 경락허가 시(매각결정기일까지)에 농지취득자격증명서를 제출해야 한다. 이를 미제출한 경우 경락불허가 사유에 해당한다.

정답 ①

6 거래예정금액

거래예정금액이란 개업공인중개사가 중개대상물의 거래가격을 합리적으로 추산하여 선정한 금액으로서, 이는 의뢰인이 제시하는 희망가액을 합리적으로 조정하여 거래계약이 체결되도록 유도하는 기준금액이라 볼 수 있다.

7 중개보수 및 실비의 금액과 산출내역

거래예정금액에 따른 중개보수 및 실비의 금액과 산출내역도 매수인 등 권리취득의뢰인에게 설명하여야 한다.

8 취득 관련 조세의 종류 및 세율

조세에 관하여는 원칙적으로 권리를 취득하고자 하는 의뢰인에 대하여 권리를 취득함으로써 부담하여야 할 조세의 종류 및 세율에 관하여 개략적인 사항만 설명해주면 된다. 따라서 권리를 이전함으로써 부담하게 되는 양도소득세 등은 조사·확인할 의무사항은 아니다. 취득 관련 조세는 취득세, 지방교육세, 농어촌특별세, 인지세 등이 있다.

제4절 중개대상물 확인·설명서의 작성

• 24회 • 25회 • 26회 • 27회 • 28회 • 29회 • 31회 • 33회 • 34회

1 중개대상물 확인·설명서 작성의 의의

개업공인중개사가 중개를 완성하여 거래계약서를 작성하는 경우 확인·설명사항을 서면으로 작성하여 거래당사자 쌍방에 교부하여야 한다. 이때 작성하는 것이 별지 제20호 ~ 제20호의4 서식 별지인 중개대상물 확인·설명서이다. 개업공인중개사에게 확인·설명서를 작성하여 교부하도록 한 것은 확인·설명의무의 이행 여부를 확인하고 후일 분쟁의 발생을 대비하여 그 증빙서류로 하여 그 책임관계를 명확히 하기 위한 것이다. 개업공인중개사가 고의 또는 과실로 중개의뢰인에게 재산상 손해를 발생시킨 경우 손해배상책임을

부담하게 되는데, 그 손해를 입증하는 서면 중에 중요한 것이 바로 중개대상물확인·설명서라 할 수 있다. 만일 중개대상물 확인·설명서에 권리관계나 공법상 이용제한 및 거래규제 등 법정의 기재사항을 충실히 기재하였다면 이를 근거로 하여 개업공인중개사는 손해배상책임을 면할 수 있으므로, 개업공인중개사에게도 중요한 서면이라 할 수 있다. 중개대상물 확인·설명서는 국토교통부령으로 정해져 있으므로 개업공인중개사는 이를 이용하여 조사·확인한 사항을 알맞게 기재하여야 한다.

2 중개대상물 확인·설명서 서식의 특징

1. 종 류

국토교통부령에 규정되어 있는 중개대상물 확인·설명서 서식은 다음과 같이 네 가지가 국문용과 영문용으로 구성되어 있다.

① 중개대상물 확인·설명서[Ⅰ](주거용 건축물) : 별지 제20호 서식
② 중개대상물 확인·설명서[Ⅱ](비주거용 건축물) : 별지 제20호의2 서식
③ 중개대상물 확인·설명서[Ⅲ](토지) : 별지 제20호의3 서식
④ 중개대상물 확인·설명서[Ⅳ](입목·광업재단·공장재단) : 별지 제20호의4 서식

2. 구 성

(1) 서식의 구성

네 가지 종류의 중개대상물 확인·설명서는 각 기재내용 및 작성방법으로 구성되어 있다. 네 종류 모두 기재사항은 개업공인중개사의 기본 확인사항, 개업공인중개사의 세부 확인사항, 중개보수 등에 관한 사항으로 구성되어 있다. 각각의 중개대상물 확인·설명서에는 개업공인중개사가 확인·설명과정에서 제시한 자료를 기재하며, 매도(임대)의뢰인에게 자료를 요구한 사항 및 그 관련 자료의 제출 여부와 그 불응 여부를 기재한다. 또한 매수인이 매수한 부동산을 양도하는 경우 취득 당시의 실지거래가액으로 보아 양도차익이 계산될 수 있음을 유의하도록 명문화되어 있다. 개업공인중개사(공동중개 시는 참여한 개업공인중개사 전부를 말한다)와 해당 중개업무를 수행한

소속공인중개사도 함께 서명 및 날인한다. 그 밖에 매수(임차)인은 개업공인중개사로부터 중개대상물에 관하여 설명을 듣고 개업공인중개사가 작성·교부하는 중개대상물 확인·설명서를 수령하며, 매도(임대)인, 매수(임차)인은 개업공인중개사가 작성·교부하는 중개대상물 확인·설명서를 수령한다는 의미로 중개대상물 확인·설명서에 서명 또는 날인하게 된다.

(2) 기재내용

기재내용은 중개대상물 확인·설명서의 종류에 따라 약간의 차이가 있다.
① **주거용 건축물 확인·설명서** : 13가지 항목을 기재한다.
② **비주거용 건축물 확인·설명서** : 11가지 항목을 기재한다.
③ **토지 확인·설명서** : 9가지 항목을 기재한다.
④ **입목·광업재단·공장재단 확인·설명서** : 8가지 항목을 기재한다.

(3) 작성방법

각 중개대상물 확인·설명서별로 기재사항에 따른 작성방법이 규정되어 있다. 중개대상물 확인·설명서별로 공통적인 기재사항에 관한 작성방법은 동일하다.

③ 주거용 건축물 확인·설명서의 기재사항 및 작성방법

1. 개업공인중개사의 기본 확인사항

(1) 대상물의 표시

① **토지란** : 소재지, 면적, 지목을 기재한다. 지목은 공부상의 지목과 실제 이용상태가 다르면 둘 다 기재한다.
➕ 작성방법 : 토지대장등본 등을 확인하여 기재한다.

② **건축물란** : 준공연도(증개축연도), 전용면적, 대지지분, 구조, 용도, 방향, 내진설계 적용 여부, 내진능력 등을 기재한다. 실제 용도와 건축물대장상의 용도가 다른 경우 상이한 점을 기재한다. 그 밖에도 위반건축물이 있는지 여부와 위반내용을 확인하여 기재한다.
➕ 작성방법 : 건축물대장등본 등을 확인하여 기재한다.

(2) 권리관계

등기사항증명서 기재사항란은 소유권에 관한 사항란과 소유권 이외의 권리사항란이 있다. 소유권에 관한 사항은 등기사항증명서등본의 갑구를 확인하여 기재한다. 소유권 이외의 권리사항에는 지상권·지역권·전세권·저당권·등기된 임차권 등을 등기사항증명서등본 을구를 확인하여 기재한다. 근저당 등이 설정된 경우 채권최고액을 확인하여 기재하며, 그 밖에 경매 및 공매 등의 특이사항이 있는 경우 이를 확인하여 기재한다. 또한 민간임대등록 여부도 기재하여야 하며, 이는 장기일반민간임대주택, 공공지원민간임대주택 그 밖의 유형으로 나누어 기재한다. 이 경우 민간임대등록 여부는 「민간임대주택에 관한 특별법」에 따라 등록된 민간임대주택인지 여부를 임대주택정보체계에 접속하여 확인하거나 임대인에게 확인하여 기재하면 된다. 또한, 계약갱신요구권 행사 여부 및 다가구주택 확인서류 제출 여부도 확인하여 기재하여야 한다.

➕ **작성방법** : 등기부기재사항 − 등기사항증명서를 확인하여 기재한다.

➕ **작성방법** : 민간임대등록 여부 − 임대주택정보체계에 접속하여 확인하거나 임대인에게 확인하여 기재한다.

➕ **작성방법** : 계약갱신요구권 행사 여부 − 「주택임대차보호법」의 적용을 받는 주택으로서 임차인이 있는 경우 매도인(임대인)으로부터 계약갱신요구권 행사 여부에 관한 사항을 확인할 수 있는 서류를 받으면 표시하고 서류를 첨부하면 된다.

➕ **작성방법** : 다가구주택 확인서류 제출 여부 − 대상물건이 다가구주택인 경우로서 매도인(임대인) 또는 개업공인중개사가 주민센터 등에서 발급받은 다가구주택 확정일자 부여현황(임대차기간, 보증금 및 차임)이 적힌 서류를 제출하면 제출 여부를 표기하면 된다.

(3) 토지이용계획·공법상 이용제한 및 거래규제에 관한 사항(토지)

토지이용계획·공법상 이용제한 및 거래규제에 관한 사항란에는 용도지역·용도지구·용도구역, 건폐율 상한 및 용적률 상한, 도시·군계획시설, 허가·신고구역인지 여부, 투기지역인지 여부, 지구단위계획구역 그 밖의 도시·군관리계획 그 밖의 이용제한 및 거래규제사항을 기재한다. 임대차의 경우에는 토지이용계획, 공법상 이용제한 및 거래규제에 관한 사항의 기재를 생략할 수 있다.

① 건폐율 상한 및 용적률 상한

➕ **작성방법** : 시·군의 조례에 따라 기재한다. 건폐율과 용적률은 건축물대장으로 확인하지만, 건폐율 상한 및 용적률 상한은 시·군의 조례를 확인하여 기재함을 유의하여야 한다.

② 도시·군계획시설, 지구단위계획구역 그 밖의 도시·군관리계획

➕ **작성방법** : 개업공인중개사가 확인하여 기재한다.

③ 용도지역·용도지구·용도구역, 허가·신고구역인지 여부, 투기지역인지 여부, 그 밖의 이용제한 및 거래규제사항

➕ **작성방법** : 토지이용계획확인서를 확인하여 기재한다. 공부에서 확인할 수 없는 사항은 부동산종합공부시스템 등에서 확인하여 기재한다.

(4) 입지조건

도로, 대중교통, 주차장, 교육시설, 판매 및 의료시설을 기재한다.

➕ **작성방법** : 개업공인중개사가 조사하여 기재한다.

(5) 관리에 관한 사항

관리에 관한 사항란에는 경비실의 유무와 관리주체를 기재한다.

➕ **작성방법** : 개업공인중개사가 조사하여 기재한다.

(6) 비선호시설

공동묘지, 장례식장 등 비선호시설의 존재에 대하여 개업공인중개사가 확인하여 기재한다.

(7) 거래예정금액 등

거래예정금액 등란에는 거래예정금액, 개별공시지가, 건물(주택)공시가격을 기재한다.

➕ **작성방법** : 중개가 완성되기 전의 거래예정금액, 개별공시지가 및 건물(주택)공시가격을 기재한다.

(8) 취득 시 부담하여야 할 조세의 종류 및 세율

「지방세법」 등을 확인하여 취득 시 부담하여야 할 조세의 종류와 각각의 세율을 기재한다. 즉, 취득세 (　　)%, 농어촌특별세 (　　)%, 지방교육세 (　　)%로 기재한다. 재산세와 종합부동산세는 6월 1일 기준 대상물건 소유자가 납세의무를 부담한다.

➕ **작성방법** : 중개대상물에 대한 권리취득 시에 부담하여야 할 조세의 종류 및 세율을 「지방세법」의 내용을 확인하여 기재한다(임대차의 경우는 제외한다).

2. 개업공인중개사의 세부 확인사항

(1) 실제 권리관계 또는 공시되지 아니한 물건의 권리에 관한 사항란

등기되지 않은 임차권, 유치권, 법정지상권, 분묘기지권 및 정원수, 토지에 부착된 조각물 등의 소유권 귀속에 관한 사항을 기재한다. 임대차계약이 있는 경우 임대보증금, 월 단위의 차임액, 계약기간, 장기수선충당금의 처리 등을 확인하여 기재한다.

➕ **작성방법** : 매도(임대)의뢰인이 고지한 사항을 기재한다.

(2) 내·외부 시설물의 상태(건축물)

수도, 전기, 가스, 소방(단독경보형 감지기), 난방방식, 연료공급, 승강기, 배수 그 밖의 시설물에 관한 사항을 기재한다.

➕ **작성방법** : 개업공인중개사가 매도(임대)의뢰인에게 자료를 요구하여 확인한 사항을 기재한다. '그 밖의 시설물'은 가정자동화시설(home automation 등 IT 관련 시설)의 설치 여부를 기재한다.

(3) 벽면·바닥면 및 도배의 상태(건축물)

벽면의 균열 및 누수 여부를 조사하고, 바닥면의 수리가 필요한지 및 도배가 필요한지 여부를 확인하여야 한다.

➕ **작성방법** : 개업공인중개사가 매도(임대)의뢰인에게 자료를 요구하여 확인한 사항을 기재한다.

(4) 환경조건

일조량, 소음, 진동을 기재한다.

➕ **작성방법** : 일조량, 소음, 진동은 개업공인중개사가 매도(임대)의뢰인에게 자료를 요구하여 확인한 사항을 기재한다.

3. 중개보수 및 실비금액과 그 산출내역

중개보수 및 실비는 개업공인중개사와 중개의뢰인이 협의하여 결정한 금액을 기재하되, '중개보수'는 거래예정금액을 기준으로 계산하고, '산출내역'은 다음과 같이 적는다.

> 거래예정금액(임대차의 경우 임대보증금 + 월 단위의 차임액 × 100) × 중개보수 요율

➕ 다만, 임대차로서 거래예정금액이 5천만원 미만인 경우에는 '임대보증금 + 월 단위의 차임액 × 70'을 거래예정금액으로 한다.

4 비주거용 건축물 확인·설명서

비주거용 건축물 확인·설명서는 11가지 항목을 기재한다. 비주거용 건축물 확인·설명서에는 비선호시설 및 환경조건란이 없다.

5 토지 중개대상물 확인·설명서

토지 확인·설명서에는 9가지 항목을 기재한다. 토지 확인·설명서에는 관리에 관한 사항, 내·외부의 시설물 상태란, 벽면·바닥면 및 도배상태란, 환경조건에 관한 사항란이 없다.

6 입목·광업재단·공장재단 중개대상물 확인·설명서

입목·광업재단·공장재단 확인·설명서에는 8가지 항목을 기재한다. 내·외부의 시설물 상태란, 벽면·바닥면 및 도배상태란, 환경조건란, 입지조건란, 관리에 관한 사항란이 없다. 특히 재단목록 또는 입목의 생육상태란에는 공장재단은 공장재단목록과 공장재단 등기사항증명서를, 광업재단은 광업재단목록과 광업재단 등기사항증명서를, 입목은 입목등록원부와 입목등기사항증명서를 확인하여 기재한다.

중개대상물 확인 · 설명서[Ⅰ] (주거용 건축물)
([ ] 단독주택　[ ] 공동주택　[ ] 매매 · 교환　[ ] 임대)

확인 · 설명 자료	확인 · 설명 근거자료 등	[ ] 등기권리증 [ ] 등기사항증명서 [ ] 토지대장 [ ] 건축물대장 [ ] 지적도 [ ] 임야도　[ ] 토지이용계획확인서　[ ] 그 밖의 자료(　　)
	대상물건의 상태에 관한 자료요구사항	

유의사항		
개업공인중개사의 확인 · 설명의무	개업공인중개사는 중개대상물에 관한 권리를 취득하려는 중개의뢰인에게 성실 · 정확하게 설명하고, 토지대장 등본, 등기사항증명서 등 설명의 근거자료를 제시해야 합니다.	
실제 거래가격 신고	「부동산 거래신고 등에 관한 법률」 제3조 및 같은 법 시행령 별표 1 제1호 마목에 따른 실제 거래가격은 매수인이 매수한 부동산을 양도하는 경우 「소득세법」 제97조 제1항 및 제7항과 같은 법 시행령 제163조 제11항 제2호에 따라 취득 당시의 실제 거래가액으로 보아 양도차익이 계산될 수 있음을 유의하시기 바랍니다.	

Ⅰ. 개업공인중개사 기본 확인사항

① 대상물건의 표시	토 지	소재지			
		면적(㎡)		지 목	공부상 지목
					실제 이용 상태
	건축물	전용면적(㎡)			대지지분(㎡)
		준공년도 (증개축년도)		용 도	건축물대장상 용도
					실제 용도
		구 조		방 향	(기준 :)
		내진설계 적용 여부		내진능력	
		건축물대장상 위반건축물 여부	[ ] 위반 [ ] 적법	위반 내용	

② 권리관계	등기부 기재사항	소유권에 관한 사항		소유권 외의 권리사항	
		토 지		토 지	
		건축물		건축물	
	민간 임대 등록 여부	등 록	[ ] 장기일반민간임대주택 [ ] 공공지원민간임대주택 [ ] 그 밖의 유형( )		
			임대의무기간	임대개시일	
		미등록	[ ] 해당사항 없음		
	계약갱신 요구권 행사 여부	[ ] 확인(확인서류 첨부)　[ ] 미확인　[ ] 해당 없음			
	다가구주택 확인서류 제출 여부	[ ] 제출(확인서류 첨부)　[ ] 미제출　[ ] 해당 없음			

③ 토지이용계획, 공법상 이용제한 및 거래규제에 관한 사항(토지)	지역 · 지구	용도지역		건폐율 상한	용적률 상한
		용도지구		%	%
		용도구역			
	도시 · 군계획 시설		허가 · 신고 구역 여부	[ ] 토지거래허가구역	
			투기지역 여부	[ ] 토지투기지역 [ ] 주택투기지역 [ ] 투기과열지구	
	지구단위계획구역, 그 밖의 도시 · 군관리계획		그 밖의 이용제한 및 거래규제사항		

210mm×297mm[백상지(80g/㎡) 또는 중질지(80g/㎡)]

④ 입지조건	도로와의 관계	(m × m)도로에 접함 [ ] 포장 [ ] 비포장		접근성	[ ] 용이함 [ ] 불편함
	대중교통	버 스	( ) 정류장, 소요시간 : ([ ] 도보 [ ] 차량) 약 분		
		지하철	( ) 역, 소요시간 : ([ ] 도보 [ ] 차량) 약 분		
	주차장	[ ] 없음 [ ] 전용주차시설 [ ] 공동주차시설 [ ] 그 밖의 주차시설 ( )			
	교육시설	초등학교	( ) 학교, 소요시간 : ([ ] 도보 [ ] 차량) 약 분		
		중학교	( ) 학교, 소요시간 : ([ ] 도보 [ ] 차량) 약 분		
		고등학교	( ) 학교, 소요시간 : ([ ] 도보 [ ] 차량) 약 분		
	판매 및 의료시설	백화점 및 할인매장	( ), 소요시간 : ([ ] 도보 [ ] 차량) 약 분		
		종합의료시설	( ), 소요시간 : ([ ] 도보 [ ] 차량) 약 분		

⑤ 관리에 관한 사항	경비실	[ ] 있음 [ ] 없음	관리주체	[ ] 위탁관리 [ ] 자체관리 [ ] 그 밖의 유형

⑥ 비선호시설(1km 이내)	[ ] 없음 [ ] 있음 (종류 및 위치 :)

⑦ 거래예정금액 등	거래예정금액	
	개별공시지가(m²당)	건물(주택) 공시가격

⑧ 취득 시 부담할 조세의 종류 및 세율	취득세	%	농어촌특별세	%	지방교육세	%
	※ 재산세와 종합부동산세는 6월 1일 기준 대상물건 소유자가 납세의무를 부담					

Ⅱ. 개업공인중개사 세부 확인사항

⑨ 실제 권리관계 또는 공시되지 않은 물건의 권리사항

⑩ 내부·외부 시설물의 상태(건축물)	수 도	파손 여부	[ ] 없음 [ ] 있음 (위치 :)	
		용수량	[ ] 정상 [ ] 부족함 (위치 :)	
	전 기	공급상태	[ ] 정상 [ ] 교체 필요 (교체할 부분 :)	
	가스(취사용)	공급방식	[ ] 도시가스 [ ] 그 밖의 방식 ( )	
	소 방	단독경보형 감지기	[ ] 없음 [ ] 있음(수량: 개)	※ 「화재예방, 소방시설 설치·유지 및 안전관리에 관한 법률」 제8조 및 같은 법 시행령 제13조에 따른 주택용 소방시설로서 아파트(주택으로 사용하는 층수가 5개층 이상인 주택을 말한다)를 제외한 주택의 경우만 작성합니다.
	난방방식 및 연료공급	공급방식	[ ] 중앙공급 [ ] 개별공급	시설작동 [ ] 정상 [ ] 수선 필요 ( ) ※ 개별 공급인 경우 사용연한 ( ) [ ] 확인불가
		종 류	[ ] 도시가스 [ ] 기름 [ ] 프로판가스 [ ] 연탄 [ ] 그 밖의 종류 ( )	
	승강기	[ ] 있음 ([ ] 양호 [ ] 불량) [ ] 없음		
	배 수	[ ] 정상 [ ] 수선 필요 ( )		
	그 밖의 시설물			

⑪ 벽면·바닥면 및 도배 상태	벽 면	균 열	[ ] 없음 [ ] 있음 (위치 :)
		누 수	[ ] 없음 [ ] 있음 (위치 :)
	바닥면		[ ] 깨끗함 [ ] 보통임 [ ] 수리 필요 (위치 :)
	도 배		[ ] 깨끗함 [ ] 보통임 [ ] 도배 필요

⑫ 환경조건	일조량	[ ] 풍부함 [ ] 보통임 [ ] 불충분 (이유 :)
	소 음	[ ] 아주 작음 [ ] 보통임 [ ] 심한 편임	진동	[ ] 아주 작음 [ ] 보통임 [ ] 심한 편임

Ⅲ. 중개보수 등에 관한 사항

⑬ 중개보수 및 실비의 금액과 산출내역	중개보수		〈산출내역〉 중개보수 :
	실 비		실비 :
	계		※ 중개보수는 시·도 조례로 정한 요율한도에서 중개의뢰인과 개업공인중개사가 서로 협의하여 결정하며 부가가치세는 별도로 부과될 수 있습니다.
	지급시기		

「공인중개사법」 제25조 제3항 및 제30조 제5항에 따라 거래당사자는 개업공인중개사로부터 위 중개대상물에 관한 확인·설명 및 손해배상책임의 보장에 관한 설명을 듣고, 같은 법 시행령 제21조 제3항에 따른 본 확인·설명서와 같은 법 시행령 제24조 제2항에 따른 손해배상책임 보장 증명서류(사본 또는 전자문서)를 수령합니다.

년   월   일

매도인 (임대인)	주 소		성 명	(서명 또는 날인)
	생년월일		전화번호	
매수인 (임차인)	주 소		성 명	(서명 또는 날인)
	생년월일		전화번호	
개업 공인중개사	등록번호		성명 (대표자)	(서명 및 날인)
	사무소 명칭		소속 공인중개사	(서명 및 날인)
	사무소 소재지		전화번호	
개업 공인중개사	등록번호		성명 (대표자)	(서명 및 날인)
	사무소 명칭		소속 공인중개사	(서명 및 날인)
	사무소 소재지		전화번호	

작성방법(주거용 건축물)

〈작성일반〉

1. '[ ]' 있는 항목은 해당하는 '[ ]' 안에 ✔로 표시합니다.
2. 세부항목 작성 시 해당 내용을 작성란에 모두 작성할 수 없는 경우에는 별지로 작성하여 첨부하고, 해당란에는 '별지 참고'라고 적습니다.

〈세부항목〉

1. 「확인·설명자료」 항목의 '확인·설명 근거자료 등'에는 개업공인중개사가 확인·설명 과정에서 제시한 자료를 적으며, '대상물건의 상태에 관한 자료요구사항'에는 매도(임대)의뢰인에게 요구한 사항 및 그 관련 자료의 제출 여부와 ⑨ 실제 권리관계 또는 공시되지 않은 물건의 권리사항부터 ⑫ 환경조건까지의 항목을 확인하기 위한 자료의 요구 및 그 불응 여부를 적습니다.
2. ① 대상물건의 표시부터 ⑧ 취득 시 부담할 조세의 종류 및 세율까지는 개업공인중개사가 확인한 사항을 적어야 합니다.
3. ① 대상물건의 표시는 토지대장 및 건축물대장 등을 확인하여 적고, 건축물의 방향은 주택의 경우 거실이나 안방 등 주실(主室)의 방향을, 그 밖의 건축물은 주된 출입구의 방향을 기준으로 남향, 북향 등 방향을 적고 방향의 기준이 불분명한 경우 기준(예 남동향 – 거실 앞 발코니 기준)을 표시하여 적습니다.
4. ② 권리관계의 '등기부 기재사항'은 등기사항증명서를 확인하여 적습니다.
5. ② 권리관계의 '민간임대 등록 여부'는 대상물건이 「민간임대주택에 관한 특별법」에 따라 등록된 민간임대주택인지 여부를 같은 법 제60조에 따른 임대주택정보체계에 접속하여 확인하거나 임대인에게 확인하여 '[ ]'안에 ✔로 표시하고, 민간임대주택인 경우 「민간임대주택에 관한 특별법」에 따른 권리·의무사항을 임차인에게 설명해야 합니다.

> * 민간임대주택은 「민간임대주택에 관한 특별법」 제5조에 따른 임대사업자가 등록한 주택으로서, 임대인과 임차인 간 임대차계약(재계약 포함)시 다음과 같은 사항이 적용됩니다.
>   ① 같은 법 제44조에 따라 임대의무기간 중 임대료 증액청구는 5%의 범위에서 주거비 물가지수, 인근 지역의 임대료 변동률 등을 고려하여 같은 법 시행령으로 정하는 증액비율을 초과하여 청구할 수 없으며, 임대차계약 또는 임대료 증액이 있은 후 1년 이내에는 그 임대료를 증액할 수 없습니다.
>   ② 같은 법 제45조에 따라 임대사업자는 임차인이 의무를 위반하거나 임대차를 계속하기 어려운 경우 등에 해당하지 않으면 임대의무기간 동안 임차인과의 계약을 해제·해지하거나 재계약을 거절할 수 없습니다.

6. ② 권리관계의 '계약갱신요구권 행사 여부' 및 '다가구주택 확인서류 제출 여부'는 다음 각 목의 구분에 따라 적습니다.
   가. '계약갱신요구권 행사 여부'는 대상물건이 「주택임대차보호법」의 적용을 받는 주택으로서 임차인이 있는 경우 매도인(임대인)으로부터 계약갱신요구권 행사 여부에 관한 사항을 확인할 수 있는 서류를 받으면 '확인'에 ✔로 표시하여 해당 서류를 첨부하고, 서류를 받지 못한 경우 '미확인'에 ✔로 표시하며, 임차인이 없는 경우에는 '해당 없음'에 ✔로 표시합니다. 이 경우 개업공인중개사는 「주택임대차보호법」에 따른 임대인과 임차인의 권리·의무사항을 매수인에게 설명해야 합니다.
   나. '다가구주택 확인서류 제출 여부'는 대상물건이 다가구주택인 경우로서 매도인(임대인) 또는 개업공인중개사가 주민센터 등에서 발급받은 다가구주택 확정일자 부여현황(임대차기간, 보증금 및 차임)이 적힌 서류를 제출하면 '제출'에 ✔로 표시하고, 제출하지 않은 경우에는 '미제출'에 ✔로 표시하며, 다가구주택이 아닌 경우에는 '해당 없음'에 ✔로 표시하고 그 사실을 중개의뢰인에게 설명해야 합니다.
7. ③ 토지이용계획, 공법상 이용제한 및 거래규제에 관한 사항(토지)의 '건폐율 상한 및 용적률 상한'은 시·군의 조례에 따라 적고, '도시·군계획시설', '지구단위계획구역, 그 밖의 도시·군관리계획'은 개업공인중개사가 확인하여 적으며, '그 밖의 이용제한 및 거래규제사항'은 토지이용계획확인서의 내용을 확인하고, 공부에서 확인할 수 없는 사항은 부동산종합공부시스템 등에서 확인하여 적습니다(임대차의 경우에는 생략할 수 있습니다).
8. ⑥ 비선호시설(1km 이내)의 '종류 및 위치'는 대상물건으로부터 1km 이내에 사회통념상 기피 시설인 화장장·납골당·공동묘지·쓰레기처리장·쓰레기소각장·분뇨처리장·하수종말처리장 등의 시설이 있는 경우, 그 시설의 종류 및 위치를 적습니다.
9. ⑦ 거래예정금액 등의 '거래예정금액'은 중개가 완성되기 전 거래예정금액을, '개별공시지가(㎡당)' 및 '건물(주택)공시가격'은 중개가 완성되기 전 공시된 공시지가 또는 공시가격을 적습니다[임대차의 경우에는 '개별공시지가(㎡당)' 및 '건물(주택)공시가격'을 생략할 수 있습니다].
10. ⑧ 취득 시 부담할 조세의 종류 및 세율은 중개가 완성되기 전 「지방세법」의 내용을 확인하여 적습니다(임대차의 경우에는 제외합니다).
11. ⑨ 실제 권리관계 또는 공시되지 않은 물건의 권리사항은 매도(임대)의뢰인이 고지한 사항(법정지상권, 유치권, 「주택임대차보호법」에 따른 임대차, 토지에 부착된 조각물 및 정원수, 계약 전 소유권 변동 여부, 도로의 점용허가 여부 및 권리·의무 승계 대상 여부 등)을 적습니다. 「건축법 시행령」 별표 1 제2호에 따른 공동주택(기숙사는 제외합니다) 중 분양을 목적으로 건축되었으나 분양되지 않아 보존등기만 마쳐진 상태인 공동주택에 대해 임대차계약을 알선하는 경우에는 이를 임차인에게 설명해야 합니다.
    ※ 임대차계약의 경우 임대보증금, 월 단위의 차임액, 계약기간, 장기수선충당금의 처리 등을 확인하고, 근저당 등이 설정된 경우 채권최고액을 확인하여 적습니다. 그 밖에 경매 및 공매 등의 특이사항이 있는 경우 이를 확인하여 적습니다.
12. ⑩ 내부·외부 시설물의 상태(건축물), ⑪ 벽면·바닥면 및 도배 상태와 ⑫ 환경조건은 중개대상물에 대해 개업공인중개사가 매도(임대)의뢰인에게 자료를 요구하여 확인한 사항을 적고, ⑩ 내부·외부 시설물의 상태(건축물)의 '그 밖의 시설물'은 가정자동화 시설(Home Automation 등 IT 관련 시설)의 설치 여부를 적습니다.
13. ⑬ 중개보수 및 실비는 개업공인중개사와 중개의뢰인이 협의하여 결정한 금액을 적되 '중개보수'는 거래예정금액을 기준으로 계산하고, '산출내역(중개보수)'은 '거래예정금액(임대차의 경우에는 임대보증금 + 월 단위의 차임액 × 100) × 중개보수 요율'과 같이 적습니다. 다만, 임대차로서 거래예정금액이 5천만원 미만인 경우에는 '임대보증금 + 월 단위의 차임액 × 70'을 거래예정금액으로 합니다.
14. 공동중개 시 참여한 개업공인중개사(소속공인중개사를 포함합니다)는 모두 서명·날인해야 하며, 2명을 넘는 경우에는 별지로 작성하여 첨부합니다.

중개대상물 확인·설명서[Ⅱ] (비주거용 건축물)

([ ] 업무용 [ ] 상업용 [ ] 공업용 [ ] 매매·교환 [ ] 임대 [ ] 그 밖의 경우)

확인·설명 자료	확인·설명 근거자료 등	[ ] 등기권리증 [ ] 등기사항증명서 [ ] 토지대장 [ ] 건축물대장 [ ] 지적도 [ ] 임야도 [ ] 토지이용계획확인서 [ ] 그 밖의 자료( )				
	대상물건의 상태에 관한 자료요구사항					

유의사항	
개업공인중개사의 확인·설명의무	개업공인중개사는 중개대상물에 관한 권리를 취득하려는 중개의뢰인에게 성실·정확하게 설명하고, 토지대장 등본, 등기사항증명서 등 설명의 근거자료를 제시해야 합니다.
실제 거래가격 신고	「부동산 거래신고 등에 관한 법률」 제3조 및 같은 법 시행령 별표 1 제1호 마목에 따른 실제 거래가격은 매수인이 매수한 부동산을 양도하는 경우 「소득세법」 제97조 제1항 및 제7항과 같은 법 시행령 제163조 제11항 제2호에 따라 취득 당시의 실제 거래가액으로 보아 양도차익이 계산될 수 있음을 유의하시기 바랍니다.

Ⅰ. 개업공인중개사 기본 확인사항

① 대상물건의 표시	토지	소재지					
		면적(m²)		지목	공부상 지목		
					실제 이용 상태		
	건축물	전용면적(m²)			대지지분(m²)		
		준공연도 (증개축연도)		용도	건축물대장상 용도		
					실제 용도		
		구조		방향		(기준 :)	
		내진설계 적용 여부		내진능력			
		건축물대장상 위반건축물 여부	[ ] 위반 [ ] 적법	위반내용			

② 권리관계	등기부 기재사항		소유권에 관한 사항		소유권 외의 권리사항	
			토지		토지	
			건축물		건축물	
	민간 임대 등록 여부	등록	[ ] 장기일반민간임대주택 [ ] 공공지원민간임대주택 [ ] 그 밖의 유형( )			
			임대의무기간		임대개시일	
		미등록	[ ] 해당사항 없음			
	계약갱신 요구권 행사 여부	[ ] 확인(확인서류 첨부) [ ] 미확인 [ ] 해당 없음				

③ 토지이용계획, 공법상 이용 제한 및 거래규제에 관한 사항(토지)	지역·지구	용도지역		건폐율 상한	용적률 상한
		용도지구		%	%
		용도구역			
	도시·군 계획시설		허가·신고 구역 여부	[ ] 토지거래허가구역	
			투기지역 여부	[ ] 토지투기지역 [ ] 주택투기지역 [ ] 투기과열지구	
	지구단위계획구역, 그 밖의 도시·군관리계획			그 밖의 이용제한 및 거래규제사항	

210mm×297mm[백상지(80g/m²) 또는 중질지(80g/m²)]

④ 입지조건	도로와의 관계	(m × m)도로에 접함 [ ] 포장 [ ] 비포장		접근성	[ ] 용이함 [ ] 불편함
	대중교통	버스	( ) 정류장, 소요시간 : ([ ] 도보, [ ] 차량) 약 분		
		지하철	( ) 역, 소요시간 : ([ ] 도보, [ ] 차량) 약 분		
	주차장	[ ] 없음 [ ] 전용주차시설 [ ] 공동주차시설 [ ] 그 밖의 주차시설( )			

⑤ 관리에 관한 사항	경비실	[ ] 있음 [ ] 없음	관리주체	[ ] 위탁관리 [ ] 자체관리 [ ] 그 밖의 유형

⑥ 거래예정금액 등	거래예정금액		
	개별공시지가(m²당)		건물(주택)공시가격

⑦ 취득 시 부담할 조세의 종류 및 세율	취득세	%	농어촌특별세	%	지방교육세	%
	※ 재산세와 종합부동산세는 6월 1일 기준 대상물건 소유자가 납세의무를 부담					

II. 개업공인중개사 세부 확인사항

⑧ 실제 권리관계 또는 공시되지 않은 물건의 권리사항

⑨ 내부·외부 시설물의 상태 (건축물)	수 도	파손 여부	[ ] 없음 [ ] 있음(위치 :)		
		용수량	[ ] 정상 [ ] 부족함(위치 :)		
	전 기	공급상태	[ ] 정상 [ ] 교체 필요(교체할 부분 :)		
	가스(취사용)	공급방식	[ ] 도시가스 [ ] 그 밖의 방식( )		
	소 방	소화전	[ ] 없음 [ ] 있음(위치 :)		
		비상벨	[ ] 없음 [ ] 있음(위치 :)		
	난방방식 및 연료공급	공급방식	[ ] 중앙공급 [ ] 개별공급	시설작동	[ ] 정상 [ ] 수선 필요( ) ※개별공급인 경우 사용연한 ( ) [ ] 확인불가
		종 류	[ ] 도시가스 [ ] 기름 [ ] 프로판가스 [ ] 연탄 [ ] 그 밖의 종류( )		
	승강기	[ ] 있음 ([ ] 양호 [ ] 불량) [ ] 없음			
	배 수	[ ] 정상 [ ] 수선 필요( )			
	그 밖의 시설물				

⑩ 벽면 및 바닥면	벽 면	균 열	[ ] 없음 [ ] 있음(위치 :)
		누 수	[ ] 없음 [ ] 있음(위치 :)
	바닥면	[ ] 깨끗함 [ ] 보통임 [ ] 수리 필요(위치 :)	

Ⅲ. 중개보수 등에 관한 사항

			〈산출내역〉
⑪ 중개보수 및 실비의 금액과 산출내역	중개보수		중개보수 :
	실 비		실 비 :
	계		
	지급시기		

「공인중개사법」 제25조 제3항 및 제30조 제5항에 따라 거래당사자는 개업공인중개사로부터 위 중개대상물에 관한 확인·설명 및 손해배상책임의 보장에 관한 설명을 듣고, 같은 법 시행령 제21조 제3항에 따른 본 확인·설명서와 같은 법 시행령 제24조 제2항에 따른 손해배상책임 보장 증명서류(사본 또는 전자문서)를 수령합니다.

년   월   일

매도인 (임대인)	주 소		성 명	(서명 또는 날인)
	생년월일		전화번호	
매수인 (임차인)	주 소		성 명	(서명 또는 날인)
	생년월일		전화번호	
개업 공인중개사	등록번호		성명 (대표자)	(서명 및 날인)
	사무소 명칭		소속 공인중개사	(서명 및 날인)
	사무소 소재지		전화번호	
개업 공인중개사	등록번호		성명 (대표자)	(서명 및 날인)
	사무소 명칭		소속 공인중개사	(서명 및 날인)
	사무소 소재지		전화번호	

작성방법(비주거용 건축물)

〈작성일반〉

1. '[ ]' 있는 항목은 해당하는 '[ ]' 안에 ∨로 표시합니다.

2. 세부항목 작성 시 해당 내용을 작성란에 모두 작성할 수 없는 경우에는 별지로 작성하여 첨부하고, 해당란에는 '별지 참고'라고 적습니다.

〈세부항목〉

1. 「확인·설명자료」 항목의 '확인·설명 근거자료 등'에는 개업공인중개사가 확인·설명 과정에서 제시한 자료를 적으며, '대상물건의 상태에 관한 자료요구사항'에는 매도(임대)의뢰인에게 요구한 사항 및 그 관련 자료의 제출 여부와 ⑧ 실제 권리관계 또는 공시되지 않은 물건의 권리 사항부터 ⑩ 벽면까지의 항목을 확인하기 위한 자료의 요구 및 그 불응 여부를 적습니다.

2. ① 대상물건의 표시부터 ⑦ 취득 시 부담할 조세의 종류 및 세율까지는 개업공인중개사가 확인한 사항을 적어야 합니다.

3. ① 대상물건의 표시는 토지대장 및 건축물대장 등을 확인하여 적습니다.

4. ② 권리관계의 '등기부 기재사항'은 등기사항증명서를 확인하여 적습니다.

5. ② 권리관계의 '민간임대 등록 여부'는 대상물건이 「민간임대주택에 관한 특별법」에 따라 등록된 민간임대주택인지 여부를 같은 법 제60조에 따른 임대주택정보체계에 접속하여 확인하거나 임대인에게 확인하여 '[ ]' 안에 ∨로 표시하고, 민간임대주택인 경우 「민간임대주택에 관한 특별법」에 따른 권리·의무사항을 임차인에게 설명해야 합니다.

> * 민간임대주택은 「민간임대주택에 관한 특별법」 제5조에 따른 임대사업자가 등록한 주택으로서, 임대인과 임차인 간 임대차계약(재계약 포함)시 다음과 같은 사항이 적용됩니다.
> ① 같은 법 제44조에 따라 임대의무기간 중 임대료 증액청구는 5%의 범위에서 주거비 물가지수, 인근 지역의 임대료 변동률 등을 고려하여 같은 법 시행령으로 정하는 증액비율을 초과하여 청구할 수 없으며, 임대차계약 또는 임대료 증액이 있은 후 1년 이내에는 그 임대료를 증액할 수 없습니다.
> ② 같은 법 제45조에 따라 임대사업자는 임차인이 의무를 위반하거나 임대차를 계속하기 어려운 경우 등에 해당하지 않으면 임대의무기간 동안 임차인과의 계약을 해제·해지하거나 재계약을 거절할 수 없습니다.

6. ② 권리관계의 '계약갱신요구권 행사 여부'는 대상물건이 「주택임대차보호법」 및 「상가건물 임대차보호법」의 적용을 받는 임차인이 있는 경우 매도인(임대인)으로부터 계약갱신요구권 행사 여부에 관한 사항을 확인할 수 있는 서류를 받은 경우 '확인'에 ∨로 표시하여 해당 서류를 첨부하고, 서류를 받지 못한 경우 '미확인'에 ∨로 표시합니다. 이 경우 「주택임대차보호법」 및 「상가건물 임대차보호법」에 따른 임대인과 임차인의 권리·의무사항을 매수인에게 설명해야 합니다.

7. ③ 토지이용계획, 공법상 이용제한 및 거래규제에 관한 사항(토지)의 '건폐율 상한 및 용적률 상한'은 시·군의 조례에 따라 적고, '도시·군계획시설', '지구단위계획구역, 그 밖의 도시·군관리계획'은 개업공인중개사가 확인하여 적으며, '그 밖의 이용제한 및 거래규제사항'은 토지이용계획확인서의 내용을 확인하고, 공부에서 확인할 수 없는 사항은 부동산종합공부시스템 등에서 확인하여 적습니다(임대차의 경우에는 생략할 수 있습니다).

8. ⑥ 거래예정금액 등의 '거래예정금액'은 중개가 완성되기 전 거래예정금액을, '개별공시지가(㎡당)' 및 '건물(주택)공시가격'은 중개가 완성되기 전 공시된 공시지가 또는 공시가격을 적습니다[임대차의 경우에는 '개별공시지가(㎡당)' 및 '건물(주택)공시가격'을 생략할 수 있습니다].

9. ⑦ 취득 시 부담할 조세의 종류 및 세율은 중개가 완성되기 전 「지방세법」의 내용을 확인하여 적습니다(임대차의 경우에는 제외합니다).

10. ⑧ 실제 권리관계 또는 공시되지 않은 물건의 권리 사항은 매도(임대)의뢰인이 고지한 사항(법정지상권, 유치권, 「상가건물 임대차보호법」에 따른 임대차, 토지에 부착된 조각물 및 정원수, 계약 전 소유권 변동 여부, 도로의 점용허가 여부 및 권리·의무 승계 대상 여부 등)을 적습니다. 「건축법 시행령」 별표 1 제2호에 따른 공동주택(기숙사는 제외합니다) 중 분양을 목적으로 건축되었으나 분양되지 않아 보존등기만 마쳐진 상태인 공동주택에 대해 임대차계약을 알선하는 경우에는 이를 임차인에게 설명해야 합니다.

> ※ 임대차계약의 경우 임대보증금, 월 단위의 차임액, 계약기간, 장기수선충당금의 처리 등을 확인하고, 근저당 등이 설정된 경우 채권최고액을 확인하여 적습니다. 그 밖에 경매 및 공매 등의 특이사항이 있는 경우 이를 확인하여 적습니다.

11. ⑨ 내부·외부 시설물의 상태(건축물) 및 ⑩ 벽면 및 바닥면은 중개대상물에 대하여 개업공인중개사가 매도(임대)의뢰인에게 자료를 요구하여 확인한 사항을 적고, ⑨ 내부·외부 시설물의 상태(건축물)의 '그 밖의 시설물'에는 건축물이 상업용인 경우에는 오수정화시설용량, 공업용인 경우에는 전기용량, 오수정화시설용량 및 용수시설의 내용에 대하여 개업공인중개사가 매도(임대)의뢰인에게 자료를 요구하여 확인한 사항을 적습니다.

12. ⑪ 중개보수 및 실비의 금액과 산출내역은 개업공인중개사와 중개의뢰인이 협의하여 결정한 금액을 적되 '중개보수'는 거래예정금액을 기준으로 계산하고, '산출내역(중개보수)'은 '거래예정금액(임대차의 경우에는 임대보증금 + 월 단위의 차임액 × 100) × 중개보수 요율'과 같이 적습니다. 다만, 임대차로서 거래예정금액이 5천만원 미만인 경우에는 '임대보증금 + 월 단위의 차임액 × 70'을 거래예정금액으로 합니다.

13. 공동중개 시 참여한 개업공인중개사(소속공인중개사를 포함합니다)는 모두 서명·날인해야 하며, 2명을 넘는 경우에는 별지로 작성하여 첨부합니다.

중개대상물 확인·설명서[Ⅲ] (토지)

([ ] 매매·교환　 [ ] 임대)

확인·설명 자료	확인·설명 근거자료 등	[ ] 등기권리증 [ ] 등기사항증명서 [ ] 토지대장 [ ] 건축물대장 [ ] 지적도 [ ] 임야도　 [ ] 토지이용계획확인서　　 [ ] 그 밖의 자료(　　)
	대상물건의 상태에 관한 자료요구 사항	

유의사항	
개업공인중개사의 확인·설명의무	개업공인중개사는 중개대상물에 관한 권리를 취득하려는 중개의뢰인에게 성실·정확하게 설명하고, 토지대장등 본, 등기사항증명서 등 설명의 근거자료를 제시해야 합니다.
실제 거래가격 신고	「부동산 거래신고 등에 관한 법률」 제3조 및 같은 법 시행령 별표 1 제1호 마목에 따른 실제 거래가격은 매수 인이 매수한 부동산을 양도하는 경우 「소득세법」 제97조 제1항 및 제7항과 같은 법 시행령 제163조 제11항 제2호에 따라 취득 당시의 실제 거래가액으로 보아 양도차익이 계산될 수 있음을 유의하시기 바랍니다.

Ⅰ. 개업공인중개사 기본 확인사항

① 대상물건의 표시	토 지	소재지				
		면적(m²)		지 목	공부상 지목	
					실제 이용 상태	

② 권리관계	등기부 기재사항	소유권에 관한 사항	소유권 외의 권리사항
		토 지	토 지

③ 토지이용계획, 공법상 이용 제한 및 거래규제에 관한 사항 (토지)	지역·지구	용도지역		건폐율 상한	용적률 상한
		용도지구		%	%
		용도구역			
	도시·군계획 시설		허가·신고 구역 여부	[ ] 토지거래허가구역	
			투기지역 여부	[ ] 토지투기지역 [ ] 주택투기지역 [ ] 투기과열지구	
	지구단위계획구역, 그 밖의 도시·군관리계획		그 밖의 이용제한 및 거래규제사항		

④ 입지조건	도로와의 관계	(　m × 　m)도로에 접함 [ ] 포장 [ ] 비포장	접근성	[ ] 용이함 [ ] 불편함
	대중교통	버 스	(　　) 정류장, 　소요시간 : ([ ] 도보, [ ] 차량) 약 　 분	
		지하철	(　　) 역, 　소요시간 : ([ ] 도보, [ ] 차량) 약 　 분	

⑤ 비선호시설(1km 이내)	[ ] 없음　　 [ ] 있음(종류 및 위치 : 　　　)		

⑥ 거래예정금액 등	거래예정금액		
	개별공시지가(m²당)	건물(주택)공시가격	

⑦ 취득 시 부담할 조세의 종류 및 세율	취득세	%	농어촌특별세	%	지방교육세	%
	※ 재산세는 6월 1일 기준 대상물건 소유자가 납세의무를 부담					

210mm×297mm[백상지(80g/m²) 또는 중질지(80g/m²)]

II. 개업공인중개사 세부 확인사항

⑧ 실제 권리관계 또는 공시되지 않은 물건의 권리사항	

III. 중개보수 등에 관한 사항

⑨ 중개보수 및 실비의 금액과 산출내역	중개보수		〈산출내역〉 중개보수 :
	실 비		실 비 :
	계		
	지급시기		※ 중개보수는 거래금액의 1천분의 9 이내에서 중개의뢰인과 개업공인중개사가 서로 협의하여 결정하며, 부가가치세는 별도로 부과될 수 있습니다.

「공인중개사법」 제25조 제3항 및 제30조 제5항에 따라 거래당사자는 개업공인중개사로부터 위 중개대상물에 관한 확인·설명 및 손해배상책임의 보장에 관한 설명을 듣고, 같은 법 시행령 제21조 제3항에 따른 본 확인·설명서와 같은 법 시행령 제24조 제2항에 따른 손해배상책임 보장 증명서류(사본 또는 전자문서)를 수령합니다.

년   월   일

매도인 (임대인)	주 소		성 명	(서명 또는 날인)
	생년월일		전화번호	
매수인 (임차인)	주 소		성 명	(서명 또는 날인)
	생년월일		전화번호	
개업 공인중개사	등록번호		성명 (대표자)	(서명 및 날인)
	사무소 명칭		소속 공인중개사	(서명 및 날인)
	사무소 소재지		전화번호	
개업 공인중개사	등록번호		성명 (대표자)	(서명 및 날인)
	사무소 명칭		소속 공인중개사	(서명 및 날인)
	사무소 소재지		전화번호	

작성방법(토지)

〈작성일반〉

1. '[ ]' 있는 항목은 해당하는 '[ ]' 안에 ∨로 표시합니다.

2. 세부항목 작성 시 해당 내용을 작성란에 모두 작성할 수 없는 경우에는 별지로 작성하여 첨부하고, 해당란에는 '별지 참고'라고 적습니다.

〈세부항목〉

1. 「확인 · 설명 자료」 항목의 '확인 · 설명 근거자료 등'에는 개업공인중개사가 확인 · 설명 과정에서 제시한 자료를 적으며, '대상물건의 상태에 관한 자료요구 사항'에는 매도(임대)의뢰인에게 요구한 사항 및 그 관련 자료의 제출 여부와 ⑧ 실제 권리관계 또는 공시되지 않은 물건의 권리 사항의 항목을 확인하기 위한 자료요구 및 그 불응 여부를 적습니다.

2. ① 대상물건의 표시부터 ⑦ 취득 시 부담할 조세의 종류 및 세율까지는 개업공인중개사가 확인한 사항을 적어야 합니다.

3. ① 대상물건의 표시는 토지대장 등을 확인하여 적습니다.

4. ② 권리관계의 '등기부 기재사항'은 등기사항증명서를 확인하여 적습니다.

5. ③ 토지이용계획, 공법상 이용제한 및 거래규제에 관한 사항(토지)의 '건폐율 상한' 및 '용적률 상한'은 시 · 군의 조례에 따라 적고, '도시 · 군계획시설', '지구단위계획구역', 그 밖의 도시 · 군관리계획'은 개업공인중개사가 확인하여 적으며, 그 밖의 사항은 토지이용계획확인서의 내용을 확인하고, 공부에서 확인할 수 없는 사항은 부동산종합공부시스템 등에서 확인하여 적습니다(임대차의 경우에는 생략할 수 있습니다).

6. ⑥ 거래예정금액 등의 '거래예정금액'은 중개가 완성되기 전 거래예정금액을, '개별공시지가'는 중개가 완성되기 전 공시가격을 적습니다(임대차의 경우에는 '개별공시지가'를 생략할 수 있습니다).

7. ⑦ 취득 시 부담할 조세의 종류 및 세율은 중개가 완성되기 전 「지방세법」의 내용을 확인하여 적습니다(임대차의 경우에는 제외합니다).

8. ⑧ 실제 권리관계 또는 공시되지 않은 물건의 권리사항은 매도(임대)의뢰인이 고지한 사항(임대차, 지상에 점유권 행사 여부, 구축물, 적치물, 진입로, 경작물, 계약 전 소유권 변동 여부 등)을 적습니다.
   ※ 임대차계약이 있는 경우 임대보증금, 월 단위의 차임액, 계약기간 등을 확인하고, 근저당 등이 설정된 경우 채권최고액을 확인하여 적습니다. 그 밖에 경매 및 공매 등의 특이사항이 있는 경우 이를 확인하여 적습니다.

9. ⑨ 중개보수 및 실비의 금액과 산출내역의 '중개보수'는 거래예정금액을 기준으로 계산하고, '산출내역(중개보수)'은 '거래예정금액(임대차의 경우에는 임대보증금 + 월 단위의 차임액 × 100) × 중개보수 요율'과 같이 적습니다. 다만, 임대차로서 거래예정금액이 5천만원 미만인 경우에는 '임대보증금 + 월 단위의 차임액 × 70'을 거래예정금액으로 합니다.

10. 공동중개 시 참여한 개업공인중개사(소속공인중개사를 포함합니다)는 모두 서명 · 날인해야 하며, 2명을 넘는 경우에는 별지로 작성하여 첨부합니다.

PART 2

02 중개대상물 조사 및 확인

중개대상물 확인 · 설명서[Ⅳ] (입목 · 광업재단 · 공장재단)
([　] 매매 · 교환　[　] 임대)

확인 · 설명 자료	확인 · 설명 근거자료 등	[　] 등기권리증 [　] 등기사항증명서 [　] 토지대장 [　] 건축물대장 [　] 지적도 [　] 임야도　[　] 토지이용계획확인서　　[　] 그 밖의 자료(　　　　)
	대상물건의 상태에 관한 자료요구사항	

유의사항		
개업공인중개사의 확인 · 설명의무	개업공인중개사는 중개대상물에 관한 권리를 취득하려는 중개의뢰인에게 성실 · 정확하게 설명하고, 토지대장등본, 등기사항증명서 등 설명의 근거자료를 제시해야 합니다.
실제 거래가격 신고	「부동산 거래신고 등에 관한 법률」 제3조 및 같은 법 시행령 별표 1 제1호 마목에 따른 실제 거래가격은 매수인이 매수한 부동산을 양도하는 경우 「소득세법」 제97조 제1항 및 제7항과 같은 법 시행령 제163조 제11항 제2호에 따라 취득 당시의 실제 거래가액으로 보아 양도차익이 계산될 수 있음을 유의하시기 바랍니다.

Ⅰ. 개업공인중개사 기본 확인사항

① 대상물건의 표시	토 지	대상물 종별	[　] 입목　　[　] 광업재단　　[　] 공장재단	
		소재지 (등기 · 등록지)		

② 권리관계	등기부 기재사항	소유권에 관한 사항	성 명	
			주 소	
		소유권 외의 권리사항		

③ 재단목록 또는 입목의 생육상태	

④ 그 밖의 참고사항	

⑤ 거래예정금액 등	거래예정금액			
	개별공시지가(m²당)		건물(주택)공시가격	

210mm×297mm[백상지(80g/m²) 또는 중질지(80g/m²)]

⑥ 취득 시 부담할 조세의 종류 및 세율	취득세	%	농어촌특별세	%	지방교육세	%
	※ 재산세는 6월 1일 기준 대상물건 소유자가 납세의무를 부담					

II. 개업공인중개사 세부 확인사항

⑦ 실제 권리관계 또는 공시되지 않은 물건의 권리사항	

III. 중개보수 등에 관한 사항

⑧ 중개보수 및 실비의 금액과 산출내역	중개보수		〈산출내역〉 중개보수 :
	실 비		실 비 :
	계		
	지급시기		※ 중개보수는 거래금액의 1천분의 9 이내에서 중개의뢰 인과 개업공인중개사가 서로 협의하여 결정하며 부가 가치세는 별도로 부과될 수 있습니다.

「공인중개사법」 제25조 제3항 및 제30조 제5항에 따라 거래당사자는 개업공인중개사로부터 위 중개대상물에 관한 확인·설명 및 손해배상책임의 보장에 관한 설명을 듣고, 같은 법 시행령 제21조 제3항에 따른 본 확인·설명서와 같은 법 시행령 제24조 제2항에 따른 손해배상책임 보장 증명서류(사본 또는 전자문서)를 수령합니다.

년   월   일

매도인 (임대인)	주 소		성 명	(서명 또는 날인)
	생년월일		전화번호	
매수인 (임차인)	주 소		성 명	(서명 또는 날인)
	생년월일		전화번호	
개업 공인중개사	등록번호		성명 (대표자)	(서명 및 날인)
	사무소 명칭		소속 공인중개사	(서명 및 날인)
	사무소 소재지		전화번호	
개업 공인중개사	등록번호		성명 (대표자)	(서명 및 날인)
	사무소 명칭		소속 공인중개사	(서명 및 날인)
	사무소 소재지		전화번호	

작성방법(입목·광업재단·공장재단)

〈작성일반〉

1. '[ ]' 있는 항목은 해당하는 '[ ]' 안에 ∨로 표시합니다.

2. 세부항목 작성 시 해당 내용을 작성란에 모두 작성할 수 없는 경우에는 별지로 작성하여 첨부하고, 해당란 에는 '별지 참고'라고 적습니다.

〈세부항목〉

1. 「확인·설명 자료」 항목의 '확인·설명 근거자료 등'에는 개업공인중개사가 확인·설명 과정에서 제시한 자료 를 적으며, '대상물건의 상태에 관한 자료요구사항'에는 매도(임대)의뢰인에게 요구한 사항 및 그 관련 자료 의 제출 여부와 ⑦ 실제 권리관계 또는 공시되지 않은 물건의 권리 사항의 항목을 확인하기 위한 자료요구 및 그 불응 여부를 적습니다.

2. ① 대상물건의 표시부터 ⑥ 취득 시 부담할 조세의 종류 및 세율까지는 개업공인중개사가 확인한 사항을 적어야 합니다.

3. ① 대상물건의 표시는 대상물건별 등기사항증명서 등을 확인하여 적습니다.

4. ② 권리관계의 '등기부 기재사항'은 등기사항증명서를 확인하여 적습니다.

5. ③ 재단목록 또는 입목의 생육상태는 공장재단의 경우에는 공장재단 목록과 공장재단 등기사항증명서를, 광업재단의 경우에는 광업재단 목록과 광업재단 등기사항증명서를, 입목의 경우에는 입목등록원부와 입목 등기사항증명서를 확인하여 적습니다.

6. ⑤ 거래예정금액 등의 '거래예정금액'은 중개가 완성되기 전의 거래예정금액을 적으며, '개별공시지가' 및 '건물(주택)공시가격'은 해당하는 경우에 중개가 완성되기 전 공시된 공시지가 또는 공시가격을 적습니다[임 대차계약의 경우에는 '개별공시지가' 및 '건물(주택)공시가격'을 생략할 수 있습니다].

7. ⑥ 취득 시 부담할 조세의 종류 및 세율은 중개가 완성되기 전 「지방세법」의 내용을 확인하여 적습니다(임 대차의 경우에는 제외합니다).

8. ⑦ 실제 권리관계 또는 공시되지 않은 물건의 권리사항은 매도(임대)의뢰인이 고지한 사항(임대차, 법정지 상권, 법정저당권, 유치권, 계약 전 소유권 변동 여부 등)을 적습니다.
   ※ 임대차계약이 있는 경우 임대보증금, 월 단위의 차임액, 계약기간 등을 확인하고, 근저당 등이 설정된 경우 채권최고액을 확인하여 적습니다. 그 밖에 경매 및 공매 등의 특이사항이 있는 경우 이를 확인하 여 적습니다.

9. ⑧ 중개보수 및 실비의 금액과 산출내역의 '중개보수'는 거래예정금액을 기준으로 계산하고, '산출내역(중 개보수)'은 '거래예정금액(임대차의 경우에는 임대보증금 + 월 단위의 차임액 × 100) × 중개보수 요율' 과 같이 적습니다. 다만, 임대차로서 거래예정금액이 5천만원 미만인 경우에는 '임대보증금 + 월 단위의 차임액 × 70'을 거래예정금액으로 합니다.

10. 공동중개 시 참여한 개업공인중개사(소속공인중개사를 포함합니다)는 모두 서명·날인해야 하며, 2명을 넘 는 경우에는 별지로 작성하여 첨부합니다.

01 공인중개사법령상 중개대상물 확인·설명서[I](주거용 건축물)의 작성방법으로 옳은 것을 모두 고른 것은? •34회

㉠ 임대차의 경우 '취득 시 부담할 조세의 종류 및 세율'은 적지 않아도 된다.

㉡ '환경조건'은 중개대상물에 대해 개업공인중개사가 매도(임대)의뢰인에게 자료를 요구하여 확인한 사항을 적는다.

㉢ 중개대상물에 법정지상권이 있는지 여부는 '실제 권리관계 또는 공시되지 않은 물건의 권리사항'란에 개업공인중개사가 직접 확인한 사항을 적는다.

① ㉠   ② ㉠, ㉡   ③ ㉠, ㉢
④ ㉡, ㉢   ⑤ ㉠, ㉡, ㉢

해설 ㉢ 실제 권리관계 또는 공시되지 않은 물건의 권리사항은 매도(임대)의뢰인이 고지한 사항(법정지상권, 유치권, 상가건물 임대차보호법에 따른 임대차, 토지에 부착된 조각물 및 정원수, 계약 전 소유권 변동 여부, 도로의 점용허가 여부 및 권리·의무 승계대상 여부 등)을 적는다.

정답 ②

02 개업공인중개사가 주택의 임대차를 중개하면서 중개대상물 확인·설명서[I](주거용 건축물)를 작성하는 경우 제외하거나 생략할 수 있는 것을 모두 고른 것은? •33회

㉠ 취득 시 부담할 조세의 종류 및 세율
㉡ 개별공시지가(m²당) 및 건물(주택)공시가격
㉢ 다가구주택 확인서류 제출 여부
㉣ 건축물의 방향

① ㉠, ㉡   ② ㉠, ㉢   ③ ㉢, ㉣
④ ㉠, ㉡, ㉣   ⑤ ㉡, ㉢, ㉣

해설 ㉠ 취득 시 부담할 조세의 종류 및 세율은 중개가 완성되기 전 「지방세법」의 내용을 확인하여 적는다(임대차의 경우에는 제외한다).
㉡ 거래예정금액 등의 '거래예정금액'은 중개가 완성되기 전 거래예정금액을, '개별공시지가(m²당)' 및 '건물(주택)공시가격'은 중개가 완성되기 전 공시된 공시지가 또는 공시가격을 적는다[임대차계약의 경우에는 '개별공시지가(m²당)' 및 '건물(주택)공시가격'을 생략할 수 있다].

정답 ①

• 30회 • 32회

1 프로그램 개요

1. 부동산 전자계약시스템이란?

첨단 ICT 기술과 접목, 공인인증·전자서명, 부인방지 기술을 적용하여 종이·인감 없이도 온라인 서명으로 부동산 전자계약 체결, 실거래신고 및 확정일자부여 자동화, 거래계약서·확인설명서 등 계약서류를 공인된 문서보관센터에 보관하는 전자적 방식(공인인증 등)의 부동산거래계약서 작성 및 체결 시스템이다.

2. 전자계약절차 흐름도

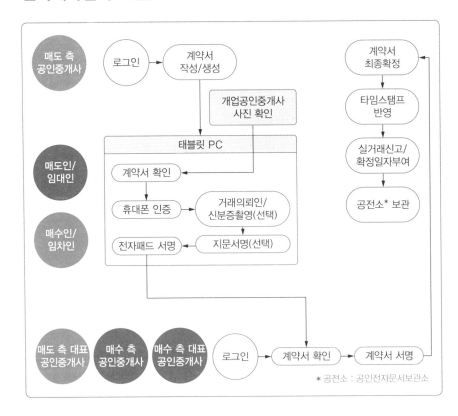

2 전자계약의 절차

1. 계약서의 작성(공인중개사)

(1) 매매계약
① **계약 작성** : 공인중개사는 부동산매매계약서 중 첫 번째 단계에서 중개대상물확인서 기본사항을 작성한다.
② **중개대상물 확인·설명서** : 공인중개사는 부동산매매계약서 중 두 번째 단계에서 중개대상물확인서 세부사항을 작성한다.
③ **매매계약서** : 공인중개사는 부동산매매계약서 중 세 번째 단계에서 매매계약서 부동산 표시 및 계약내용을 작성한다.
④ **거래인** : 공인중개사는 부동산매매계약서 중 네 번째 단계에서 거래인(매도인, 매수인, 공인중개사)을 작성한다.

(2) 임대차계약
① **계약 작성** : 공인중개사는 부동산임대차계약서 중 첫 번째 단계에서 중개대상물확인서 기본사항을 작성한다.
② **중개대상물 확인·설명서** : 공인중개사는 부동산임대차계약서 중 두 번째 단계에서 중개대상물확인서 세부사항을 작성한다.
③ **임대차계약서** : 공인중개사는 부동산임대차계약서 중 세 번째 단계에서 임대차계약서 부동산 표시 및 계약내용을 작성한다.
④ **거래인** : 공인중개사는 부동산임대차계약서 중 네 번째 단계에서 거래인(임대인, 임차인, 공인중개사)을 작성한다.

2. 계약서의 확인 및 서명(계약자)

(1) 대면계약
① **휴대폰 본인 인증**(Mobile) : 계약당사자는 본인 명의의 휴대폰으로 본인 인증을 한다.
② **신분증사진 첨부**(Mobile) : (선택사항) 계약당사자는 신분증사진 촬영을 하고, 이를 계약서에 첨부한다.
③ **전자지문 서명**(Mobile) : (선택사항) 계약당사자는 지문서명을 하고, 이를 계약서에 첨부한다.
④ **매도인/매수인 서명**(Mobile) : 계약당사자는 계약서를 확인하고, 수기 서명을 한다.

(2) 비대면계약

① **휴대폰 본인 인증** : 계약당사자는 본인 명의의 휴대폰으로 본인 인증을 한다.

② **매도인/매수인 공인인증 서명** : 계약당사자는 계약서를 확인하고, 공인인증서를 이용하여 전자서명을 한다.

3. 계약확정(공인중개사)

공인중개사는 계약서를 확인하고, 공인인증서를 이용하여 전자서명을 하여 계약을 확정한다.

4. 실거래가/확정일자 자동신고(전자계약시스템)

(1) 매매계약 – 실거래자동신고

실거래자동신고 ⇨ 신고의무 면제 및 신고필증 자동발급

(2) 임대차계약 – 확정일자 자동 부여

임차인의 신청 및 주민센터 방문 없이도 알아서 확정일자 부여 ⇨ 전입신고(정부24시) 후 대항력 발생

5. 계약서의 공전소 보관(전자계약시스템)

계약이 완료된 전자계약서는 공인된 전자문서센터에 보관한다.

3 부동산 전자계약의 장점

전자계약서 작성 전·후 과정은 기존과 동일하다. 즉, 종이계약서를 전자계약서로 대체하는 것이다. 공인중개사의 안내에 따라 중개사무소에 모여서 중개대상물 확인·설명을 받고, 계약을 진행하면 되는데, 계약내용 확인 및 당사자 신분확인 후 전자서명을 하기 때문에 이전보다 더 안심하고 쉽게 계약할 수 있다.

(1) 편리성

소비자(거래의뢰인)의 입장	공인중개사의 입장
① 공인중개사 신분확인 및 계약결과 안내 서비스 ② 주택임대차 확정일자 자동 부여(수수료 면제)	① 부동산 실거래신고의무 면제 ② 종이계약서 보관 불필요

(2) 경제성

소비자(거래의뢰인)의 입장	공인중개사의 입장
대출 우대금리 적용	부동산 서류발급 최소화(건축물대장, 토지대장 등 생략)

(3) 안전성

소비자(거래의뢰인)의 입장	공인중개사의 입장
계약서류 위·변조 및 부실한 확인·설명 차단	① 무자격·무등록 등 불법 중개행위 차단 ② 개인정보 암호화로 안심거래 지원

4 부동산거래 전자계약의 체결절차

1. 계약서 작성

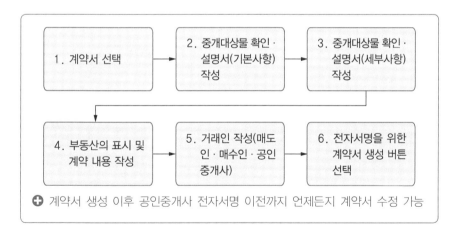

CHAPTER 02 중개대상물 조사 및 확인 ‹ **559**

2. 거래의뢰인 전자서명

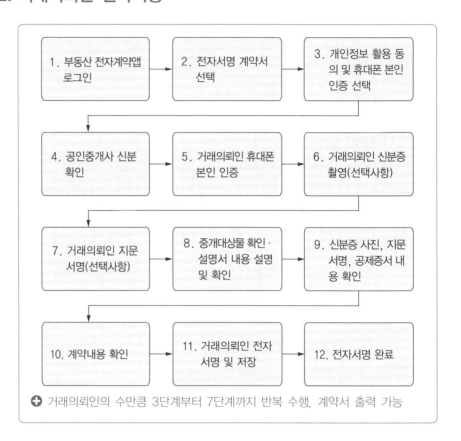

1. 부동산 전자계약앱 로그인 → 2. 전자서명 계약서 선택 → 3. 개인정보 활용 동의 및 휴대폰 본인 인증 선택

4. 공인중개사 신분 확인 → 5. 거래의뢰인 휴대폰 본인 인증 → 6. 거래의뢰인 신분증 촬영(선택사항)

7. 거래의뢰인 지문 서명(선택사항) → 8. 중개대상물 확인·설명서 내용 설명 및 확인 → 9. 신분증 사진, 지문 서명, 공제증서 내용 확인

10. 계약내용 확인 → 11. 거래의뢰인 전자 서명 및 저장 → 12. 전자서명 완료

➕ 거래의뢰인의 수만큼 3단계부터 7단계까지 반복 수행, 계약서 출력 가능

3. 공인중개사 전자서명

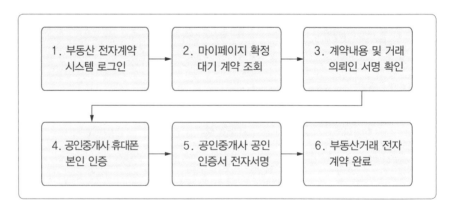

1. 부동산 전자계약 시스템 로그인 → 2. 마이페이지 확정 대기 계약 조회 → 3. 계약내용 및 거래 의뢰인 서명 확인

4. 공인중개사 휴대폰 본인 인증 → 5. 공인중개사 공인 인증서 전자서명 → 6. 부동산거래 전자 계약 완료

기출&예상 문제

「전자문서 및 전자거래 기본법」에 따른 공인전자문서센터에 보관된 경우, 공인중개사법령상 개업공인중개사가 원본, 사본 또는 전자문서를 보존기간 동안 보존해야 할 의무가 면제된다고 명시적으로 규정된 것을 모두 고른 것은?

• 32회

㉠ 중개대상물 확인·설명서
㉡ 손해배상책임보장에 관한 증서
㉢ 소속공인중개사 고용신고서
㉣ 거래계약서

① ㉠
② ㉠, ㉣
③ ㉡, ㉢
④ ㉡, ㉢, ㉣
⑤ ㉠, ㉡, ㉢, ㉣

해설 ② 「전자문서 및 전자거래 기본법」에 따른 공인전자문서센터에 보관된 경우 종이로 된 중개대상물 확인·설명서, 거래계약서는 별도로 보관하지 않아도 된다.

정답 ②

❶ 법정지상권, 유치권, 분묘기지권, 채석권, 점유권, 특수지역권 등은 등기를 요하지 않으므로 반드시 (   )를 통하여 확인하여야 한다.

❷ 분묘기지권이 미치는 범위 내에서 그 후에 사망한 다른 일방의 합장을 위하여 쌍분 형태뿐만 아니라 단분 형태의 분묘를 설치하는 것은 허용(   ).

❸ 장래의 묘소로서 설치하는 등 그 내부에 시신이 안장되어 있지 않거나 (   ) 또는 (   )되어 있어 객관적으로 분묘로 인식할 수 있는 외형을 갖추고 있지 아니한 경우에는 분묘기지권이 인정되지 아니한다.

❹ 개인묘지는 설치 후 (   ) 이내에 그 사실을 특별자치시장·특별자치도지사·시장·군수·구청장에게 신고하여야 한다.

❺ 공설묘지 및 사설묘지에 설치된 분묘의 설치기간은 (   )으로 한다. 다만, 설치기간이 경과한 분묘의 연고자가 시·도지사, 시장·군수·구청장 또는 법인묘지의 설치·관리를 허가받은 자에게 해당 설치기간의 연장을 신청하는 경우에는 1회에 한하여 그 설치기간을 (   )으로 하여 연장하여야 한다.

❻ 주말·체험영농을 하고자 하는 자는 (   ) 미만의 농지에 한하여 이를 소유할 수 있다. 이 경우 면적의 계산은 그 세대원 전부가 소유하는 총면적으로 한다.

❼ 농지를 취득하고자 하는 자는 농지의 소재지를 관할하는 (   )으로부터 농지취득자격증명을 발급받아야 한다.

❽ 확인·설명서(Ⅰ)의 민간임대등록 여부는 (   )에 접속하여 확인하거나 (   )에게 확인하여 기재한다.

❾ 확인·설명서(Ⅰ)의 내·외부 시설물의 상태에는 수도, (   ), 가스, 소방, (   ), 연료공급, 승강기, 배수, 그 밖에 시설물에 관한 사항을 기재한다.

❿ 정보처리시스템을 이용하여 주택임대차계약을 체결한 경우 주택임대차 (   )는 (   )으로 부여된다.

정답   **1** 현장답사   **2** 되지 않는다   **3** 평장, 암장   **4** 30일   **5** 30년, 30년   **6** 1천m²   **7** 시장·구청장·읍장·면장   **8** 임대주택정보체계, 임대인   **9** 전기, 난방방식   **10** 확정일자, 자동

사소한 것에 목숨을 걸기에는
인생이 너무 짧고,
하찮은 것에 기쁨을 빼앗기기에는
오늘이 소중합니다.

– 조정민, 『인생은 선물이다』, 두란노

03 | 개별적 중개실무

▌10개년 출제문항 수

25회	26회	27회	28회	29회
6	4	5	5	4

30회	31회	32회	33회	34회
4	5	4	6	5

↳ 총 40문제 中 평균 약 4.8문제 출제

▌학습전략

- 3자 간의 등기명의신탁, 계약명의신탁의 내용에 관해 학습하여야 합니다.
- 「주택임대차보호법」, 「상가건물 임대차보호법」의 내용에 관해 학습하여야 합니다.
- 「민사집행법」, 대법원규칙 및 예규의 경매 관련 내용을 학습하여야 합니다.

제1절 부동산등기 특별조치법

1 등기신청의무

1. 소유권보존등기 신청의무

(1) 보존등기가 가능한 상태에서 매매한 경우

소유권보존등기가 되어 있지 아니한 부동산에 대하여 소유권보존등기를 신청할 수 있음에도 이를 하지 아니한 채 매매계약을 체결한 경우에는 그 계약을 체결한 날부터 60일 이내에 매도인이 먼저 소유권보존등기를 신청하여야 한다. 다만, 그 계약이 취소·해제되거나 무효인 경우에는 그러하지 아니하다.

(2) 보존등기가 불가능한 상태에서 매매한 경우

소유권보존등기가 되어 있지 아니한 부동산에 대하여 소유권보존등기를 신청할 수 없는 상태에서 매매계약을 체결한 경우에는 소유권보존등기를 신청할 수 있게 된 날부터 60일 이내에 소유권보존등기를 신청하여야 한다. 다만, 그 계약이 취소·해제되거나 무효인 경우에는 그러하지 아니하다.

O X 확 인 문 제

소유권보존등기를 신청할 수 있음에도 이를 하지 아니한 채 매매계약을 체결한 경우에는 그 계약을 체결한 날부터 30일 이내에 소유권보존등기를 신청하여야 한다.

( )

정답 (×)

소유권보존등기를 신청할 수 있음에도 이를 하지 아니한 채 매매계약을 체결한 경우에는 그 계약을 체결한 날부터 60일 이내에 소유권보존등기를 신청하여야 한다.

2. 소유권이전등기 신청의무

(1) 쌍무계약(매매계약, 교환계약)

계약의 당사자가 서로 대가적인 채무를 부담하는 계약의 경우에는 소유권이전을 내용으로 하는 계약을 체결한 자는 반대급부의 이행이 완료된 날부터 60일 이내에 소유권이전등기를 신청하여야 한다. 다만, 그 계약이 취소·해제되거나 무효인 경우에는 그러하지 아니하다.

(2) 편무계약(증여계약)

계약당사자의 일방만이 채무를 부담하는 계약의 경우에는 소유권이전을 내용으로 하는 계약을 체결한 자는 그 계약의 효력이 발생한 날부터 60일 이내에 소유권이전등기를 신청하여야 한다. 다만, 그 계약이 취소·해제되거나 무효인 경우에는 그러하지 아니하다.

3. 미등기전매 시의 등기신청의무

(1) 이전등기를 할 수 있는 상태에서 전매한 경우

부동산의 소유권을 이전받을 것을 내용으로 하는 계약을 체결한 자가 소유권이전등기가 가능하게 된 후 그 부동산에 대하여 다시 제3자와 소유권이전을 내용으로 하는 계약이나 제3자에게 계약당사자의 지위를 이전하는 계약을 체결하고자 할 때에는 그 제3자와 계약을 체결하기 전에 먼저 체결된 계약에 따라 소유권이전등기를 신청하여야 한다. 다만, 그 계약이 취소·해제되거나 무효인 경우에는 그러하지 아니하다.

(2) 이전등기를 할 수 없는 상태에서 전매한 경우

부동산의 소유권을 이전받을 것을 내용으로 하는 계약을 체결한 자가 소유권이전등기가 가능하게 된 날이 도래하기 전에 그 부동산에 대하여 다시 제3자와 소유권이전을 내용으로 하는 계약을 체결한 때에는 먼저 체결된 계약의 반대급부의 이행이 완료되거나 계약의 효력이 발생한 날부터 60일 이내에 먼저 체결된 계약에 따라 소유권이전등기를 신청하여야 한다. 다만, 그 계약이 취소·해제되거나 무효인 경우에는 그러하지 아니하다.

O X 확 인 문 제

쌍무계약의 경우로서 소유권이전을 내용으로 하는 계약을 체결한 자는 계약체결일로부터 60일 이내에 소유권이전등기를 신청하여야 한다. ( )

정답 (×)

쌍무계약의 경우로서 소유권이전을 내용으로 하는 계약을 체결한 자는 반대급부의 이행이 완료된 날부터 60일 이내에 소유권이전등기를 신청하여야 한다.

4. 위반 시 제재

(1) 등기신청을 해태하는 경우

등기신청의무자가 상당한 사유 없이 등기신청을 해태한 때에는 그 해태한 날 당시의 부동산에 대하여 「지방세법」상의 과세표준에 부동산취득 표준세율(조례로 세율을 달리 정하는 경우에는 그 세율)에서 1천분의 20을 뺀 세율을 적용하여 산출한 금액(중과세에 해당하는 경우에는 그 금액의 100분의 300)의 5배 이하에 상당하는 금액의 과태료에 처한다. 다만, 「부동산 실권리자 명의 등기에 관한 법률」에 의하여 과징금을 부과한 경우에는 그러하지 아니하다.

(2) 미등기전매를 하는 경우

탈세·탈법을 목적으로 미등기전매를 한 자에 대하여는 3년 이하의 징역 또는 1억원 이하의 벌금형에 처한다.

▪▪ 「부동산등기 특별조치법」상 등기신청의무 정리

구 분	미등기 부동산 양도 시	소유권이전등기 시	미등기전매 시
기산일	• 등기 가능 : 계약체결일 • 등기 불가능 : 등기신청 가능일	• 쌍무계약 : 반대급부의 이행완료일 • 편무계약 : 계약의 효력 발생일	먼저 체결된 계약의 이행완료일 또는 효력발생일
신청기한	60일 이내 보존등기	60일 이내 이전등기	60일 이내 이전등기
위반 시 제재	「지방세법」상의 과세표준에 부동산취득 표준세율에서 1천분의 20을 뺀 세율을 적용하여 산출한 금액의 5배 이하의 과태료		3년 이하 징역 또는 1억원 이하 벌금

2 계약서의 검인제도 · 24회

1. 의 의

(1) 계약서의 검인제도

계약서의 검인제도라 함은 탈세와 투기를 방지하기 위하여 계약(집행력이 부여된 판결 및 이와 같은 판결과 동일한 효력이 있는 조서 등을 포함한다)을 원인으로 부동산에 대한 소유권이전등기를 신청하는 때에는 계약서(판결서 등을 포함한다)에 시장·군수·구청장 등의 검인을 받은 계약서(이를 '검인계약서'라 한다)를 등기소에 제출하여야 하는 제도를 말한다.

(2) 검인계약서

'검인계약서'라 함은 시장·군수·구청장 또는 그 권한의 위임을 받은 자의 검인을 받은 계약서를 말한다.

(3) 부동산의 소유권을 이전받을 것을 내용으로 하는 계약을 체결한 자가 그 부동산에 대하여 다시 제3자와 소유권이전을 내용으로 하는 계약이나 제3자에게 계약당사자의 지위를 이전하는 계약을 체결하고자 할 때에는 먼저 체결된 계약의 계약서에 검인을 받아야 한다.

2. 검인신청의 필요 여부

(1) 검인은 계약이나 판결 등을 원인으로 토지 및 건축물에 대한 소유권이전에 관한 본등기를 신청할 때 필요하다. 따라서 소유권이전등기를 요하는 경우라 하더라도 그 목적부동산이 입목·광업재단·공장재단인 경우에는 그 계약서에 검인을 받지 아니하며, 토지 및 건축물이라 하더라도 소유권이전과 관계없는 등기신청인 경우에는 검인을 받지 아니한다.

(2) 매매계약서의 경우 본래는 검인신청의 대상이지만, 다른 법률의 규정에 의하여 검인을 받은 것으로 보는 경우에는 검인을 받지 아니한다.

검인대상인 경우	검인대상이 아닌 경우
① 매매계약서 ② 교환계약서 ③ 증여계약서 ④ 신탁계약서 ⑤ 신탁해지약정서 ⑥ 공유물분할약정서 ⑦ 양도담보계약서 ⑧ 집행력 있는 판결서 및 이와 동일한 효력을 갖는 각종 조서(조정조서·화해조서·청구인낙조서)	① 계약등 당사자 중 1인이 국가나 지방자치단체인 경우 ② 가등기신청 시의 원인증서 ③ 임대차·지상권·저당권 등 계약서 ④ 상속·경매·압류공매·공용수용·시효취득 ⑤ 입목·광업재단·공장재단의 계약서 ⑥ 매매계약으로서 검인을 받은 것으로 보는 경우 　㉠ 토지거래허가증을 교부받은 경우 　㉡ 부동산거래신고필증을 교부받은 경우

3. 「부동산등기 특별조치법」상 검인계약서의 필수적 기재사항

① 당사자
② 목적부동산
③ 계약연월일
④ 대금 및 그 지급일자 등 지급에 관한 사항 또는 평가액 및 그 차액의 정산에 관한 사항
⑤ 개업공인중개사가 있을 때에는 개업공인중개사
⑥ 계약의 조건이나 기한이 있을 때에는 그 조건 또는 기한

O X 확 인 문 제

토지에 대하여 매매를 원인으로 소유권이전청구권 보전을 위한 가등기에 기하여 본등기를 하는 경우, 매매계약서는 검인의 대상이 된다. •24회　　（　）

정답 （ ○ ）

O X 확 인 문 제

「부동산 거래신고 등에 관한 법률」상 부동산 거래신고를 한 경우도 검인의 대상이 된다.　（　）

정답 （ × ）
「부동산 거래신고 등에 관한 법률」상 부동산 거래신고를 한 경우 검인은 의제된다.

4. 검인신청절차

(1) 검인신청자

검인은 계약을 체결한 당사자 중 1인이나 그 위임을 받은 자 또는 계약서를 작성한 변호사와 법무사 및 개업공인중개사가 신청할 수 있다. 개업공인중개사가 토지 및 건축물에 관한 매매계약서를 작성한 경우 중개의뢰인의 요청이 있다 하더라도 검인신청을 하여야 할 의무가 없다.

(2) 검인기관

① 검인기관은 부동산 소재지를 관할하는 시장·군수·구청장 또는 그 권한의 위임을 받은 자이다. 시장등으로부터 검인의 권한을 위임받을 수 있는 자는 읍·면·동장이다. 시장등이 읍·면·동장에게 검인의 권한을 위임하기 위하여 등기소장의 승인을 받을 필요가 없다. 다만, 시장등이 읍·면·동장에게 검인의 권한을 위임한 때에는 지체 없이 관할 등기소장에게 그 뜻을 통지하여야 한다.

② 2개 이상의 시·군·구에 있는 수개의 부동산에 대하여 소유권이전을 내용으로 하는 계약서등에 검인을 받고자 하는 경우에는 그중 1개의 시장등에게 검인신청을 할 수 있다.

(3) 제출서면

검인신청을 할 때에는 계약서의 원본 또는 판결서 등의 정본을 제출하여야 한다.

(4) 검인의 교부 등

① 검인신청을 받은 관할 시장·군수·구청장 또는 그 권한의 위임을 받은 자는 계약서 또는 판결서 등에 대한 형식적 요건의 구비 여부만을 확인하고 그 기재에 흠결이 없다고 인정한 때에는 지체 없이 검인을 하여 검인신청인에게 교부하여야 한다. 검인권자에게 계약서 내용의 실질적 심사권은 없으므로 실질적 내용의 적합 여부는 확인하지 아니한다.

② 시장·군수·구청장 또는 그 권한의 위임을 받은 자가 계약서에 검인을 한 때에는 그 계약서 또는 판결서 등의 사본 2통을 작성하여 1통을 보관하며, 1통은 부동산의 소재지를 관할하는 세무서장에게 송부하여야 한다.

5. 벌 칙

(1) 부동산의 소유권을 이전받을 것을 내용으로 하는 계약을 체결한 자가 그 부동산에 대하여 다시 제3자와 소유권이전을 내용으로 하는 계약이나 제3자에게 계약당사자의 지위를 이전하는 계약을 체결하고자 할 때에는 먼저 체결된 계약의 계약서에 검인을 받아야 하나 이를 위반한 자는 1년 이하의 징역 또는 3천만원 이하의 벌금형에 처한다.

(2) 조세부과를 면하려 하거나 다른 시점 간의 가격변동에 따른 이득을 얻으려 하거나 소유권 등 권리변동을 규제하는 법령의 제한을 회피할 목적으로 미등기전매한 자에 대하여는 3년 이하의 징역 또는 1억원 이하의 벌금형에 처한다.

기출&예상 문제

개업공인중개사 甲이 乙 소유의 X토지를 매수하려는 丙의 의뢰를 받아 매매를 중개하는 경우에 관한 설명으로 옳은 것은? • 24회

① 계약서를 작성한 甲이 자신의 이름으로는 그 계약서의 검인을 신청할 수 없다.

② X토지의 소유권을 이전받은 丙이 매수대금의 지급을 위하여 X토지에 저당권을 설정하는 경우, 저당권설정계약서도 검인의 대상이 된다.

③ 丙이 X토지에 대하여 매매를 원인으로 소유권이전청구권 보전을 위한 가등기에 기하여 본등기를 하는 경우, 매매계약서는 검인의 대상이 된다.

④ 甲이 부동산거래신고필증을 교부받아도 계약서에 검인을 받지 않는 한 소유권이전등기를 신청할 수 없다.

⑤ 丙으로부터 검인신청을 받은 X토지 소재지 관할청이 검인할 때에는 계약서 내용의 진정성을 확인해야 한다.

해설 ③ 가등기에 기한 본등기를 신청하는 경우는 계약을 원인으로 하는 소유권이전등기의 대상인 검인대상에 해당된다.
① 개업공인중개사도 검인신청자가 될 수 있다.
② 저당권의 설정은 검인의 대상이 되지 않는다.
④ 부동산 거래신고를 하여 신고필증을 교부받으면 검인은 의제되므로 소유권이전등기를 신청할 수 있다.
⑤ 검인권자는 진정성의 확인을 하지 않으며, 형식적인 확인만을 한다.

정답 ③

1 부동산실명제 일반

1. 부동산실명법의 제정목적 ·25회 ·27회 ·28회 ·30회 ·31회 ·34회

부동산에 관한 소유권과 그 밖의 물권을 실체적 권리관계와 일치하도록 실권리자 명의(名義)로 등기함으로써 부동산등기제도를 악용한 투기, 탈세 등 반사회적 행위를 방지하고 부동산거래의 정상화, 부동산가격의 안정을 도모하여 국민경제의 건전한 발전에 이바지함을 목적으로 한다.

2. 용어의 정의

(1) 명의신탁약정

부동산에 관한 소유권이나 기타 물권을 보유한 자 또는 사실상 취득하거나 취득하려고 하는 자가 타인과의 사이에서 대내적으로는 실권리자가 부동산에 관한 물권을 보유하거나 보유하기로 하고 그에 관한 등기(가등기를 포함한다)는 타인 명의로 하기로 하는 약정을 말한다.

(2) 명의신탁자

명의신탁약정에 의하여 자신의 부동산에 관한 물권을 타인 명의로 등기하게 하는 실권리자를 말한다.

(3) 명의수탁자

명의신탁약정에 의하여 실권리자의 부동산에 관한 물권을 자신 명의로 등기하는 자를 말한다.

3. 실권리자명의 등기의무

누구든지 부동산에 관한 물권을 명의신탁약정에 의하여 명의수탁자의 명의로 등기하여서는 아니 된다. 다만, 명의신탁의 목적이 아니라 채무의 변제를 담보하기 위하여 채권자가 부동산에 관한 물권을 이전받는 경우에는 타인 명의로 이전등기를 할 수 있으며, 이 경우에는 채무자·채권금액 및 채무변제를 위한 담보라는 뜻이 기재된 서면을 등기신청서와 함께 등기관에게 제출하여야 한다.

4. 명의신탁약정에서 제외되는 경우

(1) 양도담보 및 가등기담보

채무를 변제하기 위하여 채권자가 부동산에 관한 물권을 이전받는 양도담보 또는 가등기하는 가등기담보는 「가등기담보 등에 관한 법률」이 허용하는바, 「부동산 실권리자명의 등기에 관한 법률」상의 명의신탁약정에 해당하지 않는다.

(2) 상호명의신탁(공유등기)

부동산의 위치와 면적을 특정하여 2인 이상이 구분소유하기로 하는 약정을 하고 그 구분소유자의 공유로 등기하는 이른바 상호명의신탁도 「부동산 실권리자명의 등기에 관한 법률」상의 명의신탁약정에 해당하지 않는다.

(3) 신탁재산등기

신탁재산인 사실을 등기하는 경우에는 이들 법(신탁법 또는 자본시장과 금융투자법에 관한 법률)에서 신탁재산의 등기를 허용하므로 명의신탁약정에 해당하지 않는다.

2 명의신탁약정의 유형과 효력 · 32회 · 33회 · 34회

1. 2자 간 등기명의신탁

(1) 내 용

명의신탁자가 소유하던 부동산을 명의수탁자의 명의로 가장매매 또는 가장증여하여 등기를 이전하는 형태를 말한다.

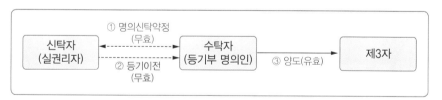

(2) 효 력

① 명의신탁자와 명의수탁자 사이의 명의신탁약정 및 소유권이전등기는 무효가 되므로 소유권은 명의신탁자에게 귀속한다.

② 2자 간 등기명의신탁의 경우 명의신탁약정이 무효이므로 명의신탁자는 명의수탁자에 대하여 명의신탁해지를 원인으로 한 소유권이전등기는 청구할 수 없고, 수탁자를 상대로 소유권에 기한 방해배제청구권을 행사하여 수탁자 명의의 등기의 말소를 구할 수 있을 것이다. 물론, 이 과정에서 명의신탁사실이 밝혀지게 되어 신탁자와 수탁자 모두 형사처벌을 받게 될 것이다.

③ 수탁자가 제3자에게 양도한 경우에는 제3자는 선의·악의를 불문하고 유효하게 부동산의 소유권을 취득할 수 있다. 이 경우 신탁자는 제3자에게 권리를 주장할 수 없고, 수탁자에게 부당이득금반환청구권을 행사할 수 있지만 횡령죄는 물을 수 없다.

④ 명의수탁자로부터 명의신탁된 재산을 매수한 제3자가 명의수탁자의 배신행위에 적극가담한 경우에는 명의수탁자와 제3자 사이의 계약은 반사회적인 법률행위로서 무효가 된다(대판 1992.6.9, 91다29842).

> **판례**
>
> • **「형법」상 횡령죄의 성립 여부**
> 「형법」제355조 제1항이 정한 횡령죄에서 '보관'이란 위탁관계에 의하여 재물을 점유하는 것을 뜻하므로, 횡령죄가 성립하기 위하여는 재물의 보관자와 재물의 소유자 사이에 법률상 또는 사실상 위탁관계가 존재하여야 한다. 명의신탁자와 명의수탁자 사이에 무효인 명의신탁약정 등에 기초하여 존재한다고 주장될 수 있는 사실상의 위탁관계라는 것은 「부동산 실권리자명의 등기에 관한 법률」에 반하여 범죄를 구성하는 법적인 관계에 지나지 아니할 뿐 이를 「형법」상 보호할만한 가치 있는 신임에 의한 것이라고 할 수 없다. 따라서 횡령죄가 성립하지 않는다(대판 전합체 2021.2.18, 2016도18761).

2. 3자 간 등기명의신탁(중간생략형 명의신탁)

(1) 내 용

명의신탁자가 원소유자(매도인)로부터 부동산을 매수하면서 명의신탁약정에 기초하여 명의수탁자의 명의를 빌어 이전등기를 하는 형태를 말한다.

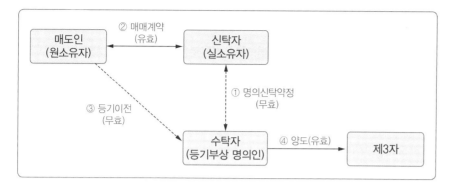

(2) 효력

① 명의신탁약정 및 수탁자로의 소유권이전등기는 무효이므로, 소유권은 원소유자인 매도인에게 귀속된다.

② 명의신탁자는 명의수탁자를 상대로 이전등기를 청구할 수 없으며, 또한 신탁자는 원소유자에 대하여 매매대금의 반환을 청구할 수 없다. 다만, 원소유자와 명의신탁자 간의 매매계약은 유효하므로 신탁자는 원소유자를 대위하여 수탁자 명의의 이전등기의 말소를 청구한 후 원소유자를 상대로 매매계약에 기한 소유권이전등기를 청구할 수 있다. 물론, 이 과정에서 명의신탁사실이 밝혀지게 되어 신탁자와 수탁자 모두 형사처벌의 대상이 된다.

③ 수탁자가 부동산을 제3자에게 처분하면 제3자는 선의·악의를 불문하고 유효하게 부동산의 소유권을 취득할 수 있다. 이 경우 신탁자는 제3자에게 권리를 주장할 수 없다. 다만, 수탁자에게 부당이득반환청구권을 행사할 수 있다. 하지만 최근 판례에 의하면 횡령죄는 성립하지 않는다.

④ 제3자가 수탁자의 배임행위(매도행위를 말한다)에 적극가담함으로써 반사회적 법률행위에 해당하는 경우 수탁자와 제3자 간의 매매계약은 무효이고, 무효인 제2매매계약을 원인으로 제3자 앞으로 경료된 소유권이전등기도 무효이다(대판 1992.6.9, 91다29842).

O X 확 인 문 제

3자 간 등기명의신탁의 경우 신탁자는 제3자에게 권리를 주장할 수 없지만, 수탁자에게 부당이득금반환청구권을 행사할 수 있다. 하지만 횡령죄는 물을 수 없다.
( )

정답 (○)

⚖ 판 례

- **중간생략등기형 명의신탁에서 신탁부동산의 임의처분사건**

  명의신탁자에 대한 관계에서 명의수탁자가 횡령죄에서 말하는 '타인의 재물을 보관하는 자'의 지위에 있다고 볼 수는 없다. 명의신탁자가 매매계약의 당사자로서 매도인을 대위하여 신탁부동산을 이전받아 취득할 수 있는 권리 기타 법적 가능성을 가지고 있기는 하지만, 명의신탁자가 이러한 권리 등을 보유하였음을 이유로 명의신탁자를 사실상 또는 실질적 소유권자로 보아 민사상 소유권이론과 달리 횡령죄가 보호하는 신탁부동산의 소유자라고 평가할 수는 없다. 게다가 명의수탁자의 처분행위를 형사처벌의 대상으로 삼는 것은 부동산실명법상 처벌 규정이 전제하고 있는 금지규범을 위반한 명의신탁자를 형법적으로 보호함으로써 부동산실명법이 금지·처벌하는 명의신탁관계를 오히려 유지·조장하여 그 입법 목적에 반하는 결과를 초래하게 되므로 타당하지 않다. 결국 부동산실명법의 입법 취지 및 규율 등을 종합적으로 살펴보면 중간생략등기형 명의신탁에서 신탁부동산을 임의로 처분한 명의수탁자에 대한 형사처벌의 필요성도 인정하기 어려우므로, 형사처벌의 필요성을 이유로 횡령죄 성립을 긍정할 수도 없다(대판 2016.5.19, 2014도6992).

3. 계약명의신탁(위임형 명의신탁)

(1) 내 용

계약명의신탁이란 매도인이 명의신탁자로부터 매매자금을 제공받은 명의수탁자와 직접 매매계약 등을 체결하여 명의수탁자에게 등기를 이전하여 주는 형태를 말한다.

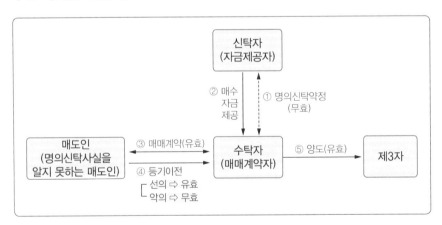

(2) 효 력

① 명의신탁자와 명의수탁자 사이의 명의신탁약정은 무효이나, 매도인에게서 수탁자로의 이전등기는 유효하다.

② 명의신탁자는 명의수탁자에게 명의신탁약정을 이유로 해서는 부동산의 반환이나 소유권이전등기를 청구할 수 없으므로, 수탁자는 완전히 유효한 소유권을 취득한다.

③ 명의수탁자가 부동산을 제3자에게 처분하면 제3자는 선의·악의를 불문하고 유효하게 부동산의 소유권을 취득할 수 있다. 이 경우 신탁자는 제3자에게 권리를 주장할 수 없고, 수탁자에게 횡령죄를 물을 수도 없다. 다만, 수탁자에게 부당이득금반환청구권을 행사할 수 있을 뿐이다. 물론, 이 과정에서 명의신탁사실이 밝혀지게 되어 신탁자와 수탁자는 형사처벌의 대상이 된다.

3 종중, 배우자 및 종교단체에 대한 특례

다음의 어느 하나에 해당하는 경우로서 조세포탈, 강제집행의 면탈(免脫) 또는 법령상 제한의 회피를 목적으로 하지 아니하는 경우에는 명의신탁의 효력이 인정되고, 명의수탁자로의 등기이전도 유효하다.

① 종중(宗中)이 보유한 부동산에 관한 물권을 종중(종중과 그 대표자를 같이 표시하여 등기한 경우를 포함한다) 외의 자의 명의로 등기한 경우
② 배우자 명의로 부동산에 관한 물권을 등기한 경우
③ 종교단체의 명의로 그 산하조직이 보유한 부동산에 관한 물권을 등기한 경우

4 위반 시 제재

1. 행정형벌

(1) 5년 이하의 징역 또는 2억원 이하의 벌금

① 실명등기의무를 위반한 명의신탁자
② 채무의 변제를 담보하기 위하여 채권자가 부동산에 관한 물권을 이전받는 경우에는 채무자, 채권금액 및 채무변제를 위한 담보라는 뜻이 적힌 서면을 등기신청서와 함께 등기관에게 제출하지 아니한 채권자 및 서면에 채무자를 거짓으로 적어 제출하게 한 실채무자

(2) 3년 이하의 징역 또는 1억원 이하의 벌금

실명등기의무를 위반한 명의수탁자

2. 과징금 부과대상자, 납부기한의 연장 및 분할납부

(1) 과징금 부과대상자 및 부과금액

① **실명등기의무를 위반한 명의신탁자** : 과징금은 부동산의 소재지를 관할하는 특별자치도지사·특별자치시장·시장·군수 또는 구청장이 부과·징수한다. 과징금은 부동산평가액의 30% 이내에서 부동산평가액·의무위반기간 및 조세포탈의 목적이 있었는지 여부 등을 고려하여 과징금의 구체적인 부과기준을 정하고 있다. 과징금 부과기준은 다음의 표와 같으며, 구체적인 과징금 부과액은 ㉠과 ㉡의 과징금부과율을 합한 과징금부과율에 그 부동산평가액을 곱하여 산정한다.

㉠ 부동산평가액을 기준으로 하는 과징금부과율

부동산평가액	과징금부과율
5억원 이하	5%
5억원 초과 30억원 이하	10%
30억원 초과	15%

㉡ 의무위반 경과기간을 기준으로 하는 과징금부과율

의무위반 경과기간	과징금부과율
1년 이하	5%
1년 초과 2년 이하	10%
2년 초과	15%

O X 확 인 문 제

실명등기의무를 위반한 명의신탁자는 3년 이하의 징역 또는 1억원 이하의 벌금형에 해당한다.
( )

정답 (×)
실명등기의무를 위반한 명의신탁자는 5년 이하의 징역 또는 2억원 이하의 벌금형에 해당한다.

② 양도담보등기 관련 채권자 및 채무자 등을 허위로 기재하여 제출하게 한 실채무자

(2) 과징금 납부기한의 연장 및 분할납부

① 특별자치도지사·특별자치시장·시장·군수 또는 구청장은 과징금을 부과받은 자(이하 '과징금 납부의무자'라 한다)가 과징금의 금액이 대통령령으로 정하는 기준(1천만원)을 초과하는 경우로서 다음에 해당하여 과징금의 전액을 일시에 납부하기가 어렵다고 인정할 때에는 그 납부기한을 연장하거나 분할납부하게 할 수 있다. 이 경우 필요하다고 인정할 때에는 대통령령으로 정하는 바에 따라 담보를 제공하게 할 수 있다.

> ㉠ 재해 또는 도난 등으로 재산에 현저한 손실을 입은 경우
> ㉡ 사업 여건의 악화로 사업이 중대한 위기에 처한 경우
> ㉢ 과징금을 일시에 내면 자금사정에 현저한 어려움이 예상되는 경우
> ㉣ 과징금 납부의무자 또는 동거 가족이 질병이나 중상해(重傷害)로 장기 치료가 필요한 경우
> ㉤ 그 밖에 위 ㉠에서 ㉣의 규정에 준하는 사유가 있는 경우

② 과징금 납부의무자가 과징금 납부기한의 연장 또는 분할납부를 신청하려는 경우에는 과징금 납부를 통지받은 날부터 30일 이내에 특별자치도지사·특별자치시장·시장·군수 또는 구청장에게 신청하여야 한다.

③ 특별자치도지사·특별자치시장·시장·군수 또는 구청장은 납부기한이 연장되거나 분할납부가 허용된 과징금 납부의무자가 다음의 어느 하나에 해당하게 된 때에는 그 납부기한의 연장 또는 분할납부 결정을 취소하고 일시에 징수할 수 있다.

> ㉠ 납부기한의 연장 또는 분할납부 결정된 과징금을 그 납부기한 내에 납부하지 아니한 때
> ㉡ 담보의 변경 그 밖에 담보 보전에 필요한 특별자치도지사·특별자치시장·시장·군수 또는 구청장의 요구를 이행하지 아니한 때
> ㉢ 강제집행, 경매의 개시, 파산선고, 법인의 해산, 국세 또는 지방세의 체납처분을 받은 때 등 과징금의 전부 또는 잔여분을 징수할 수 없다고 인정되는 때

④ 과징금 납부기한의 연장(1년), 분할납부(6개월 이내, 3회 이내) 또는 담보의 제공 등에 필요한 사항은 대통령령으로 정한다.

3. 이행강제금(계약위임형 명의신탁의 경우는 제외)

(1) 1차 이행강제금

과징금을 부과받은 명의신탁자는 지체 없이 해당 부동산에 관한 물권을 자신의 명의로 등기하여야 한다. 과징금 부과일로부터 1년이 지난 때에 실명등기를 하지 아니한 경우에는 해당 부동산평가액의 100분의 10에 해당하는 금액을 이행강제금으로 부과한다.

(2) 2차 이행강제금

1차 이행강제금 부과일로부터 다시 1년이 지난 때에는 부동산평가액의 100분의 20에 해당하는 금액을 이행강제금으로 부과한다.

 판례

- **명의수탁자의 점유가 자주점유인지 여부**
  명의신탁에 의하여 부동산의 소유자로 등기된 자는 그 사실만으로 당연히 부동산을 점유하는 것으로 볼 수 없음은 물론이고 설사 그의 점유가 인정된다고 하더라도 그 <u>점유권원의 성질상 자주점유라 할 수 없다</u>(대판 2002. 4.26, 2001다8097·8103).

- **경매로 부동산을 취득하는 경우도 명의신탁 위반에 해당하는지 여부**
  부동산경매절차에서 부동산을 매수하려는 사람이 매수대금을 자신이 부담하면서 다른 사람의 명의로 매각허가결정을 받기로 그 다른 사람과 약정함에 따라 매각허가가 이루어진 경우 매수대금을 부담한 사람과 이름을 빌려준 사람 사이에는 <u>명의신탁관계가 성립한다</u>(대판 2005.4.29, 2005다664).

- **명의신탁자의 권리행사 여부**
  명의신탁에 있어서 대외적으로는 수탁자가 소유자라고 할 것이고, 명의신탁재산에 대한 침해배제를 구하는 것은 대외적 소유권자인 수탁자만이 가능한 것이며, <u>신탁자는 수탁자를 대위하여 그 침해에 대한 배제를 구할 수 있을 뿐이므로, 명의신탁사실이 인정된다고 할지라도 신탁자는 제3자에 대하여 진정한 등기명의의 회복을 원인으로 한 소유권이전등기청구를 할 수 있는 진정한 소유자의 지위에 있다고 볼 수 없다</u>(대판 2001.8.21, 2000다36484).

- **3자 간 등기명의신탁에서 신탁자의 권리행사방법**
  매도인과 명의신탁자 사이의 매매계약은 여전히 유효하므로, <u>명의신탁자는 매도인에 대하여 매매계약에 기한 소유권이전등기를 청구할 수 있고, 그 소유권이전등기청구권을 보전하기 위하여 매도인을 대위하여 명의수탁자에게 무효인 그 명의등기의 말소를 구할 수도 있다</u>(대판 2002.3.15, 2001다61654).

- **제3자의 적극가담행위에 따른 효력 여부**

  「부동산 실권리자명의 등기에 관한 법률」 제8조의 특례가 적용되는 종중 등의 명의신탁에 있어서 명의수탁자는 신탁재산을 유효하게 제3자에게 처분할 수 있고 제3자가 명의신탁사실을 알았다 하여도 그의 소유권취득에 영향이 없는 것이기는 하지만, 특별한 사정이 있는 경우, 즉 명의수탁자로부터 신탁재산을 매수한 제3자가 명의수탁자의 명의신탁자에 대한 배임행위에 적극가담한 경우에는 명의수탁자와 제3자 사이의 계약은 반사회적인 법률행위로서 무효라고 할 것이고, 이때 제3자가 명의수탁자의 배임행위에 적극가담하는 행위란 수탁자가 단순히 등기명의만 수탁받았을 뿐 그 부동산을 처분할 권한이 없는 줄을 잘 알면서 명의수탁자에게 실질소유자 몰래 신탁재산을 불법처분하도록 적극적으로 요청하거나 유도하는 등의 행위를 의미하는 것이다(대판 1992.3.31, 92다1148 ; 대판 1992.6.9, 91다29842).

- **무효가 된 등기명의신탁에서 부부 간의 특례 적용 여부**

  배우자 명의로 부동산에 관한 물권을 등기한 경우로서 조세포탈, 강제집행의 면탈 또는 법령상 제한의 회피를 목적으로 하지 아니하는 경우에는 그 명의신탁약정과 그 약정에 기하여 행하여진 물권변동을 무효로 보는 법률을 적용하지 않는다고 규정하고 있는바, 어떠한 명의신탁등기가 위 법률에 따라 무효가 되었다고 할지라도 그 후 신탁자와 수탁자가 혼인하여 그 등기의 명의자가 배우자로 된 경우에는 조세포탈, 강제집행의 면탈 또는 법령상 제한의 회피를 목적으로 하지 아니하는 한 이 경우에도 특례를 적용하여 그 명의신탁등기는 당사자가 혼인한 때로부터 유효하게 된다고 보아야 할 것이다(대판 2002.10.25, 2002다23840).

- **종중 유사의 비법인사단의 특례 적용 여부**

  종중이 보유한 부동산에 관한 물권을 종중 이외의 자의 명의로 등기하는 명의신탁의 경우 조세포탈, 강제집행의 면탈 또는 법령상 제한의 회피를 목적으로 하지 아니하는 경우에는 법률상 규정의 적용이 배제되도록 되어 있는바, 부동산실명법의 제정목적, 「부동산 실권리자명의 등기에 관한 법률」상 특례의 인정취지, 다른 비법인사단과의 형평성 등을 고려할 때 여기에서 말하는 종중은 고유의 의미의 종중만을 가리키고, 종중 유사의 비법인사단은 포함하지 않는 것으로 봄이 상당하다(대판 2007.10.25, 2006다14165).

- **계약위임형 명의신탁에서 신탁자의 권리행사 여부(부당이득금반환의 범위)**

  명의신탁약정의 무효로 인하여 명의신탁자가 입은 손해는 당해 부동산 자체가 아니라 명의수탁자에게 제공한 매수자금이라 할 것이고, 따라서 명의수탁자는 당해 부동산 자체가 아니라 명의신탁자로부터 제공받은 매수자금을 부당이득하였다고 할 것이다(대판 2007.6.14, 2007다17284).

01 2023.10.7. 甲은 친구 乙과 X부동산에 대하여 乙을 명의수탁자로 하는 명의신탁약정을 체결하였다. 개업공인중개사가 이에 관하여 설명한 내용으로 옳은 것을 모두 고른 것은? (다툼이 있으면 판례에 따름)
· 34회

ⓐ 甲과 乙 사이의 명의신탁약정은 무효이다.
ⓑ X부동산의 소유자가 甲이라면, 명의신탁약정에 기하여 甲에서 乙로 소유권이전등기가 마쳐졌다는 이유만으로 당연히 불법원인급여에 해당한다고 볼 수 없다.
ⓒ X부동산의 소유자가 丙이고 계약명의신탁이라면, 丙이 그 약정을 알았더라도 丙으로부터 소유권이전등기를 마친 乙은 유효하게 소유권을 취득한다.

① ㉠

② ㉡

③ ㉢

④ ㉠, ㉡

⑤ ㉠, ㉡, ㉢

해설 ㉡ X부동산의 소유자가 甲이라면, 명의신탁약정에 기하여 甲에서 乙로 소유권이전등기가 마쳐졌다는 이유만으로 당연히 불법원인급여에 해당한다고 볼 수 없다(대판 전합체 2019.6.20, 2013다218156).
㉢ X부동산의 소유자가 丙이고 계약명의신탁이라면, 丙이 그 약정을 알았더라도 丙으로부터 소유권이전등기를 마친 乙은 유효하게 소유권을 취득하지 못하며, 소유권이전등기의 효력은 무효이다.

정답 ④

02 개업공인중개사가 중개의뢰인에게 「부동산 실권리자명의 등기에 관한 법률」의 내용에 관하여 설명한 것으로 옳은 것을 모두 고른 것은? (다툼이 있으면 판례에 따름)
· 33회

ⓐ 부동산의 위치와 면적을 특정하여 2인 이상이 구분소유하기로 하는 약정을 하고 그 구분소유자의 공유로 등기한 경우, 그 등기는 「부동산 실권리자명의 등기에 관한 법률」 위반으로 무효이다.
ⓑ 배우자 명의로 부동산에 관한 물권을 등기한 경우 조세 포탈, 강제집행의 면탈 또는 법령상 제한의 회피를 목적으로 하지 아니하는 경우 그 등기는 유효하다.
ⓒ 명의신탁자가 계약의 당사자가 되는 3자 간 등기명의신탁이 무효인 경우 명의신탁자는 매도인을 대위하여 명의수탁자 명의의 등기의 말소를 청구할 수 있다.

① ㄱ   ② ㄴ

③ ㄱ, ㄷ   ④ ㄴ, ㄷ

⑤ ㄱ, ㄴ, ㄷ

> **해설** ㉠ 부동산의 위치와 면적을 특정하여 2인 이상이 구분소유하기로 하는 약정을
> 하고 그 구분소유자의 공유로 등기하는 이른바 상호명의신탁은 「부동산 실권
> 리자명의 등기에 관한 법률」상의 명의신탁약정에 해당하지 않는다. 따라서 그
> 등기는 「부동산 실권리자명의 등기에 관한 법률」 위반이 아니므로 유효하다.
>
> 정답 ④

제3절 주택임대차보호법

• 24회 • 25회 • 26회 • 27회 • 28회 • 29회 • 30회 • 31회 • 32회 • 33회 • 34회

1 「주택임대차보호법」의 제정목적

「주택임대차보호법」은 주거용 건물의 임대차에 관하여 「민법」에 대한 특례를
인정함으로써 국민의 주거생활의 안정을 보장함을 목적으로 하여 제정되어
1981년 3월 5일부터 시행되고 있다.

2 「주택임대차보호법」의 성격

1. 편면적 강행규정

「주택임대차보호법」은 편면적 강행규정으로서 「주택임대차보호법」에 위
반되는 약정으로서 임차인에게 불리한 것은 그 효력이 없다.

2. 「민법」의 특별법

「주택임대차보호법」은 임대차에 관하여 「민법」의 특별법이므로 주택의 임
대차에 관하여는 「민법」의 임대차에 관한 규정에 우선하여 「주택임대차보
호법」이 적용된다.

3 적용범위

1.「주택임대차보호법」이 적용되는 경우

(1) 인적 범위

「주택임대차보호법」은 주택의 임차인이 자연인인 경우에 적용되는 것이 원칙이다. 다만, 주택도시기금을 재원으로 하여 저소득층 무주택자에게 주거생활 안정을 목적으로 전세임대주택을 지원하는 한국토지주택공사 및 주택사업을 목적으로 설립된 지방공사인 법인이 주택을 임차한 후 지방자치단체의 장 또는 그 법인이 선정한 입주자가 그 주택을 인도받고 주민등록을 마쳤을 때에는 그 법인이 대항력을 취득한다. 또한「중소기업기본법」에 해당하는 법인이 소속직원의 주거용으로 주택을 임차한 후 그 법인이 선정한 직원이 해당 주택을 인도받고 주민등록을 마쳤을 때에는 법인이 대항력을 취득한다.

(2) 물건의 범위

「주택임대차보호법」은 주거용 건물('주택'이라 한다)의 전부 또는 일부의 임대차에 관하여 적용되는 것이 원칙이다. 주거용 건물인지의 여부는 공부상만을 기준으로 하는 것이 아니라 임대차계약 당시 실제 사용용도를 기준으로 판단한다.「주택임대차보호법」이 적용되는 경우는 다음과 같다.

> ① 주거용 건물('주택'이라 한다)의 전부 또는 일부의 임대차
> ② 비주거용 건물이더라도 임대인의 동의하에 주거용으로 개조한 경우
> ③ 임차주택의 일부가 주거 외의 목적으로 사용되는 경우
> ④ 등기하지 아니한 주택의 전세계약
> ⑤ 가건물이나 무허가주택의 임대차계약
> ⑥ 명의신탁자와의 주택임대차계약
> ⑦ 주택의 공유자 중 일부인과의 주택임대차계약
> ⑧ 한국토지주택공사(이하 '공사'라 한다) 및 지방공사가 주택을 임차한 경우
> ⑨「중소기업기본법」제2조에 따른 중소기업에 해당하는 법인이 소속 직원의 주거용으로 주택을 임차한 경우

2.「주택임대차보호법」이 적용되지 않는 경우

「주택임대차보호법」은 임차인이 법인이거나 법인의 직원 명의로 임차한 경우에는 적용되지 아니하며, 비주거용 건물의 전부 또는 일부를 임차한 경우에도 적용되지 아니한다.

「주택임대차보호법」이 적용되지 아니하는 경우는 다음과 같다(대판 2002. 3.12, 2000다24184 · 24191).

> ① 일시사용을 위한 임대차임이 명백한 경우(콘도계약 등)
> ② 사용대차계약
> ③ 불법으로 개조한 주택인 경우
> ④ 한국토지주택공사 및 지방공사, 「중소기업기본법」 규정에 의한 중소기업을 제외한 법인이 임차한 경우

4 임대인의 정보 제시의무

임대차계약을 체결할 때 임대인은 다음의 사항을 임차인에게 제시하여야 한다.

① **해당 주택의 확정일자 부여일, 차임 및 보증금 등 정보** : 다만, 임대인이 임대차계약을 체결하기 전에 임대인이 확정일자부여기관에 임차인의 정보제공요청에 동의함으로써 이를 갈음할 수 있다.

② **「국세징수법」에 따른 납세증명서 및 「지방세징수법」에 따른 납세증명서** : 다만, 임대인이 임대차계약을 체결하기 전에 「국세징수법」에 따른 미납국세와 체납액의 열람 및 「지방세징수법」에 따른 미납지방세의 열람에 각각 동의함으로써 이를 갈음할 수 있다.

5 존속기간의 보장

1. 임대차의 존속기간

(1) 주택임대차는 그 기간을 정하지 아니하거나 2년 미만으로 정한 임대차는 그 기간을 2년으로 본다. 다만, 임차인은 2년 미만으로 정한 기간이 유효함을 주장할 수 있다.

(2) 임대차기간이 끝난 경우에도 임차인이 보증금을 반환받을 때까지는 임대차관계가 존속되는 것으로 본다.

O X 확 인 문 제

주택임대차는 그 기간을 정하지 아니하거나 1년 미만으로 정한 임대차는 그 기간을 1년으로 본다.
( )

정답 (×)
주택임대차는 그 기간을 정하지 아니하거나 2년 미만으로 정한 임대차는 그 기간을 2년으로 본다.

(3) 임차권은 임차건물에 대하여 「민사집행법」에 의한 경매가 행하여진 경우에는 임대차계약기간이 종료되기 전이라도 그 임차건물의 경락에 의하여 소멸한다. 다만, 보증금이 전액 변제되지 아니한 대항력이 있는 임차권은 그러하지 아니하다.

2. 계약의 묵시적 갱신(법정갱신)

(1) 계약의 갱신

① 임대인이 임대차기간이 끝나기 6개월 전부터 2개월 전까지의 기간에 임차인에게 갱신거절의 통지를 하지 아니하거나 계약조건을 변경하지 아니하면 갱신하지 아니한다는 뜻의 통지를 하지 아니한 경우에는 그 기간이 끝난 때에 전 임대차와 동일한 조건으로 다시 임대차한 것으로 본다. 임차인이 임대차기간이 끝나기 2개월 전까지 통지하지 아니한 경우에도 또한 같다. 이 경우 갱신된 임대차의 존속기간은 2년으로 본다.

② 임차인이 2기의 차임액에 달하도록 차임을 연체하거나 그 밖에 임차인으로서의 의무를 현저히 위반한 경우에는 법정갱신을 적용하지 아니한다.

(2) 계약의 해지

법정갱신이 되었더라도 임차인은 언제든지 임대인에 대하여 계약해지의 통지를 할 수 있다. 이러한 해지 통지는 임대인이 그 통지를 받은 날로부터 3개월이 경과하면 그 효력이 발생한다.

3. 계약갱신요구권 등

(1) 계약갱신의 요구

임대인은 임차인이 임대차기간이 끝나기 6개월 전부터 2개월 전까지의 기간 이내에 계약갱신을 요구할 경우 정당한 사유 없이 거절하지 못한다. 다만, 다음의 어느 하나에 해당하는 경우에는 그러하지 아니하다.

> ① 임차인이 2기의 차임액에 해당하는 금액에 이르도록 차임을 연체한 사실이 있는 경우
> ② 임차인이 거짓이나 그 밖의 부정한 방법으로 임차한 경우
> ③ 서로 합의하여 임대인이 임차인에게 상당한 보상을 제공한 경우
> ④ 임차인이 임대인의 동의 없이 목적 주택의 전부 또는 일부를 전대(轉貸)한 경우

⑤ 임차인이 임차한 주택의 전부 또는 일부를 고의나 중대한 과실로 파손한 경우

⑥ 임차한 주택의 전부 또는 일부가 멸실되어 임대차의 목적을 달성하지 못할 경우

⑦ 임대인이 다음의 어느 하나에 해당하는 사유로 목적 주택의 전부 또는 대부분을 철거하거나 재건축하기 위하여 목적 주택의 점유를 회복할 필요가 있는 경우

　　㉠ 임대차계약 체결 당시 공사시기 및 소요기간 등을 포함한 철거 또는 재건축계획을 임차인에게 구체적으로 고지하고 그 계획에 따르는 경우

　　㉡ 건물이 노후·훼손 또는 일부 멸실되는 등 안전사고의 우려가 있는 경우

　　㉢ 다른 법령에 따라 철거 또는 재건축이 이루어지는 경우

⑧ 임대인(임대인의 직계존속·직계비속을 포함한다)이 목적 주택에 실제 거주하려는 경우

⑨ 그 밖에 임차인이 임차인으로서의 의무를 현저히 위반하거나 임대차를 계속하기 어려운 중대한 사유가 있는 경우

(2) 갱신되는 임대차의 존속기간

임차인은 위 **(1)**에 따른 계약갱신요구권을 1회에 한하여 행사할 수 있다. 이 경우 갱신되는 임대차의 존속기간은 2년으로 본다.

(3) 계약갱신의 효과

갱신되는 임대차는 전 임대차와 동일한 조건으로 다시 계약된 것으로 본다. 다만, 차임과 보증금은 약정한 차임이나 보증금의 20분의 1의 범위에서 증액할 수 있다.

(4) 갱신되는 임대차의 해지

갱신되는 임대차의 해지에 관하여는 계약이 갱신된 경우 임대차의 존속기간 2년의 규정에도 불구하고 임차인은 언제든지 임대인에게 계약해지(契約解止)를 통지할 수 있다. 갱신되는 임대차의 해지는 임대인이 그 통지를 받은 날부터 3개월이 지나면 그 효력이 발생한다.

(5) 손해의 배상

① 임대인(임대인의 직계존속·직계비속을 포함한다)이 목적 주택에 실제 거주하려는 사유로 갱신을 거절하였음에도 불구하고 갱신 요구가 거절되지 아니하였더라면 갱신되었을 기간이 만료되기 전에 정당한 사유 없이 제3자에게 목적 주택을 임대한 경우 임대인은 갱신거절로 인하여 임차인이 입은 손해를 배상하여야 한다.

② 손해배상액은 거절 당시 당사자 간에 손해배상액의 예정에 관한 합의가 이루어지지 않는 한 다음의 금액 중 큰 금액으로 한다.

> ㉠ 갱신거절 당시 월차임(차임 외에 보증금이 있는 경우에는 그 보증금을 다음의 내용 중 낮은 비율에 따라 월 단위의 차임으로 전환한 금액을 포함한다. 이하 '환산월차임'이라 한다)의 3개월분에 해당하는 금액
>   ⓐ 「은행법」에 따른 은행에서 적용하는 대출금리와 해당 지역의 경제여건 등을 고려하여 대통령령으로 정하는 비율인 연 1할
>   ⓑ 한국은행에서 공시한 기준금리에 대통령령으로 정하는 이율인 연 2%를 더한 비율
> ㉡ 임대인이 제3자에게 임대하여 얻은 환산월차임과 갱신거절 당시 환산월차임 간 차액의 2년분에 해당하는 금액
> ㉢ 임대인(임대인의 직계존속·직계비속을 포함한다)이 목적 주택에 실제 거주하려는 사유로 인한 갱신거절로 인하여 임차인이 입은 손해액

판례

- **양수인이 임차인의 계약갱신 요구를 거절할 수 있는지 여부**
「주택임대차보호법」 제6조, 제6조의3 등 관련 규정의 내용과 체계, 입법 취지 등을 종합하여 보면, 임차인이 같은 법 제6조의3 제1항 본문에 따라 계약갱신을 요구하였더라도, 임대인으로서는 특별한 사정이 없는 한 같은 법 제6조 제1항 전단에서 정한 기간 내라면 제6조의3 제1항 단서 제8호에 따라 임대인이 목적 주택에 실제 거주하려고 한다는 사유를 들어 임차인의 계약갱신 요구를 거절할 수 있고, 같은 법 제3조 제4항에 의하여 임대인의 지위를 승계한 임차주택의 양수인도 그 주택에 실제 거주하려는 경우 위 갱신거절 기간 내에 위 제8호에 따른 갱신거절 사유를 주장할 수 있다고 보아야 한다(대판 2022.12.1, 2021다266631).

6 대항력

1. 대항력의 의미

대항력이란 임차주택이 매매, 경매 등으로 인하여 다른 사람에게 양도되더라도 양수인에 대하여 임차권의 효력을 주장할 수 있는 권리를 말한다. 따라서 임차인은 양수인에게도 자신의 임차권을 주장하여 임대기간이 종료될 때까지 거주할 수 있고, 임대차기간이 만료되더라도 임차보증금 전액을 반환받을 때까지 집을 비워주지 않을 수 있는 권리가 있다.

2. 대항력의 발생요건 및 발생일

(1) 대항력의 발생요건

주택임차인은 대항요건으로 주택의 인도와 전입신고를 하여야 한다. 전입신고를 한 때에는 주민등록을 한 것으로 본다.

① APT, 연립주택, 다세대주택 등 공동주택의 경우 동·호수를 표시하지 않고, 지번만 신고하여 주민등록을 옮겼다면 대항력을 취득하지 못한다.

② 다가구용 단독주택의 임차인은 전입신고 시 주택의 지번만을 정확하게 기재하면 이로써 대항력을 취득하며, 건물의 호수를 정확히 기재하지 않아도 대항력을 취득할 수 있다.

③ 그러나 채권자가 「주택임대차보호법」상의 대항력을 취득하는 방법으로 기존 채권을 우선변제받을 목적으로 주택임대차계약의 형식을 빌려 기존 채권을 임대차보증금으로 하기로 하고 주택의 인도와 주민등록을 마침으로써 주택임대차로서의 대항력을 취득한 것처럼 외관을 만들었을 뿐 실제 주택을 주거용으로 사용·수익할 목적을 갖지 아니한 계약은 주택임대차계약으로서는 통정허위표시에 해당되어 무효라고 할 것이므로 이에 「주택임대차보호법」이 정하고 있는 대항력을 부여할 수는 없다(대판 2002.3.12, 2000다24184·24191).

(2) 대항력의 발생일

주택임차인은 임대차등기가 없는 경우에도 대항요건을 갖추면 그 다음 날 0시부터 제3자에 대해서도 대항력을 갖게 된다. 주택임차인의 대항력 발생과 등기된 권리의 순위는 대항력 발생일과 등기일을 기준으로 한다. 따라서 대항요건을 갖춘 날과 등기일이 같은 경우에는 등기가 우선하지만, 대항력 발생일과 등기일이 같은 경우에는 임차인의 대항력이 우선한다.

> ⊘ 참고 **주택임대차등기**
>
> 주택임대차등기의 효력에 관하여는 주택의 인도와 주민등록을 한 경우를 준용한다. 등기는 등기한 그때부터 제3자에게 효력이 있다.

O X 확 인 문 제

임차인이 주택의 인도를 받고 주민등록을 마친 날과 제3자의 저당권설정등기일이 같은 날이면 임차인은 저당권 실행으로 그 주택을 취득한 매수인에게 대항하지 못한다. • 25회   (   )

정답 (○)

3. 대항력의 유지

(1) 주민등록 및 주택의 점유는 대항력 취득 시뿐만 아니라 그 대항력을 유지하기 위해서 계속 대항요건이 존속하고 있어야 한다. 따라서 주민등록을 주택 소재지로 전입하였다가 일시 다른 곳으로 이전하면 이전 시에 대항력을 상실하며, 다시 원래의 주소지로 재전입한 경우에는 재전입한 때로부터 새로운 대항력이 다시 발생한다.

(2) 대항력을 취득한 주택임차인이 임대인의 동의를 얻어 적법하게 임차권을 양도하거나 전대한 경우에 있어서, 전차인이 임차인의 주민등록 퇴거일로부터 「주민등록법」상의 전입신고기간 내(신거주지에 전입한 날부터 14일 이내)에 전입신고를 마치고 주택을 인도받았다면 원래의 임차인이 갖는 임차권의 대항력은 소멸되지 아니하고 동일성을 유지한 채로 존속한다(대판 1988.4.25, 87다카2509).

4. 임차보증금의 승계

임차주택의 양수인 기타 임대할 권리를 승계한 자(상속·경매 등으로 임차물의 소유권을 취득한 자를 포함한다)는 임대인의 지위를 승계한 것으로 본다. 따라서 주택임대차 계약기간 중에 그 주택이 제3자에게 양도된 경우 임차인과 종전 임대인과의 임대차관계는 소멸하는 것이고, 양수인이 전 임대인의 지위를 승계하게 되므로 임대차계약이 종료되는 경우 그 보증금은 양수인에게 청구하여야 한다.

5. 대항요건을 갖춘 임차권의 한계

(1) 임차인이 대항요건을 갖추었다고 하더라도 임차인이 대항력을 갖추기 전에 이미 설정된 선순위 담보물권 등이 있는 경우에는 선순위 담보물권 등에 대해서는 대항할 수 없다.

(2) 대항력을 갖춘 후 임차물에 대하여 저당권설정등기가 경료되었고, 그 후 임차보증금을 증액한 경우 그 증액부분은 저당권자에게는 대항할 수 없다.

6. 보증금의 회수

(1) 임차인이 임차주택에 대하여 보증금반환청구소송의 확정판결이나 그 밖에 이에 준하는 집행권원에 따라서 경매를 신청하는 경우에는 집행개시요건에 관한 「민사집행법」에도 불구하고 반대의무의 이행이나 이행의 제공을 집행개시의 요건으로 하지 않는다.

(2) 대항요건과 임대차계약증서상의 확정일자를 갖춘 임차인은 「민사집행법」에 따른 경매 또는 「국세징수법」에 따른 공매를 할 때에 임차주택(대지를 포함한다)의 환가대금에서 후순위권리자나 그 밖의 채권자보다 우선하여 보증금을 변제받을 권리가 있다.

(3) 임차인은 임차주택을 양수인에게 인도하지 아니하면 위 **(2)**에 따른 보증금을 받을 수 없다.

(4) 우선변제의 순위와 보증금에 대하여 이의가 있는 이해관계인은 경매법원이나 체납처분청에 이의를 신청할 수 있다.

(5) 이의신청을 받은 체납처분청은 이해관계인이 이의신청일부터 7일 이내에 임차인 또는 우선변제권을 승계한 금융기관 등을 상대로 소를 제기한 것을 증명하면, 해당 소송이 끝날 때까지 이의가 신청된 범위에서 임차인 또는 우선변제권을 승계한 금융기관 등에 대한 보증금의 변제를 유보하고 남은 금액을 배분하여야 한다. 이 경우 유보된 보증금은 소송의 결과에 따라 배분한다.

(6) 다음의 금융기관 등이 우선변제권을 취득한 임차인의 보증금반환채권을 계약으로 양수한 경우에는 양수한 금액의 범위에서 우선변제권을 승계한다.

> ① 「은행법」에 따른 은행
> ② 「중소기업은행법」에 따른 중소기업은행
> ③ 「한국산업은행법」에 따른 한국산업은행
> ④ 「농업협동조합법」에 따른 농협은행
> ⑤ 「수산업협동조합법」에 따른 수협은행
> ⑥ 「우체국예금·보험에 관한 법률」에 따른 체신관서
> ⑦ 「한국주택금융공사법」에 따른 한국주택금융공사
> ⑧ 「보험업법」의 보증보험을 보험종목으로 허가받은 보험회사
> ⑨ 「주택도시기금법」에 따른 주택도시보증공사
> ⑩ 그 밖에 위 ① ~ ⑨까지에 준하는 것으로서 대통령령이 정하는 기관

(7) 우선변제권을 승계한 금융기관 등은 다음의 어느 하나에 해당하는 경우에는 우선변제권을 행사할 수 없다.

> ① 임차인이 대항요건을 상실한 경우
> ② 임차권등기명령에 따른 임차권등기가 말소된 경우
> ③ 「민법」제621조(임대차의 등기)에 따른 임대차등기가 말소된 경우

(8) 금융기관 등은 우선변제권을 행사하기 위하여 임차인을 대리하거나 대위하여 임대차를 해지할 수 없다.

🔨 **판례**

- **전입신고(주민등록)의 범위**
  「주택임대차보호법」상의 대항요건인 주민등록은 임차인 본인뿐 아니라 그 배우자나 자녀 등 가족의 주민등록을 포함한다. 세대원 중 한 명이라도 세대원으로 계속 거주하고 있었다면 주민등록은 계속 유지되어 있는 것으로 본다. 그러나 가족의 전원이 일시적으로 주민등록을 이전하는 경우에는 보호받지 못하나, 가족의 주민등록은 그대로 둔 채 본인의 주민등록만을 일시적으로 옮겼다면 대항력은 유지된다(대결 1995.6.5, 94마2134).

- **전대차의 경우 전입신고(주민등록)의 범위**
  주택임차인이 임차주택을 직접 점유하여 거주하지 않고 그곳에 주민등록을 하지 아니한 경우라 하더라도, 임대인의 승낙을 받아 적법하게 임차주택을 전대하고 그 직접점유자인 전차인이 주택을 인도받아 자신의 주민등록을 마친 때에는 임차인은 대항요건을 적법하게 갖추었다고 볼 것이다(대판 2007.11.29, 2005다64255).

- **합법전대의 대항력 인정 여부**
  대항력을 갖춘 주택임차인이 임대인의 동의를 얻어 적법하게 임차권을 양도하거나 전대한 경우에 있어서 양수인이나 전차인이 임차인의 주민등록퇴거일로부터 「주민등록법」상의 전입신고기간 내에 전입신고를 마치고 주택을 인도받아 점유를 계속하고 있다면 원래의 임차인이 갖는 임차권의 대항력은 소멸되지 아니하고 동일성을 유지한 채로 존속한다고 보아야 한다(대판 1988.4.25, 87다카2509).

- **불법전대의 대항력 인정 여부**
  임차인이 비록 임대인으로부터 별도의 승낙을 얻지 아니하고 제3자에게 임차물을 사용·수익하도록 한 경우에 있어서도, 임차인의 해당 행위가 임대인에 대한 배신적 행위라고 할 수 없는 특별한 사정이 인정되는 경우에는, 임대인은 자신의 동의 없이 전대차가 이루어졌다는 것만을 이유로 임대차계약을 해지할 수 없으며, 전차인은 그 전대차나 그에 따른 사용·수익을 임대인에게 주장할 수 있다 할 것이다(대판 2007.11.29, 2005다64255).

- **용도변경된 경우 대항력 인정 여부**

  기존에 거주하고 있던 다가구주택이 다세대주택으로 전환된 경우에는 동·호수까지 기재한 변경신고를 다시 해야 하나 종전의 대항력은 그대로 유지된다(대판 2007.2.8, 2006다70516).

- **점유개정의 경우 대항력 인정 여부**

  자기 명의로 소유권이전등기를 경료하고 그 주민등록전입신고까지 마친 후 이에 거주한 자가 그 주택을 매도함과 동시에 매수인으로부터 다시 이를 임차하여 임차인의 자격으로 이에 거주하기로 약정하고 임대차계약을 체결한 후 매수인 명의로 등기가 경료된 경우, 매도인이 임차인으로서 가지는 대항력은 매수인 명의의 소유권이전등기가 경료된 다음 날부터 그 효력이 발생한다(대판 2000.2.11, 99다59306).

- **전세권등기를 마친 경우 대항력 인정 여부**

  주택임차인이 그 지위를 강화하고자 별도로 전세권설정등기를 마치더라도 주택임차인이 대항요건을 상실하면 이미 취득한 「주택임대차보호법」상의 대항력 및 우선변제권을 상실한다(대판 2007.6.28, 2004다69741).

- **직권말소된 주민등록의 대항력 인정 여부**

  시장, 군수 또는 구청장에 의하여 직권조치로 주민등록이 말소된 경우에도 직권말소 후 「주민등록법」 소정의 이의절차에 따라 그 말소된 주민등록이 회복되거나 재등록이 이루어짐으로써 주택임차인에게 주민등록을 유지할 의사가 있었다는 것이 명백히 드러난 경우에는 소급하여 그 대항력이 유지된다(대판 2003.7.25, 2003다25461).

- **주민등록 이전에 따른 대항력 인정 여부**

  주민등록이 주택임차인의 의사에 의하지 않고 제3자에 의하여 임의로 이전되었고 그와 같이 주민등록이 잘못 이전된 데 대하여 주택임차인에게 책임을 물을 만한 사유도 없는 경우, 주택임차인이 이미 취득한 대항력은 주민등록의 이전에도 불구하고 그대로 유지된다(대판 2000.9.29, 2000다37012).

- **임차인이 주택을 취득한 경우 임차권 존속 여부**

  임차주택의 양수인에게 대항할 수 있는 주택임차인이 해당 임차주택을 경락받아 그 대금을 납부함으로써 임차주택의 소유권을 취득한 때에는, 그 주택임차인은 임대인의 지위를 승계하는 결과, 그 임대차계약에 기한 채권이 혼동으로 인하여 소멸하게 되므로 그 임대차는 종료된 상태가 된다(대판 1998.9.25, 97다28650).

7 확정일자인 제도(우선변제권)

1. 의 의

확정일자인 제도란 임차인이 대항요건과 주택임대차계약서상에 확정일자를 받은 경우에는 임차주택이 경매 또는 공매되었을 경우에 경락된 금액에서 후순위권리자나 기타 채권자보다 우선하여 보증금을 변제받을 수 있는 권리를 말한다. 이 경우 확정일자인은 경매신청기입등기 후에 받았더라도 인정된다. 계약갱신으로 보증금이 인상된 경우에는 다시 확정일자를 받아야 인상된 보증금에 대하여도 우선변제권을 주장할 수 있다. 이 경우 인상된 보증금의 우선변제권의 발생시기는 다시 확정일자를 받은 날을 기준으로 한다. 보증금은 변동이 없고 단지 임대차기간을 변경·연장한 경우에는 확정일자를 다시 받을 필요가 없다.

2. 확정일자인의 방법 및 효력

(1) 방법 및 확정일자부 기재사항

확정일자인은 임차인 단독으로 신청할 수 있으며, 읍·면사무소, 동주민센터 또는 시(특별시·광역시·특별자치시는 제외하고, 특별자치도는 포함한다)·군·구(자치구를 말한다)의 출장소, 지방법원 및 그 지원과 등기소 또는 공증인이 부여한다. 확정일자부에 기재되는 사항은 다음과 같다.

---

① 확정일자번호
② 확정일자 부여일
③ 임대인·임차인의 인적사항
   ㉠ 자연인인 경우 : 성명, 주소, 주민등록번호(외국인은 외국인등록번호)
   ㉡ 법인이거나 법인 아닌 단체인 경우 : 법인명·단체명, 법인등록번호·부동산등기용등록번호, 본점·주사무소 소재지
④ 주택 소재지
⑤ 임대차목적물
⑥ 임대차기간
⑦ 차임·보증금
⑧ 신청인의 성명과 주민등록번호 앞 6자리(외국인은 외국인등록번호 앞 6자리)

확정일자를 받지 않은 경우에는 주택의 인도와 주민등록을 마쳤어도 우선변제권은 인정되지 아니한다. 확정일자를 받은 임대차계약서가 당사자 사이에 체결된 당해 임대차계약에 관한 것으로서 진정하게 작성된 이상 그 계약서에 임대차목적물을 표시하면서 아파트의 명칭과 그 전유부분의 동·호수의 기재를 누락하였다는 사유만으로 확정일자의 요건을 갖추지 못하였다고 볼 수 없다.

(2) 효력

① 대항요건과 확정일자인을 받은 임차인은 「민사집행법」에 의한 경매 또는 「국세징수법」에 의한 공매 시에 임차주택의 환가대금에서 후순위권리자나 기타 채권자보다 우선하여 보증금을 변제받을 권리가 있다. 이 경우 임차인은 우선변제청구권이 인정되므로 임대차계약기간 중이라도 경매절차가 진행되면 배당에 참가할 수 있으며, 후순위권리자나 기타 채권자에 우선하여 배당을 받을 수 있다.

② 확정일자인을 갖춘 대항력이 있는 임차인인 경우에는 매수인(낙찰자를 말한다)에게 대항할 수 있는 권리와 배당을 요구하여 우선변제권을 행사할 수 있는 권리를 겸유하고 있으므로 선택하여 행사할 수 있다. 이 경우 경락인에 대하여 대항력과 우선변제권을 겸유하고 있는 임차인이 먼저 우선변제권을 행사하여 경매절차에서 보증금 전액에 대하여 배당요구를 하였더라도 그 순위에 따른 배당이 실시될 경우 보증금 전액을 배당받을 수 없었던 때에는 그 잔액에 관하여 매수인에게 대항하여 이를 반환받을 때까지 임대차관계의 존속을 주장할 수 있으나, 그 후 그 주택에 새로이 경료된 저당권설정등기에 기한 경매절차에서는 배당에 참가할 수 없다.

③ 주택임대차 성립 당시 임대인의 소유였던 대지가 타인에게 양도되어 임차주택과 대지의 소유자가 서로 다르게 된 경우, 임차인이 대지의 환가대금에 대하여 우선변제권을 행사할 수 있다(대판 전합체 2007.6.21, 2004다26133).

④ 대항력을 갖춘 임차인이 저당권설정등기 이후에 임대인과의 합의에 의하여 보증금을 증액한 경우 보증금 중 증액부분에 관하여는 저당권에 기하여 건물을 낙찰받은 자에게 대항할 수 없다.

O X 확 인 문 제

임대차목적물을 표시하면서 아파트의 명칭과 그 전유부분의 동·호수의 기재를 누락하였다는 사유만으로 확정일자의 요건을 갖추지 못하였다고 볼 수 없다. ( )

정답 (○)

O X 확 인 문 제

대항요건과 확정일자인을 받은 임차인은 경매 또는 공매 시에 임차주택의 환가대금에서 선순위권리자나 기타 채권자보다 우선하여 보증금을 변제받을 권리가 있다. ( )

정답 (×)

대항요건과 확정일자인을 받은 임차인은 경매 또는 공매 시에 임차주택의 환가대금에서 후순위권리자나 기타 채권자보다 우선하여 보증금을 변제받을 권리가 있다.

⑤ 확정일자를 받았다고 해서 임차권이 물권으로 변하는 것이 아니므로 경매신청권 또는 전전세권 등이 주어지는 것은 아니다. 따라서 임대차기간이 만료되었음에도 임차보증금을 반환받지 못한 경우에 임차목적물에 대하여 경매를 신청하기 위해서는 임차보증금반환소송을 제기하여 확정판결을 받아야 한다. 임차인이 임차주택에 대하여 보증금반환청구소송의 확정판결이나 그 밖에 이에 준하는 집행권원에 따라서 경매를 신청하는 경우에는 반대의무의 이행이나 이행의 제공을 집행개시의 요건으로 하지 아니한다.

(3) 보증금의 수령

① 우선변제권을 행사하기 위해서는 배당요구의 종기까지 배당요구를 하여야 하며, 임차인이 임차주택을 양수인에게 인도하여야 경락대금에서 보증금을 받을 수 있다.

② 우선변제의 순위와 보증금에 대하여 이의가 있는 이해관계인은 경매법원이나 체납처분청에 이의를 신청할 수 있다. 이의신청이 있는 경우 이의신청을 받은 체납처분청은 이해관계인이 이의신청일로부터 7일 이내에 임차인을 상대로 소(訴)를 제기한 것을 증명하면 해당 소송이 끝날 때까지 이의가 신청된 범위에서 임차인에 대한 보증금의 변제를 유보하고 남은 금액을 배분하여야 한다. 이 경우 유보된 보증금은 소송의 결과에 따라 배분한다.

3. 임대차정보의 제공 등

(1) 정보의 제공요청

주택의 임대차에 이해관계가 있는 자는 확정일자부여기관에 해당 주택의 확정일자 부여일, 차임 및 보증금 등 정보의 제공을 요청할 수 있다. 이 경우 요청을 받은 확정일자부여기관은 정당한 사유 없이 이를 거부할 수 없다.

① **주택의 임대차에 이해관계가 있는 자의 범위** : 정보제공을 요청할 수 있는 주택의 임대차에 이해관계가 있는 자(이하 '이해관계인'이라 한다)는 다음의 어느 하나에 해당하는 자로 한다.

> ⊙ 해당 주택의 임대인·임차인
> ⓒ 해당 주택의 소유자
> ⓒ 해당 주택 또는 그 대지의 등기기록에 기록된 권리자 중 법무부령으로 정하는 자

  ⓔ 우선변제권을 승계한 금융기관

  ⓜ 임대인(임대인의 직계존속·직계비속을 포함한다)이 목적 주택에 실제
   거주하려는 사유로 인하여 계약의 갱신이 거절된 임대차계약의 임차인
   이었던 자

  ⓗ 위 ㉠부터 ㉣까지의 규정에 준하는 지위 또는 권리를 가지는 자로서 법
   무부령으로 정하는 자

② **요청할 수 있는 정보의 범위**

 ㉠ 해당 주택의 임대인·임차인 또는 임대인(임대인의 직계존속·직계비
  속을 포함한다)이 목적 주택에 실제 거주하려는 사유로 인하여 계약
  의 갱신이 거절된 임대차계약의 임차인이었던 자는 확정일자부여기
  관에 해당 임대차계약[임대인(임대인의 직계존속·직계비속 포함)이 목
  적 주택에 실제 거주하려는 사유로 인하여 계약의 갱신이 거절된 임대차계
  약의 임차인이었던 자의 경우에는 갱신 요구가 거절되지 않았더라면 갱신
  되었을 기간 중에 존속하는 임대차계약을 말한다]에 관한 다음의 사항의
  열람 또는 그 내용을 기록한 서면의 교부를 요청할 수 있다.

  ⓐ 임대차목적물
  ⓑ 임대인·임차인의 인적사항[임대인(임대인의 직계존속·직계비속을
   포함한다)이 목적 주택에 실제 거주하려는 사유로 인하여 계약의 갱
   신이 거절된 임대차계약의 임차인이었던 자는 임대인·임차인의 성
   명, 법인명 또는 단체명으로 한정한다]
  ⓒ 확정일자 부여일
  ⓓ 차임·보증금
  ⓔ 임대차기간

 ㉡ 해당 주택의 소유자, 해당 주택 또는 그 대지의 등기기록에 기록된
  권리자 중 법무부령으로 정하는 자, 우선변제권을 승계한 금융기관
  또는 정보제공을 요청할 수 있는 지위 또는 권리를 가지는 자로서
  법무부령으로 정하는 자이거나 임대차계약을 체결하려는 자는 확
  정일자부여기관에 다음의 사항의 열람 또는 그 내용을 기록한 서면
  의 교부를 요청할 수 있다.

  ⓐ 임대차목적물
  ⓑ 확정일자 부여일
  ⓒ 차임·보증금
  ⓓ 임대차기간

ⓒ ㉠ 및 ㉡에서 규정한 사항 외에 정보제공 요청에 필요한 사항은 법무부령으로 정한다.

(2) 임대차계약을 체결하려는 자는 임대인의 동의를 받아 확정일자부여기관에 앞의 **(1)**의 ①에 관한 정보제공을 요청할 수 있다.

(3) 수수료

확정일자를 부여받거나 정보를 제공받으려는 자는 수수료를 내야 한다.

① 확정일자부여기관에 내야 하는 수수료는 확정일자 부여에 관한 수수료와 정보제공에 관한 수수료를 구분하며, 그 구체적인 금액은 법무부령으로 정한다.

② 「국민기초생활 보장법」에 따른 수급자 등 법무부령으로 정하는 사람에 대해서는 수수료를 면제할 수 있다.

(4) 확정일자부에 기재하여야 할 사항, 주택의 임대차에 이해관계가 있는 자의 범위, 확정일자부여기관에 요청할 수 있는 정보의 범위 및 수수료, 그 밖에 확정일자 부여사무와 정보제공 등에 필요한 사항은 대통령령 또는 대법원규칙으로 정한다.

> **판례**
>
> • **우선변제권의 효력발생시점**
>   주택의 임차인이 주택의 인도와 주민등록을 마친 당일 또는 그 이전에 임대차계약증서상에 확정일자를 갖춘 경우 같은 법 제3조의2 제1항에 의한 우선변제권은 같은 법 제3조 제1항에 의한 대항력과 마찬가지로 <u>주택의 인도와 주민등록을 마친 다음 날</u>을 기준으로 발생한다(대판 1998.9.8, 98다26002).
>
> • **가압류권자와 우선변제권을 가진 임차인과의 배당관계**
>   우선변제권이 있는 임차인보다 선순위의 가압류채권자가 있는 경우에 우선변제권을 갖게 되는 임차보증금채권자는 <u>선순위의 가압류채권자와는 평등배당의 관계</u>에 있게 된다(대판 1992.10.13, 92다30597).

8 소액임차인의 우선변제권(최우선변제권)

1. 의 의

소액임차인의 우선변제권이란 임차주택이 경매 또는 공매되었을 경우에 일정보증금액 이하에 해당하는 소액임차인이 경매신청기입등기 전까지 대항요건을 갖춘 경우에는 그 소액임차인은 경락된 주택가액(대지가액을 포함한다)의 2분의 1 범위 안에서 보증금 중 일정금액을 다른 선순위담보권자나 기타 권리자보다 우선하여 변제받을 권리를 말한다.

2. 소액임차인의 범위 및 최우선변제금액

(1) 소액임차인의 해당 요건

소액임차인으로서 최우선변제권을 주장하기 위해서는 임차인이 경매신청기입등기 전까지 대항요건을 갖추어야 하며, 임차보증금이 소액이어야 한다. 최우선변제권을 주장할 수 있는 임차인은 주택의 인도 및 주민등록을 마친 임차인이면 족하다. 따라서 여기에 더하여 확정일자를 받은 임차인일 필요는 없다(대결 1995.6.5, 94마2134). 이 경우 소액임차인인지 여부는 임대차계약체결 시점과는 관계가 없고, 최선순위 담보물권이 설정된 날을 기준으로 판단한다. 따라서 임차인으로서 임대차계약을 체결하더라도 선순위담보권자와의 관계에서 「주택임대차보호법」의 종전 규정에 의할 경우 소액임차인에 해당되지 않을 수 있다.

(2) 소액임차인의 범위

현재 최우선변제를 받을 임차인은 보증금이 다음의 구분에 의한 금액 이하인 임차인으로 한다(영 제11조).

① 서울특별시 : 1억 6천500만원
② 과밀억제권역(서울특별시는 제외), 세종특별자치시, 용인시, 화성시, 김포시 : 1억 4천500만원
③ 광역시(과밀억제권역, 군지역 제외), 안산시, 광주시, 파주시, 이천시, 평택시 : 8천500만원
④ 그 밖의 지역 : 7천500만원

(3) 최우선변제금액

현재 최우선변제를 받을 보증금 중 일정액의 범위는 다음의 구분에 의한 금액 이하로 한다(영 제10조).

> ① 서울특별시 : 5천500만원
> ② 과밀억제권역(서울특별시는 제외), 세종특별자치시, 용인시, 화성시, 김포시 : 4천800만원
> ③ 광역시(과밀억제권역, 군지역 제외), 안산시, 광주시, 파주시, 이천시, 평택시 : 2천800만원
> ④ 그 밖의 지역 : 2천500만원

(4) 최우선변제권의 행사

① 임차인의 보증금 중 일정액이 주택가액의 2분의 1을 초과하는 경우에는 주택가액의 2분의 1에 해당하는 금액까지만 우선변제권이 있다.
② 하나의 주택에 임차인이 2명 이상이고, 그 각 보증금 중 일정액을 모두 합한 금액이 주택가액의 2분의 1을 초과하는 경우에는 그 각 보증금 중 일정액을 모두 합한 금액에 대한 각 임차인의 보증금 중 일정액의 비율로 그 주택가액의 2분의 1에 해당하는 금액을 분할한 금액을 각 임차인의 보증금 중 일정액으로 본다.
③ 하나의 주택에 임차인이 2명 이상이고, 이들이 그 주택에서 가정공동생활을 하는 경우에는 이들을 1명의 임차인으로 보아 이들의 각 보증금을 합산한다.
④ 경매신청기입등기 전에 소액이 아닌 임차보증금을 소액보증금의 범위 내로 감축하는 계약을 체결하였다면 소액임차인으로서 보호를 받을 수 있다.
⑤ 확정일자부 임차인이 소액임차인인 경우에는 소액임차인으로서의 권리를 행사하여 일정금액에 대하여는 최우선순위의 배당을 받는다. 그리고 지급받지 못한 금액이 있으면 나머지 임차보증금에 대하여는 확정일자임차인의 권리로서 우선변제권을 행사하여 순위에 따른 우선배당을 받을 수 있다.

■ 최우선변제대상 보증금액 및 최우선변제금액의 범위

선순위 담보물권설정일	지 역	보증금 규모	최우선변제액 (보호대상금액)
2010.7.26. ~ 2013.12.31.	서울특별시	7,500만원 이하	2,500만원까지
	인천광역시를 포함한 수도권 중 과밀억제권역(인천시의 군지역 제외)	6,500만원 이하	2,200만원까지
	광역시 및 경기도의 안산시, 용인시, 김포시, 광주시	5,500만원 이하	1,900만원까지
	그 밖의 지역	4,000만원 이하	1,400만원까지
2014.1.1. ~ 2016.3.30.	서울특별시	9,500만원 이하	3,200만원까지
	인천광역시를 포함한 수도권 중 과밀억제권역(인천시의 군지역 제외)	8,000만원 이하	2,700만원까지
	광역시(과밀억제권역, 군지역 제외), 세종특별자치시, 안산시, 용인시, 김포시, 광주시	6,000만원 이하	2,000만원까지
	그 밖의 지역	4,500만원 이하	1,500만원까지
2016.3.31. ~ 2018.9.17.	서울특별시	1억원 이하	3,400만원까지
	인천광역시를 포함한 수도권 중 과밀억제권역(인천시의 군지역 제외)	8,000만원 이하	2,700만원까지
	광역시(과밀억제권역, 군지역 제외), 세종특별자치시, 안산시, 용인시, 김포시, 광주시	6,000만원 이하	2,000만원까지
	그 밖의 지역	5,000만원 이하	1,700만원까지
2018.9.18. ~ 2021.5.10.	서울특별시	1억 1천만원 이하	3,700만원까지
	과밀억제권역(서울특별시는 제외), 세종특별자치시, 용인시, 화성시	1억원 이하	3,400만원까지
	광역시(과밀억제권역, 군지역 제외), 안산시, 김포시, 광주시, 파주시	6,000만원 이하	2,000만원까지
	그 밖의 지역	5,000만원 이하	1,700만원까지
2021.5.11. ~ 2023.2.20.	서울특별시	1억 5천만원 이하	5,000만원까지
	과밀억제권역(서울특별시는 제외), 세종특별자치시, 용인시, 화성시, 김포시	1억 3천만원 이하	4,300만원까지
	광역시(과밀억제권역, 군지역 제외), 안산시, 광주시, 파주시, 이천시, 평택시	7,000만원 이하	2,300만원까지
	그 밖의 지역	6,000만원 이하	2,000만원까지

	서울특별시	1억 6,500만원 이하	5,500만원까지
2023.2.21. ~ 현재	과밀억제권역(서울특별시는 제외), 세종특별자치시, 용인시, 화성시, 김포시	1억 4,500만원 이하	4,800만원
	광역시(과밀억제권역, 군지역 제외), 안산시, 광주시, 파주시, 이천시, 평택시	8,500만원	2,800만원
	그 밖의 지역	7,500만원	2,500만원

9 임차권등기명령제도

1. 의 의

임대차가 끝난 후 보증금이 반환되지 아니한 경우 임차인은 임차주택의 소재지를 관할하는 지방법원·지방법원지원 또는 시·군 법원에 임차권등기명령을 신청할 수 있다.

2. 임차권등기명령의 신청서 제출

임차권등기명령의 신청서에는 다음의 사항을 적어야 하며, 신청의 이유와 임차권등기의 원인이 된 사실을 소명하여야 한다.

> ① 신청의 취지 및 이유
> ② 임대차의 목적인 주택(임대차의 목적이 주택의 일부분인 경우에는 해당 부분의 도면을 첨부한다)
> ③ 임차권등기의 원인이 된 사실(임차인이 대항력을 취득하였거나 우선변제권을 취득한 경우에는 그 사실)
> ④ 그 밖에 대법원규칙으로 정하는 사항

3. 임차권등기의 촉탁

임차권등기명령신청을 받은 법원은 등기소에 임차권등기를 명하고, 등기관은 이를 기입한다. 임차권등기의 촉탁, 등기관의 임차권등기 기입 등 임차권등기명령을 시행하는 데에 필요한 사항은 대법원규칙으로 정한다.

4. 임차권등기의 효력

(1) 임차권등기명령의 집행에 의한 임차권등기가 경료되면 임차인은 대항력 및 우선변제권을 취득한다. 다만, 임차인이 임차권등기 이전에 이미 대항력 또는 우선변제권을 취득한 경우에는 그 대항력 또는 우선변제권은 그대로 유지된다.

(2) 임차권등기명령신청을 기각하는 결정에 대하여 임차인은 항고할 수 있다.

(3) 임차인은 임차권등기명령의 신청 및 그에 따른 임차권등기와 관련하여 소요된 비용을 임대인에게 청구할 수 있다.

(4) 임차권등기명령의 집행에 의한 임차권등기가 경료된 주택(임대차의 목적이 주택의 일부분인 경우에는 해당 부분에 한한다)을 그 이후에 임차한 임차인은 소액보증금의 우선변제(최우선변제)를 받을 권리가 없다. 그러나 확정일자인에 의한 우선변제는 받을 수 있다.

(5) 금융기관 등은 임차인을 대위하여 임차권등기명령을 신청할 수 있다.

> **◎ 참고** 「민법」에 따른 주택임대차등기의 효력
>
> 1. 「민법」에 따른 주택임대차등기의 효력에 관하여는 임차권등기명령에 따른 임차권등기 규정을 준용한다.
> 2. 임차인이 대항력이나 우선변제권을 갖추고 「민법」 제621조 제1항에 따라 임대인의 협력을 얻어 임대차등기를 신청하는 경우에는 신청서에 「부동산등기법」 제74조 제1호부터 제6호까지의 사항 외에 다음의 사항을 적어야 하며, 이를 증명할 수 있는 서면(임대차의 목적이 주택의 일부분인 경우에는 해당 부분의 도면을 포함한다)을 첨부하여야 한다.
>   ① 주민등록을 마친 날
>   ② 임차주택을 점유(占有)한 날
>   ③ 임대차계약증서상의 확정일자를 받은 날

O X 확 인 문 제

임차권등기명령신청을 기각하는 결정에 대하여 임차인은 항고할 수 없다. ( )

정답 (×)
임차권등기명령신청을 기각하는 결정에 대하여 임차인은 항고할 수 있다.

10 임차권의 승계

1. 상속인이 없는 경우

임차인이 상속권자 없이 사망한 경우에 그 주택에서 가정공동생활을 하던 사실상의 혼인관계에 있는 자는 임차인의 권리와 의무를 단독으로 승계한다. 임대차관계에서 생긴 채권·채무는 임차인의 권리와 의무를 승계한 자에게 귀속된다. 다만, 임차인이 사망한 후 1개월 이내에 임대인에 대하여 반대의사를 표시한 때에는 그러하지 아니하다.

2. 상속인이 있는 경우

(1) 가정공동생활을 하지 않는 경우

사망 당시 상속권자가 그 주택에서 가정공동생활을 하고 있지 아니한 때에는 그 주택에서 가정공동생활을 하던 사실상의 혼인관계에 있는 자와 2촌 이내의 친족은 공동으로 임차인의 권리와 의무를 승계한다. 임대차관계에서 생긴 채권·채무는 임차인의 권리와 의무를 승계한 자에게 귀속된다. 다만, 임차인이 사망한 후 1개월 이내에 임대인에 대하여 반대의사를 표시한 때에는 그러하지 아니하다.

(2) 가정공동생활을 하는 경우

사망 당시 상속권자가 그 주택에서 가정공동생활을 하고 있는 때에는 상속인이 단독승계하고, 가정공동생활을 하고 있는 사실혼관계의 배우자는 임차권을 승계받지 못한다.

11 차임 등의 증감청구권

1. 차임 등의 증감청구

당사자는 약정한 차임이나 보증금이 임차주택에 관한 조세, 공과금 그 밖의 부담의 증감이나 경제사정의 변동으로 인하여 적절하지 아니하게 된 때에는 장래에 대하여 그 증감을 청구할 수 있다.

2. 증액의 제한

(1) 기간의 제한

앞의 1.의 경우 증액청구는 임대차계약 또는 약정한 차임이나 보증금의 증액이 있은 후 1년 이내에는 하지 못한다.

(2) 금액의 제한

증액청구는 약정한 차임이나 보증금의 20분의 1의 금액을 초과하지 못한다. 다만, 특별시·광역시·특별자치시·도 및 특별자치도는 관할구역 내의 지역별 임대차시장 여건 등을 고려하여 본문의 범위에서 증액청구의 상한을 조례로 달리 정할 수 있다.

3. 합의갱신의 경우

임대차계약이 종료된 후 재계약을 하거나 또는 임대차계약 종료 전이라도 당사자의 합의로 차임 등이 증액된 경우에는 약정차임 또는 보증금의 20분의 1의 제한을 적용하지 않는다. 따라서 20분의 1 이상의 증액도 가능하다(대판 2002.6.28, 2002다23482).

12 월차임 전환 시 산정률의 제한

보증금의 전부 또는 일부를 월 단위의 차임으로 전환하는 경우에는 그 전환되는 금액에 다음의 **(1)**, **(2)** 중 낮은 비율을 곱한 월차임(月借賃)의 범위를 초과할 수 없다.

(1) 「은행법」에 따른 은행에서 적용하는 대출금리와 해당 지역의 경제 여건 등을 고려하여 대통령령으로 정하는 비율인 연 1할

(2) 한국은행에서 공시한 기준금리에 대통령령으로 정하는 이율인 연 2%를 더한 비율

13 주택임대차분쟁조정위원회

(1) 목 적

이 법의 적용을 받는 주택임대차와 관련된 분쟁을 심의·조정하기 위하여 「법률구조법」 제8조에 따른 대한법률구조공단(이하 '공단'이라 한다)의 지부, 「한국토지주택공사법」에 따른 한국토지주택공사(이하 '공사'라 한다)의 지사 또는 사무소 및 「한국부동산원법」에 따른 한국부동산원(이하 '부동산원'이라 한다)의 지사 또는 사무소에 주택임대차분쟁조정위원회(이하 '조정위원회'라 한다)를 둔다. 특별시·광역시·특별자치시·도 및 특별자치도(이하 '시·도라 한다)는 그 지방자치단체의 실정을 고려하여 조정위원회를 둘 수 있다. 이 경우 시·도가 조정위원회를 두는 경우 사무국의 조직 및 운영 등에 관한 사항은 그 지방자치단체의 실정을 고려하여 해당 시·도 조례로 정한다.

(2) 위원회의 심의·조정사항

조정위원회는 다음의 사항을 심의·조정한다.

> ① 차임 또는 보증금의 증감에 관한 분쟁
> ② 임대차기간에 관한 분쟁
> ③ 보증금 또는 임차주택의 반환에 관한 분쟁
> ④ 임차주택의 유지·수선 의무에 관한 분쟁
> ⑤ 그 밖에 대통령령으로 정하는 주택임대차에 관한 분쟁

(3) 조정위원회 사무국

조정위원회의 사무를 처리하기 위하여 조정위원회에 사무국을 둔다. 사무국의 조직 및 인력 등에 필요한 사항은 다음과 같다.

① 공단, 공사 및 부동산원의 지부, 지사 또는 사무소에 두는 조정위원회 사무국(이하 '사무국'이라 한다)에는 사무국장 1명을 두며, 사무국장 밑에 심사관 및 조사관을 둔다.

② 사무국장은 공단 이사장, 공사 사장 및 부동산원 원장이 각각 임명하며, 조정위원회의 위원(이하 '조정위원'이라 한다)을 겸직할 수 있다.

③ 심사관 및 조사관은 공단 이사장, 공사 사장 및 부동산원 원장이 각각 임명한다.

④ 사무국장은 사무국의 업무를 총괄하고, 소속 직원을 지휘·감독한다.

⑤ **심사관의 업무** : 심사관은 다음의 업무를 담당한다.

> ㉠ 분쟁조정신청 사건에 대한 쟁점정리 및 법률적 검토
> ㉡ 조사관이 담당하는 업무에 대한 지휘·감독
> ㉢ 그 밖에 위원장이 조정위원회의 사무 처리를 위하여 필요하다고 인정하는 업무

⑥ **조사관의 업무** : 조사관은 다음의 업무를 담당한다.

> ㉠ 조정신청의 접수
> ㉡ 분쟁조정 신청에 관한 민원의 안내
> ㉢ 조정당사자에 대한 송달 및 통지
> ㉣ 분쟁의 조정에 필요한 사실조사
> ㉤ 그 밖에 위원장이 조정위원회의 사무 처리를 위하여 필요하다고 인정하는 업무

⑦ 사무국장 및 심사관은 변호사의 자격이 있는 사람으로 한다.

(4) 겸직의 금지

사무국의 조정위원회 업무담당자는 「상가건물 임대차보호법」 제20조에 따른 상가건물임대차분쟁조정위원회 사무국의 업무를 제외하고 다른 직위의 업무를 겸직하여서는 아니 된다.

(5) 조정위원회의 구성 및 운영

① 조정위원회는 위원장 1명을 포함하여 5명 이상 30명 이하의 위원으로 성별을 고려하여 구성한다.

② 조정위원회의 위원은 조정위원회를 두는 기관에 따라 공단 이사장, 공사 사장, 부동산원 원장 또는 조정위원회를 둔 지방자치단체의 장이 각각 임명하거나 위촉한다.

③ 조정위원회의 위원은 주택임대차에 관한 학식과 경험이 풍부한 사람으로서 다음의 어느 하나에 해당하는 사람으로 한다. 이 경우 ㉠부터 ㉣까지에 해당하는 위원을 각 1명 이상 위촉하여야 하고, 위원 중 5분의 2 이상은 ㉡에 해당하는 사람이어야 한다.

> ㉠ 법학·경제학 또는 부동산학 등을 전공하고 대학이나 공인된 연구기관에서 부교수 이상 또는 이에 상당하는 직에 재직한 사람
> ㉡ 판사·검사 또는 변호사로 6년 이상 재직한 사람

> ⓒ 감정평가사·공인회계사·법무사 또는 공인중개사로서 주택임대차 관계 업무에 6년 이상 종사한 사람
>
> ⓔ 「사회복지사업법」에 따른 사회복지법인과 그 밖의 비영리법인에서 주택임대차분쟁에 관한 상담에 6년 이상 종사한 경력이 있는 사람
>
> ⓜ 해당 지방자치단체에서 주택임대차 관련 업무를 담당하는 4급 이상의 공무원
>
> ⓗ 그 밖에 주택임대차 관련 학식과 경험이 풍부한 사람으로서 대통령령으로 정하는 사람

④ 조정위원회의 위원장은 판사·검사 또는 변호사로 6년 이상 재직한 사람에 해당하는 위원 중에서 위원들이 호선한다.

⑤ 조정위원회위원장은 조정위원회를 대표하여 그 직무를 총괄한다.

⑥ 조정위원회위원장이 부득이한 사유로 직무를 수행할 수 없는 경우에는 조정위원회위원장이 미리 지명한 조정위원이 그 직무를 대행한다.

⑦ 조정위원의 임기는 3년으로 하되 연임할 수 있으며, 보궐위원의 임기는 전임자의 남은 임기로 한다.

⑧ 조정위원회는 조정위원회위원장 또는 판사·검사 또는 변호사로 6년 이상 재직한 사람에 해당하는 조정위원 1명 이상을 포함한 재적위원 과반수의 출석과 출석위원 과반수의 찬성으로 의결한다.

⑨ 그 밖에 조정위원회의 설치, 구성 및 운영 등에 필요한 사항은 대통령령으로 정한다.

(6) 조정부의 구성 및 운영

① 조정위원회는 분쟁의 효율적 해결을 위하여 3명의 조정위원으로 구성된 조정부를 둘 수 있다.

② 조정부에는 판사·검사 또는 변호사로 6년 이상 재직한 사람이 1명 이상 포함되어야 하며, 그중에서 조정위원회위원장이 조정부의 장을 지명한다.

③ 조정부는 다음의 사항을 심의·조정한다.

> ⓐ 주택임대차분쟁 중 대통령령으로 정하는 금액 이하의 분쟁
> ⓑ 조정위원회가 사건을 특정하여 조정부에 심의·조정을 위임한 분쟁

④ 조정부는 조정부의 장을 포함한 재적위원 과반수의 출석과 출석위원 과반수의 찬성으로 의결한다.

⑤ 조정부가 내린 결정은 조정위원회가 결정한 것으로 본다.

⑥ 그 밖에 조정부의 설치, 구성 및 운영 등에 필요한 사항은 대통령령으로 정한다.

(7) 조정위원의 결격사유

「국가공무원법」 제33조의 어느 하나에 해당하는 사람은 조정위원이 될 수 없다.

① 피성년후견인

② 파산선고를 받고 복권되지 아니한 자

③ 금고 이상의 실형을 선고받고 그 집행이 끝나거나(집행이 끝난 것으로 보는 경우를 포함한다) 집행이 면제된 날부터 5년이 지나지 아니한 자

④ 금고 이상의 형의 집행유예를 선고받고 그 집행유예기간이 끝난 날부터 2년이 지나지 아니한 자

⑤ 금고 이상의 형의 선고유예를 받은 경우에 그 선고유예기간 중에 있는 자

⑥ 법원의 판결 또는 다른 법률에 따라 자격이 상실되거나 정지된 자

⑦ 공무원으로 재직기간 중 직무와 관련하여 「형법」 제355조 및 제356조에 규정된 죄를 범한 자로서 300만원 이상의 벌금형을 선고받고 그 형이 확정된 후 2년이 지나지 아니한 자

⑧ 다음의 어느 하나에 해당하는 죄를 범한 사람으로서 100만원 이상의 벌금형을 선고받고 그 형이 확정된 후 3년이 지나지 아니한 사람
   ㉠ 「성폭력범죄의 처벌 등에 관한 특례법」 제2조에 따른 성폭력범죄
   ㉡ 「정보통신망 이용촉진 및 정보보호 등에 관한 법률」 제74조 제1항 제2호 및 제3호에 규정된 죄
   ㉢ 「스토킹범죄의 처벌 등에 관한 법률」 제2조 제2호에 따른 스토킹범죄

⑨ 미성년자에 대한 다음의 어느 하나에 해당하는 죄를 저질러 파면·해임되거나 형 또는 치료감호를 선고받아 그 형 또는 치료감호가 확정된 사람(집행유예를 선고받은 후 그 집행유예기간이 경과한 사람 포함)
   ㉠ 「성폭력범죄의 처벌 등에 관한 특례법」 제2조에 따른 성폭력범죄
   ㉡ 「아동·청소년의 성보호에 관한 법률」 제2조 제2호에 따른 아동·청소년 대상 성범죄

⑩ 징계로 파면처분을 받은 때부터 5년이 지나지 아니한 자

⑪ 징계로 해임처분을 받은 때부터 3년이 지나지 아니한 자

(8) 조정위원의 신분보장

① 조정위원은 자신의 직무를 독립적으로 수행하고 주택임대차분쟁의 심리 및 판단에 관하여 어떠한 지시에도 구속되지 아니한다.

② 조정위원은 다음의 어느 하나에 해당하는 경우를 제외하고는 그 의사에 반하여 해임 또는 해촉되지 아니한다.

> ㉠ 조정위원의 결격사유에 해당하는 경우
> ㉡ 신체상 또는 정신상의 장애로 직무를 수행할 수 없게 된 경우

(9) 조정위원의 제척 등

① 조정위원이 다음의 어느 하나에 해당하는 경우 그 직무의 집행에서 제척된다.

> ㉠ 조정위원 또는 그 배우자나 배우자이었던 사람이 해당 분쟁사건의 당사자가 되는 경우
> ㉡ 조정위원이 해당 분쟁사건의 당사자와 친족관계에 있거나 있었던 경우
> ㉢ 조정위원이 해당 분쟁사건에 관하여 진술, 감정 또는 법률자문을 한 경우
> ㉣ 조정위원이 해당 분쟁사건에 관하여 당사자의 대리인으로서 관여하거나 관여하였던 경우

② 사건을 담당한 조정위원에게 제척의 원인이 있는 경우에는 조정위원회는 직권 또는 당사자의 신청에 따라 제척의 결정을 한다.

③ 당사자는 사건을 담당한 조정위원에게 공정한 직무집행을 기대하기 어려운 사정이 있는 경우 조정위원회에 기피신청을 할 수 있다.

④ 기피신청에 관한 결정은 조정위원회가 하고, 해당 조정위원 및 당사자 쌍방은 그 결정에 불복하지 못한다.

⑤ 기피신청이 있는 때에는 조정위원회는 그 신청에 대한 결정이 있을 때까지 조정절차를 정지하여야 한다.

⑥ 조정위원은 위 ① 또는 ③에 해당하는 경우 조정위원회의 허가를 받지 아니하고 해당 분쟁사건의 직무집행에서 회피할 수 있다.

(10) 조정의 신청

① 주택임대차분쟁의 당사자는 해당 주택이 소재하는 지역을 관할하는 조정위원회에 분쟁의 조정을 신청할 수 있다.

② 조정위원회는 신청인이 조정을 신청할 때 조정절차 및 조정의 효력 등 분쟁조정에 관하여 대통령령으로 정하는 사항을 안내하여야 한다.

③ **신청의 각하사유** : 조정위원회의 위원장은 다음의 어느 하나에 해당하는 경우 신청을 각하한다. 이 경우 그 사유를 신청인에게 통지하여야 한다.

    ⊙ 이미 해당 분쟁조정사항에 대하여 법원에 소가 제기되거나 조정신청이 있은 후 소가 제기된 경우

    ⓛ 이미 해당 분쟁조정사항에 대하여 「민사조정법」에 따른 조정이 신청된 경우나 조정신청이 있은 후 같은 법에 따른 조정이 신청된 경우

    ⓒ 이미 해당 분쟁조정사항에 대하여 이 법에 따른 조정위원회에 조정이 신청된 경우나 조정신청이 있은 후 조정이 성립된 경우

    ⓔ 조정신청 자체로 주택임대차에 관한 분쟁이 아님이 명백한 경우

    ⓜ 피신청인이 조정절차에 응하지 아니한다는 의사를 통지한 경우

    ⓗ 신청인이 정당한 사유 없이 조사에 응하지 아니하거나 2회 이상 출석요구에 응하지 아니한 경우

(11) 조정절차

① 조정위원회의 위원장은 신청인으로부터 조정신청을 접수한 때에는 지체 없이 조정절차를 개시하여야 한다.

② 조정위원회의 위원장은 위 ①에 따라 조정신청을 접수하면 피신청인에게 조정신청서를 송달하여야 한다. 이 경우 **(10)**의 ②를 준용한다.

③ 조정서류의 송달 등 조정절차에 관하여 필요한 사항은 대통령령으로 정한다.

(12) 처리기간

① 조정위원회는 분쟁의 조정신청을 받은 날부터 60일 이내에 그 분쟁조정을 마쳐야 한다. 다만, 부득이한 사정이 있는 경우에는 조정위원회의 의결을 거쳐 30일의 범위에서 그 기간을 연장할 수 있다.

② 조정위원회는 기간을 연장한 경우에는 기간연장의 사유와 그 밖에 기간연장에 관한 사항을 당사자에게 통보하여야 한다.

(13) 조사 등

① 조정위원회는 조정을 위하여 필요하다고 인정하는 경우 신청인, 피신청인, 분쟁 관련 이해관계인 또는 참고인에게 출석하여 진술하게 하거나 조정에 필요한 자료나 물건 등을 제출하도록 요구할 수 있다.

② 조정위원회는 조정을 위하여 필요하다고 인정하는 경우 조정위원 또는 사무국의 직원으로 하여금 조정 대상물 및 관련 자료에 대하여 조사하게 하거나 자료를 수집하게 할 수 있다. 이 경우 조정위원이나 사무국의 직원은 그 권한을 표시하는 증표를 지니고 이를 관계인에게 내보여야 한다.

③ 조정위원회위원장은 특별시장, 광역시장, 특별자치시장, 도지사 및 특별자치도지사(이하 '시·도지사'라 한다)에게 해당 조정업무에 참고하기 위하여 인근지역의 확정일자 자료, 보증금의 월차임 전환율 등 적정 수준의 임대료 산정을 위한 자료를 요청할 수 있다. 이 경우 시·도지사는 정당한 사유가 없으면 조정위원회위원장의 요청에 따라야 한다.

(14) 조정을 하지 아니하는 결정

① 조정위원회는 해당 분쟁이 그 성질상 조정을 하기에 적당하지 아니하다고 인정하거나 당사자가 부당한 목적으로 조정을 신청한 것으로 인정할 때에는 조정을 하지 아니할 수 있다.

② 조정위원회는 조정을 하지 아니하기로 결정하였을 때에는 그 사실을 당사자에게 통지하여야 한다.

(15) 조정의 성립

① 조정위원회가 조정안을 작성한 경우에는 그 조정안을 지체 없이 각 당사자에게 통지하여야 한다.

② 조정안을 통지받은 당사자가 통지받은 날부터 14일 이내에 수락의 의사를 서면으로 표시하지 아니한 경우에는 조정을 거부한 것으로 본다.

③ 각 당사자가 조정안을 수락한 경우에는 조정안과 동일한 내용의 합의가 성립된 것으로 본다.

④ 합의가 성립한 경우 조정위원회위원장은 조정안의 내용을 조정서로 작성한다. 조정위원회위원장은 각 당사자 간에 금전 그 밖의 대체물의 지급 또는 부동산의 인도에 관하여 강제집행을 승낙하는 취지의 합의가 있는 경우에는 그 내용을 조정서에 기재하여야 한다.

(16) 집행력의 부여

강제집행을 승낙하는 취지의 내용이 기재된 조정서의 정본은 「민사집행법」 제56조에도 불구하고 집행력 있는 집행권원과 같은 효력을 가진다. 다만, 청구에 관한 이의의 주장에 대하여는 그 이의의 이유가 변론이 종결된 뒤(변론 없이 한 판결의 경우에는 판결이 선고된 뒤)에 생긴 것이라는 제한이 없다.

(17) 비밀유지의무

조정위원, 사무국의 직원 또는 그 직에 있었던 자는 다른 법률에 특별한 규정이 있는 경우를 제외하고는 직무상 알게 된 정보를 타인에게 누설하거나 직무상 목적 외에 사용하여서는 아니 된다.

(18) 다른 법률의 준용

조정위원회의 운영 및 조정절차에 관하여 이 법에서 규정하지 아니한 사항에 대하여는 「민사조정법」을 준용한다.

14 주택임대차표준계약서 사용

주택임대차계약을 서면으로 체결할 때에는 법무부장관이 국토교통부장관과 협의하여 정하는 주택임대차표준계약서를 우선적으로 사용한다. 다만, 당사자가 다른 서식을 사용하기로 합의한 경우에는 그러하지 아니하다.

15 「소액사건심판법」의 적용

임차인이 임대인에 대하여 제기하는 보증금반환청구소송에 관하여는 「소액사건심판법」을 준용한다.

> **기출&예상 문제**
>
> **01** 개업공인중개사가 「주택임대차보호법」의 적용에 관하여 설명한 내용으로 틀린 것을 모두 고른 것은? (다툼이 있으면 판례에 따름) • 34회
>
> ㉠ 주택의 미등기 전세계약에 관하여는 「주택임대차보호법」을 준용한다.
> ㉡ 주거용 건물에 해당하는지 여부는 임대차목적물의 공부상의 표시만을 기준으로 정하여야 한다.
> ㉢ 임차권등기 없이 우선변제청구권이 인정되는 소액임차인의 소액보증금반환채권은 배당요구가 필요한 배당요구채권에 해당하지 않는다.
>
> ① ㉠   ② ㉡   ③ ㉠, ㉢
> ④ ㉡, ㉢   ⑤ ㉠, ㉡, ㉢
>
> **해설** ㉡ 「주택임대차보호법」 제2조 소정의 주거용 건물에 해당하는지 여부는 임대차목적물의 공부상의 표시만을 기준으로 할 것이 아니라, 그 실지용도에 따라서 정하여야 하고 건물의 일부가 임대차의 목적이 되어 주거용과 비주거용으로 겸용되는 경우에는 구체적인 경우에 따라 그 임대차의 목적, 전체 건물과 임대차목적물의 구조와 형태 및 임차인의 임대차목적물의 이용관계, 그리고 임차인이 그곳에서 일상생활을 영위하는지 여부 등을 아울러 고려하여 합목적적으로 결정하여야 한다(대판 1996.3.12, 95다51953).
> ㉢ 임차권등기 없이 우선변제청구권이 인정되는 소액임차인의 소액보증금반환채권은 배당요구가 필요한 배당요구채권에 해당한다.
>
> 정답 ④

02 개업공인중개사가 중개의뢰인에게 「주택임대차보호법」의 내용에 관하여 설명한 것으로 <u>틀린</u> 것은? (단, 임차인은 자연인임)　•33회

① 「주택임대차보호법」은 주거용 건물의 임대차에 적용되며, 그 임차주택의 일부가 주거 외의 목적으로 사용되는 경우에도 적용된다.

② 임차인의 계약갱신요구권의 행사를 통해 갱신되는 임대차의 존속기간은 2년으로 본다.

③ 임차인은 임차주택에 대한 경매신청의 등기 전에 대항요건을 갖추지 않은 경우에도 보증금 중 일정액에 대해서는 다른 담보물권자보다 우선하여 변제받을 권리가 있다.

④ 임차인이 대항력을 갖춘 경우 임차주택의 양수인은 임대인의 지위를 승계한 것으로 본다.

⑤ 임차권등기명령의 집행에 따른 임차권등기를 마친 임차인은 이후 대항요건을 상실하더라도 이미 취득한 대항력 또는 우선변제권을 상실하지 아니한다.

> **해설** ③ 임차주택이 경매 또는 공매되었을 경우에 일정보증금액 이하에 해당하는 소액임차인이 경매신청기입등기 전까지 대항요건을 갖춘 경우, 그 소액임차인은 경락된 주택가액(대지가액을 포함한다)의 2분의 1 범위 안에서 보증금 중 일정금액을 다른 선순위담보권자나 기타 권리자보다 우선하여 변제받을 권리가 있다.
>
> 　　　　　　　　　　　　　　　　　　　　　　　　　　　　　　　　　　　　정답 ③

제4절　상가건물 임대차보호법

•24회 •25회 •26회 •27회 •28회 •29회 •30회 •31회 •33회

1 제정목적

「상가건물 임대차보호법」은 상가건물의 임대차에 관하여 「민법」에 대한 특례를 규정함으로써 이러한 상가건물의 임대차에서 사회적·경제적 약자인 임차인들을 보호하고 임차인들의 경제생활의 안정성을 도모하기 위하여 2001년 12월 29일 제정되어 2002년 11월 1일부터 시행되고 있다. 상가건물의 임대차에 관하여는 「민법」의 임대차에 관한 규정에 우선하여 동법이 적용된다. 이 법의 규정에 위반된 약정으로서 상가임차인에게 불리한 것은 그 효력이 없다.

2 적용대상

1. 대상건물

「상가건물 임대차보호법」은 사업자등록의 대상이 되는 영업용 건물의 임대차에 대하여 적용되며, 개인·법인을 불문하고 적용된다. 상가건물의 주된 부분을 영업용으로 사용하는 경우에도 적용된다. 그러나 비영리단체의 건물에 대한 임대차(예 동창회 사무실 등)에는 적용되지 않는다. 또한 이 법은 일시사용을 위한 임대차임이 명백한 경우에도 이를 적용하지 아니한다.

2. 적용범위

(1) 적용대상 보증금액

이 법은 상가건물의 임대차(임대차 목적물의 주된 부분을 영업용으로 사용하는 경우를 포함한다)에 대하여 적용한다. 다음의 상가건물임대차위원회의 심의를 거쳐 대통령령으로 정하는 보증금액의 범위를 초과하는 임대차는 그러하지 아니하다.

구 분	「상가건물 임대차보호법」 적용대상 보증금액
서울특별시	9억원 이하
「수도권정비계획법」에 따른 과밀억제권역(서울특별시는 제외) 및 부산광역시	6억 9천만원 이하
광역시(과밀억제권역에 포함된 지역과 군지역, 부산광역시는 제외), 세종특별자치시, 파주시, 화성시, 안산시, 용인시, 김포시 및 광주시	5억 4천만원 이하
그 밖의 지역	3억 7천만원 이하

(2) 보증금을 초과하는 임대차의 경우에도 적용되는 규정

다음의 경우는 보증금을 초과하는 임대차의 경우도 적용된다.

---

① 대항력 등(법 제3조)
  ㉠ 임대차는 그 등기가 없는 경우에도 임차인이 건물의 인도와 사업자등록을 신청하면 그 다음 날부터 제3자에 대하여 효력이 생긴다.
  ㉡ 임차건물의 양수인(그 밖에 임대할 권리를 승계한 자를 포함한다)은 임대인의 지위를 승계한 것으로 본다.
② 계약갱신의 특례(법 제10조의2) : 보증금액을 초과하는 임대차의 계약갱신의 경우에는 당사자는 상가건물에 관한 조세, 공과금, 주변 상가건물의 차임 및 보증금, 그 밖의 부담이나 경제사정의 변동 등을 고려하여 차임과 보증금의 증감을 청구할 수 있다.

O X 확 인 문 제

임차인이 인천광역시 강화군 소재 상가건물을 보증금 1억 5천만원, 월차임 50만원으로 임차한 경우 「상가건물 임대차보호법」의 적용을 받는다. • 24회

( )

정답 (○)

③ 권리금 관련 규정(법 제10조의3 ~ 7)
　　㉠ 권리금의 정의 등(법 제10조의3)
　　㉡ 권리금 회수기회 보호 등(법 제10조의4)
　　㉢ 권리금 적용 제외(법 제10조의5)
　　㉣ 표준권리금계약서의 작성 등(법 제10조의6) : 국토교통부장관은 법무
　　　부장관과 협의를 거쳐 임차인과 신규임차인이 되려는 자의 권리금 계약
　　　체결을 위한 표준권리금계약서를 정하여 그 사용을 권장할 수 있다.
　　㉤ 권리금 평가기준의 고시(법 제10조의7)
④ 차임연체와 해지(법 제10조의8)
⑤ 계약갱신 요구 등에 관한 임시 특례(법 제110조의9)
⑥ **표준계약서의 작성 등(법 제19조)** : 법무부장관은 국토교통부장관과 협의
　를 거쳐 보증금, 차임액, 임대차기간, 수선비 분담 등의 내용이 기재된 상가
　건물임대차표준계약서를 정하여 그 사용을 권장할 수 있다.
⑦ 계약갱신 요구 등(법 제10조 제1항·제2항·제3항 본문)
⑧ **폐업으로 인한 임차인의 해지권(법 제11조의2)**
　　㉠ 임차인은 「감염병의 예방 및 관리에 관한 법률」에 따른 집합 제한 또는
　　　금지 조치(운영시간을 제한한 조치를 포함한다)를 총 3개월 이상 받음으
　　　로써 발생한 경제사정의 중대한 변동으로 폐업한 경우에는 임대차계약을
　　　해지할 수 있다.
　　㉡ 위 ㉠에 따른 해지는 임대인이 계약해지의 통고를 받은 날부터 3개월이
　　　지나면 효력이 발생한다.

(3) 보증금 외에 차임이 있는 경우

보증금 외에 차임이 있는 경우의 차임액은 월 단위의 차임액으로 하되, 비
율은 1분의 100이다.

■▪ 「상가건물 임대차보호법」 적용대상 보증금액

구 분	「상가건물 임대차보호법」 적용대상 보증금액			
	2008.8.21. ~	2010.7.26. ~	2014.1.1. ~ 2018.1.25.	2018.1.26. ~ 2019.4.1.
서울특별시	2억 6천만원 이하	3억원 이하	4억원 이하	6억 1천만원 이하
과밀억제권역 (서울특별시 제외)	2억 1천만원 이하	2억 5천만원 이하	3억원 이하	5억원 이하
광역시 (인천광역시 제외) 및 김포시 등	1억 6천만원 이하	1억 8천만원 이하	2억 4천만원 이하	3억 9천만원 이하
기타 지역	1억 5천만원 이하	1억 5천만원 이하	1억 8천만원 이하	2억 7천만원 이하

3 존속기간의 보장

1. 최소기간의 보장

(1) 기간의 정함이 없거나 기간을 1년 미만으로 정한 임대차는 그 기간을 1년으로 본다. 다만, 임차인은 1년 미만으로 정한 기간이 유효함을 주장할 수 있다.

(2) 임대차가 종료한 경우에도 임차인이 보증금을 반환받을 때까지는 임대차 관계는 존속하는 것으로 본다.

(3) 임차권은 임차건물에 대하여 「민사집행법」에 따른 경매가 실시된 경우에는 그 임차건물이 매각되면 소멸한다. 다만, 보증금이 전액 변제되지 아니한 대항력이 있는 임차권은 그러하지 아니하다.

2. 묵시적 갱신(법정갱신)

임대인이 임대차기간 만료 전 6개월부터 1개월까지의 기간 내에 임차인에 대하여 갱신거절의 통지 또는 조건의 변경에 대한 통지를 하지 아니한 경우에는 그 기간이 만료된 때에 전 임대차와 동일한 조건으로 다시 임대차한 것으로 본다. 이 경우에 임대차의 존속기간은 1년으로 본다. 이 경우 임차인은 언제든지 임대인에 대하여 계약해지의 통고를 할 수 있고, 임대인이 그 통고를 받은 날로부터 3개월이 경과하면 그 효력이 발생한다. 따라서 「상가건물 임대차보호법」에 의하면 임차인에 관한 법정갱신 규정은 없다.

3. 계약갱신 요구 등

(1) 임대인은 임차인이 임대차기간 만료 전 6개월부터 1개월까지 사이에 행하는 계약갱신 요구에 대하여 정당한 사유 없이 이를 거절하지 못한다.

(2) 임차인의 계약갱신요구권은 최초의 임대차기간을 포함한 전체 임대차기간이 10년을 초과하지 않는 범위 내에서만 행사할 수 있다.

(3) 갱신되는 임대차는 전 임대차와 동일한 조건으로 다시 계약된 것으로 본다. 다만, 차임과 보증금은 갱신청구 당시의 차임 또는 보증금의 100분의 5의 금액을 초과하지 아니하는 범위 안에서 증액할 수 있다.

(4) 임대인은 다음의 어느 하나의 경우에는 임차인의 갱신 요구를 거절할 수 있다.

> ① 임차인이 3기의 차임액에 해당하는 금액에 이르도록 차임을 연체한 사실이 있는 경우
> ② 임차인이 거짓이나 그 밖의 부정한 방법으로 임차한 경우
> ③ 서로 합의하여 임대인이 임차인에게 상당한 보상을 제공한 경우
> ④ 임차인이 임대인의 동의 없이 목적건물의 전부 또는 일부를 전대한 경우
> ⑤ 임차인이 임차한 건물의 전부 또는 일부를 고의 또는 중대한 과실로 파손한 경우
> ⑥ 임차한 건물의 전부 또는 일부가 멸실되어 임대차의 목적을 달성하지 못할 경우
> ⑦ 임대인이 다음의 어느 하나에 해당하는 사유로 목적건물의 전부 또는 대부분을 철거하거나 재건축하기 위해 목적건물의 점유를 회복할 필요가 있는 경우
>   ⊙ 임대차계약체결 당시 공사시기 및 소요기간 등을 포함한 철거 또는 재건축계획을 임차인에게 구체적으로 고지하고 그 계획에 따르는 경우
>   ⓛ 건물이 노후·훼손 또는 일부 멸실되는 등 안전사고의 우려가 있는 경우
>   ⓒ 다른 법령에 따라 철거 또는 재건축이 이루어지는 경우
> ⑧ 그 밖에 임차인이 임차인으로서의 의무를 현저히 위반하거나 임대차를 계속하기 어려운 중대한 사유가 있는 경우

4. 계약갱신의 특례

보증금액을 초과하는 임대차의 계약갱신의 경우에는 당사자는 상가건물에 관한 조세, 공과금, 주변 상가건물의 차임 및 보증금 그 밖의 부담이나 경제사정의 변동 등을 고려하여 차임과 보증금의 증감을 청구할 수 있다.

5. 전대차의 계약갱신요구권

계약갱신요구권의 규정은 전대인과 전차인의 전대차관계에도 적용된다. 또한, 임대인의 동의를 받고 전대차계약을 체결한 전차인은 임차인의 계약갱신요구권 행사기간 범위 내에서 임차인을 대위하여 임대인에게 계약갱신요구권을 행사할 수 있다.

4 대항력

1. 상가건물 임차권의 대항력

임대차는 그 등기가 없는 경우에도 임차인이 대항요건을 갖춘 때(건물의 인도와 사업자등록을 신청한 때)에는 그 다음 날부터 제3자에 대하여 효력이 생긴다. 임차건물의 양수인(그 밖에 임대할 권리를 승계한 자를 포함한다)은 임대인의 지위를 승계한 것으로 본다. 임차권은 임차건물에 대하여 「민사집행법」에 의한 경매가 행하여진 경우에는 그 임차건물의 경락에 의하여 소멸한다. 다만, 보증금이 전액 변제되지 아니한 대항력이 있는 임차권은 그러하지 아니하다.

2. 상가건물 임대인의 지위승계

상가건물의 양수인(그 밖에 임대할 권리를 승계한 자를 포함한다)은 임대인의 지위를 승계한 것으로 본다.

3. 보증금의 회수

(1) 임차인이 임차건물에 대하여 보증금반환청구소송의 확정판결이나 그 밖에 이에 준하는 집행권원에 따라서 경매를 신청하는 경우에는 집행개시요건에 관한 「민사집행법」에도 불구하고 반대의무의 이행이나 이행의 제공을 집행개시의 요건으로 하지 아니한다.

(2) 대항요건과 임대차계약증서상의 확정일자를 갖춘 임차인은 「민사집행법」에 따른 경매 또는 「국세징수법」에 따른 공매를 할 때에 임차건물(임대인 소유의 대지를 포함한다)의 환가대금에서 후순위권리자나 그 밖의 채권자보다 우선하여 보증금을 변제받을 권리가 있다.

(3) 임차인은 임차건물을 양수인에게 인도하지 아니하면 위 **(2)**에 따른 보증금을 받을 수 없다.

(4) 우선변제의 순위와 보증금에 대하여 이의가 있는 이해관계인은 경매법원이나 체납처분청에 이의를 신청할 수 있다.

O X 확 인 문 제

임차인이 경매를 신청하는 경우 반대의무의 이행이나 이행의 제공을 집행개시의 요건으로 한다.
( )

정답 (×)
임차인이 경매를 신청하는 경우 반대의무의 이행이나 이행의 제공을 집행개시의 요건으로 하지 않는다.

(5) 이의신청을 받은 체납처분청은 이해관계인이 이의신청일로부터 7일 이내에 임차인 또는 우선변제권을 승계한 금융기관 등을 상대로 소를 제기한 것을 증명하면, 해당 소송이 끝날 때까지 이의가 신청된 범위에서 임차인 또는 우선변제권을 승계한 금융기관 등에 대한 보증금의 변제를 유보하고 남은 금액을 배분하여야 한다. 이 경우 유보된 보증금은 소송의 결과에 따라 배분한다.

(6) 다음의 금융기관 등이 우선변제권을 취득한 임차인의 보증금반환채권을 계약으로 양수한 경우에는 양수한 금액의 범위에서 우선변제권을 승계한다.

> ① 「은행법」에 따른 은행
> ② 「중소기업은행법」에 따른 중소기업은행
> ③ 「한국산업은행법」에 따른 한국산업은행
> ④ 「농업협동조합법」에 따른 농협은행
> ⑤ 「수산업협동조합법」에 따른 수협은행
> ⑥ 「우체국예금·보험에 관한 법률」에 따른 체신관서
> ⑦ 「보험업법」의 보증보험을 보험종목으로 허가받은 보험회사
> ⑧ 그 밖에 위 ①부터 ⑦까지에 준하는 것으로서 대통령령으로 정하는 기관

(7) 우선변제권을 승계한 금융기관 등은 다음의 어느 하나에 해당하는 경우에는 우선변제권을 행사할 수 없다.

> ① 임차인이 대항요건을 상실한 경우
> ② 임차권등기가 말소된 경우
> ③ 임대차등기가 말소된 경우

(8) 금융기관 등은 우선변제권을 행사하기 위하여 임차인을 대리하거나 대위하여 임대차를 해지할 수 없다.

5 확정일자 부여 및 임대차정보의 제공 등

1. 확정일자 부여 및 임대차정보 제공

(1) 확정일자는 상가건물의 소재지 관할 세무서장이 부여한다.

(2) 관할 세무서장은 해당 상가건물의 소재지, 확정일자 부여일, 차임 및 보증금 등을 기재한 확정일자부를 작성하여야 한다. 이 경우 전산정보처리조직을 이용할 수 있다.

(3) 상가건물의 임대차에 이해관계가 있는 자는 관할 세무서장에게 해당 상가건물의 확정일자 부여일, 차임 및 보증금 등 정보의 제공을 요청할 수 있다. 이 경우 요청을 받은 관할 세무서장은 정당한 사유 없이 이를 거부할 수 없다.

(4) 임대차계약을 체결하려는 자는 임대인의 동의를 받아 관할 세무서장에게 정보제공을 요청할 수 있다.

(5) 관할 세무서장은 임대차계약이 변경되거나 갱신된 경우 임차인의 신청에 따라 새로운 확정일자를 부여한다.

(6) 확정일자부에 기재하여야 할 사항

관할 세무서장이 작성하는 확정일자부에 기재할 사항은 다음과 같다.

① 확정일자번호
② 확정일자 부여일
③ 임대인·임차인의 인적사항
  ㉠ **자연인인 경우** : 성명, 주민등록번호(외국인은 외국인등록번호)
  ㉡ **법인인 경우** : 법인명, 대표자 성명, 법인등록번호
  ㉢ **법인 아닌 단체인 경우** : 단체명, 대표자 성명, 사업자등록번호·고유번호
④ 임차인의 상호 및 법 제3조 제1항에 따른 사업자등록번호
⑤ 상가건물의 소재지, 임대차 목적물 및 면적
⑥ 임대차기간
⑦ 보증금·차임

(7) 상가건물의 임대차에 이해관계가 있는 자의 범위에 필요한 사항

정보의 제공을 요청할 수 있는 상가건물의 임대차에 이해관계가 있는 자는 다음의 어느 하나에 해당하는 자로 한다.

① 해당 상가건물 임대차계약의 임대인·임차인
② 해당 상가건물의 소유자
③ 해당 상가건물 또는 그 대지의 등기부에 기록된 권리자 중 법무부령으로 정하는 자
④ 법 제5조 제7항에 따라 우선변제권을 승계한 금융기관 등
⑤ 위 ①~④에서 규정한 자에 준하는 지위 또는 권리를 가지는 자로서 임대차 정보의 제공에 관하여 법원의 판결을 받은 자

O X 확 인 문 제

「상가건물 임대차보호법」상 임대차계약을 체결하려는 자는 임대인의 동의를 받아 관할 동주민센터에 정보제공을 요청할 수 있다.
( )

정답 (×)
「상가건물 임대차보호법」상 임대차계약을 체결하려는 자는 임대인의 동의를 받아 관할 세무서장에 정보제공을 요청할 수 있다.

2. 우선변제권의 보장

대항요건을 갖추고 관할 세무서장으로부터 임대차계약서상의 확정일자를 받은 임차인은 「민사집행법」에 따른 경매 또는 「국세징수법」에 따른 공매 시 임차건물(임대인 소유의 대지를 포함한다)의 환가대금에서 후순위권리자나 그 밖의 채권자보다 우선하여 보증금을 변제받을 권리가 있다.

3. 우선변제권 행사요건

(1) 임차인은 배당요구의 종기까지 배당을 요구하여야 배당에 참가할 수 있다.

(2) 임차인은 임차건물을 양수인에게 인도하지 아니하면 보증금을 배당받을 수 없다.

(3) 우선변제의 순위와 보증금에 대하여 이의가 있는 이해관계인은 경매법원 또는 체납처분청에 이의를 신청할 수 있다. 이의신청을 받은 체납처분청은 이해관계인이 이의신청일로부터 7일 이내에 임차인 또는 우선변제권을 승계한 금융기관 등을 상대로 소(訴)를 제기한 것을 증명한 때에는 그 소송이 종결될 때까지 이의가 신청된 범위에서 임차인 또는 우선변제권을 승계한 금융기관 등에 대한 보증금의 변제를 유보하고 남은 금액을 배분하여야 한다. 이 경우 유보된 보증금은 소송 결과에 따라 배분한다.

4. 임차인의 경매신청권 보장

임차인이 임차건물에 대하여 보증금반환청구소송의 확정판결 그 밖에 이에 준하는 집행권원에 의하여 경매를 신청하는 경우에는 반대의무의 이행이나 이행의 제공을 집행개시의 요건으로 하지 아니한다.

6 최우선변제권

1. 최우선변제권

(1) 소액임차인은 보증금 중 일정액을 다른 선순위담보물권자나 기타 채권자보다 우선하여 변제받을 권리가 있다. 이 경우 임차인은 긴물에 대한 경매신청의 등기 전에 내항요건을 갖추어야 한다.

(2) 최우선변제를 받을 임차인 및 보증금 중 일정액의 범위와 기준은 임대건물 가액(임대인 소유의 대지가액을 포함한다)의 2분의 1 범위에서 해당 지역의 경제 여건, 보증금 및 차임 등을 고려하여 제14조의2에 따른 상가건물임 대차위원회의 심의를 거쳐 대통령령으로 정한다.

(3) 하나의 상가건물에 임차인이 2인 이상이고, 그 각 보증금 중 일정액의 합 산액이 상가건물가액의 2분의 1을 초과하는 경우에는 그 각 보증금 중 일 정액의 합산액에 대한 각 임차인의 보증금 중 일정액의 비율로 그 상가건 물가액의 2분의 1에 해당하는 금액을 분할한 금액을 각 임차인의 보증금 중 일정액으로 본다.

2. 최우선변제권의 적용범위

현재 최우선변제를 받을 수 있는 임차인의 보증금액의 범위는 다음과 같다.

① 서울특별시 : 6천500만원
② 「수도권정비계획법」에 따른 과밀억제권역(서울특별시는 제외한다) : 5천 500만원
③ 광역시(수도권정비계획법에 따른 과밀억제권역에 포함된 지역과 군지역 은 제외한다), 안산시, 용인시, 김포시 및 광주시 : 3천800만원
④ 그 밖의 지역 : 3천만원

3. 최우선변제를 받을 보증금의 범위

현재 보증금 중에서 최우선변제를 받을 수 있는 보증금액의 범위는 다음과 같다.

① 서울특별시 : 2천200만원
② 「수도권정비계획법」에 따른 과밀억제권역(서울특별시는 제외한다) : 1천 900만원
③ 광역시(수도권정비계획법에 따른 과밀억제권역에 포함된 지역과 군지역 은 제외한다), 안산시, 용인시, 김포시 및 광주시 : 1천300만원
④ 그 밖의 지역 : 1천만원

구 분	보증금액 및 최우선변제금액		
	2002.11.1.부터	2010.7.26.부터	2014.1.1.부터
서울특별시	4,500만원 이하 / 1,350만원까지	5,000만원 이하 / 1,500만원까지	6,500만원 이하 / 2,200만원까지
과밀억제권역 (서울특별시 제외)	3,900만원 이하 / 1,170만원까지	4,500만원 이하 / 1,350만원까지	5,500만원 이하 / 1,900만원까지
광역시(인천광역시 제외) 및 김포시 등	3,000만원 이하 / 900만원까지	3,000만원 이하 / 900만원까지	3,800만원 이하 / 1,300만원까지
기타 지역	2,500만원 이하 / 750만원까지	2,500만원 이하 / 750만원까지	3,000만원 이하 / 1,000만원까지

7 임차권등기명령

1. 임차권등기명령의 신청

(1) 임대차가 종료된 후 보증금을 돌려받지 못한 임차인은 임차건물의 소재지를 관할하는 지방법원, 지방법원지원 또는 시·군 법원에 임차권등기명령을 신청할 수 있다.

(2) 신청 시 기재사항

임차권등기명령을 신청할 때에는 다음의 사항을 기재하여야 하며, 신청 이유 및 임차권등기의 원인이 된 사실을 소명하여야 한다.

> ① 신청 취지 및 이유
> ② 임대차의 목적인 건물(임대차의 목적이 건물의 일부분인 경우에는 그 부분의 도면을 첨부한다)
> ③ 임차권등기의 원인이 된 사실(임차인이 제3조 제1항에 따른 대항력을 취득하였거나 우선변제권을 취득한 경우에는 그 사실)
> ④ 그 밖에 대법원규칙으로 정하는 사항

(3) 임차권등기명령신청을 기각하는 결정에 대하여 임차인은 항고할 수 있다.

2. 비용청구

임차인은 임차권등기명령의 신청 및 그에 따른 임차권등기와 관련하여 든 비용 올 임대인에게 청구할 수 있다.

3. 임차권등기명령의 효력

(1) 임차권등기명령의 집행에 따른 임차권등기를 마치면 임차인은 대항력과 확정일자인에 의한 우선변제권을 취득한다. 다만, 임차인이 임차권등기 이전에 이미 대항력 또는 우선변제권을 취득한 경우에는 그 대항력 또는 우선변제권이 그대로 유지되며, 임차권등기 이후에는 대항요건을 상실하더라도 이미 취득한 대항력 또는 우선변제권을 상실하지 아니한다.

(2) 임차권등기명령의 집행에 따른 임차권등기를 마친 건물(임대차의 목적이 건물의 일부분인 경우에는 그 부분으로 한정한다)을 그 이후에 임차한 임차인은 소액임차인에 의한 우선변제(최우선변제)를 받을 권리가 없다. 그러나 확정일자인에 의한 우선변제는 받을 권리가 있다.

(3) 우선변제권을 승계한 금융기관 등은 임차인을 대위하여 임차권등기명령을 신청할 수 있다.

> **⊕ 보충 임대차등기의 효력**
>
> 1. 상가임대차등기의 효력에 관하여는 주택임차권등기명령에 따른 임차권등기 규정을 준용한다.
> 2. 임차인이 대항력이나 우선변제권을 갖추고 임대인의 협력을 얻어 임대차등기를 신청하는 경우에는 신청서에 다음의 사항을 적어야 하며, 이를 증명할 수 있는 서면(임대차의 목적이 주택의 일부분인 경우에는 해당 부분의 도면을 포함한다)을 첨부하여야 한다.
>   ① 사업자등록을 신청한 날
>   ② 임차건물을 점유한 날
>   ③ 임대차계약서상의 확정일자를 받은 날

8 차임증감청구권

(1) 차임 또는 보증금이 임차건물에 관한 조세, 공과금 그 밖의 부담의 증감이나 「감염병의 예방 및 관리에 관한 법률」 제2조 제2호에 따른 제1급 감염병 등에 의한 경제사정의 변동으로 인하여 상당하지 아니하게 된 경우에는 당사자는 장래의 차임 또는 보증금에 대하여 증감을 청구할 수 있다. 다만, 증액의 경우에는 기존의 차임 또는 보증금의 100분의 5를 초과하여 차임 또는 보증금을 증액할 수 없다.

O X 확 인 문 제

임차인이 임차권등기 이후에 대항요건을 상실하더라도 이미 취득한 대항력 또는 우선변제권을 상실하지 아니한다.　(　)

정답 (○)

(2) 증액청구는 임대차계약 또는 약정한 차임 등의 증액이 있은 후 1년 이내에는 하지 못한다.

(3) 「감염병의 예방 및 관리에 관한 법률」 제2조 제2호에 따른 제1급 감염병에 의한 경제사정의 변동으로 차임 등이 감액된 후 임대인이 위 **(1)**에 따라 증액을 청구하는 경우에는 증액된 차임 등이 감액 전 차임 등의 금액에 달할 때까지는 기존의 차임 또는 보증금의 100분의 5를 초과하여 차임 또는 보증금을 증액할 수 없다는 위 **(1)**의 단서를 적용하지 아니한다.

9 권리금보호 규정

1. 권리금의 정의

(1) 권리금

권리금이란 임대차 목적물인 상가건물에서 영업을 하는 자 또는 영업을 하려는 자가 영업시설·비품, 거래처, 신용, 영업상의 노하우, 상가건물의 위치에 따른 영업상의 이점 등 유형·무형의 재산적 가치의 양도 또는 이용대가로서 임대인, 임차인에게 보증금과 차임 이외에 지급하는 금전 등의 대가를 말한다.

(2) 권리금계약

권리금계약이란 신규임차인이 되려는 자가 임차인에게 권리금을 지급하기로 하는 계약을 말한다.

2. 권리금 회수기회 보호 등

(1) 권리금 지급방해 금지

임대인은 임대차기간이 끝나기 6개월 전부터 임대차 종료 시까지 다음의 어느 하나에 해당하는 행위를 함으로써 권리금계약에 따라 임차인이 주선한 신규임차인이 되려는 자로부터 권리금을 지급받는 것을 방해하여서는 아니 된다. 다만, 임대인이 임차인의 계약갱신 요구를 거절할 수 있는 사유에 해당하는 경우에는 그러하지 아니하다.

> ① 임차인이 주선한 신규임차인이 되려는 자에게 권리금을 요구하거나 임차인이 주선한 신규임차인이 되려는 자로부터 권리금을 수수하는 행위

② 임차인이 주선한 신규임차인이 되려는 자로 하여금 임차인에게 권리금을 지급하지 못하게 하는 행위
③ 임차인이 주선한 신규임차인이 되려는 자에게 상가건물에 관한 조세, 공과금, 주변 상가건물의 차임 및 보증금 그 밖의 부담에 따른 금액에 비추어 현저히 고액의 차임과 보증금을 요구하는 행위
④ 그 밖에 정당한 사유 없이 임대인이 임차인이 주선한 신규임차인이 되려는 자와 임대차계약의 체결을 거절하는 행위

(2) 계약체결의 거절사유

다음의 어느 하나에 해당하는 경우에는 임대인이 임차인이 주선한 신규임차인이 되려는 자와 임대차계약의 체결을 거절할 수 있는 정당한 사유가 있는 것으로 본다.

① 임차인이 주선한 신규임차인이 되려는 자가 보증금 또는 차임을 지급할 자력이 없는 경우
② 임차인이 주선한 신규임차인이 되려는 자가 임차인으로서의 의무를 위반할 우려가 있거나 그 밖에 임대차를 유지하기 어려운 상당한 사유가 있는 경우
③ 임대차 목적물인 상가건물을 1년 6개월 이상 영리목적으로 사용하지 아니한 경우
④ 임대인이 선택한 신규임차인이 임차인과 권리금계약을 체결하고 그 권리금을 지급한 경우

(3) 손해배상책임

임대인이 권리금 관련 규정을 위반하여 임차인에게 손해를 발생하게 한 때에는 그 손해를 배상할 책임이 있다. 이 경우 그 손해배상액은 신규임차인이 임차인에게 지급하기로 한 권리금과 임대차 종료 당시의 권리금 중 낮은 금액을 넘지 못한다.

(4) 손해배상청구권의 소멸시효

임대인에게 손해배상을 청구할 권리는 임대차가 종료한 날부터 3년 이내에 행사하지 아니하면 시효의 완성으로 소멸한다.

(5) 정보의 제공

임차인은 임대인에게 임차인이 주선한 신규임차인이 되려는 자의 보증금 및 차임을 지급할 자력 또는 그 밖에 임차인으로서의 의무를 이행할 의사 및 능력에 관하여 자신이 알고 있는 정보를 제공하여야 한다.

O X 확 인 문 제

임대인에게 손해배상을 청구할 권리는 임대차가 종료한 날부터 2년 이내에 행사하지 아니하면 시효의 완성으로 소멸한다.

( )

정답 (×)

임대인에게 손해배상을 청구할 권리는 임대차가 종료한 날부터 3년 이내에 행사하지 아니하면 시효의 완성으로 소멸한다.

3. 권리금 적용 제외

권리금 회수기회 보호규정은 다음의 어느 하나에 해당하는 상가건물 임대차의 경우에는 적용하지 아니한다.

> ① 임대차 목적물인 상가건물이 「유통산업발전법」 제2조에 따른 대규모점포 또는 준대규모점포의 일부인 경우(다만, 전통시장 및 상점가 육성을 위한 특별법 제2조 제1호에 따른 전통시장은 제외한다)
> ② 임대차 목적물인 상가건물이 「국유재산법」에 따른 국유재산 또는 「공유재산 및 물품 관리법」에 따른 공유재산인 경우

4. 표준권리금계약서의 작성 등

국토교통부장관은 법무부장관과 협의를 거쳐 임차인과 신규임차인이 되려는 자의 권리금 계약 체결을 위한 표준권리금계약서를 정하여 그 사용을 권장할 수 있다.

5. 권리금 평가기준의 고시

국토교통부장관은 권리금에 대한 감정평가의 절차와 방법 등에 관한 기준을 고시할 수 있다.

6. 차임연체와 해지

임차인의 차임연체액이 3기의 차임액에 달하는 때에는 임대인은 계약을 해지할 수 있다.

10 전대차관계에 대한 적용 등

계약갱신 요구 등(법 제10조), 계약갱신의 특례(법 제10조의2), 차임연체와 해지(법 제10조의8), 계약갱신 요구 등에 관한 임시 특례(법 제10조의9), 차임 등의 증감청구권(법 제11조), 월차임 전환 시 산정률의 제한(법 제12조)은 전대인과 전차인의 전대차관계에 적용한다.

11 월차임 전환 시 산정률 제한

연 12%와 한국은행 공시기준금리에 4.5배를 곱한 비율 중 낮은 비율을 초과할 수 없다.

12 분쟁조정위원회

(1) 목 적

이 법의 적용을 받는 상가건물 임대차와 관련된 분쟁을 심의·조정하기 위하여 대통령령으로 정하는 바에 따라 「법률구조법」 제8조에 따른 대한법률구조공단의 지부, 「한국토지주택공사법」에 따른 한국토지주택공사의 지사 또는 사무소 및 「한국부동산원법」에 따른 한국부동산원의 지사 또는 사무소에 상가건물임대차분쟁조정위원회(이하 '조정위원회'라 한다)를 둔다. 특별시·광역시·특별자치시·도 및 특별자치도는 그 지방자치단체의 실정을 고려하여 조정위원회를 둘 수 있다. 시·도가 조정위원회를 두는 경우 사무국의 조직 및 운영 등에 관한 사항은 그 지방자치단체의 실정을 고려하여 해당 지방자치단체의 조례로 정한다.

(2) 상가건물임대차분쟁조정위원회의 설치

상가건물임대차분쟁조정위원회(이하 '조정위원회'라 한다)를 두는 「법률구조법」 제8조에 따른 대한법률구조공단(이하 '공단'이라 한다), 「한국토지주택공사법」에 따른 한국토지주택공사(이하 '공사'라 한다) 및 「한국부동산원법」에 따른 한국부동산원(이하 '부동산원'이라 한다)의 지부, 지사 또는 사무소와 그 관할구역은 다음과 같다.

▪▪ 조정위원회의 설치 및 관할구역

기 관	지부, 지사 또는 사무소	관할구역
공 단	서울중앙지부	서울특별시, 강원도
	수원지부	인천광역시, 경기도
	대전지부	대전광역시, 세종특별자치시, 충청북도, 충청남도
	대구지부	대구광역시, 경상북도
	부산지부	부산광역시, 울산광역시, 경상남도
	광주지부	광주광역시, 전라북도, 전라남도, 제주특별자치도

공사	충북지역본부	충청북도
	제주지역본부	제주특별자치도
부동산원	서울동부지사	서울특별시
	전주지사	전라북도
	춘천지사	강원도
	고양지사	경기도
	성남지사	
	대전지사	세종특별자치시
	포항지사	경상북도
	인천지사	인천광역시
	창원지사	경상남도
	울산지사	울산광역시

(3) 위원회의 심의·조정사항

조정위원회는 다음의 사항을 심의·조정한다.

---

① 차임 또는 보증금의 증감에 관한 분쟁
② 임대차기간에 관한 분쟁
③ 보증금 또는 임차상가건물의 반환에 관한 분쟁
④ 임차상가건물의 유지·수선 의무에 관한 분쟁
⑤ 권리금에 관한 분쟁
⑥ 다음의 상가건물 임대차에 관한 분쟁
  ㉠ 임대차계약의 이행 및 임대차계약 내용의 해석에 관한 분쟁
  ㉡ 임대차계약 갱신 및 종료에 관한 분쟁
  ㉢ 임대차계약의 불이행 등에 따른 손해배상청구에 관한 분쟁
  ㉣ 공인중개사 보수 등 비용부담에 관한 분쟁
  ㉤ 상가건물임대차표준계약서의 사용에 관한 분쟁
  ㉥ 그 밖에 위 ㉠부터 ㉤까지의 규정에 준하는 분쟁으로서 조정위원회의 위
    원장이 조정이 필요하다고 인정하는 분쟁

---

(4) 조정위원회 사무국

조정위원회의 사무를 처리하기 위하여 조정위원회에 사무국을 둔다. 사무
국의 조직 및 인력 등에 필요한 사항은 다음과 같다.

① 공단, 공사 또는 부동산원의 지부, 지사 또는 사무소에 두는 조정위원
  회의 사무국(이하 '사무국'이라 한다)에는 사무국장 1명을 각각 두며, 사
  무국장 밑에 심사관 및 조사관을 각각 둔다.

② 사무국장은 공단 이사장, 공사 사장 및 부동산원 원장이 각각 임명하며, 조정위원회의 위원을 겸직할 수 있다.

③ 심사관 및 조사관은 공단 이사장, 공사 사장 및 부동산원 원장이 각각 임명한다.

④ 사무국장은 사무국의 업무를 총괄하고, 소속 직원을 지휘·감독한다.

⑤ **심사관의 업무** : 심사관은 다음의 업무를 담당한다.

> ㉠ 분쟁조정 신청사건에 대한 쟁점정리 및 법률적 검토
> ㉡ 조사관이 담당하는 업무에 대한 지휘·감독
> ㉢ 그 밖에 조정위원회의 위원장이 조정위원회의 사무 처리를 위하여 필요하다고 인정하는 업무

⑥ **조사관의 업무** : 조사관은 다음의 업무를 담당한다.

> ㉠ 분쟁조정 신청의 접수
> ㉡ 분쟁조정 신청에 관한 민원의 안내
> ㉢ 조정당사자에 대한 송달 및 통지
> ㉣ 분쟁의 조정에 필요한 사실조사
> ㉤ 그 밖에 조정위원회의 위원장이 조정위원회의 사무 처리를 위하여 필요하다고 인정하는 업무

⑦ 사무국장 및 심사관은 변호사의 자격이 있는 사람으로 한다.

(5) 겸직의 금지

사무국의 조정위원회 업무담당자는 「주택임대차보호법」 제14조에 따른 주택임대차분쟁조정위원회 사무국의 업무를 제외하고 다른 직위의 업무를 겸직하여서는 아니 된다.

(6) 준용규정

① 조정위원회에 대하여는 이 법에 규정한 사항 외에는 주택임대차분쟁조정위원회에 관한 「주택임대차보호법」 제14조부터 제29조까지의 규정을 준용한다. 이 경우 '주택임대차분쟁조정위원회'는 '상가건물임대차분쟁조정위원회'로 본다.

② 공무원이 아닌 상가건물임대차위원회의 위원 및 상가건물임대차분쟁조정위원회의 위원은 「형법」 제127조, 제129조부터 제132조까지의 규정을 적용할 때에는 공무원으로 본다.

13 표준계약서의 작성 등

법무부장관은 국토교통부장관과 협의를 거쳐 보증금, 차임액, 임대차기간, 수선비 분담 등의 내용이 기재된 상가건물임대차표준계약서를 정하여 그 사용을 권장할 수 있다.

■■ 「주택임대차보호법」과 「상가건물 임대차보호법」 비교

구 분	「주택임대차보호법」	「상가건물 임대차보호법」
적용범위	주거용 건물의 임대차	상가건물의 임대차 (9억원 · 6억 9천 · 5억 4천 · 3억 7천)
대항력	대항요건 (주택인도 + 주민등록)	대항요건 (건물인도 + 사업자등록)
우선변제권	대항요건 + 확정일자 (읍 · 면 · 동주민센터 등)	대항요건 + 확정일자 (세무서장)
최우선변제받을 임차인의 범위	1억 6,500 · 1억 4,500 · 8,500 · 7,500	6,500 · 5,500 · 3,800 · 3,000
최우선변제받을 보증금의 범위	5,500 · 4,800 · 2,800 · 2,500	2,200 · 1,900 · 1,300 · 1,000
임대건물가액 중 최우선변제받을 금액의 한도	2분의 1의 범위 내	2분의 1의 범위 내
최단기간의 보장	2년	1년
차임 등의 증액범위	5% 이내	5% 이내
월차임 전환 시 산정률 제한	연 10%와 한국은행 공시기준금리에 대통령령이 정하는 이율인 연 2%를 더한 비율을 초과금지	연 12%와 한국은행 공시기준금리에 4.5배를 곱한 수를 초과금지

기출&예상 문제

개업공인중개사가 중개의뢰인에게 「상가건물 임대차보호법」의 내용에 관하여 설명한 것으로 옳은 것을 모두 고른 것은?

• 33회

㉠ 대통령령으로 정하는 보증금액을 초과하는 임대차인 경우에도 「상가건물 임대차보호법」상 권리금에 관한 규정이 적용된다.

㉡ 임차인이 2기의 차임액에 해당하는 금액에 이르도록 차임을 연체한 사실이 있는 경우, 임대인은 임차인의 계약갱신 요구를 거절할 수 있다.

㉢ 임대인의 동의를 받고 전대차계약을 체결한 전차인은 임차인의 계약갱신 요구권 행사기간 이내에 임차인을 대위하여 임대인에게 계약갱신요구권을 행사할 수 있다.

① ㉠

② ㉡

③ ㉠, ㉢

④ ㉡, ㉢

⑤ ㉠, ㉡, ㉢

해설 ㉡ 임차인이 3기의 차임액에 해당하는 금액에 이르도록 차임을 연체한 사실이 있는 경우, 임대인은 임차인의 계약갱신 요구를 거절할 수 있다. 임대인은 다음의 경우에는 임차인의 갱신 요구를 거절할 수 있다.

1. 임차인이 3기의 차임액에 해당하는 금액에 이르도록 차임을 연체한 사실이 있는 경우
2. 임차인이 거짓이나 그 밖의 부정한 방법으로 임차한 경우
3. 서로 합의하여 임대인이 임차인에게 상당한 보상을 제공한 경우
4. 임차인이 임대인의 동의 없이 목적건물의 전부 또는 일부를 전대한 경우
5. 임차인이 임차한 건물의 전부 또는 일부를 고의 또는 중대한 과실로 파손한 경우
6. 임차한 건물의 전부 또는 일부가 멸실되어 임대차의 목적을 달성하지 못할 경우
7. 임대인이 다음의 어느 하나에 해당하는 사유로 목적건물의 전부 또는 대부분을 철거하거나 재건축하기 위해 목적건물의 점유를 회복할 필요가 있는 경우
   ㉠ 임대차계약체결 당시 공사시기 및 소요기간 등을 포함한 철거 또는 재건축계획을 임차인에게 구체적으로 고지하고 그 계획에 따르는 경우
   ㉡ 건물이 노후·훼손 또는 일부 멸실되는 등 안전사고의 우려가 있는 경우
   ㉢ 다른 법령에 따라 철거 또는 재건축이 이루어지는 경우
8. 그 밖에 임차인이 임차인으로서의 의무를 현저히 위반하거나 임대차를 계속하기 어려운 중대한 사유가 있는 경우

정답 ③

법원경매 및 공매

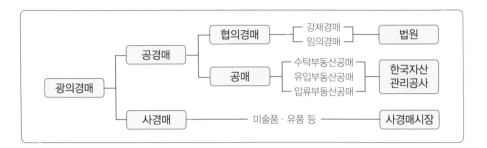

1 **법원경매** ・25회 ・26회 ・27회 ・28회 ・29회 ・30회 ・31회 ・33회 ・34회

1. 경매 일반

(1) 의 의

일반적으로 '경매'라 함은 매도인이 다수의 매수희망자에게 매수의 청약을 하게 하고, 그중에서 최고가격으로 청약을 한 사람에게 매도의 승낙을 함으로써 이루어지는 매매형식을 말한다.

(2) 경매진행의 근거법률

법원경매는 「민사집행법」에 근거하여 진행된다. 이 책에서는 「민사집행법」상의 경매를 설명한다.

(3) 경매진행방식

매각기일에 입찰 및 개찰하게 하는 기일입찰방식, 입찰기간 내에 입찰하게 하여 매각기일에 개찰하는 기간입찰방식, 매각기일에 하는 가격을 호창하여 매수인을 정하는 호가경매방식 세 가지 방식이 있다. 이 세 가지 방식 중에서 집행법원이 직권으로 그 방식을 정할 수 있다.

> ⊘ 참고 **「민사집행법」의 주요 특징**
>
> 1. 미등기건물도 강제집행 가능
>   미등기건물 중 「건축법」에 의한 건축신고 또는 건축허가를 마쳤으나 사용승인을 받지 않아 보존등기를 마치지 못하는 건물에 대하여 그 실체를 인정하여 부동산집행방법에 의한 강제집행을 가능하게 하였다.

2. 1기일 2회 입찰제 가능

종전에는 동일 물건에 대해 하루 한 번 입찰을 실시하여 유찰되면 약 1개월 후에 새매각(최저입찰가의 20% 저감)을 실시하였으나, 「민사집행법」에서는 입찰기일에 유찰될 경우 같은 날 오후 2회 입찰(최저입찰가의 저감 없음)을 실시하여 신속한 환가절차로 채권자는 권리구제를 신속하게 받을 수 있고, 채무자는 이자부담과 경매비용의 증가를 방지할 수 있게 하였다.

3. 기간입찰제 실시 가능

현행 기일입찰제 이외에도 또 다른 입찰방법으로 일정한 기간을 정한 입찰기간 내에 입찰하게 하여 입찰기간 종료 후 경매기일에 개찰하여 경락자를 결정하도록 함으로써 원격지 거주자 등도 경매참여가 용이해지는 등 국민들의 적극적인 매수유도를 꾀하였다. 입찰방식의 선택은 각 집행법원이 할 수 있으므로 각 법원마다 입찰방법이 달라질 수 있다.

4. 입찰보증금의 인하

종전에는 참여자가 써낸 응찰가의 10%의 해당 금액을 입찰보증금으로 내야 하였으나, 「민사집행법」에서는 개인별 응찰가에 관계없이 최저매각가의 10%를 내면 되며, 보증금은 현금이나 자기앞수표뿐만 아니라 은행이 보증한 지급보증위탁계약서도 가능하게 하여 현금부담을 줄여줌으로써 서민의 참여확대를 꾀하였다.

5. 항고남용의 방지

낙찰허가결정에 대하여 항고를 제기하는 모든 항고인에게 항고 시 낙찰대금의 10%에 해당하는 보증금을 공탁하도록 하고, 항고가 기각되면 보증금을 몰수하도록 함으로써 채무자, 소유자 등의 무분별한 항고의 남용을 방지하여 집행절차를 신속하게 하였다.

6. 낙찰대금지급기한제

종전에는 대금지급기일에 낙찰대금을 납입하도록 하였으나, 「민사집행법」에서는 매각허가결정이 확정되면 법원이 대금지급기한을 정하여 주고 낙찰자는 그 대금지급기한 내에 낙찰대금을 지급하도록 함으로써 신속하게 낙찰부동산의 소유권을 취득할 수 있도록 하여 경매가 취소되는 등 불이익의 가능성이 줄어들게 하고 낙찰자의 지위를 안정시켰다.

2. 법원경매의 종류

(1) 강제경매(집행권원에 기한 경매)

강제경매란 임차인, 가압류권자 등 채권자가 임대인, 채무자 등 소유의 부동산을 압류, 환가하여 그 매각대금을 가지고 채권자의 금전채권의 만족을 얻음을 목적으로 하는 강제집행절차 중의 하나이다. 이는 채무자의 일반재산에 대한 집행으로서, 예견되지 않은 경매이다. 강제경매는 인적 책임의 성질이 강하다. 강제경매신청을 하기 위해서는 집행권원이 있어야 한다.

O X 확 인 문 제

집행권원을 확보하여 경매를 실행시키는 경우를 임의경매라고 한다. ( )

정답 (×)

집행권원을 확보하여 경매를 실행시키는 경우를 강제경매라고 한다.

집행권원이란 일정한 사법상의 급부청구권의 존재 및 범위를 표시함과 동시에 법률이 강제집행에 의하여 그 청구권을 실현할 수 있는 집행력을 인정한 공정의 증서이다. 집행권원이 될 수 있는 것은 다음과 같다.

> ① 확정된 이행판결
> ② 가집행선고부 판결
> ③ 확정된 지급명령
> ④ 이행집행권이 부여된 각종 조서(화해조서·조정조서·청구인낙조서)
> ⑤ 강제집행의 허락을 기재한 공증된 금전채권문서

(2) 임의경매(담보권 실행을 위한 경매)

담보권 실행을 위한 경매란 채무자가 채무를 이행하지 아니한 경우에 저당권 등 담보물권을 가진 자가 담보권에 의하여 실행하는 경매이다. 이는 채무자의 특정재산에 대한 강제집행으로 이른바 예견된 경매이며, 물적 책임의 성질이 강하다. 경매신청을 함에는 집행권원은 요하지 않지만 담보권의 존재를 증명하는 서류를 첨부하여야 한다.

3. 경매참가 전의 권리분석

(1) 권리분석의 의의

권리분석이란 경매가 종결되었을 때 경매목적물에 부과된 권리 중에서 매수인(경락인을 말한다)이 인수하여야 할 권리가 있는지 여부를 판별하는 것을 말한다.

(2) 경매 종결 시 무조건 매수인이 인수해야 하는 권리

경매개시결정의 등기가 되기 전에 취득(점유를 개시)한 유치권, 법정지상권, 분묘기지권은 설정순서와 상관 없이 매수인이 인수한다. 유치권자는 경락대금에서 우선변제를 받을 권리가 없다. 따라서 매수인이 유치권을 소멸시키기 위해서는 매수인은 경락대금 외에 추가로 유치권자의 채권금액을 유치권자에게 지급하여야 한다.

(3) 경매 종결 시 무조건 소멸되는 권리

① 저당권, 근저당권, 담보가등기, 가압류, 경매신청기입등기, 압류는 경매가 종결되면 설정순서와 상관 없이 매각으로 무조건 소멸된다. 이들을 말소권리라고 하며, 이들 중 가장 선순위권리가 말소기준권리가 된다.

② 경매부동산에 여러 개의 말소권리가 설정되어 있다면 그중에서 가장 먼저 설정된 말소권리를 말소기준권리라고 한다.

③ 말소기준권리보다 나중에 설정된 용익물권 등은 말소기준권리와 함께 소멸하므로 매수인이 인수하지 아니하며, 말소기준권리보다 먼저 설정된 용익물권 등은 매수인이 인수하여야 한다.

④ 소멸되는 권리들은 배당순서에 따라 매각대금에서 배당받는다.

(4) 권리분석의 내용

① 경매부동산에 설정된 권리들을 설정순서대로 나열한다.

② 말소기준권리보다 먼저 설정된 권리들은 매수인이 인수해야 하고, 말소기준권리보다 나중에 설정된 권리들은 말소기준권리와 함께 소멸된다. 다만, 경매개시결정의 등기가 되기 전에 취득(점유를 개시)한 유치권, 법정지상권, 분묘기지권은 말소기준권리보다 먼저 설정되었든지 나중에 설정되었든지 무조건 낙찰자가 인수하여야 한다.

③ **경매 종결 시 소멸되는 권리** : 다음의 권리들은 경매가 종결되면 소멸된다.

  ㉠ 저당권, 근저당권, 담보가등기, 가압류, 경매신청기입등기, 압류는 순위에 관계없이 매각으로 무조건 소멸된다.

  ㉡ 말소기준권리보다 뒤에 설정된 권리(예 지상권·지역권·전세권·환매등기·등기한 임차권·대항요건을 갖춘 임차권·보전가등기·가처분·환매등기)는 말소기준권리와 함께 소멸된다.

  ㉢ 말소기준권리보다 먼저 설정된 전세권 및 대항력 있는 임차권이라도 배당요구의 종기까지 배당요구를 하면 매각으로 인하여 소멸한다.

■■ 권리분석 정리

소멸주의	인수주의
저당권·근저당권·압류·가압류·담보가등기	유치권·법정지상권·분묘기지권
말소기준권리보다 앞서 설정된 전세권 중 배당요구의 종기까지 배당요구를 한 전세권	보증금이 전액 변제되지 아니한 대항력 있는 임차권은 인수됨
말소기준권리보다 뒤에 설정된 용익물권 등 ① 지상권 ② 임차권 ③ 주택의 인도＋전입신고한 주택임차권 ④ 보전가등기, 가처분등기, 환매등기	말소기준권리보다 앞서 설정된 용익물권 등 좌동(①, ②, ③, ④)

O X 확 인 문 제

말소기준권리보다 먼저 설정된 등기된 임차권은 배당요구의 종기까지 배당요구를 하면, 전액 경락인에게 인수된다. (   )

정답 (×)

말소기준권리보다 먼저 설정된 등기된 임차권은 배당요구의 종기까지 배당요구를 하면, 매각으로 소멸되지만 배당받지 못한 보증금은 경락인에게 인수된다.

4. 기일입찰에서의 경매진행절차

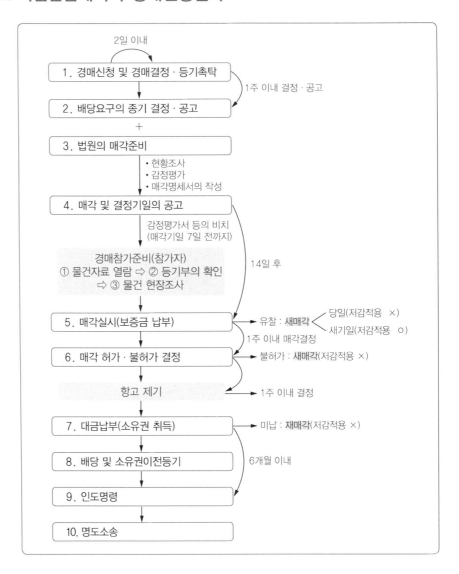

(1) 채권자의 경매신청

① 채무자가 채무를 변제하지 아니한 경우 채권자가 부동산이 소재하는 관할 법원에 경매를 신청한다. 경매를 신청하는 채권자는 경매신청서와 집행권원 등 문서를 첨부하여야 한다. 또한 일정 비용을 예납하여야 한다.

② 채권자의 경매신청이 있으면 법원은 경매개시결정을 하여 목적부동산을 압류하고 관할 등기소에 경매개시결정의 기입등기를 촉탁함과 함께 경매개시결정 정본은 채무자에게 송달하게 된다. 채무자에게 경매개시결정 사실을 통지하지 아니한 매각은 효력이 없다. 그 밖에 공과금을 주관하는 공공기관에 대하여도 경매사실을 통지한다.

③ 등기관은 경매개시결정사유를 등기부에 기입한 뒤 그 등기사항증명서를 법원에 보내야 한다(민사집행법 제95조).

➕ 경매목적부동산의 등기사항증명서에 경매신청의 기입등기가 되거나 채무자에게 경매개시결정이 송달되면 압류의 효력이 발생한다. 압류의 효력은 경매가 진행 중인 동안 유지되고, 경매가 진행되어 매수인이 대금을 완납하거나 경매신청이 중도에 취하되면 소멸된다.

(2) 법원의 배당요구종기(終期) 결정 및 공고

① 배당요구의 종기는 경매개시결정에 따른 압류의 효력이 생긴 때부터 1주 이내에 결정하여 공고하여야 한다. 배당요구의 종기는 첫 매각기일 이전의 날로 정하여야 한다.

② 배당요구를 하지 않아도 배당을 받을 수 있는 채권자가 아니라면 배당요구의 종기까지 배당요구를 하여야 배당을 받을 수 있다. 배당요구의 종기까지 배당요구를 하지 아니한 경우에는 선순위채권자라 하더라도 경매절차에 참가할 수 없으며, 자기보다 후순위채권자임에도 배당을 받은 자를 상대로 부당이득반환청구를 하는 것도 허용되지 않는다.

③ 배당요구를 하지 않아도 배당을 받을 수 있는 채권자는 다음과 같다.

> ㉠ 경매신청 채권자
> ㉡ 경매개시결정등기 전에 등기한 권리자로서 매각으로 인하여 소멸되는 권리자(저당권, 근저당권, 전세권 등 담보권자 및 등기된 임차권자 등)
> ㉢ 경매개시결정등기 전에 가압류한 채권자
> ㉣ 체납처분에 의한 압류등기권자

④ 배당요구를 하여야 배당을 받을 수 있는 채권자는 다음과 같다(민사집행법 제88조 제1항).

> ㉠ 집행권원(집행력 있는 정본)에 기한 채권자
> ㉡ 우선변제 또는 최우선변제청구권이 있지만 등기하지 아니한 임차권자
> ㉢ 경매개시결정등기 후에 가압류한 채권자

➕ 배당요구철회의 제한 : 배당요구에 따라 매수인이 인수하여야 할 부담이 바뀌는 경우 배당요구를 한 채권자는 배당요구의 종기가 지난 후에는 배당요구를 철회할 수 없다(민사집행법 제88조 제2항).

O X 확 인 문 제

배당요구는 매각허가결정일까지 하면 된다. ( )

정답 (×)
배당요구는 첫 매각기일 이전의 날로 정하여진 배당요구종기까지 하여야 한다.

O X 확 인 문 제

경매개시결정등기 전에 가압류한 채권자는 배당요구를 하여야 배당을 받을 수 있는 채권자에 해당한다. ( )

정답 (×)
경매개시결정등기 전에 가압류한 채권자는 배당요구를 하지 않아도 배당을 받을 수 있는 채권자에 해당한다.

(3) 법원의 매각의 준비

① **현황조사** : 집행법원은 환가의 준비절차로서 부동산의 현상, 점유관계, 차임 또는 보증금의 액수, 기타 현황에 관하여 집행관에게 조사를 명하고, 명을 받은 집행관은 현황조사서를 작성하여 보고한다.

② **가격평가** : 집행법원은 감정인에게 부동산의 평가를 명하고, 명을 받은 감정인은 감정평가서를 작성하여 보고한다. 법원은 그 평가액을 참작하여 최저매각가격(최저입찰가격)을 정한다.

③ **매각명세 확인** : 집행법원은 부동산의 표시, 부동산의 점유자와 점유의 권원, 점유할 수 있는 기간, 차임 또는 보증금에 관한 관계인의 진술, 등기된 부동산에 관한 권리 또는 가처분으로서 낙찰에 의하여 그 효력이 소멸하지 아니하는 것, 낙찰에 의하여 설정된 것으로 보게 되는 지상권의 개요 등을 확인하여 입찰물건명세서를 작성한다.

➕ 집행법원은 현황조사서, 감정평가서, 입찰물건명세서의 사본을 매각기일의 1주일 전까지 법원에 비치하여 경매입찰에 참가하고자 하는 일반인이 열람할 수 있도록 하여야 한다.

(4) 매각 및 매각결정기일의 지정·공고·통지

① 집행법원은 현황조사, 최저매각가격결정 등의 절차가 끝나고 경매절차를 취소할 사유가 없는 경우에는 입찰명령을 하고, 직권으로 매각(입찰)기일을 지정하고 공고한다. 공고는 매각일시, 매각물건의 종류 및 면적, 최저매각금액, 매각장소(집행법원의 명칭 및 매각법정 호수) 등을 관보·공보 또는 신문 게재, 법원게시판, 전자통신매체를 이용하여 한다.

② 최초의 매각기일은 공고일로부터 14일 이상의 간격을 두고 한다.

③ 집행법원은 매각기일을 지정함과 동시에 직권으로 매각결정기일을 정하여 공고한다. 매각결정기일은 매각기일로부터 1주 이내로 정하게 된다.

(5) 매각의 실시

▪▪ **경매참여자격 유무**

매수신청을 할 수 없는 자	매수신청을 할 수 있는 자
• 채무자, 소유자(강제경매의 경우) • 재매각에 있어서의 전 매수인 • 매각절차에 관여한 집행관 및 그 친족, 매각부동산을 평가한 감정인 및 그 친족	• 채권자 • 담보권자 • 제3취득자 • 채무자의 가족 • 물상보증인(임의경매)

① 입찰에 참가하는 자는 법원에서 정한 최저매각가격의 10분의 1에 해당하는 금액을 매수보증금으로 제공하여야 한다.

② 매각기일에는 집행관이 집행보조기관으로서 미리 지정된 장소에서 매각을 실시하여 최고가 매수신고인 및 차순위 매수신고인을 정한다.

③ 허가할 매수가격의 신고가 있는 때에는 입찰참가자 중에서 가장 높은 금액을 매수신고한 자를 최고가 매수신고인으로 공지한다. 그 외 나머지 참가자들에게는 보증금을 돌려준다. 나머지 입찰참가자들은 최고가 매수신고인이 나중에 잔금을 납부하지 아니할 경우 해당 경매부동산을 대신 매수하겠다는 신고를 할 수 있다. 이를 차순위 매수신고라 한다. 그러나 차순위 매수신고는 최고가 매수신고금액에서 입찰보증금을 공제한 금액보다 높은 금액으로 매수신고한 자만 할 수 있다.

④ 매각기일에 허가할 매수가격의 신고가 없이 매각기일이 마감된 때에는 (경매참가인이 없는 경우 등을 말한다) 집행법원은 종전의 최저매각가격을 상당히 저감하여 새매각기일을 정하여 다시 매각을 실시하게 된다.

➕ **저감률 적용** : 경매기일에 유찰로 인하여 다시 경매를 진행하는 때에 종전의 최저매각가격보다 감액하는 비율을 저감률이라 한다. 저감률의 적용은 경매기일에 경매참가자가 없는 등 허가할 매수신고인이 없어서 새로운 날짜를 지정하여 다시 경매를 하는 경우(이를 '새매각'이라 한다)에 한하여 저감률을 적용하며, 이 경우 저감률은 통상적으로 종전의 최저매각가격의 30% 범위 내에서 법원의 직권으로 정한다.

(6) 매각의 허가·불허가결정

① 매각이 있은 후 법원은 매각결정기일에 이해관계인의 의견을 들은 후 매각의 허가·불허가결정을 한다. 경매목적물이 「농지법」상의 농지인 경우에는 매각의 허가·불허가결정일까지 농지취득자격증명원을 제출하여야 한다. 매각의 허가·불허가결정일까지 농지취득자격증명원을 제출하지 아니한 경우에는 매각의 불허가결정을 하게 된다. 매수인은 매각허가결정이 선고된 후에는 매각부동산의 관리명령을 신청할 수 있다.

② 법원은 매각을 허가하지 아니할 경우 규정에 따라 다시 매각을 명하는 때에는 직권으로 새매각기일을 정한다.

③ 법원의 매각 허가·불허가결정에 대하여 이해관계인은 항고할 수 있다. 매각허가결정에 대한 항고는 반드시 항고이유가 기재된 항고장을 제출하거나 항고장만을 제출한 경우에는 항고장을 제출한 날부터 10일 이내에 항고이유서를 원심법원에 제출하여야 한다. 항고를 하고자 하는

O X 확 인 문 제

항고를 하고자 하는 모든 사람은 보증으로 최저매각가격의 10분의 1에 해당하는 금전 또는 법원이 인정한 유가증권을 공탁하여야 한다.　　　( )

정답 (×)

항고를 하고자 하는 모든 사람은 보증으로 매각대금의 10분의 1에 해당하는 금전 또는 법원이 인정한 유가증권을 공탁하여야 한다.

O X 확 인 문 제

매각허가결정이 확정되면 법원은 대금지급기일을 정하여 매수인에게 통지해야 하고, 매수인은 그 대금지급기일에 매각대금을 지급해야 한다. • 26회 ( )

정답 (×)

매각허가결정이 확정되면 법원은 대금지급기한을 정하여 매수인에게 통지해야 하고, 매수인은 그 대금지급기한에 매각대금을 납부하여야 한다.

모든 사람은 보증으로 매각대금의 10분의 1에 해당하는 금전 또는 법원이 인정한 유가증권을 공탁하여야 한다. 채무자 및 소유자가 한 항고가 기각된 경우에는 공탁한 공탁금 전부 몰수된다. 그러나 채무자 및 소유자 외의 사람이 한 항고가 기각된 때에는 항고인은 보증으로 제공한 금전이나, 유가증권을 현금화한 금액 가운데 항고를 한 날부터 항고기각결정이 확정된 날까지의 매각대금에 대한 연 100분의 12(민사집행규칙 제75조)의 이율에 의한 금액에 대하여는 돌려 줄 것을 요구할 수 없다. 몰수한 금원에 대하여는 배당할 금액에 포함하여 나중에 배당하게 된다.

(7) 매각(낙찰)대금의 납부

① 매각허가결정이 확정되면 법원은 대금지급기한을 정하여 매수인과 차순위 매수신고인에게 통지하고, 매수인은 그 기한까지 매각대금을 지급하여야 한다. 매각대금이란 매수가격에서 보증금을 제외한 금액(잔금)을 말한다. 매각대금은 일시에 납부하여야 한다.

② 최고가 매수신고인은 대금지급기한까지 언제든지 매각대금을 납부할 수 있다.

③ 납부할 금액은 매각가격에서 입찰보증금으로 제공한 금액(현금 또는 자기앞수표)을 제외한 금액이 된다.

④ 만일, 채권자가 최고가 매수신고인인 경우에는 채권자는 자기가 납부해야 할 대금에서 배당받을 금액을 공제하겠다는 상계신청을 할 수 있다. 상계신청은 매각결정기일이 끝날 때까지 법원에 신고하여야 한다.

⑤ 최고가 매수신고인은 매각대금을 완납한 때에 경매의 목적인 권리(소유권)를 확정적으로 취득한다. 최고가 매수신고인이 지정한 기일까지 잔금을 완납하지 아니한 경우에는 종전의 매각조건대로 재매각을 명하게 된다.

⑥ 그러나 차순위 매수신고인이 있는 때에는 그 자에 대하여 매각의 허가·불허가를 결정하게 되고 차순위 매수신고인이 대금을 완납하면 그가 경매의 목적인 권리(소유권)를 확정적으로 취득한다. 차순위 매수신고인도 지정한 기일까지 잔금을 완납하지 아니한 경우에는 종전의 매각조건대로 재매각을 명하게 된다.

⑦ 재매각을 실시할 경우에는 종전에 정한 최저매각가격을 적용한다. 재매각 절차에서는 전의 매수인(최고가 매수신고인과 차순위 매수신고인)은 매수신청을 할 수 없으며, 매수신청의 보증을 돌려 줄 것을 요구하지

못한다. 그러나 매수인이 재매각기일의 3일 이전까지 나머지 대금과 그 지급기한이 지난 뒤부터 지급일까지의 대금에 대한 대법원규칙이 정하는 이율(연 100분의 12)에 따른 지연이자 및 재매각 절차비용을 지급한 때에는 법원은 재매각 절차를 취소하여야 한다. 대금을 납부한 자는 매각의 목적인 권리(소유권)를 취득한다.

➕ **새매각과 재매각**
1. **새매각** : 지정된 매각기일에 매각을 실시하였으나 매수인이 결정되지 않아 다시 새로운 기일을 정하여 실시하는 매각이다. 유찰, 매각의 불허가결정으로 다시 진행되는 매각을 말한다.
2. **재매각** : 매수인이 대금지급기한까지 대금을 납부하지 않아 법원의 직권으로 다시 실시하게 되는 매각을 말한다.

(8) 배당절차

① 배당이란 목적부동산의 경매절차로 인한 매각대금으로써 채권자의 채권변제에 충당하는 절차이다. 매수인이 매각대금을 완납하면 법원은 배당기일을 정하여 이해관계인과 배당을 요구한 채권자에게 통지하여 권리순서에 따라 배당을 하게 된다.

② 각 채권자는 배당요구의 종기일까지 법원에 그 채권의 원금, 이자, 비용 기타 부대채권의 계산서를 제출하여야 한다. 만일 채권자가 계산서를 제출하지 아니한 때에는 법원은 배당요구서 기타 기록에 첨부된 증빙서류에 의하여 채권액을 계산하며, 계산서를 제출하지 아니한 채권자는 배당요구의 종기일 이후에는 채권액을 보충할 수 없다.

③ 매각(낙찰)대금이 각 채권자를 만족시키지 못할 때에는 권리의 우선순위에 따라 매각대금을 배분한다.

④ 법원은 각 채권자의 채권을 모두 만족시키고 잔액이 있으면 채무자에게 교부한다.

(9) 소유권이전등기 등의 촉탁

매수인이 대금을 완납하면 부동산의 소유권을 취득하므로, 집행법원은 매수인으로부터 이전등기에 필요한 서류의 제출이 있게 되면 매수인을 위하여 소유권이전등기 및 매수인이 인수하지 아니하는 부동산상의 부담의 말소등기를 등기관에게 촉탁하게 된다.

(10) 인도명령·명도소송

① 매수인이 매각대금을 완납한 후에는 점유자에 대하여 부동산의 인도를 요구할 수 있으나, 점유자가 인도를 거부하는 때에는 대금완납 후 6개월 이내에 집행법원에 대하여 낙찰부동산을 낙찰자에게 인도하게 하는 내용의 인도명령을 신청하여 부동산을 인도받을 수 있다. 「민사집행법」에서는 매수인이 용이하게 경매목적물을 인도받을 수 있도록 하기 위하여 인도명령의 상대방을 확장하여 점유자가 매수인에게 대항할 수 있는 권원을 가진 경우 이외에는 인도명령을 발할 수 있고, 인도명령을 발할 때는 상대방을 필요적으로 심문하되, 그에 대한 예외로서 채무자 또는 소유자가 점유할 때, 매수인에게 대항할 수 있는 권원에 의하여 점유하고 있지 아니함이 명백한 때, 이미 그 사람을 심문한 때에는 심문을 생략할 수 있도록 하였다.

② 대금완납 후 6개월이 경과하면 인도명령을 신청할 수 없고, 명도소송을 하여야 한다.

O X 확 인 문 제

인도명령신청은 매각결정일로부터 6개월이 경과하면 신청할 수 없다.

( )

정답 (×)

인도명령신청은 대금완납 후 6개월이 경과하면 신청할 수 없다.

기출&예상 문제

01 매수신청대리인으로 등록한 개업공인중개사가 X부동산에 대한 「민사집행법」상 경매절차에서 매수신청대리의 위임인에게 설명한 내용으로 틀린 것은? (다툼이 있으면 판례에 따름) • 34회

① 최선순위의 전세권자는 배당요구 없이도 우선변제를 받을 수 있으며, 이 때 전세권은 매각으로 소멸한다.

② X부동산에 대한 경매개시결정의 기입등기 전에 유치권을 취득한 자는 경매절차의 매수인에게 자기의 유치권으로 대항할 수 있다.

③ 최선순위의 지상권은 경매절차의 매수인이 인수한다.

④ 후순위 저당권자의 신청에 의한 경매라 하여도 선순위 저당권자의 저당권은 매각으로 소멸한다.

⑤ 집행법원은 배당요구의 종기를 첫 매각기일 이전으로 정한다.

해설 ① 최선순위 전세권자가 배당요구를 하면 우선변제를 받을 수 있다. 이 경우 배당받은 전세권은 매각으로 인해 소멸하게 된다. 따라서 우선변제를 받으려면 배당요구를 하여야 한다.

정답 ①

02 매수신청대리인으로 등록한 개업공인중개사가 매수신청대리 위임인에게 「민사집행법」의 내용에 관하여 설명한 것으로 <u>틀린</u> 것은? (다툼이 있으면 판례에 따름) •33회

① 후순위 저당권자가 경매신청을 하면 매각부동산 위의 모든 저당권은 매각으로 소멸된다.

② 전세권 및 등기된 임차권은 저당권·압류채권·가압류채권에 대항할 수 없는 경우에는 매각으로 소멸된다.

③ 유치권자는 유치권이 성립된 목적물을 경매로 매수한 자에 대하여 그 피담보채권의 변제를 청구할 수 있다.

④ 최선순위 전세권은 그 전세권자가 배당요구를 하면 매각으로 소멸된다.

⑤ 매수인은 매각대금을 다 낸 때에 매각의 목적인 권리를 취득한다.

> **해설** ③ 유치권자는 경락인에 대하여 그 피담보채권의 변제가 있을 때까지 유치목적물인 부동산의 인도를 거절할 수 있을 뿐이고, 그 피담보채권의 변제를 청구할 수 없다.
>
> 정답 ③

2 공 매

1. 의 의

(1) 넓은 의미에서의 공매란 법률의 규정에 의하여 공적인 기관에서 강제적으로 행해지는 매매를 말하고, 좁은 의미로는 「국세징수법」에 의하여 국세·지방세를 체납한 체납자의 재산을 압류하여 공개 매각하는 처분을 말한다. 현재 공매는 대부분 한국성업공사에서 개칭한 한국자산관리공사가 맡고 있다. 공매는 한국자산관리공사 외에도 국가·지방자치단체 등도 직접 시행할 수 있다. 한국자산관리공사가 관리하는 부동산매각과 관련하여 일반인을 상대로 직접 처리하는 경우는 크게 비업무용 부동산공매(이를 '수탁부동산공매'라고도 한다), 유입부동산공매, 압류부동산공매 등으로 나눌 수 있다.

(2) 한국자산관리공사에서 시행하는 공매는 경매와 달리 전자입찰방식으로 시행된다. 따라서 공매물건의 정보수집 및 기타 공매입찰을 위해서는 한국자산관리공사의 홈페이지(www.onbid.co.kr)에 접속하여 인터넷상으로 참가하여야 한다.

2. 한국자산관리공사의 공매의 종류

(1) 비업무용 부동산공매(수탁부동산공매)

비업무용 부동산공매(수탁부동산공매)란 금융기관이 채권정리를 위하여 법원경매과정에서 담보물을 경락받아 취득한 비업무용 부동산으로서, 한국자산관리공사가 이들 기관의 대리인으로서 일반인에게 매각하는 공매이다. 비업무용 부동산공매(수탁부동산공매)는 다음과 같은 특징이 있다.

① 매수인이 소유권이전등기를 마쳐야 소유권을 취득한다.

② 한국자산관리공사의 승인을 받는다면 일정 매수대금을 납부하고 할부구입도 가능하며, 중도에 매수자 변경(명의변경)이 가능하다.

③ 유찰된 경우 다음 차수의 입찰시간까지 앞 공매에서 팔리지 않은 조건으로 수의계약을 할 수 있다.

④ 주택·공장의 경우 한국자산관리공사의 승인을 받는다면 대금의 3분의 1 이상만 납부하고도 입주가 가능하다.

⑤ 명도책임이 소유자인 금융기관 또는 한국자산관리공사에 있다.

⑥ 토지거래허가지역에 위치한 부동산이라도 세 번 이상 유찰된 경우에는 토지거래허가가 면제된다.

(2) 압류부동산공매

압류부동산공매는 세무서나 구청 등이 국세·지방세를 체납했을 경우 체납자의 재산을 압류하여 한국자산관리공사에 매각처분을 의뢰한 것이다. 명칭만 공매일 뿐 그 특징 및 성격은 경매와 거의 동일하며, 그 특징은 다음과 같다.

① 매수인이 대금을 완납하면 매각의 목적인 소유권을 취득한다.

② 입찰참가자의 권리분석이 복잡하다.

③ 대금의 분할납부가 인정되지 않으므로 낙찰자는 매각대금을 일시에 납부하여야 한다.

④ 명도책임이 매수인에게 있다.

⑤ 토지거래허가의무가 면제된다.

■■ 법원경매와 한국자산관리공사의 공매제도의 비교

구 분	법원경매	한국자산관리공사의 공매	
		압류재산	비업무용 부동산
권리분석	어려움	어려움	쉬 움
저감률	통상 20%씩 인하	10%씩 인하	10%씩 인하
명도책임	매수인	매수인	매도인 (한국자산관리공사)
매각방법	경매로만 매각 (수의계약 불가)	공매로만 매각 (수의계약 불가)	공매 (수의계약 가능)
사전명의변경	불 가	불 가	가 능
사전점유사용	불 가	불 가	3분의 1 이상 납부 시 가능
토지거래허가	면 제	면 제	3회 이상 유찰 시 면제
농지취득자격증명	필 요	필 요	필 요
소유권 취득	대금완납 시	대금완납 시	소유권이전등기 시
대금납부	일시불로 납부	• 3천만원 이상 : 30일 • 3천만원 미만 : 7일	분할납부 가능 (6개월 ~ 최장 5년)
장 점	• 공매보다 저렴한 가격 • 토지거래허가 면제	• 수탁공매보다 저렴한 가격 • 토지거래허가 면제	• 유리한 대금납부조건 • 권리분석 용이 • 매도인이 명도책임 부담
단 점	• 복잡한 권리분석 • 분쟁 및 위험성이 높음 • 매수인이 인수책임 부담	• 복잡한 권리분석 • 분쟁 및 위험성이 높음 • 매수인이 인수책임 부담	• 경매보다 비싼 가격 • 토지거래허가절차가 면제되지 않음

매수신청대리인 등록의 규칙 및 예규

1 법률의 근거

개업공인중개사는 「민사집행법」에 의한 경매 및 「국세징수법」 그 밖의 법령에 의한 공매대상 부동산에 대한 권리분석 및 취득의 알선과 매수신청 또는 입찰신청의 대리를 할 수 있다(공인중개사법 제14조 제2항). 개업공인중개사가 「민사집행법」에 의한 경매대상 부동산의 매수신청 또는 입찰신청의 대리를 하고자 하는 때에는 대법원규칙이 정하는 요건을 갖추어 법원에 등록을 하고 그 감독을 받아야 한다(공인중개사법 제14조 제3항). 다만, 법 부칙 제6조 제2항에 의하여 중개사무소의 개설등록을 한 것으로 보는 자는 경매 및 공매대상 부동산에 대한 권리분석 및 취득의 알선과 매수신청 또는 입찰신청의 대리를 할 수 없다(공인중개사법 부칙 제6조 제2항). 이에 따라 법인인 개업공인중개사 및 공인중개사인 개업공인중개사는 경매대상 부동산에 대하여 매수신청대리인 등록을 할 수 있게 되었다.

2 매수신청대리인 등록에 관한 대법원규칙의 제정목적

「공인중개사의 매수신청대리인 등록 등에 관한 규칙」은 「공인중개사법」이 대법원규칙에 위임한 개업공인중개사의 매수신청대리인 등록 및 감독에 관한 사항과 그 시행에 관하여 필요한 사항을 규정함을 목적으로 한다.

3 매수신청대리인 등록 ·24회 ·26회 ·27회 ·28회 ·29회 ·31회 ·32회 ·33회 ·34회

1. 매수신청대리인 등록신청자

(1) 등록신청 가능자

법인인 개업공인중개사 및 공인중개사인 개업공인중개사는 대법원규칙이 정하는 요건을 갖추어 법원에 매수신청대리인 등록을 신청할 수 있다. 다만, 법 부칙 제6조 제2항에 의하여 중개사무소의 개설등록을 한 것으로 보는 자는 경매 및 공매대상 부동산에 대한 권리분석 및 취득의 알선과 매수신청 또는 입찰신청의 대리를 할 수 없다(법 부칙 제6조 제2항).

(2) 매수신청대리인 등록의 결격사유

다음의 어느 하나에 해당하는 자는 매수신청대리인 등록을 할 수 없다.

> ① 매수신청대리인 등록이 취소된 후 3년이 지나지 아니한 자(단, 중개업 또는 매수신청대리업의 폐업신고에 의한 등록취소는 제외한다)
> ② 「민사집행법」제108조 제4호에 해당하는 자(민사집행절차에서의 매각에 관하여 유죄판결을 받고 그 판결확정일부터 2년이 지나지 아니한 자)
> ③ 매수신청대리업무정지처분을 받고 폐업신고를 한 자로서 업무정지기간이 경과되지 아니한 자
> ④ 매수신청대리업무정지처분을 받은 개업공인중개사인 법인의 업무정지의 사유가 발생한 당시의 사원 또는 임원이었던 자로서 당해 개업공인중개사에 대한 업무정지기간이 경과되지 아니한 자
> ⑤ 위 ①~④ 중 어느 하나에 해당하는 자가 사원 또는 임원으로 있는 법인인 개업공인중개사

2. 매수신청대리인 등록기관

경매물건에 대한 매수신청대리인이 되고자 하는 개업공인중개사는 중개사무소(법인인 개업공인중개사의 경우에는 주된 중개사무소를 말한다)가 있는 곳을 관할하는 지방법원의 장에게 매수신청대리인 등록을 하여야 한다.

3. 매수신청대리인의 등록요건

매수신청대리업을 영위하기 위하여 별도의 사무소를 둘 의무가 없으므로 중개사무소에서 매수신청대리업을 하여도 된다. 공인중개사가 매수신청대리인으로 등록하기 위한 요건은 다음과 같다.

> ① 공인중개사인 개업공인중개사이거나 법인인 개업공인중개사일 것
> ② 부동산경매에 관한 실무교육을 이수하였을 것
> ③ 보증보험 또는 공제에 가입하였거나 공탁을 하였을 것

4. 등록신청 전의 조치사항

(1) 실무교육 이수의무

① **이수의무자 등** : 매수신청대리인 등록을 하고자 하는 개업공인중개사(다만, 법인인 개업공인중개사의 경우에는 공인중개사인 대표자를 말한다)는 등록신청일 전 1년 안에 법원행정처장이 지정하는 교육기관에서 부동산경매에 관한 실무교육을 이수하여야 한다. 다만, 매수신청대리인 등록의 폐업신고 후 1년 안에 다시 매수신청대리인 등록신청을 하고자 하는 자는 그러하지 아니하다.

➕ 중개업에 관한 실무교육은 시·도지사가 실시하며, 법인의 경우 대표자를 포함한 사원 또는 임원 전원이 이수하여야 하지만, 매수신청대리업에 관한 경매실무교육은 법원행정처장이 지정하는 교육기관이 실시하며, 법인인 개업공인중개사의 경우 대표자만 이수의무가 있고 그 외 사원 또는 임원은 이수의무가 없는 차이가 있다.

② **교육내용 등** : 실무교육은 직업윤리, 「민사소송법」, 「민사집행법」, 경매실무 등 필수과목 및 교육기관이 자체적으로 정한 부동산경매 관련 과목의 수강과 교육과목별 평가로 하며, 교육시간은 32시간 이상 44시간 이내로 한다.

(2) 손해배상책임의 조치(업무보증설정)

① 매수신청대리인이 된 개업공인중개사는 매수신청대리를 함에 있어서 고의 또는 과실로 인하여 위임인에게 재산상 손해를 발생하게 한 때에는 그 손해를 배상할 책임이 있다.

② 매수신청대리인이 되고자 하는 개업공인중개사는 손해배상책임을 보장하기 위하여 보증보험 또는 협회의 공제에 가입하거나 공탁을 하여야 한다. 손해배상책임을 보장하기 위한 보증을 설정하여야 하는 금액은 다음과 같다.

> ㉠ 법인인 개업공인중개사 : 4억원 이상. 다만, 분사무소를 두는 경우에는 분사무소마다 2억원 이상을 추가로 설정하여야 한다.
> ㉡ 법인이 아닌 개업공인중개사 : 2억원 이상

➕ 중개업에 관한 보증은 중개사무소 개설등록 후 중개업무를 개시하기 전에 설정하여야 하지만, 매수신청대리업에 관한 보증은 매수신청대리인 등록을 신청하기 전에 설정하여야 한다. 따라서 중개업에 관한 업무보증설정과 별도로 매수신청대리업에 관한 보증을 추가로 설정하여야 한다.

O X 확인문제

매수신청대리인 등록을 하고자 하는 개업공인중개사(다만, 법인인 개업공인중개사의 경우에는 공인중개사인 대표자를 말한다)는 등록신청일 전 1년 안에 지방법원장이 지정하는 교육기관에서 부동산경매에 관한 실무교육을 이수하여야 한다.　(　)

정답 (×)

매수신청대리인 등록을 하고자 하는 개업공인중개사(다만, 법인인 개업공인중개사의 경우에는 공인중개사인 대표자를 말한다)는 등록신청일 전 1년 안에 법원행정처장이 지정하는 교육기관에서 부동산경매에 관한 실무교육을 이수하여야 한다.

③「금융위원회의 설치 등에 관한 법률」에 따른 금융감독원의 원장은 법원행정처장으로부터 요청이 있는 경우에는 협회의 공제사업에 관하여 검사를 할 수 있다.

5. 등록절차

(1) 등록신청서류의 제출

매수신청대리인으로 등록하고자 하는 자는 매수신청대리인 등록신청서에 다음의 서류를 첨부하여 중개사무소(법인인 개업공인중개사의 경우에는 주된 중개사무소를 말한다)가 있는 곳을 관할하는 지방법원의 장에게 신청하여야 한다. 매수신청대리인 등록신청서에 첨부할 서류는 다음과 같다.

> ① 공인중개사자격증 사본 1부(법인의 경우에는 대표자의 공인중개사자격증 사본을 말한다)
> ② 법인의 등기사항증명서 1부(법인인 경우에 한하며, 행정정보의 공동이용이 가능한 때에는 제출을 생략할 수 있다)
> ③「공인중개사의 매수신청대리인 등록 등에 관한 규칙」에 따른 실무교육 이수증 사본 1부
> ④ 중개사무소등록증 사본 1부
> ⑤ 여권용 사진(3.5cm×4.5cm) 2매
> ⑥ 보증을 제공하였음을 증명하는 보증보험증서 사본, 공제증서 사본 또는 공탁증서 사본 중 어느 하나

(2) 등록신청수수료의 납부

매수신청대리인 등록신청수수료는 개업공인중개사의 경우 2만원, 법인인 개업공인중개사의 경우 3만원이고, 정부수입인지로 납부하여야 한다.

(3) 등록의 처분

매수신청대리인 등록신청을 받은 지방법원장은 14일 이내에 다음의 개업공인중개사의 종별에 따라 구분하여 등록을 하여야 한다.

> ① 공인중개사인 개업공인중개사
> ② 법인인 개업공인중개사

(4) 등록증의 교부

지방법원장은 매수신청대리인 등록을 한 자에게 매수신청대리인등록증을 교부하고, 매수신청대리인등록대장에 그 등록에 관한 사항을 기록·유지하여야 한다. 매수신청대리인 등록을 한 개업공인중개사는 매수신청대리인 등록증 등 다음의 서류를 사무소의 보기 쉬운 곳에 게시하여야 한다.

> ① 매수신청대리인등록증
> ② 매수신청대리 등 보수표
> ③ 보증의 설정을 증명할 수 있는 서류

(5) 종별 변경

매수신청대리인 등록을 한 개업공인중개사가 종별을 달리하여 업무를 하고자 하는 경우에는 등록신청서를 다시 제출하여야 한다. 이 경우 종전에 제출한 서류는 이를 제출하지 아니할 수 있으며, 종전의 등록증은 이를 반납하여야 한다.

(6) 휴업 또는 폐업의 신고

① 매수신청대리인은 매수신청대리업을 휴업(3개월을 초과하는 경우), 폐업 또는 휴업한 매수신청대리업을 재개하고자 하는 때에는 감독법원에 그 사실을 미리 신고하여야 한다. 휴업기간을 변경하고자 하는 때에도 같다.

② 위 ①의 규정에 의한 휴업은 6개월을 초과할 수 없다.

매수신청대리인 등록신청서

	처리기간
	14일

※ 해당되는 □란에 ∨표를 하시기 바랍니다.

신청인	① 성명 　(법인명)		② 주민등록번호 　(법인등록번호)	
	③ 대표자		④ 주민등록번호	
	⑤ 주소 　(대표자주소)		(전화 :　　　　　)	

⑥ 개업공인중개사 종별	□ 공인중개사	□ 법인

사무소	⑦ 명칭		⑧ 전화번호	
	⑨ 주사무소 소재지			
	⑩ 분사무소 소재지			

「공인중개사의 매수신청대리인 등록 등에 관한 규칙」 제4조 및 동 예규 제2조의 규정에 따라 위와 같이 매수신청대리인 등록을 신청합니다.

년　　월　　일

신청인　　　　　　　　(서명 또는 인)

지방법원장 귀하

첨부서류	1. 공인중개사자격증 사본 1부(법인의 경우에는 대표자의 공인중개사자격증 사본을 말한다) 2. 법인의 등기사항증명서 1부(법인인 경우에 한하며, 행정정보의 공동이용이 가능한 때에는 제출을 생략할 수 있다) 3. 「공인중개사의 매수신청대리인 등록 등에 관한 규칙」 제10조의 규정에 따른 실무교육 이수증 사본 1부 4. 중개사무소등록증 사본 1부 5. 여권용 사진(3.5cm×4.5cm) 2매 6. 위 규칙 제11조 제2항에 따라 보증을 제공하였음을 증명하는 보증보험증서 사본, 공제증서 사본 또는 공탁증서 사본 중 어느 하나
⑪ 신청인 확인란	신청인은 「공인중개사의 매수신청대리인 등록 등에 관한 규칙」 제6조에 규정된 등록결격사유(뒷면 기재사항 참조)가 없음을 확인합니다. 　　　　　　　　신청인　　　　　　　　(서명 또는 인)

※ 신청 안내

신청하는 곳	지방법원	담당부서 (전화번호)	매수신청대리인 담당부서 (　　　　　　　　)
		수수료	공인중개사 : 20,000원 법인 : 30,000원

등록번호 :

사진
(3.5cm×4.5cm)

매수신청대리인등록증

성명 (법인명)		생년월일 (법인등록번호)	
대표자		주민등록번호	
개업공인중개사 종별	☐ 공인중개사　　　　　☐ 법인		
사무소 명칭		주사무소 소재지	
		분사무소 소재지	

「공인중개사법」 제14조 제3항 및 「공인중개사의 매수신청대리인 등록 등에 관한 규칙」 제4조의 규정에 따라 위와 같이 매수신청대리인 등록을 하였음을 증명합니다.

년　　　월　　　일

지방법원장 ⑪

4 매수신청대리업무의 내용

1. 매수신청대리 대상물의 범위

매수신청대리인 등록에 관한 대법원규칙에 의한 매수신청대리의 대상물은
다음과 같다.

> ① 토지
> ② 건물 그 밖의 토지의 정착물
> ③ 「입목에 관한 법률」에 따른 입목
> ④ 「공장 및 광업재단 저당법」에 따른 공장재단, 광업재단

2. 매수신청대리인의 업무범위

법원에 매수신청대리인으로 등록된 개업공인중개사가 매수신청대리의 위
임을 받은 경우 다음의 행위를 할 수 있다. 그러나 항고제기·대금납부·인
도명령·명도소송은 대리할 수 없다.

> ① 매수신청 보증의 제공
> ② 입찰표의 작성 및 제출
> ③ 차순위 매수신고
> ④ 매수신청의 보증을 돌려줄 것을 신청하는 행위
> ⑤ 공유자의 우선매수신고
> ⑥ 구 「임대주택법」 제22조 규정에 따른 임차인의 임대주택 우선매수신고
> ⑦ 공유자 또는 임대주택 임차인의 우선매수신고에 따라 차순위 매수신고인으
>   로 보게 되는 경우 그 차순위 매수신고인의 지위를 포기하는 행위

3. 매수신청대리행위의 행사

(1) 매각장소에 출석

개업공인중개사는 대리행위를 함에 있어서 매각장소 또는 집행법원에 직
접 출석하여야 한다. 소속공인중개사가 대리하여 출석할 수 없다. 개업공
인중개사는 매각절차의 적정과 매각장소의 질서유지를 위하여 「민사집행법」
의 규정 및 집행관의 조치에 따라야 한다.

O X 확 인 문 제

「공인중개사법」상 중개대상물과
매수신청대리 대상물은 동일하다.
( )

정답 (○)

O X 확 인 문 제

매수신청대리인으로 등록된 개
업공인중개사는 매수신청대리의
위임을 받은 경우 법원의 부당한
매각허가결정에 대하여 항고할
수 있다. • 27회 ( )

정답 (×)
매수신청대리인으로 등록된 개
업공인중개사는 매수신청대리의
위임을 받은 경우라도 법원의 부
당한 매각허가결정에 대하여 항
고업무를 대리할 수 없다.

(2) 대리권증명문서의 제출

① 개업공인중개사는 매수신청대리행위를 하는 경우 각 대리행위마다 대리권을 증명하는 문서(본인의 인감증명서가 첨부된 위임장과 대리인등록증 사본)를 제출하여야 한다. 법인인 개업공인중개사의 경우에는 대리권을 증명하는 문서 이외에 대표자의 자격을 증명하는 문서를 제출하여야 한다.

② 위임장에는 사건번호, 개별 매각의 경우 물건번호, 대리인의 성명과 주소, 위임내용, 위임인의 성명과 주소를 기재하고, 위임인의 인감도장을 날인하여야 한다. 대리권을 증명하는 문서는 매 사건마다 제출하여야 한다. 다만, 같은 날 같은 장소에서 대리행위를 동시에 하는 경우에는 하나의 서면으로 갈음할 수 있다.

4. 매수대리인의 업무상 의무

(1) 사건카드의 작성 및 보존의무

개업공인중개사는 매수신청대리 사건카드를 비치하고, 사건을 위임받은 때에는 사건카드에 위임받은 순서에 따라 일련번호, 경매사건번호, 위임받은 연월일, 보수액과 위임인의 주소·성명 기타 필요한 사항을 기재하고, 서명·날인한 후 5년간 이를 보존하여야 한다.

(2) 등록인장의 사용의무

사건카드 등 매수대리인이 작성하는 서류에는 등록한 인장을 사용하여야 한다.

(3) 매수신청대리 대상물의 확인·설명의무

① 개업공인중개사는 매수신청대리의 위임을 받기 전(위임계약 전)에 매수대리보수에 대하여 설명하여야 하고, 위임을 받은 경우에는 매수신청대리 대상물의 표시, 권리관계, 매수대리 대상물의 경제적 가치, 제한사항, 매수인이 부담 및 인수하여야 할 권리 등의 사항에 대하여 위임인에게 성실·정확하게 설명하고 등기사항증명서등본 등 설명의 근거자료를 제시하여야 한다.

② 개업공인중개사는 위임계약을 체결한 경우 위임인에게 확인·설명 사항을 서면으로 작성하여 서명·날인한 후 위임인에게 교부하고, 그 사본을 사건가드에 철하여 5년간 보존하여야 한다.

매수신청대리 사건카드

일련번호 2024-	경매사건 번호 지방법원　　지원　　타경		물건번호
부동산의 표시			

위임인에 관한 사항	성 명	생년월일	
		주소	
	성 명	생년월일	
		주소	

보수액	상담 및 권리분석 보수	법규상 보수표의 범위
		결정된 보수액
	매수신청 대리 보수	법규상 보수표의 범위
		결정된 보수액
	특별비용	사유
		결정된 보수액

★보수에 관한 법규의 규정에 대하여 사전에 설명받았음을 확인합니다.
　　　　　　　　　　202 　.　 .　 .　 위임인　　　　　　(인)

위임내용	상담 및 권리분석 (　　)
	매수신청대리 (　　)
위임일자	년　　월　　일

특약사항	

결 과	입찰에 참가하여 매수에 성공 (　　)
	입찰에 참가하였으나 매수에 실패 (　　)
	입찰에 참가하지 않음 (　　)
첨부서면	확인·설명서 (　　)
	보수 영수증 (　　)
	기타

　　　　　년　　월　　일
　　　　　　　　　개업공인중개사　　　　　　　　　　　　(인)
　　　　　　　　　법인인 개업공인중개사　　대표이사　　(인)

(주1) 일련번호는 '연도-누적번호'의 형식으로 부여함
(주2) 위임인이 다수일 경우 별지를 사용하여 기재하고 간인하여야 함

매수신청대상물 확인·설명서

대상물건의 표시	공부상 사항				
	실제 사항	공부와 같음 ( )			
		공부와 다름 ( ) 내역 :			
권리관계에 관한 사항	등기기록 기재사항	소유권에 관한 사항		소유권 이외의 권리사항	
		토 지		토 지	
		건 물		건 물	
	실제 권리관계	토지			
		건물			
	임대차관계				
법령의 규정에 의한 제한사항	토 지				
	건 물				
대상물건의 경제적 가치	감정평가서의 내용				
	개업공인중개사의 평가	감정평가서와 같거나 비슷함 ( )			
		감정평가서와 다름 ( )	이유		
			평가내역	토지	
				건물	
			평가액		
	매각 예상가격	원 (최저 매각가격 : 원)			
매수인이 인수하게 될 부담	등기기록 기재사항				
	기타 사항				
첨부서면	등기사항증명서 ( ), 감정평가서 사본 ( ), 토지·건축물대장 ( )		기타		
	년 월 일 개업공인중개사 (인)				

(4) 공정업무수행의무

개업공인중개사는 신의와 성실로써 공정하게 매수신청대리업무를 수행하여야 한다.

(5) 비밀준수의무

개업공인중개사는 다른 법률에서 특별한 규정이 있는 경우를 제외하고는 그 업무상 알게 된 비밀을 누설하여서는 아니 된다. 개업공인중개사가 그 업무를 떠난 경우에도 같다.

(6) 신고의무

개업공인중개사는 다음의 어느 하나에 해당하는 경우에는 그 사유가 발생한 날로부터 10일 이내에 지방법원장에게 그 사실을 신고하여야 한다.

① 중개사무소를 이전한 경우
② 중개업을 휴업 또는 폐업한 경우
③ 공인중개사 자격이 취소된 경우
④ 공인중개사 자격이 정지된 경우
⑤ 중개사무소 개설등록이 취소된 경우
⑥ 중개업무가 정지된 경우
⑦ 법인인 개업공인중개사가 분사무소를 설치한 경우

(7) 금지행위

개업공인중개사는 다음의 행위를 하여서는 아니 된다.

① 이중으로 매수신청대리인 등록신청을 하는 행위
② 매수신청대리인이 된 사건에 있어서 매수신청인으로서 매수신청을 하는 행위
③ 동일 부동산에 대하여 이해관계가 다른 2인 이상의 대리인이 되는 행위
④ 명의대여를 하거나 등록증을 대여 또는 양도하는 행위
⑤ 다른 개업공인중개사의 명의를 사용하는 행위
⑥ 경매·입찰방해죄에 해당하는 행위
⑦ 사건카드 또는 확인·설명서에 허위기재하거나 필수적 기재사항을 누락하는 행위
⑧ 그 밖에 다른 법령에 따라 금지되는 행위

O X 확 인 문 제

개업공인중개사는 매수신청대리인이 된 사건에 있어서 매수신청인으로서 매수신청을 하는 행위를 해서는 아니 된다. •26회
( )

정답 (○)

(8) 법원휘장 등 표시금지

① 매수신청대리인 등록을 한 개업공인중개사는 그 사무소의 명칭이나 간판에 고유한 지명 등 법원행정처장이 인정하는 특별한 경우를 제외하고는 '법원'의 명칭이나 휘장 등을 표시하여서는 아니 된다.

② 개업공인중개사는 매수신청대리인 등록이 취소된 때에는 사무실 내·외부에 매수신청대리업무에 관한 표시 등을 제거하여야 하며, 업무정지처분을 받은 때에는 업무정지사실을 당해 중개사사무소의 출입문에 표시하여야 한다.

O X 확 인 문 제

개업공인중개사는 매수신청대리인 등록이 취소된 때에는 사무실 내·외부에 매수신청대리업무에 관한 표시 등을 제거하여야 한다. ( )

정답 (○)

5. 지도·감독

(1) 감독상의 명령

지방법원장 또는 지원장은 매수신청대리인 등록을 한 개업공인중개사에게 매수신청대리업무에 관한 사항에 대하여 보고하게 하거나 자료의 제출 그 밖에 필요한 명령을 할 수 있고, 소속 공무원으로 하여금 중개사무소에 출입하여 장부·서류 등을 조사 또는 검사하게 할 수 있다.

(2) 감독권자 등

① 법원행정처장은 매수신청대리업무에 관하여 협회를 감독한다.

② 지방법원장은 매수신청대리업무에 관하여 관할 안에 있는 협회의 시·도지부와 매수신청대리인 등록을 한 개업공인중개사를 감독한다.

③ 지방법원장은 매수신청대리업무에 대한 감독의 사무를 지원장과 협회의 시·도지부에 위탁할 수 있고, 이를 위탁받은 지원장과 협회의 시·도지부는 그 실시 결과를 지체 없이 지방법원장에게 보고하여야 한다.

④ 지방법원장은 법규를 위반하였다고 인정되는 개업공인중개사에 대하여 해당 법규에 따른 상당한 처분을 하여야 한다.

⑤ 협회는 등록관청으로부터 중개사무소의 개설등록, 휴업·폐업의 신고, 자격의 취소, 자격의 정지, 등록의 취소, 업무의 정지 등에 관한 사항을 통보받은 후 10일 이내에 법원행정처장에게 통지하여야 한다.

(3) 민감정보 등의 처리

지방법원장 및 감독업무를 위탁받은 지원장과 협회(중앙회 및 시·도지부)는 매수신청대리인 등록 및 감독업무 수행을 위하여 「개인정보 보호법」 제23조의 민감정보, 제24조의 고유식별정보, 제24조의2의 주민등록번호 및 그 밖의 개인정보를 처리할 수 있다.

6. 행정처분

(1) 등록취소·업무정지의 처분

지방법원장은 매수신청대리인 등록을 한 개업공인중개사에 대하여 등록취소·업무정지의 처분을 할 수 있다. 지방법원장은 등록취소·업무정지의 처분을 할 경우에는 해당 위반행위를 조사·확인한 후 위반사실, 징계처분의 내용과 그 기간 등을 서면으로 명시하여 통지하여야 한다. 지방법원장은 등록취소, 업무정지처분을 하고자 하는 때에는 10일 이상의 기간을 정하여 개업공인중개사에게 구술 또는 서면(전자문서를 포함한다)에 의한 의견진술의 기회를 주어야 한다. 이 경우 지정된 기일까지 의견진술이 없는 때에는 의견이 없는 것으로 본다. 지방법원장은 규칙 제21조 또는 제22조의 규정에 따라 등록취소 또는 업무정지처분을 한 때에는 등록취소·업무정지관리대장에 기재하여 5년간 보존하여야 한다.

(2) 등록취소 시 등록증의 반납

등록취소처분을 받은 개업공인중개사는 처분을 받은 날로부터 7일 이내에 관할 지방법원장에게 등록증을 반납하여야 한다. 개설등록이 취소된 경우로서 개인인 개업공인중개사가 사망한 경우에는 그 개업공인중개사와 세대를 같이 하고 있는 자, 법인인 개업공인중개사가 해산한 경우에는 해당 법인의 대표자 또는 임원이었던 자가 등록취소처분을 받은 날로부터 7일 이내에 등록증을 관할 지방법원장에게 반납하여야 한다.

매수신청대리업무 조사권한증명서

1. 조사·검사자의 인적사항

소 속	직 급	성 명	비 고

2. 조사·검사기간 :　　년　월　일　~　년　월　일

3. 대상지역 :

　위 사람은 「공인중개사의 매수신청대리인 등록 등의 규칙」 제20조 제1항의 규정에 따라 중개사무소에 출입하여 장부·서류 등을 조사 또는 검사할 수 있는 자임을 증명합니다.

년　월　일

지방법원장(또는 지방법원 지원장) 인

유의사항	1. 중개사무소에 출입하여 장부·서류 등을 조사 또는 검사하는 자가 공무원인 경우 공무원증과 이 증명서를, 협회의 시·도지부 직원일 경우 협회의 시·도지부 대표자가 발행하는 증명서를 제시하여야 합니다. 2. 개업공인중개사가 조사 또는 검사에 기피, 거부 또는 방해하는 경우에는 관련 규정에 따라 등록취소처분을 받을 수 있습니다.

(3) 등록취소사유

① **절대적 등록취소사유** : 지방법원장은 다음의 어느 하나에 해당하는 경우에는 매수신청대리인 등록을 취소하여야 한다. 매수신청대리인 등록이 취소된 자는 등록증을 관할 지방법원장에게 반납하여야 한다.

> ㉠ 「공인중개사법」 제10조 제1항의 결격사유에 해당하는 경우
> ㉡ 「공인중개사법」, 「공인중개사의 매수신청대리인 등록 등에 관한 규칙」에 따라 폐업신고를 한 경우
> ㉢ 「공인중개사법」에 따라 공인중개사 자격이 취소된 경우
> ㉣ 「공인중개사법」에 따라 중개사무소 개설등록이 취소된 경우
> ㉤ 매수신청대리인 등록 당시 등록요건을 갖추지 않았던 경우
> ㉥ 등록 당시 매수신청대리인 등록의 결격사유가 있었던 경우

② **상대적 등록취소사유** : 지방법원장은 다음의 어느 하나에 해당하는 경우에는 매수신청대리인 등록을 취소할 수 있다. 매수신청대리인 등록이 취소된 자는 등록증을 관할 지방법원장에게 반납하여야 한다.

> ㉠ 등록 후 매수신청대리인 등록요건을 갖추지 못하게 된 경우
> ㉡ 등록 후 매수신청대리인 등록의 결격사유가 있게 된 경우
> ㉢ 사건카드를 작성하지 아니하거나 보존하지 아니한 경우
> ㉣ 매수대리확인·설명서를 교부하지 아니하거나 보존하지 아니한 경우
> ㉤ 보수 이외의 명목으로 돈 또는 물건을 받은 경우 또는 예규에서 정한 보수를 초과하여 받은 경우, 보수의 영수증을 교부하지 아니한 경우
> ㉥ 비밀누설금지의무에 위반한 경우
> ㉦ 「민사집행법」의 규정 및 집행관의 조치에 따르지 아니한 경우
> ㉧ 개업공인중개사가 금지행위를 한 경우
> ㉨ 감독상의 명령이나 중개사무소의 출입, 조사 또는 검사에 대하여 기피, 거부 또는 방해하거나 거짓으로 보고 또는 제출한 경우
> ㉩ 최근 1년 이내에 이 규칙에 따라 2회 이상 업무정지처분을 받고 다시 업무정지처분에 해당하는 행위를 한 경우

O X 확 인 문 제

매수신청대리인 등록 당시 등록요건을 갖추지 않았던 경우 상대적 등록취소사유에 해당한다. ( )

정답 (×)
매수신청대리인 등록 당시 등록요건을 갖추지 않았던 경우 절대적 등록취소사유에 해당한다.

O X 확 인 문 제

매수신청대리인 등록 후 매수신청대리인 등록요건을 갖추지 못하게 된 경우 절대적 등록취소사유에 해당한다. ( )

정답 (×)
매수신청대리인 등록 후 매수신청대리인 등록요건을 갖추지 못하게 된 경우 상대적 등록취소사유에 해당한다.

(4) 업무정지사유

① **절대적 업무정지처분사유** : 지방법원장은 개업공인중개사(이 경우 분사무소를 포함한다)가 다음의 어느 하나에 해당하는 경우에는 그 기간 동안 매수신청대리업무를 정지하는 처분을 하여야 한다. 업무정지기간은 1개월 이상 2년 이하로 한다.

> ㉠ 개업공인중개사가 「공인중개사법」, 「공인중개사의 매수신청대리인 등록 등에 관한 규칙」에 따라 휴업하였을 경우
> ㉡ 공인중개사 자격을 정지당한 경우
> ㉢ 「공인중개사법」을 위반하여 업무의 정지를 당한 경우
> ㉣ 매수신청대리인 등록을 취소할 수 있는 사유 중 어느 하나에 해당하는 경우(단, **(3)**의 ② 상대적 등록취소사유 중 ㉦은 제외)

② **상대적 업무정지처분사유** : 지방법원장은 매수신청대리인 등록을 한 개업공인중개사(이 경우 분사무소를 포함한다)가 다음의 어느 하나에 해당하는 경우에는 기간을 정하여 매수신청대리업무의 정지를 명할 수 있다. 업무정지기간은 1개월 이상 2년 이하로 한다.

> ㉠ 경매를 방해한 경우. 즉, 다른 사람의 매수신청을 방해하거나, 부당하게 다른 사람과 담합 또는 매각의 적정한 실시를 방해하거나, 이러한 행위를 교사하는 경우
> ㉡ 등록증 등을 게시하지 아니한 경우
> ㉢ 사건카드, 확인·설명서, 영수증에 등록된 인장을 날인하지 아니한 경우
> ㉣ 사무소 이전 등의 신고를 하지 아니한 경우
> ㉤ 감독상의 명령이나 중개사무소의 출입, 조사 또는 검사에 대하여 기피, 거부 또는 방해하거나 거짓으로 보고 또는 제출한 경우
> ㉥ '법원'의 명칭이나 휘장 등을 표시하였을 경우
> ㉦ 그 밖에 이 규칙에 따른 명령이나 처분에 위반한 경우

등록취소·업무정지 관리대장

지방법원   년도

연 번	등록번호 (자격번호)	개업공인중개사	주민등록번호	사무소 명칭 (주소)	위반사항 (관련 조문)	처분내용	비 고

5 매수신청대리인의 보수

1. 보수 일반

개업공인중개사는 매수신청대리에 관하여 위임인으로부터 예규에서 정한 보수표의 범위 안에서 소정의 보수를 받는다. 이때 보수 이외의 명목으로 돈 또는 물건을 받거나 예규에서 정한 보수 이상을 받아서는 아니 된다. 개업공인중개사는 보수에 대하여 이를 위임인에게 위임계약 전에 설명하여야 한다. 매수신청대리인 등록을 한 개업공인중개사가 보수를 받은 경우 예규에서 정한 양식에 의한 영수증을 작성하여 서명날인한 후 위임인에게 교부하여야 한다.

2. 보수의 종류

(1) 보 수

보수는 상담 및 권리분석 보수와 매수신청대리 보수 두 가지가 있다. 이때 보수 이외의 명목으로 돈 또는 물건을 받거나 예규에서 정한 보수 이상을 받아서는 아니 된다. 보수의 지급시기는 매수신청인과 매수신청대리인의 약정에 따르며, 약정이 없을 때에는 매각대금의 지급기한일로 한다.

(2) 실 비

개업공인중개사는 위임인으로부터 매수신청대리 대상물의 권리관계 등의 확인 또는 매수신청대리의 실행과 관련하여 발생하는 실비를 받을 수 있다. 다만, 매수신청대리에 필요한 통상의 실비(확인·설명을 위한 등기사항증명서 열람비용 등)는 보수에 포함된 것으로 본다.

OX확인문제

보수지급시기에 관하여 약정이 없는 경우 매각대금의 지급기한일로 한다. •28회 ( )

정답 (○)

매수신청대리 등 보수표

(1) 상담 및 권리분석 보수

① 보수 : 50만원의 범위 안에서 당사자의 합의에 의하여 결정한다.

② 주의사항

- 4개 부동산 이상의 일괄매각의 경우에는 3개를 초과하는 것부터 1부동산당 5만원의 범위 안에서 상한선을 증액할 수 있다(예를 들어, 5개 부동산의 일괄 매각의 경우 3개를 초과하는 2개 때문에 60만원까지로 보수의 상한선 범위가 증액될 수 있음).

- 개별매각의 여러 물건을 함께 분석하는 경우에는 1부동산당 5만원의 범위 안에서 상한선을 증액할 수 있다.

- 위 보수에 대하여 위임계약 체결 전에 위임인에게 미리 설명하여야 하며, 이를 사건카드에 반드시 기록하여야 한다.

(2) 매수신청대리 보수

(가) 매각허가결정이 확정되어 매수인으로 된 경우

① 보수 : 감정가의 1% 이하 또는 최저 매각가격의 1.5% 이하의 범위 안에서 당사자의 합의에 의하여 결정한다.

② 주의사항

- 위 보수에 대하여 위임계약 체결 전에 위임인에게 미리 설명하여야 하며, 이를 사건카드에 반드시 기록하여야 한다.

(나) 최고가 매수신고인 또는 매수인으로 되지 못한 경우

① 보수 요율 : 50만원의 범위 안에서 당사자의 합의에 의하여 결정한다.

② 주의사항

- 위 보수에 대하여 위임계약 체결 전에 위임인에게 미리 설명하여야 하며, 이를 사건카드에 반드시 기록하여야 한다.

(3) 실 비

① 보수 : 30만원의 범위 안에서 당사자의 합의에 의하여 결정한다.

② 주의사항

- 실비는 매수신청대리와 관련하여 발생하는 특별한 비용(원거리 출장비, 원거리 교통비 등)으로써 개업공인중개사는 이에 관한 영수증 등을 첨부하여 청구하여야 한다.

- 매수신청대리와 관련하여 발생하는 통상의 비용(등기사항증명서 비용, 근거리 교통비 등)은 위 보수에 당연히 포함된 것으로 보고 별도로 청구하지 않는다.

- 실비에 대하여 위임계약 체결 전에 위임인에게 미리 설명하여야 하며, 이를 사건카드에 반드시 기록하여야 한다.

01 「공인중개사의 매수신청대리인 등록 등에 관한 규칙」에 따른 개업 공인중개사의 매수신청대리에 관한 설명으로 옳은 것은? (다툼이 있으면 판례에 따름) • 34회

① 미등기건물은 매수신청대리의 대상물이 될 수 없다.
② 공유자의 우선매수신고에 따라 차순위매수신고인으로 보게 되는 경우 그 차순위매수신고인의 지위를 포기하는 행위는 매수신청대리권의 범위에 속하지 않는다.
③ 소속공인중개사도 매수신청대리인으로 등록할 수 있다.
④ 매수신청대리인이 되려면 관할 지방자치단체의 장에게 매수신청대리인 등록을 하여야 한다.
⑤ 개업공인중개사는 매수신청대리행위를 함에 있어서 매각장소 또는 집행법원에 직접 출석하여야 한다.

해설 ① 미등기건물은 매수신청대리의 대상물이 될 수 있다.
　② 공유자의 우선매수신고에 따라 차순위매수신고인으로 보게 되는 경우 그 차순위매수신고인의 지위를 포기하는 행위는 매수신청대리권의 범위에 속한다.
　③ 소속공인중개사는 매수신청대리인으로 등록할 수 없다. 매수신청대리인으로 등록할 수 있는 자는 법인인 개업공인중개사, 공인중개사인 개업공인중개사이다.
　④ 매수신청대리인이 되고자 하는 개업공인중개사는 중개사무소(중개법인의 경우에는 주된 중개사무소를 말한다)가 있는 곳을 관할하는 지방법원의 장에게 매수신청대리인 등록을 하여야 한다.

정답 ⑤

02 개업공인중개사 甲은 「공인중개사의 매수신청대리인 등록 등에 관한 규칙」에 따라 매수신청대리인으로 등록하였다. 이에 관한 설명으로 옳은 것을 모두 고른 것은? • 33회

㉠ 甲은 「공장 및 광업재단 저당법」에 따른 광업재단에 대한 매수신청대리를 할 수 있다.
㉡ 甲의 중개사무소 개설등록이 취소된 경우 시·도지사는 매수신청대리인 등록을 취소해야 한다.
㉢ 중개사무소 폐업신고로 甲의 매수신청대리인 등록이 취소된 경우 3년이 지나지 아니하면 甲은 다시 매수신청대리인 등록을 할 수 없다.

① ㉠
② ㉡
③ ㉠, ㉢
④ ㉡, ㉢
⑤ ㉠, ㉡, ㉢

해설 ㉡ 甲의 중개사무소 개설등록이 취소된 경우 지방법원장은 매수신청대리인 등록을 취소해야 한다. 지방법원장은 다음에 해당하는 경우에는 매수신청대리인 등록을 취소하여야 하며, 그 사유는 다음과 같다.

> 1. 「공인중개사법」 제10조 제1항의 결격사유에 해당하는 경우
> 2. 「공인중개사법」, 「공인중개사의 매수신청대리인 등록 등에 관한 규칙」에 따라 폐업신고를 한 경우
> 3. 「공인중개사법」에 따라 공인중개사 자격이 취소된 경우
> 4. 「공인중개사법」에 따라 중개사무소 개설등록이 취소된 경우
> 5. 매수신청대리인 등록 당시 등록요건을 갖추지 않았던 경우
> 6. 등록 당시 매수신청대리인 등록의 결격사유가 있었던 경우

㉢ 매수신청대리인 등록이 취소된 경우 3년이 지나지 아니한 자는 매수신청대리인 등록을 할 수 없다. 단, 중개업의 폐업신고 또는 매수신청대리업의 폐업신고에 의한 등록취소는 제외한다. 따라서 중개사무소 폐업신고로 甲의 매수신청대리인 등록이 취소된 경우 3년이 지나지 않아도 甲은 다시 매수신청대리인 등록을 할 수 있다.

정답 ①

제7절 집합건물의 소유 및 관리에 관한 법률

• 32회 • 33회 • 34회

1 서 설

1. 구분소유의 의의

1동의 건물을 구분하여 각각의 부분을 별개의 물건으로 하여 소유하는 것을 구분소유라고 한다.

2. 구분소유권의 성립

① 구분건물이 되기 위하여는 객관적·물리적인 측면에서 구분건물이 구조상·이용상의 독립성을 갖추어야 하고, 그 건물을 구분소유권의 객체로 하려는 의사표시, 즉 구분행위가 있어야 한다.
② 구분소유권을 취득하기 위해서 집합건축물대장의 등록이나 구분건물의 표시에 관한 등기를 요하는 것은 아니다.
③ 건물 완성 전에 구분행위를 하더라도 나중에 건물이 완성되면 유효한 구분행위로 인정될 수 있다.

2 전유부분과 공용부분

1. 의 의

① 구분소유권의 목적인 건물부분을 전유부분이라고 한다.

② 전유부분 외의 건물부분, 전유부분에 속하지 아니하는 건물의 부속물 및 기타 공용부분으로 된 부속의 건물을 공용부분이라고 한다.

③ 공용부분은 전유부분의 면적의 비율에 따라 구분소유자의 공유에 속한다.

2. 공용부분

(1) 공용부분의 종류

① **법정공용부분** : 전유부분 이외의 건물부분(예 계단, 지붕 등 구조상 공용부분), 건물의 부속물(예 수도관, 전기배선 등) 등은 법정공용부분에 해당하며 등기 없이 당연히 공유로 된다.

② **규약상 공용부분** : 규약으로 공유로 하기로 한 시설 등(예 관리사무실, 창고, 노인정 등)을 규약상 공용부분이라고 하며, 규약상 공용부분은 등기를 하여야 한다.

(2) 공용부분의 법률관계

① 공용부분은 공유자 전원의 공유에 속한다.

② 각 공유자의 지분은 그가 가지는 전유부분의 면적의 비율에 의한다.

③ 공유자의 공용부분에 대한 지분은 그가 가지는 전유부분의 처분에 따른다.

④ 공유자는 그가 가지는 전유부분과 분리하여 공용부분에 대한 지분을 처분할 수 없다.

⑤ 공용부분에 대한 물권의 득실변경은 등기를 요하지 아니한다.

⑥ 공용부분의 변경에 관한 사항은 관리단 집회에서 구분소유자 및 의결권의 각 3분의 2 이상이 결의함으로써 결정한다. 다만, 구분소유권 및 대지사용권에 변동을 일으키는 사항은 구분소유자 및 의결권의 5분의 4 이상의 결의가 필요하다.

⑦ 공용부분의 각 공유자는 공용부분을 그 용도에 따라 사용할 수 있다.

➕ 구분소유자 중 일부가 정당한 권원 없이 공용부분을 배타적으로 사용한 경우, 다른 구분소유자들이 부당이득반환의무를 부담한다.

⑧ 공용부분에 대한 공유물 분할청구는 허용되지 않는다.

⑨ 전유부분이 속하는 1동의 건물의 설치 또는 보존의 하자로 인하여 타인에게 손해를 가한 때에는 그 하자는 공용부분에 존재하는 것으로 추정한다.

⑩ 공유자가 공용부분에 관하여 다른 공유자에 대하여 가지는 채권은 그 특별승계인에 대하여도 행사할 수 있다.

3. 대지사용권

① 대지사용권이란 건물의 구분소유자가 전유부분을 소유하기 위하여 전유부분이 속하는 건물이 소재하는 토지 등에 대하여 가지는 권리를 말한다.

② 구분소유자의 대지사용권은 그가 가지는 전유부분의 처분에 따른다.

③ 구분소유자는 규약으로 달리 정한 때를 제외하고 그가 가지는 전유부분과 분리하여 대지사용권을 처분할 수 없다.

④ 대지 위에 구분소유권의 목적인 건물이 속하는 1동의 건물이 있는 때에는 그 대지의 공유자는 그 건물의 사용에 필요한 범위 내의 대지에 대하여는 분할을 청구하지 못한다.

⑤ 구분건물의 전유부분에 관하여 설정된 저당권의 효력은 특별한 사정이 없는 한 그 대지사용권에까지 미치고 여기의 대지사용권에는 지상권 등 용익권 이외에 대지소유권도 포함된다.

3 구분소유자의 권리·의무

1. 구분소유자의 하자담보청구권

① 집합주택의 관리방법과 기준, 하자담보책임에 관한 「주택법」의 특별한 규정은 이 법에 저촉되어 구분소유자의 기본적인 권리를 해치지 아니하는 범위에서 효력이 있다.

② 집합건물을 건축하여 분양한 자와 분양자와의 계약에 따라 건물을 건축한 자로서 대통령령으로 정하는 자(이하 '시공자'라 한다)는 구분소유자에 대하여 담보책임을 진다.

③ 시공자의 담보책임 중 손해배상책임은 분양자에게 회생절차개시 신청, 파산 신청, 해산, 무자력(무자력) 또는 그 밖에 이에 준하는 사유가 있는 경우에만 진다.

■□ **담보책임의 존속기간**

> 1. 건물의 주요 구조부 및 지반공사의 하자 : 10년
> 2. 1. 이외의 하자 : 5년 범위에서 대통령령으로 정하는 기간
>   ① 기산일 전에 발생한 하자 : 5년
>   ② 기산일 이후에 발생한 하자
>   ㉠ 건물의 구조상 또는 안전상의 하자 : 5년
>   ㉡ 건물의 기능상 또는 미관상의 하자 : 3년
>   ㉢ 마감공사의 하자 등, 하자의 발견·교체 및 보수가 용이한 하자 : 2년

2. 구분소유자의 의무와 위반 시 조치

(1) 구분소유자의 의무

① 공동이익에 반하는 행위 금지

② 용도변경 및 증·개축의 금지

③ 타인 소유부분 사용청구권

④ 재건축 결의 시 매도청구권

(2) 의무 위반 시 조치

① 공동이익에 반하는 행위의 정지청구

② 전유부분의 사용 금지청구

③ 구분소유권의 경매청구

④ 전유부분의 점유자에 대한 인도청구

(3) 체납관리비 승계의무

① 관리규약에 의하여 전유부분의 특별승계인에게 승계되는 체납관리비는 공용부분 관리비에 한정되며, 전유부분 관리비와 공용부분 관리비에서 발생한 연체료는 포함되지 않는다.

② 구분소유권의 특별승계인이 그 구분소유권을 다시 제3자에게 이전한 경우에도 자신의 전(前) 구분소유자의 공용부분에 대한 체납관리비를 지급할 책임이 있다.

■ 체납관리비 지급책임

	체납자 매매		매매
	甲 →	乙 →	丙
전유부분	○	×	×
공용부분	○	○	○
연체료	○	×	×

기출&예상 문제

01 개업공인중개사가 집합건물을 매수하려는 의뢰인에게 「집합건물의 소유 및 관리에 관한 법률」에 관하여 설명한 것으로 틀린 것은? (다툼이 있으면 판례에 따름)   • 34회

① 전유부분이란 구분소유권의 목적인 건물부분을 말한다.

② 소유자가 기존 건물에 증축을 하고 기존 건물에 마쳐진 등기를 증축한 건물의 현황과 맞추어 1동의 건물로서 증축으로 인한 건물표시변경등기를 마친 경우, 그 증축부분에 대해서는 구분소유권이 성립하지 않는다.

③ 구분소유자는 건물의 관리 및 사용에 관하여 구분소유자 공동의 이익에 어긋나는 행위를 하여서는 아니 된다.

④ 일부의 구분소유자만이 공용하도록 제공되는 것임이 명백한 공용부분은 그들 구분소유자의 공유에 속한다.

⑤ 일부공용부분의 관리에 관한 사항 중 구분소유자 전원에게 이해관계가 있는 사항은 그것을 공용하는 구분소유자만의 집회결의로써 결정한다.

해설 ⑤ 일부공용부분의 관리에 관한 사항 중 구분소유자 전원에게 이해관계가 있는 사항과 제29조 제2항의 규약으로써 정한 사항은 구분소유자 전원의 집회결의로써 결정하고, 그 밖의 사항은 그것을 공용하는 구분소유자만의 집회결의로써 결정한다.

정답 ⑤

02 개업공인중개사가 아파트를 매수하려는 의뢰인에게 「집합건물의 소유 및 관리에 관한 법률」의 내용에 관하여 설명한 것으로 옳은 것은?

• 33회

① 전유부분이 속하는 1동의 건물의 설치 또는 보존의 흠으로 인하여 다른 자에게 손해를 입힌 경우, 그 흠은 공용부분에 존재하는 것으로 추정한다.

② 구분소유자는 그 전유부분을 개량하기 위하여 필요한 범위에서 다른 구분소유자의 전유부분의 사용을 청구할 수 없다.

③ 공용부분의 공유자가 공용부분에 관하여 다른 공유자에 대하여 가지는 채권은 그 특별승계인에 대하여 행사할 수 없다.

④ 대지 위에 구분소유권의 목적인 건물이 속하는 1동의 건물이 있을 때에는 그 대지의 공유자는 그 건물 사용에 필요한 범위의 대지에 대하여 분할을 청구할 수 있다.

⑤ 공용부분에 대한 공유자의 지분은 그가 가지는 전유부분의 처분에 따르지 않는다.

해설 ② 구분소유자는 그 전유부분이나 공용부분을 보존하거나 개량하기 위하여 필요한 범위에서 다른 구분소유자의 전유부분 또는 자기의 공유에 속하지 아니하는 공용부분의 사용을 청구할 수 있다.

③ 공유자가 공용부분에 관하여 다른 공유자에 대하여 가지는 채권은 그 특별승계인에 대하여도 행사할 수 있다.

④ 대지 위에 구분소유권의 목적인 건물이 속하는 1동의 건물이 있을 때에는 그 대지의 공유자는 그 건물 사용에 필요한 범위의 대지에 대하여 분할을 청구하지 못한다.

⑤ 공용부분에 대한 공유자의 지분은 그가 가지는 전유부분의 처분에 따른다. 즉, 공용부분은 그의 전유부분의 처분에 따르고, 공용부분에 대한 지분권만을 분리하여 처분할 수 없는 것이 원칙이다.

정답 ①

① 2자 간의 명의신탁의 경우 신탁자는 제3자에게 권리를 주장할 수 없고, 수탁자에게 부당이득반환청구권을 행사할 수 있지만, (   )는 물을 수 없다.

② (   )이란 원소유자(매도인)는 명의신탁자와 명의수탁자 간에 명의신탁약정이 있다는 사실을 모르고 명의신탁자로부터 매매자금을 제공받은 명의수탁자와 직접 매매계약 등을 체결하여 명의수탁자에게 등기를 이전하여 주는 형태를 말한다.

③ 주택임대차는 기간을 정하지 아니하거나 (   ) 미만으로 정한 임대차는 그 기간을 (   )으로 본다. 다만, 임차인은 (   ) 미만으로 정한 기간이 유효함을 주장할 수 있다.

④ 주택의 임대인이 임대차기간이 끝나기 (   ) 전부터 (   ) 전까지의 기간에 임차인에게 갱신거절의 통지를 하지 아니하거나 계약조건을 변경하지 아니하면 갱신하지 아니한다는 뜻의 통지를 하지 아니한 경우에는 그 기간이 끝난 때에 전 임대차와 동일한 조건으로 다시 임대차한 것으로 본다.

⑤ 확정일자인 제도란 임차인이 대항요건과 주택임대차계약서상에 확정일자를 받은 경우에는 임차주택이 경매 또는 공매되었을 경우에 경락된 금액에서 (   )나 기타 채권자보다 우선하여 보증금을 변제받을 수 있는 권리를 말한다.

| 정답 | **1** 횡령죄　**2** 계약명의신탁　**3** 2년, 2년, 2년　**4** 6개월, 2개월　**5** 후순위권리자 |

6 상가건물의 임대인은 임차인이 임대차기간 만료 전 6개월부터 1개월까지 사이에 행하는 (   )에 대하여 정당한 사유 없이 이를 거절하지 못한다.

7 상가건물의 임대인은 임대차기간이 끝나기 (   ) 전부터 임대차 종료 시까지 권리금 계약에 따라 임차인이 주선한 신규임차인이 되려는 자로부터 권리금을 지급받는 것을 방해하여서는 아니 된다.

8 (   )란 담보권 실행을 위한 경매로 채무자가 채무를 이행하지 아니한 경우에 저당권 등 담보물권을 가진 자가 담보권에 의하여 실행하는 경매이다.

9 입찰에 참가하는 자는 법원에서 정한 (   )의 10분의 1에 해당하는 금액을 매수보증금으로 제공하여야 한다.

10 경매물건에 대한 매수신청대리인이 되고자 하는 개업공인중개사는 중개사무소(법인인 개업공인중개사의 경우에는 주된 중개사무소를 말한다)가 있는 곳을 관할하는 (   )에게 매수신청대리인 등록을 하여야 한다.

정답 | **6** 계약갱신 요구 **7** 6개월 **8** 임의경매 **9** 최저매각가격 **10** 지방법원의 장

01 공인중개사법령상 금지되는 행위를 모두 고른 것은? (단, 다른 법령의 규정은 고려하지 않음)

> ㉠ 법인인 개업공인중개사가 중개업과 함께 주택의 분양대행을 겸업하는 행위
> ㉡ 다른 사람의 중개사무소등록증을 양수하여 이를 사용하는 행위
> ㉢ 공인중개사로 하여금 그의 공인중개사자격증을 다른 사람에게 대여하도록 알선하는 행위

① ㉡
② ㉠, ㉡
③ ㉠, ㉢
④ ㉡, ㉢
⑤ ㉠, ㉡, ㉢

02 공인중개사법령상 공인중개사 정책심의위원회(이하 '위원회'라 함)에 관한 설명으로 **틀린** 것은?

① 위원은 위원장이 임명하거나 위촉한다.
② 심의사항에는 중개보수 변경에 관한 사항이 포함된다.
③ 위원회에서 심의한 사항 중 공인중개사의 자격취득에 관한 사항의 경우 시·도지사는 이에 따라야 한다.
④ 위원장 1명을 포함하여 7명 이상 11명 이내의 위원으로 구성한다.
⑤ 위원이 속한 법인이 해당 안건의 당사자의 대리인이었던 경우 그 위원은 위원회의 심의·의결에서 제척된다.

03 공인중개사법령상 용어에 관한 설명으로 **옳은** 것은?

① 중개대상물을 거래당사자 간에 교환하는 행위는 '중개'에 해당한다.
② 다른 사람의 의뢰에 의하여 중개를 하는 경우는 그에 대한 보수를 받지 않더라도 '중개업'에 해당한다.
③ 개업공인중개사인 법인의 임원으로서 공인중개사인 자가 중개업무를 수행하는 경우에는 '개업공인중개사'에 해당한다.
④ 공인중개사가 개업공인중개사에 소속되어 개업공인중개사의 중개업무와 관련된 단순한 업무를 보조하는 경우에는 '중개보조원'에 해당한다.
⑤ 공인중개사자격을 취득한 자는 중개사무소의 개설등록 여부와 관계없이 '공인중개사'에 해당한다.

04 공인중개사법령상 중개사무소의 설치에 관한 설명으로 <u>틀린</u> 것은?

① 개업공인중개사는 그 등록관청의 관할구역 안에 1개의 중개사무소만을 둘 수 있다.

② 개업공인중개사는 이동이 용이한 임시 중개시설물을 설치하여서는 아니 된다.

③ 주된 사무소의 소재지가 속한 군에는 분사무소를 설치할 수 없다.

④ 법인이 아닌 개업공인중개사가 그 관할구역 외의 지역에 분사무소를 설치하기 위해서는 등록관청에 신고하여야 한다.

⑤ 분사무소 설치신고를 받은 등록관청은 그 신고내용이 적합한 경우에는 신고확인서를 교부하여야 한다.

05 공인중개사법령상 법인의 중개사무소 개설등록의 기준으로 <u>틀린</u> 것은? (단, 다른 법령의 규정은 고려하지 않음)

① 대표자는 공인중개사일 것

② 대표자를 포함한 임원 또는 사원(합명회사 또는 합자회사의 무한책임사원을 말함)의 3분의 1 이상은 공인중개사일 것

③ 「상법」상 회사인 경우 자본금은 5천만원 이상일 것

④ 대표자, 임원 또는 사원(합명회사 또는 합자회사의 무한책임사원을 말함) 전원이 실무교육을 받았을 것

⑤ 분사무소를 설치하려는 경우 분사무소의 책임자가 실무교육을 받았을 것

06 공인중개사법령상 중개대상물에 해당하는 것을 모두 고른 것은? (다툼이 있으면 판례에 따름)

┌───┐
│ ㉠ 근저당권이 설정되어 있는 피담보채권   │
│ ㉡ 아직 완성되기 전이지만 동·호수가 특정되어 분양계약이 체결된 아파트 │
│ ㉢ 「입목에 관한 법률」에 따른 입목   │
│ ㉣ 점포 위치에 따른 영업상의 이점 등 무형의 재산적 가치   │
└───┘

① ㉠, ㉣   ② ㉡, ㉢

③ ㉡, ㉣   ④ ㉠, ㉡, ㉢

⑤ ㉠, ㉢, ㉣

07 공인중개사법령상 개업공인중개사의 고용인에 관한 설명으로 옳은 것은?

① 중개보조원의 업무상 행위는 그를 고용한 개업공인중개사의 행위로 보지 아니한다.

② 소속공인중개사를 고용하려는 개업공인중개사는 고용 전에 미리 등록관청에 신고해야 한다.

③ 개업공인중개사는 중개보조원과의 고용관계가 종료된 때에는 고용관계가 종료된 날부터 10일 이내에 등록관청에 신고하여야 한다.

④ 개업공인중개사가 소속공인중개사의 고용신고를 할 때에는 해당 소속공인중개사의 실무교육 수료확인증을 제출하여야 한다.

⑤ 개업공인중개사는 외국인을 중개보조원으로 고용할 수 없다.

08 공인중개사법령상 중개사무소의 개설등록을 위한 제출서류에 관한 설명으로 <u>틀린</u> 것은?

① 공인중개사자격증 사본을 제출하여야 한다.

② 사용승인을 받았으나 건축물대장에 기재되지 아니한 건물에 중개사무소를 확보하였을 경우에는 건축물대장 기재가 지연되는 사유를 적은 서류를 제출하여야 한다.

③ 여권용 사진을 제출하여야 한다.

④ 실무교육을 위탁받은 기관이 실무교육 수료 여부를 등록관청이 전자적으로 확인할 수 있도록 조치한 경우에는 실무교육의 수료확인증 사본을 제출하지 않아도 된다.

⑤ 외국에 주된 영업소를 둔 법인의 경우에는 「상법」상 외국회사 규정에 따른 영업소의 등기를 증명할 수 있는 서류를 제출하여야 한다.

09 공인중개사법령상 개업공인중개사의 부동산중개업 휴업 또는 폐업에 관한 설명으로 옳은 것을 모두 고른 것은?

> ㉠ 분사무소의 폐업신고를 하는 경우 분사무소설치 신고확인서를 첨부해야 한다.
> ㉡ 임신은 6개월을 초과하여 휴업할 수 있는 사유에 해당한다.
> ㉢ 업무정지처분을 받고 부동산중개업 폐업신고를 한 개업공인중개사는 업무정지기간이 지나지 아니하더라도 중개사무소 개설등록을 할 수 있다.

① ㉡

② ㉠, ㉡

③ ㉠, ㉢

④ ㉡, ㉢

⑤ ㉠, ㉡, ㉢

10 공인중개사법령상 인장등록 등에 관한 설명으로 <u>틀린</u> 것은?

① 개업공인중개사는 중개사무소 개설등록 후에도 업무를 개시하기 전이라면 중개행위에 사용할 인장을 등록할 수 있다.

② 소속공인중개사의 인장등록은 소속공인중개사에 대한 고용신고와 같이 할 수 있다.

③ 분사무소에서 사용할 인장의 경우에는「상업등기규칙」에 따라 법인의 대표자가 보증하는 인장을 등록할 수 있다.

④ 소속공인중개사가 등록하여야 할 인장의 크기는 가로·세로 각각 7mm 이상 30mm 이내이어야 한다.

⑤ 소속공인중개사가 등록한 인장을 변경한 경우에는 변경일부터 10일 이내에 그 변경된 인장을 등록해야 한다.

11 공인중개사법령상 개업공인중개사의 중개사무소 이전신고 등에 관한 설명으로 <u>틀린</u> 것은?

① 개업공인중개사가 중개사무소를 등록관청의 관할지역 외의 지역으로 이전한 경우에는 이전 후의 중개사무소를 관할하는 시장·군수 또는 구청장에게 신고하여야 한다.

② 개업공인중개사가 등록관청에 중개사무소의 이전사실을 신고한 경우에는 지체 없이 사무소의 간판을 철거하여야 한다.

③ 분사무소의 이전신고를 하려는 경우에는 주된 사무소의 소재지를 관할하는 등록관청에 중개사무소 이전신고서를 제출해야 한다.

④ 업무정지기간 중에 있는 개업공인중개사는 중개사무소의 이전신고를 하는 방법으로 다른 개업공인중개사의 중개사무소를 공동으로 사용할 수 없다.

⑤ 공인중개사인 개업공인중개사가 중개사무소이전신고서를 제출할 때 중개사무소등록증을 첨부하지 않아도 된다.

12 공인중개사법령상 중개의뢰인 甲과 개업공인중개사 乙의 중개계약에 관한 설명으로 옳은 것은?

① 甲의 요청에 따라 乙이 일반중개계약서를 작성한 경우 그 계약서를 3년간 보존해야 한다.

② 일반중개계약은 표준이 되는 서식이 정해져 있다.

③ 전속중개계약은 법령이 정하는 계약서에 의하여야 하며, 乙이 서명 및 날인하되 소속공인중개사가 있는 경우 소속공인중개사가 함께 서명 및 날인해야 한다.

④ 전속중개계약의 유효기간은 甲과 乙이 별도로 정하더라도 3개월을 초과할 수 없다.

⑤ 전속중개계약을 체결한 甲이 그 유효기간 내에 스스로 발견한 상대방과 거래한 경우 중개보수에 해당하는 금액을 乙에게 위약금으로 지급해야 한다.

13 부동산 거래신고 등에 관한 법령상 부동산거래계약 신고서의 작성방법으로 틀린 것은?

① 관련 필지 등 기재사항이 복잡한 경우에는 다른 용지에 작성하여 간인 처리한 후 첨부한다.

② '거래대상'의 '종류' 중 '공급계약'은 시행사 또는 건축주등이 최초로 부동산을 공급(분양)하는 계약을 말한다.

③ '계약대상 면적'란에는 실제 거래면적을 계산하여 적되, 집합건축물이 아닌 건축물의 경우 건축물면적은 연면적을 적는다.

④ '거래대상'의 '종류' 중 '임대주택 분양전환'은 법인이 아닌 임대주택사업자가 임대기한이 완료되어 분양전환하는 주택인 경우에 ∨표시를 한다.

⑤ 전매계약(분양권, 입주권)의 경우 '물건별 거래가격'란에는 분양가격, 발코니 확장 등 선택비용 및 추가 지급액 등을 각각 적되, 각각의 비용에 대한 부가가치세가 있는 경우 이를 포함한 금액으로 적는다.

14 공인중개사법령상 개업공인중개사 甲의 중개대상물 확인·설명에 관한 설명으로 **틀린** 것은? (다툼이 있으면 판례에 따름)

① 甲은 중개가 완성되어 거래계약서를 작성하는 때에 중개대상물 확인·설명서를 작성하여 거래당사자에게 교부해야 한다.

② 甲은 중개대상물에 근저당권이 설정된 경우, 실제의 피담보채무액을 조사·확인하여 설명할 의무가 있다.

③ 甲은 중개대상물의 범위 외의 물건이나 권리 또는 지위를 중개하는 경우에도 선량한 관리자의 주의로 권리관계 등을 조사·확인하여 설명할 의무가 있다.

④ 甲은 자기가 조사·확인하여 설명할 의무가 없는 사항이라도 중개의뢰인이 계약을 맺을지를 결정하는 데 중요한 것이라면 그에 관해 그릇된 정보를 제공해서는 안 된다.

⑤ 甲이 성실·정확하게 중개대상물의 확인·설명을 하지 않거나 설명의 근거자료를 제시하지 않은 경우 500만원 이하의 과태료 부과사유에 해당한다.

15 공인중개사법령상 공인중개사인 개업공인중개사 甲의 손해배상책임의 보장에 관한 설명으로 **틀린** 것은?

① 甲은 업무를 시작하기 전에 손해배상책임을 보장하기 위한 조치를 하여야 한다.

② 甲은 2억원 이상의 금액을 보장하는 보증보험 또는 공제에 가입하거나 공탁을 해야 한다.

③ 甲은 보증보험금·공제금 또는 공탁금으로 손해배상을 한 때에는 15일 이내에 보증보험 또는 공제에 다시 가입하거나 공탁금 중 부족하게 된 금액을 보전해야 한다.

④ 甲이 손해배상책임을 보장하기 위한 조치를 이행하지 아니하고 업무를 개시한 경우는 업무정지사유에 해당하지 않는다.

⑤ 甲은 자기의 중개사무소를 다른 사람의 중개행위의 장소로 제공함으로써 거래당사자에게 재산상의 손해를 발생하게 한 때에는 그 손해를 배상할 책임이 있다.

16 공인중개사법령상 중개사무소의 명칭 및 등록증 등의 게시에 관한 설명으로 **틀린** 것은?

① 공인중개사인 개업공인중개사는 공인중개사자격증 원본을 해당 중개사무소 안의 보기 쉬운 곳에 게시하여야 한다.

② 개업공인중개사는 「부가가치세법 시행령」에 따른 사업자등록증을 해당 중개사무소 안의 보기 쉬운 곳에 게시하여야 한다.

③ 법인인 개업공인중개사는 그 사무소의 명칭에 '공인중개사사무소' 또는 '부동산중개'라는 문자를 사용하여야 한다.

④ 법인인 개업공인중개사의 분사무소에 옥외광고물을 설치하는 경우 분사무소설치 신고확인서에 기재된 책임자의 성명을 표기하여야 한다.

⑤ 법 제7638호 부칙 제6조 제2항에 따른 개업공인중개사는 그 사무소의 명칭에 '공인중개사사무소' 및 '부동산중개'라는 문자를 사용하여서는 아니 된다.

17 공인중개사법령상 개업공인중개사등의 교육 등에 관한 설명으로 옳은 것은?

① 폐업신고 후 400일이 지난 날 중개사무소의 개설등록을 다시 신청하려는 자는 실무교육을 받지 않아도 된다.

② 중개보조원의 직무수행에 필요한 직업윤리에 대한 교육시간은 5시간이다.

③ 시·도지사는 연수교육을 실시하려는 경우 실무교육 또는 연수교육을 받은 후 2년이 되기 2개월 전까지 연수교육의 일시·장소·내용 등을 대상자에게 통지하여야 한다.

④ 부동산중개 및 경영실무에 대한 교육시간은 36시간이다.

⑤ 시·도지사가 부동산 거래사고 예방을 위한 교육을 실시하려는 경우에는 교육일 7일 전까지 교육일시·교육장소 및 교육내용을 교육대상자에게 통지하여야 한다.

18 공인중개사법령상 계약금등을 예치하는 경우 예치명의자가 될 수 있는 자를 모두 고른 것은?

> ㉠ 「보험업법」에 따른 보험회사
> ㉡ 「자본시장과 금융투자업에 관한 법률」에 따른 투자중개업자
> ㉢ 「자본시장과 금융투자업에 관한 법률」에 따른 신탁업자
> ㉣ 「한국지방재정공제회법」에 따른 한국지방재정공제회

① ㉠

② ㉠, ㉢

③ ㉠, ㉡, ㉢

④ ㉡, ㉢, ㉣

⑤ ㉠, ㉡, ㉢, ㉣

19 공인중개사법령상 규정 위반으로 과태료가 부과되는 경우 과태료 부과기준에서 정하는 금액이 가장 적은 경우는?

① 휴업한 중개업의 재개신고를 하지 않은 경우
② 중개사무소등록증을 게시하지 않은 경우
③ 중개사무소의 이전신고를 하지 않은 경우
④ 연수교육을 정당한 사유 없이 받지 않은 기간이 50일인 경우
⑤ 손해배상책임의 보장에 관한 사항을 설명하지 않은 경우

20 A시에 중개사무소를 둔 개업공인중개사가 A시에 소재하는 주택(부속토지 포함)에 대하여 아래와 같이 매매와 임대차계약을 동시에 중개하였다. 공인중개사법령상 개업공인중개사가 甲으로부터 받을 수 있는 중개보수의 최고한도액은?

〈계약에 관한 사항〉
1. 계약당사자 : 甲(매도인, 임차인)과 乙(매수인, 임대인)
2. 매매계약
   1) 매매대금 : 2억 5천만원
   2) 매매계약에 대하여 합의된 중개보수 : 160만원
3. 임대차계약
   1) 임대보증금 : 1천만원
   2) 월차임 : 30만원
   3) 임대기간 : 2년

〈A시 중개보수 조례 기준〉
1. 거래금액 2억원 이상 9억원 미만(매매·교환) : 상한요율 0.4%
2. 거래금액 5천만원 미만(임대차 등) : 상한요율 0.5%(한도액 20만원)

① 100만원
② 115만 5천원
③ 120만원
④ 160만원
⑤ 175만 5천원

21 공인중개사법령상 소속공인중개사에게 금지되는 행위를 모두 고른 것은?

> ㉠ 공인중개사 명칭을 사용하는 행위
> ㉡ 중개대상물에 대한 표시·광고를 하는 행위
> ㉢ 중개대상물의 매매를 업으로 하는 행위
> ㉣ 시세에 부당한 영향을 줄 목적으로 온라인 커뮤니티 등을 이용하여 특정 가격 이하로 중개를 의뢰하
>   지 아니하도록 유도함으로써 개업공인중개사의 업무를 방해하는 행위

① ㉠, ㉡　　　　　　　　　　　　　　② ㉡, ㉣
③ ㉢, ㉣　　　　　　　　　　　　　　④ ㉡, ㉢, ㉣
⑤ ㉠, ㉡, ㉢, ㉣

22 공인중개사법령상 소속공인중개사의 규정 위반행위 중 자격정지 기준이 6개월에 해당하는 것을 모두 고른 것은?

> ㉠ 2 이상의 중개사무소에 소속된 경우
> ㉡ 거래계약서에 서명·날인을 하지 아니한 경우
> ㉢ 등록하지 아니한 인장을 사용한 경우
> ㉣ 확인·설명의 근거자료를 제시하지 아니한 경우

① ㉠　　　　　　　　　　　　　　　② ㉠, ㉢
③ ㉡, ㉢　　　　　　　　　　　　　　④ ㉠, ㉡, ㉣
⑤ ㉡, ㉢, ㉣

23 공인중개사법령상 행정제재처분효과의 승계 등에 관한 설명으로 옳은 것은?

① 폐업신고한 개업공인중개사의 중개사무소에 다른 개업공인중개사가 중개사무소를 개설등록한 경우 그 지위를 승계한다.

② 중개대상물에 관한 정보를 거짓으로 공개한 사유로 행한 업무정지처분의 효과는 그 처분에 대한 불복기간이 지난 날부터 1년간 다시 중개사무소의 개설등록을 한 자에게 승계된다.

③ 폐업신고 전의 위반행위에 대한 행정처분이 업무정지에 해당하는 경우로서 폐업기간이 6개월인 경우 재등록 개업공인중개사에게 그 위반행위에 대해서 행정처분을 할 수 없다.

④ 재등록 개업공인중개사에 대하여 폐업신고 전의 업무정지에 해당하는 위반행위를 이유로 행정처분을 할 때 폐업기간과 폐업의 사유는 고려하지 않는다.

⑤ 개업공인중개사가 2022.4.1. 과태료부과처분을 받은 후 폐업신고를 하고 2023.3.2. 다시 중개사무소의 개설등록을 한 경우 그 처분의 효과는 승계된다.

24 공인중개사법령상 공인중개사의 자격취소 등에 관한 설명으로 **틀린** 것은?

① 공인중개사의 자격취소처분은 청문을 거쳐 중개사무소의 개설등록증을 교부한 시·도지사가 행한다.

② 공인중개사가 자격정지처분을 받은 기간 중에 법인인 개업공인중개사의 임원이 되는 경우 시·도지사는 그 자격을 취소하여야 한다.

③ 자격취소처분을 받아 공인중개사자격증을 반납하려는 자는 그 처분을 받은 날부터 7일 이내에 반납해야 한다.

④ 시·도지사는 공인중개사의 자격취소처분을 한 때에는 5일 이내에 이를 국토교통부장관과 다른 시·도지사에게 통보해야 한다.

⑤ 분실로 인하여 공인중개사자격증을 반납할 수 없는 자는 자격증 반납을 대신하여 그 이유를 기재한 사유서를 시·도지사에게 제출하여야 한다.

25 공인중개사법령상 공인중개사협회(이하 '협회'라 함) 및 공제사업에 관한 설명으로 옳은 것은?

① 협회는 총회의 의결내용을 10일 이내에 시·도지사에게 보고하여야 한다.
② 협회는 매 회계연도 종료 후 3개월 이내에 공제사업 운용실적을 일간신문에 공시하거나 협회의 인터넷 홈페이지에 게시해야 한다.
③ 협회의 창립총회를 개최할 경우 특별자치도에서는 10인 이상의 회원이 참여하여야 한다.
④ 공제규정에는 책임준비금의 적립비율을 공제료 수입액의 100분의 5 이상으로 정한다.
⑤ 협회는 공제사업을 다른 회계와 구분하여 별도의 회계로 관리하여야 한다.

26 공인중개사법령상 중개대상물 확인·설명서[Ⅰ](주거용 건축물)의 작성방법으로 옳은 것을 모두 고른 것은?

> ㉠ 임대차의 경우 '취득 시 부담할 조세의 종류 및 세율'은 적지 않아도 된다.
> ㉡ '환경조건'은 중개대상물에 대해 개업공인중개사가 매도(임대)의뢰인에게 자료를 요구하여 확인한 사항을 적는다.
> ㉢ 중개대상물에 법정지상권이 있는지 여부는 '실제 권리관계 또는 공시되지 않은 물건의 권리사항'란에 개업공인중개사가 직접 확인한 사항을 적는다.

① ㉠
② ㉠, ㉡
③ ㉠, ㉢
④ ㉡, ㉢
⑤ ㉠, ㉡, ㉢

27 「공인중개사의 매수신청대리인 등록 등에 관한 규칙」에 따른 개업공인중개사의 매수신청대리에 관한 설명으로 옳은 것은? (다툼이 있으면 판례에 따름)

① 미등기건물은 매수신청대리의 대상물이 될 수 없다.
② 공유자의 우선매수신고에 따라 차순위매수신고인으로 보게 되는 경우 그 차순위매수신고인의 지위를 포기하는 행위는 매수신청대리권의 범위에 속하지 않는다.
③ 소속공인중개사도 매수신청대리인으로 등록할 수 있다.
④ 매수신청대리인이 되려면 관할 지방자치단체의 장에게 매수신청대리인 등록을 하여야 한다.
⑤ 개업공인중개사는 매수신청대리행위를 함에 있어서 매각장소 또는 집행법원에 직접 출석하여야 한다.

28 부동산 거래신고 등에 관한 법령상 토지거래계약을 허가받은 자가 그 토지를 허가받은 목적대로 이용하지 않을 수 있는 예외사유가 <u>아닌</u> 것은? (단, 그 밖의 사유로 시·군·구도시계획위원회가 인정한 경우는 고려하지 않음)

① 「건축법 시행령」에 따른 제1종 근린생활시설인 건축물을 취득하여 실제로 이용하는 자가 해당 건축물의 일부를 임대하는 경우

② 「건축법 시행령」에 따른 단독주택 중 다중주택인 건축물을 취득하여 실제로 이용하는 자가 해당 건축물의 일부를 임대하는 경우

③ 「산업집적활성화 및 공장설립에 관한 법률」에 따른 공장을 취득하여 실제로 이용하는 자가 해당 공장의 일부를 임대하는 경우

④ 「건축법 시행령」에 따른 제2종 근린생활시설인 건축물을 취득하여 실제로 이용하는 자가 해당 건축물의 일부를 임대하는 경우

⑤ 「건축법 시행령」에 따른 공동주택 중 다세대주택인 건축물을 취득하여 실제로 이용하는 자가 해당 건축물의 일부를 임대하는 경우

29 甲이 서울특별시에 있는 자기 소유의 주택에 대해 임차인 乙과 보증금 3억원의 임대차계약을 체결하는 경우, 「부동산 거래신고 등에 관한 법률」에 따른 신고에 관한 설명으로 옳은 것을 모두 고른 것은? (단, 甲과 乙은 자연인임)

> ㉠ 보증금이 증액되면 乙이 단독으로 신고해야 한다.
> ㉡ 乙이 「주민등록법」에 따라 전입신고를 하는 경우 주택 임대차계약의 신고를 한 것으로 본다.
> ㉢ 임대차계약서를 제출하면서 신고를 하고 접수가 완료되면 「주택임대차보호법」에 따른 확정일자가 부여된 것으로 본다.

① ㉠

② ㉡

③ ㉠, ㉡

④ ㉡, ㉢

⑤ ㉠, ㉡, ㉢

30 개업공인중개사가 묘지를 설치하고자 토지를 매수하려는 중개의뢰인에게 장사 등에 관한 법령에 관하여 설명한 내용으로 <u>틀린</u> 것은?

① 가족묘지는 가족당 1개소로 제한하되, 그 면적은 100m² 이하여야 한다.

② 개인묘지란 1기의 분묘 또는 해당 분묘에 매장된 자와 배우자 관계였던 자의 분묘를 같은 구역 안에 설치하는 묘지를 말한다.

③ 법인묘지에는 폭 4m 이상의 도로와 그 도로로부터 각 분묘로 통하는 충분한 진출입로를 설치하여야 한다.

④ 화장한 유골을 매장하는 경우 매장 깊이는 지면으로부터 30cm 이상이어야 한다.

⑤ 「민법」에 따라 설립된 사단법인은 법인묘지의 설치허가를 받을 수 없다.

31 부동산 거래신고 등에 관한 법령상 부동산 매매계약의 거래신고에 관한 설명으로 <u>틀린</u> 것은? (단, 거래당사자는 모두 자연인이고, 공동중개는 고려하지 않음)

① 신고할 때는 실제 거래가격을 신고해야 한다.

② 거래당사자 간 직접 거래의 경우 매도인이 거래신고를 거부하면 매수인이 단독으로 신고할 수 있다.

③ 거래신고 후에 매도인이 매매계약을 취소하면 매도인이 단독으로 취소를 신고해야 한다.

④ 개업공인중개사가 매매계약의 거래계약서를 작성·교부한 경우에는 그 개업공인중개사가 신고를 해야 한다.

⑤ 개업공인중개사가 매매계약을 신고한 경우에 그 매매계약이 해제되면 그 개업공인중개사가 해제를 신고할 수 있다.

32 매수신청대리인으로 등록한 개업공인중개사가 X부동산에 대한 「민사집행법」상 경매절차에서 매수신청대리의 위임인에게 설명한 내용으로 <u>틀린</u> 것은? (다툼이 있으면 판례에 따름)

① 최선순위의 전세권자는 배당요구 없이도 우선변제를 받을 수 있으며, 이 때 전세권은 매각으로 소멸한다.

② X부동산에 대한 경매개시결정의 기입등기 전에 유치권을 취득한 자는 경매절차의 매수인에게 자기의 유치권으로 대항할 수 있다.

③ 최선순위의 지상권은 경매절차의 매수인이 인수한다.

④ 후순위 저당권자의 신청에 의한 경매라 하여도 선순위 저당권자의 저당권은 매각으로 소멸한다.

⑤ 집행법원은 배당요구의 종기를 첫 매각기일 이전으로 정한다.

33 부동산 거래신고 등에 관한 법령상 국내 토지를 외국인이 취득하는 것에 관한 설명이다. (   )에 들어갈 숫자로 옳은 것은? (단, 상호주의에 따른 제한은 고려하지 않음)

- 외국인이 토지를 매수하는 계약을 체결하면 계약체결일부터 (㉠)일 이내에 신고해야 한다.
- 외국인이 토지를 증여받는 계약을 체결하면 계약체결일부터 (㉡)일 이내에 신고해야 한다.
- 외국인이 토지를 상속받으면 취득일부터 (㉢)개월 이내에 신고해야 한다.

① ㉠ : 30, ㉡ : 30, ㉢ : 3
② ㉠ : 30, ㉡ : 30, ㉢ : 6
③ ㉠ : 30, ㉡ : 60, ㉢ : 6
④ ㉠ : 60, ㉡ : 30, ㉢ : 3
⑤ ㉠ : 60, ㉡ : 60, ㉢ : 6

34 부동산 거래신고 등에 관한 법령상 토지거래허가구역 내의 토지매매에 관한 설명으로 옳은 것을 모두 고른 것은? (단, 법령상 특례는 고려하지 않으며, 다툼이 있으면 판례에 따름)

- ㉠ 허가를 받지 아니하고 체결한 매매계약은 그 효력이 발생하지 않는다.
- ㉡ 허가를 받기 전에 당사자는 매매계약상 채무불이행을 이유로 계약을 해제할 수 있다.
- ㉢ 매매계약의 확정적 무효에 일부 귀책사유가 있는 당사자도 그 계약의 무효를 주장할 수 있다.

① ㉠
② ㉡
③ ㉠, ㉢
④ ㉡, ㉢
⑤ ㉠, ㉡, ㉢

35 부동산 거래신고 등에 관한 법령상 포상금의 지급에 관한 설명으로 <u>틀린</u> 것을 모두 고른 것은?

- ㉠ 가명으로 신고하여 신고인을 확인할 수 없는 경우에는 포상금을 지급하지 아니할 수 있다.
- ㉡ 신고관청에 포상금지급신청서가 접수된 날부터 1개월 이내에 포상금을 지급하여야 한다.
- ㉢ 신고관청은 하나의 위반행위에 대하여 2명 이상이 각각 신고한 경우에는 포상금을 균등하게 배분하여 지급한다.

① ㉠
② ㉠, ㉡
③ ㉠, ㉢
④ ㉡, ㉢
⑤ ㉠, ㉡, ㉢

36 개업공인중개사가 집합건물을 매수하려는 의뢰인에게 「집합건물의 소유 및 관리에 관한 법률」에 관하여 설명한 것으로 틀린 것은? (다툼이 있으면 판례에 따름)

① 전유부분이란 구분소유권의 목적인 건물부분을 말한다.

② 소유자가 기존 건물에 증축을 하고 기존 건물에 마쳐진 등기를 증축한 건물의 현황과 맞추어 1동의 건물로서 증축으로 인한 건물표시변경등기를 마친 경우, 그 증축부분에 대해서는 구분소유권이 성립하지 않는다.

③ 구분소유자는 건물의 관리 및 사용에 관하여 구분소유자 공동의 이익에 어긋나는 행위를 하여서는 아니 된다.

④ 일부의 구분소유자만이 공용하도록 제공되는 것임이 명백한 공용부분은 그들 구분소유자의 공유에 속한다.

⑤ 일부공용부분의 관리에 관한 사항 중 구분소유자 전원에게 이해관계가 있는 사항은 그것을 공용하는 구분소유자만의 집회결의로써 결정한다.

37 개업공인중개사가 「주택임대차보호법」의 적용에 관하여 설명한 내용으로 틀린 것을 모두 고른 것은? (다툼이 있으면 판례에 따름)

> ㉠ 주택의 미등기 전세계약에 관하여는 「주택임대차보호법」을 준용한다.
> ㉡ 주거용 건물에 해당하는지 여부는 임대차목적물의 공부상의 표시만을 기준으로 정하여야 한다.
> ㉢ 임차권등기 없이 우선변제청구권이 인정되는 소액임차인의 소액보증금반환채권은 배당요구가 필요한 배당요구채권에 해당하지 않는다.

① ㉠   ② ㉡

③ ㉠, ㉢   ④ ㉡, ㉢

⑤ ㉠, ㉡, ㉢

38 개업공인중개사가 중개의뢰인에게 분묘가 있는 토지에 관하여 설명한 내용으로 <u>틀린</u> 것을 모두 고른 것은? (다툼이 있으면 판례에 따름)

> ㉠ 토지소유자의 승낙에 의하여 성립하는 분묘기지권의 경우 성립 당시 토지소유자와 분묘의 수호·관리자가 지료 지급의무의 존부에 관하여 약정을 하였다면 그 약정의 효력은 분묘기지의 승계인에게 미치지 않는다.
> ㉡ 분묘기지권은 지상권 유사의 관습상 물권이다.
> ㉢ 「장사 등에 관한 법률」 시행일(2001.1.13.) 이후 토지소유자의 승낙 없이 설치한 분묘에 대해서 분묘기지권의 시효취득을 주장할 수 있다.

① ㉠
② ㉢
③ ㉠, ㉢
④ ㉡, ㉢
⑤ ㉠, ㉡, ㉢

39 부동산 거래신고 등에 관한 법령상 토지거래허가구역 등에 관한 설명으로 <u>틀린</u> 것은? (단, 거래당사자는 모두 대한민국 국적의 자연인임)

① 허가구역의 지정은 그 지정을 공고한 날부터 7일 후에 그 효력이 발생한다.
② 허가구역에 있는 토지거래에 대한 처분에 이의가 있는 자는 그 처분을 받은 날부터 1개월 이내에 시장·군수 또는 구청장에게 이의를 신청할 수 있다.
③ 허가구역에 있는 토지에 관하여 사용대차계약을 체결하는 경우에는 토지거래허가를 받을 필요가 없다.
④ 허가관청은 허가신청서를 받은 날부터 15일 이내에 허가 또는 불허가처분을 하여야 한다.
⑤ 허가신청에 대하여 불허가처분을 받은 자는 그 통지를 받은 날부터 1개월 이내에 시장·군수 또는 구청장에게 해당 토지에 관한 권리의 매수를 청구할 수 있다.

40 2023.10.7. 甲은 친구 乙과 X부동산에 대하여 乙을 명의수탁자로 하는 명의신탁약정을 체결하였다. 개업공인중개사가 이에 관하여 설명한 내용으로 옳은 것을 모두 고른 것은? (다툼이 있으면 판례에 따름)

> ㉠ 甲과 乙 사이의 명의신탁약정은 무효이다.
> ㉡ X부동산의 소유자가 甲이라면, 명의신탁약정에 기하여 甲에서 乙로 소유권이전등기가 마쳐졌다는 이유만으로 당연히 불법원인급여에 해당한다고 볼 수 없다.
> ㉢ X부동산의 소유자가 丙이고 계약명의신탁이라면, 丙이 그 약정을 알았더라도 丙으로부터 소유권이전등기를 마친 乙은 유효하게 소유권을 취득한다.

① ㉠   ② ㉡

③ ㉢   ④ ㉠, ㉡

⑤ ㉠, ㉡, ㉢

한눈에 보는 정답

01	02	03	04	05	06	07	08	09	10
④	①	⑤	④	②	②	③	①	②	⑤
11	12	13	14	15	16	17	18	19	20
⑤	②	④	②	④	⑤	③	②	①	①
21	22	23	24	25	26	27	28	29	30
④	①	⑤	①	⑤	②	⑤	②	④	③
31	32	33	34	35	36	37	38	39	40
③	①	③	③	④	⑤	④	③	①	④

01 ④

카테고리 공인중개사법령 > 중개사무소 개설등록 및 결격사유

해설

ⓒ 누구든지 다른 사람의 성명 또는 상호를 사용하여 중개업무를 하거나 다른 사람의 중개사무소등록증을 양수 또는 대여받아 이를 사용하는 행위를 하여서는 아니 된다. 이를 위반한 자는 등록이 취소되고, 1년 이하의 징역 또는 1천만원 이하의 벌금형에 처해진다.

ⓒ 공인중개사는 다른 사람에게 자기의 성명을 사용하여 중개업무를 하게 하거나 자기의 공인중개사자격증을 양도 또는 대여하여서는 아니 된다. 이를 위반한 자는 자격이 취소되고 1년 이하의 징역이나 1천만원 이하의 벌금형에 처해진다. 또한 누구든지 자격증의 양도 또는 대여를 알선하여서는 아니 된다.

ⓖ 법 제14조 겸업내용에 의하면 법인인 개업공인중개사는 상업용 건축물 및 주택의 분양대행업무를 할 수 있으므로 중개업과 함께 주택의 분양대행을 겸업하는 행위는 금지되는 행위에 해당하지 않는다.

02 ①

카테고리 공인중개사법령 > 공인중개사제도

해설

① 심의위원회 위원장은 국토교통부 제1차관이 되고, 위원은 국토교통부장관이 임명하거나 위촉한다.

03 ⑤

카테고리 공인중개사법령 > 총 칙

해설

① 중개대상물을 거래당사자 간에 교환하는 행위를 알선하는 것이 '중개'에 해당한다.

② '중개업'이란 다른 사람의 의뢰에 의하여 일정한 보수를 받고 중개를 업으로 하는 행위를 말한다. 따라서 다른 사람의 의뢰에 의하여 중개를 하는 경우에 그에 대한 보수를 받지 않았다면 이는 '중개업'에 해당하지 않는다.

③ 개업공인중개사인 법인의 임원으로서 공인중개사인 자가 중개업무를 수행하는 경우 '소속공인중개사'에 해당한다.

④ 공인중개사가 아닌 자로서 개업공인중개사에 소속되어 개업공인중개사의 중개업무와 관련된 단순한 업무를 보조하는 경우에는 '중개보조원'에 해당한다.

04 ④

카테고리 공인중개사법령 > 중개업무

해설

④ 법인인 개업공인중개사는 대통령령으로 정하는 기준과 절차에 따라 등록관청에 신고하고, 그 관할구역 외의 지역에 분사무소를 둘 수 있다. 법인(중개법인뿐만 아니라 특수법인도 포함한다)은 분사무소를 설치할 수 있으나, 개인인 개업공인중개사에게는 분사무소 설치가 허용되지 않는다.

05 ②

카테고리 공인중개사법령 > 중개사무소 개설등록 및 결격사유

해설

② 법인의 등록기준으로 대표자는 공인중개사이어야 하며, 대표자를 제외한 임원 또는 사원(합명회사 또는 합자회사의 무한책임사원을 말함)의 3분의 1 이상은 공인중개사이어야 한다.

06 ②

카테고리 공인중개사법령 > 총 칙

해설

㉠ 근저당권이 설정되어 있는 피담보채권은 중개대상물에 해당하지 않는다.

㉣ 거래처, 신용 또는 점포 위치에 따른 영업상의 이점 등 무형물은 권리금의 형태로 거래되므로 중개대상물에 해당하지 않는다.

07 ③

카테고리 공인중개사법령 > 중개업무

해설

① 소속공인중개사 또는 중개보조원의 업무상 행위는 그를 고용한 개업공인중개사의 행위로 본다.

② 개업공인중개사는 소속공인중개사 또는 중개보조원을 고용한 경우에는 업무개시 전까지 등록관청에 신고(전자문서에 의한 신고를 포함한다)하여야 한다.

④ 고용신고를 받은 등록관청은 결격사유 해당 여부와 실무교육 수료 여부를 확인하여야 한다(규칙 제8조 제3항). 따라서 별도로 실무교육 수료확인증을 제출하지 않아도 된다.

⑤ 개업공인중개사는 외국인도 중개보조원으로 고용할 수 있다.

08 ①

카테고리 공인중개사법령 > 중개사무소 개설등록 및 결격사유

해설

① 「공인중개사법 시행규칙」 별지 제5호 서식(부동산중개사무소 개설등록 신청서)에 의하면 시장·군수·구청장은 「공인중개사법」 제5조 제2항에 따라 공인중개사자격증을 발급한 시·도지사에게 개설등록을 하려는 자(법인의 경우에는 대표자를 포함한 공인중개사인 임원 또는 사원을 말한다)의 공인중개사 자격확인을 요청하여야 하므로 별도의 공인중개사자격증 사본은 제출하지 않는다.

09 ②

카테고리 공인중개사법령 > 중개업무

해설

ⓒ 「공인중개사법」을 위반하여 업무정지처분을 받고 폐업신고를 한 자로서 업무정지기간이 지나지 아니한 자는 결격사유에 해당하므로 업무정지기간이 지나지 아니한 경우 중개사무소의 개설등록을 할 수 없다.

10 ⑤

카테고리 공인중개사법령 > 중개업무

해설

⑤ 개업공인중개사 및 소속공인중개사는 등록한 인장을 변경한 경우에는 변경일부터 7일 이내에 그 변경된 인장을 등록관청에 등록(전자문서에 의한 등록을 포함한다)하여야 한다(규칙 제9조 제2항).

11 ⑤

카테고리 공인중개사법령 > 중개업무

해설

⑤ 개업공인중개사는 중개사무소이전신고서(별지 제12호 서식)에 다음의 서류를 첨부하여 신고하여야 한다(규칙 제11조 제1항).

> 1. 중개사무소등록증(분사무소의 경우에는 분사무소설치신고확인서를 말한다)
> 2. 건축물대장에 기재된 건물에 중개사무소를 확보(소유·전세·임대차 또는 사용대차 등의 방법에 의하여 사용권을 확보하여야 한다)하였음을 증명하는 서류. 다만, 건축물대장에 기재되지 아니한 건물에 중개사무소를 확보하였을 경우에는 건축물대장 기재가 지연되는 사유를 적은 서류도 함께 내야 한다.

12 ②

카테고리 공인중개사법령 > 중개계약 및 부동산거래정보망

해설

① 전속중개계약서의 작성과 달리 甲의 요청에 따라 乙이 일반중개계약서를 작성한 경우 그 계약서를 일정기간동안 보존하여야 하는 내용은 「공인중개사법」상 규정이 없다.

③ 일반중개계약서·전속중개계약서 모두 해당 업무를 소속공인중개사가 수행한 경우라도 소속공인중개사의 서명 또는 날인, 서명 및 날인의무는 「공인중개사법」상 규정이 없다.

④ 전속중개계약의 유효기간은 甲과 乙이 별도로 정한 경우 3개월을 초과할 수 있다.

⑤ 전속중개계약을 체결한 甲이 그 유효기간 내에 스스로 발견한 상대방과 거래한 경우 중개보수의 50%에 해당하는 금액의 범위 안에서 개업공인중개사가 중개행위를 하는 경우 소요된 비용(사회통념에 비추어 상당하다고 인정되는 비용을 말한다)을 지불하여야 한다.

13 ④

카테고리 공인중개사법령 > 부동산 거래신고 등에 관한 법률

해설

④ 「부동산 거래신고 등에 관한 법률 시행규칙」 별지 제1호 서식에 의하면 공급계약은 시행사 또는 건축주등이 최초로 부동산을 공급(분양)하는 계약을 말하며, 준공 전과 준공 후 계약 여부에 따라 ∨표시하고, '임대주택 분양전환'은 임대주택사업자(법인으로 한정)가 임대기한이 완료되어 분양전환하는 주택인 경우에 ∨표시한다. 전매는 부동산을 취득할 수 있는 권리의 매매로서, '분양권' 또는 '입주권'에 ∨표시를 한다.

14 ②

카테고리 공인중개사법령 > 개업공인중개사의 의무 및 책임

해설

② 甲은 중개대상물에 근저당권이 설정된 경우, '채권최고액'을 조사·확인하여 설명할 의무가 있다.

15 ④

카테고리 공인중개사법령 > 손해배상책임과 반환채무이행보장

해설

④ 甲이 손해배상책임을 보장하기 위한 조치를 이행하지 아니하고 업무를 개시한 경우는 법 제38조 제2항 상대적 등록취소에 해당한다. 이 경우 등록취소가 부과되지 않는다면 6개월의 업무정지사유에 해당한다.

16 ⑤

카테고리 공인중개사법령 > 중개업무

해설

⑤ 법 제7638호 부칙 제6조 제2항에 따른 개업공인중개사는 사무소 명칭에 '공인중개사사무소'라는 문자를 사용하여서는 아니 된다(부칙 제6조 제3항). 따라서 '부동산중개'라는 문자를 사용하여야 한다.

17 ③

카테고리 공인중개사법령 > 공인중개사협회 및 교육·보칙·신고센터 등

해설

① 폐업신고 후 1년 이내에 중개사무소의 개설등록을 다시 신청하려는 자는 실무교육을 이수하지 않아도 된다. 따라서 폐업신고 후 400일이 지난 날 중개사무소의 개설등록을 다시 신청하려는 자는 실무교육을 받아야 한다.

② 중개보조원의 직무수행에 필요한 직업윤리에 대한 직무교육시간은 3시간 이상 4시간 이내이므로 5시간은 틀린 지문이 된다.

④ 부동산중개 및 경영실무에 대한 교육은 실무교육과 연수교육의 내용이다. 이 경우 실무교육이라면 28시간 이상 32시간 이내로 하며, 연수교육이라면 12시간 이상 16시간 이내로 한다. 따라서 36시간은 실무교육과 연수교육에 모두 해당하지 않으므로 틀린 지문이 된다.

⑤ 국토교통부장관, 시·도지사 및 등록관청은 부동산 거래질서를 확립하고, 부동산 거래사고로 인한 피해를 방지하기 위하여 부동산 거래사고 예방을 위한 교육을 실시하려는 경우에는 교육일 10일 전까지 교육일시·교육장소 및 교육내용 그 밖에 교육에 필요한 사항을 공고하거나 교육대상자에게 통지하여야 한다.

18 ②

카테고리 공인중개사법령 > 손해배상책임과 반환채무이행보장

해설

② 「공인중개사법」상 예치명의자가 될 수 있는 자는 다음에 규정된 자로 한정되어 있다(법 제31조 제1항, 영 제27조 제1항).

> 1. 개업공인중개사
> 2. 「은행법」에 따른 은행
> 3. 「보험업법」에 따른 보험회사
> 4. 「자본시장과 금융투자업에 관한 법률」에 따른 신탁업자
> 5. 「우체국예금·보험에 관한 법률」에 따른 체신관서
> 6. 법 제42조의 규정에 따라 공제사업을 하는 자
> 7. 부동산거래계약의 이행을 보장하기 위하여 계약금·중도금 또는 잔금(이하 '계약금등'이라 한다) 및 계약 관련 서류를 관리하는 업무를 수행하는 전문회사

19 ①

카테고리 공인중개사법령 > 벌칙(행정벌)

해설

① ①은 20만원의 과태료를 부과하고, 나머지는 30만원의 과태료를 부과한다. 「공인중개사법 시행령」 별표 2에 의하면 과태료금액은 다음과 같다.

> 1. 휴업한 중개업의 재개신고를 하지 않은 경우 : 20만원
> 2. 중개사무소등록증을 게시하지 않은 경우 : 30만원
> 3. 중개사무소의 이전신고를 하지 않은 경우 : 30만원
> 4. 연수교육을 정당한 사유 없이 받지 않은 기간이 50일인 경우 : 30만원
> 5. 손해배상책임의 보장에 관한 사항을 설명하지 않은 경우 : 30만원

20 ①

카테고리 공인중개사법령 > 중개보수

해설

① 계약당사자, 즉 매매계약의 당사자와 임대차계약의 당사자가 동일하므로 매매계약에 관한 거래금액만을 적용하면 된다. 따라서 매매대금이 2억 5천만원이고 중개보수요율이 0.4%이므로 2억 5천만원 × 0.4% = 100만원이 된다.

21 ④

카테고리 공인중개사법령 > 개업공인중개사의 의무 및 책임

해설

ⓒ 개업공인중개사의 의무사항이며, 소속공인중개사에게는 금지되는 행위에 해당한다.

ⓒⓔ 「공인중개사법」 제33조의 금지행위에 해당하며, 이는 개업공인중개사등(개업공인중개사, 소속공인중개사, 중개보조원 및 개업공인중개사인 법인의 임원·사원)에게 적용된다. 따라서 소속공인중개사에게 금지되는 행위에 해당한다.

22 ①

카테고리 공인중개사법령 > 지도·감독 및 행정처분

해설

① ㉠이 6개월에 해당하며, ㉡㉢㉣은 3개월에 해당한다.

> 1. 둘 이상의 중개사무소에 소속된 경우 : 6개월
> 2. 인장등록을 하지 아니하거나 등록하지 아니한 인장을 사용한 경우 : 3개월
> 3. 성실·정확하게 중개대상물의 확인·설명을 하지 아니하거나 설명의 근거자료를 제시하지 아니한 경우 : 3개월
> 4. 해당 중개업무를 수행한 경우 중개대상물 확인·설명서에 서명 및 날인을 하지 아니한 경우 : 3개월
> 5. 해당 중개업무를 수행한 경우 거래계약서에 서명 및 날인을 하지 아니한 경우 : 3개월
> 6. 거래계약서에 거래금액 등 거래내용을 거짓으로 기재하거나 서로 다른 둘 이상의 거래계약서를 작성한 경우 : 6개월
> 7. 법 제33조 제1항에 규정된 금지행위를 한 경우 : 6개월

23 ⑤

해설

① 폐업신고한 개업공인중개사의 중개사무소에 다른 개업공인중개사가 중개사무소를 개설등록한 경우 그 지위는 승계되지 않는다.

② 중개대상물에 관한 정보를 거짓으로 공개한 사유로 행한 업무정지처분의 효과는 그 처분일로부터 1년간 다시 중개사무소의 개설등록을 한 자에게 승계된다.

③ 폐업신고 전의 위반행위에 대한 행정처분이 업무정지에 해당하는 경우로서 폐업기간이 6개월인 경우 재등록 개업공인중개사에게 그 위반행위에 대해서 행정처분을 할 수 있다.

④ 재등록 개업공인중개사에 대하여 폐업신고 전의 업무정지에 해당하는 위반행위를 이유로 행정처분을 할 때 폐업기간과 폐업의 사유 등을 고려하여야 한다.

24 ①

해설

① 공인중개사의 자격취소처분은 청문을 거쳐 공인중개사자격증을 교부한 시·도지사가 행한다.

25 ⑤

해설

① 협회는 총회의 의결내용을 지체 없이 국토교통부장관에게 보고하여야 한다.

② 협회는 매 회계연도 종료 후 3개월 이내에 공제사업 운용실적을 일간신문 또는 협회보에 공시하고 협회의 인터넷 홈페이지에 게시해야 한다.

③ 창립총회에는 서울특별시에서는 100인 이상, 광역시·도 및 특별자치도에서는 각각 20인 이상의 회원이 참여하여야 한다.

④ 책임준비금의 적립비율은 공제사고 발생률 및 공제금 지급액 등을 종합적으로 고려하여 정하되, 공제료 수입액의 100분의 10 이상으로 정한다.

26 ②

해설

ⓒ 실제 권리관계 또는 공시되지 않은 물건의 권리사항은 매도(임대)의뢰인이 고지한 사항(법정지상권, 유치권, 주택임대차보호법에 따른 임대차, 토지에 부착된 조각물 및 정원수, 계약 전 소유권 변동 여부, 도로의 점용허가 여부 및 권리·의무 승계대상 여부 등)을 적는다.

27 ⑤

카테고리 중개실무 > 개별적 중개실무

해설

① 미등기건물은 매수신청대리의 대상물이 될 수 있다.
② 공유자의 우선매수신고에 따라 차순위매수신고인으로 보게 되는 경우 그 차순위매수신고인의 지위를 포기하는 행위는 매수신청대리권의 범위에 속한다.
③ 소속공인중개사는 매수신청대리인으로 등록할 수 없다. 매수신청대리인으로 등록할 수 있는 자는 법인인 개업공인중개사, 공인중개사인 개업공인중개사이다.
④ 매수신청대리인이 되고자 하는 개업공인중개사는 중개사무소(중개법인의 경우에는 주된 중개사무소를 말한다)가 있는 곳을 관할하는 지방법원의 장에게 매수신청대리인 등록을 하여야 한다.

28 ②

카테고리 공인중개사법령 > 부동산 거래신고 등에 관한 법률

해설

② 「건축법 시행령」에 따른 단독주택(다중주택 및 공관은 제외한다)을 취득하여 실제로 이용하는 자가 해당 건축물의 일부를 임대하는 경우는 허가목적대로 이용하지 않아도 된다.

29 ④

카테고리 공인중개사법령 > 부동산 거래신고 등에 관한 법률

해설

㉠ 임대차계약당사자는 주택(주택임대차보호법 제2조에 따른 주택을 말하며, 주택을 취득할 수 있는 권리를 포함한다. 이하 같다)에 대하여 보증금이 6천만원을 초과하거나 월차임이 30만원을 초과하는 주택 임대차계약(계약을 갱신하는 경우로서 보증금 및 차임의 증감 없이 임대차기간만 연장하는 계약은 제외한다)을 체결한 경우 임대차계약의 체결일부터 30일 이내에 주택 소재지를 관할하는 신고관청에 공동으로 신고하여야 한다. 따라서 보증금이 증액된 경우 공동으로 신고하여야 한다.

30 ③

카테고리 중개실무 > 중개대상물 조사 및 확인

해설

③ 「장사 등에 관한 법률」에 의하면 법인묘지에는 폭 5m 이상의 도로와 그 도로로부터 각 분묘로 통하는 충분한 진출입로를 설치하고, 주차장을 마련하여야 한다.

31 ③

카테고리 공인중개사법령 > 부동산 거래신고 등에 관한 법률

해설

③ 거래당사자는 부동산 거래신고를 한 후 해당 거래계약이 해제, 무효 또는 취소(이하 '해제등'이라 한다)된 경우 해제등이 확정된 날부터 30일 이내에 해당 신고관청에 공동으로 신고하여야 한다.

32 ①

해설

① 최선순위 전세권자가 배당요구를 하면 우선변제를 받을 수 있고, 이 경우 배당받은 전세권은 매각으로 인해 소멸하게 된다. 따라서 우선변제를 받으려면 배당요구를 하여야 한다.

33 ③

해설

- 외국인이 토지를 매수하는 계약을 체결하면 계약체결일부터 (ⓐ 30)일 이내에 신고해야 한다.
  - 외국인등이 매매계약을 체결한 경우 부동산 거래신고대상이며, 이 경우 계약체결일부터 30일 이내에 신고하여야 한다.
- 외국인이 토지를 증여받는 계약을 체결하면 계약체결일부터 (ⓒ 60)일 이내에 신고해야 한다.
  - 외국인등이 대한민국 안의 부동산등을 취득하는 계약(부동산 거래신고대상 계약을 한 경우는 제외한다)을 체결하였을 때에는 계약체결일부터 60일 이내에 신고관청에 신고하여야 한다.
- 외국인이 토지를 상속받으면 취득일부터 (ⓒ 6)개월 이내에 신고해야 한다.
  - 외국인등이 상속·경매 그 밖에 대통령령으로 정하는 계약 외의 원인으로 대한민국 안의 부동산등을 취득한 때에는 부동산등을 취득한 날부터 6개월 이내에 신고관청에 신고하여야 한다.

34 ③

해설

ⓒ 토지거래허가를 받지 아니하여 유동적 무효상태에 있는 계약이라고 하더라도 일단 거래허가신청을 하여 불허되었다면 특별한 사정이 없는 한, 불허된 때로부터는 그 거래계약은 확정적으로 무효가 된다고 보아야 하고, 거래허가신청을 하지 아니하여 유동적 무효인 상태에 있던 거래계약이 확정적으로 무효가 된 경우에는 거래계약이 확정적으로 무효로 됨에 있어서 귀책사유가 있는 자라고 하더라도 그 계약의 무효를 주장하는 것이 신의칙에 반한다고 할 수는 없다(이 경우 상대방은 그로 인한 손해의 배상을 청구할 수는 있다)(대판 1995.2.28, 94다51789).

ⓒ 「국토의 계획 및 이용에 관한 법률」상 토지거래허가구역 내의 토지에 관한 매매계약은 관할관청으로부터 허가받기 전의 상태에서는 법률상 미완성의 법률행위로서 이른바 유동적 무효의 상태에 있어 그 계약내용에 따른 본래적 효력은 발생하지 아니하므로, 관할관청의 거래허가를 받아 매매계약이 소급하여 유효한 계약이 되기 전까지 양쪽 당사자는 서로 소유권의 이전이나 대금의 지급과 관련하여 어떠한 내용의 이행청구를 할 수 없으며, 일방 당사자는 상대방의 매매계약내용에 따른 채무불이행을 이유로 하여 계약을 해제할 수도 없다(대판 2010.5.13, 2009다92685).

35 ④

카테고리 공인중개사법령 > 부동산 거래신고 등에 관한 법률

해설

ⓛ 신고관청 또는 허가관청은 신청서가 접수된 날부터 2개월 이내에 포상금을 지급하여야 한다.

ⓒ 신고관청 또는 허가관청은 하나의 위반행위에 대하여 2명 이상이 각각 신고 또는 고발한 경우에는 최초로 신고 또는 고발한 사람에게 포상금을 지급한다.

36 ⑤

카테고리 중개실무 > 개별적 중개실무

해설

⑤ 일부공용부분의 관리에 관한 사항 중 구분소유자 전원에게 이해관계가 있는 사항과 제29조 제2항의 규약으로써 정한 사항은 구분소유자 전원의 집회결의로써 결정하고, 그 밖의 사항은 그것을 공용하는 구분소유자만의 집회결의로써 결정한다.

37 ④

카테고리 중개실무 > 개별적 중개실무

해설

ⓛ 「주택임대차보호법」 제2조 소정의 주거용 건물에 해당하는지 여부는 임대차목적물의 공부상의 표시만을 기준으로 할 것이 아니라, 그 실지용도에 따라서 정하여야 하고 건물의 일부가 임대차의 목적이 되어 주거용과 비주거용으로 겸용되는 경우에는 구체적인 경우에 따라 그 임대차의 목적, 전체 건물과 임대차목적물의 구조와 형태 및 임차인의 임대차 목적물의 이용관계, 그리고 임차인이 그곳에서 일상생활을 영위하는지 여부 등을 아울러 고려하여 합목적적으로 결정하여야 한다(대판 1996.3.12, 95다51953).

ⓒ 임차권등기 없이 우선변제청구권이 인정되는 소액임차인의 소액보증금반환채권은 배당요구가 필요한 배당요구채권에 해당한다.

38 ③

카테고리 중개실무 > 중개대상물 조사 및 확인

해설

㉠ 분묘의 기지인 토지가 분묘의 수호·관리권자 아닌 다른 사람의 소유인 경우에 그 토지소유자가 분묘 수호·관리권자에 대하여 분묘의 설치를 승낙한 때에는 그 분묘의 기지에 관하여 분묘기지권을 설정한 것으로 보아야 한다. 이와 같이 승낙에 의하여 성립하는 분묘기지권의 경우 성립 당시 토지소유자와 분묘의 수호·관리자가 지료 지급의무의 존부나 범위 등에 관하여 약정을 하였다면 그 약정의 효력은 분묘기지의 승계인에 대하여도 미친다(대판 2021.9.16, 2017다271834·271841).

ⓒ 「장사 등에 관한 법률」 시행일(2001.1.13.) 이후 토지소유자의 승낙 없이 설치한 분묘에 대해서 분묘기지권의 시효취득을 주장할 수 없다(대판 전합체 2021.4.29, 2017다228007).

39 ①

카테고리 공인중개사법령 > 부동산 거래신고 등에 관한 법률

해설

① 허가구역의 지정은 허가구역의 지정을 공고한 날부터 5일 후에 그 효력이 발생한다.

40 ④

카테고리 중개실무 > 개별적 중개실무

해설

ⓛ X부동산의 소유자가 甲이라면, 명의신탁약정에 기하여 甲에서 乙로 소유권이전등기가 마쳐졌다는 이유만으로 당연히 불법원인급여에 해당한다고 볼 수 없다(대판 전합체 2019.6.20, 2013다218156).

ⓒ X부동산의 소유자가 丙이고 계약명의신탁이라면, 丙이 그 약정을 안 경우 丙으로부터 소유권이전등기를 마친 乙은 유효하게 소유권을 취득하지 못하며, 소유권이전등기의 효력은 무효이다.

삶의 순간순간이
아름다운 마무리이며
새로운 시작이어야 한다.

– 법정 스님

여러분의 작은 소리
에듀윌은 크게 듣겠습니다.

본 교재에 대한 여러분의 목소리를 들려주세요.
공부하시면서 어려웠던 점, 궁금한 점,
칭찬하고 싶은 점, 개선할 점, 어떤 것이라도 좋습니다.

에듀윌은 여러분께서 나누어 주신 의견을
통해 끊임없이 발전하고 있습니다.

에듀윌 도서몰 book.eduwill.net
• 부가학습자료 및 정오표: 에듀윌 도서몰 → 도서자료실
• 교재 문의: 에듀윌 도서몰 → 문의하기 → 교재(내용, 출간) / 주문 및 배송

2024 공인중개사 2차 기본서 공인중개사법령 및 중개실무

발 행 일	2024년 1월 7일 초판
편 저 자	임선정
펴 낸 이	양형남
펴 낸 곳	(주)에듀윌
등록번호	제25100-2002-000052호
주 소	08378 서울특별시 구로구 디지털로34길 55 코오롱싸이언스밸리 2차 3층

www.eduwill.net
대표전화 1600-6700

업계 최초 대통령상 3관왕, 정부기관상 19관왕 달성!

2010 대통령상

2019 대통령상

2019 대통령상

대한민국 브랜드대상
국무총리상

국무총리상

문화체육관광부
장관상

농림축산식품부
장관상

과학기술정보통신부
장관상

여성가족부장관상

서울특별시장상

과학기술부장관상

정보통신부장관상

산업자원부장관상

고용노동부장관상

미래창조과학부장관상

법무부장관상

2004
서울특별시장상 우수벤처기업 대상

2006
부총리 겸 과학기술부장관 표창 국가 과학 기술 발전 유공

2007
정보통신부장관상 디지털콘텐츠 대상
산업자원부장관 표창 대한민국 e비즈니스대상

2010
대통령 표창 대한민국 IT 이노베이션 대상

2013
고용노동부장관 표창 일자리 창출 공로

2014
미래창조과학부장관 표창 ICT Innovation 대상

2015
법무부장관 표창 사회공헌 유공

2017
여성가족부장관상 사회공헌 유공
2016 합격자 수 최고 기록 KRI 한국기록원 공식 인증

2018
2017 합격자 수 최고 기록 KRI 한국기록원 공식 인증

2019
대통령 표창 범죄예방대상
대통령 표창 일자리 창출 유공
과학기술정보통신부장관상 대한민국 ICT 대상

2020
국무총리상 대한민국 브랜드대상
2019 합격자 수 최고 기록 KRI 한국기록원 공식 인증

2021
고용노동부장관상 일·생활 균형 우수 기업 공모전 대상
문화체육관광부장관 표창 근로자휴가지원사업 우수 참여 기업
농림축산식품부장관상 대한민국 사회공헌 대상
문화체육관광부장관 표창 여가친화기업 인증 우수 기업

2022
국무총리 표창 일자리 창출 유공
농림축산식품부장관상 대한민국 ESG 대상

에듀윌 공인중개사 기본서

2차 공인중개사법령 및 중개실무 下

에듀윌이
합격자 수 1위인 이유

베스트셀러 **1위**

합격률 **4.5배**

브랜드만족도 **1위**

KRI 한국기록원 2016, 2017, 2019년 공인중개사 최다 합격자 배출 공식 인증 (2024년 현재까지 업계 최고 기록)

YES24 수험서 자격증 공인중개사 기본서 베스트셀러 1위 (2021년 12월 4주 주별 베스트)

2020년 공인중개사 접수인원 대비 합격률 한국산업인력공단 12.8%, 에듀윌 57.8% (에듀윌 직영학원 2차 합격생 기준)

2023 대한민국 브랜드만족도 공인중개사 교육 1위 (한경비즈니스)

고객의 꿈, 직원의 꿈, 지역사회의 꿈을 실현한다

펴낸곳 (주)에듀윌   **펴낸이** 양형남   **출판총괄** 오용철   **에듀윌 대표번호** 1600-6700

주소 서울시 구로구 디지털로 34길 55 코오롱싸이언스밸리 2차 3층   **등록번호** 제25100-2002-000052호

협의 없는 무단 복제는 법으로 금지되어 있습니다.

에듀윌 도서몰
book.eduwill.net

• 부가학습자료 및 정오표: 에듀윌 도서몰 > 도서자료실

• 교재 문의: 에듀윌 도서몰 > 문의하기 > 교재(내용, 출간) / 주문 및 배송

업계 최초 대통령상 3관왕,
정부기관상 19관왕 달성!

2010 대통령상   2019 대통령상   2019 대통령상

대한민국 브랜드대상   국무총리상   문화체육관광부   농림축산식품부   과학기술정보통신부   여성가족부장관상
국무총리   장관상   장관상   장관상

서울특별시장상   과학기술부장관상   정보통신부장관상   산업자원부장관상   고용노동부장관상   미래창조과학부장관상   법무부장관상

2004
서울특별시장상 우수벤처기업 대상

2006
부총리 겸 과학기술부장관 표창 국가 과학 기술 발전 유공

2007
정보통신부장관상 디지털콘텐츠 대상
산업자원부장관 표창 대한민국 e비즈니스대상

2010
대통령 표창 대한민국 IT 이노베이션 대상

2013
고용노동부장관 표창 일자리 창출 공로

2014
미래창조과학부장관 표창 ICT Innovation 대상

2015
법무부장관 표창 사회공헌 유공

2017
여성가족부장관상 사회공헌 유공
2016 합격자 수 최고 기록 KRI 한국기록원 공식 인증

2018
2017 합격자 수 최고 기록 KRI 한국기록원 공식 인증

2019
대통령 표창 범죄예방대상
대통령 표창 일자리 창출 유공
과학기술정보통신부장관상 대한민국 ICT 대상

2020
국무총리상 대한민국 브랜드대상
2019 합격자 수 최고 기록 KRI 한국기록원 공식 인증

2021
고용노동부장관상 일·생활 균형 우수 기업 공모전 대상
문화체육관광부장관 표창 근로자휴가지원사업 우수 참여 기업
농림축산식품부장관상 대한민국 사회공헌 대상
문화체육관광부장관 표창 여가친화기업 인증 우수 기업

2022
국무총리 표창 일자리 창출 유공
농림축산식품부장관상 대한민국 ESG 대상

land.eduwill.net

에듀윌 공인중개사 기본서

2차 공인중개사법령 및 중개실무

에듀윌이
합격자 수 1위인 이유

베스트셀러
1위

합격률
4.5배

브랜드만족도
1위

KRI 한국기록원 2016, 2017, 2019년 공인중개사 최다 합격자 배출 공식 인증 (2024년 현재까지 업계 최고 기록)
YES24 수험서 자격증 공인중개사 기본서 베스트셀러 1위 (2021년 12월 4주 주별 베스트)
2020년 공인중개사 접수인원 대비 합격률 한국산업인력공단 12.8%, 에듀윌 57.8% (에듀윌 직영학원 2차 합격생 기준)
2023 대한민국 브랜드만족도 공인중개사 교육 1위 (한경비즈니스)

고객의 꿈, 직원의 꿈, 지역사회의 꿈을 실현한다

펴낸곳 (주)에듀윌 **펴낸이** 양형남 **출판총괄** 오용철 **에듀윌 대표번호** 1600-6700
주소 서울시 구로구 디지털로 34길 55 코오롱싸이언스밸리 2차 3층 **등록번호** 제25100-2002-000052호
협의 없는 무단 복제는 법으로 금지되어 있습니다.

에듀윌 도서몰
book.eduwill.net
• 부가학습자료 및 정오표: 에듀윌 도서몰 > 도서자료실
• 교재 문의: 에듀윌 도서몰 > 문의하기 > 교재(내용, 출간) / 주문 및 배송

값 43,000원
14320

9 791136 099754
ISBN 979-11-360-9975-4
ISBN 979-11-360-9978-5(SET)